U0135573

當代思潮系列叢書

二十世紀宗教思潮

1900～1980 年的哲學與神學之邊緣

Twentieth-Century Religious Thought

約翰·麥奎利—著

John Macquarrie

何光滬，高師寧—譯

曾慶豹—校

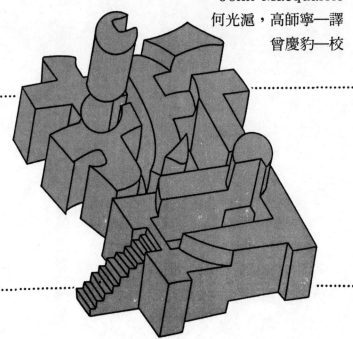

桂冠圖書股份有限公司

「當代思潮系列叢書」序

　　從高空中鳥瞰大地，細流小溪、低丘矮嶺渺不可見，進入眼簾的只有長江大海、高山深谷，刻畫出大地的主要面貌。在亙古以來的歷史時空裡，人生的悲歡離合，日常的蠅營狗苟，都已爲歷史洪流所淹沒，銷蝕得無影無踪；但人類的偉大思潮或思想，却似漫漫歷史長夜中的點點彗星，光耀奪目，萬古長新。這些偉大的思潮或思想，代表人類在不同階段的進步，也代表人類在不同時代的蛻變。它們的形成常是總結了一個舊階段的成就，它們的出現則是標示著一個新時代的發軔。長江大海和高山深谷，刻畫出大地的主要面貌；具有重大時代意義的思潮或思想，刻畫出歷史的主要脈絡。從這個觀點來看，人類的歷史實在就是一部思想史。

　　在中國的歷史中，曾經出現過很多傑出的思想家，創造了很多偉大的思潮或思想。這些中國的思想和思想家，與西方的思想和思想家交相輝映，毫不遜色。這種中西各擅勝場的情勢，到了近代却難繼續維持，中國的思想和思想家已黯然失色，無法與他們的西方同道並駕齊驅。近代中國思潮或思想之不及西方蓬勃，可能是因爲中國文化的活力日益衰弱，也可能是由於西方文化的動力逐漸強盛。無論眞正的原因爲何，中國的思想界和學術界皆

應深自惕勵，努力在思想的創造上發憤圖進，以締造一個思潮澎湃的新紀元。

　　時至今日，世界各國的思潮或思想交互影響，彼此截長補短，力求臻於至善。處在這樣的時代，我們的思想界和學術界，自然不能像中國古代的思想家一樣，用閉門造車或孤芳自賞的方式來從事思考工作。要想創造眞能掌握時代脈動的新思潮，形成眞能透析社會人生的新思想，不僅必須認眞觀察現實世界的種種事象，而且必須切實理解當代國內外的主要思潮或思想。爲了達到後一目的，只有從研讀中外學者和思想家的名著入手。研讀當代名家的經典之作，可以吸收其思想的精華，更可以發揮見賢思齊、取法乎上的效果。當然，思潮或思想不會平空產生，其形成一方面要靠思想家和學者的努力，另方面當地社會的民衆也應有相當的思想水準。有水準的社會思想，則要經由閱讀介紹當代思潮的導論性書籍來培養。

　　基於以上的認識，爲了提高我國社會思想的水準，深化我國學術理論的基礎，以創造培養新思潮或新思想所需要的良好條件，多年來我們一直期望有見識、有魄力的出版家能挺身而出，長期有系統地出版代表當代思潮的名著。這一等待多年的理想，如今終於有了付諸實現的機會——桂冠圖書公司決定出版「當代思潮系列叢書」。這個出版單位有感於社會中功利主義的濃厚及人文精神的薄弱，這套叢書決定以出版人文學及社會科學方面的書籍爲主。爲了充實叢書的內容，桂冠特邀請台灣海峽兩岸的多位學者專家參與規劃工作，最後議定以下列十幾個學門爲選書的範圍：哲學與宗敎學、藝文(含文學、藝術、美學)、史學、語言學、心理學、敎育學、人類學、社會學(含未來學)、政治學、法律學、經濟學、管理學及傳播學等。

　　這套叢書所談的內容，主要是有關人文和社會方面的當代思潮。經過各學門編審委員召集人反覆討論後，我們決定以十九世紀末以來作爲「當代」的範圍，各學門所選的名著皆以這一時段所完成者爲主。我們這樣界定「當代」，並非根據歷史學的分期，而是基於各學門在理論發展方面的考慮。好在這只是一項原則，實際選書時還可再作彈性的伸縮。至於「思潮」一詞，經過召集人協調會議的討論後，原則上決定以此詞指謂符合下列條件之一的學術思想或理論：(1)對該學科有開創性的貢獻或影響者，(2)對其他學科有重大的影響者，(3)對社會大衆有廣大的影響者。

　　在這樣的共識下，「當代思潮系列叢書」所包含的書籍可分爲三個層次：經典性者、評析性者及導論性者。第一類書籍以各學門的名著爲限，大都是歐、美、日等國經典著作的中譯本，其讀者對象是本行或他行的學者和學生，兼及好學深思的一般讀書人。第二類書籍則以有系統地分析、評論及整合某家某派(或數家數派)的理論或思想者爲限，可爲翻譯之作，亦可爲我國學者的創作，其讀者對象是本行或他行的學者和學生，兼及好學深思的一般讀書人。至於第三類書籍，則是介紹性的入門讀物，所介紹的可以是一家一派之言，也可以就整個學門的各種理論或思想作深入淺出的闡述。這一類書籍比較適合大學生、高中生及一般民衆閱讀。以上三個層次的書籍，不但內容性質有異，深淺程度也不同，可以滿足各類讀者的求知需要。

　　在這套叢書之下，桂冠初步計畫在五年內出版三百本書，每個學門約爲二十至四十本。這些爲數衆多的書稿，主要有三個來源。首先，出版單位已根據各學門所選書單，分別向台灣、大陸及海外的有關學者邀稿，譯著和創作兼而有之。其次，出版單位也已透過不同的學界管道，以合法方式取得大陸已經出版或正在

編撰之西方學術名著譯叢的版權，如甘陽、蘇國勛、劉小楓主編的「西方學術譯叢」和「人文研究叢書」，華夏出版社出版的「二十世紀文庫」，陳宣良、余紀元、劉繼主編的「文化與價值譯叢」，沈原主編的「文化人類學譯叢」，袁方主編的「當代社會學名著譯叢」，方立天、黃克克主編的「宗教學名著譯叢」等。各學門的編審委員根據議定的書單，從這些譯叢中挑選適當的著作，收入系列叢書。此外，桂冠圖書公司過去所出版的相關書籍，亦已在選擇後納入叢書，重新加以編排出版。

「當代思潮系列叢書」所涉及的學科眾多，爲了愼重其事，特分就每一學門組織編審委員會，邀請學有專長的學術文化工作者一百餘位，參與選書、審訂及編輯等工作。各科的編審委員會是由審訂委員和編輯委員組成，前者都是該科的資深學人，後者盡是該科的飽學新秀。每一學門所要出版的書單，先經該科編審委員會擬定，然後由各科召集人會議協商定案，作爲選書的基本根據。實際的撰譯工作，皆請學有專攻的學者擔任，其人選由每科的編審委員推薦和邀請。書稿完成後，請相關學科熟諳編譯實務的編輯委員擔任初步校訂工作，就其體例、文詞及可讀性加以判斷，以決定其出版之可行性。校訂者如確認該書可以出版，即交由該科召集人，商請適當審訂委員或其他資深學者作最後之審訂。

對於這套叢書的編審工作，我們所以如此愼重其事，主要是希望它在內容和形式上都能具有令人滿意的水準。編印一套有關當代思潮的有水準的系列叢書，是此間出版界和學術界多年的理想，也是我們爲海峽兩岸的中國人所能提供的最佳服務。我們誠懇地希望兩岸的學者和思想家能從這套叢書中發現一些靈感的泉源，點燃一片片思想的火花。我們更希望好學深思的民眾和學生，

也能從這套叢書中尋得一塊塊思想的綠洲，使自己在煩擾的生活中獲取一點智性的安息。當然，這套叢書的出版如能爲中國人的社會增添一分人文氣息，從而使功利主義的色彩有所淡化，則更是喜出望外。

這套叢書之能順利出版，是很多可敬的朋友共同努力的成果。其中最令人欣賞的，當然是各書的譯者和作者，若非他們的努力，這套叢書必無目前的水準。同樣值得稱道的是各科的編審委員，他們的熱心參與和淵博學識，使整個編審工作的進行了無滯礙。同時，也要藉此機會向高信疆先生表達敬佩之意，他從一開始就參與叢書的策劃工作，在實際編務的設計上提供了高明的意見。最後，對桂冠圖書公司負責人賴阿勝先生，個人也想表示由衷的敬意。他一向熱心文化事業，此次決心出版這套叢書，益見其重視社會教育及推展學術思想的誠意。

楊國樞

一九八九年序於

台灣大學心理學系

哲學與宗教學類召集人序

「當代思潮」雖然不是一個有明確涵義的名詞，但是不論對它在時空範圍和內容上如何界定，一定要包含最近數十年來西洋哲學與宗教思想的發展。在一套當代思潮系列叢書中，如果沒有存在主義者、分析哲學家、現象學者、新馬克思主義者，或天主教與新教神學家的作品，就會使人覺得欠缺極重要的一部分。

哲學與宗教思想家的專門著作表面上看來讀者有限，但是其中所包含的觀點和理論，往往能夠透過各種不同的管道，對於學術文化的發展、文學藝術的創作，以及社會政治的活動，產生反省、批判與引導、開創的作用。有關人類知識和信仰的基礎與生命的終極意義問題，自古以來一直困擾著人的心靈，這類問題並不因經濟的發展與科技的進步而消失，反而更顯示其嚴重性和迫切性。哲學家與宗教思想家就是盡最大心力去釐清這類問題，並試圖提供答案的人。他們的成果也許並不令人滿意，但是他們的努力卻值得為每一個關懷人類命運與文明前途的知識分子所重視。

這套叢書哲學與宗教類所收集的主要是第一次世界大戰結束以後重要哲學家與宗教思想的代表著作。以第一次大戰為斷代的界限，是指有關思想家主要學術活動和著作出版的年代而言。第一次世界大戰對歐洲人是一慘痛的經驗，促使他們對知識與價值的問題作更深刻的反省，在哲學與宗教思想上也展現新的風貌。

第一次世界大戰以後開始活躍的思想家，在感覺上與我們屬於同一時代，他們的學說與理論，還是當前哲學與宗教研究者直接討論和批評的對象，對於一般知識大眾也還能發生較大的影響力。其中有少數幾個人，例如胡塞爾與杜威，在第一次世界大戰之前已嶄露頭角，但是他們的學術思想活動為期甚久，有些最重要的作品是在第一次世界大戰以後才出版的，所以也包括進來。

　　我國引介西方思潮已有百年以上的歷史，但成效並不顯著，其中除了社會政治的動亂和語言文化斷層等因素之外，還有一個重要的原因就是我國學者缺乏虛心與耐性，對於西洋的思想與學說，喜歡作泛泛的談論和自以為是的批判，卻不願作長期有計劃的研究吸收和沉潛深入的理解。這一點表現得最明顯的就是經典名著的翻譯工作做得太少，太沒有系統。以傳統西方哲學而論，即使像柏拉圖、亞里士多德、休謨、康德這種重要性無以復加的哲學家，他們的作品都還沒有完整且為學術界所公認的標準譯本。這種情形在有關當代思想名著的翻譯上更是如此。我們雖然不時可以看到介紹、評論諸如實證論、詮釋學、批判理論、結構主義、或新正統、解放神學之類的文字，卻很少有這些不同學派主要代表著作嚴謹可靠的翻譯。已有少數零散的翻譯由於素質不高，並不能作為進一步研究的參考和依據。

　　近年以來情況已有改善，台灣海峽兩岸的學者傾注全力從事當代思想名著翻譯工作的人漸漸多起來，使我們覺得有必要將這種工作的成果做有系統的搜集整理，並盡可能加以擴充延續。我們先初步確定一份近七、八十年來哲學與宗教方面最重要著作的清單，然後根據這個書單尋求中文譯本。如果已有的譯本合乎水準，就請原譯者或有關專家加以審核修訂後，列入本叢書中。如果還沒有中文翻譯或已有譯本品質不佳的，則設法邀請能力足以勝任的學者，擔任重新翻譯的工作。希望這套叢書出版後，能為有志於探討當代哲學與宗教思潮的人，提供一套比較完整而且可

以信賴的第一手中文資料。

　　真正專業性和學院式的研究，自然要以原文的閱讀爲起點，而不能只依賴中文翻譯。一個不懂德文的人要談論海德格(Heidegger)或一個不懂法文的人要談論傅柯(Foucault)，在學術界一定難以得到認可。但是我們也不應過份低估譯書的功能和價值，不要忘記康德所讀的休謨著作是德譯本，而許多受柏拉圖或亞里士多德啓發的學者，並未直接接觸希臘文原典。良好的譯本可以激發青年學生和社會人士研讀的興趣。使原著的內容爲更多人所認識，因而產生更廣大的影響。如果堅持一切研究都要由外文原著入手，將使西方哲學與宗教思想的瞭解，侷限在少數專家學者身上，對於整個社會文化水準與生活品味的提昇，並沒有太大幫助。唯有當沙特(Sartre)、巴柏(Karl Popper)、羅爾斯(John Raws)或田立克(Paul Tillich)、漢斯孔恩(Hans Küng)這些人的作品爲一般知識大衆所熟悉，成爲他們教養過程或閒暇時間常備的精神食糧，我們才可以說國人吸收西方文化，已經達到成功的地步。這一套叢書哲學與宗教類的編輯，主要用意就是希望在這方面盡一分力量。

　　除了重要思想家本身的代表著作之外，本叢書哲學與宗教類也收集一部分綜論性和歷史性的作品。這一類作品可以幫助我們了解各種相關的問題和爭論，以及各家各派的歷史發展與基本主張，所選的都是該一題材較完整而具有權威性的作品，我們也很樂意地將它們呈獻給關心當代哲學與宗教思潮的讀者。

郭博文

一九八九年序於
台灣大學哲學系

校閱者說明

1. Person 一字，譯者譯作「人格」，台灣學界多習於譯為「位格」，而且相當普遍，幾近已成共識。筆者曾就此譯法與原譯者往返書信商榷，其結果是尊重原譯者的考慮、理由，而依舊採譯作「人格」。

　　於此，筆者願就 Person 一詞做些補充說明。Persona 的希臘文一字最先援用於學術作討論，見於早期基督宗教教父（Patristic）時期對「三位一體」：聖父（上帝）、聖子（耶穌）、聖靈之解釋。中世紀早期的哲學家 Boethius（480～525）將 Persona 定義為：「以理性為本性的個體實體」（persona est rationalis naturae individua substantia），深刻的詮釋了人作為個體性存在之本質和性格。所以，在西方的神學和哲學傳統中，Person 同時包括了 individual、substance、existing 等之意涵。

　　項退結教授在《西洋哲學辭典》將 Person 譯作「位格」，而 Personalism 譯作「位格主義」。無論在神學、哲學上，將之譯為「人格」時，則必導向對另一種思想的界定，包括那廣泛用在倫理學、心理學上的「人格」（personality）。雖然如此，譯者堅持考慮到中國人對「位格」一詞的不易把握，甚至不好懂，也曾經一番的苦思與斟酌。這一點是應該獲得尊重的。

2. Idealism 原譯作「唯心主義」，現一律改譯作「觀念論」，
　 因本書 idealism 所指的，基本上不涉及柏拉圖、柏克萊
　 （Berkeley）、費希特（Fichte）等人的思想，它僅指與康德
　 和黑格爾有關的思想。

　　西方學術界普遍將柏拉圖、柏克萊、康德、黑格爾等人思想
　 稱作 idealism，而事實上，其間所謂 idealism 是有差別的，而
　 中文的譯法已相當獲得了共識。柏拉圖的哲學主要討論的內容
　 是關於「理型」（idea）的，而「理型」是獨立於現世現象界
　 之外的超越實體，代表著眞理、最高善等。所以，柏拉圖的
　 idealism 一般譯作「理型論」。柏克萊那句著名的話：「存在
　 即是被知覺」（to be is to be perceived），意思是所謂的
　 idea 是經由與主體之關係中獲得呈現或把握的，按此將柏克
　 萊的 idealism 譯作「唯心主義」或「主觀唯心論」比較恰
　 當。牟宗三先生倡議譯作「主觀覺象論」，覺象即知覺現象
　 （見氏著《中西哲學之會通十四講》）。

　　康德、費希特、謝林、黑格爾一般都被稱作「德國觀念
　 論」。康德哲學又稱作批判的觀念論、先驅的觀念論、主觀觀
　 念論；費希特、謝林、黑格爾都叫做客觀觀念論或絕對觀念
　 論。尤其是黑格爾，他的哲學可以簡括的看作是對精神或心靈
　 （Geist）的辯證發展進行概念的把握，若簡單呼以唯心論或
　 唯心主義，則很難看出黑格爾是如何的以精神作爲辯證的統一
　 的哲學思維的。

3. 其他的譯文更易包括有：神秘主義（mysticism）譯爲「密契
　 主義」（「密」是功夫上、修行上的方式，「契」是與一超越
　 之領域達到「契」合的境界）；存在（being）譯爲「存
　 有」：本體論（ontology）譯爲「存有論」；生存
　 （existent）譯爲「存在」。

　　關於人名、書名、習慣學術用語，都一律使用台灣讀者所熟

悉的譯法；另對於書中引述的書籍若有中譯本，都給於標明出版處，以利於讀者進一步參考。

4. 本書內文、索引條目關於同書的頁碼，均爲英文原書頁碼，即中譯本之邊碼。請讀者留意。

5. 本書譯者何光滬、高師寧先生同是北京中國社會科學院宗教研究所之研究員。何先生曾撰文〈一種兼收並容的現代神學——麥奎利的基督教系統神學〉，對麥奎利的思想掌握得很清楚，也譯了同作者的《談論上帝》（*God-Talk*）一書，現又正著手翻譯麥氏的《基督教神學原理》（*The Principle of Christian Theology*）（本書將由桂冠／久大出版，請讀者期待。）。如此專心於麥奎利的著作，更加強了讀者對何先生翻譯本書的信心，而這種印象在筆者校閱本書時尤爲深刻。

謝謝譯者何光滬先生撥冗與筆者在往返的信件中，認眞的商討並回答我在校閱時所提出的疑難，同時也提供了勘誤表，使筆者的校閱工作極其順暢。因著這本書，我們成了好朋友，謹此向上主致以感恩之心。

曾慶豹

一九九一年於政大哲研所

致臺灣讀者
中譯　臺灣版序

　　這本書的中文第二版是在臺灣出版，我覺得眞是上帝恩賜，因爲我未曾想到，竟有此機會與臺灣的兄弟姊妹們一起，分享祂的這份贈禮——這本充滿了二百多位世界性、歷史性的偉大思想家的人生智慧和宇宙洞察，漾溢著這些神學、哲學和科學上的巨匠賢達對宗教的體驗和對上帝的見解的書。

　　我迄今未離中國大陸半步，但是每當有來自大陸之外的華人，來自遙遠地方的華人，與我用同一種語言，用華語這種奇妙的語言交流思想的時候，心裡眞有難言的感慨！尤其是最近與來自臺灣的曾慶豹兄弟首晤面談（他爲使這本書的人名術語更切近臺灣讀者而擔任了中文第二版的校閱工作），這種感慨更加强烈。現在想來，這種感慨不但蘊含著普天下中國人都是兄弟姊妹的親近感覺，而且指向了全世界陌生人都是上帝兒女的溝通意識。從表層看，這似乎祇出於「同文同種」的手足親緣之情，從深層看，這確實是出於「天下一家」的同類相通之感。正如這本書的作者在《談論上帝》（*God-Talk*, p. 77. 此書中文本即將出版）一書中所說，「言語隱含著一種直接的人與人的關係，正是這種關係，使得交流和解釋得以可能。」這裡所謂「人與人」的關係，當是布伯（M. Buber）所謂「我與你」的關係。我們若不將人冷漠地視爲與己無關或可資利用的「他」或「它」，而是將人坦誠地引爲息息相關或彼此交融的「你」或「妳」，休說海

峽，就是大洋，也不能成爲阻隔的深塹，而可以變爲溝通的坦途。

親愛的臺灣讀者，或許還有港澳和海外的讀者，在此，且讓我來與你談一談這本書及其作者罷！

這本書的內容之豐富，異常罕見。它介紹的兩百幾十名思想家，幾乎囊括了十九世紀末以來西方所有重要的哲學家、神學家、宗教思想家和與此相關的人文科學家（包括人類學家、心理學家、歷史學家、社會學家和宗教學家）甚至自然科學家。

當然，書中介紹的，主要是他們的宗教思想和與之相關的哲學或科學思想。書的副題《哲學與神學之邊緣》之所指，是哲學與神學相交叉或相重疊的部分，它包括探索宗教根本問題的哲學或宗教哲學（philosophy of religion），也包括從哲學來闡釋信仰內容的神學或哲學神學（philosophical theology）。本來，哲學和神學都關涉世界人生的根本問題，二者的相互滲透和相互影響在思想史上是極其自然也是極其普遍的。哲學史必談神學，神學史必談哲學，大量的思想家既是哲學家，也是神學家。所以，這「邊緣」不是一條細狹的界線，而是一片廣大的地面。被它那豐富多彩的風光所吸引、勇敢地進入並探索它那永恆神秘的地域者，從來都有形形色色的探險家。此外，這本書所說的宗教哲學，還包括無神論和反宗教的哲學，即在價值觀上對宗教採取否定態度的哲學；這本書所說的宗教思想，還包括對宗教的「客觀中立的研究」，即宗教學方面的思想，以及歷史學、人類學、心理學和社會學方面的宗教觀。因此，這本書的內容，既包含從巴特到蒂里希這樣一些各不相同的神學家，又包含從考茨基到列寧這樣一些大相逕庭的無神論者；既包含從尼布爾到羅賓遜這樣一些教會思想家，又包含從普朗克到愛因斯坦這樣一些現代科學家；既包含從馬利坦到祁爾松這樣一些淵博的護教論者，又包含從羅素到維特根斯坦這樣一些冷靜的分析論者。涉及宗教觀點紛

歧的學派或思潮時，本書則取諸說並存的做法，例如談及存在主義時，既介紹其中的有神論學說，又介紹其中的無神論學說。除此之外，其他學科內的現代泰斗，如歷史學家湯因比和史賓格勒、人類學家泰勒和弗雷澤、心理學家弗洛伊德和榮格、社會學家涂爾干和韋伯、宗教學家奧托和伊利阿德等人關於宗教的思想，本書也同樣作了介紹。尤爲難得的是，這本書還包容了不少當今新興的宗教思潮的資料，介紹了英語國家、歐洲大陸和中南美洲影響宗教的新的哲學思想、新教和天主教神學思想、世俗神學或「上帝之死」神學、黑人神學、解放神學以及女性神學等等動向。

　　這本書的風格之簡明，極爲難得。它能把成百上千的知名巨著，濃縮在一卷之中，不帶贅語，未有歪曲。它有百科全書式的詳盡完整而無百科全書的割裂支離；有袖珍辭典式的簡潔明晰而無袖珍辭典的枯索乾涸；有思想通史式的系統論述而無思想通史的主觀偏見。因此，這本書實在兼有當代西方宗教思想的百科全書、小型辭典和思想通史三者合一的性質。

　　本書作者約翰‧麥奎利（John Macquarrie）是當代著名的哲學家、神學家及宗教思想家。他於一九一九年生於蘇格蘭的倫弗魯，曾在格拉斯哥大學接受哲學與神學教育。他從一九五三年至一九六二年在格拉斯哥大學教授神學，從一九六二年至一九七〇年在紐約協和神學院擔任教授，從一九七〇年起在牛津大學擔任神學教授直至退休。現在他仍在進行講學和寫作等學術活動。他曾與美國哲學家 E‧羅賓遜合作，將海德格的經典著作《存有與時間》（*Sein und Zeit*）譯成英文出版；除本書外，又撰有《存在主義神學》（*Existentialism Theology*）、《基督教神學原理》（*The Principle of Christian Theology*）、《談論上帝》（*God-Talk*）、《人性之探索》（*In Search of Humanity—A Theological and Philosophical Approach*）、《神性之探索》（*In Search of Daity—An Esay in Dialectical Theism*）和《現代思潮中的耶穌基督》（*Jesus Christ in Modern Thought*）等多種著作。他曾以存在主義神學家聞名，但在給筆者的一封信中，他聲明自己並非存在主義者（existentialist，筆者以爲譯爲「生存主義者」較妥）。他在哲學和神學兩方面的確保持了一種開放和兼容的態度。一方面，他發揚了傳統教義中有價值的因素，另一方面，他絕不脫離現代世界的實際環境和當代人的精神狀態。他清楚闡明並一貫運用的「生存論─本體論」方法，完全可以清晰而合理地用來解釋基督教信仰，使之爲現代人所理解。我認爲這不僅僅是對哲學和神學的貢獻，更是對現代人類精神生活的貢獻。筆者本人曾從他的著作獲益匪淺，可以說，他是筆者精神生活中的一位恩師。

麥奎利的著作具有中庸平和、明晰穩重的特點。這種特點也反映在這本《二十世紀宗教思潮》之中。在這本涉及範圍極廣的介紹他人思想的著作裡，麥奎利盡力排除了宗教的和宗派的偏見，公正地對待各種立場。他作爲神學家給哲學以很高的地位，把哲學視爲神學思想在各個時代的理論根基。他在材料的選擇上以普遍搜羅、兼容並蓄爲宗旨，不但收進了很多不直接論及宗教但可能對宗教產生間接影響的哲學派別，甚至引人注目地給了各種反宗教的思潮以相當多的篇幅。在對各種思想的解說上，他力求公平和忠實。雖然他不可能沒有自己的立場和見解，但他一方面努力使自己的分析和批判持平公允，另一方面則把這種分析批判同對各個思想家的思想的客觀介紹嚴格地劃分開來，避免對他人思想的割裂、歪曲和誤解。麥奎利還總結了近百年來宗教思想發展的特點，作出了比較和分類，爲我們提供了一幅既紛繁多樣又連貫完整的二十世紀西方宗教思想發展的圖景。

今天，在我們這個小小的「地球村」裡，西方人對東方宗教（包括儒教、佛教、道教以及印度教、錫克教和神道教等等）的

興趣在日益增長，瞭解也日益深入；東方人（包括我們中國人）也不能不去深入瞭解西方鄰居的靈魂——瞭解西方的宗教思想，首先是基督教思想。這是一種現今還活躍在世界上，並已紮根在各民族意識中，正在生機蓬勃地向前發展的思想。關於西方上古和中古的宗教思想，國人早已知道不少，盡管尚有不少誤解。然而，關於西方現代尤其是當代的宗教思想，國人的瞭解則很片面，對其誤解更甚更多。這種狀況多由我們自己造成。這不僅僅是對他人的不瞭解，而且也是對自己的不瞭解。因為，人類本是一體，你中有我，我中有你。人類有一個共同的心靈或精神，那就是神聖的精神，就是聖靈。我相信，作者、譯者和讀者，能夠藉著這本書，「心有靈犀一點通」。但願天下有靈人，終成姊妹與弟兄！

　　　　　　　　　　　　　　　　　　何光滬

　　　　　　　　　　　　　　一九九一年八月廿七日

　　　　　　　　　　　　　　　　　於北京

前　言

　　本書第一版問世已將近二十年。它追溯了一九〇〇年至一九 13
六〇年間西方宗教思想的歷史，表明了在眾多的相互衝突的觀點
中，有某些可以看出來的類型和動向。然而自一九六〇年以來，
已出現了許多新的發展，今天我們已到達了一個不同於以前的境
地。所以我又新加上了很長的一章（我想它在本書中是最長的一
章！），繼續敍述了從動盪不安的六十年代到較爲平靜的七十年
代直到一九八〇年的歷史。除了最新的傳記細節之外，原來的章
節一仍其舊。我願向本書出版者——倫敦 SCM 出版社和紐約查
爾斯·斯克萊布納父子公司（Charles Scribner's Sons Co.）表
示我眞誠的謝意，在準備這部新版的過程中，他們給了我很大的
鼓勵。

　　由於本書的宗旨，是要爲穿過這錯綜複雜和令人困惑的領域
提供嚮導，因而，精確的解說就是極其重要的。我力求公平地對
待每一個人，不歪曲任何人的思想。然而，對於本書所涉及這樣
廣闊的一個領域，顯然，任何單獨的一個人都不可能具有細節上
的了解。雖然我堅持努力做到決不把在其本人著作中找不到（在
我看來是）明顯證據的觀點歸之於人，但是，若有強調的偏差和
明顯的誤解，無疑應該由我負責。然而，如果我們認爲，爲了在
整個畫面的背景下來了解和評價這些東西，有時候越出自己狹隘
的專業界限也是值得的，那麼，我就不得不冒這種風險。

　　一本書如果只是報導誰說了些什麼，那它一定是枯燥無味的。所以本書在引用很多材料時，對其所說明的觀點都進行了分析和批判。但是總的來說，這麼批判是與解說彼此分開的，而且我希望大多數的批判是公正的，是出自相互衝突的立場本身，而不只是表達個人的反應。

　　要研究人們關於宗教問題實際上說了些什麼，而同時不去掌握問題本身，是不可能的。像本書這一類書籍的最終目的，應該是使這些問題本身得到某種澄清。這並不意味著要使讀者最後得到一個固定的結論。如果本書激起了讀者對這些問題的興趣，鼓勵他自己去讀一些本書討論過的作家的著作，使他能夠了解當前的問題所在，了解對付這些問題頗有希望的方法，那麼本書的目的就算達到了。

14　　據我所知，迄今還沒有一本書涉及的領域與本書完全相同。然而有很多書在不同的方面與本書的領域有所重疊。我從這類書中獲益匪淺，希望在本書中已充分地說明了我的謝意和它們對我的幫助。

約翰・麥奎利

一九八一年一月

於牛津大學

目　　錄

第七章　附論

第八章　歷史與文化的哲學

第九章　基督教、歷史與文化

第十章　對宗教的社會學解釋

第十一章　實用主義和與之相關的觀點

第十二章　人格存有者的哲學

第十三章　宗教意識與現象學

第十四章　新實在論

第二十三章　結論

第二十四章　補編：1960～1980年

第一章　導論

一、本書研究的範圍、方法和目的

用一篇介紹本書研究所採用的方法和原則的冗長討論來煩擾 15
讀者，這是不可取，也不必要的。這些方法如果使用成功，那麼
在以後的篇章中它們就會足夠明白地顯現出來。儘管如此，對於
任何一個膽敢從事本書標題所示如此廣闊主題的人，大家會期待
他一開始就說說他在自己的研究中打算包括些什麼內容，他計劃
如何去研究他的主題，他要他的研究服務於什麼目的。

首先，我們必須劃定我們稱之為「宗教思想」的這一領域的
範圍。在此使用的「宗教思想」一語，包括對於宗教核心問題的
所有帶有哲學性質的嚴肅之反思。它將包括被視為哲學分支的
「宗教哲學」（它關注的是解釋和評價宗教），也包括被視為神
學分支的「哲理神學」（philosophical theology）（它關注的
是闡明並考察某種宗教信仰的哲學含義）。它將排除那些與宗教
無直接關係的哲學領域，也將排除那些缺乏直接的哲學趣味的教
義和教會方面的神學問題。然而，有一點是很清楚的：在此我們
必須給予自己某些自由，因為一種根本不談及宗教的哲學觀點，
有可能對宗教思想產生重要影響，而一種宣稱與哲學無關的純粹
的教義神學，也可能自身隱含著哲學的意義。

於是，我們的主題材料就形成了一個邊緣地帶，即哲學與神

學之間的邊界地帶。我們必須探究本世紀在這個邊界地區所發生
的事情,然而爲了理解清楚,我們也許不得不偶爾深入哲學一邊
或神學一邊的內地去旅行一番。在邊界地區,總在進行著許許多
多、形形色色的活動,存在著和平的買賣和交易,所以我們將發
現哲學家和神學家之間的思想交流。哲學家也許會發現一條宗教
教義,甚至一則神話表達了某種眞理,而神學家也會歡迎某種哲
學爲解釋宗教信仰提供了概念的工具,也許還存在一定數量的走
私。一位哲學家在進行自己的哲學探索時,也許會懷著神學的動
機,這種動機也許連他自己也未覺察,而且還破壞了他探索的自
由;而一位神學家也許會一心一意要使其信仰符合於某種哲學,
結果在此過程中卻歪曲了這種信仰。一條邊界線也會成爲狂暴戰
爭的戰場。我們必須既考慮肯定的評價,也考慮否定的評價,不
論這些評價是由反對神學家的哲學家作出的,還是由反對哲學家
的神學家作出的。即使在這條邊界寂靜無聲,哲學家似乎完全漠
視宗教或神學家全然不關心哲學之時,我們也得問問形成這種事
態的緣由,探究一下其中隱含著什麼樣的判斷。

　　除了限於前面意義上所解釋的宗教思想,我們的主題還將在
另外兩方面加以限制。正如書名所表明的,我們將限於二十世紀
之內。然而,在兩個世紀之間是不可能進行截然的劃分,這使我
們必須注意那些雖然其工作多半在上一世紀已經完成,但在本世
紀初葉仍然活著,並很活躍的思想家。另外,我們還將只限於討
論西方文化中的宗教思想。我們這樣做當然不是因爲不尊重其他
的文化。的確,像印度的拉達克里希南(S. Radhakrishnan)和
日本的 D. T. 鈴木大拙,——這裡只順便提提西方熟知其作品的
兩位——在我們時代的宗教哲學家中就享有很高的地位。然而,
西方文化已構成了某種統一體,要想將我們的探索擴展而超乎於
西方文化之外(即使我們有能力這麼做),必然使我們處於幾乎
是不可克服的複雜局面之中。

　　這樣劃定了我們的領域之後，現在我們該來談談我們藉以最好進行探索的方法之問題了。這裡有一大堆問題要解決——選擇的問題，解說的問題，比較的問題，批判的問題，還有年代編排的問題。我們必須十分簡要地說明我們打算如何處理每一個問題。

　　我們面臨的領域是一個十分廣大的領域，所以第一個問題必然是**選擇**的問題。在本世紀就與我們的主題有關的種種問題進行寫作的大量哲學家和神學家當中，我們爲揭示這一時期宗教思想的傾向，這一目的應該選擇那一些呢？沒有兩個人會作出相同的選擇。而且，顯然任何選擇都必然會受到主觀因素的影響——還有不少選擇者受個人知識方面的限制。我們的目的是使選擇盡可能地普遍，這樣，除了那些吸引了廣泛注意的觀點之外，比較鮮爲人知的那些觀點也能讓人們聽到。只有這樣，我們才能希望得到一幅平衡而全面的圖景，它可以向我們展現出現代和當代宗教思想的光譜上絢麗多彩的顏色。

　　關於**解說**問題，我們的目的首先必須是公正。然而這也絕非易事。企圖用寥寥幾小段話來概括作者需要用幾大卷書方可適當表達的複雜思想，終究是一件難得其要領的事情。我們盡可能緊緊地扣住作者自己的作品，採用他們自己的術語，並在可能的地方引用**作者的原話**，這樣我們就能很好地避免對他們思想的歪曲。

　　選擇和解說只是我們任務的開端，因爲一本書倘若只記載誰說了些什麼，就只能是一本枯燥沈悶的書。我們還要對各種各樣的思想家進行**比較**，指出他們的異同，這樣我們才可能把他們歸入不同的類別，每一類別都代表了一種或多或少是獨特的思想類型。在某些情況下，一個類別是如此的確定，以致構成了一個可以明確定義的學派；在另一些情況下，某個類別卻十分鬆散，只不過是論述我們的主題的一種方式而已。總之，存在著某種重

合，所以我們必須對這些類別本身進行比較，說明一種類型的思
想是如何匯入另一種的。

　　我們將要提出的**批判**，並不以關於宗教哲學應該說些什麼的
先入之見的基礎。它只限於這樣一些問題：一種特定的對宗教的
解釋是否言之成理、是否適合於它想要論述的現象、是否與我們
從其他來源知道的東西有關聯，它在多大程度上依賴於未加批判
地接受之前提等等。我們這麼說，也就等於宣告我們所努力的目
標是要盡可能地公平。我們無權宣稱自己像奧林匹斯山上的諸神
那樣地超然，因為這樣宣稱顯然是自負而荒唐的。除非從某種觀
點出發，否則根本沒法就這些問題寫作。筆者將在結束本書以前
表明自己的觀點，但筆者也將盡力不把自己的觀點強加於讀者，
以便讓讀者根據每一種觀點自身的是非曲直去思考。

　　年代編排的問題是最難處理的問題之一，正如各種不同類型
的思想，在觀點與論述上都相互滲透一樣，它們在時間上也是彼
此重疊的。我們無法畫出鮮明的界線，說某年某年之後，某些類
型的思想被另一些類型的思想取代了。不過，我們準備將本世紀
的宗教思想劃分為三個階段。第一階段是十九世紀已經發展的觀
點，繼續進入二十世紀。在第二階段，我們發現有一些顯然屬於
二十世紀的新思潮，但是這些思潮，至少就其原有的形式而言，
已經度過了自己的全盛時期，不是已經衰落，就是已經轉化成為
更新的思潮了。第三階段的思潮，是那些至今仍然占據著這個領
域的思潮，透過一些把我們從一個階段引入下一個階段的過渡性
章節，我們的歷史敍述就具有了某種連續性。

　　這些就是我們將要努力記取的有關方法論的考慮，結果我們
的研究，就採取了一種頗像穆索爾斯基（Mussorgsky）的著名
音樂作品《展覽會的圖象》（*Pictures from an Exhibition*）的形
式。在這部樂曲中，穆索爾斯基帶著我們穿過一系列的圖象，一
幅一幅地加以描述，並記下他自己的印象，同時借助在我們透過

畫廊時反複「流動」的主題，提供了一種連續性。

最後，我們還可以問問我們即將開始這樣一種概述的目的何在。當然，這本書可以作爲一種指南或一本便捷工具書而發揮作用，或者也可以說，在這個過分專業化的時代，獲得對任何一門學科的概略認識是很有益的，這樣可以使我們的思想擺脫一些狹隘性。然而，我們應當記住一個更爲重要的目的，不研究問題本身，就不可能研究任何問題的歷史。通過研究人們對於宗教問題實際上已經說了些什麼，一個人就可以希望達到對這些問題更清楚的理解，可以看到解決這些問題的途徑，那些是行得通的，那些是行不通的。但是，這一野心更大的目標在多大程度上得以實現，只能在我們探索的終點，透過我們的結論來判斷——假如我們果眞有幸能夠接近這個目標的話。

有關我們研究的範圍、方法和目的的一般性考慮，已經說得夠多了，現在我們必須轉入主題本身，作一點初步的環顧。

二、初步的環顧

如果一個人在二十世紀的第一天思考宗教問題，他的思想與十九世紀下半葉人們所持有的思想大概不會兩樣。如前所述，我們敍述的第一階段，是前一世紀已得到發展的觀念在本世紀的繼續。 19

當我們回顧那個時代人們所持有的觀點時，也許它們在今天看來似乎早已過時，甚至似乎是來自另一個世界。然而它們肯定並沒有那種枯燥乏味的一致性，而是呈現出十分豐富多彩的多樣性。讓我們聆聽一下英國哲理神學家伊林沃特（J. R. Il-lingworth）關於本世紀初葉思想的多樣性所說的話：「對當代觀念的一種眞正完整的概括，一定會在其中揭示出多樣性，而不

是統一性———一大堆不一致的而且常常是互不相容的觀點，所有
這些觀點在某種意義上都可稱爲現代的，但是沒有一個能夠稱爲
這個時代的典型代表，它們相互接近，相互交織，而後又分道揚
鑣———形成了思想的種種主流、支流，湍流與逆流。」①

　　然而我們還是能大概確定這些觀點所屬的年代，因爲儘管所
提出的思想形形色色———有觀念論、唯靈論、自然主義、唯物主
義等等———卻仍然有某些特徵，是那個時代流行的大多數思想類
型所共同具有的。當我們隔著這一段距離來回顧它們時，這些特
徵是顯而易見的，也許還顯得更加突出、更加清楚了，因爲它們
已經不容易影響今天多數人的思想了。我們觀察事物的方式已經
改變，於是，當我們拿起一本本世紀初寫成的有關我們這個主題
的書來讀時，會得到某種陌生的印象。當然，我們不能說這種變
化是更好還是更壞，但是我們不能不注意到一種很徹底的變化，
我們的任務就是要追溯各種轉變和中間環節，這些環節導致本世
紀初西方宗教思想中流行的觀點，轉向了我們今天所了解的那些
觀點。

　　在本世紀初期大多數思想類型所共有，而對我們來說絕不是
那麼容易接受的特徵中，有一項是樂觀主義。當然，要對「樂觀
主義」（optimism）這樣一個含糊不清的詞作一些膚淺無聊的
一般化的判斷，那是再容易不過了。然而確實可以說，在本世紀
初大多數思想流派中，某種精神上的輕快情緒是十分明顯的，而
當世界日益分裂和動盪之時，這種輕快情緒就越來越被壓倒了。
樂觀主義反映了文明在那些較早年代的相對穩定和擴展，而一種
嚴肅的審愼則反映出我們這個時代的種種憂慮。今天，對於這樣
一類觀念論者的樂觀主義，將不會有什麼反應，例如瓊斯爵士
（Sir Henry Jones），他在結束吉福德講座（Gifford Lectures）的
講演時，向他的聽衆保證「人類環境將具有友善與互助的性
質」；②或者像羅伊斯（Josiah Royce），他斷言「世界作爲一

個整體，現在是而且必然是絕對好的。③旣然科學本身已顯示出它即使在物質福利方面也具有兩面性，那麼我們就應當躊躇再三，才決定是否贊同弗雷澤爵士（Sir James G. Frazer）所表達的另一種樂觀主義，他認爲：樂觀主義「無論怎麼強調進步——未來物質上的進步以及道德和智力上的進步——希望是和科學的命運休戚相關的，都不會過分。」④也許是由於在二十世紀我們所目睹的一些恐怖事件，當代的神學家們都傾向深入考慮人類天性中的罪性，他們當中很少有人贊同哈那克（Adolf von Harnack）的下述勉勵所包含的關於人的樂觀主義觀點：我們應當「懷著堅定的意願，去證實在我們內心生活的頂峯，作爲至高的善而閃閃發光的力量和標準。」⑤當然，人們也會發現一些悲觀主義的論調，但是總的說來，樂觀主義是占優勢的。我們在此所引的那一時期著作中孤立的句子，還需根據上下文來進行研究，才能對之有恰當的理解——隨著本書的展開，我們希望對這些著作作出更公正的評價——儘管如此，這些句子還是表現了一種在本世紀初盛行一時，而現在卻幾乎銷聲匿跡了的樂觀主義。

這種樂觀主義與作爲那個時期特徵的另一種觀點——發展或進化的觀點密切相關。這種觀點或者具有較多的黑格爾主義（Hegelian）色彩，或者具有較多的達爾文主義（Darwinian）色彩，但它總以這種方式或那種方式，在不同類型的思想中反複出現。在彼此歧異如此之大的作家如克爾德（Edward Caird）與海克爾（Ernst Haeckel）的身上，這種觀點都十分突出。當然，進化論的觀點仍然是一種我們認爲有很高價值的觀點。但是，我們已經開始用較有批判性的眼光，在作爲一種科學假設的進化論，與作爲一種哲學一般理論的進化論之間作了區分，對於前者，我們可以在其自身的領域內予以採納，對於後者，我們也許十分懷疑。如果它竟膨脹爲一種關於一般的、不可避免的過程的觀點，在這種過程中，後來者一定更先進，而先進就意味著更

好更真的話，我們便會更加懷疑它了。

儘管有這些進化論觀點，在本世紀初提出的大多數思想中，「實體」（substance）的概念仍然占有主導的地位。實體可能是精神的，也可能是物質的，可能存在著一種實體，也可能存在著多種實體，實體甚至可能被認為是活動的，但是從本質上說，它是一種靜態的觀念，而且可以說，它是以固體的持久的物體性質作為解說自身的原型的。關於「實體」的概念是否必不可少，這個問題頗有爭議；但是哲學的興趣現在已從實體轉向了諸如事件、過程、功能、生命之類的動態的概念，這卻是毫無疑問的。

那個時代的各種哲學還有一個特徵，就是具有全面完整的性質，那些哲學家都以系統的論述為目標。根據威廉·溫德爾班（Wilhelm Windelband）的說法，在十九世紀與二十世紀之交流行的用法中，「哲學」這一術語意味著「科學地論述有關宇宙和人生的一般問題。」⑥ 從事於十分有限之問題的當代分析哲學家，在關於自己的學科的這樣一個定義面前一定會退縮。由於具有完整全面的性質，本世紀初的任何哲學都在一定程度上關注宗教問題。在神學家那方面，也常常力求在哲學中確證自己的信仰。於是出現了二者之間相當密切的聯繫，迪安·英格（Dean Inge）甚至宣稱「哲學的目標與宗教的目標是相同的——即對於完善者（the Perfect）的完善的理解。」⑦ 即使近來我們又看到了哲學與神學開始彼此靠攏，但在我們這個時代的大部分時間中，二者一直是各行其道的，而且二者之間也不存在像本世紀初那樣緊密的關係。我們也會注意到，一種全面系統的哲學總是傾向於採取某種終極的態度。在提到哲學的任務時，伯納德·鮑桑葵（Bernard Bosanquet）評論說：「我不隱瞞我的這個信念，即，大體上說來，這項工作已經完成了。」⑧ 對於鮑桑葵來說，再補充這樣一句話只會更好：在他的生命結束之前，實際上他面臨著在此期間已經出現的種種新的趨向。但是，對於我們這些能

夠回顧以往的六十多年，能夠看到唯心觀念論如何衰敗下去，能夠看到確立已久的傳統如何垮台，而種種新的思潮又如何成形的人來說，一切似乎都處於轉變之中，一切都是在不斷流逝的。

　　以上是我們在二十世紀宗教思想的第一階段所發現的一些反覆出現的特徵。它們之所以引起我們的注意，是因為在我們時代的思想中很難見到這些特徵了。然而，正如我們已經注意到的，這個第一階段──它包含這樣一些類型的思想，它們在十九世紀已有了充分的發展，但在二十世紀剛開始的那些歲月仍然富於生命力──呈現出明顯的多樣性。我們如何將它各種不同的表現形式分類呢？

　　最清楚的分野在於：一是「觀念論」或唯靈論類型的思想，另一方是自然主義類型的思想。但是，像「觀念論」和「自然主義」之類術語，只不過是一些方便的標籤，它們的含義在不同的背景中是各色各樣的。廣義上的「觀念論」一詞，可以用於彼此相去甚遠的一些思潮，如新黑格爾主義者的思辨觀念論（Speculative idealism）和新康德主義者的批判觀念論（critical idealism），在上個世紀與本世紀之交，這兩個派別都是生機勃勃的。在新黑格爾主義者本身之中，又有絕對觀念論者與人格觀念論者（Personal idealists）之分。另外，還有一個值得注意的唯靈論或人格論類型的思想家集團，他們與傳統形式的觀念論的關係是極其鬆散的。於是在我們敍述的第一階段中，我們可以區分出宗教思想的五個主要類型。

　　如果我們將這些類型安排在思辨觀念論與實證自然主義這兩個極端之間，我們對第一階段的概述就將包括以下題目：達到了絕對觀念論頂峯的英美哲學中的新黑格爾主義運動，以及這個運動在神學中的影響（第二章）；由於反對把人格湮沒在「絕對」（absolute）中的傾向，而在新黑格爾主義內部興起的人格觀念論，以及它在神學方面的對應物（第三章）；出現在不同的國家

22

中，不同的背景下的一些哲學，這些哲學大致都以唯靈論、有神論和人格論爲特徵（第四章）；主要出現於德國的新康德主義哲學及其同盟軍利奇爾主義（Ritschlian）神學，它以價值觀念爲解釋宗教的核心（第五章）；根據生物學、人類學和心理學對宗教所作的自然主義和實證主義的種種解釋（第六章）。

註 釋

① 《神的超驗性》（ *Divine Transcendence* ），第 1~2 頁。

② 《探究的信仰》（ *A Faith that Enquires* ），第 360 頁。

③ 《哲學的宗教方面》（ *The Religions Aspect of Philosophy* ），第 444 頁。

④ 《金枝》（ *The Golden Bough* ），第 712 頁。（ 本書中譯本已由桂冠／久大公司出版──校閱者註 ）

⑤ 《什麼是基督教.?》（ *What is Christianity ?* ），第 301 頁。

⑥ 《哲學史》（ *A History of Philosophy* ），第一卷，第 1 頁。（ 中譯本見北京商務印書館，羅達仁譯《哲學史教程》上卷──校閱者註 ）

⑦ 〈哲學與宗教〉（ Philosophy and Religion ），載於《當代英國哲學》（ *Contemporary British Philosophy* ）第一冊，穆爾赫德（ J. H. Muirhead ）編，第 191 頁。

⑧ 《個體性與價值的原則》（ *The Principle of Individuality and Value* ），前言，第 5 頁。

第二章
絕對觀念論

三、英語國家中的觀念論

　　「觀念論」一詞所指的是這樣一些類型各異的哲學學說，這 23
些哲學學說全都以這種或那種方式，把物質客體視為僅僅與經驗
的主體相關聯而存在，因而它們都根據思維或經驗來設想實在。
在我們即將考察的這個類型的觀念論學說裡，物質客體是與一種
包容一切的、絕對的經驗相關聯的，我們人類的有限思維也以某
種方式包含在這包容一切的、絕對的經驗之中。

　　這種類型的觀念論，十九世紀初期在德國十分盛行，可是它
在自己的故鄉度過了鼎盛時代很久之後，又在英語國家經歷了一
次引人注目的復興，到二十世紀之初，它竟在英語國家成了占主
導地位的哲學。然而，這種新的觀念論並不僅僅是重述一種老的
哲學，它很快就具有了自己所獨有的一些特徵。用一位採取中立
態度的評論家基多・德・盧杰羅（Guido de Ruggiero）的話來
說：它並非「種種外來觀念的一種簡單重複，而是一種絕對富於
獨創性的思潮，它從黑格爾那裡汲取了動力，但卻徹底地改造了
黑格爾的理論。」①

　　德國觀念論開始滲入英語世界，起初是通過一些詩人和文學
家的影響，其中的傑出代表有英國的柯勒律治（Coleridge）和
卡萊爾（Carlyle），以及美國的愛默生（Emerson）。只是在

十九世紀最後的三十多年裡，觀念論才在英語國家中那些主要不是文學家而是哲學家的人當中立住了腳跟。這個運動的先驅有英國的斯特林（J. H. Stirling）和格林（T. H. Green），以及美國哈里斯（W. T. Harris）。從康德開始，整個德國觀念論思潮造成了很深的影響，也許，把這個德國思潮內部的種種流派合在一起來考慮，有助於說明英美觀念論的某些獨特之處。無論如何，影響了這個新思潮的首先是黑格爾，這麼說是千眞萬確的，無論黑格爾的哲學體系如何複雜難懂，我們在此都必須努力來概括一下他的哲學的一些最顯著的特點。

24

黑格爾的觀念論認爲，實在是理性的，世界是一種精神原則的表現。這並不是說物質的東西是虛幻的，而是說物質的東西與一種精神彼此相關聯，這個精神在自然過程之中，並通過自然過程來實現自身。在人之中，精神達到了自我意識。這樣，黑格爾就在其體系當中，爲發展或進化的觀念找到了地盤(1)，但這種發展或進化被說成是一種精神的過程，在其中，低級的東西靠高級的東西來解釋，而不是高級的東西靠低級的東西來解釋。黑格爾不僅是個觀念論者，還是個一元論者，這就是說，他主張實在是單一的。但這個統一體並不排除差異。正相反，絕對精神的發展包含著分化差異，不過這種發展的方式，使得種種差異都聯結在一個更爲包羅萬象的統一體之中了。克爾德（Edward Caird）喜歡用來解釋這種差異中同一原則的一個例證是，一個發展中的社會，這個社會隨著自身的發展，包含了越來越多的分工，但這種分工增加了社會成員的相互依賴，從而加強了社會的統一。在黑格爾看來，實體統一的程度是如此之大，以致於任何一個單個的事實，除非與整體聯繫起來看，否則就不可能得到充分的理

---

(1) 黑格爾的發展或進化觀，經過懷德海（A. N. Whitehead）的哲學，直接影響到當代的「進程神學」（Process Theology）——校閱者註

解，我們必須透過任何個別的表象，深入到它所表現的一般概念或觀念，這個概念或觀念在理性的完整系統中有其自身的位置。由於發展導致差異，各種差異就產生衝突，但這些差異其實是互補的，並在一種更高的統一之中得到調和。這就是著名的黑格爾辯證法，憑著這種辯論法，正題與反題的衝突在一個更高的合題當中得以解決。

在我們往後進行論述的過程中，這些理論所包含的對於解釋宗教所具有的意義，將會變得越來越明顯。它們構成了英美觀念論據以產生的思想基礎。毫無疑問，在很多早期的英美觀念論者的思想裡，神學的動機起著重大的作用。他們在觀念論中看到了一種可以取代自然主義（naturalism）和不可知論（agnosticism）的東西，自然主義和不可知論似乎在挖著宗教信仰的牆腳，而他們認為自己是信仰的保衛者。由於這個緣故，他們的思想很快就被神學家們接受了。在為一八八九年的《盧克斯‧蒙迪》（*Lux Mundi*）論文集撰稿的那些英國神學家身上，在穆爾福德（Elisha Mulford）之類的當代美國神學家身上，黑格爾的影響都十分明顯。然而隨著時間的推移，新觀念論擺脫了對神學的依附，以一種適合哲學的獨立性發展起來了。黑格爾主義對於基督教的模稜兩可的涵義已變得日益清楚，那些曾經信奉觀念論的神學家，或者已抽身返回，或者陷入了日益背離正統的境地，或者去尋求更符合傳統基督教教義的種種新的觀念論理論表述方式。

在本章中，我們首先考察兩位英國哲學家，他們傳播了一種頗為正宗的黑格爾主義，儘管兩個人的著重點各不相同（第四節）。接著我們要看看布拉德雷（Bradley）和鮑桑葵（Bosanquet）的絕對觀念論所表現的英國新黑格爾主義思潮的高潮（第五節）。然後我們必須橫渡大西洋，把注意力轉向美國觀念論者中最偉大的人物——羅伊斯（Josiah Royce）（第六節）。討論

25

了這些哲學家之後，我們將考察一些具有觀念論傾向的神學作家
和宗教作家（第七節）。最後，我們將以一個批判性的總結來結
束本章（第八節）。

四、英國的新黑格爾主義

克爾德，瓊斯

　　二十世紀之初英國最有影響，也許還是最受尊敬的哲學家之
一，是愛德華·克爾德②（ Edward Caird, 1835～1908 ）。儘管
他對黑格爾的思想跟得相當緊，但他還是賦予自己那種類型的觀
念論，以一種十分明確的有神論特徵，並且特別強調發展或進化
的觀念。由此產生的宗教哲學，如果不是極其正統的，那麼至少
也是與基督教高度和諧的。

　　克爾德的出發點是這麼一個信念：「這個世界是一個理性的
或者可理解的系統。」③ 從自然的物質過程到人的最高級精神活
動，每一件事物原則上都能夠作出理性的解釋。然而，解釋的方
式必須適合於所要解釋的對象，我們不能根據較低級的東西來解
釋較高級的東西，在一個產生了人的精神生活的世界上，終極的
解釋原則必然是精神性的。這與宗教的上帝是統一的。理性與宗
教都走向同一個目標，因此宗教既不需要一種特殊的啓示，也不
需要一種神秘的直覺。「每一個理性的存有者，本來就是一個宗
教的存有者。」④ 因此，宗教是與上帝的有意識的聯繫，而上帝
就是那絕對的精神原則，它既在自然之中，又在人之中顯示自
身，它是那作爲一切差異之基礎的統一體。

　　在提出這種宗教觀的過程中，克爾德使用了兩個概念。第一
個概念是**人的統一性**，人的統一性所依據的，是人的自我意識及

其對一種共同理性的分享。既然人是單一的，則其宗教也是單一
的，要理解宗教，所用的資料就必須取自宗教的種種表現形式的
全部領域，既取自發達的宗教，又取自原始的宗教，既取自基督
教的宗教，又取自非基督教的宗教。第二個概念是**發展或進化**。
發展或進化被設想爲分化與結合的過程，在這個過程中，「差異
不斷地增加，但不以犧牲統一作爲代價，而是以這樣一種方式進
行，以致於統一性本身也深化了。」⑤因此，宗教的種種紛繁歧
異的表現形式，必須根據統一的發展過程去予以理解。在這個過
程中，較低級的東西將根據較高級的東西得到理解。如果有人提
出反對意見說，「宗教是與上帝的有意識的聯繫」這個定義不適
用於原始宗教，那麼我們必須回答說，原始宗教包含著高級宗教
的胚芽。對上帝的認識，既是我們思考的前提，又是我們思考的
終點，在宗教的發展中，對上帝的認識越來越清晰地進入意識之
中。

意識之中有三個因素。人向外能看到非我，即**客體**（object）；向內能看到自身，即**主體**（subject）；向上能看到那統
攝主客分裂的統一體，它是主客差異的前提，是絕對的統一原則
即**上帝**。一方面，這三個因素總是出現在意識之中，另一方面，
其中的這一個或那一個也許又會在人類發展的特定階段占據主導
地位，於是我們就發現宗教的發展有三個階段。在以古希臘宗教
爲例證的**客觀的**宗教中，上帝主要是用客觀的詞語來表現的。人
們設想上帝是內在於自然界之中的，當一切有限的事物都湮沒在
那整體之中的時候，這種類型的宗教就從多神論進到泛神論了。
作爲對前一階段的反映，以猶太人的宗教爲典型的**主觀的**宗教轉
向了人的內心生活，它在道德意識中發現了比在自然中更加清晰
地呈現出來的上帝。這種宗教的頂峯是一神教，在一神教中，上
帝被設想爲是超越於世界、外在於世界的。主觀宗教與客觀宗教
之間的對立，在**普遍**宗教之中被克服了，普遍宗教（universal

religion）的典型就是基督教。這種宗教結合了泛神教的內在性
與一神教的超越性，透過將人的內心生活與自然界歸入一個更廣
泛的統一體，從而確定了二者之間的密切聯繫。但這包羅一切的
統一體，並非一切差異都已消失於其中的統一體，而且，人類的
有限精神以有絕對精神爲基礎而得以保障其不朽。

　　雖然我們說過，克爾德的宗教哲學是和基督教十分和諧的，
但是很顯然，在他看來，基督教之所以受到尊重，只是作爲普遍
宗教的表現形式受到尊重。這是基督教中的永久性因素，克爾德
力圖把它與所有短暫的、特殊的東西區分開來。我們還說過，克
爾德對黑格爾主義作了有神論的解釋，儘管這肯定是他的本意，
但他是否避免了泛神論，這一點卻不很清楚。他強調的是內在性
而不是超越性。他否認神蹟和上帝對世界的干預，或者說，他寧
可說所有的一切都是神蹟，因爲一切事物都表現著上帝。於是，
上帝在基督裡的道成肉身（incarnation），就不是一個獨一無二
的、與其他事情毫無聯繫的事件了。基督之所以應當受到尊敬，
更多的不是因爲他自身，而是因爲他代表的這個觀念——神具有
人性的觀念，神人結合的觀念，神在一切人類生命中呈現的觀
念。「這個一般觀念，在其普遍的意義能被人了解、被人鑒識之
前，可以說，它需要具體化或有形化，『成爲血肉之軀，住在人
類中間』，完全充分地實現在一種有限的個體(2)之中」。然而，
在那以後，我們也可以著手「把這個觀念同時間、地點、環境等
偶然因素分離開來，把它表現爲一個一般原則」。⑥儘管對宗教
的這種說明現在看來似乎是思辨性的、理智主義的，但是克爾德
的思想之博大以及這種見解之崇高，使他成了現代英國偉大的宗
教思想家之一。

　　克爾德的比較純粹的黑格爾主義在下一代人之中仍然擁有追

---

(2)　指耶穌基督。——譯註

隨者，但是這種黑格爾主義的後來鼓吹者們卻沒有一個人像克爾德本人那樣，把它表述得那麼清楚明白而富於說服力。我們可以大致看看他的門徒之一亨利·瓊斯⑦（Henry Jones, 1852～1922）的思想。在瓊斯看來，觀念論本身已變成了一種宗教，一種「實踐的信條」，他滿腔熱情地傳播它，認為它是現代世界前進的道路。⑧ 就其最深刻的意義而言，基督教的教義是與觀念論一致的。於是，如同在克爾德那裡一樣，道成肉身的教義被認為是象徵著上帝內在於一切人之中。⑨ 諸如此類的教義不應被視為權威性的啟示，而應被視為這樣一些假設的體現，這些假設在哲學中得到了理性的確證。

瓊斯重述了典型的黑格爾主義的教導。「讓人借助於純粹理性去尋找上帝吧，他將找到上帝。」⑩ 理性的探索，將在這個世界的紛繁差異後面，揭示出那作為基礎的精神統一體，這個統一體既內在於自然，又內在於人，它向人確保了這個世界的友好與合作。特別應該強調的是道德生活。道德生活絕不是對一個不可能實現的理想無益的追求，而是「一個總是達到目的的過程。」⑪ 在對善的追求中，人就實現著自身。沒有一個人會行了善而未成為一個更好的人，變成較好的人這個收穫，總是伴隨著道德上的善舉。另一方面，惡就是自己挫敗自己。所以，我們這個世界是有利於道德生活的，道德生活作為對神意的實行，在宗教中得以完成。

上帝被等同於哲學的絕對者（absolute），所強調的是他的內在性，沒有什麼神意的干預。上帝就是世界過程，但由於他是有自我意識的，有人格的，他也被說成是超越宇宙的。他的完善絕不是靜態的，因為在一個不變的世界裡，對善的追求也就變成虛幻的了。不論這個概念是多麼難懂，我們都應該把上帝看成過程中的完美者，看成從完善到完善的一種動態的進步，看成善之理想的永無休止的實現。

28

看看瓊斯如何不得不反對英國觀念論中出現的新的事態發展，捍衛他從克爾德那裡繼承的傳統的黑格爾主義，將會十分有趣。一方面，他反對這樣一些人的觀點，這些人是如此地強調人的有限性，以致於除了被吸收於絕對者之中，人就一無所剩了。瓊斯否認有限與無限之間的對比是一種終極的對照。與其他的對比一起，二者的關聯可以在一個更高的統一體之中得到調和。人在自己的精神生活中也具有某種無限的東西，而絕對者則必然珍惜和維護，而不是消除在它裡面有其位置的種種成分，要更好地理解絕對者與單個的人之間的關係，所依靠的概念應該是愛，而不是吸收，這愛確保了我們的不朽。另一方面，瓊斯同樣反對一些觀念論者，他們力圖將宇宙歸結爲單個的精神之間的聯合體，以此來維護個人的人格。瓊斯嚴格地主張一元論。上帝內在於人的精神之中，他是人傾向於善的根源，我們在上帝之中的共同生活是提高了，而不是摧毀了個人的人格。也許，觀念論哲學的樂觀精神，正是在瓊斯的學說中達到了頂峯。

五、英國的絕對主義與超理性主義

布拉德雷，鮑桑葵，坎普貝爾

在本章的開頭，我們給出了「絕對觀念論」一語的廣義的定義，它包括所有那些形式的觀念論學說，這些觀念論學說都認爲世界依賴於一種包容一切的或絕對的經驗，或者與這種經驗彼此關聯。在這個意義上，瓊斯可以把他的理論稱爲「絕對觀念論」。⑫ 然而，這個用語還在狹義上用來指一種特定的觀念論，這種觀念論出現在布拉德雷和鮑桑葵的理論中，爲了避免混淆，可以稱之爲「絕對主義」（absolutism）。因而這種絕對主義可

以視爲絕對觀念論的一種，它與克爾德與瓊斯的新黑格爾主義並
列，而又與之相區別。「絕對主義」這個名稱，把人的注意力轉
向了這樣一種理論：完全的實在只屬於絕對者，而缺乏絕對的每
一件事物都被歸結於現象狀態。然而還有這麼一個進一步的論
點，即絕對者現在被認爲是超乎於理性描述的，而且正如我們將
要看到的，這種超理性主義的理論，在布拉德雷和鮑桑葵哲學中
許多別的成分被拋棄了很久之後，還有繼續有人講授。

　　在這個新的發展過程中，主要的核心人物是弗蘭西斯·赫伯
特·布拉德雷⑬（Francis Herbert Bradley, 1846～1924），他
毫無疑問是最卓越的新觀念論者，很可能還是現時代任何學派中
最偉大的英國哲學家。布拉德雷提出要進行一種形而上的研究，
通過這種研究，他理解了「一種要把實在與純粹表象對立起來認
識的努力。」⑭使我們不得不進行這樣一種探究的，既有我們自
己要超越普通事實的範圍，達到一種更廣博的觀點的天性之需
要，又有保護自己，以免毫無批判地接受種種虛假的或不適當的
世界觀之需要。「一邊是我們的正統神學，另一邊是我們那陳腐
的觀念論，它們就像幽靈，在自由的、懷疑的探究之光的照耀下
消失了。」⑮形上學的目的，就是要使理智滿意。能使理智滿意
的，只有單一的、擺脫了矛盾的東西，那就是**實在**（reality）。
不能使理智滿意的東西，是零碎的，受到矛盾影響的，那就是**表
象**（appearance）。(3)

　　布拉德雷論述中的懷疑部分，是在我們對世界的思考中搜尋
矛盾。一旦我們超越了直接經驗的層次，進入推理的思維時，我
們就捲入了種種關係之中。可是仔細的考察表明，「關係」這個
概念是不可理解的，它使我們陷入了種種不可解決的矛盾之中。

――――――――――――

(3)　原譯爲「現象」事實上『appearance』與『phenomeno』是有區分的，前
　　者譯爲「表象」更爲適當。――校閱者註

「一種關係式的思維方法所給出的，必然是表象而不是眞理。」
⑯一旦到了那一點，就無法轉回來了。我們思考的各個領域都被
探索過了，都被發現正爲矛盾所困擾，並被一個一個地交給了表
象界——空間與時間，運動與變化，自我與人格，都同樣被種種
相互矛盾所洞穿。道德生活也有它自身的矛盾，它力圖憑著遁入
宗教來克服這些矛盾。但是甚至連上帝和宗教也缺乏實在性，因
爲宗教意味著上帝與人之間的關係，於是人之存在就與上帝相對
立，上帝也因而不那麼絕對了。然而宗教又要求上帝應該是一切
的一切，而如果上帝竟融入了絕對，他就不再是宗教的上帝，而
且宗教也就消失了。因此，上帝也是一種表象，是絕對的一個方
面。

　　既然這麼多的東西都是表象，那麼，什麼是實在呢？只有絕
對才在充分的意義上具有實在性。然而，關於它我們能夠知道些
什麼嗎？我們可以擁有關於絕對的某些明確知識，因爲我們有一
個明確的關於實在性的標準——沒有矛盾。於是我們可以說，絕
對就是一（absolute is one），因爲衆多的眞實會導致矛盾。宇
宙的種種差異，必然同屬一個完整和諧的體系。進一步說，絕對
就是**經驗**。布拉德雷堅持這樣一個觀念論命題：所謂眞實，就是
進入經驗。然而，絕對的經驗必然不同於我們的有限的經驗。它
必然是這樣一個經驗，在其中，一切矛盾都消融在一個和諧的整
體之中。我們應該從直接感受的那種未被打碎的整體性中，去獲
取關於這種經驗的性質之線索，直接感受尙未打破的整體性，乃
位於關係性思維這一層次下面。「從這種位於關係下面的統一的
經驗，我們能夠上升到位於關係上面的一種高級的統一的觀
念。」⑰另外還有一個斷言，即，絕對是**精神性的**。然而它並不
是人格的。我們已經看到，人格的概念作爲一組矛盾，乃屬於現
象。何況，既然人憑著他與外在於他的東西的關係而存在，人格
就必然是有限的，而且布拉德雷認爲，無限的人格是一個無意義

的概念。然而，如果以爲，否認絕對具有人格就意味著它低於人格這一層次，那就大錯特錯了，恰恰相反，絕對是**超人格的**（suprapersonal）。

已有如此多的東西都歸之於表象，那麼表象的領域現在怎樣了呢？表象並非幻象。絕對需要自己的表象來表現，沒有表象，它就什麼也不是了。即使是最細微最不足道的表象，在實在中也有自己的位置，什麼也不會失落，因爲在絕對的經驗中，一切都得到了重建。然而這涉及到一種改造，對這種改造，我們只能睡眼矇矓地有些理解。既然我們最爲看重的東西也缺乏實在性，那麼甚至連善也必然在絕對中被改造爲某種更高的東西，而且我們把絕對說成善也是不恰當的了。在天平的另一端，惡也同樣被接納到絕對之中並發生質變，於是惡也對整體的豐富和完善有所貢獻了。特別有趣的是有限的自我之命運問題。正如我們所看到的，一個自我並不是獨立實在的東西。在那包羅一切的整體中，它具有一種附屬的地位，它也被接納到絕對之中，但必然發生這樣的質變，以致使人格不朽之類的東西成了不可能的事情。於是，一切現象都在絕對的完善中得以完成——這是一種靜態的完善，既沒有進步也沒有退步。絕對包含著很多歷史，但卻沒有它自己的歷史。

布拉德雷的形上學的這種嚴格僵硬的性質，由於他關於眞理和實在具有不同等級的學說而有所緩和，並非所有的表象都處於同一個層次之上。有些表象比起另一些表象來，更接近於實在，所需的在絕對之中的改造也不那麼激烈。檢驗的標準是廣博兼容性與內在一致性。所以善比惡有著更多的實在性，稱絕對爲善比稱之爲惡更爲眞實。一般說來，對我們而言是較高層次的東西，對絕對而言也是較高層次的東西。所以布拉德雷承認，「沒有任何東西比進入宗教的東西更爲實在」，而且，「一個人如果要求一個實體比宗教意識的實體更加堅實，那麼他就是在追求他根本

不了解的東西。」⑱作爲實踐的問題，宗教並未提供終極眞理，
神學家也不應宣稱宗教提供了終極眞理。例如，有一個人格的上
帝，這並非宇宙的終極眞相。形而上學的確討論終極眞理，在這
方面，它站得比宗教更高。但是既然我們不是純理論性的存有
者，宗教也就比哲學更高了，因爲宗教通過我們的存在的每一個
方面，力求表達善的全部實在性。在布拉德雷自己看來，形上學
的某些東西具有宗教的特徵。他說，對某些人來說，這⑷是滿足
我們天性中神秘的一面的一種方法，是體驗神性的一種方法，但
他否認這種方法較其他方法優越，否認它能適合於任何人，而不
是極少數人。

　　布拉德雷在一篇論文中評論說：「我應當說，對於一種新宗
教，有一種需要，甚至是某種要求。」⑲哲學不能提供這種新宗
教，但是布拉德雷具體設想了一種可能的宗教，它本身並不建立
在形上學的基礎之上，但它的信條卻能得到形上學的證明。通過
對我們現有的宗教的「改良」，這種新宗教有可能出現。這表
明，布拉德雷的形上學，可以和那種徹底改造過的理想化的基督
教並行不悖。儘管如此，人們還得說，由於他對哲學的有力而富
於獨創性的貢獻，新觀念論與神學之間在較早階段的聯盟已經結
束了。

　　伯納德‧鮑桑葵⑳（Bernard Bosanquet, 1848～1923）的
名字與布拉德雷的名字幾乎是不可分離的。雖然在能力方面，他
也許趕不上布拉德雷，但在興趣的廣泛上，他卻超過了後者。布
拉德雷把自己主要限制在邏輯、形上學和倫理學等核心的哲學學
科上，而鮑桑葵寫作的主題，不僅僅包括這些方面，而且還包括
藝術、宗教、國家等等。此外，他還承擔了大量的社會工作。他
相信，哲學既需要最好的邏輯，也需要最好的生活。

32

⑷　指形上學或哲學。——譯註

　　鮑桑葵的主要理論十分接近布拉德雷的理論，但他引進了一些略有不同的術語，而且從絕對主義中引出了一些更爲寬廣的含義。具體說來，他廣泛運用了兩個術語——「個體性」（individuality）與「價值」（value），這兩個術語在布拉德雷那裡都並不特別突出。我們通常認爲，一個個體就是這麼一種東西，它是獨特的、孤立的、具體的，而且我們專用這個術語來指一個單獨的自我或人，據認爲他是一個獨立的單位。然而，這些和鮑桑葵的用法相去甚遠。他認爲，我們對於個體性，太傾向於採取一種否定式的標準——稱某件東西爲「個體」，僅僅因爲它不是某個別的東西。我們需要一種肯定式的標準，而這個標準就是能夠憑靠自身而成立，就是擺脫了矛盾，或者一句話，就是自我完成。如果我們承認這一點，我們就會發現，個體性並不屬於孤立的自我之類分離的或者零散的事物，而僅僅屬於一個系統或一個「世界」。要想把握個體性的性質，我們可以，比如說，看看一幅畫，藝術家在其中把各個孤立的成分結合成了一個和諧的整體；或者看看國家，按照黑格爾的觀點，它比它的任何一個公民都更加眞實地是一個個體。然而，一件藝術品或一個國家仍然只是一個有限的個體，並不是完全地自我完成的。於是我們不得不走向絕對主義理論。「在終極的意義上，只可能存在一個個體，那就是絕對。」㉑個體性同時就是價值的標準。我們把價值歸諸任何使我們滿意的東西，可是這並不意味著價值是純粹主觀的東西，即我們不能夠論證它們。持久的滿意只存在於首尾一貫而無自我矛盾的東西之中，因此像個體性一樣，在充分的意義上，價值最終也只屬於絕對。

　　所以在有限的存在中，我們只擁有不同等級的個體性和價值，但這些個體性與價值爲我們指出了它們在絕對中的完成。在探求充分的個體性和令人滿意的價值的過程中，有限的自我（即通常意義上的所謂「個體」）必須走出它那孤立的自我性質，把

33　自己同那整體統一起來，它本是那整體的組成部分。「最偉大的
　　人留下來的只有名字而已，因爲他們的成就已經和宇宙的力量融
　　爲一體，不可能把它從中分開來進行評估。」㉒耶穌和蘇格拉底
　　是可以引證的兩個典範——倘若不看他們所創造的「世界」和他
　　們所開創的「運動」，我們對他們的「人格」就幾乎一無所知。

　　　　有限的自我走向自身歸宿的旅程，可以劃分爲三個階段。第
　　一個階段是**靈魂之鑄造**。用濟慈（Keats）的話來說，世界是一
　　個「造就靈魂的山谷」。宇宙是這樣一個宇宙，它產生了這麼一
　　些有限的精神性的存有者，(5)它們爲自然所鑄造，同時又鑄造自
　　身並鑄造環境，而且渴望著超越純屬自然性的生存。第二個階段
　　是有限自我的**冒險和艱難**。在此，我們可以對照一下鮑桑葵的觀
　　點與瓊斯的觀點。瓊斯出於其輕鬆的樂觀精神，認爲道德是「一
　　個總是有收穫的過程」，人在追求善的過程中「實現著自身」，
　　而鮑桑葵則把注意力引向了有限自我對無限滿足的追求中所包含
　　的種種失敗和矛盾。這樣一個自我「總是一個不完整的存有者，
　　他爲一個無限的整體所激勵，他根據自己的有限的外在性的範
　　圍，永遠在努力著要表達那個無限整體。在這方面，他永遠不可
　　能成功。」㉓達到第三個階段即**穩定和確定**的道路，只能是通過
　　超越自我。在宗敎意識中，人認識到自己是非獨立的存有者，他
　　必須放棄獨立的每一點殘跡。超越自我，意味著作爲絕對，即眞
　　正的個體與終極的價值的組成部分，放棄自己那孤立的、有限的
　　自我。於是，有限自我的命運，就旣非毀滅，亦非不朽，而是在
　　絕對之中的徹底轉變。這也不是某種純屬將來的事情。絕對之完
　　善是超時間的。有限自我的徹底轉變，正像第四福音書(6)所說的
　　「永生」，可以發生在此時此地。人格的局限之消失，及其在一

――――――――――

(5)　指人。——譯註

(6)　指《新約聖經》中的〈約翰福音〉。——譯註

種更深的經驗中之消融，都屬於日常生活的範圍。按照鮑桑葵的
說法，人類的命運，正是以這麼一種方式完成的。

在查爾斯・阿瑟・坎普貝爾㉔（Charles Arthur Campbell,
1897～1974）的哲學中，布拉德雷主義的傳統雖然有了許多影響
深遠的修正，但是得以繼承下來了。在早期的著作《懷疑與建設》
（*Scepticism and Construction*）一書中，坎普貝爾用作自己的
出發點的，是布拉德雷的這一懷疑論的學說：絕對是超乎於關係
之外的，因此也超出了理性認識的範圍。用坎普貝爾的術語來
說，它是「超理性的」（suprarational），而且「對於理智的範
疇必然也是晦暗不明的。」㉕此外，布拉德雷把他的論證建立在
對認識的性質和要求所作的考察之上，坎普貝爾則宣稱，當我們
轉向不同形式的經驗時，我們對於認識論證的本質結果，就得到
了給人以深刻印象的確證。他不僅僅考察了認識的經驗，而且考
察了自我活動、道德和宗教的經驗，他發現，在每一種情況下，
經驗的性質本身都使我們不得不作出這樣的斷言，這些斷言包含
這樣一種信念：實在是超乎知識的。

那麼我們就應當歸結於一種徹底的形上學懷疑論嗎？布拉德
雷通過真理等級的理論，緩和了自己的懷疑論，但是坎普貝爾拒
絕這麼做。他排斥那種劃分「本體」（noumenal）真理與「現
象」（phenomenal）真理的理論。我們有限的頭腦，根本不可
能容納那種能提供絕對的理智滿足的本體真理，以及隨之而來的
對終極實在的認識。在有限的頭腦所能達到的範圍內，現象真理
也使人滿足，而且哲學甚至也能發現最終的現象真理。既然二者
都與理智對滿足的追求有關，則本體真理與現象真理之間就有某
種密切的關係。現象真理不應遭到忽視，因為本體真理是不可能
達到的，而且，現象真理確實為建設性的哲學提供了唯一的可能
性。

坎普貝爾在吉福德講座的演講中，把這些思想詳細地運用於

34

宗教問題。宗教關係有兩個項目，即靈魂與上帝。坎普貝爾一開始就問道：就一種能在宗教上令人滿意的意義而言，是否可以把自我視為一種靈魂？在考察了對於自我的種種體驗之後，他得出結論說，自我是一種相對持久的、積極活動的、精神性的實體，這與下述觀點是相反的：自我僅僅是種種經驗之連續。我們會注意到，坎普貝爾在此也與布拉德雷分道揚鑣了，後者分派給自我的，僅僅是一種從屬的地位。

坎普貝爾從自我開始，接著論證神性。他認為理性的有神論具有內在的矛盾，因此我們不能不考慮超理性的有神論的問題。坎普貝爾在引進這個問題時，討論了奧托（Rudolf Otto）關於「神秘者」（numinous）的學說㉖，把它作為一種超越我們的理性概念的意義剩餘。這意思是說，我們對於上帝的語言在字面上是不適用的，而只是象徵著一個本身不可知的實在。可是，如果我們對於上帝的談論不是全然空洞的，我們就需要設想，在我們的象徵符號與它們所象徵的對象之間，存在著某種類似關係。

在此，我們回頭來看看為超理性絕對所作的哲學論證。在宗教的象徵與哲學的現象真理之間，現在正出現一種給人以深刻印象的平行或類似。對於宗教與哲學這兩者來說，「終極實在都超越了一切可能的概括。然而不論是對宗教還是對哲學而言，這都不意味著它們可以完全徹底地忽視實在的性質。對於宗教意識來說，它的對象與某些理性性質之間有一種類似關係，這種關係證明對宗教對象的象徵性表現是有理的。對於理性意識來說，在那必定是實在之特徵的差異中的完善統一，與有限經驗條件下實際能達到的那些最完整最一致的統一體之間，也有一種類似關係。」㉗坎普貝爾進一步論證說，他所說對上帝的象徵認識（symbolical knowledge），比起經院哲學的類比理論（doctrine of analogy）所允許的認識來，看來決不具有更多的不可知論性質。

　　於是，他的論證的結論，把我們引向了一個無限而永恆的存有（being），即那唯一的終極實在，有限而歷時的世界之創造者，道德法則之泉源；這樣一個存有完全超乎於人類所有的概括能力之外，但是，可以合理地把它象徵化爲最高的善、智和力之精神。

六、美國的絕對觀念論

羅伊斯

　　在美國，絕對觀念論沿著獨立而富於創造性的路線發展，而且產生了第一流代表人物約西亞・羅伊斯㉘（Josiah Royce1, 1855～1916）。在一部早期的著作中，他雖然承認從黑格爾那裡「獲益匪淺」，同時又補充說：「僅僅爲了頌揚他，就忽視了其他的觀念論者，這是一個錯誤。」㉙在後來的著作中，他更進一步背離了黑格爾主義，加布里爾・馬塞爾（Gabriel Marcel）甚至宣稱，在羅伊斯的思想中，我們發現有一種從絕對觀念論到存在主義的轉變。這是一種誇大的說法，我們最好還是將羅伊斯視爲一位以非常獨創的方式表述這個學派(7)學說的觀念論者。

　　羅伊斯終生都對宗教問題很感興趣。然而他有一個習慣，除非對所考察的問題得到了一種清晰的理解，否則決不表示一點意見。正如他自己所說，「一位哲學學者總在等待光明，除非關於一種理論他已找到了光明，否則他決不講授那種理論。」㉚結果他的宗教觀過了很多年才逐漸成形，在這些年中，他研究了一批問題，然後又進到另一批問題。我們最好分三個階段來闡述他的

---

(7)　指觀念論學派。——譯註

觀點。

在一部奠定基礎的早期著作中，羅伊斯告訴我們，種種宗教
36 問題最初迫使他轉向了哲學，他宣稱，這些問題「值得我們付出
最大的努力，盡到我們最後的忠誠。」㉛其中的核心問題是用這
麼一種方式來表達的：「那麼，在宇宙中的任何地方，是否存在
具有無限價值的實在的東西呢？」㉜當我們考察對於這個問題的
種種傳統的答案時，看來我們不能避免陷入徹底的懷疑主義，因
爲在每一個方面，我們都發現有衝突、疑竇和錯誤。可是現在，
羅伊斯走出了勇敢的、獨創的一步，他相信，這一步可以使問題
得到解決。會有錯誤這一事實本身，就意味著必然有絕對眞理。
⑻一般認爲，錯誤就是自己的思想未能符合它所意指的對象。然
而，既然我不可能走到自己的思想外面來，把我的思想和我意欲
思考的實在進行比較，那麼，承認我可能錯誤也就意味著，存在
著一個更高的思想，它既包含我的思想，又包含思想所意指的對
象。一切理性思考據以進行的這個假定——客觀眞理和錯誤都是
可能的——就意味著絕對，即包容一切的思想，它包含我的思想
和一切思想，以及作爲次級部分或成分的種種對象。「一切實在
都必然對那無限思想之統一體呈現。」㉝因此，和其他東西一
樣，對於善惡的完全的認識也屬於絕對，於是我們可以得出這樣
的結論：「作爲一個整體，世界是，而且必然是絕對地好的，因
爲，無限的思想必然知道什麼東西值得嚮往，而且知道它，就必
然已在其自身之中呈現出了所嚮往的眞正對象。」㉞惡之存在，
並不構成否認這一點的證據，因爲正如錯誤暗示了絕對眞理之存
在，同樣地，惡也暗示了絕對的善之存在，而且它在絕對之中被
超越了。羅伊斯把絕對作爲宗教的基礎確立起來之後，也就滿足
於暫時撇開有限自我之命運這一類的問題了。「無論什麼事情落

⑻　黑格爾嘗言：「害怕錯誤，即害怕眞理」——校閱者註

到我們這些可憐的自我的頭上，我們都知道整體是完美的。這種
認識給我們安寧。」㉟

十五年之後，關於「我們這些可憐的自我」及其與絕對的關
係的問題，在吉福德講座的演講中遭到了羅伊斯的抨擊。絕對現
在是根據意志，而不是根據思想來予以構想的。觀念不但被說成
認識的實體，也被說成是意志的實體——它們代表著事實（它們
的「外在的」意義），也體現著目的（它們的「內在的」意義）。內
在的意義追求著外在的實現，而外在的意義則要求被用來滿足內
在的意義。只有在上帝或絕對之中，一切觀念才能得到完全的實
現。而且，既然羅伊斯根據目的或意志來定義「個體性」，㊱這
就意味著，在他看來，正如在鮑桑葵看來一樣，絕對是唯一完美
的個體，是「個體中的個體」。有限的自我企求著個體性，但是
只要我們保持孤立狀態，他們就永遠不可能達到個體性。當他們
的目的變得更加寬廣，更有包容性，當他們認識到自己和其他自
我的統一，和自然的統一，和上帝的統一時，他們就向著個體性
這一目標前進了。然而，羅伊斯與鮑桑葵的下述觀點，即有限自
我是必須在絕對之中徹底改造的一種現象這個觀點，有著截然的
不同。羅伊斯的絕對是一個絕對的自我，它由有限自我的無限性
所構成，絕對在這些有限自我中再現著自身。它「不是一個吞沒
了個體的單調的絕對，而是一個整體，它對每一個飛逝的瞬間之
有限方面，對每一種短暫或永久的有限自我的有限方面，都是公
正的，它是這麼一個整體，即由在道德上是自由的，但仍然在上
帝之中結爲一體的諸多個體所組成的一個單一的系統。」㊲這
樣，每一個有限的個體在絕對之中都有了自己獨特的位置。

關於絕對的這一具有社會性的概念，導致了羅伊斯最終的宗
教觀，十二年之後，在羅伊斯把基督教作爲一種忠誠宗教進行闡
釋的過程中，這個宗教觀得到了十分成熟的表達。他把「忠誠」
（loyalty）定義爲「自我對於一項事業的意願和徹底獻身，這

37

項事業把許多自我結為一體，從而成為一個團體的關注中心。」
㊳在《新約》中，給羅伊斯留下最深印象的不是耶穌其人，而是保
羅的教會，在這些教會看來，基督正是聯結其成員的聖靈之象
徵。這些團體所獻身的事業，不是宗教派性的或者黨派性的，它
在心目中有一個遍及世界的信徒團體，因此它要求有一種真正的
忠誠。終極的原則，是對忠誠之忠誠，它意味著要超拔出自私
的、有限的利益，去為整體人類社會服務。羅伊斯提出了一套複
雜的關於解釋的哲學理論，來支持這些觀點。他認為，正如感知
和概括一樣，解釋也是認識之基礎，可是解釋的獨特之處在於：
它是一種永遠包含三個項的關係——要解釋的東西，解釋者，對
之作解釋的聽眾。於是解釋把我們帶入了一種解釋團體。世界本
身就是由一個無窮的解釋系列構成的。「每一個解釋行動的目標
都在於，通過溝通相互對照的或彼此隔離的種種觀念、思想和目
的，將統一性引進生活之中。」㊴於是，聖保羅所教導的博愛與
愛心，就不僅僅是一種情感，而且是一種解釋，它將導致理想團
體的實現。向理想團體無休止地前進的學說，並不意味著拋棄了
絕對。我們所追求的這個團體，是神聖者在地上的表現，它雖然
仍不可見，但卻完全真實。

　　要了解羅伊斯宗教思想中的不同因素是如何融為一體的，不
是件容易的事情。倘使他能夠再作十來年的思索，他恐怕會提出
一種更為系統的表述，或者，更加可能的是，他恐怕會用某種嶄
新的開端，又來擾亂我們？也許，這正是創造性的哲學思索罷。

七、神學與宗教作家中的絕對觀念論

伊林沃思，坎普貝爾，特萊因

　　當我們從英美絕對觀念論哲學家轉向受這種思潮影響的神學和宗教作家時，頗有一種陡然下降的感覺，因為在這些作家中，我們沒有發現有任何一位思想家在思想高度上，堪與布拉德雷和羅伊斯，或者與早些時候的那些偉大的德國黑格爾主義神學家(9)相匹敵。儘管如此，正如我們已經注意到的，新觀念論很快就在神學當中造成了明顯的影響。這種影響的主要表現是強調神的內在性的學說。我們將簡略地談一談三位作家，他們在十九世紀與二十世紀之交，在不同程度上展示了絕對觀念論的影響。

　　在那個時代最有才能的英國哲理神學家之一約翰·理查遜·伊林沃思⑩（John Richardson Illingworth, 1848～1915）身上，絕對觀念論的影響並不太強烈，所以，他的神學實質上仍然是正統的。從一般地區分肉體與靈魂，即物質與精神開始，伊林沃思指出，不論這兩者如何不同，我們總是在兩者的相互結合中認識它們的。⑪物質總與進行認識活動的思維相關聯，而精神，正如我們所知的那樣，總具有肉體。然而，儘管二者總是結合在一起，某種首要的位置都屬於精神，精神能為自己的目的而利用物質。

─────────────

(9)　著名的德國黑格爾主義神學家有哥謝爾（Karl Goeschel）、斯特勞斯（D. F. Strauss）、鮑爾（F. C. Baur）等，他們都企圖將黑格爾的思想與基督教神學、聖經學上做調和。通常又被稱為老黑格爾學派或黑格爾右派──校閱者註

接著，伊林沃思考察了我們對內在於物質自然界的一種精神的意識，這種意識屬於宗教意識的範圍，並被稱爲人類經驗的一個基本事實。他用一連串出自基督教與非基督教宗教的引文來說明這種意識。在此他清楚地表明，他所堅持的是關於人具有統一性，關於人的宗教也具有統一性的觀念論學說。在另外一些地方他也清楚地說明，在非基督教的宗教中，沒有一個人「會看不到眞正宗教的價値」，他把基督教的啓示比喩爲以自然宗教爲基礎並依靠自然宗教的一種上層建築。⑫如果我們現在要問，普遍精神如何與物質相聯，則我們首先會被告知，它們構成了一個整體，精神在其中居於首位。要理解神聖精神⑩與物質秩序之聯繫，最好的線索就在我們對自己的認識，即「我們的一切認識之出發點」當中。我們超越物質，在某種程度上是物質的主人，然而卻又內在於物質——首先內在於我們的肉體，其次內在於我們爲自己的目的而造就的環境之中。與此相類似，神聖精神也超越物質秩序，同時又內在於其中。對於這樣一個問題，即上帝內在於物質秩序，這物質秩序是他的身體，還是他的作品，「十分顯然，任何回答都不能不是猜測性或假設性的。」⑬然而基督教的啓示指出了一個答案。上帝完全內在於基督中，正如我們完全內在於肉體中；其次他也內在於他的整個創造物⑪之中，正如我們內在於我們的作品之中——所不同的只是，我們只能非人格地呈現在自己的作品裡面，上帝卻實實在在地賦予了整個宇宙以活力。此外，上帝還內在於被視爲自然的組成部分的人之中。

伊林沃思並不反對把上帝稱爲「超人格的」，只要我們把「人格的各種基本屬性」都包含在這個詞裡邊。⑭然而，有時候他又寧願把人的人格說成是不完善的，只是神的作爲原型的人格

---

⑩　與基督教教義中之「聖靈」同爲一詞。——譯註

⑪　指世界或宇宙。——譯註

的一件有限的仿製品。㊺他還在作爲思想、慾望與意志的人類人格的三位一體的結構中，看出了神的三位一體的一種反映。

雖然伊林沃思顯然願意在絕對觀念論方面走得更遠一些，但他又總把基督教視爲一個歷史上的啓示，而且努力維護基督道成肉身的獨特性，甚至維護對神蹟的信仰。到了晚年，他覺得有必要強調神的超越性，並發揮關於教會權威的教義，以此在矯正自己的神學的內在論傾向。㊻這個主題會使我們脫離哲理神學的範圍，而且，在此我們必須向這位很有能力的、博學的神學家道別了。

列吉納爾德・約翰・坎普貝爾㊼（Reginald John Campbell, 1867～1956）比起伊林沃思來，不是那麼淵博，但也較少受到正統主張的約束。他在倫敦一座主要的非國教教堂中作爲一名布道人而開始出名，在講道中，他提出了所謂「新神學」，這種新神學在本世紀頭十年內成了很多論戰的主題。這種神學的一個主要成分，就是絕對觀念論。

當坎普貝爾說，對於宗教，對於人類來說，危險「一方面來自實際生活中的唯物主義，另一方面來自一種過時的教條主義神學」㊽的時候，他實際上幾乎是在重複布拉德雷的話㊾。在坎普貝爾對傳統神學的頻繁的抨擊中，包含著某種痛苦。他認爲，傳統神學的主要缺陷，乃在於它關於一個與世界隔絕的上帝的概念，它的表述如果完全從字面上看，等於是一種**歸謬證明法**，於是他挖苦地寫道：「在人類存在的幾千年之中，這個上帝遭受著人們一直在幹的事情的極大干擾和阻撓。他把這整個事情看得十分嚴重，而且不想別的，只想把恣意妄爲的人類重新納入正軌。爲此他採用了種種不同的手段，其中最主要的，就是把他的獨生子送去受難、受死，這樣他便可以解脫，以便寬恕我們給他製造的麻煩。」㊿坎普貝爾以同樣口氣寫的東西，比這要多得多。

坎普貝爾以上帝在宇宙和人類中的內在性，作爲自己的出發

點。上帝就是一切，是存在於宇宙的每個原子中的無限精神，是一切紛繁多樣之中的統一性。神性與人性之間，沒有截然的劃分。人的精神，是那唯一之神的精神的一種表現形式。而且坎普貝爾還思索了一個問題：思維的下意識範圍，是不是把人們彼此聯結起來，並把一切人同上帝聯結起來的因素？根據這麼一些觀念（像別的觀念論者一樣，他不喜歡用「泛神論」這個字眼來稱呼這些思想），他重新表述了傳統基督教教義的基本意義。「墮落」並不意味著人的墮落（人是永遠在上升的），而是意味著無限落入有限，即神的生命在有限的生存中實現自身的過程。這個過程包含著罪惡與受難，但這些東西是達到一個偉大目標的手段。基督與聖父「同質」，並不意味著基督是一個構造獨特的存在物。耶穌在歷史上確實是獨特的，他是人類精華之標準，他揭示了上帝與人的統一性，但在他與其餘一切人之間沒有任何鴻溝。基督品格對一切人來說都是潛在可能的，因為一切皆出自上帝的實質，一切人類歷史都是神的體現。「救贖」並非是一位受了冒犯的上帝一勞永逸的寬免。耶穌自我犧牲的愛，向我們表明了實現自身與上帝合一的道路，只有當這種犧牲在信徒心靈的祭壇上得到再現之時，耶穌的愛才成為一種救贖。而「上帝之國」，應該根據內在性之說，設想為屬於現存的世界，坎普貝爾擁護社會主義，認為它是實現上帝之國的手段。

坎普貝爾的論證常常是膚淺而浮誇的，但他誠懇地力圖使基督教能為現代人的頭腦所理解，而且很多人無疑曾受益於他的教誨。然而他後來從自己的觀點往後退縮，最終成了一名大教堂裡的高級教士。

和英國一樣，美國也有自己的觀念論神學家，但要說明絕對觀念論對美國宗教思想的影響，我們覺得最好是走出基督教神學的範圍，談談以「新思想」著稱的異端思潮的一位代表人物。這個思潮有很多來源，而且不是專屬基督教的，它力求表達所有宗

教中的眞理。有時候它頗爲誇張偏激，但我們還是應該根據它最
優秀的代表來評判它。無論如何，我們的概述必須注意到某些比
較通俗的作家，以便表明哲學和神學觀念如何打破了狹隘的專業
圈子，把影響散佈到大量的普通人中間。

我們選擇的這位代表，是拉爾夫・瓦爾多・特萊因[51]
（Ralph Waldo Trine, 1866～1958）。他很受威廉・詹姆士
（William James）[12] 的敬重，而在詹姆斯・柳巴（James H.
Leuba）[13] 的筆下，他是「『新思想』能力最強，頭腦最健全的作
家之一。」[52] 他深受愛默生（Emerson）的影響，而愛默生則如
我們已經注意到的，是在美國傳播觀念論的先驅之一。特萊因自
己可以被視爲一個密契主義者，而不是一個哲學家，因爲他告訴
我們，雖然不應忽略理性，但是最高的智慧乃來自內心的閃光。
他提出了一種世界觀，這種世界觀實質上是絕對觀念論的通俗翻
版，同時又結合了種種來自基督教、亞洲諸宗教和當時心理學的
成分。

他寫道：「宇宙的偉大的核心事實，就是那無限的生命與力
量之精神，他潛藏於一切之後，賦予一切生命，在一切之中並通
過一切來表現自己；這個精神，就是我所稱的『上帝』。」[53] 上帝
之外，無物存在。物質的宇宙體現著上帝的思想，而人本身則是
神性生命的共有者。人與上帝之不同，不在本質上或性質上，而
只在程度上。人是個體化了的精神，而上帝是包含人在內的無限
精神。

基督教的基本信息與其他各大宗教的基本信息是一樣的，所
以一個人應該能夠在天主教堂裡，在猶太會堂裡，在佛教寺廟裡
同樣虔誠地崇拜。這種普遍的宗教信息就是，召喚人們去有意識

---

(12) （1842～1910），美國哲學家兼宗教心理學家。——譯註

(13) （1867～1946），美國宗教心理學家。——譯註

地實現自己與那無限精神的合一。要達到這樣一種有意識的實
現，就是要從一個純粹的人，變成一個神人。認識到了我們自己
的神性，就使宗教的動力得到了利用，也賦予我們支配生活的力
量。既然上帝確實就在我們當中，則拯救本身就在此世實現，而
42　且據說就不僅僅包含心靈之安寧，也包括肉體之健康了。特萊因
自己引人注目的長壽，似乎是對他的學說的實際功效的一曲贊
歌。

　　特萊因學說的明顯弱點在於，由於缺乏一種批判地審查過的
理智基礎，所以它很容易滑向感傷主義（sentimentalism）和毫
無根據的樂觀主義。由於特萊因的思想中具有某種活力和常識，
他本人得以免於陷入最糟糕的過激浮誇。他的學說顯然適合那個
時代的需要，我們前面引用過的那本書（現在仍在印行）銷售了
一百餘萬冊，並被譯成了二十種語言，這個事實證明了這一點。
特萊因毫無批判性的樂觀主義如此驚人的流行，反而促使我們懷
疑，觀念論者們的樂觀主義，一般而言更多地是他們那個時代樂
觀精神的一種反映，而不像他們所設想的那樣，是一種以理性為
基礎的結論。

八、對絕對觀念論的總結與批判

　　絕對觀念論對宗教的解釋，其主要特點也許可以總結如下。
它是**形上學的**。它在一種世界觀當中去尋找宗教的本質，根據這
種世界觀，一切都被歸之於作為唯一的終極實在的絕對精神。實
在可能被設想為理性的（克爾德，瓊斯），或者是超理性的（布
拉德雷，鮑桑葵，坎普貝爾），或者是思想與意志的結合（羅伊
斯）；理性可能要啓示來補充（伊林沃思），可能要宇宙情感來
加入（坎普貝爾），或者從屬於神秘的啓發（特萊因）；然而，

這些學說基本上都用一種理智主義的方式來設想宗教，認爲宗教是以一種關於宇宙的形上學信念爲基礎的。它是**一元論**的（monistic）。實在是單一的，一切二元和多元現象都消失在那包羅萬象的統一體之中。上帝與世界並立的二元論，被神的內在性學說超越了，而這種內在性學說常常走向泛神論。有限的個體的自我紛繁多樣，常常由於被視爲那內在於它們之中唯一精神之表現、之屬性、之片斷等等，從而被克服了。結果出現了一種輕視人格之哲學地位的傾向，有限形式中的人格是不完善的，而我們是在有限形式中認識人格的。因此，只能在比喻的意義上說上帝具有人格。⑭既然一元論排除了任何「彼岸的」或原始的超自然主義，也就出現了從此世的角度來考慮宗教實際效益的傾向，把這種效益視爲道德上的、社會上的、甚至身體上的好處。然而，一元論在宗教上最爲重要的結果，也許是消除了神人之間一道堅實穩固的屏障——上帝與人本質上實爲一體。我們正在考察的這類觀點還有一個特徵，即它特別關注於**一般**或共相。任何具體事物之所以值得關注，僅僅是因爲它說明了一個它在其中有一個位置的「世界」。這在宗教上造成的結果，是一種貶低歷史的傾向，——例如，對具體的道成肉身的信仰之所以值得關注，並非因爲它肯定了一個一勞永逸的條件，而是因爲它是關於神人結合的非時間性眞理的一個寓言。最後，我們還注意到這種觀點具有**樂觀主義**的特徵。在整體完善當中，惡被吸收、被消解了。惡的問題對於任何宗教哲學來說都是一個難題，但它對絕對觀念論者來說更是特別的難，絕對觀念論者不得不旣堅持主張整體是完善的，又堅持主張道德生活是重要的。他們企圖解決這個難題的方案，採取了這樣一些不同的形式，例如在絕對之中從完善走向完善的進化思想（瓊斯），或者認爲惡只是表象（布拉德雷），或者認爲惡是無限向有限生存「墮落」的必然伴隨物，它將被這個過程所導向的善所超越（坎普貝爾）。

43

　　沒有人會想否認絕對觀念論對宗敎所作的解釋給人留下了深刻的印象。⑤然而，它的包羅無遺本身，也許到頭來恰好證明是它的失策。由於將實在視爲一個整體，絕對觀念論也要求我們將它自己的思想體系視爲一個整體。於是，假如我們在它那編結緊密的結構中發現了一些裂縫或弱點，我們就會想要把它整個兒放棄。

　　事情也正是如此。與之競爭的各種哲學使人們注意到了絕對觀念論的弱點，而這整個的思潮就衰微了。在這些競爭者當中，人格觀念論作爲對絕對觀念論的反動，開始出現在觀念論陣營內部。它爭論說，觀念論作爲一種精神哲學，不應該以關於一個絕對精神的思辨概念，而應該以人格的觀念作爲自己的標準，人格是我們直接體驗到的唯一的精神生活形式。它使人們注意到了要理解人如何能包容在上帝之中所面臨的困難。在觀念論陣營外面，實用主義則把抨擊的目標，指向了絕對觀念論的理智主義偏見。我們絕不僅僅是一種沈思默想的存在物，我們的生活是行動，是意願，也許，指導我們進行理解的，是這些東西，而不是純粹的思想。在羅伊斯的觀念論所具有的意志主義色彩中，我們已經看到了對實用主義者的某種讓步。絕對觀念論的另一個敵人，是新實在論。它不僅對觀念論的整體論題提出了詰難，而且要求哲學採用分析的而不是綜合的方法，從而使人們注意到，關於絕對所作的某些全面概括的斷言，是何等含糊不清。在哲學的圈子外面，種種事態的發展和第一次世界大戰的來臨，使得任何樂觀主義的哲學都不那麼容易爲人所接受了。於是絕對觀念論逐漸走上了下坡路。

44

　　然而這個學派實際上至今仍然有自己的代表人物。遲至一九五七年，我的老師 C. A. 坎普貝爾仍然堅決拒絕迎合當時流行的對經驗主義與分析哲學的熱情，他爲布拉德雷的一些核心學說進行辯護，雖然他也清楚地表明，他肯定不想去捍衛絕對觀念論者

的所有理論或者常用來表達這些理論的「不精確的、修辭用的語言」。㊱然而,坎普貝爾的超理性主義雖然還屬於觀念論傳統,但卻如此徹底地背離了觀念論的各種陳舊形式,以致於已不再是嚴格意義上的「觀念論」,而且顯然免除了前面提到的某些對觀念論的責難。這種背離肇始於布拉德雷本人,因爲,在論證思想不能把握實在的時候,他早已背離了觀念論的基本論旨:實在的東西與理性的東西是同一的。

不過,布拉德雷的欽慕者已經所剩無幾了。他的書往往被馬馬虎虎地打發過去,或者被留在書架上邊。觀念論神學家也同樣黯然失色了,神的內在論已被對神的超越的強調所取代。當然,如果西方世界能夠度過目前的混亂——政治的、社會的以及思想上的混亂——而再次進入一個平靜和穩定的時期,那麼,絕對觀念論一類的東西是否也不會再度出現,這還是一個問題。然而就目前而言,它是失寵了,甚至得不到嚴肅的討論,更沒有人爲之辯護了。喬治·桑塔亞那(George Santayana)早在一九一一年就此所作的預言,現在已經應驗了:「什麼也不會被駁斥,但一切都將被拋棄。」㊲

註　釋

① 《現代哲學》（*Modern Philosophy*），第 261 頁。

② 1866～1893 年任格拉斯哥（Glasgow）大學教授；1893～1907 年任牛
津大學巴略爾學院院長。

③ 《宗教之進化》（*The Evolution of Religion*），第一卷，第 4 頁。

④ 同上書，第一卷，第 68 頁。

⑤ 同上書，第一卷，第 175 頁。

⑥ 同上書，第二卷，第 221 頁。

⑦ 他先在班戈爾（Bangor）和經安德魯斯（St. Andrews）學院擔任學
術職務，然後於 1894～1922 年繼克爾德擔任格拉斯哥大學教授。

⑧ 參見其演說集《作為實踐信條的觀念論》（*Idealism as a Practical
Creed*）。

⑨ 有一個關於瓊斯的著名的故事，說的是他年輕時常在威爾士的小教堂
傳教的時候的事情。人家對他解釋說，之所以不邀請他回到一所小教
堂去佈道，是因為據說他否認基督的神性。他回答說：「說我否定基
督的神性？我不否認任何人的神性啊！」參見赫特林頓爵士（Sir H.
J. W. Hetherington）：《亨利·瓊斯爵士的生平與書信》（*The Life
and Letters of Sir Henry Jones*），第 43 頁。

⑩ 《探究的信仰》（*A Faith That Enquires*），第 7 頁。

⑪ 同上書，第 152 頁。

⑫ 《作為實踐信條的觀念論》，第 12 頁。

⑬ 1870～1924 年間的牛津大學默頓學院（Merton College）院士。

⑭ 《表象與實在》（*Appearance and Reality*），第 1 頁。

⑮ 同上書，第 4 頁。

⑯ 同上書，第 28 頁。

⑰ 同上書，第 462 頁。

⑱ 同上書，第 398 頁。

⑲　《論真理與實在》（*Essays on Truth and Reality*），第 446 頁。

⑳　1903～1908 年擔任經安德魯斯學院教授。他把自己絕大部分的生命都獻給了寫作以及慈善事業。

㉑　《個體性與價值原理》（*The Principle of Individuality and Value*），第 68 頁。

㉒　《價值與個人的命運》（*The Value and Destiny of the Individual*），第 264 頁。

㉓　同上書，第 304 頁。

㉔　1932～1938 年任威爾士班戈爾（Bangor）大學教授；1938～1961 年任格拉斯哥大學教授。

㉕　《懷疑與建設》（*Scepticism and Constuction*），第 3 頁。

㉖　參見後面第 214 頁。

㉗　《論自我與神性》（*On Selfhood and Godhood*），第 403 頁。

㉘　1882～1916 年任哈佛大學教授。

㉙　《哲學的宗教方面》（*The Religious Aspect of Philosophy*），第 XIV 頁。

㉚　《世界與個體》（*The World and Individual*），第二卷，第 XIV 頁。

㉛　《哲學的宗教方面》，第 IX 頁。

㉜　同上書，第 8 頁。

㉝　同上書，第 433 頁。

㉞　同上書，第 444 頁。

㉟　同上書，第 478 頁。

㊱　《世界與個體》，第一卷，第 335～339 頁。

㊲　同上書，第一卷，第 42 頁。

㊳　《基督教的問題》（*The Problem of Christianity*），第一卷，第 68 頁。

㊴　同上書，第一卷，第 286 頁。

㊵　1883～1915 年任牛津附近的朗沃思教區長（Rector of Longworth）。

㊶　《神的內在性》（ *Divine Immanence* ），第 2 頁以下。

㊷　《人的人格與神的人格》（ *Personality Human and Divine* ），第 161～
　　162 頁。

㊸　《神的內在性》，第 72 頁。

㊹　前引書，第 158 頁。

㊺　《人的人格與神的人格》，第 216 頁。

㊻　參見他的《神的超在性》（ *Divine Transcendence* ）一書。

㊼　1903～1915 年任倫敦的城市聖堂（ City Temple ）教會牧師；1916 年
　　返回英國國教會（在國教會接受堅振禮）；在擔任了好些不同的職務
　　之後，於 1930～1946 年成為奇切斯特（ Chichester ）教士會會員。

㊽　《新神學》（ *The New Theology* ），第 2 頁。

㊾　參見前面第 29 頁。

㊿　《新神學》，第 18～19 頁。

51　一系列關於宗教與人生指導的書籍的作者。

52　《宗教之心理學研究》（ *A Psychological Study of Religion* ），第 300
　　頁。

53　《與無限者一致》（ *In Tune With the Infinite* ），第 11～ 12 頁。

54　這最後一個論點常常被曲解。說上帝不是人格的，這並不意味著他是
　　低於人格的。正相反，這樣說的作家們堅持認為，上帝是超人格的。
　　如果我們願意流連於這類的思辨，那麼，這肯定是一種看來很有道理
　　的論點。甚至像伊林沃思這樣正統的神學家，也準備接受這種論點
　　（參見前面第 39 頁）

55　至少，筆者承認，如果說我對於哲學和宗教問題有什麼興趣或理解的
　　話，我就是從這個學派的思想家那裡得到的。

56　《論自我與神性》，第 39 頁。

57　《理論風雲》（ *Winds of Doctrine* ），第 211 頁。

第三章
人格觀念論

九、人格的地位

人格觀念論是作爲絕對觀念論的反動而出現的，但這種反動 45
還是僅限於英美觀念論思潮的範圍之內，而且在很多情況下，大
致還是從黑格爾那裡汲取靈感的。這兩種形式的觀念論都認爲實
在是精神性的。絕對觀念論強調的是唯一的、包容一切的精神，
即絕對，有限的精神或人格被認爲是包含在其中的。於是常常出
現這麼一種傾向，即認爲人格不具備完全的實在性，並認爲絕對
是超人格的。而在另一方面，人格觀念論則從人的精神生活，去
獲取理解精神之性質的線索——人的精神生活，畢竟是我們最容
易接近的精神生活形式。它還傾向於把上帝或最高精神視爲人格
性的。於是在新黑格爾主義本身內部，我們就發現某種類似黑格
爾辯證法的東西正在顯示出來，所強調的重點，從一種精神轉向
了多種精神。存在著一種從一元論向多元論方向的運動。在上帝
或一個最高人格得到承認的地方，實在仍然可以被設想爲單一
的，沒有什麼極端的多元論存在。可是在所有的人格觀念論者當
中，卻有一種趨勢，要擺脫他們所認爲的絕對觀念論者們那種過
份徹底的一元論。

　　然而人格觀念論後面隱藏的動因，並不純粹是哲學方面的。
在我們將要討論的某些作家那裡，神學的動因無疑也在起著作

用。我們已經注意到，某些新黑格爾主義的先驅，如何因為認為
觀念論是宗教反對自然主義和不可知論的同盟軍，從而被吸引到
觀念論一方。在布拉德雷和鮑桑葵那裡，觀念論發生了一次轉
折，使之和神學疏遠了。而在伊林沃思那裡，雖然他同絕對觀念
論者們走得夠遠的，但我們已經看到他為著宗教的利益而力圖捍
衛人格。現在，對人格的強調已經走到了台前。這是一個可以加
強觀念論與基督教聯盟的領域。可是我們再次發現，哲學在主張
自身的獨立性，而且，表述得最精彩而富於獨創性的人格觀念
論──麥克塔加（McTaggart）的無神論觀念論，比起絕對觀念
論來，使我們更遠地背離了基督教的正統理論。

　　人格觀念論的另一個動因，特別是在美國的人格觀念論代表
人物當中，是對於民主的興趣。一些人感覺到，絕對主義的形上
學不適合於一個自由的社會。民主所依靠的，是對於個人價值的
信念，一些哲學家的志趣，就是要為民主的生活方式找到一種形
上學的根據。

　　在每一種哲學中，很可能都有意識或無意識地存在著某種非
哲學的動機。只要對之加以限制或檢查，這些動機不一定會把那
種哲學歪曲到失掉所有趣味和價值的地步。無論有些什麼樣的動
機可能發生了作用，在人格觀念論者當中，我們還是發現有一些
十分敏銳的思想家。

　　在對這一思潮的概述中，我們首先要考察的是這樣一些哲學
家，他們維護了一元論的基礎，並持有一種中間立場（第十
節）。然後我們將轉而討論一些比較極端的、公開宣稱是多元論
的理論（第十一節）。而後要考慮的，是人格觀念論對某些傑出
的神學家思想的影響（第十二節）。這一章將以對這種思潮的總
結和批判作為結束（第十三節）。

十、溫和的人格觀念論

普林格爾—帕提森，霍金

對於人格觀念論，蘇格蘭哲學家安德魯・塞特・普林格爾—帕提森①（Andrew Seth Pringle-Pattison, 1856～1931）的學說提供了一個很好的導論。他起初是一個黑格爾主義者，但很快就開始批判某些黑格爾主義理論②，結果使英國的觀念論者分裂成了絕對觀念論與人格觀念論兩個陣營。他的批評是：黑格爾體系的冷冰冰的邏輯，未能公正對待個人的實在性，每一個人的人格都是獨一無二的，其性質是獨特的。他特別抨擊這樣一種觀念，即人格的自我可以包括在一個絕對自我之中。「我認為，黑格爾主義和與之類似的英國理論，其根本錯誤乃在於把人的自我意識與神的自我意識等同起來，或者在更廣泛的意義上說，把意識統一在一個單一的自我之中。」③普林格爾—帕提森認為，每一個自我都是完全**不可滲透的**（impervious）——而且「對於其不可滲透的程度與方式而言，物質的不可入性不過是一種無力的類比罷了」。所以人格的特徵，就是自主性和排他性。「我有一個我自己的中心——一個我自己的意志——無人與我分享這個中心，也無人能夠與我分享，甚至在我與上帝打交道時，我也維持著這個中心。」④他堅持認為，宗教意識的前提，既有上帝中的人格，又有有限人格的尊嚴與不朽，而在絕對觀念論之中，這兩者都被拋棄了，或者被嚴重地損害了。

普林格爾—帕提森後來也構造了他自己的形上學體系⑤，這個體系以典型的黑格爾方式，努力表明實在是一個理性的整體。他的形上學保留了他早期著作的兩條基本原則——上帝的人格，

47

人類人格的不可毀滅的價值。可是我們發現，他避免了極端的多元論，而關於排他的自我的理論似乎是要走向這種多元論的。

自然、人類和上帝構成了一個有機的整體，因此這三者之中的任何一個，獨立地看，都是一種抽象。所以脫離了人來理解自然是不適當的，人乃產生於自然。我們不能滿足於認爲純粹機械的自然是某種自身完滿的東西。人乃是自然之子，而非宇宙表面的贅疣，不能認爲人的精神生活對自然而言是生疏隔膜的。「因此道德生活的特徵，應該視爲有助於確定我們生活於其中的這個系統的性質」。⑥自然所產生、所傾向的精神性的人格，是自由、自主的、不朽的。然而就這些有限的主體來說，又不應該脫離上帝來看待，它們「絕不能獨立存在於宇宙生命之外，宇宙生命在一個客體的世界中向它們傳達了自身。」⑦哲學不可能滿足於任何排除上帝的解釋。

然而就上帝而言，上帝「如果脫離了作爲他的顯現的宇宙，就成了一種抽象。」⑧我們不應該以爲上帝是一個先在的神，他靠一種任意的意志行動命令世界進入了存有。世界是上帝的永恆顯現，而不是一件他不要也行的創造物。正如人類的需要上帝，上帝也需要人類的人格。這些有限的人格並不僅僅是絕對者的屬性，我們也不能認爲創造他們的方式，就像製造東西的方式一樣。他們乃是絕對者的肢體或有形體現。然而普林格爾—帕提森也反駁了那麼一種觀念，即認爲有限的自我是與上帝共久長的。說人格是不朽的，而且沒有終結，並不等於說人格沒有任何開端——「它顯然是在關於它的保存問題出現之前就必須予以克服的一種東西」。⑨於是，在人格觀念論的更爲激進的後果面前，

48 他轉變了方向，魯道夫，梅茨（Rudolf Metz）的批評頗爲中肯公道，他說，「普林格爾—帕提森的立場是一種中途停下來的立場，⑩既沒有嚴格的一元論，也沒有徹底的多元論的一貫性。

在美國哲學家威廉·厄內斯特·霍金⑪（William Ernest

Hocking, 1873～1964）那裡，也有一種類似的避免走極端的做法。例如，關於一元論與多元論問題，他告訴我們說，「世界之一元論，只是爲了賦予其多元論以意義；我們之屬於上帝，只是使我們更好地把握自己。⑫他的哲學具有一種折衷的特點，因爲他力圖公平對待各種彼此對立的觀點，力圖根據種種相互競爭的理論去修改觀念論。然而他還是認爲，觀念論更多地是一切哲學的本質，而不僅僅是一種哲學類型。因爲他認爲，每一種哲學都必然假定，宇宙有一種已經存在的意義等待著我們去發現，正因爲實在擁有意義，所以它必然具有一種理智的或精神的特性。

這種精神特性被認爲是一種自我的特性。如果我們要問自我是不是某種更高的東西的表現，答曰：「不是。因爲沒有任何東西比自我更高，也沒有任何東西比自我更深。」⑬霍金摒棄了有限上帝的概念，他堅持認爲，上帝不可能次於絕對者。在上帝觀念中，絕對者「被提高到了人格和道德性質這一層次。⑭人格之深沈與寬廣，足夠包容我們會在實在中發現的那些非人格的方面，我們顯然不能承認會有什麼東西可以高於人格或超出人格。可以說有限的人在上帝之中，因爲人依賴於上帝，爲上帝所創造，也可以說人是整個宇宙之不完善的形象。自然是各個自我賴以相互溝通的橋樑。把自然理解爲自滿自足的實體，這樣一種科學的自然觀是一種抽象，它必須由密契主義者的這種體驗來補充，即把自然體驗爲神的精神向我們的傳達。自然是精神的一項功能，借助於它，上帝與我們進行交流，並使我們彼此之間的社會交往得以進行，所以自然對於上帝之中和人之中的自我都是必要的，雖然我們也可以把它視爲被造之物。

這種觀念論世界觀爲一種自然宗教提供了哲學基礎。在一個陌生隔膜的世界中，人對價值的追求和人的精神渴望絕無立足之地。與對於正當生活的要求兼行並至的，是某種有所實現的感覺，這種感覺出自對上帝的信仰。宗教被說成是「預先的實現」

（anticipated attainment），說得更全面些，是「在一種單獨的
體驗中，對在自然過程中只有在無限進程之終點，才能達到那些
目標的當前實現」。⑮ 宗教起初是一種情感反應，但在觀念論哲
學所提供的那一類世界觀當中，它不能不去追求一種理智上的創
建。「富於偉力的宗教，與富於偉力的思辨成就，從來是攜手並
行的。」⑯

　　然而，霍金也批判了那樣一些觀念論哲學家，他們向我們提
出一種抽象的「一般宗教」，這種宗教缺乏人們實際信奉的各種
實存宗教的具體性。只可能存在一種眞正的宗教，可是如果它缺
乏在個人和社會體驗中所知的那些實定宗教的具體性，那麼它就
是無力的。這些思考促使霍金去尋求一種世界信仰，這種信仰既
要是普遍性的，又要是具體的。他告訴我們，通向這樣一種世界
信仰的道路，不在於用一種特定的宗教徹底取代別的宗教，也不
在於任何膚淺的宗教混合主義。必須通過重新概括，必須通過世
界各宗教間相互學習的過程，才能達到這樣一種世界信仰。這種
重新概括要保留每一種傳統裡最好的東西。基督教的獨特貢獻在
於，它宣告「在其無形的結構中，歷史其實正以這麼一種方式被
人格化，以使得每個生命可以獲得尊嚴和力量。」⑰

　　霍金一直不斷地努力尋找一條中間道路，這可能給我們留下
這麼一種印象。即他像普林格爾—帕提森一樣，把我們送到了一
個中途的客棧。可是無論如何，他對於宗教的種種具體的實在性
有眞正的洞察力，這卻是毫無疑問的。

十一、多元的人格觀念論

霍伊遜，麥克塔加

　　美國哲學家喬治・霍爾姆斯・霍伊遜⑱（George Holmes Howison, 1834～1916）闡明了一種激進得多的人格觀念論。他在早年時代與哈理斯（W. T. Harris）和別的美國新黑格爾主義前驅聯繫頗多，但後來卻成了一元論的反對者，提出了自己的一種極富獨創性的、具有強烈的人格色彩的觀念論。在對羅伊斯的批判中，霍伊遜論證說，絕對觀念論把有限的自我包含在絕對者之中，從而就把人和上帝二者真正意義上的人格都抽掉了，並因此而打擊了西方的民主生活方式的基礎，打擊了激勵這種生活方式的基督教的基礎。西方文明的基礎，是個人的⑴責任感，而基督教所教導的，是作為真實的、獨特的個人⑵的人，和上帝之間有一種道德的聯繫。絕對觀念論是東方泛神論的一種復歸，是這麼一類信念，它「一成不變的主題，就是最高存在之不可言喻的偉大，以及人之絕對的渺小」，因此，它的傳統「就像一塊屍布蓋著人類的精神。⑲霍伊遜認為這種一元論抹煞了道德之人的獨特性，為了抗議這種一元論，他闡述了自己的多元論形上學，在採用「人格觀念論」來描述他信奉的這種理論的哲學家中，他似乎是第一人。

　　霍伊遜的正面理論，其輪廓是十分清楚明白的。他宣稱自己

⑴　也可譯作「切身的」，「人格的」。─譯註。

⑵　也可譯作「人格」，「人」。這一類詞及本章的「人格」一詞，基本意義都是「人」。──譯註

贊成觀念論，他把觀念論定義爲「對世界的這麼一種解釋，它認
爲絕對實在的唯一的東西是心靈，一切物質的和暫時的存在物都
從心靈獲得自身的存在，都從思想著手並體驗著的意識那裡獲得
自身的存在。」⑳ 然而，沒有一個包羅萬象的心靈或絕對，而只
有衆多的心靈。一個心靈就是一個自由的自己活動的單位，就是
一個獨立的創造中心，它產生了時空與物質世界，並承認其他的
心靈。這樣一個心靈中心也就是一個人，而且，既然這些中心的
本質特徵乃在於它們是自由的、自我活動的源泉，我們就不能把
它們設想爲被製造或創造出來的。它們沒有來源出處，它們就這
麼**存在著**。所以，有一種永恆的衆多的不可毀滅的人格存在著。
「即使是神力，也不能透過製造行動產生出另一種自我活動的理
智。」㉑

51 　　因此，上帝不是精神的創造者，而應被理解爲心靈世界的核
心成員，永恆共存之人格組成的社會中的 primus inter pares
⑶。他的統治，不是依靠強力和權威，而是依靠光明和理性，借
助於他作爲每個心靈完滿典型的價值。㉒ 霍伊遜還用另一種說法
來表達了同樣的觀點，他說，上帝的因果作用不是直接生效的，
而是終極的──他不用強制人類來侵犯人格，而是用愛和理性來
吸引人類。基督教的核心意義，乃在於信仰上帝與人是相互同等
地實在的，而不是同一的；所以應該把這種宗教解釋爲渴求之宗
教，而不是屈從之宗教──上帝作爲人自己的人格存在之已經實
現的理想，吸引著每一個人。

　　因此，出自霍伊遜的多元觀念論的實在之圖景，是一幅自由
的、永恆的精神所組成的共和國的圖景，這是古典的上帝之城
（the City of God）觀念的重述。在這個共和國裡，衆多的人
格能夠和諧一致，既不是靠著時間上的同時，也不是靠著地點上

⑶　拉丁文，「同輩中的居首位者」之意。──譯註。

的鄰近──因爲時間和空間是由心靈產生的──而是靠著一種共
同的理性。人們靠著邏輯和道德的紐帶聯結起來，而這個參照中
心就是由上帝提供的。然而，人們難免要提出這樣的疑問：對於
霍伊遜的形上學來說，上帝究竟是否必要？至少，我們已被帶到
了通向這麼一種人格觀念論的道路上來了，這種人格觀念論可以
完全不需要上帝的觀念。

　　我們在英國形上學家的約翰・麥克塔加・埃利斯・麥克塔加
㉓（John McTaggart Ellis McTaggart, 1866～1925）那裡所遇
到的，其實正是這麼一種無神論的人格觀念論。他儘管受到過黑
格爾十分強烈的影響，但還是把觀念論引向一種無神論和多元論
的方向，創建了一種如此獨特的形上學，以致於可以懷疑除了麥
克塔加本人以外，是否還有任何人信奉過它。然而，他思想之徹
底的獨創性，以及他賦予這種思想的系統表述，使他有資格在英
美觀念論最突出的思想家當中占有一席之地。此外我們應該注意
到，雖然麥克塔加的無神論是反基督教的，但並不必然因此就是
反宗教的。他自己把宗教定義爲「一種以相信我們自身和整個宇
宙之間的和諧爲基礎的情感。」㉔如果這樣來定義宗教，那麼，
肯定一個人格的上帝存在的教義對宗教來說就不是基本的了。事
實上，麥克塔加的體系是宗教無神論的一個例證。然而，有些教
義對宗教來說會是基本的，因爲否則我們就幾乎不能相信自己與
宇宙和諧一致了。一條「教義」，被認爲是意味著「任何具有形
上學意義的命題」，而「形上學」則表示「對實在的終極性質的
系統研究」。㉕

　　在對宗教教條的批判中，麥克塔加考慮了上帝、自由和不朽
的觀念。他從自我之不朽（這其實是他的整個哲學主要的先入之
見）出發，宣佈他相信要證明這樣一種信念⑷之有理，有著足夠

──────────

⑷　指相信自我不朽或靈魂不朽（簡稱不朽）的信念。──譯註。

有力的論證㉖。然而，在他的哲學工作的這個階段，他並未提出
這種論證，而只滿足於反駁那些反對不朽說的一般論證，滿足於
澄清自我不朽信念中所包含的東西。他詳細地論證說，自我並不
僅僅是其身體的一種活動；而且，即使肉體被視爲是自我的一個
必然伴隨物（這是一種不能最終確立的觀點），自我在一個肉體
死亡時又轉向另一個肉體也是可能的事情。此外，我們不能從物
質事物的短暫性，推論出自我的短暫性，自我的構成與物質事物
的構成是完全不同的。這些論證中關於自我可能從一個肉體轉入
另一個肉體的暗示，在麥克塔加進一步解釋不朽觀念時得到了發
揮。在西方世界中，關於不朽的普通觀念意味著：我們現在的生
命，在死後將由一種無窮無盡的生命所接替。然而麥克塔加認
爲，任何支持不朽的論證，如同支持來生信念一樣，同樣也支持
了前世信念。所以人如果是不朽的，他現在的生命就可能處於一
個已有的生命與一個未來的生命之間。我們也沒有理由把自己限
制在只有三次生命這種想法當中。更有可能的是，存在著多次的
生命，每個人在此生前後的存在可以分成很多次生命，每一次均
以生和死爲界。死亡帶來了遺忘，但這並未打斷一個自我的連
續。這連續並非意識的連續，而是一種實質及其屬性的連續。在
一次生命中獲得的東西（例如愛心），會在下一次生命中得到保
存，得到加強，儘管關於前生並沒有什麼記憶。根據這種多次生
命之說有一種吸引力，因爲我們可以希望在未來的一系列生命之
中，彌補特定的任何一次生命的缺陷與失敗。

　　在討論了自由觀念⑸，批判了非決定論之後，麥克塔加進而
討論了上帝觀念。如果我們說的「上帝」，像西方思想家通常所

⑸　指（道德上）意志是自由的這麼一種觀念，簡稱「自由」。（意志）
　　自由、（靈魂或自我）不朽、上帝（存在），被稱為基督教神學三大
　　命題。──譯註。

指的那樣，是指一種人格的、至高的、善的存在物，那麼我們就得考慮兩種情況。在第一種情況下，「至高的」意味著「全能的」。麥克塔加說，「一個全能的人，就是能做任何事情的人，」㉗我們應完全按字面意義來理解這個陳述。如果有一種全能的意志，它必能完全決定一切，而它的擁有者如果願意，甚至應能改變思想的法則或者乘法口訣表。麥克塔加強調了設想這種全能的種種困難，同時爭辯說，全能與人格（它需要有事物存在於自己的意志之外）不相容，也與善（考慮到世界上存在著惡）不協調。如果關於全能上帝的觀念垮台了，那麼就剩下第二種情況要考慮，即「至高的」意指「最有力」而不是指「全能的」。關於一個為善而奮鬥的有限上帝的觀念中，也許有某種吸引人的東西，我們也可以相信這樣一個上帝是人格的、善的，在比其他任何東西更有力量這個意義上甚至是至高的，但是這樣一個上帝並不能保證善的勝利，而且無論怎樣並沒有他存在的證據，於是對上帝的信仰就被否定了。但是要支持對於不朽的信仰，或關於宇宙是精神性的與和諧的信念，這種對上帝的信仰絕不是必須的。「如果整個實在是諸自我的和諧體系，那麼它本身也許就足夠地具有神的特點，因而可以不需要神。」㉘

這種宗教批判的結果主要是否定性的。如果宗教應予復興，麥克塔加認為，這只有以一種完整的形上學為基礎才能做到，這種形上學體系要表明，這個宇宙總的來說是好的，是我們可以與之處於和諧關係之中的一種宇宙。他曾著手創建的，就是這麼一種完整的形上學體系。他以對於任何存在之物的特徵進行嚴格的**先驗**演繹為開端，然後將演繹的結果應用到我們的經驗之上。

麥克塔加努力說明，時間與物質是不實在的，唯一的生存只是精神性的實體，我們稱之為「人格」或「自我」。在時間中，這些自我經過了數不清的生命，然而，既然時間是不實在的，我們就必須把在永恆狀態下的終極實在，視為聯合在愛之和諧中的

諸自我的永恆體系，這種愛是「如此直接、如此親密、如此有力，以致連最深切的神秘狂喜，也只能使我們預先品嚐到它的完美性的一星半點最淡的滋味。」㉙這裡所强調的，是精神實體的多元，但我們也可以設想一種實體，即絕對者。然而這不是一個包羅萬象的自我。既然沒有任何自我可以包含另一個自我，所以它也不是任何意義上的上帝，它只是這個體系，可以解釋這裡的意思的模型，是一所學院的情況。一所學院的組成人員，比這所學院本身具有更多的實在性，麥克塔加的這種形上學，雖然是無神論的，卻仍然具有幾乎是熱情的宗教性質。它可以和某些東方宗教並行不悖，但卻標誌著英美觀念論和基督教神學的最遠的背離。

十二、神學中的人格觀念論

拉希德爾，韋布

　　表達得比較溫和的人格觀念論，對神學家自然有一種強烈的吸引力。在受人格觀念論影響的神學家當中，我們可以來看看哈斯廷斯·拉希德爾㉚（Hastings Rashdall, 1858～1924），他是一位異常能幹的神學家，他的卓越的著述涉及了範圍寬廣的種種主題，拉希德爾擁護觀念論哲學，他於一九〇二年開始成爲專題論文集，《人格觀念論》㉛（*Personal Idealism*）的撰稿人。這是英國觀念論思潮的人格主義一翼發表的某種宣言式的東西，它的矛頭所向，既有自然主義，又有絕對主義，這兩種主義，用文集編者的話來說，「是人格觀念論者必須與之抗爭的敵手。」那時候拉希德爾所提出的觀點，和他在後來的著作中詳細發展的那些觀點，基本上是相同的。㉜

54

　　拉希德爾對人格提出了確定的標準。我們說的「人」，指的是一個既能感覺又能思考的意識；它具有某種永久性或統一性；它既區別於經驗對象，又區別於其他的人；它是行動的泉源。如果我們接受這些標準，那麼看來我們就不能否認，動物也有某種初步的人格。即使我們要再加上道德這一標準，也很難確切地說明道德是從何處開始的。所以拉希德爾認爲，人格有種種不同的等級。即使是在人類這一層次上的，也並未充分符合這些標準——例如，看來統一性乃依賴於記憶，可是在任何一個人身上，記憶都絕不是完全的。要說有什麼存在物充分符合人格的這些標準，那就只能是上帝。

　　上帝之存在，是靠柏克萊主義（Berkleian）的路線來確立的。這個世界是依賴於心靈的，但它顯然不依賴於你我的心靈。所以我們必須假定有一個神聖的心靈，它既創造世界，又創造了我們人類的心靈。當我們認識到，上帝只是在最高等級的意義上說是人格的——他沒有人類層次的人格所有的種種缺陷，但並不因此就不是人格的——則通常那些反對把人格歸諸神聖的創造性心靈的意見就不能成立了。

　　然而上帝並不是絕對者。我們已經看到，把自己同他人區分開來，從而使一個人絕不能包含在另一個人之中，這正是一個人的標誌。所以，被創造出來的人，並不包含在上帝之中，是站立在上帝之外。上帝與諸靈魂都包含在絕對之中，所以這絕對本身不可能是一個人(6)，而是很多人組成的一個社會。上帝次於絕對，拉希德爾坦然地接受了受限的上帝的理論——雖然限制上帝的，僅僅是他自己的創造物(7)。這樣一種理論使惡的難題迎双而解，但它又引起了這麼一個問題：這樣一個上帝能不能戰勝惡？

---

(6)　此處原文「人」爲大寫，意指有人格的上帝。——譯註。

(7)　指上帝創造的人類及世界。——譯註。

拉希德爾的回答是：上帝雖非全能，卻是宇宙中最強大的力量，
而旣然他是有理性有道德的人(8)，我們就有理由抱樂觀主義態
55　度。不過，拉希德爾也承認，存在著「一種和實在的惡進行的實
在的戰爭」，「沒有我們的幫助，不可能贏得勝利」，而且，
「我們正受到召喚，去做上帝眞正的合作同伴。」㉝

　　這些哲學思想清楚地表現在拉希德爾關於神學主題的論述
中。他相信一種根據人格，即根據道德和理性給出的連續不斷的
神的啓示。這個啓示過程的高峯，是耶穌基督的一生及其自我犧
牲的死，但是，「一切人類的愛，一切人類的自我犧牲，以其自
身的方式，在其自身程度上，也都是上帝的一種啓示。」㉞拉希
德爾把關於基督之死的那些傳統觀點斥爲非理性的、不道德的、
低於人格的，這些觀點在基督之死中看到的是補償或贖罪一類的
東西。他認爲，基督的生與死，必須一起理解爲是要透過道德影
響來拯救人類。得救的意思，就是要達到精神的生活，當人們追
隨基督所展示的理想之時，這種生活就在此時此刻開始了。但是
如果這種理想確定是上帝自己的仁愛性質之啓示，我們就必須假
定，人們在此世就開始達到的這種靈性生活，將超越死亡而得以
繼續，得到完善。這種由新觀念論激發起來的「自由派」
（Liberal）神學，在拉希德爾筆下也許得到了最精緻的表達。

　　與拉希德爾頗不相同，但同樣關注人格觀念的，是另一位傑
出的英國國敎會神學家克萊門特·查爾斯·朱里安·韋布㉟
（Clement Charles Julian Webb, 1865～1954）。他力圖在絕對
觀念論者與人格觀念論者之間採取一條中間道路，但他賦予人格
觀念的重要地位，使他更爲接近兩派中的第二派。他的基本信念
和霍金相當類似。一個名副其實的上帝不可能是有限的，而必然
是絕對者。然而，在宗敎經驗中，尤其是在基督敎經驗中所知的

──────────

(8)　同註(6)。──譯註。

上帝，又是人格的上帝。於是韋布選擇了一條比拉希德爾更爲困難的道路，他著手來表明上帝旣是人格的，又與包容一切的絕對者是同一的。他說：「『上帝是絕對者嗎？絕對者是上帝嗎？』我的思考一直不斷地圍繞著的，就是這兩個問題所包含的那些難題。」㊱

韋布承認，神的人格不可能和人的人格完全一樣。然而，如果可以設想「我們和上帝處於人格的關係之中」，那麼我們談論一個人格的上帝，就是有道理的。㊲可是，如果上帝是絕對者，我們怎麼能與絕對者有人格關係呢？我們包含在絕對者之中，在其中一個內含於另一個之中的兩個實體當中，很難看出怎麼能存在一種人格的關係。韋布的回答是：在社會經驗中的人與人的關係，與宗敎經驗中的複雜得多的人與上帝的關係之間，我們必須進行區分。兩者都是人格的關係，但前者是相互排斥的關係，而後者是相互包容的關係。在宗敎裡，我們居於上帝之中，上帝居於我們之中，然而所居的方式，使我們得以保存自己的獨特性，又使得一種眞正的人格關係成爲可能。

如此上帝僅僅是內在的，或者僅僅是超在的，那麼，這樣一種人格關係就是不可能的。在第一種情況下，有限的精神就是上帝之發射，等同於他以及缺乏相互的人格交流所必需的獨特性；在第二種情況下，有限的精神就會僅僅是一些產品，它們距離上帝如此遙遠，以致於人格的關係也被排除了。旣然與上帝的人格關係是可能的，那麼上帝必然旣是超越的，又是內在的。韋布發現了通向這種複雜結構的線索，他認爲，在神性本身之內部，就存在種種人格的關係。這種思想在關於中介者⑼的宗敎觀念中得到了表達。中介者對神性來說是不可或缺的組成部份，但又不同於聖父⑽。中介者也被說成是有限精神之原型，在與他的合一之

56

⑼　又譯「中保」，基督敎敎義中指耶穌基督。──譯註。

中,有限精神就有了一種同聖父的人格關係。這種人格關係,既不是與上帝同一的狂妄主張,也不是在他面前可憐的卑躬屈膝,而是我們能夠擁有對不朽的信仰的唯一根據。就這樣,韋布力求調和人格、上帝與絕對等等觀念。不過,他也許是在力圖完成一件不可能完成的任務。

十三、對人格觀念論的總結與批判

與絕對觀念論者一樣,人格觀念論者基本上是透過思辨的和形上學的途徑來解決宗教問題的。兩派都企圖從一種包羅萬象的世界的觀點來說明宗教,按照這種世界觀,終極的實在乃是心靈。然而,人格觀念論者力圖用各種各樣的方法擺脫關於鐵板一塊的絕對的觀念,在他們的世界觀裡為人格的價值和重要性找到地盤。

毫無疑問,人格的觀念對於宗教來說具有高度的重要性,至少在西方世界是如此。然而可以懷疑的是,在對宗教提供一種有說服力的解釋方面,人格觀念論者是否有什麼重大的進展。對人格觀念論最為成功的闡釋,是一些比較極端的闡釋,即拉希德爾、霍伊遜和麥克塔加的闡釋。但是他們之拯救人格,是以貶低上帝甚或使他完全消失為代價的。普林格爾—帕提森、霍金和韋布的中庸觀點則不那麼成功,可以說他們透過調和一元論和多元論,既堅持絕對又強調人格,是要摘取兩面的精華。平心而論,比起極端的觀點來,我們得說,任何中庸觀點都更難於前後一貫地予以表達,這恰恰是因為,中庸的觀點要注意到極端的立場所

---

(10) 基督教教義認為上帝是聖父、聖子、聖靈三位一體。「聖子」指耶穌基督。——譯註。

忽略或低估了的那些因素。然而我們現在討論的這些中庸立場似乎在一個特定的論點上失敗了，它們未能清楚地回答這個問題：「一個人如何能包含在另一個人之中？」

人格觀念論的力量在於，它強調了作為我們經驗中所知的最高級的一種存有者的人格，它反對了某些絕對觀念論者貶低人格的傾向。另一方面，人格觀念論的弱點似乎在於它的這麼一種假定：因為人格是我們所知的最高級的一種存有者，它也就必然是宇宙中的最高者。然而，上帝超越於人格，其程度（比如說）正像人類超越於純粹的動物界，這卻是可能的，甚或是非常可能的。如果上帝與絕對者是同一的，這就尤其可能了。

對於這一章所概述的種種理論，我們的研究會在我們的頭腦中引起一個更加嚴重的問題。觀念論者要把握作為理性整體的實在，這一企圖（這是絕對主義一派和人格主義一派所共有的企圖）有任何成功的希望沒有呢？那樣一些解決辦法眞有說服力嗎？當我們反思一下，霍伊遜（Howison）這位美國的民主主義者把一部類似美國憲法的法典賦予宇宙，而麥克塔加這位劍橋大學的講師則把實在視爲理想的學院，這就令我們不得不暫停一下了。這些觀點可以避免絕對觀念論特有的那種模糊性，但又過於明顯地反映了它們產生時的種種環境。我們甚至會想起色諾芬尼（Xenophanes）的嘲笑：假如馬能思索神祇的外表是怎樣的，它們就會按照馬的模樣來描繪神祇。觀念論者們好大喜功的思辨，不可避免地激發了一種反應，在下一章裡，我們要來考慮這樣一些觀點，在這些觀點中，我們至少可以聽到抗議過份的理性主義和理智主義的某些怨言。

註 釋

① 先後在卡迪夫（Cardiff, 1887~1891），聖安德魯斯（1891~1919）和愛丁堡（1919~1931）大學擔任教授。在 1898 年採用附加姓氏之前，他一直以安德魯・塞特之名為人所知。

② 見其早期著作《黑格爾主義與人格》(Hegelianism and Personality)。

③ 同上書，第 215 頁。

④ 同上書，第 217 頁。

⑤ 參見其《上帝觀念》(The Idea of God)與《不朽觀念》(The Idea of Immortality)。

⑥ 《上帝觀念》，第 156 頁。

⑦ 同上書，第 314 頁。

⑧ 同上書。

⑨ 《不朽觀念》，第 196 頁。

⑩ 《英國哲學的一百年》(A Hundred Years of British Philosophy)，第 389 頁。

⑪ 1914~1943 年在哈佛大學擔任教授。

⑫ 《上帝在人類經驗中的意義》(The Meaning of God in Human Experience)，第 181 頁。

⑬ 《哲學之種類》(Types of Philosophy)，第 441 頁。

⑭ 《上帝在人類經驗中的意義》，第 207 頁。

⑮ 同上書，第 31 頁，第 51 頁。

⑯ 同上書，第 59 頁。

⑰ 《現存諸宗教與單一的世界信仰》(Living Religions and a World Faith)，第 268 頁。

⑱ 他在擔任過種種職務之後，於 1884 年成為加利福尼亞大學教授。

⑲ 參見羅伊斯、霍伊遜等人的專題論文集《上帝之概念》(The Conception of God)，第 60 頁。

⑳ 同上書，第 53 頁。

㉑ 《進化之限度》（ *The Limits of Evolution* ），第 289 頁。

㉒ 關於這個「民主的」上帝概念，可以參見約翰‧帕斯莫爾（John Passmore）的《哲學百年》（ *A Hundred Years of Philosophy* ），第 74 頁。

那裡引用了一個霍伊遜信徒的話：「在被賦予了永恆的、絕對的完美性的至高存在，與注定陷於低級的不完美的掙扎的芸芸眾生之間作這種截然的等級劃分，這樣的做法在一個民主社會裡是絕無地盤的。

㉓ 1891～1925 年任劍橋大學三一學院院士。

㉔ 《宗教的某些教條》（ *Some Dogmas of Religion* ），第 3 頁。

㉕ 同上書，第 1 頁。

㉖ 同上書，第 77 頁。

㉗ 同上書，第 202 頁。

㉘ 同上書，第 250 頁。

㉙ 《存在之性質》（ *The Nature of Existence* ），第二卷，第 479 頁。

㉚ 1888～1917 年在牛津大學任教；1917～1924 年任卡里斯爾（Carlisle）學院院長。

㉛ 亨利‧斯圖爾特（Henry Sturt）編輯。

㉜ 拉希德爾為專題論文集撰寫的文章題為〈人與神的人格〉（Personality, Human and Divine）。在《善惡理論》（ *The Theory of Good and Evil* ）與《哲學和宗教》（ *Philosophy and Religion* ）中，他的觀點得到了更為詳盡的重述。

㉝ 《哲學與宗教》，第 86 頁。

㉞ 《基督教神學中的救贖觀念》（ *The Idea of Atonement in Christian Theology* ），第 449 頁。

㉟ 1899～1920 年在牛津大學任教，1920～1930 年擔任牛津大學教授。

㊱ 《當代英國哲學》（ *Contemporary British Philosophy* ），第二集，第 349 頁。

㊲　《上帝與人格》（ *God and Personality* ），第 73 頁。

第四章
精神哲學

十四、作爲精神的實在

　　在此，我們是在一種十分廣泛的意義上使用「精神哲學」① 　58
一語，用來指很多彼此聯繫鬆散的觀點，這些觀點像觀念論一樣
把精神視爲終極實在，但又不屬於主要的觀念論傳統。要就此劃
出一些涇渭分明的界線來，確實十分困難，特別是某些形式的人
格觀念論具有逐漸演變爲我們所謂「精神哲學」的傾向。二者都
傾向於從有神論的、人格的、倫理的角度來解釋實在。但是和狹
義的觀念論傳統相比，精神哲學家們是從一種較寬廣的哲學史的
範圍中選取自己所需的觀念，而且在原則上是可以作出某些區分
的。

　　好幾種精神哲學不是透過黑格爾，而是透過洛采（Lotze）
和萊布尼茲（Leibniz）一類思想家來追溯自己的淵源的。這兩
位哲學家都承認精神的存有者有某種等級區分。等級的頂端是上
帝；在較低的層次上是有限的自我，其中每一個自我都是一個微
型宇宙，或者是宇宙的某種鏡子；在人類自我的層次以下，一直
向下透過自然界而延伸的，是更低級的精神存有者。萊布尼茲設
想，有一系列連續不斷的活動的實體，他稱之爲「單子」（mo-
nads），這個系列上自頂端的上帝，向下一直延伸到最低級的
單子，再往下便是虛無。這樣一種概念顯然不同於普通的觀念論

觀點。正如洛采所指出的，如果一個人承認實在是精神性的，那麼，他就必須要麼接受這個觀念論觀點——事物的世界是一種依賴於心靈的現象，要麼認為，一般被視為無生命的東西實際在不同程度上都有自己的精神生命。洛采本人採取了這兩種說法中的第二種，即通常稱作「泛心靈論」（panpsychism）的那種學說。這種學說在十九世紀還有另外一些著名的鼓吹者，例如費希納（Fechner）等人。但是，雖然本章所考慮的大多數思想家都曾從洛采那裡吸取了某些東西，其中卻只有很少幾個人明顯地採納了他的泛心靈論。

與觀念論進一步的區別在於，生命哲學所強調的，是作為精神之獨特標誌的活動。這些哲學經常抱怨觀念論所採用的方法過於理智主義，過於理性主義了。觀念論傾向於把精神理解為思維**主體**，與此形成對照的是，我們發現精神哲學所強調的，是作為行動之**力量**或源泉的精神這一觀念，儘管顯然有些觀念論者也強調過這一方面。精神哲學拿來和思想並列的，有表現在道德的、宗教的、審美的活動裡面的精神生活的全部範圍。

與大多數觀念論者不一樣，我們將要考察的一些思想家都是自然科學的熱誠學者，他們的哲學具有強烈的經驗主義色彩。他們並不**先驗地**設定實在的種種特性（例如說實在必然是理性的），而是根據從我們對世界的體驗學到的東西來建構他們的哲學。他們甚至準備在自己的世界觀裡面為偶然的、非邏輯的因素尋找地盤，如果這些因素是經驗所要求的。他們拒絕對自然所作純粹機械的解釋，並且認為，要恰當地解釋科學的結果，我們就必須求助於目的概念。自然要求一種目的論的解釋，這個事實就是自然具有根本上是精神性的構造的證據。

上述各項特徵——諸如泛心靈主義、行為主義、對自然科學的興趣等等，並不全部都出現在即將討論的每一種精神哲學裡，因為這些哲學構成了一個十分駁雜的派別，它們出自彼此各異的

種種背景，只有某些基本的類似點是共同具有的。所以我們對它
們的分組多少有些任意或武斷。首先，我們將考慮歐陸的精神哲
學，而從德國、意大利和法國舉例（第十五節）；然後轉而考慮
英語國家的精神哲學，在這些國家，我們所謂的「精神哲學」是
和前一章討論的各種人格觀念論密切相關的（第十六節）；接下
去我們要注意的，是從道德體驗出發，把通向有神論的倫理途徑
視爲自己特別的關注對象的那麼一批哲學家（第十七節）；一位
英國神學家代表了這方面的哲理神學，其方法與精神哲學有許多
的共同之處（第十八節）；而後我們將以對精神哲學的評價作爲
本章的結尾（第十九節）。

60

十五、歐陸的精神哲學家

倭肯，瓦利斯科，布特魯

　　魯道夫・克里斯多夫・倭肯②（Rudolf Christoph Eucken,
1846～1926）是本世紀初葉德國最著名的精神哲學代表人物。他
非同凡響的名聲大大超出了他的祖國的國界。他是諾貝爾文學獎
的獲得者，他絕大部分著作都已譯成了英語。倭肯在德國的地
位，某些方面類似於亨利・瓊斯爵士在英國的地位，就是說，他
並非是特別有獨創性或系統性的思想家，但他把自己的哲學視爲
一種實踐的信條，並因把自己的觀點作爲那個時代所需的信息而
熱情地宣揚，從而贏得了聲望。因此之故，人們常常認爲，與其
說倭肯是一位哲學家，不如說他是一位傳教家或一位預言家。
　　在上述精神哲學的各項特徵中，倭肯最清楚地代表的一項特
徵，就是行爲主義（activism）。倭肯摒棄了理智主義以及解決
哲學問題的思辨方法，他認爲，眞理應能滿足全部人生的需要。

他把這種方法稱爲「精神學方法」（noological method）。思辨的方法所處理的，是「實在之活生生的內容和具體性的那麼一點影子。與此相反，精神學方法所理解的，則是出自包容一切的、基本的、生命整體的、具體的東西。」③

倭肯以這種方法爲基礎所發展起來的信條是非常直接了當的。一方面，人可以過一種自然的人生，就是說，在這種人生中，人完全陷於生物需要之滿足，陷於物質的和經濟的價值之中，在這種人生中，人僅僅是在外部與他人相關聯。這樣一種人生歸根究柢是毫無意義的，是空虛的，然而倭肯相信，現代文明所傾向的，正是這麼一種人生。他談到了現代文明「非人格的」特徵，它把人變成了自己的工具，而且「把他們更牢靠地拴在這個可見的世界上。」④ 另一方面，人類的存在就其成爲一種精神性的存在而言，又需要具有意義。在這樣一種存在中，人自身和宇宙的精神相關聯並與之共同作用。精神的生命，本質上就是行爲、活動與奮鬥，因此，人的精神性，與其說是關於人的一種永恆眞理，不如說是人必須不斷爭取和發展的某種東西。

61　　宗教的功能，不是要成爲各種活動當中的一種活動，而是要我們堅持完整的精神生命，以與直接的自然環境相對，從而滲透到一切活動之中。宗教有助於使我們進入精神生活，而且在宗教體驗中，普遍的精神被視爲一個人格的上帝，與他之間存在著一種交流，「恰如我與你之間的交流一樣」。⑤ (1) 和觀念論者一樣，倭肯也談到了一種絕對宗教，它與歷史上的諸宗教有關聯，正如眞理與其種種表現形式有關聯一般。他在基督教當中發現了絕對宗教的最高表現形式，發現了眞理無懈可擊的核心，但他又認爲，基督教必須清除掉它自身許多短暫易逝的、偶然附加的特徵。

---

(1) 參見馬丁・布伯的「我—你」學說（本書第57節）。——譯註

　　一種萊布尼茲類型的精神哲學，在義大利思想家的伯納迪諾・瓦利斯科⑥（Bernardino Varisco, 1850～1933）的著作中得到了很好的說明，他的主要著作都有英文本可資利用。瓦利斯科起初教授科學學科，後來轉向哲學，以求調和科學與宗教對世界的看法。他的出發點是主體的多樣性，每一個主體都有自己特定對世界的看法。一個主體「主要是一個意識活動的中心。」⑦一個人就是一個高度發達的理性的主體，雖然在這個主體中，當下清晰地有意識的東西據說被範圍較廣泛的下意識所包圍著。在人的層次以下，是有知覺的動物主體。「一切事物都使得我們相信」，在更低的層次上，仍然有無數不發達的主體，而且，「我們所說的惰性物質，也許可以歸結為這類主體之聚合。」⑧當然，這些主體是極其原始的，而且，它們很可能更接近我們的無意識，而不像我們的意識。

　　在主體中不斷有變異產生，而這些變異共有兩類。有一類產生於主體本身自發的活動。這種自發性並不僅限於發達的主體，而且它意味著世界當中的一種**非邏輯**的因素；另一類變異產生於主體之間的相互干擾，它們以種種規則的方式彼此作用，所以才有一個有秩序的宇宙，而且多種多樣的主體才構成了一個統一體。這意味著一種**邏輯**的因素。

　　為了說明這種統一體，瓦利斯科引進了「存有」的觀念。據說，存有統一了各個特定的主體，因為，首先它是一切思維著的主體，或隱或顯所共有的概念；其次，它是一切決定著思想的客體所共有的特徵。瓦利斯科論證說，存有是在各個特殊的主體和世界當中思考自身的普遍主體，它在各特殊主體和世界之中變成了確定的東西。

　　這種有點朦朧的普遍主體，可以等同於宗教的上帝嗎？或者，它只是一種純粹內在的基礎，而這基礎離開了它特殊的確定化，便不過是虛無呢？瓦利斯科是一位誠實的思想家，雖然他自

62

已接受傳統的上帝概念，但他坦率地承認，倘以上述論證爲基礎，「一個人格上帝的存在對我們來說，似乎還是一個尚未證明的假設。」⑨他相信，世界之中有目的的證據，以及顯然有神意支配的價值之保存，指明了有神論的結論，但要在理性基礎上證明這個結論，還需要更多的東西。在後期著作中，瓦利斯科論證說，普遍主體實際上就是人格的上帝，但是這個上帝在力量和先見方面都限制了自身，以便使人在創造工作中與他的合作能夠完全自由。他認爲，這種哲學證明宗敎的基本立場，特別是基督敎的基本立場是正當有理的。

在法國，一種精神哲學的獨特傳統在與自然主義和實證主義的對抗中，通過整個十九世紀一直保存下來了，這個傳統在本世紀初葉的主要代表，是艾彌爾‧布特魯⑩（Emile Boutroux, 1845～1922）。他也是一位具有國際聲望的人物，一九〇三年曾成爲格拉斯哥大學的吉福德講座講師，雖然他的講演不幸未能出版。布特魯很好地解說了這麼一種類型的精神哲學，這種精神哲學主要關注宗敎與自然科學的關係。他力圖根據科學自身的基礎去正視各門科學，並且表明，各門科學所提供的對世界的理解，需要對自然的精神性的解釋來作爲補充。

十九世紀的科學世界觀把世界看成由必然規律嚴格決定的現象之網，這種世界觀似乎排斥了目的和自由，而目的和自由對於精神生活來說是必不可少的。布特魯對科學的方法進行了批判性的考察，以便發現科學據以描述自然的決定論的法則體系，是不是一種能窮盡一切的解釋，或者發現在自然實在之中，是不是已經沒有別的東西，這些東西不能歸結⑵爲科學的摹寫，他稱之爲「一定程度的偶然。」⑪他發現，確實存在著這樣一種偶然因素。科學選擇有助於確立一般法則的那些材料，同時總是把某些

⑵　亦譯「無法還原」、「不能還原」。——譯註

東西棄置一旁。隨著我們從物理學走向生物學，又從生物學走向
人類行為研究，這種無法歸結[3]的偶然性的因素便愈益增加。在
每一個新的層次上，都有真正的名副其實的新奇東西，而且是無
法依據低一層次的東西來描述的。布特魯也同別人一樣意識到，
企圖在科學知識的裂縫當中去確立宗教是危險的。然而他堅持認
為，作為科學之界限而出現無法歸結[4]的偶然因素，並不是一種
純粹否定性的發現，而是一種肯定性的發現。它引導我們去尋求
自然當中的創造原則。

　　要做到這一點，我們就必須考慮被科學所棄置的東西。「所
謂科學，就在於用表達事物某一方面的符號，來代替事物本
身。」[12]科學的理解由於具有抽象的理智性質，必須區別於更廣
意義上的人類理性——理性要考慮的是事物之整體，及其對人生
的性質、價值與意義。這種更寬廣意義上的理性，打通了對世界
進行精神性解釋的道路，並使得宗教的態度可以和科學的態度相
並列。

　　在宗教中，人上升到了生命的創造原則的高度。宗教包含著
信念與實踐兩個方面——對作為理想存有之上帝的信念，對作為
與上帝相連的表現之愛的實踐。這樣來理解，宗教就和在那更寬
廣意義上的理性完全和諧一致了，在那種意義上，理性是不同於
一種枯燥的科學理解的。這種更寬廣的意義上的理性，在自然中
能發現比純粹的機械體系更多的東西，而且通過與生命進行類
比，能夠形成關於一種「存有」（ being ）的概念，「這存有既
是一，又是多——不像一個物質的整體，而像一個心靈的、一個
人的連續不斷而又運動變化著的無限。」[13]雖然科學的態度與宗
教的態度之間，可能常常會有衝突，但是兩者都得到理性的支

---

(3)　同譯註(2)。

(4)　同譯註(2)。

持，兩者都是精神的創造性活動，兩者都是人類生命的最充分發
展所需要的。

十六、英美的精神哲學

沃德，鮑恩，布萊特曼

我們可以稱之爲「精神哲學」的那些英美哲學，很自然地要
受到觀念論的影響，正如我們已經看到的，觀念論在英語國家曾
經十分盛行。具體說來，我們將會發現，在我們即將考察的那些
觀點中，人格觀念起著很大的作用，而且這些觀點與人格觀念論
有著十分密切的關係。儘管如此，由於它們所強調的是活動和人
生體驗，看來最好還是把它們歸入精神哲學之中。

64　　在英國，我們發現精神類型的哲學很有能力的代表人物，是
洛采的信徒詹姆斯・沃德⑭（James Ward, 1843～1925）。沃德
不僅是一位哲學家，也是一位很有名的心理學家，同時還精通
生物科學。他曾享有兩次被聘任爲吉福德講座講師十分難得的殊
榮，又被視爲他那個時代對自然主義的最尖銳的批評家之一，以
及有神論的最有力的辯護士之一。在他的哲學中，他依靠心理學
和生物學的知識，構造了這麼一種世界觀，在其中，終極的實在
就是活躍的精神。

在構成沃德思想的不同的部分中，我們發現，在我們已經考
察過的歐陸的精神哲學家那裡已經見過的所有的主要論題，都又
重新出現了。他宣稱，哲學的最好嚮導，是作爲一個整體的經
驗，而不是理論思維；他指出，自然科學具有抽象的特性；他還
肯定，如果具體地看，自然也需要一種精神性的解釋。沃德對於
心理學的思索，使他強調經驗在本質上具有實踐的、有目的的特

徵，在經驗中，欲求比認識更爲根本。理論的主題，不過是對經驗之有機統一體的一種乾巴巴的抽象。至於經驗本身，他說：「簡言之，它就是生活──對於活生生的個人而言的生活。」⑮對具體經驗的這種強調，構成了沃德對十九世紀盛行的機械論自然主義的批判的基礎，這是自然主義在哲學家當中遭到的最銳利的批判之一。沃德發現自然主義是很貧乏的，因爲它僅僅關注經驗中所知的具體實在的一個片面的方面，並把這個方面樹立起來，好像這就是整個實在似的。它的錯誤據說就在於「把客觀存在賦予抽象的東西」。⑯我們必須離開必然關係之網（科學已把世界消融於其中），返回那具體實在之完滿性與多樣性（科學在它的抽象方法發揮作用之前，就背離了這種完滿性和多樣性）。

自然科學中所缺乏的這種具體性，沃德在歷史當中發現了。我們會注意到，沃德之求助於歷史，表明了他的思想與溫德爾班（Windelband）和狄爾泰（Dilthey）之類德國哲學家是如何緊密相關。他宣稱，儘管「幾乎沒有爲實證的精密科學提供什麼立足點，歷史仍然是我們理解得最好的東西，是我們最爲關切的東西。」⑰歷史所揭示的，不是一個死寂的機械的世界，而是一個有欲求的主體所構成的精神的世界，這些主體在爲種種目標而奮鬥，在實現著各種各樣的價值。

既然這個目的和價值的王國不可能包含在科學抽象地解釋的自然之中，我們就得問，自然是否不能融合於這個目的王國，並且被賦予一種精神性的、較爲具體的解釋。事實上，這正是沃德著手進行的工作。「在自然之中，沒有任何和精神性的解釋不相容的東西。」⑱科學沒有發現意識和生命有任何明確的下限，而且有這麼一種假設，即自然界是連續不斷的，並不顯示出任何突然的跳躍。所以，如果我們從上往下進行解釋，絕不會遇到任何對精神性解釋來說是不可逾越的障礙。我們會被導向一種泛心靈主義的學說，自然徹頭徹尾是目的論的。即使是被設想爲沒有

生命的事物也有某種起碼的精神生活，而且歷史之王國透過自然
延伸到了低於人的層次。據稱，「自然於是融入了多種多樣的有
欲求的個體之中。」⑲

　　然而，我們不能滿足於多元論。世界的統一和秩序指向了一
種有神論的學說。上帝既是精神世界的泉源，又是它的運動所趨
向的目標。上帝是人格的一既超越而又內在。在創造自由的、有
欲求的主體時，他就把某種限制加諸自身了，但這不應視爲上帝
在縮小，因爲他給予他的創造物越多的自由，他就必然是越加偉
大。上帝的目的就是愛，而惡終將被克服。但愛不可能是現成的
東西；它自由地產生出來，而人要和上帝一起工作，以實現他的
目的。關於精神哲學的基本主題，沃德的這些學說爲我們提供了
一個最清晰、最全面的陳述。

　　洛采的另一個門徒，是美國哲學家波頓・帕克・鮑恩⑳
（Borden Parker Bowne, 1847～1910）。他逐步表述了一種他
稱爲「人格主義」的哲學。這種人格主義在美國至今還有很多追
隨者，而且構成了一個獨特的思想流派，但是應該注意到，鮑恩
並非第一個使用「人格主義」一詞的人，而且，主張人格價值的
任何一種哲學，都常在一種較廣的意義上被稱爲「人格主義」。

　　鮑恩追隨洛采的思想，認爲實在是能行動或受動的東西。
「事物與非存在之區別，乃在於這種行動和相互決定的力量。」
㉑那麼，什麼實體能滿足實在的這一標準呢？按照鮑恩的說法，
只有人格的自我，人格的自我既是恆定的，又是變易的，只有人
格的自我能提供一種關於實在的恰當概念。人格的生命，乃是世
界的活躍的基礎，解決哲學問題的鑰匙，就在人格之中。

　　鮑恩論證說，實在是由人格之體系構成的，這些人格透過作
66　爲最高人格的上帝而聯結起來。作爲最高人格的上帝之存在，透
過各種不同的途徑得到了確證。一條論證的途徑實際上重複了關
於上帝存在的古典的宇宙論證明。他論證說，存在著的一切都必

然有一個充分的原因；所以說人格的存在應該歸諸這樣一個原因，它本身不可能低於人格，這就是說，它是一個至高的創造性的人格。另一條論證的途徑的出發點，是我們用來理解世界的那些範疇。這些範疇是從我們作爲人的體驗得來的。例如，因果效用就是從我們自己的活躍的自我體驗中認識到的。人創造了變化，作用於事物，無論是在無生命的原子，還是在非人格的規律當中，我們都無法找到充分有效的因果作用，因爲它與人格之目的與理智密切相關。我們從自我體驗抽繹出來的這些範疇適用於這個世界，乃是因爲這個世界所出自的泉源與我們自己類同相關──就是說，這個世界依賴於作爲原因的神聖人格之活動。還有另外一些範疇，諸如實質、多樣性中的統一性等等，同樣被說成是和人格體驗密切相關的。

上帝被認爲是活動性的、創造性的。「我們的上帝不是一個遠離世界而自得其樂的外在者，他呈現在世界、生活、良知和歷史之中，爲了人類意志之征服和訓練，爲了使人類意志確立在正義之中，他正進行著一場偉大的道德遠征」；上帝還被說成是「偉大的永恆不息的勞動者。」㉒正如我們所看到的，物質世界依賴於作爲原因的神的活動，而且它被作爲人格的一個訓練場地。所以，只有與人相聯繫，才能適切地理解自然，而且，和沃德一樣，鮑恩也進行了一場有力的論爭，以反對各種自然主義哲學，尤其是斯賓塞（Herbert Spencer）的那些觀點。有限的人本身，超然是上帝的造物，據說也保持著一種「相互的外在性和相對的獨立性。」㉓宗教所關注的，首先是對正義的追求，儘管宗教信仰得到哲學的支持，但信仰的確定性，不是通過思辨，而是通過信任與服從而得到的。

所以，鮑恩的哲學到頭來證明是一種相當正統的有神論。然而十分明顯的是，他是一位徹底誠實的思想家，在根據經驗之光去考察有神信仰的哲學含義方面，他並不退縮。他自己是個嚴守

教規的教徒，他之享有盛名，是因爲他對美國的新教神學家發揮
了一種自由化的影響，同時還激發了他們對於宗教的哲學問題的
興趣。

67　　　　在美國的人格主義學派當中，可以提一提鮑恩的繼承者埃德
加・謝菲爾德・布萊特曼㉔（Edgar Sheffield Brightman, 1884
～1953）。他告訴我們，他據以出發的立場，實質上是與鮑恩的
立場相同的，他爲有神論所作的論證之一，基本上類似於我們在
鮑恩那裡見到的那種論證——即，只有以存在著一個宇宙性的、
創造性的人格這樣的假定爲基礎，才能適切地說明人格之事實。
㉕布萊特曼爲有神論進行辯護的一般途徑，屬於我們在本章中已
很熟悉的那一類，即訴諸於作爲整體的經驗，在經驗中，事實並
未脫離價值，道德體驗和宗教體驗也和自然科學一樣得到了考
慮。

　　　　然而，正是布萊特曼對經驗的坦誠的考察，使他在一個重要
的方面修正了傳統的有神論學說。上帝是創造性的、至上的、人
格的，但是按布萊特曼的說法，也是受限的或有限的。可以引出
四項證據來表明上帝是有局限的。第一，存在著既有進步也有耗
費的演化過程。它暗示「有一種力量，它在達到自己的目的時面
對著似乎與之對立的東西。」㉖更有甚者，由於布萊特曼像鮑恩
一樣根本不採用外在上帝的觀念，所以他相信，一個眞正包含在
宇宙進化過程之中的上帝，必定是一個「時間已進入了他的存有
本身」的上帝。㉗這樣一個上帝就不是已完成的完美之上帝。第
二，存在著人格本身的證據。沒有一種確定的結構，或者既定的
性質，就不可能有一個自由的人格。假如上帝是人格，這對他也
不例外。例如，我們並不設想上帝能製造一個圓的方形。他自己
的理性性質就對他的意志施加了限制。更一般地說，正如布萊特
曼所看到的，在神性中既有主動的因素，又有被動的因素。第
三，布萊特曼堅持認爲，一切存在都顯示出衝突和兩重性，我們

必須設想，即使神的存在也包含著鬥爭和戰勝對立面的勝利。第四，布萊特曼宣稱有來自宗教經驗本身的支持。它指明了這樣一個上帝，其性質包含受難和透過十字架的救贖。

布萊特曼認為，這就是經驗事實所要求的那種上帝。上帝所受的限制，並非來自他自身之外的任何東西，而是來自他自身性質之內的「既定的」東西，這看來頗像關於上帝「自存」（aseity）的傳統神學理論，那上帝不能反對他自身的性質的理論；例如，他不能製造一個圓的方，因為他的性質是理性的。可是，布萊特曼的「既定」，似乎超出了神學家們在「自存」項下所包含的東西。而且，雖然我們被告知說，上帝越來越多地把握著他自身中既定的東西，我們仍然很難不發出這樣的問題：「是誰或者是什麼東西，給定了這個既定的東西？在布萊特曼的上帝後邊，有某種更為終極的力量，就像古希臘諸神後面的命運一樣嗎？」布萊特曼造成了一些難題，但他對於有神論的問題，作出了十分誠實的貢獻。 68

十七、研究有神論的倫理學方法

索萊，泰勒，德・比爾

在本章考察的哲學家當中，我們已經注意到有這麼一種反複出現的要求：我們對世界進行解釋的基礎，不應當是自然科學所提供的抽象圖式，而應當是經驗的全部範圍，其中包括道德、宗教，以及可以歸入我們通常所謂「精神的」體驗之內別的任何東西。現在我們要來考察這麼一些哲學家，他們特有的關切，就是去探索從道德經驗通向對實在的有神論解釋的道路。

威廉・里奇・索萊[28]（William Ritchie Sorley, 1855～19

35）的思想提供了一個很好的出發點。在此我們又遇到了洛采的影響，以及新康德主義巴登學派（Baden school）的影響。㉙這些影響使得索萊的思想更類似於本章討論的精神哲學，而不是前面討論過的觀念論哲學，雖然它當然也接近某些觀念論哲學。

索萊提出要把他那時代流行的哲學研究方法顛倒過來。那就是說，他不是首先尋求對實在的形上學解釋，而後從所達到的圖景引出倫理結果，而是力圖「深入研究種種倫理觀念和作為整體的實在觀的關係。」㉚為了支持這種方法，他引用了洛采的一句話：「形上學眞正的開端在於倫理學。」所以道德經驗成了索萊的出發點。

道德經驗向我們引進了「價值」觀念，而且像沃德一樣，索萊注意到，價值在歷史科學中得到了考慮，但在自然科學中卻被棄置一旁。歷史科學與自然科學之間的明顯區別在於，前者注意的是種種獨特的單個的事件，而後者卻歸納並尋求普遍的原因。個體性，雖然就其完整性而言也許可以說只屬於作為整體的實在，但它表現在人當中，比起表現在事物當中來，卻要清晰得多。人確實是價值之承載者。例如，也許可以說善**間接地**屬於事物，但它僅僅**內在地**屬於人。索萊論證說，任何完整的實在觀，都必須為歸納科學在人和事物中發現的因果關聯找到地盤，也必須為歷史科學在個體的人身上發現的價值找到地盤。人是實在的組成部分，正如事物是實在的組成部分一樣。而且，索萊宣稱，比起我們對自然事實的認識來，我們對道德價值的體驗也是同樣客觀的東西。

於是問題就僅僅在於，要把價值系列和原因系列結合在一個單一的實在觀之中。不給價值以任何地位的自然主義哲學不可能提出一種解決辦法，而各種各樣的觀念論和唯靈主義哲學則提出了一系列的解決辦法，從精神實體或單子的多元論，到包羅萬象的精神實體的一元論。按照索萊的說法，要滿足所有的經驗事

實，最好的解決辦法是這樣一種有神論，它能避免多元論和一元論這兩方面的極端。我們需要這麼一個人格上帝的觀念，這個上帝既是現存世界的創造者，又是價值的泉源和承載者。索萊坦率地承認，這個解決辦法也有一些困難，尤其是惡在世上的存在所引起的困難。他力圖像拉希德爾那樣來對付這個困難，即設想上帝受他自己的創造所限制。然而不論有什麼困難，索萊都否認任何不能為事實同樣也為價值找到地盤，或者聽任事實與價值分離的哲學，能夠使我們滿意。「如果我們不能達到一種把實在**作為整體**的觀點，那麼，我們就沒有得到任何哲學。」㉛

我們再來看看阿爾弗雷德・愛德華・泰勒㉜（Alfred Edward Taylor, 1869～1945），他也許作為一個柏拉圖權威最為人所熟知。他的早期著作《形上學的要素》（*Elements of Metaphysics*）闡明了一種深受布拉德雷影響的觀念論，但在我們在這裡所注意的一部晚得多的著作——《一位道德論者的信仰》（*The Faith of a Moralist*）中，泰勒像本章所討論的其他思想家一樣，割斷了與正統觀念論的密切聯繫，而且在他的思想中，我們會看到柏拉圖（Plato）、聖・多瑪斯・阿奎那和柏格森（Bergson）等形形色色的影響。

泰勒的目的在於表明，道德體驗為了自身的完美，超越自身而指向了宗教。他以一個在本章中我們已很熟悉的論點，作為他論證的開場白——在具體體驗到的世界中，事實與價值是從不分離的。這一點對於隨後的論證是不可缺少的，因為，假如倫理學只和與事實脫離的價值有關，那麼，就根本不可能從倫理學推論實在的性質了。

論證本身開始時，是探詢道德生活所追求的善的性質。它是短暫的善呢，還是永恆的善？甚至意識到我們此世生命之短暫性質，就是已經開始超越這種形式的短暫性了。道德理想不可能靠短暫的善來滿足，因為短暫的善只能相繼達到而不能同時全部達

到，就此而言它們是有缺陷的。於是，道德生活就向我們指明了
一種永恆的善。接著要探研的問題是：人自己是否能達到一種永
恆的善。泰勒也許比同代的其他一些哲學家都更嚴肅地看待邪惡
和罪過的嚴重性，他對這個問題的回答是否定的。但是不能因此
說道德生活注定是要受挫的，因爲他在此引進了他所謂「永恆者
的首創」㉝，即延伸到人的、使人的道德成就成爲可能的神的恩
典。於是，道德生活乃在宗教生活中得以完成。由此得出的一個
進一步的結論就是個人之不朽，個人的命運就是要達到永恆的
善。

　　所以，如果我們嚴肅地看待道德生活，我們就會發現，它意
味著一種關於上帝、恩典與不朽的自然神學。但是現在所出現的
問題是：這樣一種最低限度的神學，是否不會像道德那樣，會指
向自身之外以求完美。也可以這樣說，它的骨頭架子，難道不需
要用一種實有的歷史中的宗教去賦予血肉麼？像沃德和索萊一
樣，泰勒對於歷史之具體性印象頗深，他堅持認爲，儘管形上學
家醉心於抽象的和一般的東西，在一種實定的歷史啓示中去尋求
自然神學之完善仍然是合理的。

　　我們這裡討論的三位倫理有神論者中的最後一位，是威廉‧
喬治‧德‧比爾㉞（William George de Burgh, 1866～1943）。
他的《從道德到宗教》（ From Morality to Religion ）一書，寫於
索萊和泰勒兩人的著作發表之後，而且德‧比爾承認他曾受益於
這兩位思想家。但是，他自己對於通過倫理學方法走向有神論的
各種問題的貢獻，也許是三個人當中最富於獨創性的。

　　宗教意味著人與上帝切身的交流，而道德是可以獨立於對彼
岸世界秩序的信仰的。德‧比爾認爲，道德本質上是一件實踐的
事情，而在宗教裡，行動從屬於對上帝的認識，並以對上帝之愛
作爲自己特有的動機。同泰勒一樣，德‧比爾認爲，對道德的考
察表明，它需要在宗教當中得到完善。他堅持認爲，道德表現出

了某些二律背反，這些二律背反不可能在道德本身的層次上得以
解決。一個這類的二律背反是倫理原則的二重性。「人類的行
為，根據其動機是責任感抑或是善良願望，總可以作出兩種不同
的評價。」㉟ 就是說，人可以透過履行責任（例如還債）而道德
地行動；但也可以追求實現某種他認為是善的目標，雖然他毫無
追求它的責任。德・比爾認為，任何倫理理論都不能憑著一類行
為歸於另一類之下來解決這個二律背反。還有一個二律背反屬於
更富有實踐性的一類。每一個人在道德生活中都有欠缺，這是眾
所周知的事實。「就我們的種種奮鬥而言，我們始終不過是無用
的僕人。」㊱ 我們既沒有完全實行道德法則（聖・保羅對之作出 　71
了古典的說明），又沒有始終一貫地、成功地實現善。

德・比爾論證說，只有在宗教的層次上，才能解決這些矛
盾。兩種類型的倫理原則，在上帝觀念中交匯了。隨著我們從有
限的善之追求，進入對無限的永恆的善之觀照，以對善之欲求為
動機的那一類行動，即 sub ratione boni ⑸ 的行動，自身就很容
易進入宗教之內。這裡的論證使我們想起了泰勒。善事在此的吸
引力是針對人的理性性質的，然而人性同時也是感性的，而且對
善的追求是動搖不定的。因此我們還有第二條路，即責任之路，
這條路從我現在所處地位之直接責任一直往上，通向把上帝對人
之意願作為普遍責任的思想。只有超越時間地點，這兩條道路才
能匯合起來一起發揮作用，這作用就是完全的自由，就是責任、
善與上帝在宗教上的綜合。

在實踐方面，道德上的欠缺失誤和軟弱無能，也為宗教準備
了道路。在人的層次上注定要受挫的那種努力之二律背反，由於
神恩之附加而消解了，神恩使天性得以完善。德・比爾闡釋了
聖・多瑪斯・阿奎那關於出自對神之愛的 virtus infusa ⑹ 的學

⑸　拉丁文，「高於理性的善」。——譯註

說，在這種愛之中，關係的兩邊都有上帝本身。比爾堅持認爲，
這種 virtus infusa 並不妨礙道德生活，而是完成道德生活。因
此我們又被引向了這樣一個結論：道德導致有神論宗教。

我們該如何來估量這些爲有神論所作的倫理學論證呢？我們
應該注意到，那些提出這些論證的人，一方面當然賦予它們以很
高的重要地位，另一方面也承認它們具有局限性，只從經驗的一
個部分出發的論證都具有此種局限性。索萊和德・比爾都說過，
有神論論證是積累漸進的，倫理學的方法需要其他方法予以補
充。而泰勒正如我們已經看到的，則提出來自倫理學的自然神學
要靠啓示來充實。在另一方面，有一些道德哲學家對於倫理學與
有神論之關係，看法則頗不相同。㊲但是我們必須承認，這裡所
考察的三位哲學家，不論單個地看還是合起來看，確實爲道德在
有神論宗教中的完善提出了給人深刻印象的論證。

十八、倫理學有神論與神學

滕南特

在本章前幾節所考察的幾位具有神學頭腦的哲學家之外，我
們還可以加上一位具有哲學家頭腦的神學家，他與那些哲學家具
有很多共同之處，他就是弗里德里克・羅伯特・滕南特㊳（ Fre-
derick Robert Tennant, 1866～1957 ）。他是沃德的學生，對於
沃德的心理學著作，他特別懷有一種眞誠的、甚至是過份的尊
敬，而且他還和沃德一樣，非常熟悉生物科學。滕南特相信，了
解心理學和各門自然科學的發現，研究科學的各種方法及其局

---

(6)　拉丁文，「內心的美德」。──譯註

限，熟悉認識論和形上學的種種理論，這些都是神學家的責任。
這也許聽起來像是辦不到的要求，但它卻出自滕南特的這個（肯
定是站得住腳的）信念——神學在理智上的地位必須這樣來檢
驗，即看看它在這些各種各樣研究領域的光芒中如何站立起來。
滕南特十分忠實於自己的原則，他寫了一部巨著，論述基督教神
學的哲學前提，並努力說明這些哲學前提的合理性。

　　他認為基督教神學的基本前提，就是倫理學有神論。它包含
三個因素，這些因素是獨特互異的，但彼此孤立起來看則難於理
解，它們是：上帝、靈魂、世界。「上帝、人與世界，構成一組
和弦，和弦三個音中的任何一個，倘無另外兩個相伴，絕不能造
成真理之音。」㊴滕南特努力依靠一種純屬經驗論的方法來確立
這種理論，並不存在任何特殊的宗教能力來提供捷徑。我們不得
不走向經驗事實，並從中引出它們使之成為可能的任何結論。

　　從存有者的順序來講，上帝是第一個，但從認識的順序來
講，上帝是最後一個。經驗始於自我和世界，而且對這二者的認
識以同一步速前進。滕南特論證說，自我意味著一個靈魂，它是
真實的、綿延的、活躍的，而世界則不可能從機械論的角度給予
完全的說明，它需要目的論的解釋。所要訴諸的是一種「更廣闊
的目的論」，這種目的論不同於帕雷（Paley）之類的前進化論
的目的論，它不引用關於適應的孤立例證，而引證看來提供了目
的證據的全部範圍的經驗。漸進的累積的論證，漸次考察了世界
對於人類理性的可理解性，環境對於生命和道德發展的適合性，
自然的審美價值，最後，還有整體之相互關聯的有機的結構。整
個的圖景據稱都指向了一個有理智有目的的創造者。滕南特用一
種共同觀點將人與世界一同看待，從而進一步確定了他的論證。
他是和自然相連續的，但他又是人格的、道德的，而且考慮他的
道德生活時，應當聯繫到對於產生了人的這個世界的估價。於
是，道德論論證就成了漸進的累積的目的論論證的收尾工作，而

我們就被導向了對於作爲世界基礎的人格的道德的上帝之信仰，導向了這麼一種倫理學有神論，「它認爲人格之實現與道德價值之實現，是世界存在的理由（raison d'êfre）。」⑩這個結論的確無法從邏輯上予以證明，但據稱它具有我們在這類問題上所能期待的最大限度的合理的可能性。

一方面，倫理學有神論是作爲基督教神學的哲學前提確立起來的，另一方面，它也被滕南特用來批判和改造基督教教義本身。他相信有不少被看成神學的東西是違反倫理學有神論的。他批評選民和前定的概念貶低了人類的人格，破壞了人與上帝之間人格的、倫理的關係。傳統關於神的不變性的教義也是非倫理的，因爲它取爲理論楷模的是呆滯的物質，而不是活躍的精神。僅僅就其道德目的之堅定一貫而言，上帝才是不變的。同樣，滕南特也摒棄了傳統關於原罪的教義，理由是：罪在倫理上必須被設想爲「道德上的不完善，而在上帝眼中，一個行動者應該爲之負責。」⑪所以，他的倫理學有神論不僅僅捍衞了，同時也批判了基督教的神學。

十九、對精神哲學的評價

毫無疑問，本章所考慮的這些哲學，爲一種宗教的人生態度，特別是爲倫理類型的基督教提供了十分適宜的背景。這些哲學當中，也許有一些正是爲了提供這種背景而構造的，這個事實不應妨礙我們努力去公平地評價它們。

它們具有很多的優點，這是不容置疑的。由於避免了對實在之性質的先驗思辨，避免求助於直覺或特殊的能力，它們的出發點是共同經驗這一堅實的基地，它們大多數都力求公正地對待經驗科學的結果。由於避免了有缺陷的抽象，它們具體地考慮經

驗，指出了科學方法的局限，並且爲歷史和人的研究要求一個與自然科學並列的地位。由於避免了過分的理智主義，它們爲這樣一個事實爭取了地盤：人不僅僅是一種認識主體，而且是一種活躍能動的、作出評價的、忙於實現目的的存在物。

　　然而，這些哲學本身也容易傾向於思索超出經驗界限的東西。舉例來說，鮑恩（應該承認他是這裡考慮的思想家中最重理智的一位）的哲學中儘管有確鑿無疑的行動主義成分，但在本身是一位徹底經驗主義者的威廉·詹姆士看來，卻很像一個理性主義者。詹姆士寫道：「請看看，在鮑恩教授那樣一位哲學家精彩雄辯的理性主義小册子中，嚴守教規的古老精神是如何消失的吧。」㊷雖然本章所討論的一些哲學家抱怨抽象的理智主義，但他們自己並未完全擺脫它。 74

　　我們在瓦利斯科和沃德那裡看到的泛心靈主義學說，就是思辨觀念的一個明顯例證。正如我們所看到的，它確實能夠得到一些貌似有理的論證的支持，而且我們在別的地方還會遇到它。㊸但是，即使我們承認關於自然科學具有抽象性這一論證的力量，在科學已使自然擺脫了萬物有靈論解釋之後，我們還發現泛心靈主義竟在現代的僞裝下重新出現，實在是不勝驚訝。當然，這種理論的現代版，比起泰勒（Thales）關於「萬物都充滿神靈」的著名教導來，是要成熟得多。而且，發現關於上帝存在的目的論和宇宙論論證竟然重新出現在本章考慮的一些思想家當中，這也令我們十分驚奇。這些論證似乎把我們帶回了康德之前流行的那種自然神學那裡。當然，把這些論證重述得很有說服力也是完全可能的，而且已經有許多人在這方面作出了努力。對於這些論證，沒有任何普遍的一致意見。例如，德·比爾就批評滕南特對目的論論證利用太多，而對宇宙論論證又利用太少。㊹不過滕南特和德·比爾兩人都一致認爲，有神論論證是累積漸進的，它們所確立的僅僅是一定程度的或然性。

　　總之，我們不得不贊同克萊門特‧韋布的意見：「認爲這些作家」（他心目中所指的是沃德和滕南特，但他的話也適用於本章中涉及的其他作家）「僅僅是重複了一種古舊的、前康德時期的哲學化的方法，那是極其不公平的。」⑮其實，我們同樣可以認爲，他們已標誌著諸如價値哲學、文化哲學、實用主義、新生命哲學、甚至存在主義等等事態發展的端倪。我們所稱的這些「精神哲學」，本身還不能令人滿意，因爲，它們過於思辨，所以沒有行動哲學的力量，同時又不夠理智化，所以不能使自己的思辨擁有觀念論形上學所具有的那種嚴謹。現在，我們必須轉而討論這樣一條思想路線，它更明確地背離了形上學的思辨，並遵照我們已在索萊的著作中聽見了其回聲的那樣一些觀念，努力根據道德價値來證明宗教是合理的。

註　釋

① 有一些這類的哲學，過去曾被，現在有時還被稱為「唯靈論」（spiritualism），但是現在這個詞的通常用法已如此大大地掩蓋了它的獨特的哲學用法，以致於把它用作一個哲學術語已經很容易造成誤解了。「倫理有神論」可以正確地描述本章討論的各種哲學，但這種描述又如此寬泛，以致於也可以包含（比如說）很多形式的觀念論。「人格主義」對於這裡提出的大多數觀點本是一種很有用的描述，可是用這個詞專指由鮑恩（B. P. Bowne）創立的美國學派的觀點，（參見後邊第 65 頁），已成了一種慣例。

② 1871～1874 年任巴塞爾大學教授；1874～1920 年任耶拿大學教授。

③ 《宗教之真理》（*The Truth of Religion*），第 180 頁。

④ 同上書，第 46 頁。

⑤ 同上書，第 430 頁。

⑥ 1905～1925 年任羅馬大學教授。

⑦ 《重大的問題》（*The Great Problems*），第 96 頁。

⑧ 同上書，第 216 頁。

⑨ 同上書，第 270 頁。

⑩ 自 1888 年起任巴黎大學教授。

⑪ 《論自然法則的偶然性》（*On The Contingency of the Laws of Nature*），第 4 頁。

⑫ 《當代哲學中的科學與宗教》（*Science and Religion in Contemporary Philosophy*）第 361 頁。

⑬ 同上書，第 393～394 頁。

⑭ 自 1875 年起成為劍橋大學三一學院院士，自 1897 年起擔任劍橋大學教授。

⑮ 《自然主義與不可知論》（*Naturalism and Agnosticism*），第二卷，第 111 頁。

⑯　同上書，第二卷，第 66 頁。

⑰　同上書，第二卷，第 280 頁。

⑱　《目的王國》（ *The Realm of Ends* ），第 20 頁。

⑲　同上書，第 21 頁。

⑳　1876～1910 年任波士頓大學教授。

㉑　《形上學》（ *Metaphysics* ），第 40 頁。

㉒　《宗教之本質》（ *The Essence of Religion* ），第 7 頁，第 254 頁。

㉓　《人格主義》（ *Personalism* ），第 277 頁。

㉔　自 1919 年起任波士頓大學教授。

㉕　《上帝的問題》（ *The Problem of God* ），第 157頁。

㉖　同上書，第 126 頁。

㉗　同上書，第 129 頁。

㉘　1888～1894 年任卡迪夫（ Cardiff ）學院教授；1894～1900 年任阿伯丁（ Aberdeen ）大學教授；1900～1933 年任劍橋大學教授。

㉙　參見後面第 77 頁。

㉚　《道德價值與上帝觀念》（ *Moral Values and the Idea of God* ），第 1 頁。

㉛　同上書，第 500 頁。

㉜　1908～1924 年任聖安德魯斯學院教授；1924～1945 年任愛丁堡大學教授。

㉝　《一位道德論者的信仰》第一卷，第 211 頁以下。

㉞　1907～1934 年任瑞丁大學教授。

㉟　《從道德到宗教》第 37 頁。

㊱　同上書，第 67 頁。

㊲　例如，可以參看麥克拉根（ W. G. Maclagan ）的《倫理學的神學邊疆》（ *The Theological Frontier of Ethics* ）。

㊳　1907～1931 年任劍橋大學講師。

㊴　《哲學神學》（ *Philosophical Theology* ），第二卷，第 259 頁。

㊵　《哲學神學》，第二卷，第 258 頁。

㊶　《罪之概念》（ *The Concept of Sin* ），第 245 頁。

㊷　《宗教經驗之種種》（ *The Varieties of Religious Experiences* ），第 492 頁，註 2。

㊸　參見後面第 258～277 頁。

㊹　《從道德到宗教》，第 153 頁。

㊺　《1850 年以來的英國宗教思想》（ *Religious Thought in England from 1850* ），第 161 頁。

第五章
哲學與神學中的價值觀念

二十、新康德主義與利奇爾主義

前曾提及，黑格爾一派的觀念論在英語國家確立自身的地
位，只是它在德國本土衰落以後的事。① 在德國，思辨觀念論早
已失勢，而在十九世紀最後三、四十年中，康德的批判觀念論曾
一度復興。與這種新康德主義哲學密切結盟的，是利奇爾主義
（Ritschlian）的神學學派。二者都以價值觀念，特別是道德價
值作爲自己對宗教的解釋之核心。

衆所周知，康德在其《純粹理性批判》（Critique of Pure
Reason）中表明，人的知性僅限於感覺經驗的現象之內。當我
們企圖超越這些現象，探究一些超驗的對象——上帝、自由、不
朽等等的時候，我們便使自己陷入了矛盾之中。終極的實在是不
可知的，理性的形上學是不可能的。然而，這些否定性的結論在
他的《實踐理性批判》（Critique of Practical Reason）中得到了
緩和。正如康德自己所說，他限制認識，是爲了給信仰留下地
盤。不能靠理論性理性來確立的上帝、自由與不朽觀念，在實踐
理性或指導道德生活的良知中證實了自己的合理性。作爲道德的
行動者，我們的行動顯示出這些觀念好像都是眞實的，雖然我們
無力在純粹理性的基礎上確證這些觀念。

當然，新康德主義者並未簡單地重複康德的學說。他們從康

75

德那裡汲取了自己最初的靈感，但卻發展了自己獨特的哲學，正
如新黑格爾主義者所做的那樣。滲入這種發達的哲學的，還有其
他一些影響，其中尤爲顯著的是洛采（Lotze）的影響，洛采十
分強調價值的觀念。他認爲，我們最終的信念，可以分爲三種。
我們可以確信邏輯上爲必然的東西，可以確信經驗的事實，可以
確信價值的確定。這些信念全都是彼此互不依賴的，除了將其宗
教哲學奠立在前章所述的唯靈論形上學的基礎上以外，② 洛采還
論證說，宗教首先不是一個理智問題，而是涉及價值判斷，而價
值判斷是無法歸結爲事實判斷或必然性判斷的，因此也不應當用
純粹理論性的標準來檢驗。他進一步認爲，必然性、事實與價值
三者，在上帝那裡得到了綜合。

　　當我們轉向神學方面時，我們發現，利奇爾（Ritschl）既
從康德那裡，又從洛采那裡獲益匪淺。利奇爾起初是一個黑格爾
主義者，但他後來逐漸把形上學斥爲一種對於宗教和神學有歪曲
性的影響。他同樣也把教會教義的傳統表述斥爲形上學同宗教的
無理的混合。宗教的主張，不應被視爲對事實的冷漠的陳述，而
應被視爲價值判斷。因此，舉例來說，關於基督具有神性的主
張，不應理解爲有關基督性質的一種形上學的陳述（像在教會的
傳統公式中那樣），而應理解爲這麼一個判斷；對於信仰的團體
來說，基督具有上帝的價值，的確，利奇爾並未否認宗教中可以
稱爲「超自然」因素的那些東西，但他的思想中有一種明確的實
證主義傾向。他說過：「我也承認宗教生活中有種種神秘，但如
果什麼東西是一種神秘，一直還是一種神秘，那麼我就對它保持
沈默。」③ 所以，在他所發展起來的那種神學中，占主導地位的
是倫理範疇，而不是形上學的範疇。對作爲上帝完善啓示的歷史
上的基督的宗教評價，出自對基督之道德完善的倫理評價；而基
督教的目的乃是上帝之國的實現，上帝之國既是最高的宗教的
善，又是人的道德理想。

　　我們在康德、洛采和利奇爾那裡遇到的各種分離──認識與信仰、事實與價值、理論的東西與實踐的東西之間的分離，又出現在我們即將考察的這些思想家的理論之中。一方面，由於強調實踐，這些思想家與精神哲學的行動主義傾向有了聯繫，另一方面，他們對形上學的反感，又使他們與下章將要討論的實證主義者有了關連。在此，我們還會發現以後將予考察對宗教的實用主義的、歷史學的以及社會學的解釋的一些線索。

　　到本世紀之初，新康德主義哲學和利奇爾主義神學兩者都正值自身發展的頂峯時期，因此，彼此各異的種種傾向所涉及的範圍之廣已很明顯。在哲學家當中，有一些強調肯定的一面（肯定種種價值），另一些則強調否定的一面（否定形上學的認識）。在神學家當中，有一些由於否棄形上學而返歸於突出啓示之重要性，另一些則寧要一種非教條的倫理型基督教。在後面的概述中，我們首先要看看一些有代表性的新康德主義哲學家（第二十一節），然後再看看德國的（第二十二節）和美國的（第二十三節）一些較重要的利奇爾主義神學家，之後再來作一點評價（第二十四節）。

77

二十一、新康德主義哲學家

文德爾班，柯亨，法欣格爾，霍夫丁

　　德國新康德主義的開端，大約在一八六五年由溫德爾班所確定──大約與此同時，黑格爾主義出現在英國哲學之中。溫德爾班評論道：「康德主義的哲學復興提出了大量的形形色色的觀點，在其中，我們可以發現康德理論出現之初所碰到的所有對立的解釋迴光返照。」④，確實有這麼一批五花八門的思想家，他

們除了全都求助於作爲現代文化的偉大哲學家的康德，每個人都
宣稱是在解釋康德哲學中眞正重要的眞理之外，彼此之間看來幾
乎毫無共同之處。這些思想家當中，有一些（像屬於馬堡學派
（Marburg school）和巴登學派（Baden school）的那些人）相
對來講是康德主義中的正統派，而另一些在解釋這位大師的思想
時所用的方法，則導向了經驗主義、實證主義，甚至實用主義。
在目前，我們不得不滿足於只挑出很少幾位哲學家來討論，他們
的觀點曾引起國際上的注意，而且關於我們的這個特定主題即對
宗教的解釋，他們發表了一些重要的意見。

　　在新康德主義當中，也許最爲卓越的一位，肯定也是在德國
本土之外最爲著名的一位，就是我們剛才引證過的那位哲學家威
廉‧溫德爾班⑤（WilhelmWindelband, 1848～1915）。他是巴
登學派的主要代表，這個學派在價值論或關於價值的科學中，發
現了哲學的主要問題。溫德爾班是洛采的學生，以哲學史專家著
稱。他認爲哲學史本身就是一門哲學學科，而且他在新康德主義
當中發現了一場要把十九世紀自然科學的內容與「心靈的要求」
協調起來的運動。這場運動導致了價值問題作爲哲學的核心問題
而出現，在此，從他關於哲學思想的紀念碑式的概述之結尾幾頁
78　裡引用幾句話，是很有價值的：「只有作爲普遍適用的價值之科
學，哲學才能有生命。它既不渴望從自己的立場再去了解各專門
科學從其立場已經了解的東西，也不希望去匯編和連綴從各門獨
立學科之結果總結出來的種種一般結論。哲學有它自身的領域，
在普遍適用的價值中有它自己的問題，這些普遍適用的價值對於
文化和文明的所有功能來說，對於所有具體的生命價值來說，是
組織化有機化的原則。但是它只在可以說明這些價值的適用性時
才描述並解釋它們；它並非將它們作爲事實，而是將它們作爲**規
範**來對待。」⑥

　　溫德爾班將這視爲他那個時代的哲學任務，而且他自己在解

決這個任務時，是從對人的理論旨趣和實踐旨趣的密切聯繫出發的，他認為，在現代哲學家當中，康德最清楚地表達了這種密切聯繫。我們所有的認識，都與意志有緊密的關係，因此也就與意志所趨向，並在其中找到滿足的種種目標所特有的那些價值有緊密的關係。「解決問題的總的路線，以及問題的答案，大部份都由價值之觀念所決定。」⑦溫德爾班通過分析判斷來解釋這一點，他認為，在判斷裡，可以找到我們所有的認識。「作出判斷，不僅僅意味著把一些觀念相互聯繫起來，而且意味著肯定這樣聯繫是適用的，真實的；或者，在否定判斷中，意味著把這種聯繫斥為虛假的。」⑧真理並不像幼稚的頭腦所設想的那樣是觀念與事實的符合。這一標準無論如何並不適合於很多種類的判斷。真理本身就是一種價值，是一個主體的要求之滿足。雖然離開了評價的主體，就不存在價值，但這並不意味著價值就是純粹主觀的。價值是由主體與主體所趨向的客體之間的關係構成的，十分明顯，這樣一種作為真理的價值必然要求具有普遍的或主體間的適用性。因此溫德爾班認為，必然有一種「一般的邏輯意識」，其要求是由真理來滿足的。合乎邏輯的要求包含一種由真來滿足的必然性，但這種邏輯必然性不像一條自然法則的必然性；它不是必然是什麼的必然性，而應該是什麼的必然性。

溫德爾班接著聯繫各門不同的科學討論了這些觀點，在討論過程中，他作了這樣一種劃分，這種劃分可以解釋我們已經看到他賦予歷史的重要地位。我們在沃德那裡已經看到過，在狄爾泰和歷史學家們那裡還將再次看到這種劃分，那就是在自然科學與歷史科學之間所作的劃分，自然科學尋找一般的規律，而歷史科學則研究顯示出某些文化價值的種種個人。

溫德爾班還提出倫理價值和美學價值，和真理或邏輯價值並列，並用類似的方式論證了這些價值也擁有普遍性的特徵。雖然我們發現道德判斷和審美判斷因人而異，因種族而異，但我們仍

79

在談論不同的人、不同的種族、不同的時代之道德標準或趣味標
準有高有低，這就意味著，我們在力求確立某種最終的評價標
準。然而，我們在那裡能找到絕對價值的標準呢？要擺脫個人與
種族的相對性，「看來就有必要超出整個人類思維的歷史表現形
式，進到價值為之而成為價值的某種**標準的**意識。」⑨正如我們
必須設定一種「一般邏輯意識」以便說明真理的普遍適用性一
樣，同樣的，溫德爾班在此提出，我們必須設定一種標準的意
識，作為普遍適用的倫理價值和美學價值的基礎。然而他告訴我
們說，關於絕對價值的至高等級的這個概念，這個超越了人間秩
序的至高秩序的概念，只是一個假定條件，而不是形上學中已知
的某種東西。

關於超驗的價值領域的討論引入了宗教這一主題。邏輯、倫
理和審美的三重結構，一方面再現了康德哲學的模式，同時也相
應於心理活動的認識、意願與情感三重劃分，這樣，普遍價值的
這張名單就完全了。宗教並非第四個價值領域，神聖也並非一種
應與真、善、美並列的獨特價值。宗教所關注的，是要追求三者
的一種最終的綜合，它要把作為不同價值領域的前提的標準意識
和上帝或神聖等同起來，上帝或神聖者被視為這樣一種超越的實
在，在其中，一切價值都得以實現，應該是的東西和實際是的東
西是重合的。然而，宗教信仰的這一要求，在形上學中是不可證
明，而且它事實上還提出了一些令人為難的問題。假如上帝是一
切事物的單一原則，那麼世界上的事實與價值為什麼相互分裂？
而且，假如一切價值都已實現，那麼萬物都將在一種永恆完美的
狀態中靜止下來，而且評價活動也將停止，因為，意志需要事實
與價值之二元對立，作為自己活動的條件。宗教問題，是價值問
題把我們引向的最終問題，但這最終問題是難以解決的。「它是
神聖的奧秘，標誌著我們的性質和我們的認識之局限。」⑩

80　　我們來看看赫爾曼‧柯亨⑪（Hermann Cohen, 1842～19

18）的思想，它可以作爲新康德主義的馬堡學派的例證。他對於宗教，尤其是猶太敎的興趣，使他與我們的槪述特別有關。事實上，在本世紀最初二十年間，柯亨開始被人們尊爲現代猶太敎的先知或聖賢一類的人物，正如布伯[1]在晚些時候被尊爲這類人物一樣。而且，正如布伯那樣，柯亨的影響遠遠超出了猶太人的社會。

柯亨的新康德主義，屬於最徹底的理性主義的一類。實在被等同於理性思想的對象。所以在走向宗敎時，柯亨努力去淸除它的所有非理性的和神話的因素，同時僅僅在它表達了理性倫理的價値的範圍，去尋找它的合理性。

他的一般哲學思想，像溫德爾班的一樣，按照康德的體系分爲三個部分。第一部分是邏輯學，以數學槪念爲主導，柯亨在職業哲學家當中一直頗受尊重，主要就是因爲他的這一部分工作。第二部分是倫理學，他在其中發展了一種社會主義理論——實際上，這當然不是馬克思的唯物主義的社會主義，而是一種以康德的下述原則爲指導的社會主義：人永遠不應當被作爲手段，而應當被作爲目的來對待，這種社會主義以全人類的團結作爲自身的理想。第三部分是美學，在其中，柯亨力圖構築一門關於純粹感受的科學。

這個三重體系如同溫德爾班的體系一樣，是包羅無遺的，於是我們在此不得不提出這個問題：如果有什麼地方讓宗敎進來的話，那是在何處呢？柯亨認爲，康德的倫理學是一種倫理學唯一神論的哲學表述，這種倫理學唯一神論表現在希伯來的聖經之中。宗敎之合理性，就在於它的倫理內容，而且柯亨實際上把宗敎並入了倫理學之中。上帝本身只是一個觀念，內在於理性之中。他是一切觀念之核心，是眞理之觀念。「上帝之槪念以及上

---

(1) 指馬丁・布伯（Martin Buber），參見本書第 57 節，——譯註

帝之存在只不過意味著：相信人類之統一性，這並非一種幻
覺。」⑫把生命或人格賦予上帝，就是從理性的哲學滑進了神話
和神人同形同性論。

柯亨所勾畫出來關於宗教的這種純屬理性的和倫理的概念，
在他看來，正是希伯來的先知們及其繼承者們的教導在抽掉了最
後的神話殘餘時所留下的哲學本質。而且他對於猶太教的理性主
義解釋，可以和現代另一位偉大的猶太人——愛因斯坦的解釋⑬
相比。

還有一種更加激進的、行動主義色彩也濃厚得多的新康德主
義，可以在漢斯・法欣格爾⑭（ Hans Vaihinger, 1852～1933 ）
的著作中看到。他常被算在實用主義者之列，但是嚴格地說，這
樣的劃分並不準確。正如法欣格爾自己所指出的，實用主義的這
一原則——一個觀念被發現在實踐中有用，也就因此而被證明在
理論上爲眞，和他自己的虛擬主義的這一原則——一個觀念被認
爲在理論上不眞，卻仍然可以具有實踐上的價值，二者之間有一
種基本的不同。他的觀點代表著新康德主義的一種極端的發展。
他宣稱這些觀點可以追溯到某些得自康德的基本觀念——形上學
之不可能成立，實踐理性之至高無上，形上學觀念作爲調節原則
之功能等等，而且他認爲自己闡明了康德的基本學說。

法欣格爾稱自己的學說爲「實證觀念論」（ positivist
idealism ），他用這個術語來表明自己的這個觀點：思想是局限
於感覺經驗之範圍的。他還把自己的理論叫做「『似乎』哲學」
（ philosophy of 'as if' ），他使用此語的意思是：當思想（像它
可能會做的那樣）跨出了自己的界限，並形成了不可能不是虛假
的觀念時，我們有時可以接受這些觀念，似乎它們是眞的一樣，
因爲我們發現，它們具有一種實踐的價值。法欣格爾稱這樣一些
觀念爲「虛擬」（ fictions ）。應當把它們同假說區別開來，假
說同事實有某種聯繫，而虛擬絕無這類聯繫，而且無法證實。它

們不代表世上的任何東西，但卻也許是有用的。在此我們必須注意，法欣格爾堅持認為，理論上的旨趣從屬於實踐上的旨趣。這是他對康德關於實踐理性學說的解釋，同時也得到了叔本華（Schopenhauer）關於意志第一性的學說的支持。思想是有目的的。觀念、判斷，思想的整個機器，不過都是服務於生命意志的手段。思想確實也可以變成自身的一個目的，而且可以提出不能解決的理論問題，但是當思想這麼做的時候，它就陷入了被稱為「虛擬」的虛假的、自相矛盾的觀念之中。我們不應該指望我們的觀念送給我們「一幅關於實在的圖畫（這是一項絕不可能完成的任務），它們所提供給我們的，是一種工具，以幫助我們更容易地找到我們在這世界上的道路。」⑮一項虛擬在這方面也可能的是有幫助的，如果這樣，儘管它在理論上是虛假的，它對我們就是有價值的。它的價值就是對於生活的有用性——不是對純粹生物意義上的生活，而是對更豐富更充實的生活的有用性。在此我們可以注意到法欣格爾身上有一種悲觀主義傾向。他說：「生活的真正悲劇在於絕大多數有價值的觀念從實在的觀點來看，都是不可取的。」⑯

　　法欣格爾接著表明，虛擬進入了我們思想的大多數領域之中。在數學當中就有許多虛擬（諸如負一的平方根之類），它們可以證明是很有用的。在物理學、經濟學、法學、哲學，以及別的許多學科中還可以找到其他種種虛擬——即全都以這種或那種方式自相矛盾或是錯誤的，但卻仍然在某一特定領域中具有有用的價值的那些觀念。這些觀念，在某些情況下，利用它們的人清楚地了解其虛擬性質。而在另一些情況下，虛擬被誤認為假說，甚至被弄成了教條。

　　法欣格爾把一些基本的宗教觀念歸虛擬領域，諸如上帝、靈魂等等的觀念即是。然而，據說認識到這些觀念的虛擬特徵反而是一個有利條件，因為這樣一來，人們就再也不會為著力圖使它

82

們有意義或力圖使它們擺脫矛盾（假如它們是可證實的假說，這
樣做就很必要）而苦惱了。虛擬之價值，並不因其理論上的虛假
而受影響。法欣格爾提出，假如基督與聖父之關係這一類觀念的
虛擬性質被人們認識到了的話，教會本可以使自己免除許多麻
煩，並節省很多用來解釋這些觀念的時間。我們也許會問：一旦
我們決定把這些宗教觀念視為虛擬，它們會不會失掉對於人生的
價值呢？法欣格爾看來並不這樣認為。宗教並不是在理論上相信
上帝之國即將來臨，而是在實踐上相信上帝之國，也就是說，是
要這樣地行動，**似乎**憑著我們的行動，上帝之國就可以實現。據
說，「似乎」的宗教的「尊嚴與莊嚴」，恰恰就在於這個事實：
「一個好人行善，儘管在理論上他並不相信一種合乎道德的世界
秩序存在；他的行動表明他**似乎**確實相信有這種世界秩序。這種
「似乎」的宗教，建立在一種實證主義的、同時也是悲觀主義的
基礎上。」⑰

　　新批判哲學的另一種表現形式，可以在丹麥思想家哈拉爾
德‧霍夫丁⑱（Harald Höffding, 1843～1931）的著作中見到。
一方面，他像溫德爾班一樣，對價值觀念頗多發揮，另一方面，
他又像法欣格爾一樣，十分傾向於實證主義方向。霍夫丁對我們
的研究來說特別有意義，因為他對於宗教問題非常關注。他對這
個主題的論述之基礎，是**在解釋與評價**二者之間所作的區分，而
且他告訴我們，我們應為這個區分而感謝康德的哲學。

　　宗教自有其理論上的動因，而且在一個信仰的時代，它既滿
足了人的其他精神需要，也滿足了人對知識的追求。它把一切都
歸諸於一個單一的原則——上帝，從而既提供了對種種具體事件
的解釋，又提供了對作為整體的世界的解釋。隨後，與宗教並列
又興起了科學，它提供了一種不同的解釋。解釋具體事件所根據
的，是同一個因果秩序內的其他事件，而對作為一個整體的世
界，則根本不提出任何解釋。逐漸地，理解具體事件的方法取代

了宗教方法。這兩種解釋方法可以得到調和，這種可能性依然存 83
在，科學的解釋適合於各個部份，而宗教的解釋適合於整體。事
實上，科學的解釋看來預先假定事物之中有一種統一性原則，這
一事實可能表明，科學解釋所指向的，正是宗教解釋的方向。然
而情況並非如此。科學解釋絕不能到達終極，它的統一性原則終
究不過是一種理想。宗教帶著它自己的統一性原則走了進來，但
這並非科學所假定的那種現象的統一性，而是一個與世界相對照
的上帝。這種宗教觀念遠不是一種終極的解釋，所以它反而引起
了新的問題。因此，不能合理地認為宗教解釋了什麼東西。

　　如果宗教觀念不能作為解釋被接受，那麼，能不能用別的方
式說明其合理性呢？在這裡，我們必須從解釋轉向評價。並且問
一問，在精神生活中，而不是在理解中，宗教觀念是否也不表達
什麼東西呢？事實上，霍夫丁認為，理智因素在宗教中只有十分
次要的地位，而且，上帝概念中重要的東西在於，它匯集了已知
的最高價值。他把價值定義為「一件事物所具有的這麼一種屬
性，它或者給予直接的滿意，或者可作為獲得滿意的手段。」[19]
他宣稱，「價值之守恆，乃宗教之獨特公理」，價值守恆原則與
上帝是一回事。[20] 價值守恆類似於物質世界中的能量守恆，它意
味著：沒有任何價值會從世界上消滅。這當然不是可證明的，而
是一種假設。

　　最高的價值是倫理價值，而宗教則以倫理學為基礎，雖然很
多人認為情況正好相反。按照霍夫丁的看法，宗教歷史上的主要
發展，不是從多神論向一神論的轉變，而是從自然宗教向倫理宗
教的轉變。價值之發現和產生，屬於倫理學的事情，宗教所關注
的，僅僅是價值之保存。宗教的所有教條和神話，都是價值守恆
原理的象徵。在進化過程中，價值在變化著，但在較高級的宗教
中，倫理價值是居於首要地位的。所以，宗教的功能，看來就是
鼓勵道德生活。「對價值守恆的信仰，將激發我們的勇氣，絕不

輕易對事情絕望，而是堅持尋求價值，尋找那隱秘的泉源，直到
我們發現，即使是最微不足道的東西，也如何在生活的花環中，
保持著自己的位置。」㉑

二十二、利奇爾主義神學家

赫爾曼，海林，卡夫坦，哈那克

84　　對本世紀初年的利奇爾主義神學的考察，可以從威廉・赫爾
曼㉒（Wilhelm Herrmann, 1846～1922）的著作開始。他很好
地說明了利奇爾主義與新康德主義在解釋宗教方面所共有的獨特
的特徵———即對形上學的摒棄，對道德價值在實踐上的強調，而
且，他在利奇爾主義學派中占有相當核心的地位，因此，透過和
他進行比較，我們就可以看出該學派的其他代表人物如何劃分為
對立的兩翼———一派較為保持（以海林和卡夫坦為代表），另一
派較為激進（以哈那克為代表）。

　　在赫爾曼看來，形上學絕不可能成功地解決它為自己提出的
問題，它也不可能達到客觀真理，像自然科學那樣。赫爾曼認
為，在形上學的後邊，有一種實踐的動因，即人要在世界上找到
自己的方向的願望。這個願望不能靠形上學，只能靠宗教來滿
足。不幸的是，宗教與形上學在以往一直被混淆了。這種混淆可
以在傳統的教會教義中見到，這些教義是形上學與宗教的一種混
合———例如，神學家們拿來一種出自希臘人思辨的上帝觀念，把
它附加到基督教的上帝觀之上。這樣一些教條應予拋棄，而同時
並不排除可能有一條與之不同的途徑，在其中，「基督教教義只
應當理解成人自己的新生活的表達。」㉓

　　這條新途徑的基礎，不是形上學的思辨，而是信仰，信仰被

理解成這樣一種體驗，在這體驗之中，上帝向人啓示自身，神人之間的交流得以確立。赫爾曼並不否認，在人類的一般宗敎體驗中，甚至在最原始的宗敎體驗中，都有上帝的某種啓示，但他發現，啓示主要存在於歷史上的耶穌身上。這啓示位於耶穌的「內心生活」或精神意識之中，而不在於他受生於童貞女，施行神蹟，死裡復活等有關他的傳記細節之中。這些細節只有次一級的意義。正是耶穌的「內在生命」，他的保存在新約中的內在生命，抓住了我們，如同抓住最初的門徒們一樣，或者如赫爾曼所說，在我們身上留下了一種「印記」。這種印記是這樣的一種印記，我們因之而進入了與上帝的交流之中，而且不得不承認基督就是上帝。如果我們問到這印記的確切性質，那是得不到清楚的回答的，因爲，赫爾曼說：「宗敎之內在生命，是靈魂之中的一個秘密。」㉔ 然而，據說我們有兩條客觀理由在這印記之上確立信仰。第一條是「基督其人的歷史事實。」㉕ 我們接近上帝，不是透過什麼可疑的思辨，而是透過作爲人類經驗範圍內的一個歷史事實的基督。赫爾曼認爲，這個事實在新約中得到了充分的證實，至少就耶穌最爲重要的「內在生命」而言是如此。而且，這種「內在生命」有一種持久的性質，因此我們今天如同最早一批門徒一樣還體驗到它的力量。第二條客觀理由是，「我們在自身之內聽到了道德律的要求」。㉖ 如果我們還將明確地作爲人類而生活的話，我們就必須接受道德律的客觀適用性。我們內心的道德信念在基督身上得到了實現，而且他還是上帝之國的創建者，上帝之國被理解爲普遍道德的社會，它要求我們的良知。這些倫理評價表達在基督作爲上帝的宣告中。

　　於是，形上學未能確立的上帝之實在性，以我們在基督中和上帝的交流爲根據而得到了保證。這種交流並不是密契主義的，假如「密契主義」被理解爲一種排他的個人「內心」體驗的話，因爲，這種交流是以歷史上的耶穌爲中心的，在耶穌身上，我們

據說正面看到了上帝。我們的上帝觀應該僅僅來自這種正面觀
察。「我們不僅是透過基督而走向上帝。更正確些說，我們在上
帝那裡找到的，只有基督而已。」㉗另外一些基督教教義，例如
關於基督位格的教義之類，同樣必須消除掉與之不相容的形上
學，而作爲信徒與基督裡的上帝交流這一核心事實所具有的種種
「含意」來予以解釋。

　　特奧多・海林㉘（ Theodor Haering, 1848～1928 ）充分地
進行了對信仰的這些「含意」的探索，其結果建立了一個龐大
的、相當保守的教義體系。像利奇爾本人一樣，赫爾曼曾有保留
地談到較爲思辨的基督教教義。他認爲它們的地位低於實踐的利
益，並且還說，靠利奇爾主義方法建立的任何基督教教條，都會
比老的教條體系還要差。對待教義的這種多少有些兩面性的態度
曾經導致了誤解，在有些方面，人們以爲利奇爾主義神學使事實
問題從屬於價值判斷，從而走到了對宗教採取純粹內在論的倫理
的和非教條的觀點這樣一種方向，就像某些新康德主義哲學家一
樣。這實在並非利奇爾或者赫爾曼的意見，這種誤解在海林這樣
的保守派利奇爾主義者那裡，遭到了明白的反駁。

　　海林發現宗教信仰有一種雙重的基礎。「一方面，存在著對
我們的最高需要的滿足；另一方面，存在著上帝之自我顯現。」
㉙這個說法意味著價值與實在二者都包含在信仰之中。「在耶穌
身上，上帝作爲最大價值之實在向我們顯示了自身。」㉚我們從
道德意識的價值判斷出發，但是與之相符並不僅僅是一個主觀理
想，而是一種實在，「一種超越我們的意識，獨立於我們的意識
的力量」。㉛在這個眞實的世界上，存在著實在之啓示，一條實
際的上帝之路，儘管我們按其本來面目認識這條路，僅僅是因爲
它與我們的最高評價相符。

　　海林斥責那樣一種利奇爾主義者，他們對於探索啓示給信仰
的實在猶豫不決，他們忽視了一些重要的傳統教義。然而，實在

必須從其宗教意義的觀點去理解，必須作為啟示的含義去理解，而且海林的評價是謹慎而又溫和的。儘管如此，他還是考察了所有一切教條，從創世到天使以及末世論等等。這麼多的教條是否都可以認為是啟示的含義，或者一種形上學是否正通過後門重新獲准進入，這是一個有待討論的問題。不過這一點看來肯定是事實：海林已經背離了赫爾曼所說的對上帝的「正面觀察」，在恢復天使論之類比較思辨的傳統基督教教義方面走得很遠了。

然而，像其他的利奇爾主義者一樣，海林也有強烈的倫理學方面的興趣，並給予上帝之國的觀念十分重要的地位。教義與倫理學構成了一個單一的整體，「教義向我們表明，上帝之國如何作為上帝的禮物，透過對基督的信仰而對我們變成一種有保證的個人財產；而倫理學則向我們表明，這種信仰如何激勵我們，給我們行動的力量，在實現上帝之國的任務中進行合作。」㉝ 在把基督教倫理原則具體應用於那個時代的道德和社會問題方面，海林是一個開拓者。

同樣屬於利奇爾主義學派的保守派的，還有尤里烏斯·威爾海姆·馬丁·卡夫坦㉝（Julius Wilhelm Martin Kaftan, 1848～1926），雖然在某些方面，他離利奇爾主義思想的主流相當的遠。卡夫坦賦予密契主義很重要的地位，而在利奇爾和赫爾曼眼中，密契主義是很可疑的。還有，卡夫坦明顯地堅持認為上帝之國具有超現世的特點，但同時還為它保留著一種倫理的基礎。他 87
是康德的仰慕者，他認為康德是新教的哲學家，他從通常的新康德主義和利奇爾主義的價值判斷這一出發點開始，但他的結論卻距離純粹倫理學的、內在論的宗教觀很遠很遠，那種宗教觀正是很多新康德主義哲學家所具有的特點。

卡夫坦用新康德主義和利奇爾主義的方式，摒棄了思辨的形上學，堅持實踐理性的首要地位，他認為「在宗教裡，本質的東西不是理論，而是感受和意願，」㉞ 我們不能恰當地談論關於一

種感受或一條道德命令的眞理，但我們可以談論宗教的眞理，因
爲卡夫坦認爲，信仰所帶來的還有它的認識，即對上帝的認識。
這確實不是思辨企圖提供的那種對自在的上帝的客觀認識，但它
是對向我們啓示了自身的上帝的眞正理論認識。雖然宗教首先是
一種實踐的事情，並始於價值判斷，但是屬於信仰的認識，按照
卡夫坦的說法，並不在於價值判斷，而在於以價值判斷爲基礎的
理論判斷。

　　因此，雖然卡夫坦摒棄把思辨思想與宗教思想混雜在一起的
舊的教條，但他還是相信，教會不能沒有教條，他還構想了一種
新的教條，這種教條既是理論的，其基礎又是對上帝在信仰中的
啓示的領悟這種實踐體驗。卡夫坦對比了對基督教啓示的兩種解
釋：根據思辨的邏各斯（Logos）觀念的解釋（這種解釋「無條
件地把首要地位奉送給了認識」），以及根據上帝之國觀念的解
釋（這種解釋把首要地位給予了「必須在世界上實現的道德上的
正義」），從而說明了這兩類教義之間的區別。㉟ 構造教條體
系，應該把信仰的核心見解發展到最精微的細節之處，而且這種
認識之合理性的基礎，被認爲應該是基督教關於上帝之國的觀念
與實踐理性關於主要的善的理想之間的相符，是耶穌基督之中關
於上帝之國的歷史啓示這一事實。

　　卡夫坦自己把上帝之國解釋成不僅僅是應該**在這個世界之中
實現的一種倫理理想**，而且是**在這個世界之上的一種超越的實
在**。因此，正是基督教的道德努力對於基督教是不可或缺的本質
的東西，它的背離世界的神秘一面也是如此，這是與上帝中的基
督同在的靈魂的生命，是把信徒超拔於這個世界之上的一種福
樂。

　　與剛才所考察的或多或少是保守的那種利奇爾主義相對照，
我們發現，所有利奇爾主義神學家都共有的對實踐的強調，被阿
道夫・馮・哈那克㊱（Adolf von Harnack, 1850～1931）賦予

88

了一種較爲激進的傾向，他強調基督教的倫理方面，把教義縮減到最低限度，後來一直被視爲自由派新教的典型代表。作爲現代最淵博的神學家之一，哈那克對於早期基督教的歷史和文獻具有鈎深攫微的了解。一八九九年至一九○○年冬天，他在柏林發表的論基督教的著名演講所受到的熱烈歡迎，證實了他具有卓越的解說天賦，這些演說在以後出版並再版了多次。

按照哈那克的說法，宗教是一件實踐的事情，它所涉及的是使人生有福而神聖的力量，在基督教裡，這種力量被追溯到上帝在耶穌基督裡的歷史啓示。儘管宗教是實踐的，但它也包含某些有關上帝和世界的信念，它力求使這些信念變得清晰明白。

要明確表述宗教信念的傾向，在基督教中導致了教條的產生，教條是這麼一些命題，它們被認爲表達了基督教的內容，對它們的承認，被認爲是教會成員分享其宗教所提供的福佑所需的條件。

然而哈那克認爲，教條之產生是對基督教的眞正性質的一種曲解。眞正宗教的泉源，已被神學的和形上學的垃圾堵塞了，教會的思想史，大部份是基督教眞理逐步晦黯和腐化的歷史，而不是基督教眞理發展和展開的歷史。這種曲解似乎在使徒時代就開始了，那時候，早期的佈道家們是重複耶穌關於上帝之國的教導，不是報告關於他的一生的歷史事件，而是開始大講他的人格的意義，介紹諸如先在這樣一些觀念。隨著基督教傳入希臘化世界，隨著基督教吸收了邏各斯（Logos）之類古希臘觀念，這個過程得到了加強。早期教會的教條被認爲是希臘精神在福音土地上的結果，「都督教信仰作爲希臘文化的表述理解了自己，並向自己證明了自己的合理性。」㊲

在他浙部紀念碑式的歷史(2)中，哈那克追溯了普世教會(3)整個歷史上的教條之發展和演變。在宗教改革當中，路德曾作了一些努力，以求返回原始基督教，使宗教擺脫教條，但那僅僅是一

89

個開端，新教對待教條的態度一直是模稜兩可的。因此在哈那克看來，教條的產生和發展，一直窒息和模糊了基督教的本質。然而，儘管如此，這種本質仍然至今存活著，就像果殼裡的一顆核。

唯有這種本質，能夠滿足現代人的需求，他們只為教會教條之不可理解和不可相信而困惑。在探尋這種本質的過程中，哈那克力求穿透若干世紀以來的神學沈積物，返歸歷史上的具體的耶穌及其福音。哈那克認為，關於基督在履行其天職當中發出的教導及其生活，我們可以從新約中得到一個足夠清晰的說明。耶穌的教導就是原初的福音，這福音的組成部分是足夠簡明的——上帝具有父親的性質，人類靈魂具有無限的價值，上帝之國即道德的理想。因此，基督教的本質，就是在有神論背景中的耶穌倫理。「把基督論的信條置於福音的前面，這樣做距離他所思考所喜愛的東西，該是何等遙遠！」㊳

哈那克告訴我們，耶穌所宣告的福音，乃與聖父有關，而不是與聖子有關。他似乎認為耶穌是屬於人類的宗教天才，具有一種和上帝的獨特的後代關係。他的教導和他的一生實現了我們的道德意識的最高追求，因此我們相信他的信息的真理性。對於終極問題的思辨，在今天給予我們的答案，正如兩千年前所給予的一樣不確定。「可是，如果我們懷著堅定的意願，肯定在我們內心生活的頂峯，作為我們最高的善而發出光彩的那些力量和標準；如果我們有足夠的誠摯和勇敢，勇於接受這些力量和標準為偉大的實在，並用它們來指引自己的生活；如果我們再看看人類歷史的進程，並追隨其向上的發展，那麼，我們就會確信上帝，確信那耶穌基督稱之為父親，而且也是我們的父親的上帝。」㊴

---

(2)　指《教條史》（*History of Dogma*）。——譯註

(3)　在東西方教會大分裂以後即指天主教會，——譯註

二十三、美國的利奇爾主義

金

　　正如新康德主義哲學一樣，利奇爾主義神學也主要是一種德國的思潮，可是，這兩種思潮當然也都在英語國家發生了影響。在大西洋的英國那一邊，前一章所考察過的 W. R. 索萊的哲學 ⑩，和新康德主義顯然有許多共通之處，而在神學家當中，對利奇爾主義的興趣，也由下面這些著名的研究著作之發表而得到了證實，例如加維（A. E. Garvie）的《利奇爾主義神學》（*The Ritschlian Theology*）和莫茲利（J. K. Mozley）的《利奇爾主義》（*Ritschlianism*），這種興趣還清楚地表現在約翰·拜里（John Baillie）的早期著作《宗教之解釋》（*The Interpretation of Religion*）當中。不過，儘管對利奇爾主義有興趣，這種思潮在英國贏得的公開追隨者卻寥寥無幾。在美國，情況則大不一樣，在那裡，利奇爾主義也許十分投合美國人的務實性情。我們還應該想起，在利奇爾主義思想中處於核心位置的上帝之國的觀念，很長時間以來也在美國基督教中占有一個重要的地位，正如理查·尼布爾在他的著作《美國的上帝之國》（*The Kingdom of God in America*）中所表明的那樣。總之，利奇爾主義神學從好幾位著名的美國神學家那裡得到了同情的反應。

　　這些神學家當中，有一位就是亨利·丘吉爾·金⑪（Henry Churchill King, 1858～1934）。他在旅居德國期間，對洛采的哲學和利奇爾的神學都產生了濃厚的興趣。當我們把金與洛采的另一個美國追隨者鮑恩（Bowne）進行比較時，我們發現他們兩人都大大發揮了人格的觀念。然而，金談論「尊重人格」和

90

「人格至上」的方式清楚地表明，在他看來，人格並不像鮑恩所認爲的那樣，主要是解決形上學問題的鑰匙，而主要是價值之泉源和原則。金聲稱，「對作爲一個人的基督之愛，事實上證明是追求高尚生活的最有力的歷史動機。」⑫這種對實踐的強調明顯地表現在他的神學中，他在自己的神學中表達了對傳統表述的不滿，並比較了對基督教教義的人格的、倫理學的理解與形上學的理解，對前者褒而對後者貶。

作爲這方面的一個例證，我們可以注意一下他關於基督人格的教義所說的話。金認爲，從道德的和精神的意義上說，基督與聖父是一致的，就是說，在對上帝的意志作出完善的響應方面，基督是絕對獨一無二的。也可以說，從形上學的意義上說，基督與上帝是一致的，就是說，他與上帝乃屬同一個本質，「如果本質是從目的論方面來解釋的話」。金繼續說：「於是較新的和較老的、人格的和形上學的兩種說法就走到一起來了。可是毫無疑問，對於絕大多數人來說，對基督神性的人格的、實踐上的承認，更是可靠的、合理的檢驗。」⑬

91　　這同樣的一種方法，也被用到了別的教義之上。即使像末世論這樣好對付的材料，也被給予了一種倫理學的解釋，根據是末世論暗含著對人之價值的強調。金的整個方法突出了宗教的實踐和行動的特點，並導致了傳統教義的自由化。因此，雖然他使用人格概念的方式與鮑恩相去甚遠，但卻得出了完全相同的結論。

基督教教義的實踐意義擴展到了社會秩序之中，利奇爾主義神學家們賦予上帝之國觀念的突出地位，在金對於神學與社會意識關係的興趣中又重新出現了。於是金的思想融進了美國的「社會福音」（Social Gospel）運動，正如我們在後面將要看到的⑭，在這場運動中，利奇爾主義的觀念發揮了一種重要的作用。

二十四、對新康德主義和利奇爾主義的
批判性評論

　　我們在本章中考察的種種觀點，具有這麼一個極大的優點，即大大突出了宗教的倫理特性，也許，一種高級宗教若對虔信者不發揮道德影響，就不成其爲高級宗教了。像新康德主義哲學家和利奇爾主義神學家們所說的，宗教首先是實踐的事情，宗教的信念乃出自宗教的實踐，可能事實的確如此。看起來，這種說法較之設想宗教首先是一種世界觀，由此可引出一種生活方式的說法，似乎更有道理。

　　可是，如果像溫德爾班所說的那樣，新康德主義的動機之一，是要調和科學的世界觀與心靈的要求，那麼，這一目標是否已經達到，卻一點也不清楚。恰恰相反，我們似乎得到的是兩個世界——一個實在的事實世界和一個有點虛幻的價值世界，而且這兩個世界之間的聯繫依然模糊不清。在此，我們可以把新康德主義者和前一章所考察的那些英國哲學家進行對照，那些美國哲學家強烈地堅持主張，事實與價值不能分離。和別的哲學家相比，在事實與價值二元對立這個不可測透的奧秘之前，溫德爾班是駐足不前了。就終極實在而論，霍夫丁的論戰性很強，但他告誡我們要懷著價值不會消滅的信念，努力去實現價值。法欣格爾是個坦率的悲觀主義者，他告訴我們，對我們來說最有價值的東西，在實在中是毫無根據的。柯亨以及那托普（Natorp）等馬堡學派的成員，則把我們引向了一種內在論的宗教觀，按照這種觀點，宗教實際上就等同於倫理學。這是一種沒有上帝的宗教，或者，至少是沒有一個不止是一種觀念、一種價值的 focus imaginarius(4) 的上帝的宗教。然而，即使可以承認，宗教首先是

92

一件實踐的事情，但如果這麼徹底地剔除了它的超驗信念，那它肯定就不再是宗教了。宗教之名也許還能保留，但大多數人想到宗教時心目中所指的那個宗教之實，就很難保留下來了。

就利奇爾主義神學家們而言，情況是不是有所不同呢？他們也否認形上學的認識的可能性，但他們相信上帝的實在性，相信一種超驗秩序的實在性，他們要求認識這種超驗的秩序——在海林和卡夫坦那裏，這是一種相當詳盡的認識；在赫爾曼那裡，這是一種較有把握的認識；在哈那克那裡，則不過是幾條一般的信念。要求得到這種靠形上學方法無法得到的對超越者的認識，是以啓示爲基礎的。然而，當神學否認不要特殊啓示也能有對上帝認識的時候，那肯定是一種不顧一切的權宜之計。當蘇格蘭神學家帕特森（W. P. Paterson）寫下這幾句話的時候，他心裡所想到的正是利奇爾主義的神學家們：「完全同樣的想法，竟然能像鐘擺般擺動於懷疑派哲學家的懷疑與謙卑的信徒的天眞虔信之間，這是很不自然的事情，甚至可以認爲是一種心理上的反常現象。如果我說：憑著我的基督教信仰的力量，我相信有一個上帝，他全能、全知、全善，是世界的創造者和統治者，接著又宣稱：這些眞理一星半點也不可能得自於對宇宙之安排、人之結構、歷史之過程的考察：那麼，這看起來就等於是獻給上帝這麼一種可憐的贊美：把上帝比喻成好像他在世上的這麼一個孩子(5)，人們該對他說，他擁有極高的天賦才能，可是他的作品不幸竟沒有表現出這種才能，或者他擁有高貴的品格，可是他的行爲的所有細節都與這高尚品格相反。」④ 當然，懷疑主義與浪漫主義的這種奇怪的混合，並非利奇爾主義神學家所特有，在某些新康德主義哲學家當中也能看到。例如，那托普就把一種理性主義

---

(4) 拉丁文：想像中的壁爐。——譯註

(5) 指人。——譯註

的哲學方法，與對德意志民族之精神至上性的虔誠信念結合起來，在第一次世界大戰期間，忙於撰寫一些論德國對人類文明化的使命的書籍。

　　蓋多・德・盧杰洛（Guido de Ruggiero）把利奇爾主義的上帝概念描寫成「人類生活中的一種任意的、孤立的事實之昇華」，然後他又評論說，「哈那克的上帝，正如利奇爾的上帝一樣，不可能被人崇拜、被人熱愛或畏懼，而只能被當成一種邏輯來批判。」⑯這看來也許是一種苛刻的論斷，但是如果我們思索一下，我們一定會承認它頗有道理。雖然我們也許會在倫理宗教之重要性方面同意霍夫丁的意見，雖然我們已經贊成過新康德主義和利奇爾主義者對宗教的倫理方面的強調，可是我們還必須提防這麼一種危險，即把我們的上帝概念完全弄成一個**純粹的**倫理概念，或者讓上帝變成一種抽象。一個完全可以從道德角度來詳盡無遺地描繪的上帝，是一個人化的上帝，缺少更深沈的崇拜的渴望所追求的神秘與莊嚴的因素。神性的特性，被加之以「神秘者」（奧托的說法），或「超人格者」（觀念論者的說法）或「全然外在者」（巴特的說法）等不同名稱的上帝的特性，利奇爾主義者的確並未明顯地予以否認，但卻將其排斥在自己的考慮範圍之外。說利奇爾主義的上帝不可能被崇拜，這也許言過其實，但是說這種上帝概念太過於單薄，不能滿足宗教意識的最深沈的需要，這卻並不為過。顯然，這種批判用在赫爾曼和哈那克身上，比用在海林和卡夫坦身上更加合適而有力。

　　但在將利奇爾的上帝在多大程度上能夠被人崇拜這個問題置諸一旁之後，我們也還得面對這麼一個問題，即他的上帝概念，是否如德・盧杰洛所說，是一個邏輯的錯誤。通過利奇爾主義者所希望採用的那種方式，能夠將哲學上的懷疑主義與對實在上帝的信仰結合起來嗎？一個人能夠像他們設想的那麼容易地從價值判斷過渡到對超驗實在的肯定嗎？或者換句話說，應該到法欣格

93

爾的「似乎」當中去找利奇爾主義的邏輯結論，情況難道不是如此嗎？

當然，利奇爾主義者們也指出，歷史上的耶穌是上帝的正面啓示，是實踐理性的理想在歷史範圍中的實現。這種正面的啓示，被認爲是提供了一座從價值通向實在的橋樑，而且把價值與實在牢牢地結合起來了。穿過關於基督人格的形上學和神學思辨的迷霧，利奇爾主義者相信有可能看見作爲一個實定事實的歷史上實際存在的耶穌。然而，除了哲學家們的批評之外，現在我們還得再加上新約學者們的責難，他們抨擊了利奇爾主義學說的這個方面。現在，據稱即使是馬可福音所提供的耶穌肖像，也塗有神學的色彩，我們不可能深入到它的後面去。哈那克則被比作一個孩子，他不斷剝著一只洋蔥，希望能剝出一個核來。當他剝完皮以後，剩下來的是什麼呢？

對於利奇爾主義關於歷史上的耶穌的描述，不同的聖經學者採用不同方式進行了詳盡的批判。阿爾弗雷德・盧瓦絮（Alfred Loisy）⑰要求回答，爲什麼應該在基督教的開端之中，而不在它生命的充分展開和全過程之中，去尋找它的本質。史懷哲（Albert Schweitzer）⑱和其他一些學者，則把利奇爾主義者傾向於孤立起來看的新約的敍述，放到了當時的種種宗教運動的背景之中，並且論證說，上帝之國遠遠不是應靠道德努力來實踐理性的理想，在耶穌看來，上帝之國意味著一個末世的事件，這個事件是根據猶太人的啓示文學觀念來設想的，並將通過歷史中的災變性干預來實現。

毫無疑義，在神學輆軒猛烈地遠離利奇爾主義的過程中，對「歷史上的耶穌」觀念的某些批判是說過了頭的。不過，即使我們承認有一些過頭話，我們還是發現，在赫爾曼和哈那克等作家那裡所看到的歷史的耶穌肖像，並不像他們所設想的那麼具有實定性和客觀性。這些肖像，至少部分地是這些神學家自己的道德

理想在耶穌形象上的投影。簡言之，這些肖像是一些理想化的創作，它們要求具有實定事實性的權利之少，也許和查爾斯頓（Chalcedonian）信式對基督的形上學描繪差不多，而利奇爾主義者們是很討厭查爾斯頓信式的描繪的。然而，假如果眞如此，利奇爾主義者們就沒有任何逃路，可以逃離自己的主觀性的圈子，並被驅向了我們在新康德主義哲學家那裡看見過的同樣的內在論的宗教觀。作爲利奇爾主義者的出發點的懷疑主義與信仰的奇妙混合，正如我們所預料的，最終證明對宗教來說是一個不穩固的基礎。

在本章所考察的這些作家中，我們所看到的傾向，一直是要強調宗教中的實踐的和主觀的因素，因此盡量貶低或完全取消宗教可能要求擁有的對實在之認識。在我們現在要來考察的形形色色的實證主義和自然主義當中，這種傾向已進入了一個新的階段。

註　釋

① 　參見前面第 24 頁。

② 　參見前面第 58～59 頁。

③ 　《稱義與和解》（ *Justification and Reconciliation* ），第 607 頁，註 1。

④ 　《哲學史》（ *A History of Philosophy* ），第二卷，第 642 頁。

⑤ 　先後於 1876～1877 年在蘇黎世大學，1877～1882 年在弗賴堡大學，1882～1903 年在斯特拉斯堡大學，1903～1915 年在海德堡大學擔任教授。

⑥ 　《哲學史》，第二卷，第 680 頁。

⑦ 　《哲學導論》，（ *An Introduction to Philosophy* ），第 29 頁。

⑧ 　同上書，第 170 頁。

⑨ 　同上書，第 215～216 頁。

⑩ 　同上書，第 358 頁。

⑪ 　1876～1912 年任馬堡大學教授。

⑫ 　《倫理學》（ *Ethik* ），第 55 頁。

⑬ 　參見後面第 245 頁。

⑭ 　自 1884 年起任哈雷（ Halle ）大學教授。

⑮ 　《「似乎」哲學》（ *The Philosophy of 'As if'* ），第 15 頁。

⑯ 　同上書，第 44 頁。

⑰ 　同上書，第 326 頁。

⑱ 　1883～1915 年任哥本哈根大學教授。

⑲ 　《宗教哲學》（ *The Philosophy of Religion* ），第 12 頁。

⑳ 　同上書，第 10 頁，第 384 頁。

㉑ 　同上書，第 344 頁。

㉒ 　自 1879 年起任馬堡大學教授。

㉓ 　《系統神學》（ *Systematic Theology* ），第 64 頁。

㉔《基督徒與上帝的交流》（*The Communion of the Christian with God*），第 19 頁。

㉕ 同上書，第 102 頁。

㉖ 同上書，第 103 頁。

㉗ 同上書，第 32 頁。

㉘ 先後任蘇黎世大學（1886～1928）、哥廷根大學（1889～1895）教授，自 1895 年起任杜賓根大學教授。

㉙《基督教信仰》（*The Christian Faith*），第 228 頁。

㉚ 同上書，第 229 頁。

㉛ 同上書，第 26 頁。

㉜《基督徒生活的倫理學》（*The Ethics of Christian Life*），第 4 頁。

㉝ 1881～1883 年任巴塞爾大學教授；1883 年起任柏林大學教授。

㉞《基督教的真理》（*The Truth of Christian Religion*），第一卷，第 8 頁。

㉟ 同上書，第一卷，第 93 頁。

㊱ 先後於 1876～1879 年在萊比錫大學，1879～1886 年在基森大學，1886～1888 年在馬堡大學，1888 年起在柏林大學擔任教授。

㊲《教條史》（*History of Dogma*），第一卷，第 11 頁。

㊳《什麼是基督教？》（*What is Christianity*），第 147 頁。

㊴ 同上書，第 301 頁。

㊵ 參見前面第 68 頁

㊶ 自 1891 年起任俄亥俄州奧柏林學院教授，1902～1927 年任該學院院長。

㊷《耶穌的倫理學》（*The Ethics of Jesus*），第 19 頁。

㊸《神學中的重建》（*Reconstruction in Theology*），第 248 頁。

㊹ 參見後面第 163 頁。

㊺《宗教之性質》（*The Nature of Religion*），第 6～7 頁。

㊻《現代哲學》（*Modern Philosophy*），第 93 頁。

㊼　參見後面第 182 頁。

㊽　參見後面第 145 頁。

第六章
實證主義與自然主義

二十五、自然科學的主張

自然科學的驚人發展，完全可以視爲十九世紀最値得注意的特點，而且這種發展毫不間歇地一直延續到了二十世紀。作爲科學成功的結果，必定會出現這麼一種主張，即在我們的哲學觀念的形成中，自然科學應該起一種更大的、甚至是決定性的作用。這種主張的鼓吹者們可以指出一些相對可靠和沒有異議的科學發現，和形上學家和神學家們不確定的、彼此衝突的思辨進行對照。這種主張在以下兩方面都提了出來，一個方面是科學的經驗方法，這種方法被認爲可以擴展到以前被視爲超出科學範圍的那些領域；還有一個方面是特定的科學假說，諸如進化的假說之類，據認爲在其有用性已經證明的那些具體學科之外，它們也可以適用。

有幾種類型的哲學主張自身是建立在自然科學的基礎之上的，雖然這幾種哲學類型傾向於彼此滲透，但它們至少在原則上還是可以彼此區別開來的。

「實證主義」——我們在新康德主義者當中已見過這種理論——以各門科學的名義旣限制、又擴大了這種主張。它否認科學給了我們任何關於終極實在的知識，從而限制了這種主張。科學所提供的，只是關於現象之聯繫和秩序的知識。實證主義又否

認在科學以外還有任何知識，從而擴大了這種主張。尤其是存在著一種對任何形式的形上學的譴責。我們應該放棄認識實在的努力，僅僅滿足於對我們是可能的那麼一種認識，即由科學所提供的對於現象的認識。「實證主義」這個名字特別與法國哲學家孔德（Comte）有關聯。這位思想家把人類思想劃分爲三個階段：首先，是神學階段，在此階段，人們把種種事件與神的作用相聯繫；其次，是形上學階段，在此階段，人們把事件與思辨的原因相聯繫；最後，是實證階段，它並不把他們帶出可觀察和可測度的現象之外，它是人類理智的最高發展。

96

「自然主義」本身是一種形上學——它把實在等同於自然。既然自然的不同方面都在各別的科學學科中得到了研究，那麼哲學的功能，看來就是在各種科學發現之間進行協調。所以十九世紀最偉大的自然主義哲學家之一斯賓賽（Spencer）告訴我們，「科學是部分統一的知識；哲學是完全統一的知識」，或是「具有最高的一般性的知識」。① 然而，「自然」是如此含糊的一個術語，以致於自然主義可以採取很多不同的形式。假如自然被認爲在分析到最後之時，乃是由運動中的物質原子所構成的，那麼自然主義就成了「唯物主義」。十九世紀有一些徹底的唯物主義者，例如著名的《力量與物質》（*Force and Matter*）一書的著者畢希納（Buechner）之類。然而自然主義通常並不採取純粹唯物主義的形式，本章所考察的思想家，事實上沒有一個是嚴格意義上的唯物主義者。例如，可以設想能量是自然的終極原料，而能量可能把自己表現爲思維或者物質。情況也可以是這樣，自然的終極泉源仍然懸而未決，正像在斯賓塞的「不可知論」（agnosticism）中那樣，不可知論也是一種並入了實證主義的觀點。另一方面，有些自然主義者在自然中爲精神找到了地盤，但他們願意接受這麼一種共同的自然主義論點：自然之外別無一物，因此精神應被視爲屬於自然的材料，關於精神，沒有任何東

西是「超自然的」。

　　人們也許會問，最後這種立場，和愛德華・克爾德之類觀念論者的立場如何區別？我們當還記得，② 愛德華・克爾德強調了精神的內在性，拒絕談論「超自然的」的東西。這裡的區別在於，在克爾德看來，進化過程是這樣一個過程，在其中，較低的東西必須根據較高的東西來理解，所以，應該把這個過程徹底理解爲精神的表現形式。而在另一方面，自然主義者則力圖根據較低的東西來解釋進化過程中的較高的東西；他們把精神視爲自然的產物，而不是把自然視爲精神的表現。

　　實證主義和自然主義並不排斥某種對宗教的解釋，甚至不排斥對宗教的某種贊賞。衆所週知，孔德以一種宗教形式完成了他的實證主義體系，在其中，人性作爲崇拜對象，取代了上帝的地位。而自然主義者雖然不能承認自然之外的超驗上帝，但是仍然可以把自然本身視爲具有神性的。斯賓塞透過把不可知的領域分配給宗教，力圖調和科學與宗教。

　　然而，不論提出了什麼樣的解決辦法，宗教都是被當作一種自然的現象來處理的。顯然，宗教至少部分地是一種自然的現象，在此限度之內，可以把宗教作爲一種自然現象來研究。事實上，正是在十九世紀與二十世紀之交的前後，新近發展起來的一些分支學科把科學研究帶進了宗教現象，它們的發現爲自然主義觀點增加了力量。一八九六年，牛津大學設立了人類學講席，從而承認了一門科學的成熟，這門科學已把範圍廣泛的調查方法貫徹到了原始民族的各種文化之中，而且也貫徹到了宗教觀念的起源之中。在此期間，考古學正把宗教的歷史追溯到遙遠的古代。而另外一批研究者，主要是在美國，則開始研究宗教心理學，並可以表明，在宗教態度的形成中，有一些自然的因素。於是，根據一些生物的、社會的和心理的因素，而不訴諸上帝或啓示或任何「超自然的」因素來對宗教作出一種自然主義的說明，似乎就

97

開始成爲可能了。

在考察本世紀初流行的實證主義和自然主義觀點時，我們將從科學實證主義的例子入手（第二十六節），繼之以自然主義形上學的例子（第二十七節）。然後我們將考察對宗教的解釋所受到的影響，首先是人類學的影響（第二十八節），然後是心理學的影響（第二十九節），最後以批判性的評論作結（第三十節）。

二十六、科學實證主義

馬赫，皮爾遜

恩斯特·馬赫③（Ernst Mach, 1838～1916）先是一位科學家，後來成了一位哲學家，他可以被視爲現代科學實證主義的一名先驅。按照他的觀點，經驗的要素是感覺——色彩、聲音、壓力等等。我們的理解被限制於感覺經驗的領域。由此我們可以看到，馬赫的出發點十分接近於我們已經遇到過的新康德主義的實證主義。我們所謂的「身」和「心」，在每種情況下，都不過是感覺之相對穩定的複合。據說，一個「人」，「僅僅是一根漠不相關的象徵性的線」，線上穿著「眞實的生命之珠」——即意識之變化不息的內容。④ 所以說到底，物理的東西與心理的東西之間並無區別，因爲二者都是由感覺構成的。

科學一直是因實際的目的而得到發展的。借助於科學的概念和假說，我們就能夠預測經驗並處理經驗。科學並不解釋任何事情爲什麼發生——這種解釋是形上學所作的錯誤努力，它企圖進到感覺的後面，達到「物自體」，無論這些事物是身還是心。科學只是描述事情如何發生，就是說，它只描述各個感覺之間有規

律的關聯。

　　馬赫力求把可能被懷疑有形上的或泛靈論的色彩的任何詞語從科學語言中清洗出去。例如，他說：「我希望未來的科學將拋棄因果觀念，因為這種觀念確實是含混不清的。我覺得這類觀念包含著強烈的拜物教的氣息，這種感覺絕非我一人獨有。更為適當的方法是，把一件事實的抽象的起決定作用的各個因素，看作是以一種純邏輯方式彼此依賴的，就像數學家的解釋一樣。」⑤同樣，自然中力的觀念，也暗示著是在和我們對意願的體驗進行比較；可能馬赫認為，把這種方法顛倒過來，透過和物質加速度進行比較來描述意志本身，恐怕倒更加適當。我們可以把這些觀點和鮑恩之類的人格主義者的觀點對照一下。⑥

　　正如我們已經看到的，科學具有實踐的動因。以過去的經驗為基礎，科學法則限制了我們可以期待出現於未來經驗中的種種可能性。科學的目標在於經濟，這就是說，它的目標在於要把種種經驗的廣闊領域，納入於盡可能少的概念和假說之中，而且隨著科學在其任務方面的成功，我們就能更好地使自己適應環境並整理我們的經驗。於是，科學變成了「神蹟之天敵。奇異事物之泉源被揭示出來，驚訝之感讓位於平靜的解釋。」⑦透過停止提出「為什麼」這個問題，透過把我們自己限制在現象經驗的事實之內，「為什麼」的問題得到了解決。如果我們要問，我們能否滿足於這種「現象主義」（phenomenalism）（馬赫的觀點有時被稱為「現象主義」），他的回答是：「把自己限制在**事實**之內的努力，常常被指責為過分害怕形上學的幽靈。但是我將看見，從其所作的惡作劇來判斷，形上學的精靈，是所有精靈中最不驚人的。」⑧

　　在英國，卡爾・皮爾遜⑨（Karl Pearson, 1857～1936）提出了類似的觀點，從他的著作中，我們對於現象主義與宗教和神學問題的關係，可以得到更加清晰的理解。馬赫的主要觀念，大

99

多數都得到了重複：科學是一件實踐的事情，是一種為存在而鬥爭的工具；身和心不過是感覺的複合；科學的語言應當清洗掉「因果性」、「力」、「物質」之類形上學的概念；科學並不解釋「為什麼」，而僅僅描述「怎麼樣」。至此為止，這還只是對科學的一種澄清，甚至是對科學可能的主張的一種限制。

另一方面，皮爾遜過分地強調科學的全能，在這一點上他又超過了馬赫。雖然科學知識並非「終極的」知識，但它對我們來說是唯一能夠得到的知識，在它的範圍之外，無物能夠存在。「物理的和心理的現象的整個範圍——整個宇宙，都是它的領域。科學方法是通向全部知識領域的唯一門徑。」⑩皮爾遜不喜歡「實證主義」一詞，因為它似乎暗示科學可以發現的東西有一種局限。正如在過去科學打開的領域超乎於所有的期望，同樣地，在將來，它可以使我們超越於我們今天所能夢想的一切東西。

應當注意，皮爾遜所提出的是一種雙重主張。既肯定科學有權探究一切知識領域，以反對神學家和形上學家把科學限制於他們認為適於採用科學方法的那些領域的企圖。又否認科學之外可以有任何知識，這意味著神學和形上學不會有什麼建樹。

因此，諸如宗教和倫理這樣一些領域，應該由科學家從神學家和哲學家那裡奪過來，用一種理性的方法去考察。宗教被定義為「有限者與無限者之間的關係」。至於傳統宗教，它用神話填充了我們對這種關係的無知，必須代之以一種科學的宗教。「對知識的追求，是人的真正崇拜——是有限與無限的結合，是人心所能得到的最高的愉快。」⑪倫理學必須擺脫對於傳統宗教的核准和禁忌的依賴，作為對人類社會幸福的理性追求而置於科學的基礎之上。正如魯道夫・梅茨所指出的，「皮爾遜對科學精神的讚美，被推到了神化的地步。」⑫

二十七、進化論的自然主義

海克爾

　　雖然我們剛才討論的那些觀點為科學提出很高的要求，但是　100
它們同時也譴責了形上學，堅持認為科學並不提供終極的解釋。
與此形成鮮明對照的是恩斯特・海克爾⑬（Ernst Haeckel, 1834
～1919）的自然主義形上學，他自己稱之為「一個完整的哲學體
系」，在這個體系中，他大膽地表達了自己的這一信念：十九世
紀的種種科學發現，為那些困擾了人類若干世紀的謎提供了答
案。和馬赫皮爾遜一樣，海克爾也是由科學家轉變為哲學家的。
他最為著名的《宇宙之謎》（*Riddle of the Universe*）一書，剛
好出版於十九世紀與二十世紀之交。這本書作為那個時代的科學
世界觀的表達，看來頗能抓住一般人的想像力，而且（像前面提
到的⑭ 特萊因的大不相同的著作一樣）在隨後幾年間，令人驚訝
地在世界上的所有主要國家中銷售了成千上萬冊。

　　海克爾哲學的主要輪廓非常簡單。實在被等同於自然或宇
宙，它被認為在空間或時間兩方面都是無限的。這個宇宙是徹頭
徹尾被「偉大的、永恆的、鐵一般的法則」所決定的。這些法則
中有兩條是基本的。一條是關於實體的法則，它肯定宇宙中的物
質和力具有恆定性；另一條是關於實體的法則，它肯定包括生命
和意識在內的一切現象，都是宇宙的單一實體進化過程中的一些
不同階段。當進化在宇宙的某些部分進行時，退化和分解也發生
在另外一些部分之中，因此據認為整個的畫面在任何特定的時刻
都是十分相同的。

　　海克爾把自己的體系稱為「一元論」（monism），以和一

切把上帝與自然、靈魂與肉體、或精神與物質分離開來的二元論相對立。按照他的看法，只有一個單一的實體，它既把自身顯示為物質或肉體，又把自身顯示為能或精神。每一個物質的原子，都有一個初級的靈魂，但它比意識這一層次要低級得多。在進化過程中，實體的這種初級的心理特性逐步發展成了意識，因此意識是一種純粹自然的現象。一元論意味著，不存在任何沒有精神或能的物質，也不存在任何沒有物質的精神。海克爾拒斥唯靈論，同樣也拒斥唯物論，可是，既然他認為「精神」等於

101 「能」，則其一元論之接近唯物論，更甚於接近我們在瓦利斯科和沃德那裡⑮見到過的泛心靈論，海克爾的觀點和他們有一種明顯的相似之處。

這種一元論，據說建立在可以證實的科學結果之上，解答了生存之謎。具體說來，它對於傳統的關於上帝、自由和不朽的問題，給出了否定的回答。這三種觀念都是以一種錯誤的二元論為基礎的，不可能有任何脫離宇宙的上帝。一個能思、能言、能行的不可見的上帝，用海克爾的名言來說，是一個「氣態的脊椎動物」（ gaseous vertebrate ）⑯──一個不可能成立的概念。一個一元論的、決定論的宇宙，同樣也沒有為靈魂不朽和意志自由留下任何餘地。

然而，海克爾又提出用一種新的一元論宗教來彌補我們失去這些信念的損害。這應該是一種泛神論，按照這種泛神論，上帝就是自然。這到頭來證明是一種科學之宗教，並伴之以一種科學的倫理，正如我們在皮爾遜那裡發現的一樣，儘管在細節上有所不同。事實上，在一九一二年還召開了第一次國際一元論大會。但是，這第一次大會同時也是最後一次大會。它的信眾再也不曾集會──假如真的還有什麼信眾的話。

二十八、人類學與宗教

泰勒，弗雷澤，萊納奇

對宗教所作的自然主義解釋，從發展中的人類學得到了支持，這種發展中的科學使人們有可能對人類的種種體制進行比較性的研究，特別是指明了先進社會的信念與實踐和原始人羣的信念與實踐之間有某種聯繫。例如，假使能說明現代的宗教信念是從原始的迷信自然地遺傳下來的，那麼看來就沒有必要去假設任何特殊的超自然的「啓示」了；確實，看起來這樣一些信念似乎曾經信譽掃地。然而，我們在此必須提防任何不花力氣的結論，這類結論會使我們捲入一種遺傳論的謬誤之中，而且我們記得，像愛德華・克爾德之類的思想家曾完全接受了人類學關於宗教進化的證據，但是並未得出自然主義的結論。⑰

我們可以從愛德華・伯尼特・泰勒⑱（Edward Burnett Tylor, 1832～1917）的思想入手，雖然他的主要著作多已在十九世紀完成，但他卻近在末世紀之初，才成爲牛津大學第一位人類學教授。保羅、拉登認爲，是泰勒「實際上從它的基礎之上創建了這門新學科。」⑲。

泰勒提出了兩個有創見的假定。一是人類文化（包括知識、藝術、宗教、習俗等等）有其可以對之進行科學研究的法則；在文化中，和在自然中一樣，我們發現有「一致的原因起著一致的作用。」⑳二是人類中出現的不同等級的文化，可以表現爲一種發展或進化過程中的不同階段。泰勒使人們開始注意到「殘留」的現象。一個觀念或一種習俗，一旦確立起來，就有一種要延續下去的傾向，而且可以在它其中已變得沒有意義的後來的文化階

段中延續下去。

泰勒的主要貢獻，是他關於「萬物有靈論」（animism）
（即對精靈存在物的信念）的著名理論。原始人面對著死亡、睡
眠、做夢之類的現象，是用與肉體分離的精靈來對之進行解釋
的。由此出發，原始人開始相信整個自然界還充滿著其他的精
靈，這些精靈當中，有一些具有有力的神靈的地位。既然這些精
靈被認爲是在控制著種種事件，影響著人類生活，那麼人們應當
尊重它們，努力討好它們，就是十分自然的了。於是乃有宗教之
開端，對精靈存在物之信仰，乃是它最低限度的條件。

在泰勒看來，較高級的宗教（以及我們的現代哲學）是以原
始萬物有靈論的母體中發展出來的。高級宗教之優越性，乃在於
它們的道德觀念，原始宗教裡幾乎完全沒有這種道德觀念。這些
道德觀念已證明是萬物有靈論永久的果實。可是即使在高級宗教
中，除了這些道德觀念，也還有一些其有用性已經消失之後仍然
留存著的殘留物，因此，這些宗教需要進行改革。的確，泰勒還
說過，「文化科學，本質上是一門改革者的科學。」㉑他敦促神
學家和人類學家一道來考慮每一項崇拜和信仰。它是屬於以下三
個範疇中的那一個？「它是較早階段神學的產物，但是十分健
全，足以在較後階段的神學中保留一席合理的地位嗎？它的來源
較爲原始，但卻經過一番改造，以致成了較先進的觀點的適當代
表嗎？它是較低階段思想的殘留物，不是憑藉內在的眞理性，而
是憑藉祖先的信仰來對較高階段思想的信譽產生影響嗎？」㉒確
實，這是泰勒爲人類學家所提的一個足夠溫和的要求。

另一位對宗教有特殊興趣的英國人類學家，是詹姆斯·喬
治·弗雷澤㉓（James George Frazer, 1854～1941）。他用了
二十五年時間寫成的名著《金枝》（ *The Golden Bough* ），僅僅
是他浩繁的作品當中的一部分。現在，這部著作也許主要被讚譽
爲世界各民族神話和民俗及其相互關係方面的信息寶庫。同時，

103

它還因其作者的巨大的文學才能而受到人們的尊重。然而它的目的，是要就人類從野蠻向文明進步的方式提出一個明確的論題，並說明宗教在這個過程中的地位。

這個論題的大意是，在人類的精神發展中，可以劃分出三個階段——巫術、宗教與科學。㉔當然，弗雷澤的意思並不是說，這三個階段中的每一個階段都是一個接著一個，明顯地彼此相續的。一個較低的階段可以和一個較高的階段並存，或者，也可以有一種從較高階段向較低階段的倒退。但是總的說來。這種動向是從巫術通過宗教而走向科學。

在巫術階段，人類依靠自己的力量，去克服包圍著自己的種種困難，達到自己的種種目標。人相信自然有某種確定的秩序，自己能借助神秘的手段學會為自己的目的而操縱這種秩序。可是當經驗告訴人：他錯了，於是，那些較為熱切的頭腦開始轉向宗教。宗教與巫術的區別在於這麼一個事實：在宗教中，人不再依賴自己，而尋求不可見的存有者的幫助，人相信這些存有者擁有巫術無法得到的控制自然事件的力量。宗教被定義為「對高於人的種種力量的一種撫慰或調和，這些力量據信在指導並控制著自然和人生的進程。」㉕像泰勒一樣，弗雷澤認為宗教可能起源於對死者精靈的信仰。宗教的態度認為，自然過程中存在著某種靈活伸縮性或者甚至是反覆無常性，可是經驗又一次告訴人：他錯了。自然的「嚴格的齊一性」（rigid uniformity）被發現了，而且「被視為對自然的一種解釋的宗教，為科學取代了。」㉖在科學中，人重又依賴自己的力量，這曾經是巫術的特點，可是現在，他運用嚴密觀察的理性方法，代替了屬於人類發展的原始階段的種種無益的想像。弗雷澤推測，隨著時間的推移，另外的看待現象的方法也許會起而代替科學，但是迄今為止，在黑暗中摸索多年之後，人已在科學中找到了第一條真實的線索。弗雷澤表達了這樣一個信念：人類未來的物質進步和道德進步，與科學的

命運休戚相關。

法國學者索羅門・萊納奇㉗（Salomon Reinach, 1858～19
32）既是一位考古學家，又是一位人類學家，他對這兩門學科的
研究，主要是致力於對宗教的考察。他相信，建立宗教科學的時
機已經成熟。在宗教中，正如在其他地方一樣，世俗的理性應該
行使自己進行考察的權利，而且萊納奇的目的，就是要把宗教
「作爲一種自然的現象，而不是任何別的東西」來考慮。㉘

宗教被定義爲「阻止我們自由行使官能的所有顧慮之總
和」，據說，這個定義「從宗教的基本概念中清除了上帝、精靈
存有物、無限者，一句話，清除了我們習慣認爲是宗教感情之眞
實對象的所有東西。」㉙這些顧慮來源於原始社會的非理性的禁
忌，在原始社會裡，它們是與一種萬物有靈論的世界觀相聯繫
的。包括基督教在內的高級宗教，自然地起源於這些原始觀念，
而不是起源於任何所謂的啓示。一種選擇的過程持續了無數的年
月。那些已證明是有用的顧慮留存下來了，並且很容易被改造爲
理性的行爲規則；而那些顯明是毫無用處的顧慮，則隱退到背景
之中。就這樣，透過本來都包容在萬物有靈信念的範圍中的各種
因素之逐步世俗化，就發生了人類的進步。這個過程不僅僅發生
在從禁忌向道德規範的轉化中，而且也發生在從巫術脫胎而出的
科學的發展中。宗教是新生社會的生活本身，從宗教中產生了我
們的文明，雖然這種產生所通過的，只是越來越限制宗教並使曾
屬於它的那些領域世俗化的過程。

萊納奇進一步設想，進步存在於教育的引導和理性世界觀的
擴展之中。但他承認宗教的未來是不確定的，因爲科學的任務永
遠不能完成。雖然他認爲基督教純屬人類的體制，並花了很多時
間來批判混入基督教歷史中的迷信、愚昧和狂熱，但他還認爲基
督教是最偉大的宗教。它被說成是「適合於進步而勤勞的民族氣
質，教給了世界唯一適合於每一個人的道德課程，並且淨化和軟

化了人類的動物本能。」㉚建立宗教科學的時機也許成熟了，但
是取代宗教的時機卻顯然尚未成熟，因為，萊納奇認為，基督教
的影響，不僅在過去是有益的，而且在將來也是有益的。

二十九、心理學與宗教

柳巴，弗洛伊德，榮格

　　對宗教的自然主義解釋，從宗教心理學的發展得到了進一步　　105
的刺激。心理學的方法，為根據宗教經驗本身的內在因素來對宗
教經驗進行科學的研究，提供了手段。早期的研究人員的注意力
主要集中在諸如皈依之類的宗教體驗的具體方面，採用的方法有
分發問卷，對有宗教頭腦的人的日記和自傳進行比較研究等等。
後來，較新的心理分析技術得到了採用。事情漸漸變得很明顯，
可以根據人類心靈的純屬自然的需要和渴望，以及要滿足它們的
企圖，來描述大多數，甚至是全部的宗教。當然，對宗教所作的
這種實證的說明，是否就是事情的全部真相，這仍然是一個問
題。

　　在這一研究領域的先驅者當中，我們選出詹姆斯・亨利・柳
巴㉛（James Henry Leuba, 1867～1946）為例。確實，他的著
作並未獲得像威廉、詹姆士的《宗教經驗之種種》（*The Varieties
of Religious Experience*）那樣的聲響，但卻是更嚴格意義上的
心理學著作，而且更好地代表了自然主義的觀點。等到我們轉而
討論實用主義的時候，再來考慮詹姆士。

　　柳巴的論點可以用這句話來概括：「宗教存在的理由，不是
其概念的客觀真實性，而是其生物學上的價值。」㉜例如，我們
來考慮一下對人格的上帝的信仰。柳巴注意到，在較早的時代，

神學家們爲這樣一種上帝的存在提出了形上學的論證，例如從設
計推出的論證之類。物理科學的進展，破壞了這種論證的力量。
現在神學家們已經變換了他們的根據（柳巴所考慮的主要是利奇
爾主義者），而且拒斥形上學，從而訴諸內在的體驗。但在這種
情況下，他們不得不與心理學競爭，心理學把科學方法貫徹到靈
魂深處的體驗之中。這些內心體驗遠遠不能確證人格的上帝之存
在，它們倒是表明了對這種上帝的信仰，是如何從它爲感情需要
和道德需要提供的滿足中產生出來的。「上帝天父的觀念留存在
我們中間，正是因爲再沒有任何別的適合的信仰形式，能如此容
易如此完全地滿足人類心靈的某些緊迫需要。」㉝

　　柳巴尤其注意神秘主義體驗，這種體驗常常被認爲是宗教經
驗的堡壘，爲其奉行者提供了對上帝的直接而不容置疑的體驗。
在對神秘體驗的詳細考察中，柳巴透過將它歸結爲禁慾生活中性
的激情之昇華，透過將它和某些藥物引起的意識狀態對比，透過
說明它與癔病和癲癇之類病理狀況的密切關係以及其他方法，力
圖根據心理學和生理學來解釋它。他的結論是：「在尚處於科學
領域之內的心理學家看來，宗教密契主義不是上帝的啓示，而是
人的啓示。」㉞它的種種現象，無論是聲音，還是景觀，無論是
豁然開朗，還是交流之感，沒有一種可以嚴肅地要求我們去尋找
某種超驗的原因。

　　適合於神秘主義的東西，一般來說也適合於宗教——所以柳
巴宣稱，宗教也完全屬於自然事物的領域。因此，人們不再能以
心智上的誠實，去贊同具有一些超驗信念的基督教一類的宗教。
然而人就是這樣構成的，因而宗教需要是眞實的、要求得到滿足
的。這種滿足必然出現在一種考慮了科學知識的自然宗教之中。
柳巴建議將孔德的人道宗教與柏格森（Bergson）的創造性進化
哲學的混合物，作爲「未來的宗教」：「被設想爲創造能力之表
現形式的理想化了的人性，具有無與倫比的資格成爲宗教靈感的

泉源。」㉟

按照一位傳記作者的說法，弗洛伊德㊱（Sigmund Freud, 1856～1939）「終其一生，從頭到尾都是一個天然的無神論者。」㊲在評價弗洛伊德的宗教觀時，這一點是值得記住的。在他開始自己對人類精神的偉大探索之前，他就已經把宗教斥爲一種幻覺。他探索的結果是被用來證實一個他早已持有的觀點，而不像人們有時以爲的那樣，成爲他據以達到他的宗教觀的出發點。事實上，不論他在心理學方面的發現可能是多麼富於革命性，弗洛伊德的宗教觀基本上仍然是十九世紀的決定論自然主義的宗教觀。

弗洛伊德的名字，與無意識思想的發現不可分割地聯繫在一起。嚴格地說，這並不算一項發現，因爲無意識以前也常常被人們提到，甚至被作爲一個哲學概念使用過，哈特曼（Eduard von Hartmann）所作的那樣。但是正如達爾文把進化觀念從一種哲學思辨改造爲一種科學假說一樣，弗洛伊德揭示了無意識，使之對科學研究開放。他的主要發現，很多都完成於一九〇〇年之前，但在下面的說明中，我們將採用的某些術語，只是在他思想的較後時期他才採納的。

弗洛伊德把思想分成三個領域。其中最廣闊的領域是本我（id）——和這個無意識區，我們天性的種種基本本能㊳並不和任何對秩序或價值的意識擠在一起，自我（ego）是狹窄得多的有意識區。它和外部世界保持著接觸，以自我保存爲目標，根據環境而選擇本我的一些要求來予以滿足，同時排斥另一些要求。第三個因素是超我（superego），它是童年時父母影響之積淀，透過禁止那些在社會上不受歡迎的行爲來施行進一步的控制。

對無意識的認識，是透過分析它在夢中的僞裝過的表現形式，透過各種精神分析技術而得到的。無意識區域不僅包括人性的基本本能或衝動，而且包括**被抑制下去的經驗**，即曾經向意識

呈現，但由於具有令人不快的性質而被推回到無意識之中——或
如我們所說，而被遺忘了——的經驗。然而，這些抑制仍然活在
無意識區域中，它們可以用種種奇怪的方式表現出來。這些被抑
制的東西的表現形式，就是精神病。我們將要看到，弗洛伊德相
信，應該根據這種精神病的模式來理解宗敎。

要理解這種說法，我們得先回過頭來看看弗洛伊德的這一理
論：在成年的性行爲出現之前，早在人的童年時代，就有一種最
初的性的顯現。男孩最初的性的感情是指向母親的，而且這種感
情伴隨著對父親的嫉妒。然而他對父親的感情是矛盾的，既愛又
恨，而且可以轉變爲欽慕。他想要像父親一樣，想要取代他的位
置，這就是以古希臘那位殺父娶母的悲劇英雄命名的奧狄帕斯
（Oedipus）情結。

108　　　弗洛伊德在其《圖騰與禁忌》（*Totem and Taboo*）一書中，
把這些觀念運用於宗敎起源問題。他設想，在原始時代，人類分
爲一些小羣體生活，每一個小羣體都受一位父家長統治，他占有
所有的女性。兒子們假如激起父親的嫉妒，就被驅逐或者殺死。
可是兒子們聯合起來，殺死了父親，並且分吃了他的肉，以便分
有他的力量。爲了父親的位置，兒子們會發生爭執，但是對這類
爭奪毫無益處的體驗，導致了一種新的社會組織方式，導致了禁
止亂倫的第一批禁忌。同時，關於他們既害怕又敬愛的父親的記
憶，就以一種奇怪的方式保留下來了。一個讓人想起父親的強壯
的動物，定期被這個羣體的人殺死並吃掉。由此遂有圖騰之起
源。

弗洛伊德相信，這類觀念可以在不同的宗敎神話中找到，雖
然神話像夢一樣，把作爲基礎的內容僞裝起來了。在他最後的著
作之一《摩西與一神敎》（*Moses and Monotheism*）中[1]，他企

圖在聖經的宗教中尋找同樣的模式。他設想，摩西先向希伯來人傳授一神教，這是他從埃及的異教的阿吞（Aton）神崇拜那裡學來的。弗洛伊德仿效某些舊約學者的玄想，進一步設想，希伯來人在曠野中流浪時期殺死了摩西。對這次罪行的記憶被抑制下去，一神教也被拋棄了。但是，經過一段時間的間歇，被抑制的東西作爲一種民族的精神病又返回來了，隨之而來的是希伯來人先知們的教導，以及（弗洛伊德設想的）先由摩西傳授的一神論的重新確立。從長時期來看，這個民族的那位被殺的父親贏得了勝利。這個故事一直被追及基督教之中。在聖保羅的思想裡，耶穌之死激起了潛在的罪過感，他的死，是聖子爲那古代的反對聖父之罪行而進行的補贖。

　　於是，上帝之觀念到頭來不過是人類父親形象的放大版。把父親改造爲上帝的過程，不僅僅以上述方式發生在人類的歷史之中，而且也發生在個人的歷史之中，個人在成年生活中，把孩提時代對父親的記憶，投射到世界上，並把這個形象提升到天父上帝的地位。賦予他們生命，保護他們，要求他們服從的父親，變成了上帝，類似地，他是創造者、保護者和立法者。正如弗洛伊德自己所承認的，這種理論對某些形式的宗教比較適用，對另一些則未必。然而，他想提出的主要論點是：一種宗教信念，是由其持有者的心理歷史所決定的，這樣一種信念，本質上是幼稚的、精神病似的。它是嬰幼保育在世界上的一種投射，因此是一種起自現實的飛翔。正如我們已經注意到的，在弗洛伊德看來，現實世界是十九世紀自然主義的嚴格地被決定的無神論的宇宙。沒有什麼天父上帝統治著它，而是（用他的話來說）由「黑暗的、沒有感情的、沒有愛的一些力量在決定著人的命運。」㊴

　　弗洛伊德之後最著名的精神分析學家，是卡爾·古斯塔夫·榮格㊵（Carl Gustav Jung, 1875～1961）。一九一二年前後，他與弗洛伊德學派決裂，沿著獨立的路線發展了自己的思想，甚

109

至放棄了「精神分析」這一術語。寧願採用「分析的心理學」
（psychoanalysis）一詞。榮格與弗洛伊德之間的分歧，最明顯
的莫過於他們各自對宗教的不同態度。他們在這個問題上的分歧
是一種雙重分歧。首先，榮格不贊同弗洛伊德獨斷的無神論。他
說：「就弗洛伊德而言，他轉過背去不理哲學，是一個巨大的錯
誤」，因爲這導致弗洛伊德接受了「一種未加批判的，甚至是無
意識的世界觀。」④榮格自己的觀點，看來是康德式的不可知
論，它認爲實在的終極性質是一個可以討論的開放的問題。然而
他十分明白的是：我們稱爲「精神」的那個東西，雖然我們不知
道它「本身」是些什麼，它是不可能來自本能，也不能根據它本
身以外的任何東西來予以解釋的。其次，弗洛伊德認爲宗教本質
上是精神病，是教徒在解決其問題方面的失敗，而榮格卻把一種
正面的肯定的價值歸諸一切宗教。他的態度十分清楚地表現在下
面這段話中：「在我所有的處於下半輩子的病人，即所有的三十
五歲以上的病人中，沒有一個病人的最根本問題，不是要尋找一
種宗教人生觀的問題。可以完全有把握地說：他們當中的每一個
人之所以生病，都是因爲喪失了每一個時代的活生生的宗教給予
其信徒的東西，他們當中凡是沒有重新獲得宗教世界觀的人，沒
有一個曾被眞正地治癒。」⑫在弗洛伊德看來，宗教是病理性
的，但在榮格看來，宗教卻能夠或應該能夠給人健康。

　　當然，應該同時注意到，榮格的宗教觀和弗洛伊德一樣，是
一種自然主義的宗教觀──至少從「自然主義」一詞的某一個意
義來說是如此。榮格並不贊同還原主義類型的那種自然主義，而
且正如我們已經看到的，他明確否認對精神（不論它可能是些什
麼）能夠根據它自身以外的任何東西來予以解釋。但在另一方
面，他也拒絕使自己的觀點與有神論形上學進行任何合作。和自
己康德式的對形上學的拒斥相一致，榮格認爲，上帝作爲一個超
經驗實體的存在的問題，是一個無法回答的問題，而且當然不是

心理學要解決的問題。上帝作爲心理上的實在，可以被認識，但是相信他有某種別的或者「更高的」實在性，這種信念卻不能確證。也許，我們應該根據這種說法，來解釋榮格去世前幾個月在一次電視會見中說的話，當時有人問他是否相信上帝，他回答說，他不相信上帝，但他認識上帝。榮格之贊許宗教，是以他把宗教作爲精神生活中的一個自然因素來考慮爲基礎的。宗教的「眞理」，不是客觀的、形上學的眞理，而是生活之眞理。

是什麼東西使得榮格對宗教作出一種積極的評價呢？像弗洛伊德一樣，榮格認爲思想的有意識部分是一個對狹窄的區域，它一方面留意於外部世界，另一方面爲無意識的廣闊區域所支持。對於精神的能，即力必多（libido），榮格給出的解釋比弗洛伊德更爲寬廣——它不僅僅包含性慾，而且包括整個生命意志。生命中有各種不同的極性或對立面，有各種不同的指向這一極或那一極的趨向。存在著外向的一極——關注於外部世界，以及向內的一級——專注於自己的內心生活；而且，還有思想的一級，以及情感的一極。超乎這一切極性之上的，還有無意識的一極，以及意識的一極。一個人在意識生活中無法成爲的東西，潛在地存在於無意識領域之中。生命的目標是個體化，是實現自己完全的、獨特的自我，而這將透過實現無意識區域的潛在可能性來完成。

按照榮格的觀點，這種無意識區域具有各種不同的層次。最高的一層是**人格的無意識**，它是在我們的個人生活中形成的。在這一層之下，是**集體的無意識**這一較深的區域，它是由每一個體繼承下來的種族的集體經驗的積澱。榮格之所以相信這種集體無意識，是因爲他在自己的病人的種種想像與古代種種神話的象徵之間，發現有種種類似之處。他在集體無意識裡面發現了原型（archetypes），即原初的形象，那是經驗的世代累積。神話就是這些原型的語言，表達了生活的眞理。它們的功能，在於預先

安排我們去了解生活的情境。所以，在男人身上，雖然意識是男
性的，但心靈的女性因素卻構成了一個無意識的原型，它爲對於
女人的體驗作了準備，並爲愛情關係提供了能力。在這些原初形
象中，榮格發現了上帝這一原型。因此，宗教絕非一種精神上的
失常，而是人身上的一種原型性質的預先安排，現在，我們能夠
理解榮格爲什麼認爲：在一種完善的人格中，宗教必須有其地
位。作爲一種心理實在，上帝就在我們心中，否認這一點就會扭
曲我們的生活。

　　榮格向我們推荐那一種類型的宗教呢？我們已經看到，是一
種自然宗教。傳統宗教的超驗對象，是被投射到形上學空間裡的
精神內容。基督教已落後於人類的精神發展，不再用知性來適應
人的需要。然而榮格認爲，「我們仍然可以以某種方式利用它
（指基督教）的思想形式，尤其是它關於生活的偉大智慧」，㊸
而且有很多人，他們天然的家，還是在教會之中。當然，榮格承
認基督教尚存的這種價值，與其公開宣稱的上帝啓示和超感覺的
東西無關，而存在於它作爲一種心靈治療法仍然擁有的功效之
中。正如榮格所看到的，人們將越來越多地從集體的教條形式的
宗教，轉向私人的宗教，在這種宗教中，每一個個人都獨立地得
出自己對於宗教問題的解決辦法。

三十、關於對宗教的自然主義解釋的 批判

　　乍看之下，本章所考察的實證主義者和自然主義者在其對宗
教的解釋中，好像有一種有力的論證。他們論證的力量在這樣一
個說法，即它是以科學研究所揭示的可證實的事實爲基礎。然
而，當我們來考察這個說法的時候，我們就發現，這個說法是極

端地不可靠，因此，整個的自然主義論證也就變得同樣地不可靠
了。皮爾遜的論點之一是：科學方法帶來的是毫無異議的發現，
而神學家和哲學家則以他們之間的歧異而無人不曉。可是，在我
們所考察的這些思想家之間，我們卻找不到什麼毫無異議的一致
性。例如，我們該聽馬赫的呢，還是該聽海克爾的？是弗洛伊德
對呢，還是榮格對？事情的眞相是：事實必須予以解釋，而且，
我們所考察的這些思想家（他們從所受的訓練來看全部都是這一
種或那一種科學家）在離開他們具體學科的發現而步入哲學解釋
的領域時，都帶來了各種先入之見，各種思辨，甚至各種偏見，
這些東西需要予以揭示，也需要加以考察。

112

　　這一評論並非完全同樣地適用於所考慮的所有這些思想家。
其中有一些在說話時的謹愼頗値得稱道。泰勒爲人類學提出的要
求十分溫和，榮格並未就終極問題輕下斷言，馬赫對科學方法很
感興趣，明確聲明科學不應當（用他的話來說）轉而進入「敎
堂」。可是，另外一些人則不謹愼得多。在皮爾遜和海克爾那
裡，科學確實轉而進入了「敎堂」。不但在他們反對基督敎的論
戰裡，而且在他們對科學的神化中，都有不少的狂熱──皮爾遜
稱之爲「熱情」。然而，在我們這些能夠回顧旣往六十多年多事
的世界歷史的人看來，在他們之中一些人對科學啓蒙的信仰中，
以及以爲隨著科學啓蒙的日益傳播，二十世紀勢將成爲史無前例
地令人滿意的時代這樣一種期待中，也有某種可憐的東西。海克
爾甚至相信，要不了多久，一元論者們就會開始接管敎會，就像
新敎徒在宗敎改革時所做的那樣，而且，他們有益的報導將會改
變世界。詹姆斯・G・弗雷澤爵士雖然也信賴科學，但卻謹愼得
多，而且，種種事件已經證明，他的謹愼是有道理的。科學到頭
來已表明旣有爲善，也有爲惡的潛在可能性，而且對於各種道德
問題，光有敎育，也已證明是不行的。

　　然而，對自然主義的主要批判還在於：它使我們陷入了一種

巨大的片面的抽象。它取出經驗的一個片斷——可以度量和進行定量分析的那個片斷，把它說成是整個實在。當然，正如我們曾注意到的，有各種各樣的自然主義，這種關於片面性的指責，對於較粗糙的機械論的那些自然主義類型，比對於（比如說）榮格的自然主義要更為適用。榮格在自然中為精神找到了地盤，而且可以避免關於抽象的指責。另一方面，像皮爾遜那樣的的實證主義者則逃不脫這種指責，因為，當他說除了科學方法再也沒有任何認識事物的方法時，他實際上並沒有把自己限制在科學觀點上，而是（用布拉德雷的話來說）變成了一位「形上學家弟兄」。自然主義的抽象性和片面性，被布特魯和沃德這一類批評家充分地揭示了。㊹ 在此還可以補充一點，在自然主義者批判傳統宗教時不得不說的那些東西裡，也可以見到同樣的抽象性。恰如他們把認識方面從我們對世界的體驗中抽離出來，同樣地，在宗教中，他們也只專注於信念這一成分。看來他們是以為宗教信念提供了一種對世界的解釋，也許還是和科學的解釋對抗的一種113 解釋。然而，殊不知只能在整個宗教生活的背景中，才有可能理解這些信念，而宗教生活還同時包含著意動成分和情感成分。海克爾關於上帝是「氣態的脊椎動物」的可笑畫像，最典型不過地說明了他自己對上帝觀念的曲解。另一方面，神學家們比較天真的概念，宗教徒們比較幼稚的信念，則為自然主義者提供了一些固定不動的好靶子。儘管如此，我們必須得出這樣的結論：自然主義者為整個實在提出的抽象圖解，忽略了一些事實，而又誇大了另一些事實，因而給出的是一幅被扭曲了的圖景。

當我們轉向人類學關於宗教性質所闡明的特定問題時，也許首先應該說，任何有感受力的人，現在都不會懷疑，今天的高級宗教是各種原始信仰的後裔，而且仍然保留著很多來自野蠻時代的，也許以偽裝形式出現的特點。偉大的美國考古學家布里斯蒂德（J. H. Breasted）在總結他關於古埃及宗教發展的研究時，

把宗教進化過程比作地殼變動的緩慢的地質過程。他評論說：
「宗教至今仍處於形成的過程之中，產生出世代相傳的宗教的種
種過程，絕沒有停止，只要人類生活的偉大而複雜的結構存在下
去，這些過程就將繼續下去。」⑮所以，人類學和考古學教導我
們懂得：今天的各種宗教乃出自卑微的出身，而且可以期待，宗
教轉變與發展的過程在將來還要繼續下去，這些事實是沒有疑問
的。可是，我們如何解釋它們呢？

　　我們必須明白的第一點是：任何特定信念或實踐的起源，並
不能決定它在目前形式中的有效性或合理性問題。歸根結柢，任
何人類活動都可以追溯到種種低下的開端。最後也許可以追溯到
動物的開端。我們並不因為天文學乃從占星術發展而來，就認為
它不那麼好。在涉及宗教的情況下，人們並不總能記得這一點。
萊納奇津津樂道於基督教體例與原始迷信之間的關聯，並給人這
麼一種印象，即他認為他因此就是在使它們名譽掃地。然而，我
們判斷事物，應該以其現狀，而不是以其由之發展而出的那個東
西為根據。泰勒明確地認識到了這一點，他發現，某些起源比較
低級原始的東西，可以獲得十分嶄新的狀態和意義。

　　人類學提出的逐步進化圖景，難道不是衝擊了神學的啟示觀
念嗎？確實，它衝擊了任何一種排他的啟示的觀念，而且，如果
有一些基督教以為自己的宗教擁有關於上帝的排他的真理，那麼
他們一定會覺得人類學是一門擾人的學科。但是，基督教這樣想
是沒有任何理由的，他們不該這樣想的理由倒有很多。對於那些
認為自己宗教中得到的啟示與上帝對人類的普遍啟示之間具有連
續性的基督徒來說，人類學揭示的事實中根本沒有任何令人不安
的東西。與自然主義者的爭論之點其實只在於：在發展過程中，
我們應該根據較低的東西去理解較高的東西呢，還是應該根據較
高的東西去理解較低的東西——對上帝的信仰，僅僅只是原始迷
信的殘餘呢，還是應該把那些原始信仰理解為一種已增加了深刻

114

性和光明度的觀念之最初的微光？這是一個人類學本身不能解決
的問題。然而我們可以說，如果有人告訴我們說，一顆橡樹籽，
比起一顆已經長大的橡樹本身來，能使我們較清楚地認識這棵橡
樹，那看來是十分古怪的。

類似的評論也適用於宗教心理學。它是一種極有價值的研
究，但是關於宗教的合理有效性，它沒有，實在也不可能具有決
定性。正如宗教信仰在人類當中有自身的歷史一樣，同樣地，宗
教信仰在個人心中也有自身的歷史。毫無疑問，我們都傾向於相
信我們想要相信的東西。然而，對信仰的心理學批判只可能進行
到這個程度，或者，它的結局是一種吞沒心理學家自身的懷疑主
義，並使理性論證成爲不可能的事情。當一種信仰的歷史得到說
明之後，我們仍然還得探究這種信仰的眞僞問題。

尤其是弗洛伊德似乎以爲，透過在父親形象的投射中去追溯
上帝觀念的歷史，他就使對上帝的信仰名譽掃地了。正如我們已
經注意到的，他的理論並不適用於一般的宗教，而僅僅適用於那
些承認某種「天父上帝」的宗教。不僅如此，他的觀念運用於猶
太教和基督教，也是依靠一種關於摩西歷史的毫無根據的思辨。
而且即使我們接受這些觀念，又會出現什麼情況呢？簡單地說，
人們根據人類父親來思考上帝，這是神學家們在類比語言的問題
之下已經討論了若干世紀的一個論點。關於這個類比是不是代表
著任何實在的問題，或者，如果代表某種實在，是不是很有價值
地說明了它的問題，精神分析對之沒有作出任何闡明。柳巴也給
了人們這麼一個印象，即他認爲宗教信仰可以因其心理歷史而遭
到懷疑。可是，當英國心理學家陶勒斯（R. H. Thouless）指出
他的這個謬誤時，⑯柳巴回答說，他的本意被誤解了。至於榮
格，他當然十分清楚，宗教信仰的客觀合理有效性，不屬於心理
學的問題。

儘管前面對自然主義的評論具有批判的性質，但我們絕不能

對自然主義方法的優點視而不見，而且我們肯定不希望爲任何愚頑的「超自然主義」辯護。自然主義的態度使人類擺脫了很多愚昧和迷信——如果不採取這種態度，天上打雷時我們可能還會以爲是神祇們在發怒，或者，嬰兒生病時我們還會企圖去趕鬼驅邪。我們所批判的，只是要把一種粗糙的自然主義觀點擴展到整個實在，以及要把較高級的東西歸結爲較低級的東西的那種企圖。榮格那一類型的自然主義避免了這一點，而且我們還將發現，二十世紀較晚時期出現的種種新的自然主義，也避免了老自然主義的比較嚴重的錯誤。我們即將開始討論的各種歷史與文化哲學，也採納了人類學（將每種特定宗教置於宗教發展的一般過程中的人類學）和心理學（把宗教與精神之其他活動聯繫起來的心理學）的那些有價值的見解。但在此時，我們已經完成了我們多少有些任意地稱呼的二十世紀宗教思想的「第一階段」，應該暫停一下，初步探望一下前面的道路了。

註 釋

① 《首要原理》,(*First Principles*),第 132 頁、第 134 頁。

② 參見前面第 26 頁。

③ 1864～1867 年任格拉茨(Graz)大學教授;1867～1895 年任布拉格大學教授:1895～1901 年任維也納大學教授。

④ 《大眾科學講演集》(*Popular Scientific Lectures*),第 234～235 頁。

⑤ 同上書,第 253 頁。

⑥ 參見前面第 66 頁。

⑦ 同上書,第 224 頁。

⑧ 同上書,第 222 頁。

⑨ 1879～1933 年任倫敦大學教授。

⑩ 《科學入門》(*The Grammar of Science*),第 24 頁。

⑪ 《自由思想的倫理》(*The Ethic of Freethought*),第 23 頁。

⑫ 《英國哲學一百年》(*A Hundred Years of British Philosophy*),第 116 頁。

⑬ 從 1864 年起任耶拿大學教授。

⑭ 參見本書前面第 42 頁。

⑮ 參見本書前面第 61 頁,第 65 頁。

⑯ 《宇宙之謎》(*The Riddle of the Universe*),第 10 頁,第 235 頁。

⑰ 參見本書前面第 26 頁以下。

⑱ 1884～1896 年任牛津大學高級講師,1896～1909 年任牛津大學教授。

⑲ 見其為《原始文化》(*Primitive Culture*)1958 年版所寫的導言。

⑳ 《原始文化》,第 1 頁。

㉑ 同上書,第二卷,第 539 頁。

㉒ 同上書,第二卷,第 538 頁。

㉓ 自 1907～1922 年任利物浦大學教授。

㉔ 這三個階段可以同孔德所提出的三個階段相比較。參見本書前面第 95

~96頁。

㉕《金枝》（ *The Golden Bough* ），第50頁。

㉖ 同上書，第712頁。

㉗ 在希臘進行考古工作之後，自1886年起負責國家博物館的工作。

㉘《奧爾弗斯》（ *Orpheus* ），前言第7頁。

㉙ 同上書，第3頁。

㉚《基督教簡史》（ *A Short History of Christianity* ），前言第5頁。

㉛ 柳巴生於瑞士，在美國完成學業，並成為布萊恩茅爾（ Bryn Mawr ）
學院教授。

㉜《宗教之心理研究》（ *A Psychological Study of Religion* ），第53頁。

㉝ 同上書，第265～266頁。

㉞《宗教密契主義的心理學》（ *The Psychology of Religious Mysti-cism* ），第318頁。

㉟《宗教之心理研究》，第335頁。

㊱ 他一生中大部分時間在維也納做精神病醫生，直至納粹併吞奧地利時
被迫逃往英國。

㊲ 尼內斯特·瓊斯（ Ernest Jones ）：《西格蒙德·弗洛伊德》（ *Sigmund Freud* ），第三卷，第376頁。

㊳ 關於本能（ Triebe ）的問題，弗洛伊德這樣說明了他最新的觀點：
「經過長久的懷疑和動搖之後，我們決定假設只有兩項基本本能存
在：Eros（愛的本能）和 Thanatos（破壞的本能）。第一項本能的
目標是建立更大的統一體──簡言之，是要聯結在一起；第二項本能
的目標正相反，是要解散聯繫，從而毀壞事物。」參見《心理分析大
綱》（ *An Outline of Psychoanalysis* ），第5～6頁。

㊴《關於精神分析的導論性新演講集》（ *New Introductory Lectures on Psychoanalysis* ），第214頁。此處所引的話，也許只不過是肯定了十
九世紀自然主義的這一共同論題：對人的嚮往和希望，宇宙是冷漠無
情的。但是弗洛伊德所選用的語言，可以向粗心的讀者提示世界中有

某種惡毒的、甚至是惡魔式的力量。與此相關，我們可以注意到，一些邏輯分析論者批評精神分析學說的語言不嚴密，批評它的術語很多取自神話和形而上學。據說這就模糊了它的真正的經驗內容，以及它和別的科學研究的關係。例如，可以參見艾耶爾（A. J. Ayer）的《語言、真理與邏輯》，（ *Language, Truth and Logic* ），第 152 頁。另一方面，也可以論證說，精神分析學說的主觀材料就需要某種這一類的特殊的語言。

㊽　他是蘇黎世的精神病醫生。

㊶　《尋求靈魂的現代人》（ *Modern Man in Search of a Soul* ），第 135頁。

㊷　同上書，第 264 頁。

㊸　《無意識心理學》（ *Psychology of the Unconscious* ），第 45 頁。

㊹　參見本書前面第 62 頁，第 64 頁。

㊺　《古代埃及的宗教與思想發展》，（ *Development of Religion and Thought in Ancient Egypt* ），第 370 頁。

㊻　《宗教心理學導論》（ *An Introduction to Psychology of Religion* ），第 261 頁。

第七章 附論

三十一、從第一階段到第二階段

現在，我們已經完成了對二十世紀宗教思想的第一階段的概　116
述。我們當還記得，構成這個第一階段的，是在十九世紀已經形
成，而在本世紀仍然繼續發生影響的那麼一些對宗教的哲學和神
學解釋。也許，我們從前面概覽過的各種不同學派和個人所得到
的第一個印象，是見解的豐富與充實，一種觀點幾乎是不知不覺
地融入了另一種觀點，以致於我們看見的似乎是一個幾乎沒有斷
裂的連續體，從絕對觀念論者的高度形上的思辨，一直延伸到我
們以之結束的各種不同形式的實證主義、自然主義和不可知論。
如果收入更多的人名，涉及更加精微的思想劃分和轉化，這種連
續體的印象就會加深。然而，僅僅提到名字而不至少簡要地說明
那些名字代表的東西，這種作法看來是不恰當的，而且，我們已
經提到了足夠多的名字，可以使人對於各種觀點得到很能說明問
題的印象，還可以指明這些觀點的廣闊的範圍。也許，看來只有
一個冒失的人，才會在這些觀點當中去挑揀選擇。我們肯定已經
發現，那個時代一位思想家前面已引用過的① 下述評論很有道
理：「對當代觀念的概括，會在其中揭示出一大堆不一致而且常
常是互不相同的觀點，這些觀點相互接近，相互交織，而後又分
道揚鑣」。

　　但是，我們還發現那些共同特徵也已得到肯定，前面已經提
到，② 這些特徵後來出現在本世紀初期流行的大多數觀點之中。
總的說來，我們發現樂觀主義是一大特徵，無論這樂觀主義所依
賴的，是絕對者的完善和世界同人類精神之接近，還是科學力量
所激發的信心和對於人類透過科學啓蒙能夠完善的信念。一般說
117　來，那個時代的各種哲學還具有某種完整和全面性——它們都以
「論述和宇宙和人生相關的一般問題」為目標，③ 並且幾乎是理
所當然地對宗教問題提出了某種說明。正如我們已經看到的，很
多哲學家都自認為宗教的衛士。即使是自然主義者，雖然一方面
否定基督教，但在另一方面卻往往用自己的某種「自然的」宗教
來取代它的位置——這個事實不是沒有意義的，因為它至少認識
到了人心中的宗教傾向，並為之進行了某些準備。另一方面，神
學家們則準備傾聽哲學家們的意見，確實，他們當中有一些人僅
僅反映了那個時代的哲學的聲音。即使是利奇爾主義者，他們雖
然拒斥形上學，卻仍然尊重康德和洛采那樣的哲學家，而且他們
雖然依賴啓示，但卻承認實踐理性，在面對邏輯和常識的時候並
不公然逃避。

　　本世紀宗教思想的第二階段的標誌，是上述特徵的減弱甚至
消失。要說清楚這個第二階段開始於什麼時候，是不可能的——
它與第一階段平行，也從第一階段內部發展而出，它的根基也可
以回溯到上一世紀。毫無疑問，第一次世界大戰的爆發，是導致
西方思想轉變的一個重大因素，但它只是加速了，而不是創造了
這種變化。列奧納德・霍吉遜（Leonard Hodgson）在回顧一九
一二年自己在牛津大學的學生歲月時指出，觀念論那時候已經開
始走下舞台：「我在一九一二年所了解的哲學界，其特徵在於正
在衰落的黑格爾主義……，我們已經走到了一個時代的末尾，那
時候，這個體系正在受審。」④ 早在這同一個戰前時期，喬治・
桑塔亞那（George Santayana）不僅僅預言了觀念論的終結

⑤，而且斷言有某種更嚴重的事情——整個基督教世界的文明已進入了一個危機階段，正處於被一種新文明取代的途中。「我們的整個生活和思想，被一種新精神的緩慢的向上的過濾過程所滲透，那是一種解放了的、無神論的、國際的民主的精神。」⑥當然，早在十九世紀，也有幾個孤單的聲音曾向既定的方式和自信的體系發出了威脅。尼采談到了對價值的轉換評價，布克哈特（Burckhardt）預言了西方的危機，還有一個在一九○○年被遺忘了，但很快又聽見了的聲音，是祁克果（Kierkegaard）的聲音。

　　桑塔亞那寫下上面所引的那些話二十年之後，第一次世界大戰來了又去了，到現在，已經變化了的思想氣候比以前清楚多了。Ｅ·Ｓ·布萊特曼是這樣看待這種思想氣候的：「有神論信念可以用一條下降曲線來代表，它似乎正在迅速地趨近零值。戰前和戰後哲學之間的對照，是對這條曲線的一種令人驚訝的說明。在（第一次）世界大戰以前，英語世界的主要哲學家是沃德、拉希德爾、鮑桑葵、布拉德雷、羅伊斯、鮑恩和詹姆士這樣一些人，他們大多數都是有神論者。如果我們列舉一下今天的英語世界的主要哲學家，我們會想到羅素、桑塔亞那、布洛德（Broad）、杜威、佩里（R. B. Perry）、霍金和懷特海，他們當中只有一兩個人可以被視爲有神論者，而大多數則公開反對有神論。」⑦但是布萊特曼接著立即指出，老式的各種自然主義，由於傾向於一種機械論的和唯物論的世界觀，也已經不再流行。科學的各種新概念，意味著對於自然是什麼的一種重新思考。所以他寫道：「傳統有神論受到了十分粗暴的對待，但它尚未受到比自然主義更壞的對待。」⑧柏格森、亞力山大（Alexander）、懷特海和另外一些人的新自然主義，到頭來證明是同那些老的自然主義大相徑庭的。

　　正如十九世紀穩定而安寧的背景被二十世紀的劇烈變動所攪

118

亂，同樣地，從那個背景中產生出來的各種形式的思想，也被很
多人視爲不適當的東西，遭到了懷疑和排斥。在新的思想潮流之
中，舊的分界線（例如我們曾以之作爲第一階段學派劃分之基礎
的觀念論與自然主義理論之間的分界線）⑨都變得模糊不清、難
於確定了，因爲新的問題正在出現，人們也正在尋找新的表述方
式。二十世紀的人以一種上一世紀的固定體系和里程碑式作品中
未曾有過的方式，體驗到自己是地上的朝聖香客和陌生旅人。現
在，我們必須努力來確定我們的思想史，第二階段的一些比較明
顯的特徵。

三十二、第二階段的某些特徵

　　正如我們已經指出過的⑩，在二十世紀宗教思想的第二階
段，我們發現有一系列的思潮，它們十分明顯地屬於我們這個世
紀，但是要麼已經度過了自己的鼎盛時期，要麼已經轉化成了一
些更新的思潮。說這些思潮明顯地屬於我們這個世界，並不是說
它們是在一九○○年之後突然出現的。它們當中大多數都植根於
十九世紀，可是和一九○○年以前就已充分發展了的第一階段的
思潮不一樣的是，這些第二階段的思潮，是在十九世紀與二十世
紀之交以後才發揮出最大影響的。而且，說它們已經度過了自己
的鼎盛時期或者已經發生轉化，也不是說它們已經喪失了生命活
力，而只是意味著它們最初的表述形式已經被取代，或者不再廣
泛流行了。可是，這些思潮對於後來的事態發展，已經證明具有
決定性的作用。作爲一個具體例證，可以提一提摩爾（G. E.
Moore）和羅素的新實在論。一九○○年以前，這種思潮在布倫
塔諾（Brentano）和梅農（Meinong）的思想中已有先驅。然而
它作爲我們的最有影響的哲學思潮之一，卻十分明顯地屬於二十

世紀。可是摩爾和羅素觀點的最初表述形式現在已不再流行，而屬於哲學史了。但他們發端的思潮之精神，比如說在邏輯經驗主義之中，仍然繼續發揮著影響。

所以，我們即將考察的這些思潮，大多數都有一種過渡的性質。在這些思潮中，我們發現二十世紀的人，由於生活在新環境的光照之下，由於使自己面對著新的問題，正在努力為自己的思想重新定向。我們將在第三階段再來考察那些比較穩定的思潮，它們似乎是從第二階段的潮流中湧現出來的。

我們注意到概括了第二階段特徵的那些特點，大致都是和第一階段的那些特點相對立的，而且都是透過反作用而產生的。所以我們將會發現，樂觀主義即使不是已經讓位給徹底的悲觀主義，至少也已經讓位給清醒得多和現實得多的態度。人們不再根據理想，而是根據事實來判斷世界——而在我們這個世紀，事實常常是夠使人沮喪的。我們可以在彼此大相逕庭的各類思想家中發現這種精神——史賓格勒（Spengler），宣告了我們的文明不可避免的衰落，英格（Inge）為我們的現代世界正在走向的方向而悲嘆，烏納姆諾（Unamuno）在苦難中找到了生活的本質，羅素則勸告我們在絕望的基礎上進行建設。神學家們傾向於採取一種較悲觀的人性觀，並且強調人的有限性和有罪性。甚至連上帝觀也可以朝著一種不那麼樂觀的方向轉變。在一些人格觀念論者當中，我們已經看見了一種有限上帝的概念，而這種概念正在變得更加普遍——上帝是正在受難的上帝，或者也許是正在進化的上帝，可以這麼說，是一位年輕的上帝，他尚未克服困難去恰當地治理世界。這也反映了人們的興趣從實體轉向過程這一動向。

伴隨著從樂觀主義的撤離，是對哲學的限制。哲學放棄了自己較為全面的目標，具體說來，它放棄了形上學。它可能把自身限制在某一特定的領域，像各種歷史與文化哲學那樣；也可能專

120　注於自身的方法，像現象學那樣；或者還可能相信自己的職責只
不過就是分析和澄清。這種動向是從全面的問題轉向有限領域的
問題，從綜合轉向分析。

在某些情況下，反形上學的偏見走得如此之遠，以致變成了
反理智主義——這也許是出於對科學統治的反作用。在活力論
（vitalism）和實用主義，以及它們最著名的神學伙伴——天主
教現代主義中，理論上的問題，全都從屬於實踐上的考慮。在對
祁克果的興趣的復興中，在當代存在主義的前驅——各種人格存
在哲學中，這種反理智主義傾向表現得更加強烈。這些東西在神
學中都是特別有影響的。

還有一個應該注意的特點，是哲學與神學日益分道揚鑣。哲
學家們關注於有限的問題，關注於分析和方法問題，不再覺得自
己有就上帝和宗教發表意見的使命。他們甚至會故意避開這一類
問題——儘管在這種情況下，他們仍然有必要注意他們所說的
話，因為他們的話對於宗教問題是有某種意義的。哲學的這種世
俗化，可以被視為最終擺脫了神學的約束而受到歡呼，也可以被
視為無力正視人生最深的問題而受到責備，歡呼或責備，因各人
的觀點而異。另一方面，神學家們也同樣傾向於變得內向起來。
他們一直小心地保護自己學科的自主性，避開哲學興趣，把自己
的發現建立在啟示或信仰或內在體驗的基礎之上——確實正如利
奇爾主義者在某種程度上力圖做的那樣。

只有在進入第三階段之時，我們才能看到這種分離的全部結
果——雖然我們在此又不得不說明，這兩個階段是互相重疊融合
的，不能劃出什麼截然分明的界線。具體說來，我們將會發現，
構成第三階段的，主要是第二階段出現的某些傾向之延續與強
化。

在第二階段之內，下列論題將得到討論：歷史與文化哲學
（第八章）和與之相關的神學思潮（第九章）；對宗教的社會學

解釋（第十章）；生命主義、實用主義和各種類型的神學現代主義（第十一章）；人格存在的哲學及其在神學中的影響（第十二章）；現象學和與之關聯的宗教研究方法（第十三章）；新實在論（第十四章）；最後是一些二十世紀科學家和神學家心目中的科學與宗教問題（第十五章）。

註　釋

① 參見本書前面第 19 頁。

② 參見本書前面第 19～21 頁。

③ 參見本書前面第 21 頁。

④ 《為了信仰和自由》(*For Faith and Freedom*)，第一卷，第 39 頁。

⑤ 參見本書前面第 44 頁。

⑥ 《教義風雲》(*Winds of Doctrine*)，第 1 頁。

⑦ 《上帝的問題》(*The Problem of God*)，第 29 頁。

⑧ 同上書，第 30 頁。

⑨ 參見本書前面第 22 頁。

⑩ 參見本書前面第 18 頁。

第八章
歷史與文化的哲學

三十三、作爲哲學主題的人

現在，我們來考察這樣一些哲學，它們的主題，是在人的歷史中，在人發展起來的文化中所顯示出來的人本身。我們已經見到過一些指明了這種方法的人。一個是溫德爾班，在他看來，價值的問題是最重要的，哲學史本身就是一種哲學工作的方式；①另一個是沃德，他所强調的，是與自然科學的抽象性相對照的歷史的具體性。②我們發現，對歷史與文化的哲學興趣在持續增長，在第一次世界大戰後的一個時期，這種興趣也許達到了頂峯。

上一章曾經提到，總的說來，哲學已不再把整個的存在納入自己的領域，而以各種各樣的方式限制了自身，其中一個方式就是研究實在的一個部分，例如歷史或文化。③然而，我們即將考察的這些思想家，也許大多數都不願意把自己對於歷史或文化的興趣看成一種限制，因爲他們總以這樣那樣的方式相信，這些領域爲我們提供了通向實在的線索，這種線索是我們在別的地方找不到的。即使他們放棄了建立形上學的體系的目標，他們還是相信，對人的歷史和文化成就的研究，比起（例如）對自然的研究來，提供了對實在的更深刻的洞見。

於是，歷史和文化在事物體系中取得了某種特權地位，具體

121

說來，與自然科學的主張相對的人文科學的主張確立起來了。有
一位作家甚至走得如此遠，以致於在逃避自然科學對哲學的統治
的願望之中，去尋找歷史與文化哲學的動因。赫爾穆特・庫恩
（Helmut Kuhn）寫道：「在十九世紀與二十世紀之交，德國
哲學力圖透過構築一套人文科學體系，來抑制自然科學的霸
權。」④據認爲，對處於歷史與文化中的人，必須用和自然科學
所用的方法不同的方法來進行研究。同時，我們應該注意到，某
些歷史哲學家對於自己的論題的看法，比另外一些歷史哲學家更
爲接近自然主義的看法。

122

　　這些哲學是在宗教的歷史與文化背景的範圍內研究宗教的。
人類學和心理學的證據在此可能有用，但並不導致我們在萊納奇
和柳巴之類作家那裡發現的那種自然主義的結果。因爲，人類學
和心理學被認爲是與純粹自然科學不同的人文科學。宗教本身被
視爲人類精神生活的表現形式之一，而精神生活和物理世界的純
自然現象相比，屬於不同的層次，可接近的程度也不同。

　　歷史與文化哲學家們賦予宗教的價值是程度各異的。在本章
中，我們將用一種一般的方式來考察這個問題，而把與歷史和文
化哲學相關的基督教的特殊問題，留待下一章來考察。

　　本章的以下部分分爲四節。首先，我們考察一些以歷史或文
化爲主要論題的德國哲學家（第三十四節）。接著我們將轉向義
大利，在那裡正如在英語國家一樣，有一種遲到的黑格爾主義復
甦，但在這種黑格爾主義中，歷史觀念占有首要的地位（第三十
五節）。然後我們再看看幾位英語世界的哲學家，他們的觀點和
德國學派和義大利學派都有密切的關係（第三十六節）。對所出
現的主要觀點的總結，將使我們過渡到對於這些哲學對基督教神
學問題的影響進行考察（第三十七節）。

三十四、德國的歷史哲學家
和文化哲學家

狄爾泰，斯賓格勒，卡西勒

在那些特別關注在人類的歷史與文化中顯示出來的人的哲學家當中，威爾海姆・狄爾泰⑤（Wilhelm Dilthey, 1833～1911）也許是最偉大的一位。他的思想中有各種各樣的很多影響，但像他那個時代的大多數德國思想家一樣，他對康德有一種特殊的興趣。他於一九〇二年被委託編輯康德著作的定版。狄爾泰的目標，是要寫出一部《歷史理性批判》（*Crtique of Historical Reason*），但他所完成的著作，大部分是片斷的、沒有系統的。⑥

狄爾泰的觀點，最基本的是他對自然科學與人文科學所作的劃分。(1) 在自然科學中，我們可以說是站在外面來觀察的旁觀者，我們觀察現象，描述它們的規則，卻並不進入它們之中，並不曾從它們內部的實在性去了解它們。另一方面，在人文科學中，我們則是從內部的實在性去了解它們。另一方面，在人文科學中，我們則是從內部來認識主題材料——人的經驗本身的，因為我們大家都憑藉經驗而生活著。當然人類的行為也可以從外部來研究，可是那樣一來，我們就會錯失其中獨特的東西。通過親身經歷，我們可以用這麼一種方式把握其實在性，用這種方式，我們絕不能把握只能從外部觀察的東西的實在性，例如自然界的一種物理或化學過程之類。因此人文科學可以要求有一種優越地

123

---

(1) 作者所指的 Human Sciences，事實上就是 Dilthey 所言的 Geistwis-senschaften，中譯若譯為「精神科學」，更適當——校閱者註

位。「對人的研究具有一種超乎所有自然知識的優越性，因爲它
的對象不是一種在感覺中給定的現象，不是某種眞實事物在意識
中的純粹反映，而是直接的內部實在本身，不僅如此，這種處於
相互關聯的系統形式中的實在，可以從內部去感受到。」⑦

　　所以，人文研究的優越性，就在於其主題材料的特殊性質，
及其對於理解的獨特的可接近性——狄爾泰在一種很廣的意義上
使用這個術語，來表示整個人格的一種活動。這些人文研究必須
使用適用於其主題材料的方法，所以我們發現狄爾泰批評了那麼
一種心理學，其研究過程猶如一門自然科學，其理由是：它根本
不能告訴我們任何有關較高的精神活動的東西。他提倡一種範圍
更廣的心理學，它將「在對精神生活諸形式進行研究之外，再加
上對其過程和內容之實在性進行描述。」⑧

　　然而，如果說人文科學在一個方面似乎對自然科學處於優勢
的話，那麼，它們似乎在另一個方面又處於劣勢。既然它們要處
理的對象都是特殊的、個別的，那麼，它們的發現應該如何去獲
得普遍性和客觀有效性呢？正是在這裡，這個問題使我們看到了
歷史在人文科學中的核心地位。儘管各種各樣的類型和個體之間
有種種區別，人類的精神還是有一種共同的結構，並且表現在
「客觀精神」之中。這個詞所指的是「多種多樣的形式，在這些
形式之中，存在於形形色色的個體之中的共同背景使自己在可感
世界裡客觀化了。」⑨這個客觀精神包括工具、城鎮、語言、法
律、文獻、文化系統——確實，包含了我們認爲屬於文明和文化
的一切東西。歷史利用了精神的這些客觀表現，以便再次進入創
造了這些東西的各個精神。歷史學家「重新生活」（re-lives）
在那些屬於別人的體驗之中，這包含了最充分意義上的理解，這
裡似乎存在著一種雙行道式的交往。我可以進入他人的經驗，僅
僅是因爲我自己透過經驗而活著；然而透過進入他人的經驗，我
第一次意識到了自己的經驗中的種種潛在的可能性。我是在

124

「你」（Thou）當中發現了「我」（I），並從而意識到了我自己的個體性。於是，歷史成了一種靈魂的尋求，一種人類精神的探索。狄爾泰的歷史觀把他帶向了詮釋的問題，他復興了自施萊爾馬赫（Schleiermacher）的時代以來一直被忽略的詮釋學。按照狄爾泰的說法，詮釋的可能性，依賴於詮釋者與作者之間的類似性，依賴於他們對一種共同經驗的分有，而且，這個出自於生活本身而不受規則束縛的因素，是和具體的、歷史的、語言的和文獻的知識一樣重要的，這些知識也需要詮釋。我們會注意到，這些觀點在一些後來的新約釋經家，例如布爾特曼（Rudolf Bultmann）那裡，發揮了巨大的影響。⑩

　　在狄爾泰的體系中，宗教是以人類精神的表現形式之一出現的，它是文化的一個因素，其重要性在不同的時代各不相同。與宗教聯繫在一起的，是形上學的意識，是對人生之謎的意識，是對一種全面解答的尋求。在上帝觀念之中，宗教提供了這樣一種解答，可是對於這樣一個超驗的實在，我們不可能擁有有效的認識。歷史應該根據其自身及其所揭示的人類目的來理解，也就是說，既不應該自然主義地，也不應該根據包羅萬象的神聖目的來理解。

　　歷史向我們昭示了一切形上學體系的相對性。縱觀歷史，可以發現有三種典型的世界觀貫穿其間，我們可以認爲它們表達了對人生的不同態度。從德謨克利特（Democritus）、盧克萊修（Lucretius）、霍布斯（Hobbes）到現代的唯物主義者和實證主義者，**自然主義的**世界觀把理性奉爲至高無上。赫拉克利特（Heraclitus）、斯多噶學派（Stoics）、斯賓諾莎（Spinoza）、歌德（Goethe）和黑格爾所表現的**客觀觀念論**的世界觀，則把至上地位賦予感受，導致了一種對世界的泛神論理解。**自由的觀念論**是第三種類型的世界觀，由柏拉圖、基督教和康德所表達。它把意志置於首要的地位，提高了人格，並形成了人格

化的上帝的觀念。這些世界觀爲宗教、藝術、文學，以及出自它
們當中任何一種世界觀，占統治地位的地方的每一種別的文化表
現形式，塗上了自己的色彩。然而，這些世界觀彼此無法調和，
它們當中的任何一種也不能充分地、包羅無遺地表達出人類精神
的多樣性。由於認識到它們都是相對的，認識到沒有任何地方具
有絕對的眞理或價值，歷史哲學家承認自己觀點的相對性，於
是，我們的結局是一種徹底的相對主義。可是按照狄爾泰的說
法：「貫穿於一切世界觀之中的精神之最終的話，不是說它們全
都具有相對性，而是說在面對它們之中每一種時，精神具有至高
無上性，同時還有對這樣一種方式的肯定意識，在這種方式中，
在精神的各種各樣的態度中，世界之唯一的實在爲我們而存在
著。」⑪

　　在奧斯瓦爾德・史賓格勒⑫（Oswald Spengler, 1880～
1936）的著作中，出現在狄爾泰那裡的相對主義和歷史循環論，
表現得更加強烈。在他那裡，我們也碰到了二十世紀悲觀主義的
寒風，因爲他預言了西方文化的沒落。他的《西方的沒落》（ The
Decline of the West ）一書雖然出版於一九一八年，但在一九一
四年以前就已開始寫作，注意到這一點是十分有趣的。

　　史賓格勒不僅背離了歷史是一種穩定進程的觀念，甚至也背
離了存在著一種單一的歷史過程的觀念。他恢復了一種對歷史的
循環解釋，他把歷史視爲一系列的相互分離的歷史，每一次歷史
都經歷了一種決定論的過程。歷史的單位是**文化**，每一種文化都
是自足的。一種文化有大約一千年的生命期，透過對世界各大文
化的「比較形態研究」，史賓格勒力圖表明，每一種文化都經歷
了彼此相似的一些階段（這些階段可以比作一年之中的各個季
節），不可避免要在冬天和死亡中結束。然而，死亡並不意味著
消滅。該種文化還可以作爲一種純粹的**文明**繼續存在，它保留著
外部的框架，卻失去了創造的精神——正如我們（比如說）在

「不變的東方」所見到的那樣。史賓格勒的書所引起的轟動，原
因在於他的這一斷言：我們的西方文化，現在已到達了其生命期
的終端。

　　每一種文化的根基，都是一種關於世界的概念，它是該種文
化所特有的。每一種文化都有一種基本象徵，它提供出對於世界
的理解，該種文化的一切表現形式都由這種象徵的建立所決定。
史賓格勒對於材料的解釋，基本上都具有自然主義的味道。古典
文化產生於清朗的地中海空氣之中，在那裡，一切東西都輪廓分
明，因此，世界被設想爲一個由固體事物組成的宇宙。雕塑發
達，對神祇也從物質形態上來設想，政治組織以小型的、獨立的
城邦國家爲基礎，科學也發展出一種關於堅硬的實心粒子的原子
論。史賓格勒還追溯了一種近東文化，它發端於沙漠居民之中，
這些居民生活在天穹之下，他們把世界設想爲一個大洞穴。這種
文化既包容了拜占庭的基督教，又包容了伊斯蘭教，它的基本象
徵表現在他們禮拜地點的拱頂和圓蓋之中。在北方昏暗的森林地
帶產生了西方文化，從一開始，它就以無限的空間作爲自己的象
徵。這種無限之象徵導致了對世界的探索，哥白尼的天文學，以
及西方的帝國主義等等。西方接受了基督教，但從中造出了一種
新宗教，完全不同於拜占庭的基督教。這種差異明白地顯現在新
的歌特式建築中，這種建築的錐形塔和尖頂直指太空。

　　對史賓格勒思想的簡略勾勒表明，在他看來，宗教像每一種
別的文化表現形式一樣，是與它所屬的文化相關聯的，而且只有
在該種文化內部才有意義。這種極端的主義甚至被擴展到科學和
哲學。史賓格勒說：「僅僅在與特定的人相關時，眞理才是眞
理。所以，我自己的哲學所能夠表達和反映的，**只是**西方的靈魂
（它不同於古典的、印度的或其他任何靈魂），而且**只是**處於目
前的文明化階段的西方靈魂，它對世界的概念，它的實踐領域，
它的影響所及的範圍，都是根據這一階段來說明的。」⑬

126

　　另一個認爲哲學的任務就是理解人本身的德國思想家，是恩斯特·卡西勒⑭（Ernst Cassirer, 1874～1945），然而他走向這個問題的途徑，與狄爾泰相去甚遠。卡西勒從新康德主義的馬堡學派開始，逐步建立了一種文化哲學。

　　他最初的興趣是物理哲學，對之有十分透徹的理解。他認爲，物理科學不能向我們提供一幅關於實在的圖景。毋寧說，它發展了一種日益精緻的**符號體系**，藉助於這種符號體系，人類精神就把秩序賦予了形形色色的給定之物，並構築了它的世界。

　　然而，一旦我們認識到了物理學的符號性質，我們就必須放棄這樣一種觀念：物理科學有一種獨一無二的特權地位，它能夠向我們提供進入實在的途徑。正相反，我們發現，除了物理科學的符號以外，人類精神還採用了很多種類的符號，而且有些符號具有自己獨有的邏輯或法則，十分不同於物理學符號的理性秩序。由於其豐富多彩和紛繁多樣，人類的文化生活呈現出許許多多的形式，不可能把它們恰當地全部歸於理性之下。「因此，我們不應該把人定義爲一種 animal rationale（理性動物），而應該把人定義爲一種 animal symbolicum（符號動物）。」⑮符號體系是人類精神活動於其間的獨特的向度，卡西勒著手探索的，就是人類文化中顯示的各種「符號形式」的寶藏。

　　除了科學之外，宗教和語言、神話、藝術等等一樣，作爲紛繁多樣的文化生活內部的因素，找到了自己的位置。每一種因素都有自己獨特的符號形式，但它們全都依靠自己的象徵符號，把秩序賦予了在經驗中給出的東西，並使它適合於人的精神生活。這些符號形式不可能被歸結於一種簡單的統一體。恰恰相反，每一種都有自身獨特的特徵與結構。它們之間有種種衝突和摩擦，但它們全體在人類文化中有一種功能上的統一性，在人類文化中，它們彼此補充，互相完善。文化要求多樣化，但這並不意味著不協調。它是諸矛盾之共存，是對立面之和諧。「作爲整體來

看的人類文化，可以描述爲人類逐步自我解放的過程。語言、藝
術、宗教、科學都是這個過程的不同方面。在它們當中，人類發
現了並證實了一種新的力量——建立一個自己的世界、一個理想
的世界的力量。」⑯，這些符號形式之中，沒有一種提供了關於
實在的圖景，但是，其中每一種在下述程度上都證明是有道理
的：它有助於人的文化生活，有助於人的精神所構築的世界。

三十五、義大利的歷史觀念論

克羅齊，讓蒂爾

當德國哲學主要關注著康德的時候，在別的國家，黑格爾正
在發揮著自己的影響。我們已經注意到了新黑格爾主義思潮在英
語國家的重要性。現在讓我們來看看義大利的新黑格爾主義思
潮，然而我們發現，它有一種十分不同的性質。英國和美國新黑
格爾主義最典型的表述，是在一種不變的絕對中發現實在，而義
大利觀念論卻在行動中和歷史中發現了精神的實在性。

它的主要代表人物，是本尼迪托・克羅齊⑰（Benedetto
Croce, 1866～1953）。他對藝術、文學和政治具有廣泛的興
趣，並且創立了一套思想體系，在其中，哲學實質上是和歷史同
一的。

克羅齊的哲學表達了開明的和人本主義的觀點，他十分依戀
這種觀點。正像我們剛才考慮過的那些德國哲學一樣，克羅齊哲
學實際上以人自身的精神作爲它的主題，它的目標是自我認識。
然而其所用的方法卻有兩方面的不同。例如，狄爾泰把優先地位
賦予人文科學，理由是只有人文科學的主題材料是可以直接接近
的。而克羅齊卻走得更遠。在他看來，我們據以決定人類精神具

128

有優先地位的標準，說到底是一種形上學的標準。精神是唯一的
實在，所以根本沒有任何別的東西可以在優先地位方面與之競
爭。具體說來，有一個獨立於精神的自然，這一點是遭到否定
的，而且在克羅齊的事物體系中，自然科學只得到了一個相當低
微的地位。但是如果說自然主義在他手裡處境不佳的話，那麼有
神論也是一樣。精神被視爲一個純粹內在的過程。關於一個超越
的精神或上帝的觀念，和關於一個獨立自然的觀念一樣遭到了堅
決的拒斥。在精神的過程之外，沒有任何東西是眞實的，而精神
過程的最高的表現形式，乃見於人類的精神生活。於是正如我們
說過的那樣，我們又有了一種以人爲主題的哲學。

　　所以，這個世界是精神的過程，是一個永恆的事件之流，在
其中，沒有任何東是固定的或永久的。行爲、運動、發展和創造
性的轉變，是這個過程的特點。而且，既然這種精神發展顯現在
人類的生活當中，隨之而來的結論就是：哲學與歷史是同一的。
據說，哲學就是歷史的方法論。它的任務，就是對展示在人類精
神史中的精神的運動與活動，進行一般的描述。

　　克羅齊的精神哲學分爲四個部分。這四個部分是由他作出的
兩種基本劃分所決定的。第一種劃分，是在精神的**理論性**活動
（在這些活動中，精神理解並適合於事物）與精神的**實踐性**活動
（在這些活動中，精神創造並改變事物）之間的劃分。第二種劃
分，是在兩種認識方式——**直觀的**方式（它是感性的，並以特殊
的東西爲對象）與**邏輯的**的方式（它是理性的，並以一般的東西
爲對象）之間的劃分。當我們把這種劃分結合起來時，我們就得
到了一種關於精神活動的四重體系，還有相應的精神哲學的四個
部分。**美學**活動是理論的，關注於特殊的東西；**邏輯**活動同樣是
理論的，但是關注的是一般的東西。**經濟**活動是實踐活動，關注
於個別的目標（可以順便注意到，自然科學是歸在此項之下論述
的）；**道德**活動也是實踐活動，但其目標是普遍的善。屬於每一

種活動的是其自身的價值——這些價值分別是美、眞、效、善。　129
克羅齊認爲，對於精神哲學來說，這個體系是包羅無遺的。

宗教在克羅齊的體系中有沒有地位？如果有，又是什麼樣的
地位？我們發現，如果說克羅齊對自然科學幾乎未表示一點尊重
的話，那麼，他對宗教表示的尊重更少。既然那個四重體系被宣
佈爲包羅無遺的，那麼宗教就不可能被視爲第五種精神活動了。
我們被告知說：「宗教只不過是知識而已。」⑱然而它是一種不
完全的、低級的知識。隨著精神的發展，它的內容已經改變，更
爲改善、更爲精粹了，這個過程將繼續下去，但它的形式卻一仍
其舊——這是一種正被哲學知識的理性形式所超越的不完善的神
話形式。「哲學消除了宗教存在的理由，因爲它本身代替了宗
敎。作爲精神的科學，它把宗敎視爲一種現象、一種過渡性的歷
史事實、一種可以超越的精神狀態。」⑲這種苛評不僅被用於傳
統宗敎，而且被用於自然主義者們設計的各種替代性宗敎，克羅
齊把它們斥爲「對自然科學肆意濫施的迷信崇拜。」⑳

波亨斯基（I. M. Bochenski）評論說：「所在的當代觀念
論者當中，克羅齊也許是對宗敎最爲不表同情的一位。」㉑然
而，雖然克羅齊把宗敎斥爲一種認識方式，並認爲它已被哲學所
取代，但他當然還是把宗敎視爲一個歷史事實，視爲精神發展中
的一個階段或關節時期來予以考慮的。在從這個方面來看問題
時，他似乎樂於把某些價值歸諸宗敎——例如，他在基督敎倫理
中發現了大部分眞正的精神道德。

作爲一個歷史事實，宗敎是無法避免的。它構成了原始人全
部的思想遺產以及我們現代人的思想遺產的一個重要部分。克羅
齊在一篇文章中論證說，在西方世界中，我們不能不稱自己爲基
督徒。「這個名稱僅僅記錄了一個事實。」㉒這和某個敎會的成
員身份或對某項信條的贊同無關，這只不過是承認，基督敎的理
想和價值屬於我們的遺產，並在人類精神的發展中起著決定性的

作用。古老的倫理和宗教，被採納並融解在基督教關於良知和上帝的觀念中，在上帝之中，我們生活、活動並擁有自己的存在。基督教也可以被超越，但這是未來的事。「這一點我們知道，在我們的時代，我們的思想不可避免要沿著基督教確定的路線活動。」㉓

　　就這樣，克羅齊闡釋了這樣一種形式的觀念論，它既反對對世界的自然主義解釋，也反對宗教的解釋。宗教作爲一種認識方式被哲學取代，它的超驗信仰被否定，它被視爲人類歷史與文化的一個純粹內在的特徵，人類精神展現過程中的一個過渡階段。

　　正如在美國觀念論當中，我們常常要談到布拉德雷和鮑桑葵，同樣地，在義大利觀念論當中，克羅齊的名字常常與讓蒂爾的名字並列，雖然喬萬尼・讓蒂爾㉔（Giovanni Gentile, 1875～1944）走的是一條大不相同的思想發展路線。克羅齊終身都是自由派，而讓蒂爾卻曾與墨索里尼政府密切合作，最終暴死於政敵手中。

　　在讓蒂爾的哲學中，我們又遇到了這麼一種觀念論，它既是行動主義的，又是內在論的。說它是行動主義的，是因爲讓蒂爾認爲，實在並不是被思考的東西，而是純粹的思考行動本身。說它是內在論的，是因爲它主張不存在任何超越或外在於思想行動的實在。這是一種創造性的行動，而且我們所能思考的任何東西──自然或別的頭腦，甚至上帝、無限和永恆──都屬於思考行動本身。

　　在思考行動之中，我們可以區分出三個要素──主體、客體，以及二者之間的綜合。以此爲基礎，讓蒂爾建立了一個關於精神活動的三重體系，可與克羅齊哲學的四重體系相比。按照讓蒂爾的觀點，我們可以肯定主體，而**藝術**就是這麼一種精神形式，它的本質在於一種有解放作用的主體性。或者，我們也可以肯定客體，在這種情況下，我們就有了**宗教**，宗教被描述爲「客

130

體之昇華」（the exaltation of the object）。㉕讓蒂爾心目中
所指的是密契主義體驗，在這種體驗中，密契主義者把自身失落
在神的存在之中，藝術與宗教二者都是片面的。它們需要結合
（雖然這並不意味著它們要喪失）在更高的哲學活動中，那是主
體與客體的綜合，是自我意識的精神之完全實現。然而，哲學是
和它自身的**歷史**，即和精神在其中意識到自己的那個創造性過程
完全同一的。

　　讓蒂爾的哲學雖然和克羅齊的哲學在基本點上相類似，但卻
給予了宗教一個較爲重要的地位，而且讓蒂爾本人堅持認爲，他
的哲學是一種宗教哲學。儘管他將宗教附屬於哲學，但他主張，
只有在哲學的綜合之中，宗教才能被證明爲合理，並且保持其地
位。他還堅持認爲，他關於內在性的哲學，和基督教對精神內在
性的強調，在本質上是一致的。可是，正統的基督教很不願與讓
蒂爾的宗教哲學結盟，因爲這種哲學的上帝被認爲只不過是無限
性，人在自己的歷史發展過程中，意識到這種無限性就內在於自
己的精神之中。

131

三十六、英語國家的歷史哲學家與文化哲學家

柯林武德，湯因比，烏爾班，道森

　　柯林武德㉖（Robin George Collingwood, 1889～1943）是
英國哲學中歷史循環主義的最傑出的代表。他是一位哲學家，也
是一位著名的考古學家和歷史學家。他關於羅馬時期的不列顛的
著作被視爲權威性的著作，而且他的哲學聲望在他死後一直上
升，儘管他的思想與英國哲學的流行傾向很少有共同之處。他對

克羅齊和義大利觀念論者有強烈的興趣，曾翻譯了他們的一些著
作。但在某些方面，他又同狄爾泰和卡西勒之類的德國作家十分
接近。因此在柯林武德身上，我們發現的似乎是我們已考察過的
兩種不同的思想潮流的匯合，是對歷史的哲學問題的德國式與義
大利式研究方法的結合。

　　在柯林武德的一部出版於一九一六年的早期著作《宗教與哲
學》（ *Religion and Philosophy* ）中，我們發現他已經提出，關
於宗教哲學的問題，應當到宗教的歷史中去探究。幾年之後，在
一九二四年出版的《心智之鏡》（ *Speculum Mentis* ）一書中，我
們發現他勾畫了一種文化哲學的輪廓，似乎可與卡西勒大約與之
同時提出的那些觀點相比。柯林武德告訴我們，哲學的任務，應
該是批判地回顧各種形式的人類經驗——藝術、宗教、科學等
等。我們不可能為其中的每一種開闢一個特殊的經驗領域，因為
每一種形式都宣稱全部經驗是自己的領域。可是我們也不能說，
它們之中任何一種提供了眞實的圖景而可以排斥其他的形式。它
們猶如同一片地區的幾張地圖，每一張地圖都是以不同的投影製
成的；它們也像許多面鏡子，每一面鏡子都以不同的失眞度反映
著精神的自我認識。其中每一種都不能絕對化——例如，如果宗
教把自己的象徵視為實在，那麼它就變成錯誤的了。

　　在柯林武德進一步的思想中，歷史作為主要研究出現了，它
有助於我們整理協調那些失眞度各異的鏡子，而且確如克羅齊一
樣，哲學實際上被併入了歷史之中。一切人類思想都受到歷史條
件的限制。我們所找到的答案，部分地為我們所提的問題所決
定，而這些問題，正如柯林武德正確地看到的，總是隨身帶來了
某些前提條件。這些前提具有一種終極的性質，不能說它們是眞
的或偽的，它們乾脆就是同歷史環境一起被給定的，問題要在歷
史環境中提出，而且它們也隨著環境的變化而變化。甚至對自然
科學來說也是如此。「作為一種思想形式，自然科學存在於，並

且總是存在於一種歷史背景之中。「因此，除非一個人知道歷史是什麼，否則他決不可能回答自然是什麼這個問題。」㉗

柯林武德關於歷史本身的觀點，十分類似於狄爾泰的觀點。歷史不同於純粹的變化，它是人類事務的歷史。作爲一種人類活動，任何歷史事件都有兩個方面──作爲物質世界中的一個事件的「外在面」，以及作爲行動者思想中的一個事件的「內在面」，歷史學家不能專注於其中的一面而排斥另一面。可是「他的主要任務，是在思考中進入那個行動，是發現那行動者的思想，㉘事件應該在歷史學家的思想中再次演出。所以，正如在狄爾泰和克羅齊那裡，歷史所關注的是對人類精神的探索，或者說的更簡單一些，它所求的是自我認識。據說，這包括「認識做一個人意味著什麼，做你所是的這一類人意味著什麼，做你所是的而任何別的人都不是的這麼一個人意味著什麼。」㉙

柯林武德承認宗教是人類精神的一項重要功能，對宗教也必須從其歷史的觀點來考慮。它的終極前提，例如它對上帝的信仰，是受到歷史條件限制的，而且也像我們的一切終極前提一樣，不可能被證明爲眞或僞。這就導致了極端的相對主義，這種相對主義使人不可能就任何特定時代的宗教信念之眞實性提出問題，因爲這些信念只反映了那個特定時代的歷史或文化氣候。然而他又告訴我們：我們對待自己的終極前提的態度，應該是「毫無疑問的接受」的態度。因此，他的朋友兼文獻代理人諾克斯（T. M. Knox）評論說：「儘管他最終的歷史循環主義十分類似於狄爾泰和克羅齊，但他關於絕對前提的理論及其宗教和神學背景，又十分類似於祁克果，甚至十分類似於巴特。」㉚

乍看之下，阿諾爾德・約瑟夫・湯因比㉛（Arnold Joseph Toynbee, 1889～1975）似乎向我們提供了這樣一種十分類似於史賓格勒的歷史觀。在湯因比那裡，我們又一次看到了一種觀點：不存在什麼統一的人類歷史，而只有一系列不同的歷史，其

133

中每一種歷史都在一個特定的社會內部完成自己的歷程。歷史學
家的興趣尤其被引向了這樣一些社會，它們已經通過了原始階
段，而變成了一些文明。在湯因比那部紀念碑式的著作《歷史研
究》（ *Study of History* ）中，他確認了這些文明中的二十六個，
其中大多數都已經走完了自己的路，而屬於過去的時代。像史賓
格勒一樣，湯因比對於這些文明的比較研究十分感興趣。

柯林武德批評湯因比，理由是他採取了一種自然主義的歷史
觀：「他把一個社會的生命看成一種自然的而不是精神的生命，
看成某種歸根究柢的純粹生物性的東西，根據生物學的類比才能
最好地理解。他把歷史視爲一種純粹的旁觀，而不是他必須進入
其中的、他必須使之成爲自己的一些經驗。㉜毫無疑問，這些批
評在一定程度上是中肯的。但是，湯因比的歷史觀比起史賓格勒
的歷史觀來，自然主義的程度肯定要少。

首先，湯因比看來並不認爲，一個社會的生命，純粹是一個
按照自然法則走完預定的從生到死的歷程的有機體的生命。他在
社會的生命中探察到一種比較而言專屬人類的模式，即他所說的
「挑戰與回應」的模式。一個社會在其生命歷程中不得不面對各
種危機的挑戰，而它的進一步發展則依賴於它所作出的應戰的類
型。在這個程度上，它對於自己的命運負有某種責任。

其次，湯因比並不認爲，各種不同的社會彼此是完全孤立
的。在一些社會之間，也許有某些附屬關係。在湯因比進行研究
的過程當中，他把越來越大的重要性賦予了宗教。事實很可能
是，宗教可以從一種文明過渡到另一種文明當中，並在此過程中
得到加強。所以，基督教從希臘化社會的衰落中興起，它也許在
西方文明衰敗之後仍能存活下去。根據這種觀點，宗教就不像史
賓格勒所認爲的那樣只是文明的一個方面。恰恰相反，它暗示
著，雖然文明的運動是循環的，但宗教的運動可以是從一個文明
到另一個文明持續進行的。

　　雖然湯因比特別尊重基督教，但他認識到，所有的高級宗教
都具有同一個本質。在任何一種特定宗教中，這個本質都與非本
質的歷史沈積物糾纏在一起。高級宗教的本質，就在於承認宇宙
中的一個高於人本身的精神存在，就在於棄絕自我中心。當我們 134
在高級宗教各種不同的歷史形態中認清了這種本質上的統一性
時，我們就能理解：「各種高級宗教的使命不是相互競爭的，而
是彼此補充的」㉝湯因比提倡各種高級宗教之間和平共存。處身
於西方世界中，我們必須學習東方各宗教的寬容。這樣「我們才
能信仰自己的宗教，而同時不必認爲它是眞理的唯一倉庫。」㉞

　　美國哲學家韋爾布・馬歇爾・烏爾班㉟（Wilbur Marshall
Urban, 1873～1952）承認，有一種我們西方的文化與文明難分
難解地與之聯繫在一起的永恆哲學（philosophia perennis）。
柏拉圖、亞里斯多德、阿奎那、萊布尼茲（Leibniz）──這些
偉大的思想家和另外一些思想家一直是這種經典的哲學的代表。
但是，我們爲何承認這些人爲「偉大的思想家」呢？烏爾班的回
答似乎是：這些人確立了那樣一些道德價值和政治價值，我們的
西方文明以這些價值爲基礎，而且這些價值對我們自身具有至高
無上的重要性。十九世紀犯了這樣一個思想錯誤，以爲它能夠拋
棄西方的古典哲學而保留傳統價值。這是不行的，因爲這樣做的
結果，要麼是一種自然主義，它實際上改變了人作爲價值承載者
的性質，要麼是透過反作用而形成的一種理性的、權威主義的神
學，它同樣違反人的本性。因此，在烏爾班看來，要維持我們的
文明，就必須復興並重新表述它的古典哲學。

　　這種古典哲學既是理性的，又是宗教性的。然而，它的理性
主義，並非我們在現代所見到的那種理性主義。這種現代理性主
義是一種既淺薄又貧乏的理性主義。西方的更深刻的、眞正的理
性主義是要考慮價值的。它使一種理性的神學成爲可能，這種神
學在上帝那裡看到了人類價值的根據，因此，永恆哲學既是理性

的，又是宗教性的。

對理性神學的破壞性批判在現代看起來似乎成功，這僅僅是
因為，我們的哲學有好多都把事實與價值分隔開來了，它們在對
待為上帝所作的古典論證時，以為這些論證所討論的只是純粹的
事實問題。這種態度除了一些別的誤解，還包含著對於語言的功
能的誤解。烏爾班的《語言與實在》（ *Language and Reality* ）
（它得益於卡西勒的思想不少），是對作為實在之一種符號或象
徵的語言所作的一項重大研究工作。它考察了詩歌、科學和宗教
的象徵的語言形式，並且論證說，使世界作為一個整體可以理解
的，正是永恆哲學的形上學用語──這種哲學是西方的那麼一種
傳統哲學，它既是理性的，又是宗教性的，它確實並非不變的或
終極的，但它包含著某種非時間性的、持久的東西。宗教的語言
使我們捲入的是這麼一種符號體系，置身事外的觀察者不可能理
解它，一個人只有準備進入它帶我們進入的那個價值向度，才能
夠理解它。宗教語言起源於神話，在神話中，價值與生存是不可
分離的，但是宗教語言在本質上又不同於神話，因為它把神話的
材料改造成了有意識的象徵體系。如果這樣來理解宗教語言的象
徵性質，那麼，我們也需要再來看看為上帝所作的古典論證，而
且我們發現基本的論證是這樣的論證，它從作為價值承載者的人
出發，走向作為價值基礎的上帝。

所以，烏爾班的宗教哲學，是圍繞著相互關聯的人性觀念與
神性觀念而展開的。既然我們是根據人的象徵和價值來談論上帝
的，那麼，「一切宗教的歷史性的、因而也是相對的特性，也就
隱含在其語言的性質之中了。」㊱ 另一方面，既然宗教語言把握
了價值的永恆基礎的某些東西，它也就具有一種超時間的性質。
超時間的因素不僅存在於永恆哲學之中，而且存在於流傳下來的
每一條上帝啟示之中。「那些在任何時候都特別靠近上帝的人，
比我們的同時代人靠我們更近。」㊲

在結束本節的時候，我們要提到另一位思想家，他的主要興趣在文化哲學，特別是在宗教與文化的關係方面，他就是克利斯托弗・道森㊳（Christopher Dawson, 1889～1970）。和一切把宗教視爲不過是文化或社會因素的一項副產品的理論相反，道森肯定，宗教是理解文化的關鍵，並在文化的形式中起著重要作用。「即使是一種明顯地屬於彼岸的、似乎否定人類社會所有價值和標準的宗教，也仍然會對文化發揮一種動因上的影響，在社會變革的運動中提供推動力。」㊴比起任何把自己的注意力局限於有限而無常的世界的人類意識形態來，一種宗教信仰可以把人引到更爲廣闊的實在領域，而且與此相應，它具有更加深刻的影響，即使這種影響是在無意識當中發揮作用的。

宗教在任何文化中產生的影響都是深遠的。在亞洲的偉大文化中，宗教確立了一種神聖的社會秩序，這種社會秩序可以延續若干世紀不變。西方文化就其動態的和擴張的性質而言，與亞洲文化大不相同。在此不存在任何固定化或不變的完善的崇拜，而只有一種變化的不息的精神。根據一直在人類歷史中起作用的侵略性和渴求性等等世俗因素，是無法說明獨特的西方成就的。道森把我們帶回到中世紀時西方文化的形成時期，他通過對中古世界的詳細研究力求證明：西方文化中的推動力量，是普世基督教精神，這種精神努力要把自身並入人性之中，並且努力要改造世界。

當然，西方文化已確實變得日益世俗化。到了十九世紀，人們甚至已開始相信一種自動進步理論。然而本世紀的種種事件已向我們證明：進步絕不可能是自動的，而且文化和文明的結構是十分脆弱的，可以很輕易地墮落回野蠻狀態。這些反思，再次使我們轉向我們的文化精神根基。「如果西方人據以使自然屈從於自己目的的這場偉大革命，竟然以自己的精神自由的喪失而告終，那確實是一種奇怪的命運，但是，這是很可能發生的，假如

在國家對其成員的生活和思想的日益加强的技術控制之外，竟還要加上我們的文化標準中的質量下降的話。」⑩宗教作爲一種連續性原則，又作爲一種創造性泉源，繼續發揮著一種至關緊要的作用。

三十七、關於對宗教的歷史與文化解釋的總結

現在，我們可以來總結一下本章所考察的各種宗教觀的主要特徵。當然，這些觀點彼此之間相去甚遠，但是也許可以提出三項重要特徵，作爲它們當中大多數所共有的特徵。

1. 這些解釋總的來說，都是**內在論的**——這就是說，它們對宗教的說明，都局限於宗教在人類的歷史和文化生活中的地位。這一說法對一些人來說，比對另一些人更加適用。它最適用於克羅齊，因爲克羅齊明確否認有任何超越的精神；最不適用於烏爾班，因爲烏爾班贊成對有神論的一種理性論證。但是在每一種情形下，主要的興趣都集中在解釋作爲人類生活中的一個因素的宗教，而終極的形而上的問題，則可以像在狄爾泰那裡那樣，置諸一旁。而對宗教的評價，所根據的卻是它在人類精神的歷史與表達中所具有的價值。即使宗教從終極上說具有一種人類精神與超越精神之間的聯繫的性質，也還是可以大談從對我們是最容易的人類這方面去接近它，而不是力求根據某種預先思考好的形上學（不論是觀念論的還是自然主義的形上學）去解釋它。

2. 總的來說，人類生活所獨具的**精神性的**的特點得到了承認。因此之故，各種歷史與文化哲學的內在論，到頭來是和自然主義的內在論不一樣的。這兩類哲學都認爲宗教首先是人類的事務，都感興趣於宗教發展的問題，但是，自然主義者認爲宗教和

一般的自然現象具有同樣的性質，而歷史與文化哲學家則把人類精神的活動與純屬自然的事件區分開來。在此也有程度上的區別。在克羅齊和讓蒂爾看來，只有精神是實在的，狄爾泰滿足於強調精神活動與自然事件之間的區別；史賓格勒也許最接近於自然主義觀點，雖然他說無論是觀念論還是唯物主義都是不能令人滿意的。

3. 也許，所討論的這些哲學中的大多數，最爲令人矚目的特點是其**相對主義**。當一個人像史賓格勒的湯因比那樣，著手進行各種文化的比較研究，或者綜覽形形色色的歷史類型時，這樣一種相對主義幾乎是不可避免的結論。這種相對主義從兩個方面衝擊了宗教。它暗示一切宗教認識都具有相對性，受到歷史條件限制（柯林武德），或者要用源於人類的特定符號來表達自身（卡西勒和烏爾班）。它還暗示了各大宗教之間也具有相對性，它們全部都用自己的特有用語，表達了一種有著共同泉源的教導。這些相對性中，第一種也許很難被所有的宗教接受，它們有一種傾向要把自己的象徵等同於實在；第二種也許尤其難於被猶太教、基督教和伊斯蘭教接受，它們不像東方宗教，每一種都一直傾向於宣稱自己絕對地或獨一無二地掌握了有關神的眞理。然而，歷史與文化哲學家們爲相對主義所作的論證是强有力的，不可能被神學家或宗教哲學家們所忽略。

上面所總結的這些哲學可能都已渡過了自己的鼎盛時代，至少它們最初的表述形式是如此。它們關於人，關於人的歷史與文化的最富於成果的思想，都已經被雅斯貝斯、海德格和布爾特曼等較爲晚近的學派的思想家所採納，他們已被更加恰當地劃爲存在主義者。㊶然而，歷史與文化哲學對於宗教解釋的貢獻，還是十分重要的。也許這正是因爲，它們樂於就其表面價值把人作爲哲學的主題材料，願意就我們所看到的樣子來看待人和人的宗教，儘可能不依靠觀念論的或者自然主義的形上學這類導致歪曲

的仲介手段；也許這還因爲，它們從宗教所有的形形色色的歷史
和文化表現形式中去看宗教，而不幼稚地把它的任何一種特定形
式絕對化。不過，現在我們該來更加具體地考察一下，歷史方法
是如何衝擊基督教及其神學的。

註 釋

① 參見本書前面第 77 頁。

② 參見本書前面第 64 頁。

③ 參見本書前面第 119 頁。

④ 《卡西勒的文化哲學》（ *Ernst Cassirer's Philosophy of Culture* ），載於《卡西勒的哲學》（ *The Philosophy of Ernst Cassirer* ），第 549 頁。

⑤ 先後於 1866～1868 年在巴塞爾大學，1868～1871 年在基爾大學，1871～1882 年在布列斯勞大學擔任教授；1882 年在柏林大學接替了洛采的教職。

⑥ 他的著作的英譯本選集，可用的有霍吉斯（ H. A. Hodges ）編定的《威爾海姆‧狄爾泰導論》（ *Wilhelm Dilthey-An Introduction* ）一書。下面的引文均可參閱此節。

⑦ 霍吉斯編定的《威爾海姆‧狄爾泰導論》，第 125 頁。

⑧ 同上書，第 130 頁。

⑨ 同上書，第 118 頁。

⑩ 參見本書後面第 362 頁。

⑪ 《威爾海姆‧狄爾泰導論》，第 156 頁。

⑫ 他把一生中絕大部分時間都用來從事私自的研究工作，而不曾擔任學術職務。

⑬ 《西方的沒落》（ *The Decline of the West* ），第一卷，第 46 頁。

⑭ 1919～1932 年任漢堡大學教授；希特勒上台後他離開德國，先在牛津大學和哥特堡大學任教，然後於 1941～1945 年擔任耶魯大學教授。

⑮ 《人論》（ *An Essay on Man* ），第 26 頁。（中譯本已由桂冠出版社出版──校閱者註）

⑯ 同上書，第 228 頁。

⑰ 他終生從事文學工作。他於 1920～1921 年擔任教育部長，墨索里尼執政時退休，1945 年再度出任教育部長。

⑱　《美學》（ *Aesthetic* ），第 63 頁。

⑲　同上書，第 64 頁。

⑳　同上書，第 63 頁。

㉑　《當代歐洲哲學》（ *Contemporary European Philosophy* ），第 79 頁。
（中譯本已由協志工業出版──校閱者註）

㉒　《我的哲學》（ *My Philosophy* ），第 37 頁。

㉓　同上書，第 46 頁。

㉔　在巴勒莫、比薩和羅馬擔任過一些學術職務之後，他於 1923～1924 年
間成為墨索里尼政府的教育部長，而且一直是法西斯主義在思想上的
主要代表。

㉕　《論作為純粹行動的思想》（ *The Theory of Mind as Pure Act* ），第
147 頁。

㉖　1912～1934 年任牛津大學彭布洛克學院院士；1934～1941 年任牛津
大學教授。

㉗　《自然之觀念》（ *The Idea of Nature* ），第 177 頁。

㉘　《歷史之觀念》（ *The Idea of History* ），第 213 頁。（中譯已由桂
冠、聯經兩出版社不同譯者譯出──校閱者註）

㉙　同上書，第 10 頁。

㉚　見其為《歷史之觀念》所作的編者前言，第 17 頁。

㉛　1919～1955 年任倫敦大學教授。

㉜　《歷史之觀念》，第 163 頁。

㉝　《一個歷史學家走向宗教的道路》（ *An Historian's Approach to Religion* ），第 296 頁。（中譯本見久大出版社──校閱者註）

㉞　同上書。

㉟　1931～1941 年任耶魯大學教授。

㊱　《人性與神性》（ *Humanity and Deity* ），第 473 頁。

㊲　同上書，第 474 頁。

㊳　宗教哲學方面的作家與演說家。

㊴ 《宗教與西方文化的興起》(*Religion and the Rise of Western Culture*)，第 7 頁，(中譯已由四川人民出版社，〈宗教與世界〉叢書中出版，——校閱者註)

㊵ 同上書，第 6~7 頁。

㊶ 參見本書第 353 頁以下。

第九章
基督教、歷史與文化

三十八、歷史與神學

　　現在，我們必須來考慮一下神學以及對基督教的解釋中所出現的那麼一些思潮，它們是與上章考察的那些更一般的歷史與文化哲學平行發展的。在某些情形中，我們可以看到歷史哲學對神學的直接影響——例如，狄爾泰對特爾慈（Ernst Troeltsch）的神學就產生了這樣的影響。在另一些情況下，神學對於歷史或文化的興趣則是獨立地出現的。

　　這種興趣的產生有很充足的理由。在十九世紀，東方各大宗教的聖典，經過弗里德里希・麥克斯・繆勒（Friedrich Max Müller）之類大學者的辛勤勞動，可以為人們所利用了。首先，一種內容廣泛的比較宗教研究成為可能的了，可以不把基督教視為一個孤立的事實，而把它置於人類廣闊得多的宗教歷史的背景之中了。尤其是，關於與基督教的興起屬於同一時代的後期猶太教的思辨，諾斯底派（Gnosticism）[1]，各種密契宗教以及別的

---

(1) 諾斯底派是第二、三世紀出現的一個基督教異端教派。主要思想表現為希臘化的特徵，認為基督的人性是一種幻影（Docetism），因為基督是「邏各斯」（Logos），他並未有人的肉身。換言之，道（邏各斯）成肉身是不可能的——校閱者註

思潮，人們了解了很多情況，因此有可能在希臘化世界的背景中
去看待新約聖經，並追溯它和當時別的宗教思想之間的關係。

在德國，出現了一個定義十分明確的神學學派——「宗敎史
學派」（Religionsgeschichtliche Schule）。——它的興盛期從
十九世紀結束之前，直到一九二〇年前後，正如它的名稱所表明
的，它是從歷史的方面走向神學問題的。可是，這個學派對歷史
的興趣，十分不同於赫爾曼和哈那克等利奇爾主義者對歷史的興
趣。利奇爾主義者力求把他們認為是耶穌的原本宗教的東西分離
出來，並清除它裡邊的外來影響，與此相反，宗敎史學派卻力求
在理解基督教時，把它同別的宗教運動聯繫起來，把它置於作為
整體的宗教史之中。正如我們將要看到的，宗敎史學派嚴厲抨擊
了對「歷史上的耶穌」的描述，而利奇爾主義者曾賦予這種描述
非常重要的地位。

140

除了這個定義明確的德國學派以外，還有另外一些獨立的神
學家和基督教詮釋家，他們對於基督教與歷史和文化的關係有著
明顯的興趣，因此我們完全有理由把他們納入本章來加以考察。

本章將包括如下一些問題：對基督教所作的一般的歷史解釋
（第三十九節）；基督教的起源和歷史上的耶穌的具體問題（第
四十節）；對基督教和歷史與文化的關係顯示出特殊興趣的某些
獨立的關於基督教的觀點（第四十一節）；關於這些觀點及其後
果的重要的一些總結性評論（第四十二節）。

三十九、對基督教的歷史解釋

普萊德勒，特爾慈

要介紹研究基督教的歷史方法，我們可以來看看德國神學家

兼宗教哲學家奧托・普萊德勒①（Otto Pfleiderer, 1839～19
08）的著作。作爲對赫爾曼和利奇爾主義者的一位嚴厲的批評
者，普萊德勒提倡一種他所謂的「發生思辨」（genetic-
speculative）方法。在這種方法中，他提出把歷史的和哲學的看
法結合起來運用於宗教，因爲，他爭辯說，那些熟悉宗教史實的
人通常缺乏哲學思想，而在另一方面，倘不考慮歷史，研究宗教
的任何哲學方法又都不可能成功。

　　因此，普萊德勒的宗教哲學有兩個方面。一方面，它探索了
宗教意識的歷史發展，並把這種發展視爲從原始宗教的最初閃光
直到當今諸宗教的一種純粹內在的和連續的過程。在此過程中，
任何以超自然方式突然闖入的特殊的啓示或奇跡都被排除了。我
們應該在「和我們對人與人之間和人心中發生的事情的一般體驗
相類似的那樣一種因果關係」當中，去看待宗教意識的發展。②
另一方面，普萊德勒的宗教哲學又力求爲宗教意識的內容（例如
對上帝的信仰）提供一種哲學證明。我們可以把宗教發展過程視
爲漸進的和連續的上帝啓示，上帝就像這個過程本身一樣，主要
是被從內在性的角度來設想的。普萊德勒在公開的泛神論面前退 　141
縮不前，可是，他的上帝確實和世界沒有什麼超自然的區別。上
帝是「包容一切的整體」，但他還是「區別於一切有限的東
西」；「他既不消失在世界之中，也不被排除在世界之外。」③
我們只能在一種比喻的意義上把人格歸諸於他。

　　我們應該在這種一般的觀念構架中理解基督教，必須放棄這
樣一種傳統觀念，即它起源於某種特殊的或獨一無二的超自然事
件。「爲了在地上作一次插曲般的停留，一個天上之物(2)的出
現，打破了我們所有經驗所依賴的時空中的事件聯繫，因此也就
根除了歷史的概念。」④基督教只能被理解爲一般的宗教發展中

---

(2)　指耶穌基督。──譯註

的一個階段，在這個階段中，已經在起作用的種種傾向開始得以
舒展。在耶穌的先知式的人格中，人發現了自己的正在成長的靈
性。而且，哈那克所尋找的歷史上的耶穌，對於我們是無法接近
的，因為，我們僅有的記載，不允許我們走到很快就聚集在他周
圍的神話和宗教觀念的後面去。

　　發展的過程至今仍在繼續。不幸各新教教會接受了超自然主
義和中世紀基督教的教義詮釋，不過，它們也吸收了批判的原
則，而且它們應當繼續改革自身，使自己擺脫那些屬於既往的文
化階段的觀念。在它們這樣做的範圍內，「重新塑造它們的信仰
以便和當代的認識和諧一致，也許還是一項困難的任務，但就不
是一項不可解決的任務了。」⑤

　　把歷史主義應用於基督教，這方面的經典表述是由恩斯特·
特爾慈⑥（Ernst Troeltsch, 1865～1923）提出來的。正如我們
已經注意到的，他曾受到狄爾泰很大的影響。他明白地說：「對
基督教的考察和評價，就是要在宗教和文化史的結構中找到它的
地位。」⑦然而，特爾慈從狄爾泰那裡學來的歷史研究應該和自
然研究明顯地區分開來。這兩種研究的性質都是科學的，二者關
注的，都是要闡明其主題材料中的因果關係。但是特爾慈主張，
在這兩個領域中，因果關係的種類是大不相同的。自然的因果性
是能量轉換和守恆的問題，是連續不斷的類型變換。而在另一方
面，歷史的因果性卻主要是心理動機的問題。它不僅僅是量的問
題，而是質的問題，它以這樣一種方式產生新鮮事物，這在只涉
及純粹的能量轉換的領域裡是不可能的。對自然因果性的考察，
導致的是一般法則的表述，可是在歷史因果性當中，我們的興趣
都在於別的和具體的事物。像狄爾泰和柯林武德，也像後來的存
在主義者一樣，特爾慈認為，我們必須憑著同情的理解，進入具
體的歷史事件之中。我們要努力使得歷史事件「就像是我們自己
經歷的一部分那樣可以理解。」⑧

特爾慈制定了某些可以指導我們的歷史研究方法的原則，一條是**批判**原則。每一項傳統，每一條公認的對歷史的解釋，都必須經過批評的篩選，這是一件永遠不會完結的工作。新鮮的事實可能會揭示出來，或者，更爲細微的批判考據會把以往研究的結果顚倒過來。隨之而來的結論是：歷史發現只能要求具有或然性。它們總是有更改和修正的餘地的，並且總是缺乏確定性的。就基督教而言，這條原則簡單地總結了特爾慈之前進行了一個世紀的對聖經的所有歷史研究之結果。新約中記載的、據認爲基督教賴以建立的那些事件，不能認爲就是確定的。有一些事件看來可能性大些，另一些事件可能性小些，可是無論如何，我們必須對它們保持開放的態度——誰知道，明年會不會有一個阿拉伯小孩在死海邊上某個洞穴裡發現某些發霉的古卷，而這些古卷將會使這個問題完全改觀呢？

第二條原則是**類比**原則。我們必須假定：過去的事件，和我們現在經歷的事件是可以類比的。必須認爲，一個關於和現今的事件類似的既往事件的報告，比起一個關於我們在自己的經驗中找不到類似之處的事件的報告來，具有較大的內在可能性。例如，對於在聖經中讀到的那一類神蹟，我們沒有任何親身體驗。因此我們必須假定，關於這類事件的報告是極其不可能的。這個類比原則絕不是一個任意的原則。假如我們不曾假定，過去的事件就其性質而言類似於現在發生的事件，或者過去的人思考和行事的方式類似於我們自己思考和行事的方式，那麼，要從歷史學到什麼東西，或者要理解過去的事情，就是根本不可能的。

第三條原則是**相關**原則。每一個歷史事件都與同一系列中的其他事件相關。歷史中有一種整體的連續性，因此，所發生的每一件事，都必須看作是內在於異常複雜的因果關係之中的。特爾慈甚至可以說：「人類的歷史並入了地表的純屬進化的歷史之中，」⑨但這個自然主義的說法，和他在自然因果性與歷史因果

143

性之間所作的截然劃分是相互矛盾的。不過，相關原則的關鍵
是，儘管可以存在各不相同甚至大不相同的事件，但是所有的事
件都屬於同一個秩序，全都可以根據內在於歷史本身之中的東西
來解釋。於是，歷史中就不可能有什麼神的插手或干預了。上帝
確實可以在此過程中發生作用，或者在其中顯示自身，但是如果
這樣，他的行動就是內在的、連續不斷的了。那就不是一個超在
的神明的特定的、分散發生的干預行動了。而且，既然一切事件
都屬於同一個秩序，也就不能說任何一個特定事件是最終的、絕
對的、獨一無二的或者諸如此類的任何東西了。對於基督教來
說，這就意味著相對主義。基督教屬於作為整體的宗教和人類史
的領域，不能為它提出任何絕對的要求。耶穌基督本人的一生和
作為，可以是一個十分獨特的事件，但它不可能是絕對的或終極
的，或者屬於一個不同於其他歷史事件的秩序。

這樣一來，如果把特爾慈的這些原則應用於基督教，基督教
就被剝奪了在自己的歷史基礎中的確定性，被剔除了超自然的因
素，被否定了任何終極的或絕對的性質。確實，在一次關於基督
教的絕對性的討論中，特爾慈承認它是迄今為止的宗教發展的高
潮和滙聚點。但是，在他最後的著作之一裡，他清楚地表明，基
督教的確定特性，只在一種特定的歷史文化範圍內有效。「它**對
我們來說**是終極的和無條件的，因為我們別無他物。可是這並不
排除這樣一種可能性：生活在全然不同的文化環境下的其他的人
種集團，可能以一種全然不同的方式經驗到自己與那神聖生命的
接觸。」⑩所以，基督教不是絕對的，但它對我們是足夠的。甚
至可以說，當基督教被減縮到作為一種歷史現象的適當範圍內，
並被人們從作為整體的人類精神發展的框架內來看待時，它的真
正的偉大性就變得更清楚了。因為特爾慈認為人類歷史是發生在
一種內在論的有神論的背景下的。上帝是普遍的意識，是萬物生
存於其中的實在，是各種價值的根基。在宗教的歷史中，上帝觀

念獲得了日益豐富的內容，在這方面，基督教的貢獻是十分突出
的。

　　基督教和它處身其中的歷史文化的關係如何呢？特爾慈在
《基督教會的社會教導》（ *The Social Teaching of the Christian* 　144
Churches ）⑶一書中討論了這個問題。他注意到，基督教本身顯
示出了各種各樣的結構，特別是對世俗文化開放的「教會型」和
對世俗文化關門的「教派型」。他雖然堅持認為，神學和教義都
受到歷史的社會力量的限制，但又否認馬克思主義關於宗教是這
些社會力量的產物的說法。宗教觀念起源於自發的獨立的宗教意
識，並能透過提供社會理想和追求理想的動力，從而強有力地影
響社會。特爾慈思想的這個方面，把對於宗教的歷史學解釋，和
下章將要討論的社會學解釋聯結起來了。

四十、關於歷史上的耶穌的問題

韋斯，史懷哲，德魯斯

　　正當普萊德勒和特爾慈致力於在宗教史的一般結構中展示基
督教這一任務時，一些別的作家卻關注著這麼一個較為有限的問
題，即把耶穌和基督教起源，和古代世界的一些與之同時代的宗
教觀念聯繫起來。這些研究傾向於肯定普萊德勒的論點：哈那克
所尋求的實際上的歷史人物耶穌，對我們來說是無法理解的，即
使是我們擁有的最早的文獻，也徹底浸透了那個時代的神話和宗
教觀念，因此它們不完全是關於耶穌的記載，倒更像是關於早期

⑶　本書中譯本題為《基督教社會思想史》，由香港基督教文藝出版社出
　　版──校閱者註。

基督徒團體關於耶穌的想法的記錄。

　　約翰尼斯、韋斯⑪（Johannes Weiss, 1863～1914）把耶穌的傳道和猶太人的末世論聯繫起來。在那個時代，猶太人當中充滿著末日預告的觀點。他們尋求著那個時代的災變式的結束，以及一個超自然王國的開創。按照韋斯的說法，正是根據這些同時代的猶太觀念，耶穌的使命和教導得到了理解。耶穌宣告的上帝之國，並不像利奇爾主義者誤認爲的那樣，是一個愛神愛人的道德理想，而是猶太末世論的陌生的超自然國度。耶穌並未建立上帝之國，而只是宣告了它的將臨。他的門徒的傳教旅行，並不是想要擴展上帝之國，而只是向人們警示它的臨近。由於對反應感到失望，耶穌獻出自己的生命作爲補贖，以加速上帝之國的來臨，期望自己將很快返回，以使猶太啓示作者們歸諸人子的一切榮耀，來治理這個國度。

　　韋斯的這個觀點，使耶穌這個人物絕對遠離了我們，而且，福音書也變成了一種往昔文化的古怪遺跡，這種文化的思維方式對我們來說是完全陌生的。事實上，韋斯後來也承認，他爲末世論解釋提出的論證太極端了，在福音書裡，也有一些具有永恆價值的道德教訓。

　　然而，韋斯又用另一種方式，幫助破壞了利奇爾派所珍視的歷史上的耶穌的畫像。他被公認爲形式批判（form-criticism）的先驅者——形式批判是一種研究福音書的方法，它力圖對構成福音書的各種不同的格言和記述的文獻形式進行分析和分類，並說明它們怎樣服務於早期基督教團體的護教和虔誠的目的。韋斯寫道：「每一種保存下來的敘述，每一條留存至今的格言，都是原始教會的某種特定興趣的證明。在這個程度上，這部流傳下來的東西的選集的作用，就是描述其需要得到了滿足的這個團體的興趣。在大得多的程度上，我們必須學會這樣來閱讀福音書，不僅僅是要知道關於耶穌它們講了些什麼，而且是要知道關於早期

基督徒的生活和信仰，我們可以從它們那裡了解到些什麼。」⑫
於是，我們的文獻向我們顯示的，就不是耶穌本人，而是被那些
相信了他的人的觀念和興趣塗上了顏色的耶穌形象。

　　關於對原始基督教的末世論解釋，最著名的表述是由阿爾伯
特・史懷哲⑬（Albert Schweitzer, 1875～1965）提出來的。作
為一名傳教士和慈善家，他更為全世界所熟知，但他同時也是一
位重要的宗教思想家，而且他的觀點很值得尊重地聽取，即使不
因為別的理由，也因為他對之是身體力行的。

　　在批判地概述撰寫耶穌傳記的種種努力時，史懷哲注意到，
引起這些努力的，都是要使耶穌擺脫教會教條的羈絆這樣一個目
的。（我們可以順便提一提，史懷哲自己幾乎是不需要這類教條
的）可是這就造成了企圖使耶穌現代化的錯誤。利奇爾主義者把
耶穌描繪成一位導師，他教導的普世的信息可以直接應用於我們
這個時代，然而利奇爾主義者這樣做的方法，只是在讀往昔的有
關耶穌其人的記載時，把自己的理想添加進去。我們必須承認，
耶穌屬於他自己的時代，而且必須聯繫到他那個時代來理解他。
如果我們這樣來理解他，我們就會發現，他的教導和他的生活本
身的核心，是他那個時代的末世論（eschatological）信仰，還
有他的這一錯誤信念：世界末日即將來臨。歷史上的耶穌屬於一
個其觀念與我們頗為不同的世界，因此，他「對於我們這個時代
來說，將是一個陌生人，是一個謎。」⑭，史懷哲同樣還發現，
聖保羅的思想也徹頭徹尾充滿了末世論的觀點。

　　如果耶穌和早期基督教屬於一個思想過時了的世界，那麼我
們就會（像史懷哲本人那樣）問：他們可能與我們有什麼關係
呢？史懷哲說，也許，人們的理想一直是：宗教眞理應該以這樣
一種形式來表達，它和任何特定的時期沒有任何關聯，這樣宗教
眞理就能夠簡單方便地被一代又一代的人所接受。可惜，情況並
非如此。「我們不得不承認這個明顯的事實：宗教眞理一個時代

146

不同於一個時代。」⑮ 史懷哲提出的解放辦法，是在耶穌的教導中發現了某種「精神力量」，他稱之爲「愛的宗教，在和形形色色的世界觀──不論是猶太教末世論的世界觀，還是古希臘時代的世界觀，是中世紀的世界觀，還是現代時期的世界觀──的聯繫中，它都可以在本質上保持不變。「基督教的本質，是經歷了否定世界的體驗的肯定世界。在否定世界的末世論世界觀裡，耶穌宣告了積極的愛的倫理。」⑯

簡略地考察一下史懷哲如何把耶穌的愛的宗教的本質核心同他自己的世界觀結合起來，也許能最清楚地了解上面這種說法的涵義。對於現代世界，史懷哲是悲觀的，他特別對於這個時代的實證主義傾向不抱同感。他宣佈自己信仰理性的思考，並接受徹底想通人與世界之關係這樣一個責任。他所達到的哲學，其核心是「尊重生命」這樣一個概念。

我們看到，世界不僅是由純粹的事件構成的，它還包含著生命。人知道每樣東西都像自己一樣具有一種求生意願──「生命」一詞用於此處，大約指的是某種普遍存在的奮鬥，而不是一種嚴格的生物學意義上的「生命」。人和世界既有一種消極的關係，也有一種積極的關係。就人從屬於世界的事件而言，他有一種消極或被動的關係；就人能影響他力所能及的生命而言，他有一種積極的或主動的關係。消極關係通過一種否定階段，即順從的階段而發生引導作用。但這種順從帶來了內心的自由，因而導向了肯定階段，這肯定階段表現在愛的倫理之中。於是，耶穌教導的本質模式就脫離它的末世論背景，並在現代思想環境中得到了重申。

147

韋斯和史懷哲把基督教的起源與猶太教末世論相聯繫，而別的作家卻將其與諾斯底派和各種神秘宗教等希臘化世界的不同的宗教運動聯繫起來。福音書告訴我們的東西，更多的是早期基督徒的信念，而不是耶穌本人的情況，這樣一種想法被一些人推到

了這麼一種程度，以致於否認曾經有過一個耶穌，並把基督教簡單地解釋成古代世界的神話和宗教形象的發展。這種理論在十九世紀已經提出，但在本世紀初得到了新的刺激，也許是因為不確定性被引入了關於基督教起源的整個問題之中。

在這些二十世紀的基督神話論當中，最引人注目的（儘管也許並非最有說服力的）一種，是由阿瑟・德魯斯[17]（Arthur Drews, 1865～1935）提出來的。意味深長的是，德魯斯在對新約的研究中，大量引用了韋斯的話，並強使韋斯的形式批判服務於這麼一個觀點：新約告訴我們的，僅僅是早期基督徒的信念。福音書不包含任何歷史，而只包括教義的、護教論的和虔信的一些零碎材料。德魯斯說：「基督神話論的方法的出發點，是這麼一個事實：神學家們本身也承認，福音書不是歷史書，而是教誨書。」[18]它們告訴我們的，不是有關歷史上的耶穌的事，而只是一個名叫耶穌的純粹神話式的人物的事，這個人物在早期基督教崇拜中受到尊敬，他的出處則可以在古代世界的神話中去尋找。

但是關於福音書的神話背景，德魯斯沒有到猶太末世論方面，而是到星辰崇拜或天體崇拜方面去探求，他認為這種崇拜構成了閃米特[(4)]（Semitic）宗教的古老內容。福音書描述的各種形象，就是人的幻象在天上諸星座當中看到的那些想像的人物的神話象徵。德魯斯以一種令人吃驚的機靈進行了這種身份識別。耶穌自己是太陽。他被認為就是以色列人的古代英雄約瑟亞，在舊約中，約瑟亞曾命令太陽靜止不動。當然，「耶穌」（Jesus）是希伯來人名「約瑟亞」（Joshua）的希臘文形式。按照德魯斯的說法，這個約瑟亞曾在一些秘密的猶太教教派中被作為太陽神來崇拜，現在又作為耶穌重新出現在原始基督教中。十二名使徒被很輕易地等同於黃道十二宮（Zodiac）的象徵，施洗者

---

(4)　即閃族，包括猶太人、阿拉伯人等——校閱者註

聖約翰是寶瓶座（Aquarius），所羅門是仙女座（Androme-
48　da），如此等等。福音書反映的是星系，或者說，是人們投射
到星系上的神話。

　　德魯斯的這些理論，聽起來十分古怪。也許確實是幻想性質
的，但是當我們考察一下指導他的思想的作爲基礎的哲學，我們
就能夠懂得，他的思想爲什麼竟會向這個方向發展。德魯斯的哲
學是一種一元論，在其中，世界被設想爲一個單一的過程，上帝
完全內在於其中。德魯斯的世界觀，至少在強調神的內在性方
面，十分類似於普萊德勒和特爾慈的世界觀，這是很有意思的。
所以在德魯斯看來，世界的生命就是上帝的生命，人的歷史就是
神的歷史，人類的受難是神的受難，上帝在個人的宗教意識中受
難和死亡，以便超越和得勝。基督教神話包含著這種透過受難而
得到救贖的觀念，但是如果把這種觀念僅僅附在一個生活在特定
時代的特定歷史人物身上，那麼它就被弄得模糊不清了。因此，
德魯斯認爲，他否認歷史上的耶穌，並且把耶穌及其特定歷史，
改造成代表神聖世界過程之普遍歷史的一個神話性的象徵，這正
是在爲眞正宗教的事業服務。

四十一、研究神學、歷史與文化的獨立
思想家

英格，馮·休格爾，海勒爾

　　本節所討論的思想家，具有非常的獨創性以及非常廣泛的興
趣，以致於不可能準確地將他們進行分類。不過，既然他們以各
個不同的方式，全都感興趣於神學與歷史和文化的一般問題之間
的關係，那麼，在我們討論這個問題時，把他們歸在一起來論

述，看來還是比較方便。

　　我們把威廉・拉爾夫・英格⑲（William Ralph Inge, 1860
～1954）歸入他們之列，他關於現代社會的辛辣而悲觀的評論，
使他獲得了「陰鬱的教長」的名聲。英格觀察了技術文明的大吹
大擂的進步。他認爲能夠爲我們的社會提供穩定基礎的，不是物
質的進步，而是眞、美和善的永恆的精神價值。然而，這些價值
的根基，在於超越的上帝，因此，英格爲一種對生命的宗教性解
釋，甚至是神秘的解釋辯護，生命的頂峯，是在內心裡的靈魂向
著上帝的上升。

　　英格所主張的觀點，遠遠不是一種非理性主義，也不是要逃
避科學的要求。正相反，他強烈譴責二十世紀的非理性主義傾
向。理性在英格看來十分重要，但是像烏爾班一樣，英格所考慮
的理性，意義比現代所習用的意義要更爲廣泛。現代的理性主義
已變成了一種片面的東西，而眞正的理性主義卻擁有更加廣闊的
視野，並把事實與價值結合起來考慮。眞正的理性的哲學，把我
們引向與宗教所引向的同一個目的地。確實，按照英格的觀點，
宗教與哲學之間最終並無本質的不同。他所談到的密契主義，並
非情感性的主觀主義，而是理性在其中也有地位的整個人格的一
種受到控制的活動。而且，它不是人類精神的一種反常行爲，而
是人類精神的一種基本傾向。因此密契主義是一種靈性的哲學，
而在它的旁邊，哲學在其較高的範圍內，正在變成一種奉獻出去
的探究。於是密契主義與哲學匯合了。「哲學的目標與宗教的目
標是一致的，那就是對完善者的完善認識。」⑳

　　在英格看來，哲學史中有這麼獨特的一章，它實現了把理性
思考與對上帝的宗教理解或神秘理解結合起來的理想。那就是新
柏拉圖主義，尤其是見於柏羅丁（Plotinus）⑸思想中的新柏拉
圖主義。按照英格的說去，柏羅丁達到了宗教與哲學的幾乎是完
全的融合。英格自己對他的態度，不僅僅是學者，而且還是門

149

徒。他說：「我沈浸在他的著作之中，而且，我不僅努力去理解它們，正如任何人努力去理解任何別的理想體系那樣，而且還將它們作爲正確生活與正確思考的指南。他應當被作爲一位精神導師，一位先知，而不僅僅是一位思想家來研究。我們只有追隨他，把他的體驗變爲我們自己的體驗，才能夠理解他。」㉑

　　爲什麼英格這樣一位基督敎會的高級人士，竟會用這種過分讚揚的甚至是宗敎式的用語，來談論一個異敎的哲學家呢？答案必然是這樣：在英格看來，柏羅丁的思想並不僅僅是又一個吸引人的哲學體系，而是哲學與宗敎同樣企求的那個眞理的古典表達，那就是關於上帝的實在性，關於精神，關於人借以實現自己同上帝合一的道路的眞理。對英格來說，柏羅丁的思想成了永恆哲學在歷史上的表現形式。

　　當然，柏羅丁站在七世紀的希臘哲學思考的末端，並在自己的體系中匯集了那麼長一個時期的思想活動的成果。從歷史上看，他的思想結合了新生的基督敎，並因此作爲西方文明中一個不可或缺的因素，進入了西方文明的結構之中。柏拉圖主義、基督敎和西方文明，被這樣一些歷史紐帶聯結在一起，已經變成相互依賴的了。「我們不可能保存柏拉圖主義而不要基督敎，也不可能保存基督敎而不要柏拉圖主義，也不可能不要這兩者而保存文明。」㉒所以，英格在柏羅丁哲學中所發現的，早一些活生生的而不是死的體系。如果使它適應現代的需要，並與基督敎相結合，它就能爲西方世界提供一種健全的、有回春之力的哲學，使西方世界擺脫一種淺薄的理性主義和形形色色的非理性主義的雙重錯誤。

---

(5)　生於 205 年左右，新柏拉圖主義者，著有《恩內亞得》（Ennesads，九論）。他的哲學具有精神的理想主義，深深影響後來的北非的希坡城的拉丁敎父奧古斯丁（Augustine）——校閱者註

與英格在某些方面頗為類似的，是奧地利貴族弗里德里希·馮·休格爾㉓（Friedrich von Hügel, 1852～1925），他是他那個時代最主要的羅馬天主教思想家之一。有一個時期，他和一些天主教現代主義者㉔關係密切，但他基本上一直忠於天主教信仰。然而，他對於宗教歷史的廣博知識，使他具有明顯的寬容精神。他堅持強調「任何一種宗教，都要準備承認以不同方式出現在別的宗教中的有價值的成分，同時要小心避免一切強求一律的企圖。」㉕

馮·休格爾男爵對西方文明的分析，揭示了其中的三種主要力量。㉖第一是希臘精神，即對於豐富性與和諧性的渴求；第二是基督教，即對於人格與深度的啟示；第三是科學，即對於事實與法則的把握。所有這三個因素，對於人生的完滿，都是必不可少的。雖然休格爾男爵的興趣主要在於基督教的因素，但他坦率地承認，沒有另外兩種成分是不行的。更有甚者，在他自己的教會不滿於對聖經進行自由的科學的批判時，他還提倡這種批判。

宗教本身是對上帝之實在性的領悟。如果我們要問，我們如何了解上帝？答案是：他是在體驗中向我們顯示或者啟示出來的。在休格爾自己看來，上帝顯然比任何別的事物都更為實在。他關於上帝的著作確實給人的印象十分深刻——人們明白，在這裡，宗教是被從內心裡來進行描述的。上帝是一種極其豐富、極其複雜的實在。我們對上帝的理解，總是缺乏這種實在性，儘管我們必須表述關於他的教義，但這些教義永遠不可能窮盡他的性質。上帝之中存在著奧秘——例如，男爵坦率地承認，對於罪惡與苦難的問題，沒有什麼完全令人滿意的解決辦法，這就好像我們所作的上帝形象中的黑點。但是他確信，要知道上帝是永恆完善的實在，是超越時空和此世一切不完善之物的實在，則我們對他的領悟已很充分了。 151

男爵像英格一樣，十分強調對上帝的直接的密契的領悟，但

他也像英格一樣堅持認爲上帝具有超在性。導致泛神論的，或者導致一種純粹內在論的那種密契主義，是一種錯誤的密契主義，它脫離了經驗中的其他因素。雖然上帝自己超越了時空，但我們在其中領悟上帝的宗教，卻處於此世生活的環境之中。我們必須承認，宗教不可能脫離人類的其他種種活動，而變成一種純精神的活動。「對人來說，不存在完全逃離歷史和慣例這一類的事情。」[27]

因此，宗教總是以種種歷史形式表現出來的——表現在教會之類的體制中，表現在禮儀、聖事之類的感性手段中等等。在這些形式中，神聖者被具像化了，超越的實在也變成內在於世間形式的了。在休格爾男爵看來，宗教精神的最好的歷史表達，就是天主教會的體制及其崇拜與象徵體系的豐富性，但他並不否認，對神的眞正領悟在歷史上表現於其中的任何方式，都具有自身的價值。

在此還可以提一提德國思想家弗里德里希‧海勒爾[28]（Friedrich Heiler, 1892～1967）。他起初是羅馬天主教徒，後來成了一名路德宗（Lutheran）的教徒——但他確實不是爲了使自己歸屬於某一個特定的宗教，而是因爲他已經對基督教會的普世運動（ecumenical movement）發生興趣，並且相信在路德宗的教會中，他可以有更好的機會來爲基督教合一的事業服務。不僅如此，他還超越基督教會，看到了把一切人聯結起來的精神紐帶。這種眞正的普世態度來自他研究宗教的歷史方法，這種方法在各種各樣地方性的、短暫的形式之下，揭示了作爲基礎的精神的統一性，這種精神一直是在所有這些形式中表現自身的。

海勒爾的特殊貢獻，在於他對祈禱的研究。凡有宗教的地方，就有祈禱，對於任何團體或任何個人的宗教，都可以根據它據以表達的祈禱來評價。海勒爾說：「祈禱，是宗教的核心現象，是一切虔誠的磨石。」[29]

　　海勒爾概述了祈禱的整個歷史，從原始宗教中的祈禱形式，
直到種種高級宗教中的祈禱形式。儘管存在著形形色色令人眼花　152
撩亂的形式，在它們當中還是貫穿著一個共同的本質，按照海勒
爾的說法，它是「向著一種更高級、更豐富、更強烈的生命的原
始衝動的表現。」㉚不論祈禱是幸福至上的祈禱，還是倫理道德
的祈禱，也不論祈禱的領域是物質價值的領域，還是精神價值的
領域，事情都確乎如此。

　　與那種和某些哲學和神秘態度相關聯的、較有思想性的、沈
思的祈禱類型相比，海勒爾表現出他更贊成那種人格性的、戲劇
性的、求訴性的祈禱類型。比較之下，較有人格性的祈禱類型，
可能是更加非理性和非哲學式的，但在海勒爾看來，它是眞正的
祈禱。這種祈禱的前提有三重：存在著一個人格的上帝，對之可
以以「你」相稱；這個上帝與祈禱者同在；和這個上帝可以建立
起一種眞正的伙伴關係。確實，這種伙伴關係之實現，是祈禱的
核心。海勒爾說：「祈禱之奧秘，不在於祈禱之完成，不在於人
對上帝的影響，而在於有限精神與無限精神之間產生的那種神秘
的接觸。」㉛海勒爾肯定，這種伙伴關係即祈禱的交流，不純粹
是一種心理現象，而是一種超越的、形上的實在，是人與神之間
一種直接的、不容置疑的接觸。所以，祈禱的歷史，不僅僅是人
類尋求上帝的歷史，而且也是上帝與人同在的證據。

四十二、對研究宗教的歷史和文化方法
的評論

　　本章概述的研究基督教神學的歷史和文化方法，有一個極大
的優點，就是有助於使我們擺脫狹隘的觀念。基督教被放到人類
的整個精神發展的環境中來看待。當然，觀念論者們也曾做過很

多同樣的工作，可是，他們這樣做是以某種形上學為基礎的，而
這裡所考察的著作家們，卻把自己的論證建立在不那麼思辨的基
礎之上，並訴之於可作經驗研究的歷史事實。而且，他們研究這
些事實時，擺脫了那些伴隨著對宗教進化的自然主義解釋的偏
見。然而不幸的是，在更為晚近的一些著作家，例如巴特及其追
153　隨者當中，一直有一種反作用，要反對研究基督教的歷史方法的
這種擴大眼界的影響，諸如排他性、獨一無二性之類的觀念又回
來了。㉜

　　普萊德勒和特爾慈的內在論方法，及其對於歷史中的特殊啟
示和神跡干預等神話觀念的批判，有效地摧毀了關於基督教是某
種突然出現的東西的幻想。這種方法絕沒有削弱基督教的價值，
而是為它作出了一個大貢獻。因為，如果基督教竟然是某種絕對
孤立的東西，是歷史中一個任意的插入，那麼可以說，它就一定
是不可理解的了。確實，整個宗教都可能是神秘的，不過神秘與
絕對不可理解之間，還是有差別的。除非基督教本身是更廣闊的
人類宗教史的一個部分（這個歷史現在還在繼續進行），否則，
很難看出一個人如何能夠變成一個基督徒。

　　韋斯、史懷哲和德魯斯，用各種不同的方式，向我們提出了
這個問題，如果我們承認，原始基督教曾從耶穌紀元初年流行的
各種宗教的、神話的和哲學的觀念吸取自己的概念和形象的話，
那麼，這個問題就會出現。的確，德魯斯提供給我們的是一幅幻
想的圖景，決定這幅圖景的，更多的是他的哲學前提，而不是真
正的歷史研究。確實（至少正如韋斯所承認的），對新約的極端
末世論的解釋，也是一種誇大的解釋。然而這一條一般原則是確
立起來了：最早的基督教教訓滲進了一些對現代思維方式來說是
很陌生的觀念。於是事情看來似乎成了這樣：如果說普萊德勒和
特爾慈有助於使基督教成為可以理解，那麼韋斯和史懷哲則使它
不可理解！不過史懷哲自己透過他的尊重生命的哲學表明，基督

教的本質的精神內容，如何能夠和一種原始的世界觀區分開來，並和一種現代的世界觀結合起來。所有這些著作家都提出了後來布爾特曼稱之爲「非神話化」（demythologizing）的問題。

我們考察的最後一批思想家──英格，馮·休格爾和海勒爾，在他們對密契主義、虔誠和祈禱的歷史表現形式的懷有同情的研究中，把我們帶入了宗教的核心。他們寫作的時候，不是作爲純粹的觀察者和歷史學者，而是作爲自己所描述的偉大精神體驗的參與者。顯然，這樣做存在著某種危險。這三個人當中哲學上最弱的一個，即海勒爾，儘管有著廣博的歷史知識和心理學上的洞見，卻似乎留給了我們這樣一個十分可疑的主張：祈禱的經驗本身，就是人格上帝存在的足夠的證據。然而，這幾位著作家卻已經實現了狄爾泰的要求：歷史學家必須進入自己的主題材料之中。人們會更願意聽取他們的意見，而不是出自那些（打個比方說）自己從未收到過宗教波長的自然主義者對宗教帶有外行味道的描述。 154

從對宗教的歷史學和文化學研究方法到社會學研究方法，只有一步之遙。現在，我們就來考察社會學的研究方法。

註　釋

① 1870～1875 年在耶拿大學，1875～1908 年在柏林大學擔任教授。

② 《宗教的哲學與發展》（ *Philosophy and Development of Religion* ），第二卷，第 1～2 頁。

③ 《以宗教史為基礎的宗教哲學》（ *The Philosophy of Religion on the Basis of its History* ），第三卷，第 290 頁。

④ 《宗教的哲學與發展》，第二卷，第 3～4 頁。

⑤ 同上書，第二卷，第 354～355 頁。

⑥ 先後於 1892～1894 年在波恩大學，1894～1914 年在海德堡大學，1914～1923 年在柏林大學任教授。

⑦ 見其"Ueber historische und dogmatische Methode in der Theologie"（德語：「道關於神學中的歷史與教義方法」。——譯註）一文，重印於 *Gesammelte Schriftene*, Band Ⅱ（德語，「全集第二卷。」——譯註）第 729 頁以下。

⑧ 見其〈編史工作〉（ *Historiography* ）一文，載於哈斯廷斯的《宗教與倫理百科全書》（ *Encyclopedia of Religion and Ethics* ），第六卷，第 716 頁以下。

⑨ 見其《編史工作》一文，載於哈斯廷斯的《宗教與倫理百科全書》，第六卷，第 716 頁以下。

⑩ 《基督教思想的歷史及其運用》（ *Christian Thought : its History and Application* ），第 26 頁。

⑪ 先後於 1890～1895 年在哥廷根大學，1895～1908 年在馬堡大學，1908～1914 年在海德堡大學擔任教授。

⑫ 《早期基督教》（ *Earliest Christianity* ），第一卷，第 12～13 頁。

⑬ 從 1902～1913 年在斯特拉斯堡（那時候屬德國）大學擔任講師，1913 年放棄學術事業，在蘭巴倫創建醫院。

⑭ 《探索歷史上的耶穌》（ *The Quest of the Historical Jesus* ），第 397

頁。

⑮　《我的生活與思想》(*My Life and Thought*)，第 67 頁。

⑯　同上書，第 70 頁。

⑰　自 1898 年起任教於卡爾斯魯赫 (Karlsruhe) 的高等技術學校。

⑱　《基督神話》(*Die Christusmythe*) 第二卷，第 225 頁。

⑲　1907～1911 年任劍橋大學教授，1911～1934 年任倫敦聖保羅大教堂教長。

⑳　《當代英國哲學》，第一冊，第 191 頁。

㉑　《柏羅丁的哲學》(*The Philosophy of Plotinus*)，第一卷，第 7 頁。

㉒　同上書，第二卷，第 227 頁。

㉓　生於弗羅倫斯，其父是奧地利駐在弗羅倫斯的大使，1867 年到英國，一生中絕大部分時間在英國度過。

㉔　參見本書第 181 頁。

㉕　《關於宗教哲學的論文與演講集》(*Essays and Addresses on the Philosophy of Religion*)，第一集，第 66 頁。

㉖　《宗教的密契因素》(*The Mystical Element of Religion*)，第一卷，第一章。

㉗　《關於宗教哲學的論文與演講集》，第一集，第 15 頁。

㉘　自 1922 年起任馬堡大學教授。

㉙　《祈禱》(*Prayer*)，第 13 頁。

㉚　同上書，第 355 頁。

㉛　同上書，第 357 頁。

㉜　關於這個問題的討論，參看本書第 335 頁。

第十章
對宗教的社會學解釋

四十三、宗教與社會

　　按照特爾慈的說法，社會學就是當前的歷史學，而且，既然 155
特爾慈自己不僅對宗教的歷史解釋感興趣，而且正如我們已經注
意到的，還對它的社會應用感興趣，因此他可以被視爲前一章考
察的理論與我們即將考察的理論之間承上啓下的人物。歷史學所
關注的，是對具體的事件系列作出描述、分類和說明，而社會學
的目標，卻是要確立人類社會生活的一般法則。它所注意的是人
類社會的結構和功能，社會變化出現的條件，以及形形色色的相
互制約彼此影響的社會集團之間的相互作用。

　　顯然，宗教必然會進入社會學家的視野之中，因爲儘管宗教
的某些形式，比如孤獨的密契主義者的靜思默想，是與世隔絕
的，但大多數宗教就其性質來說是社會性的。歷史上的各大宗教
一直採取了宗教團體或教會的形式，不論是好是壞，一直都是强
大的社會力量。在某些社會中，宗教團體事實上與公民組織無法
分離。在現代社會裡，宗教團體或教會通常是作爲整體的社會組
織內部的很多聯合體之一。有時候它比較重要，有時候又不那麼
重要，但對於它在社會生活中所起的作用，應該作出某種說明。

　　雖然幾乎每一種宗教理論都會對宗教的社會作用給予一定的
注意，但我們所說的關於宗教的「社會學的」理論，卻把宗教的

社會方面作爲它們解釋的核心。即使如此，也還是有著範圍寬廣的各種可能性。在某種極端的情況下，有人會認爲宗教**什麼也不是**，而**僅僅是**一種社會現象，諸神本身也是爲著社會目的而被創造出來的，它們的起源應歸因於社會的需要。這是一種社會學的實證主義。或者，也有人會對宗教信念的眞實性抱不可知論的態度，但還是認爲事實上最好把宗教作爲人類社會發展中的一個因素來予以研究。在另一個極端，有人會堅定地確信宗教具有超驗的和啓示的特徵，但同時也相信，在實踐中，宗教就在於應用並且追求出自啓示的那些社會理想。在利奇爾主義者當中，我們已經遇到過這個方向上的一種傾向，他們在上帝之國的觀念中發現了基督教啓示的核心，而且他們在不同程度上都把上帝之國作爲人類的一個道德理想。

　　因此，我們必須匯集在本章之中的一些觀點，彼此歧異甚大，但卻都同意把極其重要的地位賦予宗教的社會功能。即將考察的主題包括：社會學與宗教的起源（第四十四節）；韋伯的社會學理論（第四十五節）：馬克思主義的宗教觀（第四十六節）；以「社會福音」聞名的美國思潮（第四十七節）；關於一般的社會學理論的批判性評論（第四十八節）

四十四、宗教的社會起源

涂爾幹

　　關於宗教起源的人類學理論，由於法國學者艾彌爾·涂爾幹①（Emile Durkheim, 1858～1917）的工作而獲得了一種新的、社會學的角度。他的觀點不僅構成了一種人類學或社會學理論，而且構成了一種完整的哲學，人稱「社會學實證主義」。在這種

哲學中，社會這一觀點占據著核心地位，並爲理解哲學問題提供
了鑰匙。眞與僞只在其表達了集體的而非個人的思想的範圍內是
客觀的。甚至連邏輯規律所反映的，也是文明化的社會之需要，
從原始人的神話心理中缺乏這些規律，我們可以看到這一點。社
會本身，不僅僅是包含在其中的個人之集合，而是一種特殊的實
體，它是統治其成員的思想和行爲的各種强制力之源泉。

　　涂爾幹在其社會哲學中特別注意宗教問題。他相信，原始宗
教的特徵，可以從圖騰崇拜而不是從萬物有靈論當中最清楚地看
到。涂爾幹認爲圖騰崇拜是宗教的一種更爲基本的、更爲原始的
形式。圖騰崇拜肯定是一種分布廣泛的現象，這種現象在古代閃
米特人、北美洲諸部落和澳大利亞土著居民這樣一些相隔甚遠的
人羣中都發現過，涂爾幹對這些人羣作了專門的研究。

　　圖騰——通常是一種動物，有時是一種植物，偶爾是一種無
生物——與一個特定的社會羣體（一般是一個部落或氏族）有一
種特殊的關係。按照涂爾幹的觀點，圖騰對於這個羣體是一種神
聖的東西，是神聖東西與世俗東西劃分的基礎，他認爲聖俗之分
是宗教的本質。圖騰通常是不許殺或不許吃的，只有特殊的禮儀
場合是例外，隨之而來的可能是一段擧哀的時期。還有一種和圖
騰的生命本源的神聖關聯。圖騰的生命以某種方式代表著該社會
本身的生命，該社會的成員有時認爲自己是那個圖騰的後代。

　　由於把圖騰視爲一種宗教類型，涂爾幹遂得出結論說，宗教
應該被理解爲一種社會現象。「當人們明白，在個人之上還存在
著社會，而這社會並非由理性構造而成的一個有名無實的東西，
而是一個活躍的力量系統之時，一種解釋人的新的方式就成爲可
能的了。」②宗教爲信奉它的社會的需要服務，而它所崇拜的隱
藏在其特定神話的人物形象下面的對象，就是那個社會本身。

　　涂爾幹正確地指出，關於原始宗教的較早期的理論受到了這
麼一個缺陷的影響，即片面地專注於宗教的信念，而他自己的理

論主要從**行為**的角度來看待宗教。因此，他可以宣稱，宗教中存
在著某種永恆的東西，因為雖然特定的信仰可以過時，但任何社
會都必須不時地重新肯定自身，而這種重新肯定本質上具有宗教
性。事實上，宗教與社會是如此緊密地交織在一起，以致於宗教
已被視為其他的人類活動（包括科學）從中生長出來的母體。宗
教的信譽絕沒有被科學所破壞，但它必須不斷尋找更為合適的象
徵，以表達自己的實在性。在現代，我們已經開始明白，神性觀
念和社會觀念歸根到柢是一回事。迄今為止，人類還沒有什麼新
的宗教取代了傳統宗教，但這也許會在一定的時候發生。「不存
在不朽的福音書，但是也沒有任何理由相信人類不能發明出新的
福音書來。」③

四十五、宗教與資本主義

韋伯

158　　　特爾慈的朋友、德國學者馬克斯・韋伯④（Max Weber,
1864~1920）對宗教社會學作了專門的研究。

韋伯的目的，是要揭示出任何特定的社會中宗教信仰與社會
體制之間的相互關聯。他論證說，宗教信仰與社會發展之間的聯
繫，比我們所公認的要緊密得多。在說明這個論點時，他詳細地
研究了新教——尤其是加爾文主義（Calvinist）的新教——與在
西方世界產生的資本主義社會之間的關係。

西方的資本主義及其龐大的工業帝國與廣佈的商業企業，在
世界上是獨一無二的。因此它的興起不能僅僅歸因於人類當中普
遍存在的貪求的本能。此外，現代資本主義背離了西方早先的傳
統，使那些曾被視為惡行的東西成了被人們接受的、受尊敬的活

動。那麼，我們又該如何來解釋它的興起呢？

　　韋伯從某些可從經驗上確定的事實入手。例如，他注意到，在像德國這一類信仰混雜的國家，工業領袖絕大多數是新教徒，而且，英國、荷蘭和美國的清教徒一直是商業企業的領導核心。這些事實都聯繫到宗教改革帶來的信仰變化而得到了解釋。表現在修道院生活中的中世紀教會的出世的禁欲主義，被一種入世的禁欲主義取代了，這種禁欲主義對於資本主義是必不可少的。加爾文主義者相信一種關於上帝選民的教義，他透過一種自制的生活來確保自己成為選民。「這種禁欲主義的結果，就能導致一種警醒而明智的生活。」⑤這將是一種理性的節制的生活，而不是憑衝動去享受的生活，但是和修道院的理想相對照，它又是一種在世俗活動之中的律己的生活。於是，加爾文主義者對自己的金錢就有一種責任，他必須為金錢的增加而勞作。人在此世的天職，就是實踐禁欲的美德，在其中，他必須用自己的思慮和謹慎，來證明自己蒙恩的狀態。

　　當然，加爾文（John Calvin）自己絕沒有預料到自己的學說的這麼一種發展，而且韋伯也明確地否認他的意圖是要就宗教改革的**宗教**價值發表意見。他還否認自己的意圖是要表明**唯有新**教是資本主義的根源。但他確實堅持認為，新教與資本主義之間的關聯，比過去所認為的遠為緊密，也遠為有力。

　　當然，韋伯的方法在這個特定例證之外也是適用的，而且他自己事實上也曾把它應用於其他的情境之中，例如應用於中國社會中的儒教。如果他的方法有效，那麼宗教社會學就成了一件很重要的事情。宗教的觀念可以深刻地（即使是隱秘地）影響我們的整個社會結構，而且宗教信仰和社會慣例確實可以是和一種單一的，作為根基的思想態度的兩種相互關聯的表現形式。

159

四十六、宗教與共產主義

卡爾托夫，考茨基，列寧

　　和韋伯一樣，馬克思主義者也密切聯繫社會的經濟結構來考慮宗教，但其方式卻大不相同。因為，韋伯探究的是宗教觀念對經濟制度的影響，而馬克思主義者卻認為宗教只不過是經濟條件的一種副產品。韋伯並不就宗教觀念本身的價值發表意見，而正統馬克思主義者是敵視宗教的。

　　阿爾伯特‧卡爾托夫⑥（Albert Kalthoff, 1850～1906）曾是一個工業城市中的路德宗牧師，他在那裡受到了馬克思主義觀念的影響。他開始贊成一種新的基督─神話論（Christ-myth theory）；而且他顯然是以社會學的理由來否認歷史上的耶穌的。「對於任何學會了從社會學方面來思考問題，學會了考慮隨著新社會形式的產生而來的種種變遷、轉化和複雜情況的人來說，這麼一種觀念，即某一個突然改宗的名叫保羅的人，能夠在二十年之間，使小亞細亞和巴爾幹半島佈滿了基督教團體，其方法是宣揚那些地方到那時為止無人知曉的某個耶穌就是基督，這是一個神蹟，與之相比，教會的一切神蹟都形同兒戲了。」⑦

　　當然，根據一位僅在巴勒斯坦住了不久的模糊不清的歷史人物來解釋基督教社團的廣泛傳布，對於這種解釋所包含的困難作出評價，卡爾托夫絕非第一人。他的觀點的新穎之處在於，他在追尋基督教的起源時，著眼處不是當時流行的各種哲學和神話，而是能導致新的基督教社團產生的那些社會運動。他把基督教的誕生地從巴勒斯坦移到了羅馬。他告訴我們，在羅馬，各種各樣的革命力量和共產主義觀念在奴隸和被壓迫羣眾中發生著作用。

在無產者當中有一種重要的猶太的成分，這種猶太的成分不僅貢 　160
獻了共產主義觀念，而且還貢獻了對彌賽亞和一個美好時代即將
來臨的末世論的希望。

　　從這種帶有宗教色彩的社會運動的酵母中，基督教產生了，
而且它的組織在某種程度上就現成地存在於民衆裡的共產主義團
體之中。基督本人，是這個新社會的理想的英雄，是它的願望的
神話性的人格化。他受死和復活的故事，描繪了這個正在鬥爭的
團體自己對迫害與復興的體驗，而對基督再臨的信仰，則帶來了
對未來的希望。

　　雖然卡爾托夫否認對基督教所作的正統派的和自由派的解
釋，但他又談到一種據稱比二者中任何一種都更加偉大的基督
教──「未來的世俗化基督教。」（the secularized Christian-
ity of the future）⑧這種世俗化基督教的基督，也是一個未來
的基督。他不是往昔的基督、學者的基督或者神學家的基督，而
是人民的基督、在掙扎和受難的普通人的基督、體現著人民大衆
的最簡單最自然，因而是最神聖的願望的基督。

　　關於基督教的起源，德國社會主義領袖卡爾・考茨基（Karl
Kautsky, 1854～1938）也表達了類似的觀點。他雖然是一個虔
誠的馬克思主義者（他曾是恩格斯的私人秘書，並且是馬克思著
作的編纂者），但即使是他，也無法容忍布爾什維主義（Bol-
hevism）的過火行為，並和列寧發生了尖銳的爭論。考茨基贊
成民主的社會主義，反對專政的社會主義，因此之故，列寧這樣
說他：「在任意歪曲馬克思方面，考茨基打破了世界紀錄。」⑨
事實上，從正統馬克思主義的觀點來看，據說「考茨基所說的每
一句話，都是背叛的無底深淵。」⑩

　　儘管如此，就考茨基關於基督教的著作而言，在不帶偏見的
觀察者看來，考茨基已相當成功地把馬克思主義的原則運用到對
基督教的解釋中。正如他告訴我們的，他的宗旨是提出「對基督

教的那些階段的一種理解，從唯物史觀的立場來看，這些階段是
最爲基本的。」⑪這種歷史觀在解釋各種事件時，著眼於經濟條
件，而傳統的歷史觀，據說卻都在抽象的觀念和道德願望中去尋
找事件的原因。而且，考茨基宣稱，由於他自己已經積極加入了
無產階級反對特權階級的鬥爭，比起職業學者來，他就會處於更
有利的地位，去理解基督教的開端，他認爲基督教的開端本質上
是貧窮階段中間的一場社會運動。

考茨基對基督教起源的說明，就主要輪廓而言十分類似於卡
爾托夫的說明，我們沒有必要逐點考察。基督教並非個人的產
物，它產生於無產者的社會運動，特別是產生於共產主義觀念與
彌賽亞觀念的混合。然而今天我們所知的基督教是原始基督教的
顛倒，它的成功應歸因於這麼一個事實：原始基督教已轉化成自
己的對立面。「在它勝利的過程中，無產者的、有益的、共產主
義的組織轉化成了世界上最大的統治和剝削的工具。」⑫

這種轉化是辯證的歷史過程中的法則。正如被釘十字架的彌
賽亞一樣，凱撒和拿破崙也在民主的勝利中崛起，但都以奴役自
己的支持者而告終。根據歷史的辯證法，，每一場新的鬥爭都不
同於先前的鬥爭，因此，考茨基並不贊同卡爾托夫對世俗化基督
教的同情。我們必須承認，基督教現在是無產階級道路上的一個
障礙，而今天的社會主義，在自己不同的環境中，必須採用不同
的方法，以達到不同的結果。

既然卡爾托夫和考茨基都不能被視爲正統的馬克思主義者，
要得到關於宗教的純正的共產主義學說，我們就必須轉向弗拉基
米爾・伊里奇・列寧（Vladimir Ilyich Lenin, 1870～1924），
因爲列寧在信徒們眼中已成了馬克思的權威解釋人，而且，現在
堅持馬克思列寧主義路線的那種嚴格性，可以和賦予羅馬天主教
會的教條或某些新教教派的基要主義（fundamentalism）的那
種嚴格性相比。

在簡要敍述馬克思主義的本質時，列寧舉出**唯物主義**作為它的首要原則，他把它說成是「忠於一切自然科學學說，仇視迷信、偽善行為及其他等等的唯一哲學。」⑬這種基本的唯物主義被與黑格爾的**辯證法**的觀念結合了起來，根本這種辦證法，正題與反題的衝突產生一個合題，而這個合題又成為新的對立面的正題。所以物質不是靜態的，而是永恆發展著的。這種唯物主義哲學從自然界延伸到人類社會，結果成了一種**歷史唯物主義**。歷史 162 應該根據**經濟力量**來理解，而它的核心是**階級鬥爭**。人類的「種種觀點和學說——哲學的、宗教的、政治的等等觀點和學說——都反映了社會的**經濟制度**。」⑭

馬克思主義對宗教的態度，已經包含在這個概述之中，而列寧在別的地方把它說得更加清楚。⑮首先，宗教是虛幻的，因為它的信仰與馬克思主義據以建立的唯物主義相矛盾——這是「一種絕對無神論的、堅決反對一切宗教的唯物主義。」其次，宗教被解釋為一種社會機構，它在現在的社會狀態下維護統治階級的利益——「現代所有的宗教，都是資產階級反動行為的工具，它們都是為捍衛剝削和麻醉工人階級服務的。」

宗教的任何革新或者傳統宗教被一種新宗教取代的問題，是不可能存在的，社會主義本身也不是一種宗教。另一方面，絕不允許用反對宗教的鬥爭去模糊反對資本主義的更為根本的鬥爭，必須讓前一項鬥爭服從於後一項鬥爭；因為，正如我們已經看到的，宗教本身不過是社會中起作用的那些基本的經濟因素的一件副產品，在社會本身得到改造以前，它是不可能根除的。教育可以有助於削弱宗教，但是說到底，辯證的過程本身才是最好的教育者。當無產階級社會實現的時候，宗教就將消失，因為產生宗教的那些社會的和經濟的條件，到那時已經被消除了。

四十七、美國的社會福音派

格拉頓，饒申布什，馬休斯

　　本世紀初，把基督教應用於社會已成了一些美國教會人士所關注的主要問題，在美國出現了一場以「社會福音」（Social Gospel）著稱的旗幟鮮明的運動。理查・尼布爾指出，[16] 上帝之國的觀念，在美國基督教中一直具有核心的地位，但在現代，它已被等同於地上之國，等同於一種社會秩序。毫無疑問，促成人們把二者等同起來的有很多因素──我們這個時代把各種思想世俗化的普遍傾向，移民活動在美國造成的社會問題，作為一個年輕的新興國家的美國的民族主義情緒，利奇爾主義思想的影響[17] 等等。我們將簡短地討論的三位代表性神學家，向我們揭示了社會福音運動的三種形式。

　　華盛頓・格拉頓[18]（Washington Gladden, 1836～1918）從社會範疇來思考問題，但仍保留著一種強烈的福音信仰。所以，在一篇論贖罪的文章中，[19] 他強調社會的救贖：「正如使我們和上帝分離的罪，削弱著社會的關聯，給我們世上之人帶來了地獄的實質，同樣地，使我們回到上帝那裡的愛，恢復著社會的關聯，給我們世上之人帶來了天堂的實質。」然而他又堅持認為，「調解的方法是啓示」，基督之死是對人類罪性的審判，將要帶來社會轉變的，是上帝在基督裡的「拯救工作」。而且，雖然上帝之國被設想為一種世間的社會──「是我們在這裡，在地球上發現的，正穩步擴大自己的邊界並增強自己的統治的那個國度」，但是他也堅持認為，這個國度「可以直接追溯到耶穌基督那裡，正如聖勞倫斯河（St. Lawrence River）的源頭可以追溯

到那巨大的內陸海⑴一樣。」⑳在格拉頓看來，否認對基督教的
出世性解釋，並不意味著否認基督教的超自然性質。

　　上帝之國包含整個社會，而且它是一個比教會更寬廣的概
念，教會是附屬於它的。然而教會有一種重要的功能需要履行。
「問題是要使整個生活為宗教性的；但是為了使生活成為這樣，
就需要各種聯合，其作用是培養宗教的觀念和情感。」㉑教會的
功能，可以說是在社會的基督化過程中做上帝之國的先鋒。它在
自己的生活中發揮這種作用，部分是透過保證使富人和窮人都在
自己的伙伴關係中匯攏在一起，並學會彼此關心。格拉頓希望，
正如早期教會調和了猶太人和外邦人，同樣地，它也將能夠調和
勞動者階級和資本家階級。但是，教會要發揮它的作用，部份地
要依靠轉身向外，面對整個社會──關於這一點，格拉頓提供了
一個實際的榜樣，他為市政會的工作服務，並倡導自己的改革理
想。

　　他是如何設想一個基督教社會的呢？一方面，他強烈反對教
會站在特權階級，站在他視為「掠奪的」財富的一方。一九〇五
年，當一家石油公司向公理會提供了數目很大的一筆錢作傳教工
作之用的時候，格拉頓稱之為「骯髒的錢」，並且宣稱，如果該
教會接受了這種錢，它就該與之一同滅亡。必須記住的是，儘管
他竭力反對，該教會還是收下了這筆錢！另一方面，格拉頓也並
不認為基督教社會應該是共產主義的或平均主義的。基督教並不
取消人與人之間的自然差別，並不取消條件環境或財產能力的不
平等，然而，它確實要把他們帶入一個和諧的協調的社會，在其
中，每一個人都幫助其他的人。

　　沃爾特・饒申布什㉒（Walter Rauschenbusch, 1861～19

164

⑴　指美國與加拿大交界處的五大湖，該湖群有「北美地中海」之
　　稱。──譯註

18）則獻身於一種更爲激進的政治態度。他甚至能夠贊許地引證考茨基的話。格拉頓認爲教會要包容並調和社會的所有階級，饒申布什卻主張教會與工人階級結盟。改良主義的措施和零零碎碎的改革，不可能彌合現代社會中勞資雙方的鴻溝，而且，他論證說，如果要認眞地克服工業社會的罪惡，我們就不能走到社會主義面前就停下來。他宣稱，一種社會主義的解決辦法，「應該得到每一個愛國者和基督徒的滿懷喜悅的歡迎。」㉓

饒申布什相信，基督教本來的、本質的目的，就是要透過重新創造和重新構築人與人的關係，把人類社會改造爲上帝之國。由於各種各樣的原因，這個基本目標一直受到忽略或遭到挫折。在早期基督教中，使徒們企求基督的直接回歸，而漠視無常的世界。在羅馬帝國統治下，沒有任何機會進行社會宣傳。後來，另一些意外的影響又轉移了教會對其社會目標的注意───一方面有修院的出世性質，另一方面又有對教條和教會的關注。對基督教的社會性解釋等待了十分長久的一段時間，可是現在，按照饒申布什的說法，隨著較古老的關注的逝去，隨著現代工業社會的緊迫問題的出現，教會轉向久已忽略的社會問題，從而貫徹他所謂「教會存在的基本目標」的時候，已經來到了。

饒申布什本人力圖從自己的社會學觀點出發來詳盡地重述基督教神學。正如我們可以預料到的，這樣一種神學「必然不僅僅爲上帝之國的教義留下地盤，而且還要賦予它以核心的地位，並且修正所有別的教義，使之與上帝之國教義有機地結合起來。」㉔饒申布什指出，神學家通常以這一條或那一條教義作爲自己體系的核心──這種核心教義，在聖阿塔那修（St. Athanasius）⑵那裡是道成肉身，在馬丁·路德那裡是因信稱義，在約拿坦·愛德華茲（Jonathan Edwards）那裡是上帝至上。據稱，把這種核心的地位賦予上帝之國，也就是返回耶穌自己看問題的方式。上帝之國的教義，正是社會福音，雖然若干世紀以來它一直

遭到忽視，從屬於教會的種種別的關注。然而，儘管饒申布什為基督教神學帶來一種入世的轉變，他還是像格拉頓一樣，保留著福音的信仰，並且堅持認為上帝之國具有超自然特性。「上帝之國就其起源、進程和完成而言，都是神聖的；它自始至終都是奇跡似的，是上帝的力量、正義與愛的連續不斷的啓示。」㉕

在神學中的芝加哥學派的一名主要代表賽勒爾‧馬休斯㉖（Shailer Mathews, 1863～1941）的著作中，我們發現了社會福音派學說的另一種不同的表述。格拉頓和饒申布什作為其社會學說的背景而保留的先知福音信仰，被一種複雜的進化論神學所代替了；雖然我們會注意到，在政治上，馬休斯遠不如饒申布什那麼極端，他選擇的是一種開明的資本主義，而不是社會主義。

馬休斯說：「說到上帝之國，耶穌所指的是這麼一種理想的社會秩序，在其中，人與上帝的關係是父子間的關係，人與人的關係是弟兄間的關係。」㉗ 單個的人，自身是不完善的，他需要社會的結合。對於人來說，不僅彼此的結合是可能的，而且和上帝的結合也是可能的。耶穌教導說上帝具有父性，是想指出人與上帝之間有一種密切的關係。這種密切關係使得人與上帝之間的社會性聯繫或個人的聯繫都成為可能，而這種聯繫又在人當中造成一種道德變化，正像兩個朋友之間的交往也可以發生在一般的人類社會關係的層次上一樣。和神的生命之間的關係，成了人間關係向博愛的弟兄關係這一社會理想進步的基礎。耶穌本人，就是這些關係的最有說服力的表現和範例。

馬休斯在所有的宗教中，都發現了同樣一種社會關係的模型，我們已注意到這種社會關係正是上帝之國的特點。宗教是社

---

(2)　四世紀時的一位基督教神學家、護教士，曾就基督論（Christology）上的聖父（上帝）與聖子（基督）的「本體同一」（homoiousios）說作辯護。──校閱者註。

會性的行為，在這種行為中，人們力圖把他們彼此之間的那種關係擴及宇宙環境中的種種力量，希望從這些力量那裡得到幫助。上帝觀念產生於這種行為，因而並非一種形而上的絕對，而是一種隨著社會前進而變化的觀念。「『上帝』一詞的意義，可以從它在宗教行為裡使用的歷史中發現。」[28] 這並不是說上帝僅僅是表示人類理想的代名詞。上帝是一種宇宙性的實在，而且，正如我們從馬休斯關於上帝之國的學說中所看到的，人類社會自身的正義秩序所依賴的，正是它和上帝宇宙實在的關係。另一方面，我們又只能用來自人的社會體驗的詞語來談論上帝，就像我們稱他為「王」、「審判者」、「父親」等等時所作的那樣。

傳統的有神論上帝觀把上帝視為至高無上的君主，而人乃是他的臣民，這種觀點已不再能為人所接受。馬休斯根據內在論觀點，認為上帝乃是宇宙中的創造了人格的力量，因而也是在我們與之有機關聯的環境中可作出人格性反應的因素。我們和這個上帝，可以有一種人格的和社會性的關係，但這是一種合作關係，而不是一種臣服關係。於是，上帝觀念就既有當代性，又有民主性了，儘管應當提一提，馬休斯並不認為，人可以找到一種民主的模式來解釋救贖。

在馬休斯的現代主義觀點當中，有一些比較複雜的觀點乍看之下，似乎遠離了耶穌關於上帝之國的教導，可是馬休斯會說，它們用當代的術語表達了同樣的基本真理。要恰當地「親身去適應」於「我們視為上帝的那些宇宙活動」，要做「這個過程中的合作者」，就要求我們恰當地適應我們的人類同胞，並努力實現理想的社會。「正如我們必須真實地和上帝和諧共處，同樣地，我們必須真實地和我們的鄰人和諧共處。」[29]

四十八、關於對宗教的社會學解釋的批判性評論

從剛才考察過的種種理論可以清楚地看到，宗教總是與大量的社會因素深深地交織在一起，而且，對宗教的說明如果忽略了社會學的方面，就不可能是完全的。然而，除了這一點顯而易見的真理之外，我們從中再也得不到任何明白的指引了，因為在我們考察過的種種觀點之間，嚴重的相互衝突實在是太多了。具體說來，關於一種宗教與信奉它的社會的關係準確說來究竟是什麼，我們並未得到任何有說服力的回答。

是宗教信仰能在產生一種經濟制度方面發揮主要作用（根據韋伯的理論）呢，還是經濟制度產生了作為一種產品的宗教（根據列寧的說法）？是基督教引發了社會運動（根據格拉頓和饒申布什的理論）呢，還是基督教產生於社會運動（根據卡爾托夫和考茨基的說法）？我們應該注意，這些問題並不意味著絕對的非此即彼。情況可以是這樣：宗教、經濟和別的社會因素都在彼此作用和反作用，每一種因素都以不同的方式塑造著別的因素，同時被別的因素所塑造。或者，情況也可能是這樣：在任一特定的社會中，宗教與（比如說）經濟，都反映著同一種起基礎作用的態度。這種觀點，我們在討論文化哲學時曾在史賓格勒那裡見過，而且從表面來看，它似乎比韋伯或列寧的片面的說法更有道理。

還有，我們應該聽卡爾托夫的，主張宗教要世俗化呢，還是應該聽格拉頓的，促進整個生活的宗教化？這兩種觀點看來似乎截然對立，但是實際是否如此是大可懷疑的。這兩種觀點的宗旨，都是要消除神聖的東西與世俗的東西之間的界限，而如果這

167

條界限被取消，則我們是講宗教的世俗化，還是談整個生活的神
聖化，看來就幾乎沒有任何實際的差別了。無論如何，這個差別
看來應屬於社會學範圍以外的問題。

　　這就把我們引向了對宗教的社會學解釋是否適當的問題。在
我們所考察過的這些觀點中，只有幾種觀點走得如此之遠，以致
於宣稱宗教除了是一種社會現象之外便什麼也不是，宣稱對宗教
的社會學說明是一種完備的說明。我們在涂爾幹的社會學實證主
義中發現了這種觀點的最好表述，這種實證主義把神性觀念和社
會觀念等同起來了。他的說明有多大的可能性呢？

　　在承認宗教是一種社會活動時，涂爾幹肯定是彌補了某些較
早的人類學說明裡的一個缺陷，那些說明僅僅側重於宗教的信
念。但是，涂爾幹的總的論點的表面合理性，乃得自於他賦予作
為一種宗教類型的圖騰崇拜的關鍵地位，而圖騰崇拜卻根本起不
了這樣的作用。第一，圖騰崇拜並不像涂爾幹所以為的那樣具有
真正的原始性，正如弗洛伊德所承認的，在它的後面還有一段更
原始的種種觀念發展的歷史。第二，圖騰崇拜遠遠沒有宗教存在
得那麼普遍，它絕不能作為整個宗教的原型。而且，恰恰在某些
最為落後的民族中，例如在布須曼人（Bushmen）當中，不存
在圖騰崇拜，這是很有意思的。第三，現在絕大多數調查人員都
認識到，圖騰崇拜基本上不是一種宗教現象，而是（像涂爾幹所
證明的那樣）一種社會現象。但是，當圖騰崇拜的基石被搬掉之
後，涂爾幹認為神性觀念即社會觀念的論證也就垮台了。

　　我們的結論是：宗教有其重要的社會方面，但是，以為宗教
可以被作為一種社會現象而得到完全的解釋，為這樣一種觀點卻
沒有提出任何充分的論證。在本章的敍述過程中，我們從涂爾幹
到馬休斯，一直反覆碰到這樣一種思想：宗教的本質在於行動而
不是信念。現在，我們要來考察一下種種關於生命與行動的哲
學。

168

註　釋

① 1887～1896 年在波爾多大學任講師，1897～1906 年任教授；1906～
1917 年在巴黎大學任教授。

② 《宗教生活的初級形式》（*Elementary Forms of the Religious Life*），
第 447 頁。

③ 同上書，第 428 頁。

④ 1894～1897 年任弗賴堡大學教授；1897～1903 年任海德堡大學教授；
1919～1920 年任慕尼黑大學教授。

⑤ 《新教倫理與資本主義精神》（*The Protestant Ethic and the Spirit of
Capitalism*），第 119 頁。（中譯已由北京三聯書店《文化：中國與世
界》叢書出版，台灣版由谷風出版社出版——校閱者註）

⑥ 不來梅的牧師，後來是海克爾一元論的信徒。

⑦ 《基督教的產生》（*Dies Enstehung des Christentums*），（德語——譯
註），第 25～26 頁。

⑧ 同上書，第 153 頁。

⑨ 〈無產階級革命與叛徒考茨基〉（The Proletarian Revolution and the
Renegade Kantsky），載於《馬克思、恩格斯、馬克思主義》（*Marx,
Engels, Marxism*），第 452 頁。

⑩ 同上書，第 450 頁。

⑪ 《基督教的基礎》，（*Foundations of Christianity*），第 8 頁。

⑫ 同上書，第 381 頁。

⑬ 〈馬克思主義的三個來源和三個組成部分〉，（The Three Sources and
Three Component Parts of Marxism）載於《馬克思、恩格斯、馬克
思主義》，第 78 頁。

⑭ 同上書，第 79 頁。

⑮ 例如，可以參看〈工人政黨對待宗教的態度〉（The Attitude of the
Worker's Party towards Religion），前引書，第 273 頁以下。

⑯　見其《美國的上帝之國》（ *The Kingdom of God in America* ）一書。

⑰　參見本書前面第 91 頁。

⑱　1882～1914 年在俄亥俄州的哥倫比亞擔任公理會牧師。

⑲　載於專題論文集《現代宗教思想中的救贖》（ *The Atonement in Mod-ern Religious Thought* ），第 225～237 頁。

⑳　參見〈上帝之國在哪裡？〉（ Where is the Kingdom of God? ），載於《灼人的問題》（ *Burning Questions* ），第 243 頁以下。

㉑　《基督教牧師》（ *The Christian Pastor* ），第 42 頁。

㉒　1897～1918 年任羅切斯特神學院教授。

㉓　《基督教與社會危機》（ *Christianity and the Social Crisis* ），第 408 頁。

㉔　《社會福音的神學》（ *A Theology of the Social Gospel* ），第 131 頁。（中譯本可見《饒申布士社會福音集》，香港基督教文藝出版社出版——校閱者註）

㉕　同上書，第 139 頁。

㉖　1887～1894 年在緬因州科爾比大學擔任教授，1894～1933 年在芝加哥大學擔任教授。

㉗　《耶穌的社會教導》（ *The Social Teaching of Jesus* ），第 54 頁。

㉘　《上帝觀的發展》（ *The Growth of the Idea of God* ），第 210 頁。

㉙　《科學對宗教的貢獻》（ *Contributions of Science to Religion* ），第 414 頁。

第十一章
實用主義和與之相關的觀點

四十九、思想與行動

當二十世紀的各個思想學派普遍表現出對昔日給人深刻印象 169
的種種形上學體系的反動時，這種情況有時候變成了對一切理智
主義的反動。人們堅持認為，哲學家獲取最佳線索的地方，不是
抽象的思想概念，而是生活、奮鬥、意願，有時還是本能和直
覺。在我們一直在考察的某些歷史學和社會學思想家當中，我們
已經注意到對於行動的日益增加的強調。再往上溯，在羅伊斯、
倭肯、沃德和法欣格爾之類各不相同的思想家的同一傾向中，我
們也看見過一些零星的跡象。回頭再看十九世紀，叔本華和尼采
曾堅持意志第一。現在我們來看看一些以生命和行動為其論證基
礎的二十世紀的哲學家。

人們把形形色色的名稱用於這些哲學，「生命主義」
（vitalism）以「生命」為其核心觀念，並把「生命」理解為某
種特殊的、自成一類的東西，其涵義比「思想」更為廣泛，同時
又不能根據物理和化學來解釋。「行動主義」以「行動」為其核
心觀念，並賦予這個觀念一種十分寬廣的意義。「實用主義」和
與之相關聯的「工具主義」，則把實際效用的概念運用於真理和
邏輯問題本身。

所有這些觀點都有某些基本特徵是共同的，它們在使理論從

屬於實踐，或使思想從屬於行動，在攻擊它們所謂的「理智主
義」方面是聯合一致的。它們在觀點上是徹底經驗主義的，它們
的觀點不是建立在先驗概念的基礎上，而是建立在人所經歷過的
體驗的基礎上。它們同等地拒絕觀念論的和機械主義的世界圖
景，斥之爲抽象的、理智化的概念，認爲這些概念歪曲了動態的
實在。如果願意，我們也可以把這些哲學當中的某一些稱爲「自
然主義的」，但它們的自然主義不是十九世紀流行的那種機械論
的自然主義，而是一種把自然視爲變化之流的觀點。關鍵的一門
自然科學是生物學。雖然强調的重點有種種不同，但生物學方法
是基本的方法。佩里在比較柏格森的生命主義和詹姆士的實用主
義時說得好：「柏格林與詹姆士之間的區別，是心理生物學與生
物心理學之間的區別。」①。

　　根據我們所考慮的這些哲學家的觀點，宗教主要應該根據行
動來理解，如果宗教有合理性，那一定是實踐的合理性，而不是
理論的合理性。它不是一個純粹的「信念」問題，如果「信念」
一詞指的是在理智上贊同一種宇宙觀的話。然而我們也必須注
意，這些哲學家當中，有一些儘管反對理智主義，但在他們相信
與自己的經驗主義原則不違背的時候，也允許自己去作關於上帝
和終極實在的思辨，而且，他們不是（比如說）法欣格爾那一類
的實證主義者，法欣格爾的哲學是和實用主義和生命主義有許多
共同之處的。實際上，生命主義者和實用主義者所持有的宗教
觀，對神學家們有著很大的吸引力，而且，特別是在產生於羅馬
天主教會並在本世紀頭十年結束時，引起了一場危機的「現代主
義」思潮中，我們發現了一些與這些哲學家相對應的神學方面的
人物。

　　本章將考慮柏格森的生命主義（第五十節）；布龍德爾的行
動主義（第五十一節）；一些美國哲學家的實用主義（第五十二
節）；這些觀點對羅馬天主教現代主義的影響（第五十三節）以

及對新教神學的影響（第五十四節）。隨後是一些批判性的評論
（第五十五節）。

五十、生命主義

柏格森

亨利・柏格森②（Henri Bergson, 1859～1941）是透過這
樣一種哲學而獲得盛名的，這種哲學儘管在方法上是自然主義
的，並在論證方面求助於科學，但卻絕對否定了對於世界的機械
論和決定論解釋，這種解釋是十九世紀的自然主義哲學所慣於給
出的。這些自然主義哲學正是一種錯誤的理智主義的例證。它們
把實在概念化，從而殺死了它，使它成了靜止僵化的東西。與此
相反，柏格森要求我們去注視的，是在經驗中直接給出的東西。
意識的特徵是**綿延**（duration）。物理科學的時間，正如柏格森
所說，是被「空間化了的」，就是說，被分割成了一系列不連續
的點或者瞬間，而我們在意識中直接領悟到的綿延，卻是一種持
續不斷的、不可分割的變化。用柏格森喜歡的一個比喻來說：
「我們普遍認識的機能，是一種電影機式的機能。」③這意思是
說，在由理智所領悟的空間化的時間中，世界被表現為一系列快
速移動的靜止畫面，而這又導致了一種決定論的觀點。可是另一
方面，由直接的意識直覺所領悟的綿延的時間，卻有著眞正的不
間斷的運動，而且，由於這裡包含著一種新奇和創造的因素，也
就使得自由意志和自發性成為可能的事情。

在柏格森的思想中，**理智**和**直覺**之間的劃分具有基本的意
義。理智在性質上是實踐性的，它使我們能夠處理經驗。它將經
驗分解為若干破碎的成分，它對這些成分進行概括、固定、分

171

離、定量、測度。這種方法有助於我們解決我們的實際問題，但它不向我們提供世界的眞實圖景，而只提供「一種根據惰性作出的解釋。」④ 可是在另一方面，直覺卻與本能相聯，而本能的本質是同情或共振。理智從外部來看生命，而本能卻分有生命。在動物王國裡，這兩條主要的發展路線在節肢動物的本能和脊椎動物的理智那裡達到了頂點。就實際目的來說，理智業已證明自己是更爲靈活的工具，但是能夠帶領我們進入生命之內部的，還是本能的同情。「如果這種同情能夠擴展自己的對象，還能反射在自身之上，那它就會給我們通向生命活動的鑰匙。」⑤ 在人身上，本能之某種朦朧的邊緣環繞著理智之發光的中心，而由於理智的發展，這種本能之邊緣已不再專注於實際的興趣。它可以變成直覺，這裡的意思是指「那麼一種本能，它已變得不感興趣，有自我意識，能夠反映到自己的對象上去，能夠不定地擴大自己的對象。」這直覺提供了通向活生生的實在的門徑，而理智卻分解實在，使之僵化。而且，「透過這直覺在我們與其他生物之間建立起來的同情的交流，透過它帶來的我們意識的擴展，它將我們引入了生命自身的領地，那是相互的滲透，是無休止的連續的創造。」⑥

　　這樣展現給我們的實在，是一種動態的、創造的、連續的變化，是一種生命的衝力（élan vital）。在進化過程中，我們可以看到生命衝力的積極奮爭。有時候，它會在蟄伏中變得僵化，正如在那些爲了安全而進行僞裝並在漫長的歲月中保持靜態的物種中所能看見的那樣。有時候它又勇往直前。它總在不停地奮鬥，以便克服惰性物質的羈絆。這聽起來也許很像二元論，但是物質本身也被視爲生命衝力的一種副產品。這創造性的生命力量，正是柏格森哲學的上帝。「這樣定義的上帝，是沒有任何現成的東西的；他是不息的生命、行動、自由。這樣構想的創造，不是一個奧秘；當我們自由地行動時，我們就在自己心中體驗到

了它。」⑦

　　柏格森認為，在道德與宗教這樣一些精神性的活動中，我們的行動最為自由、最富於創造性。在他對這些論題的專門研究⑧中，他也採用了現在我們已很熟悉的一種區分，即靜態的東西與動態的東西之間的區分。他從道德入手，並且發現有兩種類型的道德。一種類型是**封閉的**或靜態的道德，這是社會義務的道德，它產生於人在一個特定社會內的地位。它是習慣的和風俗的道德，並遵從一整套模式。然而，人們不可能在環顧世界時看不見，除了社會強制的道德以外，還存在著一種志願的道德。這是**開放的**或動態的道德。它不是為社會需要所確定的，而是為著理想的善的一種自發的奮鬥。例如，當某人實行一樁善舉，而此舉超乎於他那社會的道德規範對他的要求之時，我們就看到了這種類型的道德。這樣的人是人類的道德英雄——他們已進入了生命衝動之溪流本身，從中汲取了創造的能量，憑著它，他們超越了一種封閉的道德的限制。普通的人可以努力追隨道德天才們，但是這裡不存在任何強制，只有一種感召，人們可以自由地對之作出反應。不過，慣性在這個層次上也發揮著作用，隨著時間的推移，創生於天才的遠見的自由而開放的道德，也可能被歸結為一套規則，變成一種新的靜態的道德。

　　封閉的道德屬於一個特定的社會，而開放的道德則向外擴展，包容了全人類。這一點怎麼可能呢？柏格森指出，即使是最大的社會團體，與全人類之間也有鴻溝，為了找到彌合這條鴻溝的方法，他轉向了宗教。

　　也存在著兩種類型的宗教。**封閉的**宗教，即神話的和**禮儀**的宗教，是一種防衛性的社會機能。隨著理智，會產生種種自我中心的傾向，這些傾向可能導致社會的解體。團體的宗教，就是要防止社會解體。城邦諸神禁止、威脅、懲罰，從而維持著社會組織。然而，也存在著一種**開放的**或動態的宗教。宗教天才與神話

的崇拜決裂，並進入那生命的衝力、絕對的創造能量、生命與愛
的噴泉，那就是上帝。他之做到這一點，並非透過理智，而是透
過直覺的閃光，正如我們已經知道的，這直覺據認爲是留在人這
裡的。開放的宗教也可能墮落爲封閉型的宗教，受到教條和教律

173 的束縛，但在理想狀態下，它是自由的、自發的，並在靈魂與上
帝的密契結合中達於頂點。這種最高的宗教洞見，使我們能夠領
悟「宇宙的本質功能，這宇宙是一台造就神聖靈魂的機器。」⑨

五十一、行動主義

布龍德爾

和馮・休格爾男爵一樣，莫里斯・布龍德爾⑩（ Maurice
Blondel, 1861～1949 ）是羅馬天主教會一位傑出的業餘哲學家。
他和現代主義思潮頗有關係。不過，雖然他的著作無疑影響了這
種思潮，但他本人卻像休格爾男爵一樣，基本上一直保持著對天
主教學說的忠誠。在那些具有一種新奧古斯丁主義傾向而不是新
多瑪斯主義傾向的天主教人士中，他至今仍有自己的追隨者。

布龍德爾贊同柏格森的意見，把實在視爲動態的東西，但是
他的哲學沒有柏格森哲學所具有的那種自然主義氣息。布龍德爾
的核心概念不是「生命」，而是「行動」，因此之故，可以方便
地把他的思想稱爲「行動主義」。但是應該注意，布龍德爾哲學
的出發點不是行動的**觀念**，而是具體的行動本身。哲學家不能不
再是人，哲學家的思辨也不能取代對生活的直接體驗。「我們必
須尋找人，這不僅僅是思想裡的問題，而是整個人的問題。我們
必須把哲學的中心轉向行動，因爲在行動中，我們也能找到生命
的中心。」⑪

是行動本身產生了哲學上的追求，因為，我們無法避開關於自己行動的意義這個問題。布龍德爾用一種開後來存在主義者之先的語言指出，我們總是處於行動之中，我們不得不使自己捲入行動，雖然我們不知道我們是什麼人，甚至不知道我們是否存在，雖然我們從未選擇過要生存。他拒斥對行動問題的任何否定性答案，理由是：肯定虛無，同時也就是肯定存在。要設想「虛無」，一個人就必須首先肯定某種正面的東西，然後再否定它。要嚮往「虛無」，一個人就必須在這個觀念中發現某種特別的滿意之處，而它賦予了這個觀念一種正面的性質。虛無主義者和悲觀主義者陷入了種種不可解決的自相矛盾，他們無法防止正面的觀念和願望表現出來，虛無就是他們的一切。「他們所否定的東西，顯示出他們所希望的東西之大。」⑫所以應該認為，行動的問題只能有下面的答案。

　　布龍德爾藉助於一種辯證法來尋求這個答案。這種辯證法的用語並非得自思想，而是得自行動本身。這種辯證法的基礎，在於行動與其實現之間的對照。這種對照構成了人生中永遠的不滿足，並提供了進一步行動的刺激。在彌合這條鴻溝(1)的努力中，可以發現行動是在不斷擴大的範圍內擴展著，從關注自我的行動，透過種種社會行動，直到關注全人類的最高的道德行動。在此過程中，我們發現了解決行動與實現之間的對照差異的部分的解決辦法，及其在每一個階段的不斷的反覆出現，而且，事情變得很清楚：這種對照差異，在自然秩序的範圍內不可能克服。於是，人就被行動本身的要求，從自然的東西引向了超自然的東西。在此，我們可以注意到布龍德爾的觀點與奧古斯丁關於人對上帝的不息追求的思想之間的相似性。因此，在某種意義上，上帝已經內在於我們之中。「意欲我們所欲的一切，也就是把上帝

174

----

(1)　指行動與行動的實現之間的距離。──譯註

之存在和行動置於我們心中。」⑬然而，上帝又是超越的。在自
然秩序與超自然秩序之間有一種不連續性。我們不是創造上帝，
而是接受上帝。向著上帝行動的傾向，與上帝向著我們的運動相
遇，而且，人類的行動靠上帝的恩典和啓示來補充。

　　我們領悟上帝，不是靠思想，而是靠行動。「當我們憑著思
想的行動似乎觸及到上帝的一刹那，他又閃開了，除非我們在行
動中去把握他並追求他，否則總是如此。在我們停下的任何地
方，他都不在；在我們運動的任何地方，他都在。思索上帝是一
種行動。」⑭不過十分清楚的是，在布龍德爾看來，「行動」並
非純粹的意願或一種盲目的衝動。正如他自己說的，它是整個的
人的活動，其中包括思想。他所批判的那種思想，是抽象的理智
主義。在他後期的著作中，他爲思想留下了較多的地盤，但是仍
然堅持認爲，只有以對上帝的一種積極肯定爲基礎，理性的有神
論論證才能成立，而這種對上帝的積極肯定，是屬於我們作爲行
動的存在的本性的。因此，行動是理解我們自己、理解世界、理
解上帝的鑰匙。

五十二、實用主義

皮爾士，詹姆士，杜威

175　　　有一些哲學家大半輩子都被人忽略，只是到最後才獲得聲
名，查爾斯・桑德斯・皮爾士⑮（Charles Sanders Peirce, 1839
～1914）就是其中之一。現在他主要因爲在邏輯學方面的工作而
受人敬重，但是威廉・詹姆士尊他爲實用主義之父。此語對皮爾
士並非過譽之詞，後來，爲了使自己的立場區別於詹姆士的立
場，他把自己的觀點稱爲「實效主義」（pragmaticism）。

在一篇題為〈如何使我們的觀念清晰〉（How to Make our Ideas Clear）在後來十分著名的論文中，皮爾士提出了他的實用主義的意義觀，並說明它如何可以用於澄清我們的思想。他告訴我們：「思想的整個功能，就是製造出行動的習慣。」因此，「說思想有什麼與其唯一的功能無關的意義，那是荒唐的。」他又說：「我們要落實到可以設想的實際的東西，以之作為思想的每一點真正差別的根基，不論這點差別是多麼地微妙。根本沒有什麼意義上的差別可以細微到這個程度，以致於可以存在於什麼東西之中而不存在於可能的實踐上的差別之中。」因此，如果我們要使我們的意思變得清晰，我們應該「考慮我們的概念的對象可以設想會具有什麼結果，這些結果可以設想會有著實踐上的意義。」⑯

根據皮爾士的觀點，一個信念，就是一項行動規則，它的本質在於一個習慣之確立。隨之而來的結論就是：「不同的信念，是靠它們所產生的不同的行動方式區別開來的。」⑰如果我們發現兩個人在為他們的信念爭論，而他們的信念之間沒有什麼可以在實踐中決定的差別，我們就應當得出結論說，這兩個人儘管自己不承認，但在信念上都是真正一致的，他們的區別僅僅在於他們表達同一信念的方式不同，或是在於他們對於特定的表達方式的感情上的聯繫不同。皮爾士以天主教徒和新教徒之間關於化體（transubstantiation）的爭論為例(2)，來說明他的意思。在酒與某種具有酒的一切可感效果，但被說成真的是血的東西之間，有什麼實際上的區別呢？「在聖餐的成分在此世和來世的所有可感效果方面，如果天主教徒和新教徒意見一致，那麼，他們設想自己在聖餐的成分方面意見是分歧的，就十分愚蠢了。」⑱

這種實用主義的意義理論，似乎可以推倒一種形上學探究的

(2) 指宗教改革時，舊教與新教對「聖餐」不同見解的爭論——校閱者註

176　根基，而且皮爾士也確實相信，很多形上學論戰是純粹的詭辯。「形上學是一門奇怪的而不是有用的學科，對它的認識，就像對水下暗礁的認識一樣，主要的作用是使我們能夠避開它。」⑲然而皮爾士絕不是實證主義者，他相信有可能建立一種符合他的實用主義方法的淨化了的形上學。

這種形上學是一種進化的形上學，而且像柏格森的形而上學一樣，它反對對自然所作的決定論的或者唯物論的解釋。按照皮爾士的觀點，有三種形式的進化。第一，存在著一種偶然的因素（tychastic element）。自然之中有一種自發性和變異性的因素，它在起作用時從來不是十分精確的，也許從開端起就是完全混亂的。第二，存在著機械的必然性的因素（anancastic element）。自然傾向於成為遵守法則的。它形成習慣，但它的規律性並不是純機械的自然觀的證據，而只暗示出和人的頭腦形成習慣的傾向有某種類似性。第三種因素是愛（agapastic element）。吸引、同情和目的出現在進化的過程中，而且這些東西可以為我們指出目標，恰如偶然性可以為我們指出開端一樣。

正如我們可以預料到的，皮爾士並不同情任何純學術性的神學。唯一可以引起他的興趣的神學，是能推進愛的福音的神學，大多數神學都未能做到這一點，而是忙於一些抽象的和常常是無意義的問題。然而皮爾士認為，他關於進化的愛的學說，和各大宗教的教導是一致的。「基督的福音說的是：進步乃來自每一個人把自己的個性融合進對鄰人的同情之中。」⑳關於聖愛的教義，不是作為一種關於世界的純粹理論，而是作為一種成為行動指南的熱情信念，而被人們所堅持的。

那麼關於上帝的觀念又如何呢？實用主義的方法能夠賦予它意義嗎？皮爾士說：「如果人們問一個實效主義者，他說的『上帝』一詞指的是什麼，那麼他只能說：正如同一位具有偉大品格

的人長期結識，會深刻地影響人整個的行為方式，同樣地，如果
對心理—物理宇宙的沈思和研究，可以以種種行為原則浸染一個
人，十分類似於偉人的著作或談話產生的影響的話，那麼，他說
的『上帝』，指的就是這麼一種思想（因為不可能說**任何一種人類
屬性都在嚴格的意義上**是可以應用的）的類似物。」㉑

　　正如我們已經提到的，皮爾士的思想被威廉・詹姆士㉒
（William James, 1842～1910）所採納，並賦予了更寬廣的視
野。當然，還有其他一些影響也有助於形成詹姆士的思想，尤其
是他在心理學方面的工作和關於英國經驗主義者的思想。作為一
位富有才華的作家，他用富有說服力的語言卓有成交地表達了**實
用主義**方法。他寫道：「一旦你把探求具體結果的考驗加諸其
上，竟會有如此之多的哲學論爭頓時歸於無謂，看到這一點，真
使人驚訝不已。在任何地方，都不可能**存在**任何一種在別的地方
不**造成**差別的差別——在抽象真理中，不可能存在任何一種在具
體事實和隨具體事實而來的行動中，不表現為一種差別的差別，
沒有任何一種這樣的差別曾以某種方式、在某個地方、在某個時
間影響某個人。」㉓他又寫道：「你必須從每一個字中取出它在
實際上可兌現的價值，讓它在你的經驗之流中去起作用。理論於
是變成了工具，而不是謎語的答案，可以躺在上面睡大覺。」㉔
概言之，實用主義意味著哲學中的一種新態度——「不看最先的
東西、原理、範疇、所設想的必然性等等，而看最後的東西、成
果、結局、事實等等的態度。」㉕

　　到此為止，這還只不過是皮爾士學說的重述，而且詹姆士確
實說過，實用主義方法不是哲學中的什麼新東西，而是一種歷史
悠久的東西。然而我們發現，現在實用主義已從一種確定意義的
方法，發展成了一種真理理論。「任何一種我們可以（且如此
說）騎上去行走的觀念；任何一種可以攜帶我們成功地從我們的
經驗的任一部分到另一部分去，把事物令人滿意地聯結起來，可

靠地發揮作用，使事情簡化，節省勞力的觀念，就此而言，都是
眞的觀念。」㉖實用主義哲學「對於可能的眞理的唯一檢驗，就
是什麼在引導我們的路途中發揮作用最好，什麼最適合於生活的
每一個部分，並把生活的種種要求的總和都結合起來，不漏掉任
何東西。」㉗從這種徹底經驗主義的觀點來看，眞理就不是一種
只有理智可以接近的孤立的價值，而是一種指引我們行爲的善或
好的東西。而且，眞理還不是某種永恆和絕對的東西，而只是一
個程度的問題——我們的觀念，僅僅在其有助於我們成功地組織
自己的經驗的程度上，才成爲眞的。

　　雖然詹姆士反對理智主義的形上學體系，但他也反對實證主
義。既然我們的信念如此密切地與行動相關，我們就必須在自己
的信念方面承擔風險。他論證說，在沒有決定性的證據可用的情
況下，我們有時候可以有權採取一種假設，它是由我們有意願的
天性的要求向我們提示的，而且，由於根據這種假設而行動，我
們可以證明它是起作用的，並且在此程度上是眞的。詹姆士在其
著名的論文〈相信的意願〉（The Will to Believe）㉘中，把這個
論證應用於宗教信仰的情況。假如宗教信念，或者信仰，純粹是
一個理智的問題，那麼人們就可以有權中止對於它的判斷，直到
判決定的證據出現爲止。可是，宗教信仰遠遠不止是一種理智的
信念，而且，中止對它的判斷，事實上意味著在行動中把宗教的
假設看成似乎是不眞的。在這種情況下，人們不得不在這二者當
中進行選擇：**害怕**陷入錯誤，還是**希望**擁有眞理？因此，我們有
權懷著宗教信念將在經驗中得到證明的希望而獻身於宗教信
念——而且事實上，只有我們確實承擔了這個風險，這種信念才
有可能得到驗證。「當我考慮宗教問題時，這麼一種要求，即我
們應當用塞子塞住我們的心靈、本能和勇氣，應該**等待**——當
然，在等待期間，要像宗教似乎**不是**眞的那樣地行動——到世界
末日，或者等到共同起作用的我們的理智和感覺可能已經搜遍了

所有的充分證據的時候爲止，那時候，這麼一種要求在我看來，似乎是在哲學的洞穴中製造出來的最古怪最可疑的偶像。」㉙

　　所以，宗教之眞理性，並不依賴於爲有神論所作的抽象的、不能服人的形上學論證，而是以對於宗教信仰是否到頭來在具體生活中具有價值這個問題的回答爲轉移。那麼能不能表明宗教具有價值呢？詹姆士在其吉福德講座的演講中（這些講演至今仍是其論域方面的經典著述），從一種經驗主義和心理學的角度，考察了宗教經驗的形形色色的種種形式。雖然他相信，心理學很能夠自然地解釋過去被視爲超自然的許多宗教生活的特徵，雖然他注意到，具宗教氣質的人有一種接受超乎經驗材料的「超信念」的傾向，但是他仍然認爲，宗教經驗在更新人性方面，在影響行爲方面的可以觀察得到的效果，爲宗教的假設——我們的生命與一個更大的，能幫助我們的精神世界相連續這一假設——提供了經驗的證實。正如那隻坐在書房地毯上、被書報包圍著的小貓，它加入了一種更大的人的生活的場景，但很可能對人的生命幾乎一無所知，同樣地，我們也可能靠近著一個更大的看不見的生命，我們不可能了解它，但它使自己在宗教和密契經驗中被人感覺到。

　　詹姆士認爲，自我的無意識領域（從中產生了如此多的宗教體驗），可以構成與那個精神世界的聯繫。「在我看來，我們的存在的種種進一步的界限，從這個可感的、僅僅『可理解的』世界，投入了生存的一種全然不同的向度之中。稱這個向度爲密契境界，還是超自然領域，可以隨你的便。所說的這個不可見的領域並不是純屬觀念的或者理想中的，因爲它在這個世界上造成了種種結果。但在另一個實在的範圍內造成種種結果的那個東西，必須被稱爲實在本身。『上帝』是那最高實在的自然名稱，因此，我將把宇宙的這個更高的部分稱爲『上帝』。」㉚就這樣，詹姆士認爲我們人的生命靠著一個更廣闊的、看不見的、更高級的、精

179

神性的宇宙的領域，在宗教經驗的可以看見的結果中，我們有著關於這個領域的證據。

然而，我們能不能把這個更廣闊的生命稱爲「上帝」呢？詹姆士同意，他對宗教的經驗研究，嚴格說來所支持的僅僅是對某種比我們更大的東西的信仰。這「某種東西」不必是一個包羅萬象的絕對精神。事實上，雖然詹姆士認爲，某種形式的有神論是最爲「實際合理的」答案，但他寧願把上帝設想爲有限的，而不是至高無上的，把宇宙設想爲不完善的、多元的，而不是一個完美的統一體。這些思想似乎會把我們帶入思辨的領域，但詹姆士堅持認爲，一元論與多元論之間的區別有其實踐上的意義。有一個全能上帝的一元的世界，會是一個死寂靜止的世界，在其中，每一件事物都已經固定。而有一個有限的上帝的多元的世界，則符合於我們在經驗中得到的那種實在——「我們有限的存在，在其中游泳的那種分散的、連貫的、流動著的實在」③——而且還爲眞正的自由、奮鬥和行動，留下了餘地，這些東西在詹姆士看來是非常重要的。

詹姆士的實用主義從批判理智主義和抽象的形上學出發，但往下就開始爲宗教辯護，並以提出一種新的唯靈論形上學爲終結，而約翰・杜威㉜（John Dewey, 1859～1952）的實用主義則有一種自然主義和實證主義的傾向。然而杜威的自然主義不是那種機械論的自然主義。它承認人所獨有的東西，並不企圖根據較低級的東西去解釋它，但它研究的是在這個世界中，在作爲人的天然的家和環境的世界之中的人。人被承認爲人，而不是從天外誤入這個時空世界的天使，但也不是具有異常複雜的結構的機器。所以這種自然主義的概念，是從生物學、心理學和社會學得來的。

在杜威的思想中，進化觀念起著重要的作用。恰如身體的各種器官被用來對付環境，同樣地，思想的功能就是爲我們提供理

想的工具，以便應付我們發現自己身處其中的種種情境。這就是
杜威的「工具主義」（instrumentalism）。思想的目的，不是
要獲得對世界的認識，好像我們竟是坐看表演的觀衆似的，思想
的目的，是要為不得不生活在其中的生存者獲得對環境的控制。

　　如果觀念都具有這種工具性質，那麼，關於哲學該說些什麼
呢？顯然，對於一種把自己的任務視爲木然地沈思終極問題的哲
學，杜威可以毫無興趣。他自己的哲學拒絕探究絕對開端或絕對
終結，拒絕捍衞永恆價值。正如他所發現的，哲學具有一種實際
得多的功能。它的責任是解決任何人類社會中產生的衝突，協調
各種價值。這部分地是一種批判的功能，因爲它涉及到不斷地根
據結果來檢驗被接受的觀念、價值和體制。這部分地也是一種創
造的功能，因爲它涉及到指出隨著知識的推進而出現的種種新的
可能性，而我們的價值觀總是不斷變化著的。「一種哲學倘若放
棄捍衞固定的實體、價值和理想，就會爲自己尋找一種新的事
業。放棄對絕對的、不變的實在和價值的尋求，也許看來像一種
犧牲。可是這種拋棄，正是開始承擔一項具有更大活力的天職的
條件。」㉝

　　既然我們自己的研究是針對宗教這一主題的，我們就主要想
注意一下，關於解決出現在任何現代工業民主社會中的宗教價值
與世俗價值的衝突，杜威哲學應該說些什麼。正如我們可能預料
到的，對於傳統的宗教，對於它之訴諸於超自然的東西，它固定
的價值標準和教條，它之相信一位事實與理想的結合將永恆地實
現於其中的上帝，杜威是富於高度的批判性的。但是，他承認有
一種「宗教的態度」，它可以擺脫杜威認爲是它不幸的障礙物的
那些東西。這種宗教態度，就是「對存在的種種可能性的一種意
識，以及對這些可能性之根源的虔敬。」這樣一種態度必然「徹
底地信賴關於事實問題的各種信仰，不論它是物理的、社會的、
還是形而上的。」這種淨化了的宗教態度不再與現代社會中別的

因素相衝突，而且它會採取一種自然的虔誠的形式。「包括人類在內的自然，具有自身的一切缺陷和不足的自然，可以作爲種種理想、種種可能性和種種想往本身的源泉，作爲已完成的一切美善的東西和優秀的東西的最終歸宿，喚起由衷的虔敬。」㉞

然而，杜威的「宗教態度」與我們通常所稱的「宗教」之間的溝是如此巨大，以致於很難明白，他爲什麼竟還要繼續談論宗教。不過，他顯然給予這個觀念十分重要的地位。他說：「在我所設想的宗教價值與各種宗教之間的這種對立是不會彌合的。正是因爲這些價值之釋放是如此重要，所以它們與宗教的信條和禮儀的混同就必須消除。」㉟他甚至準備恢復「上帝」一詞，如果這個詞清除了傳統的形上學內涵，並被理解爲意指各種理想價值的富於想像的統一，理想與現實的形象的結合的話。一種擺脫了超自然的、宇宙論的和靜止的觀念的宗教信仰，其功能就是在一種共同努力與共同命運的意識中，使人們聯合起來。杜威相信，在所解釋過的這個意義上的上帝觀念，可以成爲一種強有力的推動，有助於統一各種利益和能量，有助於激發人們去行動。不過，也許有神論者和徹底的世俗主義者都會反對爲上帝設定的功能。杜威本質上是一位人本主義者，而且在他看來，前進的道路不在於宗教的洞見，而在於科學、理智和教育。

五十三、天主教的現代主義

盧瓦絮，拉伯童尼爾，勒盧瓦，特列爾

我們概述過的這些哲學家對於神學思想的影響，最爲顯著地表現在現代主義思潮（Modernist Movement）之中，這一思潮本世紀頭十年間在羅馬天主教會中曾引起軒然大波。現代主義思

潮包括許多方面，因此之故，教皇庇護十世用一個十分著名的詞語把它形容爲「一切異端之綱要」。這些方面當中的一些，諸如在聖經批判領域中自由之運用之類，並不是我們在此直接關注的對象。我們的注意力必須轉向這一思潮的哲學方面，及其關於宗教性質的思想。面對著調和天主教信仰與現代思想的任務，現代主義者們一般都相信，傳統神學的方法太過於理智主義了，而且他們認爲，透過放棄理智主義，把各種新的生命與行動哲學運用於宗教問題，就可以得到所希望的調和。他們堅持認爲，啓示不是一種從天而降的不可能更完善的眞理之儲存，能用一些理智可以贊同的命題表達出來。在任何情況下，理智的贊同都不及一種眞正的宗教信仰。宗教眞理是一種應該在生活中實踐的眞理。它內在於宗教體驗之中，因此它總是不完全的，處於發展過程之中的。同時，現代主義者們相信，天主教會是這個眞理在其中發展的**場所**，所以他們激進的神學常常與對教會的眞誠的愛結合在一起。

　　現代主義者當中，最主要的一位是阿爾弗雷德·菲爾明·盧瓦絜㊱（Alfred Firmin Loisy, 1857～1940），他首先是一位聖經學者，但他對於基督教的歷史問題的研究，把他引向了典型的現代主義的宗教哲學。他最著名的一本書——《福音與教會》（ *L'Evangile et l'Eglise* ），是對哈那克所持的基督教觀的一個破壞性的批判。㊲ 這位德國學者(3)在其基督教概念中沒有爲生活、發展或運動留下任何餘地，但卻力圖剝除所有的歷史沈積物，以便分離出一種固定的、原初的內容，作爲基督教的本質。作爲與這種靜止的概念的對照，盧瓦絜問道：「爲什麼不在基督教的充分而完整的生活中去尋找它的本質呢？這生活顯示出了運動與活力，只因爲它是生命。」㊳ 隨著基督教在教會的生活中肯

182

———————————

(3)　指哈那克。——譯註

定自身，基督敎的眞理也在發展。「福音進入世界，不是作爲一種槪括爲獨一的、不變的眞理的無條件的、絕對的敎義，而是作爲一種活生生的信仰，具體而又複雜的信仰。」㊴

　　盧瓦絮寫起東西來，常常似乎眞有一種絕對和永恆的眞理，一種柏拉圖式的本質貯存在天上，所以變化和發展的，僅僅是我們把握和表達眞理的方式而已。然而，這種殘存的靜態眞理的因素，很難和盧瓦絮的一些更加直率的聲明相調和，這些聲明表示：眞理本身也處於形成之中，而且實在是一個創造與發展的過程。在前面引用的那本較早著作的續篇《關於一本小書》（*Autour d'un petit livre*）中，他寫道：「眞理並不現成地進入我們的頭腦；它慢慢地造就著自身，我們不能說它就是完全的了。人類的精神總是處於臨產的痛苦中。眞理絕不比人自身更不可改變。與人一起、在人當中、被人所發展；這並不妨礙它對人來說成爲眞理，而只是它之所以是眞理的唯一條件。」㊵

　　盧瓦絮的這些思想，總的傾向已背離了這麼一種觀點，即宗敎眞理提供了對一種超越的、永恆的秩序的認識。恰恰相反，這些眞理是由經驗所造成的一些不完善的象徵，它們在生命與行動中有一種內在的根源。在其一生中的稍後期間，盧瓦絮能夠就基督敎的起源寫道：「在這個引人注目的進化的整個過程中，所發生的事情，沒有一件不可以用統治人生的那些法則來作出解釋。」㊶到這個時候，在盧瓦絮的思想中，宗敎已經差不多完全融入了道德行動之中。宗敎就是使道德充滿活力並賦予責任神聖性質的那種精神。

　　盧瓦絮是作爲一位聖經批評家和聖經史學家走向宗敎問題的，但我們在現代主義者當中也發現，像魯西安・拉伯童尼爾㊷（Lucien Laberthonniere, 1860～1932）一類的人，他們的興趣主要在哲學方面。在他的著作的身後版的開頭，刊有一些早期的筆記，這些筆記清楚地表明，拉伯童尼爾的哲學槪念是實用主義

的，或者，我們現在也許可以說，是存在論的概念。他宣布：
「每一種哲學學說的目的，都是給予生活、給予人類生存以意
義，因此，每一種這樣的學說，都是一項**道德工作**。它是靠生活
提出來的，而不是像人們似乎經常以爲的那樣，是一些抽象命題
的集合，這些命題彼此關聯，來自某些公理或基本原則。」因
此，這種學說的真實性「不可能是一種抽象的真實性，它的真實
性就是它的生命力和可行性。」㊽

　　當然，有一些哲學學說比另一些哲學學說更爲明顯地適合於
生命。在其著作之一《基督教的現實主義與古希臘的理想主義》
（ *Le Réalisme chrétien et l'Idéalisme grec* ）中，拉伯童尼爾把
他認爲是極端的一些例子作了對照。據說希臘哲學討論的是抽象
的永恆本質，它的上帝是一個靜態的理想，是思想和冥思的對
象。而在另一方面，基督教的現實主義所關注的，是具體的活躍
的內心生活，它將上帝的活動帶入人類精神之中。它的真理，不
是某種憑理智沈思達到的外在的東西，而是某種在生活中把握的
內在的東西。宗教真理如果僅僅是外在的，對我們就沒有什麼價
值；它們必須在我們心中被重新創造出來。信仰的外部表述，應
當放到經驗之中，它們的真理，應當在經驗中得到實踐。例如，
亞當墮落這一真理，並不是關於一個遠古的、無法證實的事件的
客觀真理，被設定來作爲對罪的起源的一種抽象解釋。它是關於
一個我們所體驗到的事件———一個一直延續到我們的時代，只要
歷史還存在，就將延續到最後的事件——的真理。㊾類似地，拉
伯童尼爾還認爲，基督並非既往歷史的一個事實或一個問題，而
是一個當前的實在，是信徒將其體驗爲真理和生命的實在。

　　這些思考似乎又一次將我們帶到了純粹內在論的方向上。就
某一方面而論，確實如此。但是拉伯童尼爾肯定並不想要把神聖
的東西歸結爲自然的東西。恰恰相反，他會這樣說：自然的東西
已被神的恩典所滲透。超自然的東西並非被附加到自然的東西之

184 　上，它也絕不僅僅是高高在上的和超然於外的。它處於自然的東西的最深的存有者之中，它是「神的生命在人的生命中的延長。⑮」

　　也許，現代主義者當中最徹底的實用主義者，是柏格森的信徒和繼承者愛多瓦・勒盧瓦⑯（Edouard Le Roy, 1870~1954）。作為一名沒有宗教職務的教授，他對現代主義的爭論作出了非常明顯的貢獻。

　　勒盧瓦提出了這麼一個問題：「什麼是教條？」他注意到，人們認為教條對信徒來說是具有一種約束性或強制性的特徵，但他正確地看到，如果一個教條被視為一條人可以在理智上贊同的命題，那麼要把這種強制性特徵歸之於它就很困難。因為，只有當存在著一種邏輯上的強制力要我們相信某事物時，我們才確實不得不相信它，這就是說，只有當某種有效的證明已經提出來時，我們才不得不相信它，而在涉及教條的情況下，卻沒有這樣的證明可用。此外，勒盧瓦還讓我們面對一種兩難境地，如果一個教條用適合的語詞表述了絕對眞理──姑且假定這種事情可能辦到──那麼我們就不能理解它；而如果一個教條用不完善的、有相對性的語詞表述眞理，那麼它就不可能是無條件地有約束性的。於是，對教條的理智主義解釋就被排斥了。

　　勒盧瓦提出，對一個教條應該從兩種意義上去理解。第一，它有一種否定性的意義。它保護我們免犯可能的錯誤，同時並不規定該問題的正面眞理。當然，勒盧瓦在此所說的話裡面，並無任何新鮮的東西。聖阿塔那修關於尼西亞信式也曾說過十分類似的話。他把尼西亞信式稱為「對抗非宗教概念的一座堡壘。」⑰說聖子與聖父同質，這並不能從下面使人十分明白，像教會內部後來的爭論所表明的那樣。但是這個說法至少排除了亞流派（Arianism）⑷及其他的錯誤。然而，比這種否定性的意義重要得多的，是勒盧瓦認為一個教條所具有的第二種意義。他告訴

我們，教條是規定性的；它是一項「實際行爲的規則。」⑭ 這就解釋了教條的強制性特徵。這種強制並不是要在理智上贊同某件事物的強制（這無論如何會是一個十分困難的概念），而是要以某種方式行動的強制。

我們且以上帝是人格的這條陳述爲例，不應當把它理解成向我們提供了關於上帝的形而上的情況，雖然它也許是排除了關於上帝的低於人格性的種種概念。然而，它主要是一條要求把人格關係作爲具有終極價值的東西來對待的誡命。或者，讓我們再以基督復活這一陳述爲例，勒盧瓦專門否認過關於空墳墓的奇跡故事，按照他的觀點，這條陳述並不是要肯定一個過去的事件，⑭而是要求我們要作爲基督的同時代人而生活的一項誡命。

這些觀點看來也許把我們帶回到了某種十分類似法欣格爾的「似乎」哲學的東西上來。然而勒盧瓦並不承認，他對教條的實用主義解釋使我們陷入了實證主義或不可知論。在此我們應該回憶一下柏格森主義對他的思想的影響。按照勒盧瓦的說法，純粹的推理絕不會向我們提供關於實在的眞實圖景，而只提供一種抽象的系統，對於我們的某一些實際目的而言，我們覺得它是有用的。實在本身是一個不斷的流動的過程，我們可以在行動的生活中直覺地把握它。因此，上帝的存在，不可能靠理智方法來證明，但是他的實在性，可以在行動中，首先是在道德行動中被直覺到。「肯定上帝，也就是肯定道德的實在性，肯定這一實在是自主的、獨立的、不可消解的，而且也是首要的實在。」⑰

於是，宗教又一次被置於與道德行動最密切的關係之中。相信上帝與道德地行動，二者歸根到柢就是一回事，而宗教信仰的

185

---

(4) 323 年由北非亞流所創。認爲耶穌基督（聖子）不完全是神，與上帝（聖父）不同性不同體，且還是被造的，325 年尼西亞會議被判爲異端。——校閱者註

教條式表述，則是道德生活的需要和願望的一些象徵。

　　在結束天主教現代主義這一主題之前，我們可以再來看看這一思潮在不列顛羣島上的主要代表人物——喬治·特列爾⑤（George Tyrrell, 1861～1909）。正是靠著他，我們才有了這一「現代主義者」的定義：一個「現代主義者」，就是「這樣一個任何種類的教會成員，他相信在他的宗教的基本眞理與現代性的基本眞理之間，有進行綜合的可能性。」⑫不過特列爾又表明，他的宗教的眞理在他這裡的份量，要比現代性（modernity）的眞理更重些，而且他說，他對現代性的讓步，是不情願的。事實上，關於他的深沈的宗教氣質，以及他對天主教會的眞誠的歸附，是沒有任何疑問的，儘管他曾自由地批判過他認爲是天主教會的弊病和缺陷的東西。

　　特列爾沒有給我們留下對他的觀點的系統的說明，因爲他短暫的一生，大部分時間都已用於論戰了。不過在他的著作中，我們還是可以分辨出兩個重要的思想，它們很能代表作爲整體的現代主義思潮，而且也同本章前面考察過的那些哲學的學說一致。

　　第一個思想，產生於在一種靜止的、抽象的、表述了一套固定不變的眞理的理智化神學和那活生生的、動態的宗教體驗之間的劃分。特列爾宣稱，他自己喜歡的是一種用活生生的體驗來不斷檢驗的進化的神學。這樣一種神學「以人類體驗中某種永遠存在的部分爲自身的主題材料，它逐步地努力去表述並理解這部分體驗，而這部分體驗也時時可以提供檢驗這種努力的標準。」⑬

　　第二個思想是實用主義的思想——一個信念，應該由其結果去檢驗。但是我們在此可以注意到特列爾所特有的宗教性的興趣，因爲對一個信念的效果的檢驗，不僅要考慮其道德上的結果，而且要考慮其在虔敬上和精神上的結果。他寫道：「連續的、不變的體驗一直發現其能夠培育並促進心靈的精神生活的那些信念，就此而論，必然符合於那個意願世界的性質和法則。要

使我們與那個意願世界和諧一致，這正是宗教的目的。」⑭但
是，儘管特列爾認為正確的宗教信念決定於心靈的需要，而不是
形上學的考慮，但他遠遠不是一個實證主義者。他堅持認為，證
明是富有成果的那些信念，確實以某種方式向我們表現了精神世
界的實在。

　　一九〇七年，現代主義思潮遭到了教皇庇護十世（Pope
Pius X）的譴責。《可悲嘆》（Lamentabili）教會列舉了現代主
義者的錯誤，在遭到譴責的那些命題中，我們發現有這個觀點：
「信仰的教條，應該僅僅根據其實踐意義來看待，也就是說，以
之為規定行動的標準，而不是信念的標準。」⑮然而我們的概述
表明，儘管有一些現代主義者十分接近這種觀點，但他們當中大
多數人都並未主張教條僅僅具有實踐的意義。

五十四、新教的經驗論的現代主義

韋曼，富司迪

　　在羅馬天主教會中，「現代主義」一詞所指有嚴格的限定，
而在非羅馬天主教的教會中，這個詞的用法却鬆散得多。在英國
國教會中，它多半指的是「現代教會成員聯盟」的擁護者⑯。在
美國，「現代主義」通常被用來與「基要主義」形成對照。在這
裡，現代主要所指的是一種對聖經的態度，就像我們發現在富司
迪的《聖經的現代用法》（The Modern Use of the Bible）中所
闡明的那一類態度。這種態度認為，聖經是一種對上帝的發展著
的體驗之紀錄，而不是一種對神的真理的靜態的、一勞永逸的、
權威的傳達，而且其所有各部分都是同樣真實的。但這裡提到發
展，就把這種態度與進化觀念聯繫起來了。我們已注意過其進化

神學的賽勒爾・馬休斯⑤，曾把自己的一部著作命名爲《一個現代主義者的信仰》（ *The Faith of a Modernist* ）。於是，「現代主義」就開始意指這麼一種神學，即採用了進化論的、經驗主義的、實用主義的思考方式的神學。美國的新教的經驗的現代主義，與羅馬天主教的現代主義思潮，有許多共同之處。

這種美國現代主義的傑出代表，是亨利・納爾遜・韋曼⑧（ Henry Nelson Wieman, 1884～1975 ）。他與杜威有許多共同點，他贊同杜威的說法，認爲知識的獲得，必須透過需要觀察預期結果的經驗方法，因此，我們不必注意某種所謂超越存在的領域，而要注意在我們對世界的不時體驗中發生著的東西。⑨ 然而，韋曼不贊成杜威的人本主義的「上帝」觀念，即僅僅把上帝視爲表示人的種種理想的可能性之想像的統一。⑩ 按照韋曼的看法，對於經驗研究來說，存在著一種十分明顯的增長著的價值結構，它不是人所創造的，但卻提供了檢驗人的欲望的標準。在人生之中，有某種東西在發生作用，它在人無法轉化自己時轉化著人，我們可以稱之爲「上帝」。所以，上帝就是「維持並最大限度地增進整個人類生活中的所有善事的宇宙的行動」，⑪ 或者換言之，「在人不能自救時救人脫離罪惡的那個東西，稱爲『上帝』是十分適當的，不論這和傳統的上帝概念如何不同。這種起作用的實在，比任何受珍視的關於它的信念都更加重要。」⑫ 因此，韋曼的上帝觀念，不是以靜態的存在，而是以動態的過程爲根據的。

「不害臊的自然主義」，這是一位保守派神學家⑬對韋曼的觀點的形容。韋曼會樂於承認這是自然主義，但他也會宣稱，它是基督教的自然主義。人能夠以完整的自我，既懷著宗教的信仰，將自己獻給韋曼所說的這種能夠轉化人的力量。而且，如果說自然神學的枯燥命題看來十分抽象，那麼我們就該想起，人類的體驗是比認識豐富得多的東西，而且具體的象徵可以喚起對一

188

種擺脫了抽象命題的深度與完滿的意識。「崇拜，是形成那些最微妙最複雜的心靈與思想的習慣的唯一可能的方法，這些心靈與思想習慣組織並調動了整個的人格。」⑭

然而，雖然韋曼的經驗主義導致了一種宗教性的態度，它能夠爲基督教所特有的信仰找到地盤嗎？韋曼相信這是能辦到的，他力圖在《人間的善之源泉》（ *The Source of Human Good* ）中表明這一點。我們在考慮耶穌時，也應該以一種對他的信徒起作用的關係爲根據。耶穌爲上帝的創造性的善而犧牲自己，從而指明了自身之外的神的活動，神的活動打碎了舊的生命，以便帶來新的生命和更大的善。信徒與耶穌的關係就在於：他也參與了那被釘十字架的生命，放棄一切被造之福而獻身於耶穌所啓明的新的善事。

我們說過要在這個概述中介紹幾位比較大衆化的著作家，根據這一做法，在此可以提一提現代主義透過哈里·愛默生·富司迪⑮（ Harry Emerson Fosdick, 1878～1969 ）的佈道和著作所發揮的巨大影響。我們已經注意到了他研究聖經的經驗論和進化論方法。「聖經是關於一種令人驚奇的精神發展的紀錄」——這種觀點通常被稱爲「漸進啓示論」（ progressive revelation ）；還有，「聖經的力量總是在於，它訴諸人的基本體驗的深沈而持久的領域，因爲聖經本出自於那一領域。」⑯ 在對宗教的一般思考中，富司迪主要反映了從詹姆士到韋曼的經驗主義和實用主義傳統。不過，像絕大多數搞普及工作的人一樣，他也有一點折衷主義的味道，廣泛利用了種種當代思想。他說話時，具有羅伊斯那種忠誠的理想的熱情；在賦予人格以極高地位方面，他與人格主義者完全一致；而當他告訴我們，宗教對健康十分有益，而且他在佛教徒、穆斯林和天主教徒的崇拜中，同在新教徒的崇拜中一樣發現了上帝的時候，我們則似乎聽見了特萊因的聲音。⑰

富司迪反覆說，宗教是一種心理體驗。而且，它是一種能造

189　成差別的體驗，因爲有重要影響的那一種宗教，是能起拯救作用的宗教，就是說，是統一、加强、豐富了信奉者的人格生命的那一種宗教。以一種普通的宗教活動──祈禱爲例，祈禱並非提醒上帝去做某種倘不祈禱他會忘記的事情，或者賜予某種倘不祈禱他就不給的好處。祈禱是在「實現一些態度和感受性的內心條件，它獲得的適當的結果，乃在於拔高了的洞見、穩定、安寧和自制之中。」[68]

　　這種實踐的宗教，雖然對傳統的教會方面和神學方面的論爭不感興趣，但並不漠視神學。它需要一種適當的神學來支持自身，而這種神學也要受到經驗的支持。比起馬休斯和韋曼等現代主義者的上帝觀來，富司迪的上帝觀並未增加什麼新東西。「宇宙之中，有一種有利於人格的創造性因素，否則就絕不會有人格。有一種宇宙的力量確實在起著作用，它有利於增加眞、創造美、傳播善，否則眞善美絕不會存在。如果一個人說的『上帝』，所指的是這種因素或力量，那麼，他所指的就確實肯定是這個宇宙中的某種實在而有力的東西，我們的宗教象徵體系對之思考所得的圖景，不過是對它的一種部分的、不完全的表現而已。」[69]

　　基督教中獨特的東西，就是對人格的尊重，儘管這並非基督教所獨有的。人格至上意味著：應該用人格的語言去設想上帝，雖然大家都承認這些語言只是象徵性的。「教會說的耶穌的神性，所意指的要旨在於這麼一種思想：旣然應該用人格生命來象徵上帝，那就應該用我們所知的最好的人格生命來象徵他。」[70]做一個基督徒，並不取決於對一項正統信條的接受，而取決於接受耶穌對人格的態度。

　　這樣一種實踐的、非教條的基督教類型，還留有許多問題未作回答，可是，它至少並未對我們的相信施加過大的壓力，而且毫無疑問，富司迪的教導對許許多多的人是極有助益的。

五十五、對實用主義宗教觀的批判性評論

不可否認的是，生命哲學和行動哲學本身具有某些對人有強烈吸引力的東西。它們使我們腳踏實地，讓我們去注意經驗的種種事實，並提醒我們：在書齋中，有可能構築出結構精巧的種種理論，而這些理論根本不能經受同我們走出書齋之門時遇到的這個世界的對照。就任何理論，或者至少，就任何自稱與我們生活於其中的這個真實世界有關的理論，提出「它如何在實踐中發揮作用？」這個問題，肯定是有意義的。布洛德（C. D. Broad）曾在一個地方談到過那些「愚蠢的」理論，他所指的是那麼一種理論，「當人在進行職業上的談話或寫作時可能會持有這種理論」，可是卻沒有一個頭腦健全的人會想在日常生活中實行它。作為他所指的理論的例子，布洛德提到了某種形式的行為主義和觀念論。這些理論也許是十分聰明的──「只有十分機敏和博學的人，才能夠想到這麼奇怪的東西，或者去為這麼荒唐的東西辯護」──可是關鍵在於：即使是那些在書齋裡贊成它們的人，也在自己的日常行動中揭穿了它們。⑦拉伯童尼爾的這個論點是很有力的：哲學理論必須是可行的。

此外，實用主義為宗教所作的辯護，也給人留下了深刻的印象。宗教並不是對宇宙性質持有一些理智見解的問題，儘管對宗教的大多數自然主義批判在論述宗教時以為宗教是如此。在評價宗教時，不能撇開對宗教是不可或缺的行動。詹姆士的下述論點具有深刻的洞見：人不可能以超然的態度來宣布宗教信仰，而必須已經獻身於它，憑以安身立命。特列爾的這個觀點也一樣：教會的教義，更多地是靠宗教的需要，而不是靠形上學的考慮形成

190

的。

　　但是這條思路究竟帶我們走了多遠呢？宗教僅僅是一種人的活動，僅僅附屬於或者激勵了道德行動嗎？杜威和後期的、受絕罰之後的盧瓦絮也許是這麼看待宗教的，但他們其實已取消了宗教，變成了人本主義者。杜威繼續大談與傳統宗教毫無關係的宗教價值，盧瓦絮則談論作為道德之精神的宗教，但是普通的宗教信徒根本不會承認這些東西是宗教。應該承認，這個「普通的宗教信徒」是有點像一種方便的虛構，而且他肯定不能被確立為評判一種宗教哲學之真理性的法官。然而，任何著手構築一種宗教哲學的人，都必須考察「宗教」這個詞在那些信奉宗教的人當中是什麼意思；而且，雖然普通的宗教信徒會同意說宗教包含著行動，但通常也會聲稱，宗教還提供了對於某種轉化人的（即使不必然是「超自然的」）實在的了解。如果宗教僅僅是一種內在的人類行為，僅僅是一種道德促進劑，那麼它就不是這個詞的標準用法意義上的「宗教」了。如果現代主義思潮確實宣揚教條只有一種實踐意義，那麼天主教會除了譴責現代主義，幾乎不可能有別的做法。而且，如果現代主義的意思就是這樣，那麼桑塔亞那

191　說它對宗教而言是自殺，就說得完全正確。「它讓出了每一樣東西；因為它讓步說，基督教當中，每一樣**基督徒堅持的東西**，都是幻覺。」⑫但是我們已經看到，在天主教現代主義者當中，極少有人走得這麼遠，在韋曼之類新教現代主義者當中，也沒有人走得這麼遠。

　　另一方面，我們是否應該說，宗教的實際功效，就確立了它對轉化人的秩序的信仰之真理性呢？那些在開始時告訴我們宗教信仰和行動相關的哲學家，大多數在結束時都向我們擔保：「當然，**確實存在著**一個與你的信仰相符的上帝。」詹姆士勸說自己相信存在著這樣一個上帝，儘管是一個有限的上帝。布龍德爾找到了自己從行動通向超自然者的道路。勒盧瓦從對教條的徹底實

用主義的解釋出發，可是又急忙告訴我們，那並非不可知論；有一個上帝存在，雖然我們無法證明他在哪兒，但我們可以憑直覺認識他。這種轉化人的實在是如何確立起來的呢？

一個虛幻的信念也許證明在實踐上十分有效，情況難道不可能是這樣嗎？這正是法欣格爾的虛擬主義的論題，而且也是他的哲學徹底不同於實證主義的地方。法欣格爾努力表明：一個虛假的或矛盾的概念，仍然可以是一個富有成果的概念。假如法欣格爾是正確的，那麼一個信念就不能僅僅憑著證明自己富於成果就成為真實的信念了。實用主義者可以回答說，雖然一個虛假的信念可以暫時有效，可是時間一長，它的謬誤就會被發現，就會與其他信念發生衝突。例如詹姆士就堅持認為，有成果的信念並不是孤立的，它能把我們從經驗的一個領域帶入另一個領域。可是，當實用主義者採取這條路線時，其真理觀又如何區別於那種強調內在一致性的理論，如實用主義者們愛加以抨擊的布拉德雷和別的「理智主義者」所主張的理論呢？

事實上，所有的實用主義者都有自己的形上學——皮爾士有他的進化論，詹姆士有他的多元論，甚至杜威也有他的形上學：他相信一種活躍的過程，自然和體驗乃是它不同的方面，儘管他並未從這過程中造出一個神來。很難否認，有種種思辨的因素也進入了這些形上學之中。例如，詹姆士在支持自己關於上帝存在的論證時，運用了這麼一種思辨：無意識區域也許是我們和精神世界交流的渠道。然而，假如弗洛伊德說得對，則無意識區域更多地倒是一片野蠻叢林，而不是一條通向上帝之門徑。榮格也許更富於同情心，但是存在於他所說的無意識區域內的上帝，也不過是一種心理學上的實在而已。

本章考慮的所有哲學，都返回到一種形上學的實在觀，把實在視為活動或者過程，以同任何靜止的實在觀相對立。這一類的形上學觀點必須像別的形上觀點一樣經受批判性的審查，而且對

192

「直覺」的依賴只能使我們更加懷疑。例如，柏格森的形上學也許是我們概述過的這些學說中給人印象最深的。在物質——生命——思維這個系列中，柏格森取中間一項作為通向實在的線索，而唯物主義者取第一項，觀念論者取最末項。柏格森的選擇，比之後二者並不更具有自明性，尤其是因為他說的「生命」，並不是生物化學家所討論的那種生命，而是一種神秘得多的實體。柏格森可能對，也可能錯，但是關鍵在於：他的哲學也導致了一種形上學，這種形上學必須在理智上接受批判，並與種種可以替代的觀點相比較。

　　因此，生命哲學與行動哲學儘管是反理智主義的，卻並未避免理智的問題。實用主義的方法與關於過程的形上學一直在背道而馳。也許正是因為這些內部的衝突和壓力，實用主義與生命主義都已經衰落，而它們二者較有價值的見解，一方面融滙入存在主義，另一方面融進了各種新的過程哲學之中。

註 釋

① 《最近的哲學》(*Philosophy of the Recent Past*),第 186 頁。

② 1900〜1924 年任法蘭西學院教授。

③ 《創造的進化》(*Creative Evolution*),第 323 頁。

④ 同上書,第 186 頁。

⑤ 同上書,第 186 頁。

⑥ 同上書,第 186〜187 頁。

⑦ 同上書,第 262 頁。

⑧ 參見其《道德與宗教的兩個源泉》(*The Two Sources of Morality and Religion*)一書。

⑨ 參見《道德與宗教的兩個源泉》,第 275 頁。

⑩ 在蒙托榜(Montauban)和利勒(Lille)擔任學術職務之後,從 1896 年起在艾克斯昂普羅文斯(Aix-en-Provence)大學擔任教授直到退休。

⑪ 《行動》(*L'Action*),第 23 頁。

⑫ 同上書,第 34 頁。

⑬ 同上書,第 491 頁。

⑭ 同上書,第 352 頁。

⑮ 他大半輩子都在政府裡供職,只有一個很短的時期曾擔任學術職務。

⑯ 《皮爾士哲學著作選集》(*The Philosophy of Peirce : Selected Writings*),第 30〜31 頁。

⑰ 同上書,第 29 頁。

⑱ 同上書,第 31 頁。

⑲ 同上書,第 40 頁。

⑳ 同上書,第 364 頁。

㉑ 同上書,第 376 頁。

㉒ 1885〜1910 年任哈佛大學教授。

㉓ 〈實用主義意味著什麼〉（What Pragmatism Means），載《哲學論文選》（Selected Papers in Philosophy），第 201 頁。

㉔ 同上書，第 203 頁。

㉕ 同上書，第 204 頁。

㉖ 同上書，第 206 頁。

㉗ 同上書，第 217 頁。

㉘ 《哲學論文選》，第 99～124 頁。

㉙ 同上書，第 123 頁。

㉚ 《宗教經驗之種種》（The Varieties of Religious Experience），第 506 ～507 頁。

㉛ 《多元的宇宙》（A Pluralistic Universe），第 213 頁。

㉜ 在擔任了各種各樣的職務以後，他於 1894～1904 年擔任芝加哥大學教授，然後於 1905～1930 年擔任哥倫比亞大學教授。

㉝ 《尋求確定性》（The Quest for Certainty），第 295 頁。

㉞ 同上書，第 288～289 頁，第 291 頁。

㉟ 《一種共同的信仰》（A Common Faith），第 28 頁。

㊱ 1879 年受任為神父；1908 年被開除教籍；1909～1932 年擔任法蘭西學院教授。

㊲ 參見本書前面第 88～89 頁。

㊳ 前揭書（英譯本）（按指《福音與教會》（L'Evangile et l'Eglise）。——譯註），第 16 頁。

㊴ 同上書，第 87 頁。

㊵ 同上書，第 191～192 頁。

㊶ 《基督教的誕生》（The Birth of the Christian Religion），第 358 頁。

㊷ 1886 年受任為神父；他的著作遭到譴責，1913 年被禁止再出版作品。

㊸ 《道德行為》（Ceurres），第一卷，第 1～2 頁。

㊹ 《宗教哲學論文集》（Essais de philosophie religieuse），第 288 頁。

㊺ 《論文集》(*Essais*),第 xxvi 頁。

㊻ 1924~1945 年任法蘭西學院教授。

㊼ De Synodis 拉丁文,《論宗教會議》(*De Synodis*),第三卷,第 45 節。

㊽ 《教條與批判》,(*Dogme et Critique*),第 25 頁。

㊾ 勒盧瓦在《教條與批判》中,對復活問題作了很長的,詳盡的討論。他在一開始就宣布:「我毫無限制毫無保留地相信,耶穌的復活是一件客觀真實的事實。」然後他指出,任何一次宗教會議都未曾對於什麼是客觀真實的事實,復活屬於哪一個層次的事實作過明確的界說。他很快就表明了這一點:在他看來,復活的真實性,同「一具死屍重新獲得生命」這一「粗俗的概念」毫無關係。在勒盧瓦看來,真實的東西要被承認為真實,端賴其具有兩個特徵:它可以經受運用的檢驗而不垮台;它是使生命豐富的取之不竭的富源。以這兩個標準來判斷,耶穌之復活具有最高層次的真實性,儘管只有對教會(它是基督的身體)內的信仰的生命來說,才能了解這一點。

㊿ 《上帝的問題》(*Le Problème de Dieu*),第 105 頁。

(51) 最初是一名安立甘宗的教徒,1891 年成為耶穌會神父;1907 年實際上被逐出教會,但他一直認為自己是一名天主教徒,並接受了臨終禮。

(52) 《十字路口的基督教》(*Christianity at the Crossroads*),第 5 頁。

(53) 《進退維谷》(*Through Scylla and Charybdis*),第 136 頁。

(54) Lex Orandi,(拉丁文,「辯論法」,——譯註)第 57 頁。

(55) 參見 H. 鄧岑格爾:Enchiridion Symbolorum,(拉丁文,「象徵手冊」。——譯註),第 566 頁。

(56) 參見本書後面第 250 頁。

(57) 參見本書前面第 165 頁。

(58) 他和馬休斯一樣是芝加哥學派的成員,1927~1947 年在芝加哥大學擔任教授。

(59) 參見韋曼的論文〈自然主義〉(Naturalism),載《基督教神學手冊》,

（*A Handbook of Christian Theology*），第 246 頁。

⑥ 參見本書前面第 181 頁。

⑥ 《宗教爭取真理》（*The Wrestle of Religion with Truth*），第 62 頁。

⑥ 〈自然主義〉，前引書。

⑥ 見韓客爾（Carl F. H. Henry）的《基督教的個人倫理學》（*Christian Personal Ethics*），第 189 頁。

⑥ 《宗教爭取真理》，第 69~70 頁。

⑥ 他於 1903 年成為一名浸禮會牧師，1926~1946 年紐約州利維爾賽德教會（亦譯河濱大堂）任牧師。

⑥ 《聖經的現代運用》（*The Modern Use of the Bible*），第 12 頁，第 59 頁。

⑥ 富司迪確實也對「新思想」說過一些讚許的話，如說它「把宗教翻譯成了一些關於日常生活中可以運用的力量的語言」，當然，他也明顯地反對它的形上學。參見其《我眼裡的宗教》（*As I See Religion*），第 22 頁。

⑥ 《我眼裡的宗教》，第 23 頁。

⑥ 同上書，第 30 頁。

⑦ 同上書，第 58 頁。

⑦ 《思想及其在自然中的地位》（*The Mind and Its Place in Nature*），第 5~6 頁。

⑦ 〈現代主義與基督教〉（Modernism and Christianity），載於《教義風雲》，（*Winds of Doctrine*），第 57 頁。

第十二章
人格存有者的哲學

五十六、存在主義的先驅

現在，我們來轉向這樣一些哲學家和神學家，他們更進一步 193
地推進了生命與行動哲學中出現的反理智主義傾向。我們再次看
到了這麼一種堅決的主張：人遠遠不止是一種認識性的存在，哲
學必須考慮做人的整個體驗，應該更多地在生活之中而不是在觀
念之中去尋求眞理。但在我們即將考察的這些思想家──也許他
們當中有些人應該被稱爲「先知」，而不是狹義的「思想
家」──之中，我們發現了比迄今所遇到的更有主觀主義色彩的
特徵。不僅是奮爭和意願，而且還有受苦、罪過、局限性和一切
人生的哀痛，都被推到了前台。現在，被描述成不可消解的事實
的，不是出現在實用主義和生命主義當中的生活之進步和成功，
而是生活的破碎殘缺和緊張衝突。與此同時，生命與行動哲學傾
向於視爲內在的上帝，現在卻表現出一種超然的作用，與有限生
命的種種矛盾相對立。這種思想方式的先知之一尼古拉‧貝加也
夫（Nicolas Berdyaev）明確地說，他的哲學「必須既和生命哲
學，又與實用哲學區別開來。與之相聯繫的，是悲劇性衝突的體
驗。在它當中，並不把生命作爲最高標準來崇拜；它的特徵也不
是生物學式的。重要的東西，不是生命在數量上的極大，不是它
在此世的興盛狀況，不是它的力量，而是它的質量，它的強度，

它的哀惋動人的特徵。」①

我們已把貝加也夫這類的思想家稱為「人格存有者的哲學家」（philosophers of personal being），這一名稱的含義看來是夠廣泛的，足以包括本章將要回顧的那些哲學家和神學家，因為對他們所有的人來說，做人的體驗都是其哲學思考的核心。他們也可能被稱為「人格主義者」，（personalists），只是這一術語可能意指著和美國的鮑恩及其鄉追隨者的人格主義過於密切的關係。既然人格的範疇對於雙方都是基本的，那雙方就確實存在某種相近的關係，可是，鮑恩保留著一種觀念論形上學的框架，而我們即將考察的這些思想家卻不滿於形上學體系，他們認為這些體系歪曲了所體驗到的人格存在的實在。另外，他們也可以被稱為「存在主義者」，而且其中有些人常常也被這麼稱呼。可是這一術語對於其中的一些人，並不像對另一些人那麼適合，也許最好還是把這批思想家視為後來全盛時期的存在主義的先驅。無論如何，他們當中的絕大多數人，與那些傑出的存在主義哲學家相比，屬於較老的年齡組。

人格存在哲學家們代表著這麼一類思想，這類思想不只歷史悠久，而且傳播也很廣泛。我們可以把它的不同成分追溯到猶太教和希伯來思想，或者巴斯卡和聖・奧古斯丁之類西方思想家，或者陀斯妥也夫斯基（Dostoyevsky）的小說和某些俄國宗教思想那兒。然而，我們必須考慮的最為直接的影響，是本世紀對祁克果思想的重新發現。由於他死於一八五五年，所以他脫出了我們在本書中研究的範圍。但在他死後的很長一段時間，除了在他的祖國丹麥以外，他幾乎沒有引起什麼注意。他確實也曾贏得過某種讚賞。例如在一八八三年，奧托・普萊德勒在總結了祁克果的學說之後曾經評論說：「當我們把這種堅定的一貫性，和我們的新康德主義神學家們的折衷辦法，和模稜兩可兩相對照時，在這種堅定的一貫性當中確實有某種清新的東西，有某種威嚴的東

西。」② 然而，祁克果得到自己名下應得到的東西，確實只是在二十世紀，他對當代宗教思想的影響，怎麼估計也不爲過。祁克果拒斥了黑格爾要構築一個關於實在的理性體系的企圖，他堅持認爲，對我們主觀地體驗到的實在是不可能進行理性綜合的。抽象的思想形式無法把握具體的存在行動，存在行動就其本性而言就是殘缺破碎的、悖理荒謬的、不完全的。具體說來，透過理性的思想，或者透過固定的體制化宗教，絕沒有通向基督教的道路。通向基督教之路，僅僅存在於熱情的、內心的、主觀的採納之中。上帝與我們的有限存在是對立的，因爲上帝與之有質的區別，而且不相連續。基督徒的宗教，還有它關於超越與永恆的上帝，曾在某一特定關頭以肉身顯現的斷言，遠不是能以思辨哲學的語言來解釋或辯護的，而在本質上就是反論悖理的，並且要求一種徹底的信仰抉擇。

　　我們即將概述的這些思想家，在對人格存有者不同方面的強調上，彼此之間歧異甚大，但是在他們的哲學中處於中心地位的，全都是這種不可消解的、人格的存有者。對於衝突和悲劇的因素，有些人看得多些，有些人看得少些；一些人傾向於個人主義，而另一些人則主要關注人格存有者的社會性；一些人十分接近生命與行動哲學，而另一些人則進一步背離了那種哲學；一些人似乎是固執地反理性的，而另一些人則尋求一種適合於人格存有者的邏輯。我們將把他們分成四組來考察。第一組強調人與人關係的獨特性和重要性，其代表爲猶太教哲學家馬丁·布伯和基督教神學家卡爾·海姆（第五十七節）。第二組包括西班牙哲學家米格爾·德·烏納姆諾和約瑟·奧爾特加·烏·加塞特，他們可以說是處於生命哲學與存在主義之間的中途（第五十八節）。第三組收進了俄國人尼古拉·貝加也夫和謝爾基烏斯·布爾加科夫，他們吸收了現代西方哲學的各種思想，也吸收了他們祖國的宗教見解（第五十九節）。與之相距稍遠的，是英國哲學家約

195

翰‧麥克墨雷（第六十節）。隨後是一點簡短的討論和評價（第
六十一節）。

五十七、對話的生命

布伯，海姆

　　在為一九○九年到一九五四年所寫的論文集所作的前言中，
馬丁‧布伯③（ Martin Buber, 1878～1965 ）為我們總結了他的
思想的發展。在其思想發展的第一階段，他被一種密契主義所吸
引，這種密契主義的目標是將有限的自我融合到無限者之中。但
他很快就對這種密契主義感到不滿。既然密契合一的體驗是一種
只能間歇地得到的體驗，那麼，在這些體驗之間的間隔時間（這
些間隔時間當然占據我們一生的絕大部分）漸漸就被視為更高級
的時刻的準備。在那些更高級的時刻中，我們不再是現在這個樣
子的人，因為我們現在對於那與我們對立的東西是一無所知的，
而且，我們獨特的自我融入了那包羅萬象的自我。因此，布伯認
為，這種密契主義是對生命之實在的一種逃避，因為它把日常生
活視為真正生活的陰影。密契主義者「背離了他作為一個人的存
在，人透過受胎和出生，被安置在這種生存之中，以便在這種獨
一無二的人格形式之中生和死。」然而布伯也認為，對他來說，
通過這個密契主義階段是有必要的，而後他才能達到他自己的獨
特立場，這個立場就在於坦誠接受人注定要有的人格的存有者形
式，這個存在生活在與那同它對立者的對話之中，或者說生活在
與它的「人與人的」關係之中。「對那個我被置於其中，置於它
之前的存有者保持真誠，這就是最需要的唯一的事情。」④
　　按照布伯的說法，人對於世界，可以採取兩種基本態度，這

196

兩種基本態度表達在兩個基本詞。或者不如說兩個基本詞組之中——「我—它」（I-It）和「我—你」（I-Thou）。從來沒有一個「我」是脫離了一個「它」或一個「你」的結合而自在地被使用的。而且，在說出這個兩個基本詞組時，出現在其中的「我」在每一個詞組中的意思是不一樣的。「基本詞『我-你』只可能以全部的存有說出來。基本詞『我—它』不可能以全部的存有說出來。」⑤

　　布伯把「我—它」態度和他所謂的「經驗」相聯繫——他在一種十分特殊的意義上使用「經驗」這一術語，用來表示那些以某件事物爲其對象的活動，例如我們知覺某事物，想像某事物，意欲某事物，思考某事物等等時候的活動。經驗使事物對象化，而且它意味著與其對象的某種分離。正如我們已經看到的，「我—它」語言是絕不可能以完整的存有說出來的。當然，它是一種基本的語言，而且很顯然，我們沒有自己的這種有對象化作用的經驗是不行的，如果我們要在這個世界上找到自己的道路的話，沒有從中產生出來的科學是不行的。可是，假如一個人竟然僅僅依靠這一層次的態度生活，他就不再是一個人了。

　　另一方面，與「我—你」態度相聯繫的，是布伯所謂的「關係」世界，這也是一個他在嚴格限定的意義上使用的術語。「關係」被說成是「會見」或「相遇」。這不是一種主體對客體的關係，而是主體對主體的關係。這樣一種關係是直接的，而且也是相互的，因爲它包含一種反應，在經驗中可能採取的那種超然的、客觀的態度中，是不存在這種反應的。而且不僅如此，它還是一種完整的人的關係。

　　「我—你」關係的最明顯的例子，是表現在相互對話中的兩個人之間的關係。然而，布伯相信，在對話的層次之下，也可以存在一種和自然之間的「我—你」關係。例如，對一棵樹，可以用很多或多或少是抽象的方式去客觀地考慮它，但布伯認爲，也

可以和作爲一個整體的這棵樹相見，「與它建立密切的關係」。
⑥這棵樹不再是一個「它」了，而且和它的關係也是相互性的，
儘管布伯並未宣稱這棵樹具有與我們類似的生命。用類似的方
式，藝術家和他力圖在其創造的作品中表達出來的那些精神形
197 式，據說也處於關係之中。因此，「我—你」態度可以把其範圍
擴大到超出他人，而且每一個「它」，就是一種時時可以變形爲
一個「你」的蝶蛹。

我們與之建立關係的形形色色的「你」，可以認爲都構成了
一個透視圖，它的各條延伸線在永恆的「你」即上帝那裡相聚。
「每一個特定的『你』，都是通向那永恆的『你』的一束閃光。」⑦
那麼，上帝也是一個人嗎？⑴布伯在他的書的新版後記中澄清了
這一點。不論上帝可能是些別的什麼，在「他在創造、啓示和救
贖行動中和我們人類建立了一種直接關係，從而使我們能夠和他
建立一種直接關係。」⑧這個意義上，可以說他是一個人。」⑵

布伯用他所謂的「我們命定的崇高的憂鬱」，來說明人生的
較有悲劇性的一面。正如每一個「它」都潛在地是一個「你」，
同樣地，每一個「你」都能夠，並且事實上都必然陷入一個
「它」的地位。當我們不再對他人、不再對上帝直接說話，把他
們變成了別的對象之中的一些對象之時，甚至連他人和上帝本
人，也都會變成「它」。正如布伯所看到的，當代世界的種種病
痛，不僅來自在人與人之間，而且在人與上帝之間，對於人的本
質上是人格性的性質所造成的傷害。於是布伯成了這樣一個先
知，他宣布：「對這個時刻來說，希望取決於對話的直接性之復
興。」⑨

---

(1) 更好譯「上帝也是一個位格嗎？」(Is God then also a person？)——
校閱者註

(2) 「他是具位格的」(he is a person)——校閱者註

　　布伯雖然是一個猶太人，但他對於最近的基督教神學已發生了重要的影響，我們可以舉出卡爾‧海姆⑩（Karl Heim, 1874～1959）的著作作為這方面的例子。在較小的程度上，布伯的影響也可以在巴特、布龍納（Brunner）和蒂里希等彼此不同的神學家那裡找到(3)，但是與布伯本人同屬較老一代人的海姆，在思想方面特別接近這位猶太教哲學家。

　　海姆首先是一位護教論者，他認為最重要的是要捍衛這一條信仰，即對一個超越的上帝的信仰。「在和天上的上帝緊密相連的人，與另一個對此聯繫一無所知的人之間，有一種鮮明的對照，它比把人與人分開的所有別的對照都更加深刻。」⑪在一生的各個不同時期，海姆都不得不捍衛自己的信念，以反對與之不同的敵對的信條。有時候，他必須捍衛它，以反對我們這個傾向科學思想的時代的世俗主義，有十二年之久，他不得不捍衛它，以反對羅森貝格（Rosenberg）之流宣傳的上帝純粹內在於種族精神之內的納粹的上帝觀。海姆清楚地看到，談論上帝的「在上」或「在外」，不論作什麼字面解釋，都已經由於現代宇宙學而變得無意義了。他也同樣看到，對於和現代世俗思想妥協毫無興趣的純粹的固守經典主義或者新正統主義（neo-orthadoxy），很難為宗教事業服務。因此，他開始用這麼一種方式來重新表述對超越上帝的信仰，這種方式對於當代思想是易於理解的、有說服力的。

　　海姆認為，宗教信仰必須置於一個科學範圍之外的基礎上，而且他在人格存有者之中，在布伯描述的「我—你」關係的世界之中，發現這個基礎。科學採取的是「我—它」態度，它向我們

198

(3)　包括當代瑞士神學家海因利希‧奧特（Henrich Ott）在內，他企圖在巴特和布爾特曼之外，以布伯的思想為基礎，尋找第三條神學路線見。見 Ott 著《上帝》（香港，社會理論出版社）——校閱者註

顯示的是客體的世界。所以它僅僅向我們顯示了世界的一個側面，因爲，我們同時生活在一個人與人關係的世界中，它是不能被客體化的。布伯認爲，與自然建立一種「我—你」關係是可能的，但是海姆則更進一步，他主張一種泛心靈主義的學說。每一樣東西都有生命，因此在每一樣東西中，都有某種無法客觀地把握住的因素。

海姆對於人格存有者哲學的獨特貢獻，在於他引進了多種空間的概念。歐幾里得空間並非唯一的一種空間，這在現在是眾所週知的。海姆在廣義上使用「空間」這個術語來表示關係的體系，並且談到了其結構不同於幾何空間秩序的空間。於是，「我—它」世界和「我—你」世界就被表現爲兩種獨特的空間。我們自己處於兩種空間之中。

這就提出了調和對待世界的科學態度與精神態度的一種方法。因爲，在一種空間裡是不可能的事情，在另一種揭示了新的向度的空間裡也許會成爲可能。例如，在二度空間裡，通過一條給定直線之外的任意一點，只能畫出一條與第一條直線永不相交的直線；但在三度空間裡，則可以畫出任意數目的與第一條直線永不相交的直線。「在迄今所知的空間裡被排除的第三者，在新的空間裡並不被排除。它被包含在種種向度可能性的擴大了的範圍裡，這種新空間在自身之內包括著這些向度可能性。」⑫

在此，海姆又往前走了一步，他主張：物理空間和人際空間都同樣包容在一種原型空間之中。這種原型空間據說是超越極性的空間，因爲在它當中，作爲物理空間和人際空間特徵的極性被克服了。上帝之存在乃出現於超極性空間之中，在這一概念裡面，海姆宣稱發現了超越觀念的一個意義。上帝並非在字面上、在三維物理空間裡的「在上」，而是處於超極性空間的新維度中。的確，不能證明有這麼一種超極性空間，它是在信仰的生活中被揭示或者啓示出來的，這種生活可以理解成一種更充實的生

命，它打開了迄今未知的存有的向度。在超極性空間裡與我們相
見的上帝，是一個「你」，或者不如說，他就是「一切存在物的
那個永恆的『你』，」⑬那個超越極性的「你」，他和我們有一種
人格的關係，這種關係擺脫了我們和那些極性的「我─你」空間
裡的，有限而排他的「你」的關係所具有的種種局限。

五十八、兩位西班牙的行動主義者

德·烏納姆諾，奧爾特加·烏·加塞特

　　關於米格爾·德·烏納姆諾⑭（ Miguel de Unamuno, 1864
～1936 ），十分熟悉他的麥克凱（ John A. Mackay ）曾經說
過，在某種意義上，他「是存在主義者當中最為坦率和最為徹底
的一位」，而且，「正如陀斯妥也夫斯基體現了俄羅斯的靈魂，
他也用十分相同的方式體現了西班牙。」⑮就麥克凱所說的第一
點而言，如果我們理解的「存在主義者」的意思，是指他將眞理
視為對完整的人的關切，而不僅僅是對理智的關切，那麼烏納姆
諾肯定是徹底獻身於這種觀點的。然而值得注意的是，一些最近
的哲學史家，其中包括波亨斯基和阿巴格納諾（ Abbagna-
no ），寧願把烏納姆諾和生命與行動哲學家歸在一類，而不是
和存在主義者歸在一類，而且，正如我們已經提到的，⑯也許最
好是把他視為行動主義哲學與後來發展了的存在主義之間的中介
人物。就麥克凱所說的第二點而言，烏納姆諾的靈感主要得自西
班牙傳統，而且他把自己視為某種現代的唐吉訶德。然而我們在
此也可以注意一下，烏納姆諾十分熟悉祁克果，在這位丹麥思想
家的名字獲得現在這等名氣以前很久，烏納姆諾就寫到了他，而
且，在唐吉訶德與祁克果的那位對不理解入了迷的「信仰騎士」

的形象⑰之間，我們也許會發現某些相似之處。

　　正是在關於唐吉訶德的一處討論中，我們發現了下面這一段話，在這段話中，烏納姆諾對自己的反理智主義和行動主義立場作了毫不妥協的表達：「不是理智，而是意志，創造了我們的世界。任何東西只要能滿足浩大的渴望，結出豐饒的成果，在此程度內它就是眞理；任何東西只要窒息了高尙的衝動，產生了不育的妖怪，那麼它就是虛假。導致活生生的作品的每一個信條，都是眞實的信條，正如導致死亡行爲的每一個信條都是虛假的一樣。生命是眞理的標準，而邏輯只不過是理性的標準。如果我的信仰使我去創造生活或增進生命，關於我的信仰，你還要什麼進一步的證明呢？如果數學危害生命，那它就是謊言。如果在跋涉中你因乾渴而瀕臨死亡，你看見了一種我們稱爲水的東西的幻象，而且你衝向它，你開懷暢飲，解除了你的乾渴，並且恢復了精力，那麼，那幻象就是眞的，那水就是眞正的水。」⑱

　　這是一種實用主義，但不是那種根據實際效果來篩選和批評信仰的實用主義。這是一種主觀得多的實用主義，在其中，信仰的意志被過分地强調出來，而夢想與現實之間的區別也被模糊了。哲學不是對客觀眞理的不偏不倚的理智探索，它歸根到柢表達的是進行哲學思考的人們活生生的渴求與感受——這些具體的人有血有肉，他們在進行哲學思考時，不能不「並非只用理性，而且還要用意志，用感受，用血用肉，用整個的心和整個的身。」⑲在我們對生命本身的情感中，哲學有著非理性的根基。

　　但是生命具有其悲劇的特點，因爲理性不能證實心靈的信念，甚至可以與之相矛盾。然而，我們不能廢棄這些信念，因爲若無信念，生命就不能得到支持。不僅如此，這些信念的基礎，正是遠比理性寬廣的生命本身。因此，我們必須繼續肯定它們，憑靠它們生活，即使它們是非理性的，即使它們與理性發生衝突之時，也應如此。「在心中的價值面前，理性不起什麼作用。因

爲理性只不過就是理性——也就是說，理性並非一貫的眞理。」⑳
像特土良（Tertullian）和祁克果一樣，烏納姆諾認爲，不受理
性支持的信仰，必須在理性面前維護自身。信仰，就是唐吉訶德
式的。(4)

在烏納姆諾的信仰概念中處於核心地位的，是個人對於自己
不朽的信念。儘管理性的懷疑主義結論不斷使這個信念遭到懷
疑，但這個信念還是一直不斷地在行動中肯定自己——我們必須
這樣地生活，以便配得上不朽，而且，假如只有滅亡等待著我
們，那麼，至少宇宙已顯示出是不公正的了。所以，信仰在受難
和奮爭中維持著自身。烏納姆諾說：「受難是生活的實質，是人
格的根基。」㉑通過受難，對於不朽的個人主義信仰，擴展爲對
活著並力求活下去的一切東西的同情與愛心。它向外擴展，迄於
上帝，上帝就是在每個個人的生命中受難並與之一起受難的宇宙
生命或宇宙意識。烏納姆諾相信，宇宙有某種良知；它就是一個
包圍著我的人格，它在生活，在受難，在愛，在要求著愛。

因此，烏納姆諾的信仰，是一種宗教信仰。他的宗教，不是　201
一種平和與順從的宗教，而是一種奮鬥與行動的宗教，它在懷疑
與不確定之中維護著自身；他的上帝是一個在受難和奮鬥的上
帝，首先爲受難的基督所象徵。

像烏納姆諾一樣，約瑟·奧爾特加·烏·加塞特㉒（José
Ortega y Gasset, 1883～1955）處於實用主義與存在主義之間。
他也告訴我們，理智從屬於生命：「除了作爲生命的工具而自然
增長的實在性之外，理智、科學和文化不具有任何別的實在
性。」㉓要不這麼相信，那就只是「理智主義的愚蠢」，它恰恰
毀掉了理智本身。即使是我們對事物的認識，也不是一種對於事
物自身（如果人們竟能談論事物「自身」的話）的冷漠的認識，

(4)　意爲充滿幻想的理想主義的。——譯註

而只是以人爲中心的認識。人被投入到事物組成的環境之中，「人感到自己失落在其中，擱淺在其中，他別無選擇，只能爲它們創造一種存在，爲它們也爲自己發明出一種存在。」㉔人必須這樣做，因爲他不得不和它們相處，不得不去發現，有了它們他能做些什麼，從它們那裡他能期待什麼。

然而，理智從屬於生命，並不意味著應該輕視理智。如果說理智主義會導致一種無用的迂腐空談，那麼，絕對的唯意志論也是同樣危險的，因爲它意味著人不去指導自己的環境，反而爲環境所奴役，不再成爲人自身。生命在陡峭的懸崖邊緣上度過，人可能從這邊滑下來，也可能從那邊滑下來。我們思考是爲著生活，可是如果我們思考得不好，我們就不能生活得很好，而且，我們爲來自我們的眞正人性的變動而受苦。而與自己和諧相處，我們就需要種種信念，這些信念，我們是能夠懷著一種個人內心的眞誠之感來持有的。

在歷史中，有這麼一些危機時刻，那時候，這樣的信念似乎衰落了。在這種時刻，人必須退回自身之中，經歷一種徹底的、甚至是悖理的思想變化。「他必須放棄自己持有的虛假立場，走向自身，返回自己內心深處的眞理，那才是唯一堅實的基礎。」㉕一個古典的例子，就是羅馬文明的崩潰及其被基督教所取代。按照奧爾特加・烏・加塞特的說法，原始基督教的信息可以這樣來表達：「否定你迄今爲止的過去吧，證實你的眞相吧，承認你已迷途吧。從這種否定中產生的，就是那即將被造的新人。」㉖奧爾特加・烏・加塞特認爲，我們也可能正生活在一個危機時代，在這個時代，從文藝復興以來延續至今的現代世界，也許正在讓位給某種別的東西。他勸告我們進行一種新的思想變化，退回自身之中，站到我們內心深處的眞理之上去。這樣，現代的各種信念將會成形。

可是，成爲什麼形態呢？奧爾特加批評了基督教，因爲它在

生命之外去尋找永恆至福來爲生命的合理辯護。他也同樣批評了
種種世俗的文化學說，因爲它們以爲生命所以存在就是爲了創造
文化價値。他堅持認爲，與此相反，生命因其本身的緣故就是有
價値的，生命力本身需要作爲一種價値而恢復原有的地位。「如
果要反對那種傳統，如果要看看不說『生命爲了文化』而說『文化
爲了生命』會發生些什麼，對於站在現代歷史最尖銳的危機之中
的一代人來說，這難道不是一個有價値的主題麼？」㉗

　　因此，奧爾特加的「存在主義」（如果可以這樣稱呼它的
話），具有一種強烈的生物學的氣息。上帝本身似乎也成了具體
化在各個個體存在中的生命之總和，每一個得體存在都有它自己
的在世界上的角度。上帝並不擁有某種他自己才有的超越的普遍
的觀察點，他只「滿足於運用每一個觀察點，以他自己無限的生
命力，恢復並協調著我們所有的一切視界。」上帝「象徵著那生
命的洪流，宇宙通過它的無限的河網而逐步前行，從而連續不斷
地沈浸在生命之中，並爲生命爲崇奉，也就是說，爲生命所發
現，所愛慕，所憎恨，痛苦地忍受和愉悅地享受。」㉘

五十九、俄羅斯傳統

貝加也夫，布爾加科夫

　　尼古拉‧貝加也夫㉙（Nicolas Berdyaev, 1874～1948）在
返回俄國東正教會的懷抱以前，曾經是一個馬克思主義者。雖然
他的哲學自由地利用了西方思想，但他宣稱，它的根基乃在俄羅
斯宗教思想的潮流之中，這些潮流在俄羅斯人民的歷史中已經流
淌了很長的時間。關於俄國的基督教，他宣稱，「在其中可以發
現比西方基督教中更多的自由、更多的人類弟兄之情、更多的仁

慈、更眞的謙卑和更少的權欲。在其外表的教階等級制度後面，俄國人在心靈至深之處，一直是反等級制的，幾乎是無政府主義的。在俄國人的生活中，有某種不屬於決定論領域的東西，某種幾乎沒有被西方人較爲理性地決定了的生命所把握住的東西。」⑳

203 　　按照貝加也夫的說法，「認識具感情的特點。它是一種爲了取得意義而進行的精神鬥爭。」㉛ 所以，也像烏納姆諾一樣，貝加也夫認爲，哲學是由整個的人進行的活動，是自覺或不自覺地由哲學家的意志和情感所形成的。換言之，哲學關注的是具體的智慧，而不是抽象的認識。「哲學是對智慧之愛，是人心中的智慧之展現，是要突破重圍進抵生存意義的創造性努力。」㉜ 他甚至說，選擇哪一種哲學，取決於學家本人的精神，決定於抉擇和感情，而不決定於理智。貝加也夫說過：「我把我自己的哲學定義爲主體的哲學、精神的哲學、自由的哲學；它是二元地多元主義的、創造性地運動的、人格主義的、末世論的。」㉝ 我們來簡略地考察一下這些與衆不同的特徵。

　　像本章所考慮的其他哲學家一樣，貝加也夫賦予主體以高於客體的首要地位。實在（可以說）是在主體的生活中位於我們後面，而不是在客觀的世界中伸展在我們前面的。「再沒有什麼錯誤比混淆客觀性與實在性這個錯誤更大了。客觀的東西，是最不實在的東西。」㉞ 像奧爾特加・烏・加塞特一樣，貝加也夫認爲，對人來說，危險在於通過成爲自己創造的客觀世界的奴隸而可能喪失自己，但是貝加也夫比我們迄今所考察過的任何思想家都走得更遠，他討厭客觀化，把客觀化等同於人的墮落。因此，在對眞理與實在的探求中，我們必須從客體轉向主體的生命。

　　主體的生命就是精神，精神的特徵是自由，它與客觀世界的決定論對立，正是在精神這個層次上我們有了對於上帝的認識。作爲精神，上帝不同於任何客觀事物，我們不能用推論的理性證

明他的存在，推理只是在同客體的關係中採用的。上帝甚至不是
客觀化世界的創造者。他是在人格存在的深處被直覺地認識到
的。在此我們會注意到貝加也夫的上帝觀與祁克果和巴特主義神
學家的上帝觀之間的一個區別。貝加也夫的哲學中雖然也有不連
續性的地位，但這並非上帝與人之間的不連續性，而且上帝並非
全然相異者或者與人有質的不同。恰恰相反，他堅持認為，人身
上有一種不可磨滅的神明般的因素。「信仰上帝的一個唯一的理
由，就是人身上存在神的因素。假如上帝對之啓示自身的人，竟
是一個毫無價值毫無意義的造物，在任何方面都與那啓示自身的
唯一者無法相通，那麼，啓示這一觀念本身就變得毫無意義
了。」③ 當然，人身上具有神性因素的觀念，又是東方基督教的　204
典型觀念。

　　現在我們可以看出貝加也夫哲學的二元論特徵，即導致他否
定任何一元論觀點的不連續性的因素。以鮮明的差異彼此對立
的，是精神的王國，它就是實在，是從主觀上把握的，是自由
的，是有創造性的，是有推動力的；而客觀世界，即有時所稱的
存有的王國，則是一種凝結了的世界，它僅僅是現象性的。但是
留給我們的，並不是這種完全的對立，因為現在，必須把貝加也
夫思想中的末世論因素也考慮進來了。他告訴我們，俄羅斯哲學
所重視的是終結，而不是開端。通俗的末世論把這個觀念中的深
刻的精神眞理客觀化了、歪曲了。正如貝加也夫所理解的，這個
觀念所意指的，是要拯救這客觀化了的秩序，是要把它改造成精
神性的秩序。這不是一個自動的過程，而是我們可以自由地、創
造性地在其中發揮作用的過程；它不是一種穩步的前進或進步，
而是很可能出現干擾和倒退；它並不僅僅屬於終結之時，而是在
連續不斷進行著。「在一個人生活中的每一個時刻，所需要做的
事情，就是結束舊的世界，並開創新的世界。」③

　　雖然我們已經注意到，貝加也夫與前一節討論的兩位西班牙

思想家之間有某些類似之處，我們還應該注意，貝加也夫的方法
比起他們的方法來，個人主義色彩要少得多。在肯定人生本質上
的社會性方面，貝加也夫更加接近布伯；而且他還會說這是一種
俄羅斯的特點。他說：「哲學認識具有個人的特徵，而且它越具
有個人人格性，它就越重要。可是，認識的個人特徵，並不意味
著人格之孤立，人格是在和人、和世界的交流和聯合中逐步認識
事物的。認識既是個性的，同時又是社會性的。」㊲

　　貝加也夫宣稱，他的思想的根基，乃是俄羅斯的宗教傳統，
所以我們在結束本節的時候，可以來看看俄國神學家謝爾基烏
斯・布爾加科夫㊳（Sergius Bulgakov, 1870～1944）。他的一
生十分類似於他的朋友貝加也夫的一生──就是說，他曾經是一
個馬克思主義者，後來返回了正教會，並在流放中度過了生命中
的許多時光。可以在多大程度上把他的思想作爲俄國教會的代
表，這是有疑問的，因爲他的著作於一九三五年遭到了莫斯科大
主教的譴責。然而，進行這種譴責的動機，也許更多的是政治上
的而不是神學上的考慮。

　　布爾加科夫向我們保證，東正教的基督教，並不像西方那些
理性主義頭腦常常想像的那樣，是呆板僵化的遺跡。在談到教會
時，他說，它不應被視爲一種機構，而應被視爲一種生活；同
樣，在論及自己教會的信仰時，他說，它只有最小限度的不可或
缺的教條，而且，信仰不是一種教義，而是生活本身。在這兩個
問題上，他在說明自己的立場時，都引進了一些西方神學所不熟
悉的概念。

　　一個是「共存」（sobornost）的概念，他把這個概念定義
爲「共同存有的狀態。」這被說成是正教會的與衆不同的標誌，
既區別於羅馬天主教的權力主義，又區別於新教的個人主義。在
外部意義上，「共存」意指一種理事會體制的教會，即由普世宗
教會議組成的教會，既和君主制的機構對立，又和個人構成的集

205

合對立；在內部意義上，「共存」表達了「把信徒結合起來的愛心之中的自由。」⑲這種活生生的、直接的結合，被說成是正教的靈魂，而且，和貝加也夫一樣，布爾加科夫也認爲，只有在這樣一種人與人的聯合中，才有可能接近眞理。

另一個概念是智慧（sophia）。這是上帝與人所共有的原則，也是使得上帝啓示成爲可能的人身上的神性因素。向智慧啓示出來的眞理，是「眞理中的生命，而不是一種抽象的、理論的認識。」⑳啓示被說成是對話、談話、交流、會談。「啓示是『面對面』地發生的一種人格的行動。」㉑然而，從布爾加科夫對社會性的堅持中，我們可以想到，儘管啓示是人格性的，但卻不是個人主義的，而是在團體經驗中逐漸積累並結爲一體的。

當然，布爾加科夫絕不是無政府主義者，他既相信教會的教階秩序，又相信其基本教義表述。然而，他用以解釋教會及其信仰的內在意義的方式表明，對於俄國教會的神學來說，人格的和存在的範疇絕不是陌生的。

六十、人格者之形式

麥克墨雷

在某些方面，約翰・麥克墨雷㉒（John Macmurray, 1891~1960）多少是背離了本章迄今所考察的著作家們的，正如他背離了英國哲學的主流一樣。他承認，在既定的哲學傳統崩潰之後，必須尋求新的思想方式，他還進一步承認，哲學家必須注意的是人格存有者。在這些方面，他和前述著作家們站在一邊。「當前的文化危機，是人格者的危機」，㉓正是人格構成了哲學的緊迫問題。不過，對前面評述的一些著作家，最好稱之爲先

知，麥克墨雷卻決心維持一個哲學家的身份。詩歌、戲劇和悖
論，各有各的用處，但它們都不是哲學。面對著人格者的危機，
哲學的任務就是要揭示人格者的**形式**。

以往，西方哲學力圖把自我設想爲要麼是一種實體（物質的
物性實體是其類似物），要麼是一種有機體（植物或動物的活的
結構是其類似物）。這些概念都已在批評面前垮台了，而且麥克
墨雷認爲，依靠這些類比，我們永遠也無法對自我得到恰當的理
解。我們必須把自我直接作爲一個人來考慮，因爲，自我的獨特
的特點就在於要成爲有人格的東西。麥克墨雷宣稱，實際上，只
是靠著從人格的自我這個包容更廣的概念中進行抽象，我們才逐
步形成了對於有實體的東西和有機的東西的理解。

麥克墨雷相信，傳統哲學的錯誤，就在於以「我想」──以
自我爲主體──爲出發點。麥克墨雷提出了替代辦法：以「我
做」──以自我爲行動者──爲一個新的、更適當的出發點。思
想是從行動派生的，麥克墨雷聲稱，如果我們承認實踐的東西至
上，那麼就有可能克服理論思想難以對付的種種二元論了。因
爲，當我們從行動的觀點出發，一種新的邏輯形式就出現了──
這是人格者的形式，是一個統一體，在其中，肯定的東西包含著
自己的否定，以之作爲一個必須的成分。行動本身就包含著作爲
自己的否定的純過程，因爲，假如我們從行動中抽出了它的有意
圖的特徵，它就只表現爲事件的過程了。他論證說，從行動的觀
點來看，我們必須設定，世界本身不僅是一個過程，而且是一個
行動，因此，「從實踐至上出發的論證，穩步地向著信仰上帝的
方向移動。」⑭

207　　《作爲行動者的自我》（ *The Self as Agent* ）的續篇，是《處
於關係中的人》（ *Persons in Relation* ），因爲像布伯一樣，麥克
墨雷認爲，孤立的自我是一種不眞實的抽象。正是在對人格自我
之聯合的這種考慮中，他陳述了自己關於宗教功能的觀點，這種

觀點在他關於世界是一種行動的思想中已有所預示。宗教是人格
生命所特有的，在動物中不存在跟它類似的任何東西。它讚美並
表達了人在伙伴關係中的統一，而這又只有在一個由統一的意圖
告知了上帝乃是最高行動者的世界中，才是可能的事情。

六十一、對人格存有者哲學家的評論

　　凡讀過布伯、烏納姆諾和貝加也夫等人的著作的人，不可能
不對他們的人生智慧留下深刻的印象。在他們著作的幾乎每一頁
上，都有著對我們每個人在日常生活中，具體碰到的眞正屬於人
的難題的振聾發聵的深切洞見。隨著同情與理解，一個完整的新
世界展現了出來——這是一個人格關係的世界。在我們這樣一個
如此專注於事物及其抽象關係的時代，這些作家爲將我們帶回我
們本質上的人格性質中去，做出了巨大的貢獻。就連他們當中某
些人的個人主義，作爲對我們這個時代的非人化的團塊性生存的
抗議，也是可以諒解的。這些作家教導我們的偉大眞理是：我們
應當考慮人格的領域，而且我們不能根據除了人格者自身以外的
任何東西去理解它，也就是說，只能根據我們自己的人格生存去
理解它。

　　然而同時我們也發現，本章引言性的一節所提出的主張，即
最好把本章所考察的大多數作家稱爲「先知」而不是「哲學
家」，是很有道理的。或者，也許我們該稱他們爲「預言家」，
即有遠見的人。從哲學和神學這兩方面，我們無疑應該期望得到
某種形式結構，因爲它們是反思性的學科，不同於詩歌或者虔敬
文學。烏納姆諾自己就這麼說過：「哲學所回答的，是我們要形
成一個關於世界關於人生的完整而單一的概念之需要。」⑤明智
而可靠的見解，倘沒有得到某種形式上的統一性，就不能成其為

一種哲學或一種神學。關於我們所考察的這種哲學家，約翰・麥克墨雷曾抱怨說：雖然他們抓住了眞正的問題，但他們「卻沒有找到任何適合於這個任務的形式分析」⑯。這種抱怨是頗有道理的，正是由於這個原因，我們把這些哲學家稱爲「存在主義的先驅」，而不是「存在主義者」，因爲他們當中，沒有一個人達到了我們在海德格和薩特那裡看到的那種詳細的存在分析。例如，圍繞著奧爾特加・烏・加塞特思想中的存在論因素，有一種晦暗的色彩，而這可以歸因於他缺乏存在的分析。

當然，某些人格存在哲學家也許會回答說：我們所指的那種分析，殺死了他們希望我們去面對的活生生的人格實在。事實上，這正是對海姆提出的指責，海姆最少受到上一段所陳述的批評路線的影響。海姆依靠自己的多種空間理論，確實在努力爲布伯的「我─你」哲學提供某種形式框架。但是布伯哲學的擁護者們宣稱，海姆歪曲了它。例如，莫里斯・弗里德曼斷言，海姆「把『我─你』哲學系統化到了這個地步，以致它具有了『我─它』關係所特有的依賴抽象實在性的明顯特徵。」⑰然而，對海姆的眞切的批評，不是他曾努力爲人格存有者哲學提供一種形式結構，而是他選擇了一種非常不幸的方式去從事這件工作。要根據空間之類極其非人格性的東西，去說明人格存在的結構，肯定是不可能的。如果我們要了解空間，我們可以去找數學家和物理學家，而不是去找神學家；如果海姆告訴我們，有一些「空間」屬於與幾何學所研究的不同的層次，這只能是比喻或類比，也許對說明某個問題十分有用，但卻肯定沒有海姆想要賦予它的那種價值。然而，海姆努力的失敗，並不排除用更爲恰當的術語對人格存在結構進行形式分析的可能性。

對於我們所考察的這些思想家當中的某些誇張說法，人們也應該持批判態度。他們堅持人格存有者的重要性和不可消解性，這是正確的，但是他們在捍衞人格存有者時有時卻走了極端。一

個明顯的例子，就是貝加也夫對客觀化的攻擊和把客觀化等同於
人的墮落。也許，比這更加嚴重的是非理性主義甚至反理性主
義，它在烏納姆諾的思想中尤爲引人注目。批判一種抽象的理智
主義，提醒我們說人遠遠不止是一種認識性的存有者，甚至主張
在理智面前掩蓋起來了的某些事物可以在感受或奮爭中被揭示出
來，這些都是有道理的。但是，如果人們開始詆毀理性，或者宣
稱一旦理性與我們的個人欲望衝突，則它就是說謊者，那麼，這
就走過頭了。應該承認，理性並非人之全部，它的過分要求有時
需要加以控制，但是另一方面，它又是人格生命中必不可少的因
素，如果沒有理性因素來篩選、指導並批判我們的情感和欲望的
話，生命就會成爲低於人格的東西。一種人格存有者的哲學，不
需要也不應該全然不顧理性，可是不幸的是，在這種哲學的一些
擁護者當中，卻出現了這種傾向。具體說來，生活無疑有其自身
的矛盾、荒謬和不連續性，而且，我們可以正面評價害怕抽象的
理性主義會掩蓋這些特點的這麼一種擔憂；可是，如果害怕誤用
理性的擔憂開始攻擊理性本身，那麼它就變成一種病態的恐懼
了。

　　對於宗敎思想來說，人格存有者的哲學顯然是十分重要的。
正像生命與行動的哲學一樣，人格存有者的哲學表明了：宗敎是
屬於整個人的事情，宗敎信仰同理智信念不是一回事。但是人格
存有者的哲學所採用的，是精神性的而不是生物學的範疇，並以
人格，而不是以生命或行動，作爲自己思想的核心。在爲人格存
有者要求一種獨特的領域時，這種哲學揭示了理解宗敎的新方
法，即把宗敎理解爲本質上是人格性的活動。我們已經看到，存
在哲學的各種見解，在運用於宗敎問題時可以採取各個不同的方
向。信仰可以被視爲唐吉訶德式的、似非而是的、與理性割裂
的、即使與理性對抗時也應維護的（烏納姆諾）；信仰也可以因
人身上的神性因素而成爲可能（貝加也夫）；也可以認爲調和信

209

仰與自然科學的說法十分重要（海姆）。在後面關於巴特主義神
學和存在主義的章節中，我們將會看到這些見解是如何進一步發
展的。

註　釋

① 《開端與終結》（ *The Beginning and the End* ），第 48 頁。

② 《宗教哲學》（ *The Philosophy of Religion* ），第二卷，第 212 頁。

③ 1923～1933 年任法蘭克福大學教授；1938～1951 年任耶路撒冷的希伯來大學教授。他和猶太復國主義運動的文化方面有長期的聯繫。

④ 參見《指出道路》（ *Pointing the Way* ），第 9～10 頁。

⑤ 《我與你》（ *I and Thou* ）（第二版），第 3 頁。（中譯本已由桂冠／久大出版——校閱者註）

⑥ 《我與你》（第二版），第 7 頁。

⑦ 同上書，第 75 頁。

⑧ 同上書，第 135 頁。

⑨ 《指出道路》，第 228 頁。

⑩ 1914～1920 年任閔斯特大學教授；自 1920 年起任杜賓根大學教授。

⑪ 《超越的上帝》（ *God Transcendent* ），第 26 頁。

⑫ 《基督教信仰與自然科學》（ *Christian Faith and Natural Science* ），第 150 頁。

⑬ 同上書，第 216 頁。

⑭ 1892～1921 年在薩拉曼卡大學任教授，1901～1914 年任校長；1921～1930 年由於政治原因被放逐。

⑮ 〈米格爾·德·烏納姆諾〉，載於《基督教與存在主義者》（ *Christianity and the Existentialists* ），卡爾·米切爾遜（ Karl Michalson ）編，第 47 頁。

⑯ 參見本書前面第 195 頁。

⑰ 參見《恐懼與戰慄》（ *Fear and Trembling* ），第 115 頁。

⑱ 《唐吉訶德評註》（ *Don Quixote Expounded With Comment* ），第 114～115 頁。

⑲ 《生命的悲劇意義》（ *The Tragic Sense of Life* ），第 28 頁。

⑳　《生命的悲劇意義》，第 14 頁。

㉑　同上書，第 205 頁。

㉒　馬德里大學教授，西班牙內戰後出國，任教於南美洲和葡萄牙。194〇
　　年返回西班牙。

㉓　《人與危機》（ *Man and Crisis* ），第 112 頁。

㉔　同上書，第 107 頁。

㉕　同上書，第 151 頁。

㉖　同上書，第 151 頁。

㉗　《現代的主題》（ *The Modern Theme* ），第 70 頁。

㉘　同上書，第 95 頁。

㉙　俄國革命後受任為莫斯科大學教授，1922 年被驅逐，大多數時間住在
　　法國。

㉚　《俄羅斯思想》（ *The Russian Idea* ），第 253～255 頁。

㉛　《開端與終結》，第 37 頁。

㉜　《人的命運》（ *The Destiny of Man* ），第 5 頁。

㉝　《開端與終結》，第 51 頁。

㉞　同上書，第 53 頁。

㉟　同上書，第 234 頁。

㊱　同上書，第 254 頁。

㊲　同上書，第 39～40 頁。

㊳　他先在莫斯科和辛菲羅波爾執教，1923 年離開俄國。1925 年，他在巴
　　黎創辦了正教神學院，逝世前一直領導該院。

㊴　《東正教會》（ *The Orthodox Church* ），第 75 頁。（本書中譯本將由
　　桂冠／久大出版——校閱者註）

㊵　同上書，第 77 頁。

㊶　參見布爾加科夫為專題論文集《啟示》（ *Revelation* ）寫的文章，J. 拜
　　里與 H. 馬丁編輯，第 127 頁。

㊷　1928～1944 年任倫敦大學教授；1944～1958 年任愛丁堡大學教授。

㊸　《作為行動者的自我》（ *The Self as Agent* ），第 29 頁。

㊹　同上書，第 221 頁。

㊺　《生命的悲劇意義》，第 2 頁。

㊻　《作為行動者的自我》，第 27～28 頁。

㊼　《馬丁・布伯》（ *Martin Buber* ），第 271 頁。

第十三章
宗教意識與現象學

六十二、對宗教意識的探索

在這一章裡，我們將要考察這樣一批思想家，他們彼此之間 210
只有十分鬆散的關係。然而把他們放在一起比較便於研究，因為
他們所有的人都以幾種不同的方式，在研究宗教問題時採用了一
種基本上是**描述性**的方法。他們從事於探索和描述可見於宗教信
徒體驗中的宗教意識的主要特徵。這種方法看來似乎和已經考察
過的宗教心理學的方法相似，但是它與宗教心理學方法的不同之
處，在於它撇開了後者的自然主義前提，它自身的興趣更多的是
描述宗教態度，而不是宗教信念的起源問題。另一方面，由於這
種方法的思辨態度，它也有別於對宗教的實用主義和行動主義說
明。

很多人都會同意把施萊爾馬赫（Schleiermacher）稱爲十九
世紀最偉大的神學家，而且我們即將考慮的這些觀點，在一定程
度上都可以視爲施萊爾馬赫所開創的傳統之繼續與發展。爲了反
對十九世紀初期盛行的正統主義和理性主義，施萊爾馬赫在他所
謂「對無限者的感覺和興趣」，① 或者用後來更著名的詞語來
說，在「絕對依賴的感受」（feeling of absolute dependence）
中，② 找到了宗教的本質。「感覺」、「興趣」和「感受」等詞
語可能會引起誤解，因爲施萊爾馬赫心目中所指的，並不只是一

種盲目的激動，而是一種有感情色彩，但仍然帶有某種不明確的
理解在內的態度或者心理狀態。在施萊爾馬赫看來，教義並非宗
教本身，但它透過理解力的反思而使暗含在宗教感性中的東西明
確了。因此他的神學常常被稱爲「意識的神學」（Bewus-
211　stseinstheologie）。卡爾‧巴特對此作了非常簡潔的總結，他
說：在施萊爾馬赫的神學中，「基督徒虔誠的自我意識沈思著自
身並描述著自身。」③

　　多少有些類似於施萊爾馬赫所開創的神學傳統，二十世紀也
興起了這麼一種類型的哲學，它把精確描述有意識的自我之體驗
作爲自己的任務，而且還制定出了一套明確的方法以完成自己的
目標。這就是埃德蒙德‧胡塞爾（Edmund Husserl）及其追隨
者的現象學。雖然胡塞爾本人的興趣主要是邏輯以及哲學的技術
問題，但他的門徒們很快就開始在各個經驗的特定領域中，在特
殊問題的研究方面運用他的方法。這些領域之中也有宗教領域，
而且在神學中，現象學作爲一種研究方法至今一直很有影響。

　　在以下各節中，我們首先將考察英國人類學家馬雷特對原始
宗教意識的描述（第63節）。然後，我們將轉向魯道夫‧奧托
關於人類對神聖者體驗的經典解說──值得注意的是，胡賽爾本
人把這個解說視爲現象學方法在宗教問題上高超的應用，然而奧
托似乎是獨立工作的，並未明顯地參照胡賽爾的方法，儘管他與
胡賽爾事實上在哥廷根大學是同事（第64節）。然後我們將撇
下專門的宗教問題，進入哲學領域去遨遊一番，這樣我們能夠把
握胡賽爾現象學的一些原則，這些原則對後來的神學和宗教哲學
是很有意義的（第65節）。返回宗教問題之後，我們將看看邁
克斯‧舍勒等人是如何在這個領域內明顯地應用現象學方法的
（第66節）。結尾的一節，將把我們在幾處概述的結果匯總，
並指明進一步的發展路線（第67節）。

六十三、原始宗教意識

馬雷特

在英國人類學家羅伯特・拉努爾夫・馬雷特④（Robert Ranulph Marett, 1866～1943）的思想中，我們發現，對原始宗教的研究有了一個新的方向。一九○二年，馬雷特曾是專題論文集《人格觀念論》（*Personal Idealism*）的一名撰稿人⑤，而且，像他的合作者們一樣，他宣布自己既反對自然主義，又反對思辨觀念論。因此，馬雷特提供給我們的關於宗教起源的解釋，既不是自然主義的，又不是形上學的。他說過，他所追求的，「更多的是描述，而不是解釋」，他把注意力集中於「對初級宗教作心理分析」，他的目標，是要「把距我們現代人的宗教體驗如此遙遠的那麼一種宗教體驗，翻譯成我們的意識的這麼一種語言，以便最好地使所翻譯的那種東西的性質，能夠顯現出它自在的本來面目。」⑥

在馬雷特的解說中處於核心地位的，是「瑪納」（mana）這一觀念。這個詞（mana）來自太平洋地區，但是它所代表的那種觀念，據說在原始民族中普遍存在，因此，這個詞本身已經被廣泛應用於某種類型的宗教體驗，這種宗教體驗也可以用北美原始部落的奧倫達（orenda）和瓦堪達（wakanda），非洲部落的姆龍古（mulungu）等等來表示。那麼，瑪納是什麼呢？馬雷特引用了英國傳教士科德林頓（R. H. Codrington）主教的話，科德林頓把瑪納描述爲「完全不同於物質力量的一種力量，它以各種各樣的方式起作用，可以行善和作惡。」⑦據認爲這種神秘力量依附在範圍廣泛的自然物體，人工製品，甚至人的身上，戰

爭的勝利，農業的豐收，行獵的智勇等等，都被歸因於它。瑪納
的否定方面是塔布。⑴擁有瑪納的東西就是塔布，就是說，不應
當隨便接近它，免得它的力量以一種有害的、破壞性的方式爆發
出來。

關於在其中發現了瑪納的那些人的精神狀態，瑪納告訴了我
們一些什麼呢？根據馬雷特的說法，隱藏在瑪納後面的，更多的
是一種情感態度，而不是一種觀念──雖然毫無疑問，這種情感
態度包含著一些最終可以概念化的因素。他說野蠻人的宗教是這
麼一種東西，它更多地是跳舞跳出來的，而不是思考想出來的；
它在種種有利於情感的與原動的過程的條件下發展著，而形成觀
念的過程相對來說則一直處於停滯之中。」⑧正是在這一點上，
馬雷特與關於原始萬物有靈論的理論發生了爭執。他認為，比如
泰勒就對事情作出了一種過於理智化的說明，泰勒在論述原始宗
教時，把它當成似乎首先是一種信念的事情似的。然而應該記住
的是，泰勒是有意著手考察原始宗教的理智方面的，而且他完全
意識到：原始宗教的信念是與有力的感情狀態密切相關的。不論
怎樣，馬雷特認為，在瑪納中，我們得到了關於宗教的前萬物有
靈論階段的證據，這是一個情感支配著思想，或者說思想和反思
尚未從情感中出現的階段。

馬雷特說：「在所有的英語詞彙中，『敬畏』（awe）一詞最
貼切地表達了基本的宗教情感。」⑨所以，正是敬畏構成了原始
213 宗教意識的核心，也是人對其環境中隱蔽的神秘力量的反應。馬
雷特告訴我們，靠著這個「敬畏」，他理解到的東西遠比純粹的
恐懼要多得多。宗教並非起源於對未知事物的恐懼，而且馬雷特
不同意表達在佩特羅尼烏斯（Petronius）的這句名言中的觀
點：Primus in orbe deos fecit timor。⑵按照馬雷特的觀點，我

---

(1) Tabu，亦作 taboo，意為「禁忌」。──譯註

們應該承認，「驚羨、欽佩、興趣、尊重，也許還有愛，同樣都是敬畏這一基本精神狀態的本質要素，一點也不比恐懼要少些。」⑩謙卑也屬於這種情意綜合體。

正如我們從科德林頓的描述所了解到的，瑪納可以行善亦可作惡，它本身是非道德性的。按照馬雷特的觀點，它還是一種尚未分化的巫術——宗教的團體，宗教與巫術二者都從中產生。所以馬雷特否定了弗雷澤關於巫術與宗教關係的觀點。⑪宗教發展的路線，就在於原始的體驗的道德化和精神化，正如我們已經看到的，原始的體驗自身中已經包含著較爲精粹的情感的種子——尊敬、愛、謙卑等等的種子，同時還包含著透過反思產生的理智發展的可能性。在馬雷特看來，宗教是人類精神的一種永恆的可能性，但在它的許許多多形態變化之中，它都將保留其一種類似於瑪納研究所揭示的敬畏態度的東西，作爲自身的基本結構。而且，確實不難看出，在美拉尼西亞人（Melanesian）對瑪納的體驗，和（比如說）施萊爾馬赫的比較複雜的「對無限者的感覺和興趣」之間，有一些相關聯的東西。

六十四、對神聖者的體驗

奧托，奧曼

在本章的概述中，魯道夫・奧托⑫（Rudolf Otto, 1869～1937）占有核心的地位，因爲，是他把本章包括的多少有些分散的各種主題聯結在一起了。他是施萊爾馬赫的崇拜者，他認爲施氏「重新發現了宗教。」⑬他高度敬重馬雷特的人類學著作，並

---

(2)　拉丁文，意爲「使諸神走上軌道的首先是恐懼。」——譯註

相信，這位英國學者的觀點，和他自己的觀點「幾乎分毫不
差。」⑭另一方面，我們已經注意到，奧托自己受到胡賽爾的讚
揚，因爲他對宗教意識進行了高超的現象學分析。但是，完全撇
開他闡明了對宗教意識的不同描述方法之間的關聯這一事實不
論，奧托僅憑他自身的價值，也完全有資格被視爲頭等重要的宗

214 教思想家。我自己的老師坎普貝爾教授曾說過，奧托對他來說，
「毫無疑問是現代最富於啓發性的宗教思想家。」即使有人對於
贊同如此肯定的評價可能猶疑不決，他也會同意坎普貝爾教授的
這個進一步的評論：和奧托結識，「屬於關注宗教理解的人一生
中可能享受到的最有價值的經歷之列。」⑮

　　奧托對宗教意識結構的分析，是建立在對一切宗教的關鍵
詞——「神聖」（Holy）一詞的闡釋這個基礎上的。這個詞代
表著一組組合的特徵。這些特徵當中的一些，就其能從概念上加
以思考而言，是理性的。例如，「神聖性」一般都包含「道德上
是善的」這個觀念，而我們又都對於什麼是善有著某種概念。可
是，這些理性特徵並不能窮盡「神聖」一詞的意義，而且在奧托
看來，它們確實是派生的。就其最基本的意義而言，「神聖」一
詞表示著一種非理性的特徵，就是說，一種不能從概念上加以思
考的特徵。爲了表示和「道德上的善」之類派生意義分開來看的
「神聖」的這種基本意義，奧托採用了「神秘的」或「既敬畏又
嚮往的」（numinous）這一術語——這個術語來源於拉丁語詞
「神秘」（numen），可以公正地說，這個詞本來具有的語義範
圍，和馬雷特說的「瑪納」和其他語言中類似的詞是同樣的。這
種「神秘者」（the numinous）是不可理解的，但是可以指
明，而且在「神聖者」一詞中就已確實把它指明了。

　　從對宗教的關鍵詞的這個初步考察中，我們可以發現，宗教
是由理性成分和非理性成分構成的。基督徒思考上帝時，所用的
詞語是善、人格、目的等等，而且，雖然（正如奧托所承認的）

這些觀念只是類比地用於上帝，但是就我們對之有明確的概念而言，它們仍然是一些理性的特徵。奧托相信，宗教的這個理性的方面，是宗教中一個必不可少的成分，但它卻容易掩蓋那更爲深沈的非理性核心。只講上帝的理性的屬性，並不能窮盡上帝。他是「神聖的」上帝，而這個形容詞指出的，是他更深刻的、不可設想的、超理性的性質。奧托想要強調宗教的這種非理性方面，因爲在他看來，傳統神學忽視了這個方面，提出了一種過於理智主義的解釋。

可是，如果宗教的這個神秘的或既可敬畏又可嚮往的核心是不可理解的，那麼我們又怎麼能談論它或者描述它呢？奧托認爲，儘管它不可理解，但它多多少少是在我們把握的範圍之內的。我們在感受中，在 sensus numinis(3) 中領悟到它——正如我們將要看到的，「感受」所指的不是單純的情感，而是包含著某種評價和前概念認識的有感情的精神狀態。奧托的研究中最有價值的部分，在於他對構成密契的（既敬畏又嚮往的）體驗的種種感受狀態所作的細緻分析。一方面，有所謂「被造感受」，即對於有限存有物之虛無性質的感受。另一方面，有對於一個壓倒一切的存有物呈現著的感受，這個神秘的（既可敬畏又可嚮向往的）存有物令人因驚奇而啞然無語。奧托的分析可用「mysterium tremendum et fascinans」(4) 這個短語來概括。mysterium(5) 所指的，是這個神秘存有者的所謂「全然相異」的性質，這個神秘存有者作爲超理性的東西，絕對超乎概念思維的把握之外。tremendum(6) 的成分所指的，是在面對這個神秘存有者的莊重

215

---

(3) 拉丁文，「神秘的感受。」——譯註

(4) 拉丁語，意爲「令人戰慄而又引人入謎的神秘」，「可怕而迷人的神秘」。——譯註

(5) 拉丁語，「神秘」。——譯註

威嚴、超強偉力和能動活力時所體驗到的那種敬畏，或者甚至是
恐懼。fascinans(7) 的成分所指的，則是這個神秘存有者令人神
迷的強烈吸引力，它激起了人的狂喜和熱愛。

到此爲止，奧托對神秘精神狀態的描述，看起來也許像是施
萊爾馬赫所謂「絕對依賴的感受」之說的一種更爲細緻的說法。
然而奧托是把自己的立場和施萊爾馬赫區分開來了的，當我們從
對密契體驗的描述，進一步走向關於密契體驗的合理有效性的問
題時，這種區分就變得十分重要了。按照奧托的說法，施萊爾馬
赫雖然確實強調了宗教依賴感的獨特性，但卻把絕對依賴感與相
對依賴感之間的區別，說成了程度之別，而不是本質區別。這一
點也許是可以討論的，因爲情況很可能是：**對絕對的依賴性的感
受**，必然也就意味著質的區別。不過不管怎樣，奧托自己所堅持
的是：在對密契體驗的分析中揭示出來的那些感受，雖然可與自
然的感受相類比，但卻具有一種**獨一無二的性質**。這種 sensus
numinis 是一種獨特的，自成一類的東西。他堅持認爲，這種神
秘感不可能由純粹自然的感受所構成，而且，考慮到它的質的獨
特性，它也不可能被看成是從自然感受進化而成的。奧托把它和
他所謂的「覺神能力」相聯繫——這種「覺神能力」是這麼一種
能力，即「**眞正地**認知和再認神聖者之出現的能力，儘管它可能
有不同的種類。」⑯

這些思索爲奧托的這一主張開闢了道路：神聖者是一種先驗
的範疇。它的非理性的或密契的因素據認爲是來源於「靈魂所擁
有的認識領悟力之最深沈的根基之中。」⑰ 這種關於一種非理性
範疇的觀念，也許會使我們驚訝，而且，當我們發現奧托也談論
「人類精神的一種隱秘的預見的傾向」⑱ 的時候，我們也許還會

---

(6)　拉丁語，「令人戰慄的」，「可怕的」。——譯註

(7)　拉丁語，「引人入迷的」，「吸引人的」。——譯註

認爲，他心目中所指的東西，也許更像榮格所說的原型⑲之一，而不像康德所說的範疇之一。可是，奧托會反對榮格思想中的自然主義意味，而且無論如何，他還有另外的理由要轉向康德。因爲奧托還得表明，宗教裡的理性與非理性因素是如何相聯繫的，爲了做到這一點，他求助於康德關於範疇體系的理論。這是《純粹理性批判》（ *Critique of Pure Reason* ）中最爲困難的理論之一。它力圖說明純粹的知性範疇如何能夠應用於在時空形式下直覺到的經驗現象。類似地，奧托也力圖說明，「神秘者」的本來是非道德和非理性的範疇，在人類經驗中經歷了系統化過程，從而獲得了那些道德的和理性的特點，這些特點使它變成了「神聖者」的觀念。

　　不論我們對奧托思想中較爲思辨性的因素作何感想（這些因素將在適當的時候受到批判），我們都不得不承認，在對神秘者的分析中，他已將我們領入了宗教之最深秘的聖所，並已用超乎尋常的功力對它進行了描述。

　　把蘇格蘭神學家約翰‧伍德‧奧曼⑳（ John Wood Oman, 1860～1939 ）完全獨立的研究，和奧托對神聖者的說明比較一下，是十分有趣的。他很早就對施萊爾馬赫發生了興趣，這導致他把施氏的《論宗教》（ *On Religion* ）一書譯成了英文，我們在前面曾引用此書。㉑同時，閱讀溫德爾班論神聖者的論文，㉒對於決定奧曼思想的發展方向，也有很重要的作用。

　　對於我們在面對任何環境時的體驗，奧曼作了一種四重性的分析。其中包含「⑴它所造成的感受的獨一無二的性質；⑵它對於我們來說所具有的獨一無二的價值；⑶與這種評價不可分割的對於特定的一種客觀實在的直接確信；⑷把它與其餘體驗聯繫起來考慮，以及把其餘體驗與它聯繫起來考慮的必然性。」㉓而後他把這種形式系統應用於宗教體驗的具體情況。在這裡，獨一無二的感受是對神聖者的感覺。與這種感受不可分割的，是一種價

值評判──即對於神聖的判斷。「在此使用的『神聖』（sa-
cred），只意味著價值的絕對性，即具有無與倫比的價值的東
西，而無與倫比不僅僅指超羣卓絕，而且指的是不可貶損的、其
他種種的善都無法與之比擬的東西。」㉔而這神聖又不是一種自
由浮動的價值，而是附屬於環境中的一個客觀實在──超自然者
之上的。超自然者是宗教關注的特殊對象。超自然的東西不應當
作爲自然背後的某種東西從自然的東西推導出來。二者一起被給
出，「一直不斷地彼此交織，以致沒有任何東西可以是完全自然
的，也沒有任何東西可以是完全超自然的。」㉕其間的區別在
於：自然的東西是透過感覺，透過其變化的、可比較的價值來認
識的，而超自然的東西是透過對神聖的意識，透過其神聖的或絕
對的價值來認識的。在對宗教體驗的這種四重分析中，最後一重
因素是神學──神學即把這種體驗作爲一個內在一致的整體來考
慮的努力。

　　在此，我們必須暫停一下，先來看看奧曼對於奧托的神秘者
觀念的尖銳批評。奧曼抱怨道：這種觀念把感受與評價分割開來
了，它置於宗教之核心地位的，是一種「對引起敬畏的某種東西
的純粹印象，它越能攪動強烈的情感，則它也就越模糊。」㉖奧
曼堅持認爲，與此相反，對神聖者的感覺」也可以是對一個實體
的所有反應中最爲平靜的一種反應，在其中，我們發現了自己的
眞正的獨立性。」㉗沒有誰想要就最後這句話來進行爭論，但是
我們會感覺到，對奧托的這個批評是不得要領的。坎普貝爾教授
充分說明了奧曼的指責具有片面性。在奧托對神秘者的分析中，
奧曼只盯住一個重要方面──即 tremendum （令人戰慄
的。──譯註）。「然而，只提出這**一個**重要方面，來作爲對奧
托所說的神秘者的充分的界說，這肯定是對奧托立場的純粹歪
曲。那另一個重要成分或因素，奧托明白地稱爲密契意識之『兩
級』的另外一級，即 fascinans(8)，又怎麼樣呢？這個 fascinans

的方面，是這樣一種東西，借助於它，numen⑼ 的超越的**價值**才使得密契意識進入狂喜和出神的狀態。」㉘

　　我們且撇開這場爭論，繼續來看看奧曼是如何解說超自然者的特性的。由於認識到在歷史上，超自然者是以多種多樣的方式被理解的，奧曼把這些差別，歸結為設想超自然者與自然的東西之關係的方式各有不同；他還在此基礎上，提出了一種宗教類型分類法。㉙ 在超自然者被設想為一種模糊的力量，散佈在自然物之中的地方，就有**原始的萬物有靈論**。想要透過對單個的超自然精靈（它們據信統治著自然的不同部分）的信仰來對付自然的企圖，就是**多神論**。與泛神論地承認自然物整體上就是和超自然者相關聯的，通常是**密契主義**類型的宗教。與截然劃分神聖者與世俗物這樣一種二元論相關聯的，是**敎法主義**的（legalistic）的宗教。最後，還有「透過信仰一個人格的、賦予自然物意義，並有超乎其上的目的的超自然者，從而與自然物達成的調和。」㉚ 這最後一種類型就是**先知的**宗教和眞正的一神論。奧曼正確地指出，每一種這樣的分類法，都必然是由作者自己的觀察點出發而提出的，而且他必然已採取了這麼一個觀察點，因為他認為它最為恰當。奧曼相信，在先知宗教之中，超自然者得到了最眞切的理解，因為在這裡，它是根據我們能利用的最高事項——根據倫理的和人格的詞語來理解的。㉛

218

---

(8)　引人入迷的。——譯註

(9)　拉丁語，「神意」、「神性」、「神秘」。——譯註

六十五、現象學的方法

胡賽爾

我們已經看到，奧托對宗敎意識的描述，曾被埃德蒙德・胡賽爾㉜（Edmund Husserl, 1859～1938）稱譽爲一種高超的現象學分析，現在，我們應該更切近地看一看胡賽爾所創建的現象學的研究方法了。雖然企圖對這位重要思想家的艱深而涉及面很廣的思想進行適當的說明，在這裡是不可能做到的，但是，在一本專論宗敎問題的書中，我們也沒有義務要去這樣做。胡賽爾本人主要是一位技術方面的哲學家，對邏輯和方法論的問題感興趣。然而他的影響傳播得如此之廣，在包括神學和宗敎哲學在內的如此多的領域都可以明顯感覺到他的影響，以致於我們必須對他有一點起碼的適當的注意，才能有希望恰當理解一些將進入我們研究範圍的後來的著作家，而且我們還要在下一節直接轉向現象學方法在宗敎研究中的明顯應用，像在胡賽爾的一位弟子的思想中發現的那樣。

胡賽爾的目的，是要使哲學成爲一門嚴密的科學，但在本質上不同於那些其結果總具有暫時性而且要接受修正的經驗科學。現象學就是胡賽爾爲實現他的目標而設計出來的方法，他多次聲明，現象學是一門「描述的科學。」它描述並區分意識中給出的現象，而不引進可疑的前提或會失誤的推論。可是，要達到這個現象學的觀點，或者甚至要準確地理解它是什麼，是極其困難的事情。胡賽爾抱怨說，他多半總是遭到誤解，而且他坦率地告誡我們：「要沿著這條新的道路自由地前進而不回復到老的觀點，要學會看清我們的眼前是些什麼，學會分辨，學會描述，都要求

精確而又辛勤的研究。」㉝

也許，要對什麼是現象學有所了解，最容易的方法是先清楚地認識它不是什麼。胡賽爾著重強調：現象學不是心理學。因爲，雖然心理學和現象學二者都關注於描述自我的體驗，但二者的方法卻大不相同。這種區別是雙重的。第一，心理學作爲一門經驗科學，處理的是「事實」，而現象學作爲一種不同層次的科學，關注的不是「事實」，而是「本質」。第二，心理學是一門關於「實體」的科學，而「實體」被理解爲在時空世界中有一席之地的事件，而現象學被說成是要從現象中「消除掉」爲其提供「實體性」的那些東西，要脫離現象在「實在世界」中的背景來考慮現象。㉞

這些區分使我們能夠掌握現象學的兩項主要特徵。首先，它是胡賽爾所謂「高度逼眞的」科學，就是說，它是對普遍本質的認識。現象學的高度逼眞的特徵，使我們想起柏拉圖的理念論，如果我們要獲得在個別經驗事實的領域內，達不到的那種確定性和那種精確性，大概我們必須注意的，正是普遍的本質。其次（在此我們開始接觸到了現象學方法中最具特色也最難掌握的成分），要達到對本質的直觀，就要依靠一種「懸擱」（epoche），即依靠中止判斷。這就是現象學的「還原法」（reduction），借助於這種方法：把那些不屬於普遍本質的因素「放到括弧裡」，或從進一步的興趣中排除出去，就可以把一個呈現於意識中的客體簡化爲純粹的現象。例如，單個客體的存在，就可以加上括號，存而不論。再者，人們必須努力從思想中清除任何來自既往哲學的假定前提——這就是「哲學的懸擱（epoche）」。還有其他一些加括弧的方法也應該實行。如果遵循這種方法，據說就可以接觸到「事物本身」，可以達到純粹現象，然後純粹現象才能擺脫造成歪曲的種種因素，從本質上得到描述。

　　於是，現象學就成了深入意識的基本結構，深入任何一種經驗得以可能的條件的一種基本研究。胡賽爾自己透過某種方式又走向了一種觀念論的形上學，這種方式使人想起笛卡爾（Descartes）的懷疑方法。當每一樣別的東西都被加上括弧括起來以後，除非是出於一種有意的行動，否則，人們無法再加括弧括起來的，就只有意識本身了，這樣一來，意識就作爲一種唯一的絕對保留下來。然而，胡賽爾的一些追隨者並不認爲觀念論是他的學說的一個必然結果。他們認爲胡賽爾工作的主要價值，是爲清晰地描述屬於意識體驗不同領域的那些基本結構，提供了一種方法。

六十六、對宗教的現象學考察

舍勒，范・德・利烏夫，埃利阿德

220　　雖然我們已經看到，奧托對宗教意識的說明，可以稱爲「現象學的」說明，但是要了解現象學在宗教問題上的明確應用，我們還得轉向胡賽爾最著名的弟子之一邁克斯・舍勒㉟（Max Scheler, 1874～1928）。舍勒曾經是倭肯（Eucken）的學生，他從倭肯那裡獲得了對於精神生命的哲學的興趣，而且，他認爲胡賽爾的現象學爲考察人的精神體驗提供了一種方法。

　　像胡賽爾一樣，舍勒明確區分了對事實的經驗認識與對本質的先驗認識，不過，胡賽爾主要對邏輯本質感興趣，而舍勒則把現象學轉向了人的實踐的和感情的生活這一方向。因爲，即使是情感也自有其先驗的結構；用巴斯卡（Pascal）的話來說，情感帶來的有其自己的理解，有其自身的「心的邏輯」。這種先驗結構的基礎是價值，而價值是情感的對象。舍勒看出價值有四個等

級，他把價值安排在一個等級系統之中。在這個等級系統的最低一層，是**感覺**價值——使人快活的和令人不快的價值；然後是**生命**價值，諸如高貴的和普通的之類價值；再往上是**精神**價值，諸如美的和醜的之類價值；在這個等級的頂端，是**宗敎**價值，即神聖的和非神聖的價值。道德價值沒有出現在這個表中，因爲舍勒追隨他極其欽慕的聖・奧古斯丁，認爲與道德有關的，就是選擇較高級的好東西，而不要較低級的東西。

從我們的觀點來看，舍勒的系統的令人感興趣的特點，是賦予宗教價值的獨特地位。這使得他的系統截然不同於溫德爾班的系統㊱，並使他和奧托接近了。因爲，像奧托一樣，舍勒也認爲宗教價值是獨特的、自成一類的。它有一種獨特的不可消解的本質，不能根據除它本身以外的任何東西來解釋。這種本質，在神聖者的從最原始到最先進的所有表現形式中，都是同一的，因此，它並不發展，儘管對這個本質的直觀當然可以發展。

舍勒旣然這樣拒斥了對宗教的任何自然主義解釋，他就已完全選定了這麼一個觀點，這個觀點已顯明在包含他的宗敎著作的那一卷書的標題之中——《論人心中的永恆》（ *On the Eternal in Man* ）。「這種眞實的永恆並不排斥時間，或者與時間並列，而是在非時間的形式中包容著所有時間的內容和完滿，並滲透到一切時間的每一個時刻之中。」㊲ 在人心中永恆的東西，就是他有得到宗教體驗的永久的可能性，而他之所以有此，乃是由於他的存在之結構本身。對這個結構的分析表明，人遠遠不止是一個純屬自然的現象。他是一個人，而且就他是一個人而言，他具有神的形象，他追求著上帝，並能夠對上帝作出反應。宗教體驗在愛當中達到頂峯，愛不僅僅是一種感情，它不具有一種對於客體的價值，而永遠對於人具有價值。上帝是人中之人，是愛的泉源。

把現象學系統地應用於宗教的一切表現形式，包括原始的和

221

現代的、東方的和西方的種種表現形式這件事是由杰拉爾都斯·
范·德·利烏夫㊳（Gerardus van der Leeuw, 1890～1950）在
其名著《宗教的本質與表現形式》（*Religion in Essence and
Manifestation*）一書中進行的。他所追求的，既不是對宗教的
起源和發展作一種自然主義的說明，也不是對宗教的終極性質作
一種形上學的說明。他的目的，是要探索呈現在體驗中的宗教現
象的結構。然而，不可能把宗教放在一張桌子上攤開給人看，也
不可能像研究一塊塊岩石那樣客觀地研究宗教。現象，既不是純
主觀的，也不是純客觀的。

人不僅在生活著，而且在爲自己的生活尋求著力量。在人自
己的力量與另一個力量遭遇的地方，宗教就產生了，例如原始宗
教的瑪納就是這另一個力量。「一種陌生的、全然相異的力量，
闖入了生命之中。」㊴當然，現象學不可能把握自在狀態的這種
力量，而只能在體驗到它的現象之中去把握它。

范·德·利烏夫接著描述了人在其中與這種全然相異的力量
遭遇的種種宗教類型。以儒教和十八世紀的自然神論爲例證的**遙
遠型**宗教是這麼一種宗教，在其中，這種全然相異的力量是在遙
遠的遠方。這種類型的宗教，以人逃離這種力量爲其特徵，其極
限情況就是無神論。「沒有一種歷史上的宗教完全脫離了無神
論。」㊵還有一種**鬥爭型**的宗教，它是二元論的。瑣羅亞斯德教
（Zoroastrianism）⑽是其典型例證，在這種類型的宗教中，人
參與了宇宙的衝突。**安寧型**（repose）宗教沒有特定的歷史宗教
爲例證，但它描述了見於所有宗教傳統中的密契主義類型的特
徵。古希臘的宗教是一種**形式型**的宗教，它既表現在諸神的雕像
中，也同樣表現在柏拉圖的理念中。印度教代表了**無限型**宗教，
而佛教則表明了**虛無型**宗教。還有一種**意志型**宗教，與之相關的

⑽ 古代波斯宗教，即「祆教」、「拜火教」。——校閱者註

是崇拜者方面的服從，以及一種威嚴型宗教，與之相關的是信徒的謙卑。這兩種宗教的例證，分別是猶太教和伊斯蘭教。最後是愛的宗教──「基督教的類型學只需要一個字來表達──愛。」④

范・德・利烏夫並不隱諱這一點，即他相信基督教是歷史上的宗教的核心形式。這並不意味著其他的宗教應被斥為虛假的或者虛幻的。但他堅持認為，不偏不倚的或者中立的態度是不可能的，這是由於前面已經說過的道理：宗教不可能被推開在桌子上來展示給人，不可能像對很多自然對象那樣來考察。比較就包含著比較的標準，而這標準也就是考察者自己的宗教，他與之有一種特別的關係。即使他的宗教是無神論，情況也是如此，正如我們已經看到的，無神論是一種特定的宗教態度的極限情形，是對上帝的逃避。

在羅馬尼亞學者米爾西亞・埃利阿德④（Mircea Eliade 1907～　）進行的宗教研究中，現象學也起了很大的作用。他的興趣主要是神話與象徵，他的目的不是要解決神話和象徵的起源或發展問題，而是像他告訴我們的那樣，「我們的意願，是要理解它們的意義，努力看清楚它們顯示給我們的東西。」④

古代神話的象徵，把古人的體驗結合了起來。任何東西一旦被用作象徵，它也就從在世俗經驗中看來是的那種東西，被改造成了一種宇宙原則，自身體現著一個完整的體系。上古之人沒有「存有」、「實在」、「變化」之類的詞彙，但是他們仍然有自己的存有論，隱含在他們的神話之中。埃利阿德對上古神話的比較研究，使他把那些神話視為有具像作用的「原型」（archetypes），他使用「原型」一詞時，所指的意義與榮格不同。埃利阿德的「原型」，所指的是在太初之時或者在神話時代，由諸神或者英雄們完成的那些典範行動，而且所有後來的人類行動都在重複著那些行動。第一場戰鬥，第一次婚姻，第一個舞蹈──這些都成了非時間性的仿效的模型。上古宗教的神話和儀

式，再現了給出萬物啓示萬物的那個創造時刻。換言之，上古之
人絕無我們這樣的對歷史的理解——把歷史理解成一種不可逆轉
不可重複的事件過程，人應對之負責，人也在其中造就自己。古
人不必忍受歷史之重負，因為古人關於反覆出現的事件的神話，
把歷史從他們眼前隱藏起來了。「這種永恆的再現，揭示了一種
未受時間和變化之沾染的本體論。」⑭

　　聖經的宗教衝破了這種循環結構，而且啓示也成了歷史性
的，而不是宇宙性的。希伯來人的上帝，不是一個創造原型態勢
的神，而是在歷史中不可逆轉地不斷行動的上帝。這種觀念在基
督教之中，在基督教對耶穌基督這個獨特事件的承認中，得到了
繼承和豐富。確實，在通俗的基督教中，原型很容易回來，而且
人們躲入其中，把原型作為逃避歷史之恐怖的庇護所。但是，對
於個人來說，猶太教—基督教卻使得信仰的態度成為可能了，亞
伯拉罕是這種態度的第一個典範。透過信仰，可以理解一種創造
性的自由，它不受制於任何自然的法則，它的泉源和支持在上帝
那裡。於是，基督教就成了墮落的人類的宗教，就是說，成了已
無可挽回地與歷史合成一體，已從永恆再現的原型之樂園被逐了
出來的人類的宗教。

六十七、對研究宗教的描述性方法的評論

　　對宗教的描述性研究，不論是採用胡賽爾所說的那種意義上
的嚴格的現象學分析的形式，還是以一種比較一般的方式進行，
看來都有不少可以讚揚的地方。它明白地向我們表明了宗教體驗
中的基本因素是些什麼，而沒有引進關於宗教體驗的可能起源或
終極意義的可疑思辨，來歪曲這種圖景。或者，它至少要等到完

成了描述工作之後，才來進行思辨的建構，像奧托所做的那樣。
當然，胡賽爾所說的那種「哲學的懸擱」是否可能，這是很成問
題的。胡賽爾肯定承認，要從思想中清除各種前提假定，是最難
辦到的一件事情。奧曼和范‧德‧利烏夫坦率地說，他們的描述
是從某種明確的觀點出發進行的，雖然這並不意味著他們有嚴重
的黨派性。據認爲，一個人總能以此爲目標，即描述事物本身，
描述在宗教意識中出現的現象的本質。在馬雷特、奧托和舍勒之
類思想家那裡，我們似乎確實達到了現象的本質，即眞正是宗教
的那個東西，因爲這些思想家已經深入到了思想的感情狀態之
中，這些感情狀態位於宗教的核心，而常常被對宗教的理智主義
解釋和實用主義解釋兩方面所忽視，前者把宗教理解爲一種世界
觀，後者則傾向於把宗教等同於道德。

　　不論怎麼說，對宗教信仰者的典型體驗所作的精確描述，以
及一種還盡可能擺脫前提假定（不論是自然主義的還是其他的前
提假定）的描述，看來會爲宗教研究至少是提供一個穩靠的出發
點。可是，是否可以要求某種更多的東西呢？也許，這個問題的
答案，取決於是否能把宗教體驗視爲自成一類的，性質上獨一無
二的，不可化簡的東西。奧托、奧曼和舍勒取這種觀點，但馬雷
特比較謹愼，並提出他視爲宗教之基礎的敬畏之感，可以由恐
懼、愛、尊重之類自然的情感所構成。

　　如果宗教是一個獨特的、自主的經驗領域，那麼就可以宣
告：它所提出的見解，有權得到我們給予任何別的經驗領域的見
解的同等的尊重。在這種情況下，根據其純粹本質來描述這種宗
教體驗，肯定它的見解和其他領域的體驗有同等的權利，就會有
充分的理由。另一方面，如果宗教體驗是由各種「普通的」情感
混合而成的，則其有效性的問題就會難以回答得多。情況也可能
是這樣：在對神聖者的體驗中，自然的感受被從其通常的對象上
轉移開了，並被投射到一個想像的對象身上，這些感受被如此微

224

妙地混合在一起，以致於隨之產生的結合體看起來好像一種新
的、獨一無二的情感了。

　　奧托和舍勒都認爲，堅持維護宗教經驗的獨特性質十分重
要，但是當他們談論覺神能力或者人心中的神形結構，以求做到
這一點時，他們似乎已離開了比較堅實的描述之基地，「而退進
了一個比較思辨的領域。以奧托爲例，我們當還記得，他採用了
康德的術語，並把「神秘者」說成是一種先驗範疇，它經過系統
化過程而成爲「神聖者」這一觀念。然而，康德主義的學者不難
指出，這種和康德的比較是似是而非的。例如，帕頓（H. J.
Paton）指出，姑且不論很難了解一種非理性的範疇會是什麼東
西，奧托首先就混淆了康德的理性諸觀念與知性諸範疇，然後又
顛倒了康德所說的系統化過程——在康德那裡，這是指把一種非
理性因素並入一種理性概念中去，而在奧托那裡，這卻是把一種
理性因素附到本來是非理性的東西上去。㊺所以看起來，在奧托
的系統化與康德的系統化之間進行類比，有點風馬牛不相及。然
而這僅僅表明奧托誤用了康德的話。要說奧托的一般觀點也是錯
誤的，這也許並非事實，不過人們一定會說，他並未決定性地闡
明自己的論證。

　　然而，提供給我們關於宗教體驗的描述，不論如何透徹和精
確，似乎並不能確證這種體驗的有效性。正如波亨斯基
（Bochenski）在談到現象學時所說的，「它所缺乏的，是把握
具體存有者的能力；它是一種關於本質的哲學，而不是一種關於
存有者的哲學。」㊻但在另一方面，對宗教體驗的清晰描述，必
須成爲通向對它評價的第一步。也許，根本不存在宗教經驗的有
效性能夠據以**確證**的方法，而且，只能給人指出奧托等人所描述
的那一類體驗，然後讓人對自己能獲得的體驗進行最爲眞誠的識
別，並據以對那類體驗作出判斷。

　　再從另一個不同的角度來看，研究宗教的描述性方法也遭到

了一些神學家的批判。巴特和他的學派背離了施萊爾馬赫的傳統，背離了「意識的神學」（Bewusstseinstheologie），理由是，我們應該注意的是啓示和聖經，而不是宗教體驗。然而對此可以回答說：啓示和聖經的教導也必須在體驗中得到採用，而且奧托和舍勒肯定也賦予了啓示極大的重要性。

無論如何，我們將會看到，現象學繼續在發揮著有力的影響，這種影響一直擴展到我們時代的宗教思想之中。蒂里希（Paul Tillich）說：「神學必須把現象學方法應用到它所有的基本概念中」，儘管他認爲這只是「討論這些概念的眞理性和現實性」的預備工作。⑪在哲學家當中，我們將在哈特曼和海德格那裡再次遇見現象學，經過改造以適合於他們需要的現象學。然而，我們已經認識到現象學和與之相關的方法，作爲闡明我們的主題材料和解決其眞正的問題的一種方法所具有的價值。

註　釋

① 《論宗教》（ *On Religion* ），第 39 頁。

② 《基督教信仰》（ *The Christian Faith* ），第 12 頁。

③ 《新教思想：從盧梭到利奇爾》（ *Protestant Thought : From Rousseau to Ritschl* ），第 338 頁。

④ 牛津大學教授。

⑤ 參見本書前面第 54 頁。馬雷特的文章題為〈倫理中的根源與效用〉（ Origin and Validity in Ethics ）。

⑥ 《宗教之開端》（ *The Threshold of Religion* ），第 23～28 頁。

⑦ 同上書，第 104 頁。

⑧ 同上書，第 31 頁。

⑨ 同上書，第 13 頁。

⑩ 同上書。

⑪ 參見本書前面第 103 頁。

⑫ 1904～1914 年任哥廷根大學教授，1914～1917 年任布列斯勞大學教授，1917～1929 年任馬堡大學教授。

⑬ 參見其論文：〈施萊爾馬赫如何重新發現 Sensus Numinis〉（ How Schleiermacher Rediscovered the *Sensus Numinis* ），載於《宗教論集》（ *Religious Essays* ），第 68～77 頁。

⑭ 《神聖者之觀念》（ *The Idea of the Holy* ），第 15 頁，註 1。

⑮ 《論自我與神性》（ *On Selfhood and Godhood* ），第 327 頁，第 331 頁。

⑯ 《神聖者之觀念》，第 148 頁。

⑰ 同上書，第 117 頁。

⑱ 同上書，第 119 頁。

⑲ 參見本書前面第 110 頁。

⑳ 自 1907 年起在劍橋大學的（長老宗）威斯特敏斯特（ Westminster ）

學院擔任教授，1925～1935 年任校長。

㉑　參見本書前面第 210 頁。

㉒　載於 *Präludien*，第 357 頁。

㉓　《自然的東西與超自然的東西》（ *The Natural and the Supernatural* ），第 58 頁。

㉔　同上書，第 65 頁。

㉕　同上書，第 72 頁。

㉖　同上書，第 61 頁。

㉗　同上書，第 61 頁。

㉘　《論自我與神性》，第 343 頁。

㉙　可以將利烏夫（ G. van der Leeuw ）列舉的現象學諸類型與之進行比較。參見本書後面第 221 頁。

㉚　《自然的東西與超自然的東西》，第 370 頁。

㉛　法默爾（ H. H. Farmer ）提出了這樣一個有趣的觀點：雖然人格的範疇在奧曼的思想中通常有調節的作用，但他卻在相當晚的時候才有點勉強地將它們引進《自然的東西與非自然的東西》中。參見《啟示與宗教》（ *Revelation and Religion* ），第 28 頁，註 1。

㉜　相繼在哈雷大學（ 1887 ）、哥廷根大學（ 1900 ）、和弗萊堡大學（ 1916 ）受任學術職位。

㉝　《觀念：純粹現象學總導論》（ *Ideas : General Introduction to Pure Phenomenology* ），第 43 頁。

㉞　同上書，第 44～45 頁。

㉟　1919～1928 年任科隆大學教授。

㊱　參見本書前面第 79 頁。

㊲　《論人心中的永恆》（ *On the Eternal in Man* ），第 7 頁。

㊳　1918～1950 年任格羅寧根（ Groningen ）大學教授。

㊴　《宗教的本質與表現形式》（ *Religion in Essence and Manifestation* ），第 681 頁。

⑩　《宗教的本質與表現形式》，第 601 頁。

⑪　同上書，第 646 頁。

⑫　1933～1939 年任布加勒斯特（Bucharest）大學教授。在法國任教一段
時間之後，1958 年成為芝加哥大學教授。

⑬　《宇宙與歷史》（*Cosmos and History*），第 74 頁。

⑭　同上書，第 89 頁。

⑮　《現代的困境》（*The Modern Predicament*），第 137～139 頁。

⑯　《當代歐洲哲學》（*Contemporary European Philosophy*），第 153
頁。

⑰　《系統神學》（*Systematic Theology*），第一卷，第 118 頁。（中譯本
已由東南亞神學院協會出版——校閱者註）

第十四章
新實在論

六十八、對觀念論的反叛

　　如果本書的目的，是要對二十世紀的哲學作總的說明，那 226
麼，論述被稱爲「新實在論」的思潮的眼下這一章，就需要寫得
很長，因爲這個思潮是最近時期以來最重要的哲學發展之一，而
且肯定是英語國家最爲重要的哲學發展。可是，既然我們的目標
要有限得多，只要是追溯宗教思想在二十世紀的歷史，因而本章
事實上將是很短的一章。其原因在於，這個新思潮的很多領導人
物對宗教或是漠不關心，或是抱敵對態度，而且因此幾乎對於宗
教思想毫無貢獻。這個思潮本身標誌著加寬哲學與神學之間的鴻
溝，放鬆二者之間傳統上的紐帶。然而，如果我們要對現代宗教
思想作一種公正的概述，我們就應該既考慮友好的評價，也考慮
敵對的評價，而且，甚至在我們發現一個哲學家對宗教問題保持
沈默時，我們也應該探究一下，這種沈默是不是可以歸因於他相
信，傳統的宗教問題不是哲學討論的適當主題。

　　在哲學史上，「實在論」一詞具有各種不同的意思，但在現
在，可以認爲它代表這樣一種觀點：我們對於一個實在的世界擁
有知識，這個世界是獨立於我們對它的認識而存在的。實在論被
認爲是和觀念論對立的，在觀念論看來，世界在某種意義上是依
賴於心的。所謂「新實在論」是在十九世紀與二十世紀之交，作

爲對觀念論統治的一種反叛，作爲十九世紀的觀念論與唯物論自
然主義之間的第三種力量而出現的。實用主義者也是實在論者，
是觀念論的反對者，但是新實在論思潮的特點是理智主義的，所
以它反對觀念論的同時也反對實用主義，而且，最終成爲反叛正
在衰落觀念論傳統的急先鋒的，正是新實在論。

227　　　雖然我們說過，新實在論思潮對於宗教思想幾乎沒有作出什
麼正面的貢獻，但是還應該補充說：實在論當中並不存在固有的
反宗敎傾向。畢竟，基督敎會中最大的一個(1) 是以多瑪斯主義
（Thomism）爲其正式哲學的，而多瑪斯主義正是一種溫和的
實在論。現代實在論最有影響的先鋒之一，弗蘭茨・布倫塔諾
（Franz Brentano）就終生都是有神論者，並曾擔任羅馬天主教
的教士。另外那些著名的實在論者對宗教也評價極高。另一方
面，我們應該記得，觀念論在肯定精神的至上性時，也把某種特
殊的地位賦予了宗教之類的精神活動。在實在論看來，精神只是
世界上諸因素當中的一個因素。精神活動喪失了它們的特權地
位，它們必須重新調整自身以適合於這麼一種世界概念，在這種
概念中，事實被認爲比價值重要。此外，新實在論思潮還包含著
強烈的分析傾向和反形上學傾向，這種傾向是不利於傳統的神學
和宗教哲學的。

　　在本章中，我們只考察這個思潮的開始階段及其一般特徵。
出自新實在論的那種形上學以及分析哲學，都將放到後一個階段
去討論。在此，我們將首先看看出現於布倫塔諾思想中的當代實
在論在歐洲大陸的發端（第六十九節）。然後我們將考察英國新
實在論的一些代表人物，尤其是摩爾和羅素，在統治英國哲學方
面，他倆繼承了那同樣著名的一對，即布拉德雷和鮑桑葵（第七
十節）。接著考察美國的實在論，並從其最著名的兩位鼓

——————————
(1)　系指天主教會。——譯註

吹者佩里和桑塔亞那來予以說明（第七十一節）。按照常規，本
章也將以一些結論性的評論來作結束（第七十二節）。

六十九、歐陸的實在論

布倫塔諾

　　不論是直接地還是間接地，我們現代的很多思想都受到過一
位值得注意的人物的影響，約翰・拉伊德（John Laird）稱他爲
「奧地利的蘇格拉底」，他就是著名德國詩人克勒門・布倫塔諾
（Clemens Brentano）的侄子弗蘭茨・布倫塔諾①（Franz
Brentano, 1838～1917）。他是一名教士，又是心理學家兼哲學
家。這位奧地利思想家的影響透過他的弟子邁依（Meinong）而
流傳到整個新實在論思潮之中，而在另一些方向上，則觸及了現
象學和新多瑪斯主義。

　　布倫塔諾深諳亞里斯多德和中世紀哲學家，他力求返回康德
和觀念論傳統之前的時代，回到經驗主義和實在論的立場上去。
如他所見，精神活動的本質，是超越自身之外，指向實在的事物
的。爲了表達這個實在論的觀點，布倫塔諾發現了──或者不如
說，在亞里斯多德和經院哲學傳統中重新發現了──一條在現代
哲學中極其重要的原則：「意向性」（intentionality）。每一種
精神活動，不論是抱持一種觀念，或是作出一個判斷，或是採取
一種愛或恨之類的感情態度──在布倫塔諾看來，這些就是精神
現象的三個基本類別──它都有一種「有意向的」性質。也就是
說，精神生活並非自我封閉的，它具有一種定向的特性，所指向
的東西在自身之外。正如布倫塔諾所說，「沒有被聽到的事物就
不存在希望，沒有被信仰的對象就不存在信仰，沒有所希望的東

228

西就不存在希望，沒有爲之奮鬥的目標就不存在奮鬥，沒有值得
高興的事就不存在高興，其他的精神現象也都如此。」②這個思
想爲種種詳細論證提供了基礎，這些論證表明，心智的意向總是
指向實在的事物的。

　　布倫塔諾的實在論是明確的有神論的。他之辭去神父職務，
看來多半是因爲他不能接受一八七〇年頒布的教皇無誤教條，但
他一直繼續擁護基督教倫理，堅持一種背離正統觀點的有神論。
事實上，布倫塔諾認爲，他最偉大的作品是爲有神論作的辯護，
即在他去世後出版的《論上帝的此在》（ *Von Dasein Gottes* ）。
在此，他更新了爲上帝存在所作的宇宙論證明和其他傳統證明，
並堅持認爲，有神論在理智上是最能令人滿意的假定。可是有趣
的是布倫塔諾所設想的那麼一種上帝，那不是傳統神學認爲居於
永恆之中不變的上帝，而是進入了無常的過程並且必須變化的上
帝。世界的不完美性指明有這麼一個上帝，他的作品正向著完美
前進，而且他本身也必然在某種意義上是在發展著的。在這種概
念中，我們已經看見了後來的實在論形上學的一些思想的先兆。

七十、英國的實在論

摩爾，羅素，布洛德，普萊斯

　　喬治・愛德華・摩爾③（ George Edward Moore, 1873～19
58 ）屬於這樣一類哲學家，他們的重要性不那麼依賴於他們所寫
的東西（摩爾的文字產品是比較少的 ），而更多地依賴於他們對
當代思想家發揮的影響。衆所公認的是，摩爾對改變本世紀英國
哲學的進程發揮了重大的影響。這種改變表現在背離觀念論而走
向實在論、背離體系構築而走向分析這兩種傾向，兩種傾向都頗

229

得力於摩爾。

摩爾自視爲常識的捍衞者，他是在英國反叛觀念論統治的領導人物之一。他發表於一九○三年的〈駁斥觀念論〉（Refutation of Idealism）一文，標誌著英國哲學的一個轉捩點。像布倫塔諾一樣，他要求我們區分人所意識到的對象（例如「黃色」這樣一種感覺材料）與意識的行動本身。這個行動是精神性的，但我們所意識到的對象卻不是。在這種意識行動的情況下，據稱，「當我們意識到這個行動的對象時，這個對象也正是我們沒有意識到的時候會是的那個東西。」④ 在力圖提出其實在論的論點時，摩爾經歷了不少困難，但是，我們的認識並不構成實在，而只是發現實在，這個根本性的論點很快就被廣泛接受了。

實在論是傾向於多元論的，在這個方面，摩爾也攻擊了觀念論。根據觀念論的觀點，實在是一個有機的整體，在其中，任何一個特殊的事物都是透過它與總體的關係而構成的。摩爾的看法與此相反，他認爲，任何一個特殊事物都有其自身的性質，它不受自身與其他事物之關係的影響。因此，沒有必要像某些黑格爾主義者所主張的那樣，在能夠認識任何東西之前去認識每一樣東西。於是，摩爾就使英國哲學背離了形上學而走向分析，走向具體問題之澄清。約翰・韋斯頓（John Wisdom）告訴我們，他如何去聽摩爾關於靈魂的演講，希望在宗教和形上學問題上得到某種啓發。可是與他的希望相反，他發現這些問題都被回避了，他得到的是「一個邏輯遊戲」──對一些普通陳述的精細分析，一種摩爾非常擅長的分析⑤。

雖然摩爾是觀念論的反對者，但他在自己的倫理學說中向我們表明，他同樣不贊成傳統的自然主義。他說，「『善』（Good）是一個簡單的概念，正是『黃』是一個簡單的概念一樣。」⑥ 想要根據斯賓塞的進化倫理學之類的自然主義術語來解釋「善」的企圖，遭到了摩爾的批判和拒斥。「善」被說成是一

種「非自然的」性質，這種性質內在地屬於某些特定事物，諸如美的享受或與同伴的關係之類。但是，如果說對「善」的自然主義解釋被摒棄了，那麼要根據某種所謂超感覺實在解釋它的企圖也同樣被摒棄了。可以公平地說，摩爾的倫理學是一種人本主義倫理學。要總結他的思想的方向，人們可以這樣說：他給予當代哲學的推動，使它轉向了實在論、多元論、分析以及人本主義。

230

新實在論思潮在英國的興趣中，和摩爾密切相關的是伯特蘭・阿瑟・威廉・羅素⑦（ Bertrand Arthur William Russell, 1872～1970 ），他是現代最著名的英國哲學家。羅素在很多方面與摩爾有顯著的不同。摩爾寫的東西很少，而在羅素名下，數量多得令人驚愕的文字產品卻源源流淌了六十多年。摩爾的著作是袖珍畫，只討論有限的幾個問題，而羅素卻從來不從《哲學綱要》（ An Outline of Philosophy ）或《西方哲學史》（ History of Western Philosophy ）這類的巨型畫布面前退縮。摩爾為職業哲學家寫作，而羅素既做專業性強的哲學工作，也賦有通俗解釋的才能，他已逐漸被視為現代的科學的和世俗的世界的某種使徒。摩爾在學術圈子中如魚得水，而羅素總對公共事務感興趣，他熱情支持形形色色的社會和政治理想──應該提一句，其中有些是有點古怪的。最後，從我們眼下的研究的觀點來看，我們注意到，摩爾對於宗教問題幾乎是沈默不語，而羅素卻常常寫到這些問題，以肯定的方式表達了自己的思想。

既然羅素在我們的概述所涉及的這整個時期一直都很活躍，既然在此期間他的思想已經經歷過很多的變化，那麼他也就不是那種對其學說可以清晰地作出總結的哲學家。然而，就我們探索的有限目的而論，他的宗教觀在這整個時期保持不變這一事實卻幫了我們的忙。

在一篇早期寫的、常常被重印的文章──〈一個自由人的崇拜〉（ A Free Man's Worship ）中，⑧羅素陳述了一種坦率的唯

物主義世界觀，並用給人以深刻印象的修辭和不少的獨斷論，拒斥了宗教的解釋。「人是那些對於其所接近的目標毫無預見的原因的產物；他的出身、他的成長、他的希望和恐懼、他的愛和他的信念，都不過是原子偶然排列的結果；沒有任何火焰、任何英雄主義、任何強烈的思想和感情，能夠超越墳墓而保存一個人的生命；世世代代的一切勞作、一切虔誠、一切靈感、一切人類天才猶如日行中天的光輝，都注定要在太陽系的大規模死亡中滅絕──所有這些事情，如果不是不可爭辯的，也是如此接近於肯定，以致於任何哲學要否定它們，就不可能希望立得住腳。」⑨在這篇文章中，羅素對於宗教對世界的理解的否定，主要是以訴之於事實為基礎的。宗教把宇宙力量描繪成善的，但「事實之世界終究並不是善的。」⑩宇宙力量並不值得人的崇拜。只有人自己的理想值得人去尊重，而且人不能不承認，他必須在這麼一個世界上依靠自己為這些理想而奮鬥，這個世界對這些理想是冷漠的、甚至是敵對的。這樣的觀點和瓊斯之類的觀念論者所表達的觀點，處於相反的極端。⑪

　　如衆所周知，羅素最有意義的哲學工作，是在邏輯領域內完成的。他的邏輯研究雖然具有一種高度技術性的特點，但卻對他的整個哲學觀點，其中包括他對宗教的否定態度具有決定作用。我們對世界的認識必須透過有效的邏輯程序來獲得，而科學能指出這種程序，宗教卻不能。羅素堅持認為，哲學認識本身，和科學認識並無本質的不同，儘管它更具有批判性，更具有普遍性。哲學「考察我們所認為的知識的各個不同部分，看它們是否彼此一致，所用的推理是否看起來有效而經得起仔細推敲。」⑫另一方面，哲學也不聲稱擁有與科學隔絕的特殊的智慧泉源。

　　這些想法對宗教來說，或者更嚴格地說，對宗教世界觀來說，是十分不幸的。在〈密契主義與邏輯〉（Mysticism and Logic）一文中，羅素問道，是否有兩種認識方式──神秘的方

231

式與科學的方式呢？他雖然承認，被視爲對生命的一種感情態度的密契主義，可能具有某些值得讚賞的東西，但他否認有任何密契主義見解可以被恰當地稱爲「知識」。「未經驗證、未得證實的見解，是眞理的不充分的保證。」⑬沒有任何有效的邏輯程序可以被指出來，而且密契主義所導致的信仰——對一個超感覺實在的信仰，對於世界並非多元而是一個統一體的信仰等等，都遭到了審查和拒斥。即使科學發現頂多只能達到或然性，我們也還是只有科學，作爲唯一可靠的認識方式；而且即使是在道德行爲的領域，科學也必須成爲我們的嚮導，這個領域在傳統上是由宗教概念統轄的。在羅素的《西方哲學史》的一段話中，也提出了類似的說法：「自從柏拉圖以來，大多數哲學家一直把提出關於靈魂不朽與上帝存在的『證明』，視爲自己的任務的一部分。爲了使自己的『證明』顯得有根據，他們曾不得不歪曲邏輯，使數學神秘化，冒稱一些根深柢固的偏見是天賜的直覺。所有這一切，遭到了那些以邏輯分析爲哲學的主要任務的哲學家們的否定。他們坦率地承認，對於很多對人類具有深刻重要性的問題，人類理智無法找到最後的答案，但他們不肯相信，有某種『更高的』認識方式，我們能夠據以發現科學和理智看不見的眞理。」⑭

羅素說起話來，常常像一個唯物主義者，其實在他的思想裡有很強的唯物主義氣息。然而，他通常寧願把自己的觀點稱爲「中立主義」（neutralism）。構成世界的原初材料既不是心理的，也不是物理的，或者寧可說，存在著一種心與身都需要的原初材料。身與心同樣都是由「事件」所構成的「邏輯結構」，事件本身屬於一種中立的秩序。這種觀點顯然類似於馬赫的觀點，⑮或者，在哲學史上再往回溯，顯然類似於大衞・休謨（David Hume）的觀點。

但是，無論我們可以怎樣給它貼標籤，羅素哲學就本質而言，在觀點上是科學的，在精神上是世俗的。既然科學不爲信仰

上帝或信仰永生提供支持，那麼這些信仰就必須被作為較早時代的不成熟思想的殘餘而拋棄，但是給我們以補償的，是科學本身向我們提供的前景；如果能夠正確地引導科學的力量的話，在科學的精神中，羅素看到了人類的主要的希望。我們且引用他對他自己的哲學的評價：「在各種彼此對立的狂熱見解的紛紜混亂之中，少數起協調統一作用的力量之一，就是科學的實事求是。我所隸屬的哲學派別一向堅持把這種美德引入哲學，並創造了一種能使哲學富於成果的有力方法，這些就是此派的主要功績。」⑯

新實在論的又一個有趣範例，是由查爾斯・鄧巴・布洛德⑰（Charles Dunbar Broad, 1887～1971）的思想所提供的。布洛德認為，研究哲學最好的方法，是從有限的問題開始，並對這些問題進行徹底的探究；但在此之後，人們就可以接著探究各種範圍更廣的整體。我們會看到，布洛德自己同意採取一種思辨的手段，雖然這遠遠不是要構造一種形而上學體系。在《心靈及其在自然中的地位》（ *The Mind and its Place in Nature* ）中，他著手研究心靈的問題，而且我們看到，在實在論中，心靈在被剝奪了它在觀念論中享有的特權地位之後；又如何被給予了一種在事物系統中較為低賤和較成問題的地位。在關於心靈與肉體關係的各種可能成立的理論中，布洛德傾向於贊成這麼一種觀點：心靈是物質的一個「自然發生的特徵」。

但是，他的討論由於把一個不尋常的因素引進哲學裡來而十分複雜。他十分認真地看待心靈研究的種種發現。⑵某些「超常」現象的出現，布洛德認為是確定無疑的。問題在於，心靈研究是否為心靈在肉體死後仍然存活提供經驗的證據。布洛德並不認為有證據證明了這種**存活**，但有證據表明了人死後精神生命中

233

⑵ 心靈研究又稱心靈學，研究的對象大約相當於我國人常說的「特異功能」。——譯註

某些因素的**持續性**。布洛德把這種因素稱爲「心靈因素」，它不
是心靈，但在與神經系統的組合中可以構成一個心靈。它有能力
在人死之後持續下去，還可以保留它曾有助於構造的那個心靈所
具有的某些經驗的痕跡。這種心靈因素本身也可能是由一種形式
精微的物質構成的，在這種情況下，只需稍微修改一下突生唯物
論的理論就可以適合於它。布洛德還指出，如果這種心靈因素存
在，它們就會使靈魂轉生或輪迴的理論有可能成立，意即心靈因
素在與自己的肉體脫離關係的間歇期間，有可能又和某些媒介體
結合起來了。

　　這與宗教有什麼關係呢？布洛德認爲，我們沒有什麼充分的
理由去相信一個像基督教設想的那種人格的上帝。但他確實認
爲，心靈研究（雖然其發現還較模糊）爲信仰死後的存在提供了
某種證實的可能性。而且十分顯然，在布洛德看來，死後的存在
是宗教信仰的首要項目。他認爲，「至少有一些人會在肉體死後
繼續存在，這幾乎是任何宗教世界觀所必然具有的東西（ sine
qua non ）。」而且他還指出，他非常欽佩的巴特勒主教⑶ 在開
始爲宗教辯護時，首先考慮的是爲來生所作的論證，「他正確地
認爲這是宗教絕對不可缺少的基本教義。」⑱

　　把死後生存，而不是把上帝作爲宗教信仰的核心來強調，這
會使我們想起麥克塔加；而這並非偶然，因爲布洛德曾寫過一本
重要著作，專論麥克塔加的哲學。確實，這兩個人相去甚遠：一
位是觀念論者，認爲物質是不眞實的，而另一位卻有唯物主義傾
向；一位是思辨的形上學家，而另一位的興趣卻在於批判的分
析，科學以及經驗主義；一位是靈魂不朽的信奉者，另一位則相
信死後仍然持續的、多少有些模糊的心靈因素存在的可能性；一
位相信經歷一系列生命的不滅的精神，另一位則相信可能與不同

⑶　Bishop Butler（ 1692~1752 ）英國著名哲學家。——譯註

的肉體一起構成一系列精神的也許很脆弱的心靈因素。但是，在布洛德的觀點中，能看出麥克塔加的形上學給轉換到一種實在論的基礎之上，看出它的零碎的、多少有點像幽靈似的反映，這並不是想像出來的。 234

布洛德對宗教的態度並不是完全否定的。他反對這樣一種說法，即人類的整個宗教體驗都是虛幻的，他認為這種說法太牽強。他認識到，在宗教信仰中，一直存在著深度與洞察力的發展過程。正如他準備承認遠距離心靈感應和超常視力，他也同樣願意給予密契體驗以確實的承認，儘管他不認為那是對一個人格上帝的體驗。他認為，像佛教那樣一種宗教，比基督教更經得起批判。後者由於一些特殊的信念而很容易受到攻擊，而且布洛德對其前途採取了一種陰鬱的觀點，但這並不使他感到愉快，因為他擔心，取代基督教的，將是一種更不可取的意識形態。

除了剛才考察過的三位劍橋的哲學家以外，我們還可以提提牛津的實在論的一名代表人物，亨利・哈伯萊・普萊斯⑲（Henry Habberley Price, 1899 年～）。他的哲學著作所關注的，主要是知覺和思維之類的主題，但他也寫過宗教問題，而且像布洛德一樣，他把我們在這方面的注意力引向了心靈研究的種種發現。

普萊斯認為，把宗教說成僅僅是一種實踐活動，還有像布雷斯韋特那樣⑳，把宗教主張解釋為蓋著面紗的道德主張，那是片面得可笑的。當然，每一種宗教都在提倡一種生活方式，而且，也許在這方面孔夫子的教導做得還要多些。但是就基督教而言，情況卻有所不同。普萊斯說：「一位基督教的導師的這類提倡，如果離開了他有神論的宇宙理論，就會毫無意義。」㉑因此，宗教信仰者免不了這項任務，即努力表明有神論是真實的，而且他的說法涉及的是某些超乎感覺世界的事實。

但是他該如何來做到這一點呢？證據看來對他不利。傳統的

關於上帝存在的證明，不是眞正的證明，而寧可說是「宗教信仰
者先就相信的命題之澄淸的分析。」㉒ 訴諸某種內在的、私自
的、不可證實的宗敎體驗——訴諸於羅素所謂的「密契主義的」
認識方式，也沒有任何用處。就科學而言，它不能夠駁倒宗教的
信念，但它也並不支持這些信念，而我們又很難滿足於把這些信
念視爲純粹的主張。

　　正是在面對著這種看似死胡同的情況下，普萊斯透過訴諸於
心靈學或心靈研究的發現，找到了一條可能的出路。他認爲心靈
感應和超常視力之類現象的發生，是一個無可爭辯的事實，而且
他提出，這類現象也許是通過心靈的無意識區域而發生作用的。
當然，作爲有限心靈之間的一種聯繫，心靈感應與對神的感覺是
不相同的，但它確實表明，存在著除了感官所提供的經驗證據之
外的經驗證據，因此它消除了通向宗教信仰的主要障礙，這障礙
就是：缺乏可供科學探究的經驗證據。同樣，心靈研究也可以提
供死後生存的證據，而且，雖然死後生存比靈魂不朽的含義要窄
一些，但是，如果提出了靈魂能在肉體消解之後延續的經驗證
據，那麼，相信靈魂不朽的主要障礙也就消除了。於是就存在著
這麼一種可能性：宗教的主張可以視爲經驗上可證實的，而且它
們可以被置於一種科學的基礎之上，如果我們準備把「經驗」這
個概念，從感覺經驗擴大到這樣一些超感官經驗的話，這些超感
官經驗能確認可以接受某種主體之間的檢驗的主張。於是，普萊
斯又使得我們再次去思考人類的人格，以及它在實在世界中的經
驗的範圍。

七十一、美國的實在論

佩里，桑塔亞那

一九一二年，沿著類似摩爾和羅素的思路進行思考的一些美國哲學家，發表了一本題為《新實在論》（ *The New Realism* ）的專題論文集，作為他們的一種宣言，我們從中選出的代表，是這份宣言最傑出的貢獻者之一，拉爾夫・巴爾頓・佩里㉓（ Ralph Barton Perry, 1876～1957 ）。他所發展的哲學，融合了他的老師威廉・詹姆士的經驗主義與多元主義，而且和羅素的觀點也有很多相似之處。

佩里說：「人類的心智，本能地和習慣地就是實在論的，因此實在論更多地不是需要證明，而是需要辯護以反對批評。」㉔在他的吉福德演講㉕中，他總結了他建立在這種實在論的常識基礎上的哲學的特徵。他的哲學既是**實在論的**，又是**中立論的**，就是說，它拒斥身心二元論，身心二者可以用休謨的方式視為一些中性物的不同組合。還有，他的哲學又是**經驗論的**，就是說，它必須服從觀察到的事實的檢驗。此外，它又是**自然主義的**，就是說，它把自己的注意力限制在自然科學可以考察的時空世界之內，儘管它在這個世界之內也發現了人性本身及其種種更高級的能力。最後，他還是**多元主義的**，就是說，它沒有在這個世界上發現什麼起統一作用的原因或目的，而只發現一些有限的統一體，以及殘留著的種種多樣性。

於是，人被湮沒在一種自然秩序之中，他在其中力求實現他的種種價值。這些價值是由人自己的利益所產生的，而實在本身脫離人類的這些利益來看，既不好，也不壞。正是和這種在一個

236

中立世界中追求價值的思想相聯繫，佩里引進了他自己的宗教觀。宗教在最廣的意義上被說成是「人類**最深切的渴求**，是人對自己視爲最有價值的東西的命運的關注。」㉖佩里所說的這種宗教，像杜威的宗教一樣，是一種人本主義信仰。「有這麼一條船，所有的人都上了船，它已下水，駛入了存在的大海，滿載著人們辛苦掙來的一切財富。宗教就在爲這危險而充滿希望的航行說話。它宣布說，對大家的利益感興趣的團體，正在使不如此則興趣各異的一切人成爲在事業中合作的伙伴，這項偉大的事業，就是要用好的事物代替壞的，用更好的代替好的，以求達到儘可能最好的。宣告這一值得自豪的目標，激勵人們去追求這項目標，這就是宗教的功能。」㉗

在一部後來的著作《清教與民主》(*Puritanism and Democracy*)中，佩里開始來論述基督教對於民主社會中各項價值的特殊貢獻。在美國的清教的遺產之中，還能肯定一些什麼呢？佩里的興趣，主要在於基督教的道德價值。但這並不意味著，宗教不過是已被吸收進了民主理想之中，或是被約簡成了民主理想的最小公分母。宗教需要其形態各異的、具體多樣的表現形式，而且，一個民主的社會將會鼓勵像基督教這樣的信仰，以使人類價值和人類可能性的範圍更加豐富多彩。

我們可以以喬治‧桑塔亞那㉘ (George Santayana, 1863～1952)作爲美國實在論的另一位代表。他生於西班牙，孩提時代就到了美國，儘管他從未成爲美國公民，而且自視爲在美國的一名旅居者。然而，既然他是在美國受的教育，任教於一所美國大學，用英語發表自己的著作，並且現在在美國比在其他任何地方都享有更高的哲學聲望，他也就幾乎不可能不被算作一位美國哲學家。由於這些原因，我們有理由把他的著作視爲實在論在美國的一種例證。可是應當補充一點：他的宗教觀是他自己所特有的，不能被看成一種典型。也許是由於他的天主教的歐洲遺產，

他能夠把一種坦率的唯物主義，和對於基督教精神的精髓認識和　237
讚賞結合起來，正如在他的著作的很多段落中都可以看到的那
樣。㉙

　　桑塔亞那是一位詩人，他的文學風格並不總是有利於清晰地
表述他的哲學思想。這些思想屬於所謂「批判的實在論」那一類
觀點。我們在直覺中直接把握的，並不是單個存在著的客體，而
是顏色、氣味等等一般的本質。不過，藉助於一種他所謂前哲學
性的「動物信仰」的行動，我們把這些本質與獨立於我們而存在
的事物聯繫起來了。正如摩爾為常識辯護，桑塔亞那也為這種對
外部世界實在性的動物信仰辯護。德國哲學家們（桑塔亞那並不
太認眞地對待他們）在我們讀他們的書時，可以使我們相信觀念
論的眞實性，可是一旦我們回到日常生活中來，我們就又恢復了
自己的動物信仰。桑塔亞那說：「當不是在爭論的時候，支持我
所不相信的意見，我會覺得羞愧。」㉚我們的嚮導確實必須是理
性，但理性又必須與我們最深切的本能攜手並行，因爲倘與本能
分離，理性就會迷失在散漫的思辨之中。所以，桑塔亞那的理
想，是一種理性的生活，它明白地接受科學與理智爲唯一可靠的
認識方法，但在同時又保持腳踏實地。這種理性生活的哲學，雖
然由理智所引導，但卻不陷於把理智本身作爲基礎這種觀念論錯
誤，而是注視著自然的世界，這個世界的實在獨立的存在，被接
受爲動物信仰的首要項目。

　　那麼自然是什麼呢？自然不是一個自我，把它稱爲「上帝」
沒有什麼意義。桑塔亞那的自然觀是公開的唯物論和機械論的。
即使連靈魂的作用，也被認爲歸根結柢可能是一種精緻的機械體
系的作用。確實，我們並不知道物質是什麼，而且桑塔亞那願意
在自然中區分出本質的領域、眞實的領域、甚至還有精神的領
域，以補充物質本身的領域。但是，這些其他的領域，可以說是
物質基礎之上的上層建築。不論精神的領域對人來說是多麼的重

要和珍貴，它並不是基本的實在，而是物質自然的脆弱的附帶現象。太陽系的溫度下降幾度，就會毀掉精神。

正是在這種實在論和唯物論的背景之下，桑塔亞那發展了自己的宗教觀，他賦予這個主題的重要性，可以從這個事實看出來：他爲此專門寫了整整一本書，一本被很多人認爲是他寫得最好的一本書——《宗教裡的理性》（ *Reason in Religion* ）。桑塔亞那相信，宗教起源於對逆境的體驗，它所引起的各種信仰——對上帝的信仰，對世界的善的信仰，對靈魂不朽的信仰——當然從字面意義上看不是眞實的。但是對宗教不應該從其字面意義上去看待。桑塔亞那瞧不起的，只是那種淺薄的懷疑論者，他們指出宗教信仰從字面看是虛假的，並且以爲這樣就把這個問題解決完了。這種懷疑論者尚未開始去理解宗教——如果他們理解了宗教，桑塔亞那認爲，他們也就會「理解，宗教爲何如此深刻動人，而且在某種意義上是如此深刻正確。」㉛桑塔亞那不屑於去討論他所謂的「酸臭的非宗教」，而且，儘管他也有懷疑主義，他卻在天主教信仰的「輝煌壯麗的錯誤」當中，找到了許多值得愛的東西。

他對神話的批判經歷了兩個階段。「第一個階段是把它們當作迷信而憤怒地對待；第二個階段是把它們當作詩歌而欣喜地對待。」㉜宗教的信仰，以及它們所包含的智慧，在其脫離了字面眞實的領域，甚至脫離了論戰的領域，而走到詩歌的領域（它們正是屬於這個領域的）時，就得到了理解。「宗教的整個現象，除了是由人類想像所解釋的人類體驗之外，又是什麼呢？」㉝體現在宗教的神話和寓言裡面的，是虔誠的品質和靈性的品質，而我們必須讚頌這兩種品質。事實上，這兩種品質就構成了理性的宗教——虔誠，就是「對必要條件的忠誠」，而靈性，就是「對理想目標的獻身。」㉞

七十二、對新實在論的評論

要說明新實在論思潮的一般特徵，要指出它和宗教思想問題的可能的關係，我們已經說得不少了。作為對觀念論的反動，這個新思潮引進了一種哥白尼式的革命。精神不再是事物的泉源和核心，而成了世界上各種因素當中的一個，這個世界是獨立於我們對它的認識而存在的。由此而有實在論者之訴諸於事實問題，而不訴諸於價值判斷，並強調我們的精神在世界上具有不完整的性質──這些都是羅素和桑塔亞那常常提出的論點。假如這種實在論的論點是真實的，那就意味著精神在事物體系中的地位需要重新估價；而這又意味著宗教等等精神活動的意義也需要重新估價。

羅素和桑塔亞那傾向於用唯物主義的語言來作這種重新估價，就此而論，新實在論就傾向於往回滑到老自然主義中去了，而且就變得很容易受到老自然主義所受到的一切反對。[35] 不過，實在論當然並不必然導致唯物論和機械論的觀點，事實上它十分經常地採取一些很不相同的方法。然而，對我們來說已經變得十分明顯的是，實在論對宗教的評價，雖然遠遠不是一致意見，但是比起通常的觀念論的評價來，傾向於對傳統的宗教信念不那麼有利。本章所考察的著作家，就其對宗教的幾種態度而言，布倫塔諾是異端的，摩爾是漠然的，羅素是敵對的，佩里是含糊的，而桑塔亞那是懷舊的；關於布洛德和普萊斯認為宗教主張可以在心靈研究中找到經驗根據的說法，後面[36] 還要談到很多，可是十分明顯，在此所給出的東西是一種嘗試性的，甚至是靠不住的東西。

在本章中，我們只局限於討論實在論思潮的早期階段，作為

239

我們所謂的這個概述的「第二階段」中有標誌性的轉變關頭之
一。普萊斯雖然屬於比其他人較爲年輕的一代，但也贊成一種較
老的哲學思考風格。不過已經十分清楚的是：這個思潮包含著兩
種各不相同的進一步發展的可能性。一方面，實在論的觀點可能
發展爲實在論形上學；另一方面，摩爾和羅素思想中的強烈的分
析傾向，則可能發展爲分析哲學。在後一個階段，我們將看到這
些發展採取了什麼形式，它們是如何影響當代的宗教思想的。

註　釋

① 1864～1873 年任神父，1874～1880 年任維也納大學教授，後居住於弗羅倫斯和蘇黎世。

② 《對正確與錯誤的認識之起源》（ *The Origin of the Knowledge of Right and Wrong* ），第 12～13 頁。

③ 1911～1925 年在劍橋大學任講師，1925～1939 年任教授。

④ 〈駁斥觀念論〉，載《哲學研究》（ *Philosophical Studies* ），第 29 頁。

⑤ 《摩爾的哲學》（ *The Philosophy of G. E. Moore* ），施利普（ P. A. Schilpp ）編，第 423～424 頁。

⑥ 《倫理學原理》，（ *Principia Ethica* ），第 7 頁。（ 中譯本已由聯經出版社出版，——校閱者註 ）

⑦ 1910～1916 年任劍橋大學三一學院院士。第一次世界大戰期間因和平主義觀點而失掉院士資格，但在第二次世界大戰中再度當選。他的一生多半用來寫作和講學。1931 年他繼承貴族爵位而成為第三代羅素伯爵。

⑧ 載於《密契主義與邏輯》（ *Mysticism and Logic* ），第 46～57 頁。

⑨ 同上書，第 47～48 頁。

⑩ 同上書，第 49 頁。

⑪ 參見本書前面第 20 頁。

⑫ 《哲學綱要》（ *An Outline of Philosophy* ），第 308 頁。

⑬ 《密契主義與邏輯》，第 12 頁。

⑭ 《西方哲學史》（ *History of Western Philosophy* ），第 863～864 頁。

⑮ 參見本書前面第 97 頁。

⑯ 《西方哲學史》，第 864 頁。

⑰ 1933～1953 年任劍橋大學教授。

⑱ 《宗教，哲學與心靈研究》（ *Religion, Philosophy and Psychical Research* ），第 234 頁，第 207 頁。

⑲ 1935～1959 年任牛津大學教授。

⑳ 參見本書後面第 312 頁。

㉑ 《科學與宗教衝突的某些方面》（ *Some Aspects of the Conflict between Science and Religion*)，第 6 頁。

㉒ 同上書，第 18 頁。

㉓ 1913～1946 年任哈佛大學教授。

㉔ 《最近以來的哲學》（ *Philosophy of the Recent Past*)，第 201 頁。

㉕ 參見《價值的領域》（ *Realms of Value*)，第 444 頁以下。

㉖ 同上書，第 463 頁。

㉗ 同上書，第 492 頁。

㉘ 1889～1912 年在哈佛大學任教，此後多半時間都居住於義大利。

㉙ 例如，可以參看《精神王國》（ *The Realm of Spirit*)，第 203～212 頁。

㉚ 《懷疑主義與動物信仰》（ *Scepticism and Animal Faith*)，第 305 頁。

㉛ 《宗教裡的理性》（ *Reason in Religion*)，第 4 頁。

㉜ 《懷疑主義與動物信仰》，第 247 頁。

㉝ 《教義風雲》（ *Winds of Doctrine*)，第 46 頁。

㉞ 《宗教裡的理性》，第 276 頁。

㉟ 參見本書前面第 111 頁以下。

㊱ 參見本書後面第 314 頁。

第十五章
新物理學、哲學與神學

七十三、變化中的科學圖景

　　如果不提及本世紀發展起來的新的科學概念對現代宗教思想 240
的影響的話，那麼對現代宗教思想的說明就不可能完備。然而，
要研究這個主題，必須十分地謹慎。之所以要謹慎，部分是因為
外行人很難對當代科學的複雜觀念獲得那怕是一般的理解。不過
對此可以回答說：在這個科學的時代，每一個受過教育的人都有
責任去了解科學家們在說些什麼，而且沒有任何理由不這麼做，
因為很多賦有清晰表達才能的科學家已經寫了一些通俗解說自己
的觀念的東西。之所以要謹慎，部分還因為（而且這個原因更加
重要），在一個科學論域確立起來的一些觀念，有時候被人輕率
地作出一般性概括，並應用到另一些論域，而在那些論域，它們
的適用性卻是大可懷疑的。例如，人們不時會聽見一些從物理學
的相對論推到道德中的相對論，或者從測不準原理推到自由意志
的實在性之類的幼稚論證，更糟糕的是求助於偉人的名字。因為
科學家在當代世界上享有如此之多的聲望，所以形形色色的意見
都想要聲稱自己擁有科學家的權威。例如，教會人士傾向於引用
愛因斯坦可能說過的任何有利於宗教的話，諸如他那句著名的評
論：德國各教會比起各大學和各位科學家來，更好地經受住了納
粹分子的考驗。而在另一方面，不可知論者則急切地聲稱愛因斯

坦是他們之中的一員。這種拉大旗作虎皮的粗俗下作什麼也不能
證明，只證明了那些這樣做的人對自己的信念是如此之沒有把
握，以致於需要用一些東西把它們支撐起來。

科學與哲學和神學的關係十分複雜，我們必須謹防從科學發
現作出一切匆促而不成熟的一般性概括。確實，現代有不少的哲
學家兼科學家，與之俱來的是他們自信為是他們的科學研究的哲
學涵義的東西。總的來看，職業哲學家們接受他們的態度是冷淡
的，職業哲學家們傾向於認為他們研究哲學問題的方法是帶有外
行味道的。哲學家方面的這種態度是很有道理的，不過，在此也
許也有一點職業嫉妒的因素，還有一種對科學家的不滿，這些科
學家侵入了哲學家的領地，並提出要為他解決他的難題。因此，
如果說我們必須避免從科學作出倉促的哲學推論這個危險，那
麼，我們也必須避免另一個危險，即以為科學家在哲學問題上沒
有什麼有價值的見解可說。對於那些相信自己從專業研究中已得
出一些能闡明更一般的哲學問題，甚至是上帝和宗教問題的見解
的科學家，我們應當樂於懷著批判的，但又是尊重的態度去傾聽
他們的意見。

在本世紀初，生物學及其進化理論是對哲學和宗教思想產生
了最顯著影響的科學。我們已經看到過這種影響，它清楚地表現
在克爾德、沃德、海克爾、泰勒等等彼此大不相同的思想家當
中。但在二、三十年之後，物理學就開始發揮了來自科學方面的
主要影響，因為物理學經歷了一場革命，提供出一幅在許多方面
都和十九世紀流行著不同的自然圖景。可以提一提這場革命的一
些主要階段：一九〇〇年，普朗克表述了他的量子理論；一九〇
五年和一九一六年，愛因斯坦分別提出了他的狹義相對論和廣義
相對論；一九二七年，海森伯格宣布了測不準原理。十九世紀的
自然圖景，曾經是存在於無限的歐幾里得空間和絕對時間裡的，
嚴格符合於力學法則的，固體的，不可毀滅的物質原子所構成的

圖景。這正是海克爾和老自然主義者們心目中的宇宙。然而，新物理學要求我們考慮的，卻是一種時空連續統一體，它的性質是非歐幾里得的，範圍可能是有限的，在其中不存在任何絕對的尺度、靜止、運動，甚至不存在任何絕對的同時性。物質不再應根據固體原子來理解，相反，原子被認爲是能量的一種複雜而有節律的模式。以這種方式來思考，原子顯然就只需要最低限度的空間和最低限度的時間以存在其中——這就是說，它已被理解爲一個過程。除此之外，在新物理學中，要對基本的物理實體的行爲用這麼一種方式給出一種完備的描述，看來已不可能，這種方式對於因果解釋來說會是必需的。這樣，新物理學就把一些徹底的變化引入了對自然的理解之中，並且要求對舊的圖景作一番相當激烈的修正。

當然，關於物理學中的革命徹底到何種程度，存在著意見分 242
歧。有些人喜歡強調新物理學和舊物理學之間的連續性，並指出所發生的事情是一種改造而不是一場革命；他們否認測不準原理意味著決定論的廢除；他們正確地提醒我們：根據能量來思考原子，這並沒有使原子的物理性減少。另一方面，有些人卻論證說：如果物質是過程而不是一種隨性的實體，它也就與生命和精神有了更多的共同點，而生命和精神顯然是過程；如果物理世界儘管廣大而且在擴展，卻仍然並非在空間上無限或在時間上永恆，那它就更不可能是終極的實在了；還有，如果普遍的機械決定論也成了問題，那麼也就有了更多的餘地去相信自由而有創造性的精神生命。我們已經警告過，要提防從當代科學發現向哲學一般概括作任何勿促的推論，但是人們確實會說，新物理學所理解的世界，比起舊物理學的世界來，似乎要更適合於宗教的解釋，至少是與之不那麼辣手。當我們轉向那些沈浸於哲學思辨的物理學家時，我們發現，他們對待宗教的態度，比起他們之前一代科學家對宗教的態度來，總的來說要更加友好熱情。一九三四

年前後，柯林武德曾注意到，「現代科學泰斗們談論上帝的方式，會使五十年前的大多數科學家覺得反感。」①另一方面，那些對科學有興趣的基督教神學家，很快就認識到新物理學有護教的可能性，並開始尋求科學與宗教之間的新的相互關係。

既然現代的哲學家兼科學家數目很多，我們在此就只能考慮少數幾位最爲卓越的人物，並且希望他們很恰當地代表了物理學家們關於科學知識的性質，及其對於哲學與宗教問題的意義所說過的那一類觀點（第七十四節）。然後，我們要看看一些有科學意識的神學家如何努力去調和新物理學和基督教思想（第七十五節）。本章結尾將力求評價一下這些不同觀點的價值（第七十六節）。

七十四、某些物理學家關於哲學與宗教的觀點

普朗克，愛因斯坦，海森堡，愛丁頓

243　　我們可以先來考慮一下邁克斯‧普朗克②（Max Planck, 1858～1947），他是量子理論的創立者，在很多年當中，他都是新物理學其他大多數領袖的老前輩。

乍看之下，普朗克關於科學認識之性質的觀點似乎十分複雜。他要求我們區分三個世界。第一，存在著一個感官事知覺的世界，即人所感知的這個世界。物理學中的所有觀念據說都來自這個世界，物理法則所涉及的最終都是這個世界裡的事件。第二，儘管我們不能用邏輯論證來證明，但我們「不能不假定在感覺世界後面有另一個實在世界存在。」③這個實在世界是獨立於人的，而且不可能直接把握它。然而，我們能夠對這個眞實世界

有某種領悟，我們得到它是透過兩種方式。我們透過感覺而**間接地**領悟這個實在的世界，儘管我們不知道感官的中介是如何的歪曲了或者改變了這個實在世界；而且，我們還「透過某些象徵」領悟這個實在世界，這些象徵本身是來自感覺經驗的。這種象徵大概就是普朗克自己的活動量子，他形象地把它形容爲「來自實在世界新的神秘的信使。」④第三，存在著物理學的世界。這個世界不同於另外兩個世界，因爲它是人類心智的有意創造。它是一個隨著科學進展而不斷變化著的世界，而且普朗克特別強調科學發展的連續性，強調新物理學與舊物理學的關係。這種發展的方向可以用這種說法來表達：物理學世界不斷地退出感覺的世界，並不斷地趨近於（儘管這不能證明）實在的世界。

雖然表達得略欠精緻，普朗克的觀點顯然類似於卡西勒的觀點。⑤物理科學的世界，就是心智由其體驗所構築出來的一種象徵（或符號）形式。然而，實在世界要比物理世界豐富得多，正如我們已經看到的，物理世界是從感官知覺出發的。「現代物理學把這個眞理印在了我們的心上：有各種各樣的實在，脫離我們的感官知覺而存在著，有各種各樣的問題和衝突，在其中，這些實在比起經驗世界最豐富的寶藏來，對我們都要更有價值。」⑥

具體說來，普朗克發現，道德經驗和宗教經驗都與物理學家對世界的看法相一致。普朗克並不認爲，現代物理學意味著普遍決定論的廢除，但他宣布，這種決定論是和人的自由意志並行不悖的。關於有意識的人，關鍵在於他意識到了自己的經驗的各種聯繫，而且這種意識本身成了一個在他的經驗中起決定作用的因素，引進了新的動機，從而使他有可能根據倫理法則而不是根據因果法則去行動。

至於宗教，普朗克承認宗教對世界的解釋可以和科學對世界的解釋並列，他還強調，在人類精神的一種平衡的發展中，這兩種解釋都有其自身的權利。他說：「宗教與科學之間，絕不可能

存在任何真正的對立，因為二者之中，一個是另一個的補充。我
想，每一個嚴肅的、進行反思的人都會認識到：如果人的靈魂的
各種各樣的力量，要在完美的平衡與和諧中共同發揮作用，那就
必須承認並培養人的天性中的宗教因素。科學提高了生命的道德
價值，因為它促進了對真理的愛，以及敬重——對真理之愛表現
在一種持續不斷的努力之中，即努力要達到對我們周圍的心與物
的世界的更精確的認識，至於促進了敬重之情，乃是因為認識的
每一點進展，都使我們直接面對了我們自己存在之神秘。」⑦

　　在轉向那位因其相對論而也許是最為著名的現代物理學家的
阿爾伯特·愛因斯坦⑧（Albert Einstein, 1879～1955）的時
候，我們會注意到下面這一段陳述：「對於一個獨立於能進行感
知的主體而存在的外部世界的信仰，是整個自然科學的基礎。然
而，既然感官知覺是間接地提供關於這個外部世界的信息，那麼
我們就只能憑藉思辨手段來把握這個世界。隨之而來的必然結論
是：我們關於物理實在的觀念，絕不可能是終極的。我們必須隨
時準備著改變這些觀念，以求用邏輯上最完美的方式去公平地對
待所感知的事實。」⑨ 在此，我們發現了和在普朗克那裡發現同
樣的一種三重體系——實在世界，感覺世界，以及介乎二者之間
的我們的觀念世界。看起來，愛因斯坦絕不是實證主義者。他的
目標，是要認識實在。「在探索著不倦的努力後面，潛藏著一種
更加強烈的、更加神秘的推動力：那就是人們希望理解的存在與
實在。」⑩

　　正是在這種要了解實在世界的探索中，愛因斯坦發現了宗教
的意義。我們從我們自己的心智中，發明了具有數學的精美性的
245　種種觀念，我們把它們交給經驗去檢驗，而它們到頭來竟是真
的！「關於這個世界，最不可理解的事情是：它竟是可以理解
的。」⑪ 這個世界是被理性地賦予了秩序的，對這一點的信仰，
就是愛因斯坦所謂的「宇宙宗教」，而且他把這種宗教視為科學

家的創造力的重要靈感。

然而，這種「宇宙宗教」有沒有什麼東西與我們平常所理解的宗教有關呢？這不可能是一種美學感受，即伯特蘭·羅素說他凝視嚴正的數學之美時所體驗到的那一種美學感受嗎？看來十分明顯，愛因斯坦所說的遠遠不止於此。從他的自傳⑫所記載的他自己的經驗可以概括出，他把宗教的發展劃分爲三個階段，即神人同形同性階段，道德階段，以及「宇宙宗教」階段。最後這一個階段已清除了一切神人同形同性的概念，但是伴隨著它的敬畏、驚羨、謙卑等感受，乃是宗教性的而不是審美性的。宇宙宗教的上帝，是非人格性的。愛因斯坦說：「我信仰的上帝，是史賓諾莎的上帝，他在存在著的事物之有序和諧中啓示出自身，而不是一個關注著人類的命運和行動的上帝。」⑬

愛因斯坦關於宗教性質的這些觀點，似乎像是一種折衷，既使正統派，也使非宗教信仰者感到失望。然而毫無疑問，它們代表著一種正面的信仰（當然具有一個物理學家的先入之見的強烈色彩），而且這種信仰和歷史上的人類信仰有著可以看到的聯繫。證實了最後這一點的，是愛因斯坦關於他自己的民族——猶太人的信仰所說的話。按照他的解釋，猶太教似乎是他的宇宙宗教的一種預兆。他說：「猶太教不是什麼超越的宗教」；它的上帝是「對迷信的否定」——也許是對一切神人同形同性的想像的一種克服。⑭

在愛因斯坦和普朗克之後，也許現代物理學家中最爲著名的就是韋納爾·卡爾·海森堡⑮（Werner Karl Heisenberg, 1901～1976）了。他的測不準原理說明，在對基本粒子運動的描述中，存在著一種內在的不確定性。例如，如果決定了一個電子的位置，關於它的動量，也有一定程度的不確定性。可是，要作一個完備的因果描述，這兩項屬性都需要精確地決定下來。於是，海森堡的原理看來就打擊了嚴格的決定論，或者，至少是引進了

246　一種較弱的決定論。就小規模的現象而言，物理定律看來只是統計學上的平均值，而不是嚴格地適用於個體的情況的。

　　關於海森堡原理的意義，意見紛紜，分歧很大，我們可以轉向他自己的吉福德演講，看看他自己對這個原理的含義說了些什麼。雖然海森堡說話十分謙遜，極有保留，但他還是明顯地認為，和舊物理學發生的決裂，比普朗克或愛因斯坦心目中的決裂要更為徹底。他說：「十九世紀發展了一種極端僵硬的自然科學框架，它不僅造就了科學，而且造就了廣大人羣的一般世界觀。」⑯這個框架是由「空間」、「時間」、「物質」和「因果性」等基本概念構成的。不論什麼東西只要是真實的，就必須在這個框架內找到一個位置，而「這個框架又是如此之狹窄和僵硬，以致於在其中很難為我們語言的許多概念找到一個位置，而這些概念一直是屬於我們語言的實質的，例如關於『心』，關於人類『靈魂』，或者關於『生命』之類的概念。」⑰由此造成的一些情況當中，就有了科學對宗教的敵意。

　　然而在海森堡看來，這種僵硬的十九世紀的框架已經瓦解了，因為科學本身已經深刻地修正了自己的基本概念。唯物論自然主義的錯誤，就在於採用了適用於我們周圍所見到的那種存在的語言及其普通的「物質」、「因果」之類概念，而且以為這些概念可以推及原子的領域之中。但是現代物理學表明，我們不能用普通語言去談論原子。如果我們要談論原子，我們就需要一種特別的語言，它適合於一個潛能的世界，而不是一個事實的世界。然而，如果情況是這樣，則我們的「物質」、「因果」之類普通概念，也就失去了在舊的框架中所被賦予的特權地位，而且，「我們對待『心』、或人類『靈魂』、或『上帝』之類概念的態度，也將不同於十九世紀的態度。」⑱海森堡的結論是：「也許，關於人類精神與實在之間的關係，現代物理學已經打開了通向更廣闊的觀點的門戶」。⑲這個結論儘管十分謙遜，但仍然意

味著，和舊的自然主義相比，有了一種徹底的態度上的變化。

　　在結束對這些物理學家兼哲學家的這個概述之前，我們來看看阿瑟・斯坦利・愛丁頓⑳（Arthur Stanley Eddington, 1882～1944），他在英語國家中也許是最為知名的物理學家兼哲學家。比起他在科學界的大多數同事來，他在哲學領域中的探險，事實上要深入得多。

　　愛丁頓發展了這樣一個觀點，從對於在此考察的別的物理學家的評論中，我們已經熟悉了這個觀點：物理科學的世界，是一個象徵（符號）的世界，與感覺經驗的世界相去甚遠。物理學家的起點，就是從感覺經驗的世界中把那些可以度量的方面抽象出來，同時無視其餘的東西。因此，物理學家的任務，就是連接並解釋愛丁頓所謂的「閱讀指示」（pointer-readings）。在作出解釋的過程中，物理學家以前和熟悉的感覺世界維持著一種比較緊密的聯繫，並從這個熟悉的世界取得自己的原材料，可是現在，他再不能這麼辦了。他引進了「電子」、「量子」、「潛勢」之類的象徵符號。在熟悉的、日常的感覺世界中，不存在這類東西的任何類比物。因此，物理科學的世界，日益成為一個抽象的象徵世界，以致於愛丁頓甚至可以把它稱為一個「影子世界」，感覺世界的豐富性和實質性都已被從中剔除。

　　由於剔除了我們通常賦予實質性的可感對象，物理學的象徵世界本身就只是一種心智的構造。它是由思想所構成的，而且我們又必須把我們的閱讀指示依附於一種精神活動的背景。因此，愛丁頓論證說：終極的實在是精神性的。「由於認識到了物理世界是完全抽象的，倘與意識脫離關聯便毫無『現實性』，我們就恢復了意識的基礎地位，而不是把意識說成是在進化歷史的晚近階段、在無機的自然中偶然出現的一種並非不可或缺的並發情況。」㉑愛丁頓把自己的思辨往下推進後這樣說：「一個普遍精神即邏各斯的觀念，是從科學理論的現狀推出的一個相當有道理

的推論。」㉒

　　但是愛丁頓並未企圖把宗教的世界觀僅僅建立在科學發現的基礎之上。他承認，即使（如他所說）科學使得普遍精神這種觀念變得很有道理，這樣一種精神也僅僅是宗教的上帝的一個蒼白的複製品。而且，他也明白把一種神學建立在不斷變化的科學概念基礎上的危險。他說：「有宗教信仰的讀者會十分滿意，我並未向他提供一個由量子理論揭示的，因而很容易在下次科學革命中被掃除的上帝。」㉓愛丁頓認爲，宗教的正面證據，來自於密契的體驗，這種體驗值得我們尊重，因爲正如我們已經看到的，物理科學是抽象的，從而它通向實在的途徑也是有限的，因此，其他的途徑尚有廣闊的天地。現代科學並未提供一種宗教的「證明」，可以代替密契的體驗，但是透過廢除隨性的物質實體的觀念，廢除（正如愛丁頓所相信的）嚴格的普遍決定論的觀念，它就鼓勵了一種精神性的世界觀，並向密契主義的見解提供了科學的支持。

七十五、新物理學與基督教護教論

斯特利特，巴恩斯

　　首先認識到新物理學的護教可能性的神學家之一，是伯尼特、希爾曼·斯特利特㉔（Burnett Hillman Streeter, 1874～1937）。雖然斯特利特主要是一位新約學者，但他對解決基督教與現代思想的衝突問題具有強烈的興趣。像他那一代的大多數別的美國神學家一樣，他起初透過觀念論哲學而發現了一條調和的道路，但在對此感到失望之後，他又開始尋求一條新的途徑，這條新途徑應該較少思辨性，並且更堅實地奠基於經驗之上。他從坦

率地接受經驗科學的發現開始，透過努力達到這些發現與基督教
所教導的有神論世界觀之間的相互關聯關係，從而找到了這條途
徑。

　　斯特利特把種種世界觀分為兩大類型，他分別稱之為「機械
型的」和「擬人型的」世界觀。機械型的世界觀把世界設想為一
部機器，並根據物質、力量、原因、結果之類的範疇來為世界的
運行提供一種解釋。斯特利特承認，從牛頓到達爾文，機械論的
假設對於科學研究來說是頗富成果的，而且直到十九世紀，機械
論的唯物主義看起來很像一種挺有道理的世界觀。然而，它自身
一直包含著一些未得解釋的難題和矛盾，而現在，隨著基本的物
理概念的革命，以機械地決定了的方式相互排斥和吸引的固體原
子的舊圖景，已經變得很不適當了。「一度是機械唯物論的主要
吸引力之所在的那種漂亮清晰的簡潔性，今天已經完全消失
了。」㉕

　　斯特利特論證道，代替被摒棄的機械論模式的，是生命以及
隨之而來的特殊組織，它能夠向我們提供一種類比，以這種類比
為基礎，可以解釋自然的運動過程。斯特利特把世界描述成一個
創造鬥爭的場所———一個產生了新的更高的價值的過程，其頂峯
就是愛的表現。這種描述明顯地帶有柏格森哲學的影響。但是斯
特利特並不滿足於單純的「生命—力」，假如這個術語被理解為
某種比基督教有神論的上帝要低一些的東西的話。既然我們應該
以生命為我們的線索，那麼我們就必須在我們所知的最高的生命
層次上，即在人的心智和精神中去把握生命。正是在這個意義
上，斯特利特的觀點是「擬人型」的——也就是說，他並不贊成
把上帝描繪成人形的那種粗劣的擬人論，但他堅持認為：人生的
最高級活動，為我們提供了認識終極實在之性質的最佳線索。

　　從這點出發，就很容易和基督教神學聯繫起來。實在，或上
帝，儘管自身超乎於我們的理解，但在人類生命的理想狀態中，

249

卻有其最爲適當的象徵或類比。而理想的人，應是這樣一種人，
其生活最爲充分地表現了創造性的愛。斯特利特宣稱，耶穌基督
就是這樣一種人。所以，教會在耶穌基督身上，看到了上帝的形
象與啓示，而且，「既然充滿愛的生命就是實在的能動本質，那
麼要描繪他，我們就找不到任何一個詞語，能比「上帝之子」更
爲眞確的了。」㉖

　　與斯特利特同時代，還有一個引起了更多爭議的人物，他同
樣也致力於調和基督教與新的科學理論，他就是厄內斯特・威
廉・巴恩斯㉗（Ernest William Barnes, 1874～1953）。一方
面，巴恩斯是一位卓越的數學家，是一名皇家學會會員，另一方
面，他又是一名教會人士，在一個很大的都市教區擔任了近三十
年的主教。

　　他的這種雙重興趣，十分清楚地表達在他的吉福德演講中。
在演講中，巴恩斯堅持主張，不能僅憑直覺或權威而接受宗教的
信念，而應該讓這些信念接受理性的檢驗。他提議從科學提供的
關於世界的信息出發，然後再問一問，根據這些科學的信息來
看，一種有神論的世界觀是不是顯得有道理。他的大多數演講，
都用來對一九二七年前後科學所達到的狀態進行廣博的評述，他
得出的結論是：各門科學的發現，都指出了對實在的一種精神性
的而不是物質性的解釋。「對於精神產物在物理學理論中所占的
重要地位日益增加的認識，再加上對於思想、意志與情感彼此不
可完全分割的理解，已經造成了一種廣爲傳佈的確定信念：有神
論與科學終將構成一個和諧的整體。」㉘

　　假使這就是巴恩斯所說的一切，那就沒有多大必要在我們的
概述中提到他了，因爲他論證的哲學方面並不特別連貫或有獨創
性。但是，他值得在此一提，乃是因爲，比起很多神學家來，他
更加清楚地理解到：護教論者的工作，並不僅僅是用給基督教信
仰留下地盤的方式，來解釋科學的世界觀，而且還應該用不會與

我們大家在科學時代所持有的前提相衝突的方式，來重新表述這種信仰本身。巴恩斯發現，基督教神學一直墨守的是一種過時的宇宙論，其中包括一種粗劣的超自然主義，他認為這種超自然主義是與科學研究的前提不相容的。

因此，他抨擊了基督教傳說的神蹟成分，其中包括童貞女生子和耶穌肉身復活的神蹟。他說：「不要新約的神蹟，基督教仍然是同樣的那麼一種生活方式，符合於基督的上帝啟示的生活方式，即多少世紀以來人們被吸引去效法的生活方式。」㉙關於復活，他評論說：這是基督教的一個偉大的本質真理，但是它「與耶穌死後，其身體是否重新被賦予生命的問題毫無關係。要緊的是，基督徒們將會感覺到自己生命中的一種精神力量，他們能夠把它正確地解釋為耶穌精神力量的顯示（如同他在加利利的教導中所顯示的），即上帝的智慧與正義。」㉚這些觀點使巴恩斯遭到了他的主教同伴們的指責。然而，英國國教會主要的榮譽之一，無疑正是它的兼收並容，巴恩斯繼續作為該教區主教而保住了職位，應該歸功於英國國教會的信譽。

還可以補充一點：斯特利特和巴恩斯兩人，正如拉希德爾和英格兩人一樣，都是現代教會人士聯盟（Modern Churchmen's Union）的傑出成員，這個組織的創立，目的在於使基督徒的生活和思想和現代世界的趨勢建立聯繫。它的雜誌《現代教會人士》（*The Modern Churchman*）自一九一一年以來一直在發行，並成了開明神學思想的一個論壇。

七十六、關於新科學理論與宗教的評論

從關於新物理學對哲學和宗教問題的影響的概述中，我們能夠引出什麼結果呢？就基礎牢靠的**正面**結果而言，似乎沒有產生

什麼東西。在物理學家們本身當中，關於他們的科學發現對更廣
泛的哲學問題所具有的意義，看法是不一致的。我們是應該聽普
251　朗克的呢，還是聽愛因斯坦的？應該聽海森堡的呢，還是聽愛丁
頓的？或者，也許我們該注意的，是另外幾十名知名度較小的哲
學家兼科學家當中的一位？正如我們在較早時候批評一些前一代
的哲學家兼科學家時⑪所注意到的，一旦科學家拋棄了自己的專
業領域，去對更為廣泛的問題發表意見時，他們的觀點就分道揚
鑣，就不得不判斷一種思辨而反對另一種思辨，而所根據的並非
是科學的而是哲學的理由了。約翰・帕斯莫爾（John
Passmore）的這個評論很有道理：「正像許許多多別的革命一
樣，物理學的革命也由於那些混亂和狂暴，並未提出什麼新的哲
學問題，亦未解決什麼舊的哲學問題。」⑫

然而就**反面**而言，可以說已經產生了一個結果。老的自然主
義──十九世紀的機械論的唯物主義，已經由於作為其基礎的基
本物理概念的革命，而前所未有地聲譽掃地了。既然構成物體的
原子並非固體的粒子，而是有節奏的過程，那麼，正如斯特利特
很敏銳地看到的，它們在性質上就會很類似於生命過程和精神過
程。再者，既然物質的宇宙是有限的，那麼它就不會像老自然主
義所以為的那樣是終極實在。卡爾・馮・魏茨澤克（Carl von
Weizsacker）曾提到一個老派的物理學家在反對有限宇宙的說
法時那種狂暴的感情反應，這種說法打擊了機械論的唯物主義的
核心的、幾乎被神化了的無限永恆宇宙的觀念。⑬可是，這些表
現主要是反面的。它們使老的自然主義聲譽掃地了，但它們並未
正面地指向有神論，也許，它們僅僅要求一種更為精緻的自然主
義。基督教的護教論者們也許曾力求從物理學革命中引出過多的
東西。在這方面，巴恩斯的工作自有其價值，因為，儘管他正面
的宗教哲學支離破碎，但他十分清楚：即使新物理學鼓勵我們去
考慮十分細微的現象層次上的一定程度的非決定性，它也沒有觸

動大規模現象的決定性，而且並沒有支持神蹟觀念或自然界中的神意干預的觀念。

對於新物理學最爲精微的解釋，可能應在實在論形上學家們的過程哲學中去尋找，我們很快就要來討論這些形上學家了。㉞然而，在此期間，我們已經完成了對二十世紀宗敎思想的第二階段，即過渡階段的概述，我們必須停下來看看，我們現在已經到達了什麼地方，我們的前頭還有些什麼東西。

註 釋

① 《自然之觀念》（*The Idea of Nature*），第 156 頁。

② 1885～1889 年任基爾大學教授；1889～1926 年任柏林大學教授。他的兒子曾被納粹分子殺害。

③ 《現代物理學所闡明的宇宙》（*The Universe in the Light of Modern Physics*），第 8 頁。

④ 同上書，第 20 頁。

⑤ 參見本書前面第 126 頁。

⑥ 同上書，第 107 頁。

⑦ 《科學向何處去？》（*Where is Science Going?*），第 168 頁

⑧ 先後在蘇黎世大學、布拉格大學和柏林大學任教授。在納粹上台之後離開德國，1941 年成為普林斯頓大學高級研究所教授。

⑨ 《愛因斯坦：哲學家兼科學家》（*Albert Einstein: Philosopher Scientist*），P. A. 施利普編輯，第 248 頁。

⑩ 同上書，第 249 頁。

⑪ 同上書，第 284 頁。

⑫ 同上書，第 3 頁。

⑬ 同上書，第 659～660 頁。

⑭ 同上書。

⑮ 1927～1941 年任萊比錫大學教授；1941 年起任邁克斯・普朗克研究所主任。

⑯ 《物理學與哲學》（*Physics and Philosophy*），第 169 頁。（中譯已由牛頓出版社出版——校閱者註）

⑰ 同上書，第 169 頁。

⑱ 同上書，第 172 頁。

⑲ 同上書，第 173 頁。

⑳ 1913～1944 年任劍橋大學教授。

㉑ 《物理世界的性質》（ *The Nature of the Physical World* ），第 332 頁。

㉒ 同上書，第 338 頁。

㉓ 同上書，第 335 頁。

㉔ 1905～1933 年任牛津大學女王學院院士，1933～1937 年任院長。

㉕ 《實在》（ *Reality* ），第 16 頁。

㉖ 同上書，第 215 頁。

㉗ 1915～1919 年任坦普爾學院院長；1919～1924 年任威斯特敏斯特牧師會會員；1924～1952 年任伯明罕主教。

㉘ 《科學理論與宗教》（ *Scientific Theory and Religion* ），第 593～594 頁。

㉙ 《基督教的起源》（ *The Rise of Christianity* ），第 67 頁。

㉚ 同上書，第 166 頁。

㉛ 參見本書前面第 111 頁。

㉜ 《哲學百年》（ *A Hundred Years of Philosophy* ），第 334 頁。

㉝ 參見其 1960 年在格拉斯哥大學所作的一次吉福德講座演講。

㉞ 參見本書後面第 258 頁以下（系指原書頁碼──譯註 ）。

第十六章
附論之二

七十七、從第二階段到第三階段

　　旣然我們已經到達了這部宗教思想史第二階段概述的終點，　　252
可以停下來再次環顧四周，我們就會立即發現，宗教思想的模式
所發生的變化是如何的巨大。我們已經處身於二十世紀的各種獨
特問題之中，而作爲上一世紀遺產的那些思想方法（在我們的思
想史的第一階段，這些思想方法看來還那麼確定不移），已經開
始顯得像是遙遠的晦暗模糊的影子了。我們已經看到，觀念論的
哲學和神學，在實在論的興起面前衰微下去；我們已經看到，觀
念論的宿敵——十九世紀的自然主義，由於它曾宣稱爲自己的基
礎的科學本身而信譽掃地；我們已經看到，赫爾曼和哈那克等人
的反形上學的自由神學，由於韋斯、史懷哲和盧瓦絮等新學者的
研究工作而變得站不住腳了。與此同時，我們還已經看到，一種
過分的樂觀主義——不論其基礎是絕對者的完美，還是將臨的科
學千禧年（millennium of Science）(1)——已經讓位給更加清醒
的態度；同時存在著一種日益增長的對形上學的不信任，在某些
方面甚至有一種對理性本身的不信任，正如實用主義、天主教現
代主義、以及各種各樣的生命哲學和人格存在哲學等反理智主義

----

(1)　指科學即將帶來人類的幸福時代這一說法。——譯註

觀點的興起所表明的。

　　然而，在這一階段，我們所面臨的還是一幅十分混亂的圖景。我們看到，舊的里程碑已經粉碎了，舊的分界線已經抹掉了，而新的呢，卻尚未牢固地確立起來。新的取向和新的技術確實已經出現，但是我們已看到：在我們已經描述的這許多新取向和新技術當中，很少有幾種在今天還是最初所表述的樣子了。它們如今還有時間去交叉，去碰撞，去結合，去編組分類，正是由於這種過程，本世紀中期思想的穩定潮流才得以出現。我們在這個第二階段所考察的種種思潮，具有一種過渡性質。我們可以認為，它們提供了這樣一種觀念的母體，從它之中，或者以它為背景，產生了那些宗教思想的主要形式，這些宗教思想的主要形式已逐漸在本世紀中葉的宗教思想舞台上占據了主導地位。

253

　　這些本世紀中葉思想的主要形式，提供了我們的思想史第三階段的主題。我們將會發現，它們所引進的幾乎沒有真正新鮮的東西，它們只是澄清並進一步推進了已在第二階段出現的那些思想，並且賦予這些思想以確定的形式而使之成為二十世紀思想的典型表達。如果我們能想起，在第二階段曾發生作用的那些歷史的、社會的、心理的條件，在第三階段仍繼續存在，甚至更為加強了，那麼這就沒有什麼奇怪了。如果我們承認，這類條件至少部分地決定著任何社會的哲學和神學信念（而且很難不這麼設想），那麼，二十世紀中葉的宗教思想趨勢所反映的，就是這麼一種文化的觀點，這種文化航行在隨著這個世紀的進展，而日益風起雲湧的天氣之中，而且對自身已經變得越來越沒有把握了。繼第一次世界大戰之後，又來了第二次世界大戰，繼第二次世界大戰之後，又是「冷戰」與核子威懾的時代。在此期間，亞非國家起來結束了白種人的主導地位。西方文化的未來成了問題——也許它也應該是個問題。事實上，人類的未來也成了問題——人的命運，會是三葉蟲或爬行類動物(2)的命運嗎？利用這顆行星的

未來這件事，是留給別的某個物種而不是留給人類的嗎？在這樣一個憂慮的時代，發現有些哲學家把憂慮現象本身作爲他們的一個主要論題，① 這毫不令我們感到驚奇。發生有些神學家幾乎完全拋棄了上帝的內在性，而去強調上帝壓倒一切的超越性，而且他們的神學因之採取了一種明顯的末世論調子，② 這也不會使我們感到驚奇。

　　現在，我們應該著手簡述一下在我們概述的第三階段將要碰到那些具體的思想類型的特徵了。

七十八、第三階段的某些特徵

　　我們已經注意到了二十世紀思想的反形上學特徵。也許，劃分二十世紀中期各學派的最明顯的分界線，就是把尚存的形上學家和那些宣稱形上學不可能或無意義的人區分開來的那條分界線。必須注意的是：在此使用的「形上學」一語，是在它作爲一種關於終極實在的理智學科和理性思辨這個嚴格的意義上使用的，而不是在它作爲關於上帝和超感官事物的知識這個較寬鬆的意義上使用的。我們將會發現，那些最激烈地反對形上學的人當中，有一些照樣能自在地談論上帝和超感覺事物，不過他們宣稱，這樣做的權利不是以形上學的思辨爲基礎，而是以所謂與上帝「相遇」（encounter）之類的東西爲基礎。然而，儘管形上學已不流行，我們還是發現二十世紀中葉有兩個主要的形上學學派十分興盛，這兩個學派對於宗教思想都是非常重要的。

　　這兩個學派中，第一個是由實在論的形上學構成的。在我們關於以「新實在論」聞名的那個思潮的總結性評論中，我們曾經

254

---

(2)　指已經滅絕的遠古時代的一些動物。──譯註

指出，它包含著進一步發展的兩種可能性。③ 這兩個可能性中較
保守的一個，是構築一種實在論的形上學，以取代遭到摒棄的觀
念論的形上學。這個可能性已經由布倫塔諾預示過。④ 在英國，
一個強有力的實在論形上學的學派興起了，它結合了實在論的論
題與新物理學的發現。在英國本土，這個學派也許是短命的，在
那裡，大多數哲學家和神學家今天可能都會把它歸入我們所說的
思想史的第二階段，可是在美國（懷特海去那裡度過了一生中最
後的歲月），實在論形上學至今仍具有強大有力的影響，並有許
多卓越的倡導者。在德國也興起了一種形上學類型的實在論，在
那裡，它在一定程度上與現象學有關聯，而且也至今仍然是一種
未耗盡的力量。因此，我們在這個概述的第三階段，將要研究的
本世紀中葉的宗教思想的各種傾向中，把這些形上學類型的實在
論，以及它們在神學裡的反響一起算進去，是完全有道理的。

　　另一個形上學學派，是新經院主義，更具體些說，是新多瑪
斯主義。除了對於形上學有著共同的興趣之外，新多瑪斯主義與
實在論的形上學學派還以某些方式彼此關聯──新多瑪斯主義本
身通常被說成一種「溫和的實在論」，而我們又還記得，當代實
在論之父布倫塔諾曾在「意向性」這個中世紀概念當中找到了自
己的出發點。⑤ 然而，當代新多瑪斯主義的起源，十分不同於當
代實在論的起源。早在十九世紀末葉，復興對聖多瑪斯‧阿奎那
和其他偉大的中世紀思想家的研究，就已成爲羅馬天主教會的政
策的組成部分。當然，一種哲學不可能在一夜之間復興。此外，
天主教現代主義又在本世紀初葉吸引了羅馬教會中一些最優秀的
思想家。因此，只是在二十世紀過了好些年之後，教皇利奧八世
（Pope Leo XIII）的影響深遠的政策的結果才開始出現。到本
世紀中葉，新多瑪斯主義已經成爲我們時代最主要的思想力量之
一，在它的擁護者當中，有整整一羣光輝燦爛的第一流思想家。
當然，這種哲學是和羅馬天主教的神學密切相關的。

當我們轉向本世紀中葉思想的那些反形上學的學派時，也許採用約翰・麥克墨雷提議的方式，能夠最好地劃分它們。麥克墨雷注意到，這些學派在一件事情上是全體一致的——「哲學的傳統方法，不能解決它的傳統問題。」⑥然而，它們之分道揚鑣，乃是因為一些學派固守傳統方法而放棄傳統的問題，另一些學派卻還要努力解決那些實質問題而又放棄了傳統的方法。就宗教思想的問題而言，存在著三個學派，它們的觀點我們將在此考慮。

首先，有邏輯經驗主義。它代表著從新實在論開始的第二條可能的發展路線，這條路線採取了摩爾和羅素思想中的分析的傾向。⑦從麥克墨雷的觀點來看，它代表著方法之保留及隨之而來的問題之放棄。在其較早的階段，這個思潮被稱為「邏輯實證主義」，在這個破壞傳統的階段，它不僅把形上學，而且還把倫理和神學，都推到無意義的垃圾堆裡去。然而，隨著時間的流逝，這個思潮儘管還是反形上學的，但卻不是那麼好鬥的實證主義的了，並且它所關注的已是語言的邏輯分析了。不過現在，宗教語言的問題得到了比過去較為嚴肅和耐心的考慮，而且還有一些神學家，他們甚至為找到抨擊那些問題的方法，而關注著邏輯經驗主義及其技術。但是一般而言，邏輯經驗主義對宗教或神學幾乎沒有什麼興趣，而且在哲學一方，這個思潮代表著一度很密切的哲學與神學關係的最遠的脫離。

其次，有福音之宣道神學（kerygmatic theology）。它首先是和卡爾・巴特（Karl Barth）的名字聯繫在一起的。迄今為止，它一直是本世紀新教神學中最有影響的思潮。關於在面對終極問題時人類理智的能力，它本身所顯示出來的懷疑，絕不比邏輯實證主義要少一些，但它屬於麥克墨雷劃分的另外一面——就是說，它繼續努力要去對付關於上帝、關於精神生命的終極問題，但它放棄了傳統的方法。它並不指望從哲學、或從人類知識的任何部門去證實它的信仰，它只把信仰建立在它認為是上帝的

256　獨一無二的行動的基礎之上。確實，至少在其早期階段，這個思
潮十分關注祁克果的思想，而且與前面敍述過的某些人格存有者
哲學⑧有密切的關係，而那些哲學本身就是對理性決定信仰問題
的權能的抗議。然而總的來說，福音之宣道神學一直努力要使自
己獨立於一切哲學。但在同一種直接的傳統這樣決裂之後，它宣
稱自己重新發現了一種更古老的傳統——宗教改革的傳統，最終
是新約本身的傳統。在這方面，人們會注意到，新教的福音之宣
道神學與天主教的新多瑪斯主義之間有某種共同之處，因為，在
面臨現代哲學的衝突之時，二者都撤回到一種古典的基督教傳統
的堡壘中去。可是，一涉及對於神學與我們自然的人類認識之間
關係的評價，這種相似性就變成了一種尖銳的分歧，而且在神學
一方，福音之宣道神學代表著二十世紀神學與哲學的最遠的脫
離。

　　第三，有存在主義。麥克墨雷會把它劃為那些拋棄了形式，
以便保留哲學傳統問題的實質的學派。但是，雖然存在主義者確
實不是從理性，而是從見於憂慮、罪過和死亡等「界限狀況」
（limit-situations）的精神狀態得到一些主要的見解的，我們還
是必須謹防誇大這種情況，必須記住：早期的海德格對人類存在
的結構進行了細緻的形式的分析，雅斯貝斯則逐漸地越來越強調
理性的地位。存在主義也許是我們這個世紀最典型的產物，它在
自身之中匯集的，不僅有較早的各種人格存有者哲學的見解，而
且還有來自狄爾泰的歷史主義，胡賽爾的現象學，以及各種生命
與行動哲學的因素。不僅如此，一種出自福音之宣道神學本身那
一邊的、強大有力的存在主義神學學派的產生，使得人們有理由
希望：神學與哲學之間的分離正在結束，那種富有成果的相互關
係正在恢復，雖然這種關係的基礎無疑是和以前不同的。

　　迄今我們尚未提到馬克思主義，到本世紀中葉，它也已經大
大地擴展了自己的努力。但是，既然馬克思主義已經變成了一種

刻板的正統主義，不容忍對它有任何重要的偏離，因此，對於在
我們概述的第二階段過程中，關於這一主題已經說過的那些東西
⑨，就沒有任何東西可以補充進來了。

　　所以，本書的下餘部分，將以下列方式進行劃分。首先，我
們將考察實在論的形上學與神學（第十七章）。然後，我們轉入
新多瑪斯主義和羅馬天主教神學（第十八章）。離開形上學的諸
學派以後，我們將轉向邏輯經驗主義（第十九章），福音之宣道
神學（第二十章），英語國家的後自由派神學（第二十一章），
以及存在主義（第二十二章）。在結尾一章，我們將力求陳述一
些根據我們整個概述來看是合理的結論（第二十三章）。

註　釋

① 參見本書後面第 354 頁。

② 參見本書後面第 323～324 頁。

③ 參見本書前面第 239 頁。

④ 參見本書前面第 228 頁。

⑤ 參見本書前面第 228 頁。

⑥ 《作為行動者的自我》（ *The Self as Agent* ），第 27 頁。

⑦ 參見本書前面第 227 頁。

⑧ 參見本書前面第 193 頁以下。

⑨ 參見本書前面第 159～162 頁。

第十七章
實在論的形上學與神學

七十九、實在論基礎上的形上學

　　實在論的形上學，像觀念論的形上學一樣，或者說事實上像 258
任何一種形上學一樣，致力於對實在作出一種全面綜合的說明。
懷特海是這樣評論他自己的哲學的：在某種程度上，它代表著
「絕對觀念論」的一些主要學說向著實在論基礎的轉化」。①大
多數實在論形上學的某些主要的獨特標誌，可以歸納如下：(1)承
認時間與空間中的世界的實在性，而在觀念論形上學中，時空世
界被認爲只是一個本身無時間性的實在的表象。(2)認爲思維或認
識活動是實在中的諸因素之一，而在觀念論裡，思維則構成實
在。(3)比起觀念論形上學來，實在論形上學與自然科學有一種密
切得多的聯繫，實際上，一些主要的實在論形上學家本來就是科
學家。(4)迄今提到的這三個獨特標誌，表明了一種與自然主義哲
學的對照。實在論形上學可以被視爲一種新的自然主義，但是它
與老的自然主義是大不相同的。實在論形上學結合了新物理學理
論的種種發現，正如我們已經看到的，這些新物理學理論破壞了
老自然主義的基礎。特別是，實在論形上學一般都大量地採用了
「過程」這一概念，並在自然中認識到了不同的「層次」，一直
上達精神層次，甚至神性層次。於是，實在論的自然概念比起老
自然主義的自然概念來，就是一種豐富得多、有差別得多的概

念，而老自然主義的傾向，是要把每一樣事物都歸結爲固體原子及其相互作用這一終極基礎。(5)從神學上來看，實在論形上學的傾向，是要使上帝進入時間，是要使他成爲一個自然的而不是超自然的上帝，也許還是一個有限的和進化的上帝，就像我們在威廉・詹姆士那裡見到的那種上帝觀裡②的上帝一樣。這種觀點減輕了關於罪惡的神學難題，而且，比起觀念論和大多數傳統有神論所設想的那種高處於無時間性的完美之中的上帝的觀念來，也許更加符合於二十世紀的精神。

在英國和美國，實在論形上學代表著新實在論思想向保守方向的發展。雖然實在論形上學家們繼續傾向於數學和科學，但他們的目的在於綜合而不是分析。例如，亞歷山大承認他的工作屬於摩爾和羅素所發端的思潮，他又說，他看不出有什麼充分的理由去懷疑哲學當中的體系，而且，他在自己的著作中發現的毛病，「不是它有系統，而是它還不夠系統。」③懷德海也用類似的方式，駁斥了「對思辨哲學的懷疑。」④對於實在論形上學家們的另一個重要影響，可以在柏格森、詹姆士和杜威的哲學⑤裡找到——事實上，這並非就這些哲學中的反理智主義因素而言，而是就它們堅持強調過程與變化而言，德國的實在論與英美牌號的實在論相去較遠，在其中，現象學的影響⑥顯而易見。

我們的概述將從英語國家的實在論形上學開始（第八十節），走向德國的實在論形上學（第八十一節），再考察這種形上學在神學著作家（第八十二節）以及宗教哲學家（第八十三節）中發揮影響的一些例子，最後以一點評價作結（第八十四節）。

八十、英語國家的實在論形上學

摩爾根，亞歷山大，懷德海，喬阿德

對實在論形上學的一些主要思想的很好的介紹，可以在孔韋・勞埃德・摩爾根⑦（Conwy Lloyd Morgan, 1852～1936）的著作中見到，他那漫長的學術生涯，可以在動物學教席與哲學教席之間進行劃分。他的哲學也同樣可分為兩個部分——來自科學的自然主義基礎，以及企圖回答科學未觸及的問題的形上學上層建築。

摩爾根哲學的基礎的科學的部分，是一種突生進化理論。這並非摩爾根自己的一項發現，而是一種他自己至少追溯到了約翰・斯圖亞特・穆勒（John Stuart Mill）那裡的觀念。摩爾根在「突生」（emergent）與純粹的「隨之發生」（resultant）之間作了區分。一種「隨之發生」，就是某種能從已在過程中起作用的諸因素預測到的事情，而且不過就是這些因素的一種重新組合。例如，用摩爾根自己的一個例證來說，如果我們知道碳和硫以一定比例化合，那麼，我們就能簡單地透過把各成分的重量相加，事先說出化合物的重量來。另一方面，一種突生所引進的卻是新鮮事物，並且無法從先在的因素來進行預測。當碳和硫化合的時候，那化合物的性質，就不僅僅是其成分之性質的相加。新的性質出現了，它們既非碳的性質，亦非硫的性質，而且它們無法預測，除非我們已經對於這類化學反應中發生的事情有了經驗。

把突生觀念應用於進化過程就意味著，在進化過程中，有著某些關鍵的階段，在那種關頭，會有某種真正全新的東西開始出

260

現。這也可以換一個不同的方式來表達，可以這麼說：進化過程不是一個連續不斷的過程，而是包含著一些跳躍，向新的存有者層次的跳躍。這樣出現的新鮮事物，不能被解釋成先在因素的純粹的重新組合。它們涉及到種種新的關連方式，這些關連方式不可能根據在較低級的層次上起作用的那些因素來解釋。因此，摩爾根的觀點，儘管到此為止還是徹底的自然主義的，但卻完全不同於老的機械自然主義。「整個突生論學說，是對機械論解釋的一種持續的抗議，是機械論論題的對立面。它不根據物理學和化學來解釋生命，它也不根據感受器模式和神經細胞路線來解釋思維。」⑧

摩爾根認識到進化過程中有三個不同的層次：最下面是物理—化學層次；它的上面是生命層次；最上面是精神層次。每一個層次都有它自己獨特的那種關連，並且無法根據它由之產生的較低層次去作出解釋。

這就補充了摩爾根體系的自然主義部分，他認為，這是牢靠地建立在自然科學的證據基礎之上的。但他宣稱，我們不能就此止步，而必須繼續前行，去面對更為終極的問題。我們必須建造一種完整的哲學，這種哲學將確實不會與科學發現相衝突，但又將引導我們超越科學的發現。

摩爾根哲學的形上學部分，將我們帶入了三個假設之中。其中第一個是實在論的假設：雖然我們所認知的世界，在某種程度上是在認知行動本身之中為我們的心智所形成的，但我們假定：仍然有一個實在的世界，憑它自身並獨立於我們對它的認識，存在於時間和空間之中。第二個是共存的假設：據稱精神的東西和物質的東西絕不離開對方而存在，世界徹頭徹尾都以這兩種東西為其特徵，雖然不易看出這一假設如何和突生論學說一致。第三個是有神論的假設：有序的突生過程表明，上帝是它的創造者。上帝是精神，而精神不是進化過程的又一個突生的特性，而是顯

示在整個過程中的那個創造性的力量。這些思辨的結論似乎是和較嚴謹的突生進化論鬆散地結合起來的。但是摩爾根絕非為實證主義者，他相信，我們必須從科學的圖景繼續前行，引出這樣一些最能與之相符的形而上學結論。他在談到自己的時候說：「拿我來說，我就能夠，而且確實也接受了最徹底的自然主義。拿我來說，我就仍然保持著，並且更加堅定了我對上帝的信仰。」⑨

我們在摩爾根那裡看到的那種類型的哲學，在薩繆爾·亞歷山大⑩（Samuel Alexander, 1859～1938）的思想中得到了更為嚴密和更為前後一致的發展。亞歷山大生於澳大利亞，但在英國進行研究和教學，他的哲學被視為現代建立全面的形上學體系的最偉大之努力之一。魯道夫·梅茨很好地總結了他的思想的主要線索：「亞歷山大接過了休謨的經驗主義哲學，但沒有他的懷疑主義；斯賓塞的進化哲學，但沒有他的不可知論；新實在論的認識論，但不就此停步不前；物理學的相對論，但並不放棄思辨的評價，並使之附屬於他自己的體系。」⑪

亞歷山大的形上學的基礎，是一個包羅萬象的突生進化體系，這個體系比摩爾根的體系更加全面廣博，而且在兩端的方向上都擴展而超越了它。亞歷山大進到物理─化學層次以下，在**時間─空間**本身之中找到了他的體系的基礎。時間與空間，在現代物理學看來，是彼此相連的，我們不可能取其一而捨其二。因此時空就其性質而言已是動態的，並由大量的點─瞬間所構成。這時空就是每件存在著的事物由之而產生的基本材料或母體。亞歷山大體系中的第二個層次是**物質**，它從時空的能動的母體產生。在亞歷山大那裡，層次之間的隔閡不像在摩爾根那裡那樣鮮明，他更多地強調了連續性，強調了中間層次──可以說是層次內部的層次。但是情況似乎是這樣：當達到了一定程度的複雜性時，某種在質的方面是全新的事物就出現了。他說：「看來，上昇是透過複雜性而發生的。但在每一次質變時，複雜性彷彿將一種新

的簡單性匯聚於自身，並表現爲這種新的簡單性。新出現的質，是各物質成分在一種新的整體中的匯集。」⑫從物質產生了**生命**，生命並非一種純粹的附帶現象，而是一種在質上是全新的複雜層次，但它還是和舊的層次有一種連續性的關係。生命本身也有各種不同的層次，而隨著具有高度發達的神經系統的有機體的進化，我們就達到了又一個層次，即**思維**的層次。這在摩爾根體系中是最高的層次，而且確實也是我們所體驗過的最高層次。但是亞歷山大把自己的體系進一步往前推進。在思維後面的一個層次，是**神性**的層次。這就是進化過程的種種努力所迫近的那個目標──一個永遠在前方的目標，但卻是有意識的精神有能力期望的目標。於是，在摩爾根體系中處於突生進化過程之外的上帝，就被亞歷山大大膽地引進了進化過程本身，作爲它的最高目標。

亞歷山大的哲學是前後一致的實在論。認識的關係，被說成是在兩種實體之間的「共在」（comprecence）的關係，我們所認識的東西，並非由主體提供的，而是屬於客體，屬於向主體呈現的客體。我們思考的範疇本身──同一、實質、因果之類──之所以是普遍性的，並非因爲它們應歸諸思維，而是因爲它們是時空的遍在的基本的特徵。至於性質──不僅是形狀之類的所謂「第一」性質，而且還有顏色之類的所謂「第二」性質也確實屬於時空世界中的客體。的確，亞歷山大所謂的「第三」性質──諸如美與善之類價值──只在有評價主體的情況下才出現，但是儘管如此，亞歷山大的世界仍然是這麼一個世界，在其中，性質差異是實在的，而且正是這些性質差異，在他的突生體系中劃分了各種不同的層次。

所以，雖然在此我們與一種完全是自然主義的哲學發生了關係，但它顯然是一種不同於各種老自然主義的自然主義。的確，每一件事物都產生於時空母體，因此都有一種物質基礎，思想有其神經的基礎，甚至上帝也有其時空的方面。然而，每一次突生

都帶來了一種質的差異，這種差異將其置於更高的、獨特的層次
上。與質相關聯的，是實體的時間方面，而與其物質一面相關聯
的，則是空間方面。這樣就引進了這麼一種想法：正如每一樣存
在著的事物都有其物質的一面，同樣地它也有其精神的一面。
「時間是空間的精神，而且任何一種性質都是其形體的精神。」
⑬這是一種難懂的理論，而且精神與物質在整個實在中都多多少
少是相互關聯的這一說法，也不容易和突生概念相協調。不過，
很顯然，在亞歷山大的論證中，正如在摩爾根的論證中一樣，這 263
種自然主義所討論的自然的概念，比起十九世紀的自然主義者們
所持的自然概念來，要豐富得多，也更加多樣化。

　　從宗教的觀點來看，亞歷山大的形上學中最為有趣的特點，
當然是他的革命性的上帝觀。正如我們已經看到的，上帝本身已
被帶進了突生進化的體系之中，因此他乃出自基本的時間—空
間。在這裡，通常的上帝概念被轉換了，因為，上帝一般被認為
是世界的作者或創造者，是宇宙過程的起點（terminus a
quo），而在亞歷山大的思想中，上帝卻作為終點（terminus ad
quem）而出現。可是亞歷山大認為，這樣一個上帝同樣也可以
適合於宗教意識，並吸引人們轉向他。亞歷山大甚至不同意說他
的上帝概念是一種泛神論的上帝觀，儘管在他的很多批評者看
來，認為上帝如此徹底沈浸於自然秩序之中，這種想法看來似乎
是一種徹頭徹尾的泛神論。對此，亞歷山大回答說：「就其身體
方面而言，上帝是內在的，但就其神性方面而言，他卻是超在的。」⑭因為，正像時空之中的每一樣別的事物一樣，上帝既有
其物質方面，也有其精神方面。他的身體，就是整個的時空，因
此他包容了所有的有限存在物。就這方面而言，上帝是內在的，
這種理論是泛神論的。但是就上帝的神性而言，他又是超在的，
神性只為宇宙的一個部分所擁有——這個部分就是時空的那麼一
個區域，它永遠位於前方，在進化過程中任何一個實際階段，人

們都瞻望著它，嚮往著它。而既然神性是上帝的獨特性質，這個完整的上帝概念，就被說成是一神論的，而不是泛神論的了。

在全面性綜合性方面毫不遜色於亞歷山大的形上學，也許甚至更為著名的，是阿爾弗雷德‧諾爾思‧懷德海⑮（Alfred North Whitehead, 1861～1947）的哲學。懷德海曾和羅素在現代數理邏輯的發展方面密切共事，後來卻和這位昔日的合作者分道揚鑣了。和羅素的實證主義和分析的傾向相反，懷德海認為對知識作一次新的全面綜合的時機已經成熟。而且，在羅素仍然接近唯物主義觀點的時候，懷德海已經發展了一種和唯物主義相去甚遠，但卻和自然科學保持密切接觸的哲學。兩人之間的對照，在他們對宗教分別作出的說明方面也許最為強烈突出。正如我們已經看到的，羅素把宗教視為一種無用的遺跡，現在將由科學的人本主義來取代，而且正是在科學之中，他寄託了自己對未來的希望。但在另一方面，懷德海卻認為，宗教的見解是「人類經驗中的一個因素，它不斷顯示出一種向上的趨勢。有宗教見解，以及宗教見解不斷傳揚的歷史，這個事實乃是我們樂觀主義的一個根據。倘若沒有它，人類生活就不過是偶爾享樂的一束閃光，照亮的是浩大無際的痛苦和災難。」⑯

作為對宗教的這種評價之根據的哲學，被懷德海稱為「有機體的哲學」，在這裡使用的「有機體」一詞，不是指在狹隘的生物學意義上的有機體，而是表示這麼一種實在概念，在其中，經驗的一切方面都是彼此關聯的──除了起源於自然科學的那些關於世界的觀念之外，還有審美的、道德的、以及宗教的興趣也都屬之。像摩爾根和亞歷山大一樣，懷德海用運動的觀點來看世界。我們不應該設想一種靜態的「實質」作為世界萬物的基礎，更不該二元論式地設想兩個這樣的實質，即精神與物質。相反地，我們應該根據「歷程」來進行思考。在提出自己的哲學的過程中，懷德海引進了許多新術語，有時候則在新的意義上使用傳

統的術語。在此，我們只能概述一下他的某些比較重要的觀念。

「構成世界的那些終極實在的事物」，懷德海稱之爲「現實存有者（物）」（actual entities）(1)，⑰ 存在著很多這樣的現實存有者（物），其範圍從系列頂端的上帝，直到最微不足道的「存在之微息」。構成世界──過程的，就是這些現實存有者（物）之變化，我們不可能再走到它們後面，去找到任何更加實在的東西。正如我們已經注意到的，我們不能設定某種作爲基礎的實質。笛卡兒認爲身與心是兩種終極的實質，它們多多少少可以相互作用。但懷德海否定自然有任何分叉現象。他自己的觀點是：每一個現實存有者（物）都有兩極；它既有物質的一極，也有精神的一極，儘管在這裡，「精神的」這個詞並不必然意味著意識。

既然上帝是一個現實存有者（物），他本身也應被設想爲兩極的。他的精神的或概念的一極，被懷德海稱爲「元初的性質」（primordial nature），它是不變的、完全的，是一切理想和新的可能性的泉源。但是上帝也有他的物質的一極，即其「終結的性質」（consequent nature），它參與了世界的創造性的進步。關於神聖存有者的這兩個方面，懷德海說，概念的方面是「自由的，完美的，元初的，永恆的，在實際中缺乏的，無意識的。而另一個方面，則是和出自歷時世界的物質經驗一起產生的，然後又和元初的方面結合爲一體，它是被決定的，不完美的，終結的，持續的，完全實際的，有意識的」。⑱ 按照懷德海的說法，雖然概念性的體驗可以是無限的，但是物質性的經驗卻必然是有限的，因此，就其終結的性質而言，上帝是受限的，並捲入了變化之中。他在從事於克服惡的戰鬥，他是「能理解的偉大伴侶和共同受難者。」⑲

265

───────────────

(1) 原譯作「現實的實體」──校閱者註

在現實存有者（物）的範圍中，另外的一端「存在之微息」也有兩極。它有其精神的一極——儘管這當然不是有意識的，也有其更加明顯的物質一極。於是在懷德海的形上學中，我們再次看到了一種唯心論。

一切現實存有者（物）都分有了懷德海所謂的「永恆對象」（eternal objects）(2)。這些永恆對象頗像柏拉圖的「理念」。它們是普遍的性質，但它們並不獨立地存在，而僅僅在世界—過程中現實存有者的結合中才得以實現。離開了這種具體的結合，它們就只是上帝的元初性質中純粹的潛在性。上帝的創造性就在於，他是這些永恆對象的泉源，就是說他是一切可能性的泉源。它們從上帝流出，在現實存有者中得到實現。所以，雖然現實存有者總在變化著，產生著新鮮事物，但在它們的存在之中，永恆對象卻是確定的。永恆對象永恆地呈現於上帝之中，等待著實現。

現實存有者是相互包含的，並結成了種種關係，懷德海用「攝受」（prehension）(3)這一重要術語所指明的，正是這種相互關涉。懷德海對二元論的拒斥，對現實存有者之兩極性的認識，也反映在他關於攝受的學說之中，攝受既是物質方面的，也是精神方面的。而且，正如他拒斥了二元論，同樣，他也拒斥了任何官能心理學，他否認存在著任何純粹的意識、純粹的情感、或者純粹的意志。因此，一次「攝受」所包含的，有因果關係，有情感，有目的，有評價，根本不存在任何不帶價值的過程。而懷德海的實在論，就像摩爾根和亞歷山大的實在論一樣，向我們提供的世界圖景，比之機械論的自然主義所提供的，要豐富多彩得多。

---

(2)　原譯作「永恆客體」——校閱者註

(3)　原譯作「把捉」——校閱者註

　　現實存有者透過它們的攝受性的相互關涉，構成了共存的網
絡，懷德海稱這種網絡爲「連結」（nexus）。於是，關於攝受
的思想，就使他得以從現實存有者多樣性的多元論，走向關於一
個有機宇宙的概念。

　　憑靠著這個複雜而艱深的形上學的背景，我們現在也許就能
理解懷德海對宗教的極高評價了，我們對他的觀念的闡釋，正是
從那裡出發的。他說：「宗教是對於那麼一種東西的見解，這種
東西位於直接事物不斷逝去的川流之外、之後、之中；這種東西
是眞實的，但尚在等待著實現；這種東西是遙遠的可能性，但又
是現存事實中最偉大的事實；這種東西所擁有的是那終極的善，
但又永遠可望而不可及。」[20]

　　對宗教的這一評價如何用於基督教呢？體制化的基督教已開
始衰落，然而宗教的精神仍在發揮作用。[21]懷德海在歷史發展的
三個階段中，發現了解決這種局面的關鍵。第一，存在著柏拉圖
的這麼一種見解：神的勸服是世界秩序的基礎，這種見解預示著
某種關於恩典的教義。第二，存在著基督的生活，它用行動揭示
了柏拉圖在理論中預言的東西。第三，存在著把柏拉圖的理智見
解和實踐的基督教在神學裡試圖綜合起來的企圖。但這種綜合的
企圖失敗了。神學陷入了教條的結論，死抱著一些過時的觀念，
這些觀念把神的勸服的思想轉變成了關於一個專制的上帝的教
義，這個上帝作爲一種強制力量站在世界的對立面。柏拉圖所教
導、基督所實現的那些勸服性的永恆理想仍然存在著；但是，神
學需要一種新的改革，才能有效地向我們指明這些理想。

　　在懷德海和亞歷山大那宏大的體系之後，再來提到塞里爾·
艾德溫·米欽遜·喬阿德[22]（Cyril Edwin Mitchinson Joad, 18
91～1953）的學說，看來有點像修辭上的突降法。然而，這位實
在論學派的年輕成員值得一提，其原因正和特萊因和海克爾等人
一樣──就是說，作爲一位在千百萬從未夢想過去讀哲學巨匠們

266

的著作，也許幾乎也未聽說過他們名字的人當中，普及哲學思想
的普及家而值得一提。喬阿德還有著更進一步的興趣，即說明實
在論從不可知論類型向有神論類型的進展過程。因為，不管他的
某些著作可能是如何的折衷和膚淺，他的實在論至少是始終一貫
的，而且從未停止堅持這個看法：我們所認識的東西，是一個獨
立於我們認識它此一事實的客體。

在也許是他的許多著作中最好的一部著作──《物質、生命
與價值》（ *Matter, Life and Value* ）一書中，喬阿德提出了一種
形上學的三重體系。有三種不同的存在之領域，即物質、生命、
價值，其中沒有一種可以根據另外兩種來解釋。乍看之下，這似
乎很像摩爾根和亞歷山大的突生體系，然而，儘管喬阿德曾一度
被進化論哲學所強烈地吸引，但他所強調的，卻是這三個領域的
差異。具體說來，價值領域不可能來自較低的兩個層次。價值在
客觀是實在的東西，並構成了自身的一個超越的領域。

267　　　在以後的著作中，喬阿德越來越重視價值領域的超驗性，那
也是上帝的領域。他批評亞歷山大哲學一類的哲學是人本主義
的，這類哲學把上帝和價值完全納入了自然秩序之中。喬阿德認
為人本主義是一個頹廢的社會之徵兆。關於這種社會反覆出現的
模式，可以用一種三重結構來說明：自大（ hubris ）──人企圖
超出自己在事物秩序中的位置；報應（ nemesis ）──正義抓住
了人；懲罰（ ate ）──神怒降臨其身，或者用不那麼具有神話
意味的話來說，人由於自己違反事物正常秩序所帶來的崩解而身
受其害。根本的錯誤在於，對人在宇宙中的地位有一種虛假的觀
點，而且「未能認識價值與神性中非人的因素。」㉓不過，喬阿
德也可以用他的實在論哲學的術語，把這描述成未能認識到客體
的實在性和獨立性，而且，他還把頹廢與主觀主義聯繫起來看
待。

喬阿德思想中的這些傾向，在其最後一部著作即《信仰的復

甦》（The Recovery of Belief）一書中達到了頂點。在那裡，他像一位現代的尋教者游士丁（Justin Martyr）在基督教信仰中找到了對其哲學探索最爲滿意的答案。

八十一、德國的實在論形上學

哈特曼

在德國，實在論在形上學方面的發展，首先表現在尼可拉・哈特曼㉔（Nicolai Hartmann, 1882～1950）的著作中，他的書中有好幾部的譯本在英語國家十分著名。哈特曼起初屬於新康德主義的馬堡學派，後來放棄了觀念論而轉向實在論。認識的對象，不是由思想所構造的，而是向思想呈現的，並且獨立於思想而存在。因此哈特曼的哲學設想的是這麼一個世界，在其中，思維及其活動僅僅構成了諸因素當中的一個因素。

雖然我們把哈特曼列入實在論的形上學家之內，但我們應該注意到，他自己寧可談的是存有論（ontology）。他的確可以宣稱，「離開了對存有的一種基本觀點，任何哲學就都不能成立」，㉕但他在自己的那種存有論與各種老式的形上學之間作了明確的區分。老式的形上學尋求一種普遍原理，據之可以將對整個存有，給出一種理性的說明。哈特曼的存有論沒有如此宏願。他說，他的存有論，是從各個現存實體之觀察，一步一步拾取自己的範疇的。而且，它並不提供一種對實在的完備說明，因爲哈特曼相信，世界之中有一種不可認知的因素。有些問題是無法解決的，它們只導致一種懷疑（aporia），即不可逾越的困惑。他自己的存有論，只滿足於用這麼一種方式對存有的可以理解的方面進行分析、描述和澄清，這種方式多多少少令人想起現象學方

268

法，在此是應用於存有論問題的現象學方法。但是，如果說哈特
曼的存有論並未提出一個完備的體系，它的目標至少是要縮小不
可理解的領域。

在哈特曼關於存有的層級(4)或層面的學說中，我們發現在他
與英國實在論者之間有一個接觸點。他並不使用突生進化體系，
也不願就一個層級從另一個層級之發生進行思辨，他所談的是實
在之「分層」。他承認有四個這樣的層級，按逐級上升的順序，
它們分別是物質、生命、意識（在動物和人類之中均可見到），
以及精神（只在人的高級活動中可以見到）。每一個層級都有其
自己特有的存有範疇。較低層級的某些範疇，也在或大或小的程
度上滲透到較高層級之中──例如，空間是物質的特點，也是生
命的特點，而時間則是所有四個層級都共有的。但是較高層級的
特有範圍，並不向下滲透到較低層級中。較高層級就是這樣紮根
於較低層級之中的，並且不能離開較低層級而被看到，因此，較
低層級被描述爲較强的層級，因爲它們支持著整個存有之結構。
另一方面，較高層級也不完全被較低層級所決定，而在它們面前
具有自主性，並可以利用它們。這種關係可以比作一匹馬上的一
位騎手。例如，人在被決定了的自然世界中是自由的，而且只有
在這樣的世界中人才能自由，因爲，人的有目的的行爲，要求他
應能預見事情將如何發生。

這種世界觀與唯物主義的自然主義相去甚遠，然而，它到頭
來也證明是同樣遠離有神論的。世界雖然分層級並由不同成分組
成，仍然只是一個世界，可是，哈特曼賦予存有論的有節制的目
的，卻不許我們走向關於世界有統一原則的任何匆促的結論。具
體說來，根據一個人格的上帝來解釋這種統一性，這在哈特曼看
來，似乎是一種人類中心論的妄自尊大。

────────────

(4) 原譯「存在的層次」──校閱者註

　　而且，他反對有神論還有倫理方面的理由。他讚揚基督教，
因其號召博愛，但他認爲，這種號召的倫理價值，受到了要愛上
帝這另一號召的汚染，因爲這就引進了一種關於彼岸的形上學，
爲博愛提供了一種審愼的動機。然而，哈特曼自己除了博愛之
外，還倡導一種他所謂的「對最遠者的愛」。這被說成是包含了
「一種不同於人與人的信賴的獨特的信仰；一種延伸到全體事物 269
的信仰。」㉖而道德的熱情被說成是來自「對有價值的事物之無
窮豐富的尊重；它是充滿了感激之情的認識，而且，在認識失敗
了的地方，它就是這麼一種預感：存在之價值，乃是不可窮盡
的。」㉗於是，在哈特曼那裡，愛、信仰、尊重、感激等等宗敎
情感，不是被引向一個人格的、超越的上帝，而是被引向了神祕
的存有之和。然而，他所提到的這些情感，是如此徹底地具有人
性的情懷，以致於人們可以懷疑，他是否擺脫了他所害怕的擬人
學說。

八十二、神學作家與宗教作家中的
實在論形上學

湯樸，索恩頓，德日進(5)

　　本章所述的實在論形上學，對神學的影響是很大的，當然，
在一些例子當中，這種影響要比在另一些例子中來得徹底得多。
　　我們且從一個比較溫和的例子開始，它可以在威廉・湯樸㉘
（William Temple, 1881～1944）的思想中見到。他在就任坎特
伯雷大主教兩年後即去世，這使英國國教會喪失一位傑出的領

---

(5)　泰依阿德・德・夏爾丹──譯註

袖，他不僅是一位教會活動家兼神學家，而且與當代世界的各種
社會問題保持著密切的接觸。雖然湯樸的神學以基督教的啓示爲
中心，但是出於安立甘（Anglican）神學(6)的傳統，他認爲，這
種啓示必須在理性和良知中得到證實。所以他爲自己的神學尋找
一種哲學框架。起初，他是在觀念論當中找到了這種框架，而且
事實上，他從來沒有停止表示他從自己的老師克爾德那裡，以及
英國觀念論學派那裡獲益良多。但是到一九三四年他發表了自己
的吉福德演講時，他已經加入從觀念論向實在論的大移民。

　　湯樸指責笛卡兒，因爲笛卡兒誤使現代哲學相信：我們所認
識的東西，就是我們自己的觀念。湯樸肯定：我們所認識的東
西，是一個與我們相對的世界。湯樸追隨英國的實在論形上學家
們，把世界設想爲一個過程，在其中出現了一些不同的存有層
級。在他的體系中，一共有四個這樣的層級：物質、生命、理
智、精神。在它們之中，「較高者只能憑藉較低者而存在；但遠
遠不是被較低者所控制，相反卻控制著較低者。」㉙在此，湯樸
十分接近於哈特曼，儘管兩個人可能是各自獨立地得出自己的思
想的。

　　然而，湯樸堅持認爲：正是進化過程中的最高的階段，才使
得這整個過程作爲一個統一體可以理解。例如，在人身上，我們
能看到所有四個存在層級——我們能夠把他視爲一個物質客體，
視爲一個活著的有機體，視爲一種動物理智，或者視爲一種精
神；可是，正是他的精神，才使他成了一個統一體，才賦予他所
獨有的人性。湯樸論證說，正是以完全相同的方式，我們也必然
把宇宙視爲一個整體。我們從自然過程開始，然而，當我們的探
索已達到了其最高層級即精神的時候，我們就必然回過頭去，根

270

──────────

(6)　安立甘派即新教三大主流之一的英國國教會派，又譯聖公宗。──譯
　　註

據精神來解釋這整個過程的統一。由於這樣一種程序，湯樸把他的哲學稱爲「辯證實在論」（dialectical realism）。

對於宇宙過程的精神性解釋導致了有神論，因爲，在此過程內部出現的精神具有超驗的特徵，這種特徵指向了作爲統一的原則的神，他控制著，事實上還創造著這整個過程。我們發現了「內在者的超越性」，但這反過來又引導我們根據「超越者的內在性」去看待世界。這樣來理解世界，世界就有了一種神聖的特徵，這種神聖特徵表現在世界的自然的過程和自然的價值之中，這些過程和價值的泉源，就在超越的上帝之中。有了這種神聖宇宙的觀念，我們就看到了自然神學在基督教啓示及其核心的道成肉身教義之中的完成。

在另一位安立甘宗學者萊奧尼爾・斯潘塞・索恩頓㉚（Lionel Spencer Thornton, 1884～1960）的神學中，過程、有機體、突生等等哲學觀念十分引人注目。作爲一位多少有些普及性的作家，索恩頓屬於英國公教的或者傳統主義的思想派別，因此，在他身上發現這種對於當代實在論形上學的興趣，看來是有些令人驚訝的。然而，恰恰是在他對聖經神學和教父神學的傳統模式的探索中，索恩頓發現，它們和現代過程哲學之間有一種類似性，因此可以利用過程哲學，用當代人能夠理解的術語來闡釋基督教啓示；儘管應該馬上補充一點：另一方面，基督教啓示也被認爲是闡釋了過程哲學。

索恩頓恢復了教會的早期教父們廣泛運用的，通常稱爲「預表論」的聖經註釋方法。這種方法在解釋聖經時，所根據的是反覆出現的形象和模式，比如說，它把舊約的人物和事件看成是預表，並在新約中找到了它們的成全或應驗。當然，這種方法偶爾也用於聖經本身之中，例如聖保羅就把基督說成是亞當第二。㉛

具體說來，索恩頓感興趣的，是「創造」觀念與「道成肉身」觀念之間的類同性。當然，這種思想路線見於新約之中，而

271

且在教父神學中變得十分重要。聖愛任紐（St Irenaeus）用
「再現」這一術語來解釋它；神聖的邏各斯在創世之初就是創造
性的動因，後來又道成肉身，以便在新的創造活動中恢復和概括
自己的作品。

在這種關於道成肉身的傳統學說中，索恩頓發現在創造之秩
序與救贖之秩序之間，有一種聯繫，同樣在自然之哲學與基督教
啓示之間也有一種聯繫。依靠摩爾根、亞歷山大和懷德海的理
論，他認爲宇宙過程是從一個層級到另一個層級的上升，於是在
每一個新的層級上，早先的那些層級都匯集爲一個新的統一體。
人是一種微型宇宙，他在自身之中包含了所有的層級，並把它們
概括在自己的精神性存有者這個新的統一體之中。但是人並非這
個過程的終點。「正如這個系列已被概括到人類有機體之中，同
樣地，人類有機體也要被概括到基督之中，進入神性的層級。」
㉜我們就這樣從人走向神，而人的「神化」，也是教父們所共有
的一個思想，聖阿塔那修在他那句關於基督的著名陳述中，也表
達了這個思想：「他成爲人，以便讓我們可以成爲神。」㉝索恩
頓說，「基督使整個人性聖潔化、神聖化」，㉞他還在「基督的
身體」(7)中，發現一種新型的社會正在出現。

這樣，索恩頓就大膽地把道成肉身置於宇宙過程的中心位置
上了。但我們應當注意，他肯定不曾認爲基督是這個過程的一個
產物。上帝不僅是這個過程所趨向的終點，而且也是這個過程的
起點。與被造的秩序相對，還存在著一個超越的秩序，基督在其
創造活動和救贖活動中，正是屬於那個超驗的秩序的。

把運動的世界觀與基督教神學的核心理論相結合的另一個有
趣的例子，可以在法國的羅馬天主教作家德日進㉟（Pierre
Teilhard de Chardin, 1881～1955）那裡見到。他既是一位耶穌

---

(7) 按傳統說法，基督的身體即指教會。──譯註

會教士，又是一位極其卓越的科學家，他對於進化問題有著特殊的興趣。

　　德日進的出發點是科學的、自然主義的。他所著手的，不是去解釋，而是去觀察和描述各種現象，而他所發現的，是一個巨大的進化過程。在這個過程中，較簡單的因素構成了較複雜的統一體——基本粒子構成原子，原子構成分子，分子構成活細胞，細胞又構成多細胞的有機體。這個過程的法則似乎是：隨著物質組織的複雜性增加，生命與意識的範圍也增加。一方面，德日進認識到這個過程中有某些臨界點，當複雜性達到了這樣一個程度，某種新的狀況就會出現。另一方面，他認為，「任何東西，倘若不是已經以某種模糊的、原初的方式存在，就不可能最終越過那些不同的臨界值而突然出現，而這些臨界值不論多麼難以逾越，是被進化過程相繼穿越了的。」㊱於是，在他的思想體系之中，突生概念和某種泛心靈論概念，都找到了一席之地。

　　這種進化過程的種種細節，只有在我們這個行星上才能充分地觀察到，儘管德日進相信，應該把進化論的解釋應用於作為整體的宇宙。在地球上，這個過程中最偉大的關鍵時刻，首先是足夠複雜的分子形成時生命的出現，其次是作為反映性思想載體的人的出現。這第二個事件被稱為「人化」（hominization），隨之而來的，是進化過程開始意識到自身，而人則成了它的先鋒。生命的出現，以及爾後思想的出現，似乎在地球的物質層次之外，又給地球添加了兩層新的外殼——「生物圈」，即覆蓋地球表面的彼此關連的生命之膜，以及「心智圈」（noosphere），即精神性的外殼，它不僅包括人本身，而且包括人的作品——他們的田野和工廠、城市和交通等等。

　　德日進並未離棄自己在現象中的出發點，但他在此開始比較思辨了，他力求把進化過程推到未來之中。把複雜性與意識聯繫起來的法則，將一直發揮作用，而且德日進看到，這個過程會聚

為他所謂的「俄梅戛點」⑻，即萬物在上帝之中的一種超人格的
統一，照這種觀點看來，上帝是宇宙最終的，而不是起始的原
因，他吸引萬物趣向在他自身之中的完善。雖然德日進想把上帝
說成是超越的，但我們並不能肯定，他的論證不曾傾向於我們在
亞歷山大哲學裡見到過的那種上帝。也許正是因為這一點，以及
別的一些含糊不清，羅馬天主教當局在他有生之年禁止出版他的
著作。

　　像索恩頓一樣，德日進認為基督處於進化過程的核心地位。
可以說，基督是位於過程終點的俄梅戛點在過程心中的反射。基
督透過在我們當中實現俄梅戛點，向我們確保了它的實在性，而
且，在超越自我的愛的基督教社團中，這個終點已經正在實現之
中了。

273　　我們可以這樣認為，在本節所列的例證之中，神學家們對實
在論哲學家的反應多多少少有些半心半意，湯樸、索恩頓和德日
進在走向過程哲學的途中走了一段路，而且也許在這樣做時獲得
了某些頗有價值的神學見解，但他們卻以堅持傳統有神論而告
終。上帝被認為是處於世界—過程之外的，在其不變的完美中是
永恆完備的——儘管我們必須說，德日進已十分接近於將上帝帶
進這個過程之中。

⑻　「俄梅戛」（Ω）是希臘文體後一個字母的名稱，「俄梅戛點」意為
　　「最後點」或「終點」。新約中耶穌常說「我是阿爾法」，我是「俄
　　梅戛」，意為「我是第一個，也是最末一個」。——譯註

八十三、實在論、有神論與基督教

哈特索恩，加尼特

關於實在論哲學在神學上的更為放手的運用，我們可以來看看美國的情況。我們已看到了實在論形上學在一些美國思想家的思想中的影響，雖然我們是從別的角度來介紹他們的。例如，認為一個有限上帝包含時間，並在進化過程中奮鬥的那位人格主義者布萊特曼，就受到過布倫塔諾和懷德海的影響；而芝加哥學派的韋曼，雖然，我們注意到他和杜威有關聯，也曾受過懷德海影響。㊲ 在此，我們將考察兩位較為年輕的思想家，他們探尋著這樣一種有神論，它將既和實在論哲學相容，也和基督教並行不悖。

查爾斯・哈特索恩㊳（Charles Hartshorne 1897～　）屬於芝加哥學派。在其《超越人本主義》（*Beyond Humanism*）一書中，他論證說，一種真正的人本主義，必須建立在承認一個比人更大的實在這一基礎之上。同時，他否認這樣一個說法：傳統的有神論能夠提供所需的這種基礎。傳統有神論向我們提供的，是一個超自然的上帝，可是「超自然的」這個概念已經名譽掃地，不再站得住腳了。我們必須在世界—過程本身當中去尋找上帝，哈特索恩追隨懷德海的思想，他認為貫穿這個過程的，既有其物質的方面，也有其精神的方面。

那麼，相對於舊的有神論而言，他更喜歡的這種新的有神論是什麼呢？在後來的一部著作——《人類對上帝的觀照》（*Man's Vision of God*）中，哈特索恩認為，在傳統有神論與無神論之間的選擇，並不是一種排他的選擇。在這兩個極端之間，存在著

第三種可能性。這三種可能性（它們本身還可以進一步再作劃分）可以表述如下：「1.存在著這麼一個存在物，它在**一切**方面
274 都是絕對完美的或不可超越的。2.不存在在一切方面都絕對完美的存在物；但存在著這麼一個存在物，它在**某些**方面是完美的，而在某些方面卻不完美。……這並不排除這樣一種情況：這個存在物在它並不絕對完美的一切方面，可以是相對完美的。3.不存在任何會在**某一**方面是絕對完美的存在物。」㊴這些可能性之中，第一種和第三種以有神論和無神論的傳統形式，彼此進行了長期的爭論。這兩方都不能令人滿意，而且二者之間的辯論之所以一直如此固執，僅僅是因爲還剩下的那種可能性——哈特索恩所列的第二種可能性——被完全忽略了。然而，它正是哈特索恩認爲眞實而選擇的可能性，他稱之爲「超泛神論」㊵——即關於這麼一種上帝的學說，這個上帝確實具有一種不變的本質，但卻在一種不斷前進的經驗中完善著自身。

哈特索恩接著論證說，這一學說不論在理智上還是在宗教上都是最能令人滿意的。基督教在歷史上與關於一個靜態的超自然上帝的學說相關聯，其實是一種偶然。如果我們嚴肅認眞地對待「上帝就是愛」這一教導，我們就必須相信，他是實實在在地捲入了他的造物之間的，他既作用於它們，他自己也受到它們的作用。神性不是超脫一切苦難的特權，相反倒是分擔一切苦難的特權。上帝與他的造物，共處於一種動態的聯合體（society）之中，哈特索恩相信，他關於有神論的這種革命性的、社會性的概念，比起老的有神論來，更切近於聖經宗教的本質。

阿瑟·坎普貝爾·加尼特㊶（Arthur Camphell Garnett, 1894～1970）曾評論道：在本世紀初期，宗教在很多人看來，似乎正在迅速地衰落。但到本世紀中期，宗教和神學研究二者都在美國經歷了一次引人注目的復興。加尼特足夠清醒地看到，這次復興有許許多多的動因——諸如愛國的感情，對鎮靜劑的需要等

等，但他宣稱，基本的動因在於：人需要一種至高的愛和忠誠的
對象，這種對象能使人升拔，使他超越自己那些彼此歧異的忠
誠。「比起一個慈愛的上帝的概念來，在這個概念中，他既是上
帝又是我們一切人的父親，他同等地愛我們大家，比起這個概念
來，再也沒有任何東西能如此有效地做到這一點了。」㊷，但
是，如果要滿足當代人的需要，神學就必須向人們提供這樣一種
上帝概念，它在理智上是站得住腳的，而在加尼特看來，這就意
味著需要一種不違反當代經驗主義的概念。

他採取了一種對大多數當代神學都不滿的態度。他拒斥巴特
主義，因為它堅持一種未得到理性檢驗和支持的啟示。新多瑪斯
主義自稱是理性的，但它的類比語言是失敗的，因為，要使用出
自對上帝的歷時體驗的詞語，而這個上帝又被認為是永恆的，那
就是不可能的事情。蒂里希和布爾特曼被加尼特視為比較「清醒
和開明的」當代神學家，但他還是拒斥了他們。因為蒂里希力圖
透過主張上帝就是「存有本身」，為自己的神學找到一種哲學基
礎，而存有被認為是某種神秘的「存有的力量」。假如蒂里希採
取了一種語言分析方面的基本路線，他就會看出，他的論證所依
賴的，是對動詞「存有」的邏輯不理解，按照加尼特的說法，這
個動詞具有一種純屬邏輯的功能，即使從存在角度加以運用時，
也不涉及任何東西。

所有這些神學的基本錯誤在於，它們企圖談論一個永恆的上
帝。這樣的上帝會超乎於任何可能的經驗之外，經驗總是歷時
的。補救的辦法，乃在於放棄這種永恆上帝的概念，而承認上帝
具有歷時的性質。然後才有可能去類比地談上帝，談論他的人格
性，談論他的愛，等等。「正如我們憑藉類比去設想動物的低於
人的經驗，同樣地，我們也能夠憑藉類比去設想上帝的超乎人的
經驗。」㊸在這裡，類比是否合理有效的，因為所有三種形式的
經驗——動物的、人類的、神的經驗——都具有歷時的性質。當

275

然，這樣一位上帝的存在，在經驗上不是可證明的，但是，在設想這樣一位上帝的道路上，不存在任何**邏輯上的**障礙，而且有些實在論哲學和過程哲學向我們表明，能夠提出一些充分的理由來相信存在著這樣一位上帝。而且，加尼特像哈特索恩一樣認爲，這樣一種上帝，比起一位被以爲是非時間性的完美的上帝來，更加符合於聖經的活生生的上帝。

八十四、對實在論哲學和神學的評論

在那些認爲哲學的任務僅僅是分析的人看來，實在論形上學看起來，肯定像是對於新實在論精神的可悲的曲解和背叛。但是從未有一個人曾經證明，哲學應該以分析爲自己唯一的關切之事。情況甚至可能是這樣：當哲學這樣做的時候，它就逃避了自己的那些最大的任務。亞歷山大和懷德海所提出的有權構造一個體系的主張，是一個無人可以否定的主張；不過，體系一經建立，它們的作者就應準備讓它們去接受最爲細緻的批判性的檢查，這也是非常自然的。

亞歷山大、懷德海和哈特曼等人的實在論形上學，肯定應該被視爲延續不衰的哲學思考的一些卓越的、甚至是紀念碑似的例證，即使是那些認爲懷特海等人的努力犯了錯誤的人，也很難否認這一點。而且，儘管他們要構築一個宏大體系的努力，似乎脫離了我們這個時代的一般趨勢，但這並不意味著這類的努力就完全過時了。柯林武德說：「這種宏大的風格，並不是一個時期的標誌；它是一個適當地駕馭並消化了其哲學材料的頭腦的標誌。」㊹這種觀察是十分確切的。

不僅如此，我們所考察的這些哲學，還避免了傳統形上學易犯的許多錯誤。比起觀念論形上學來，它們要腳踏實地得多，由

276

於與經驗和自然科學保持著密切的聯繫，它們避開了從人自己的頭腦的思辨出發，來編織一個世界體系這樣的誘惑。與此同時，他們也避免了老式自然主義的錯誤。它們從老自然主義的虛假抽象，轉向了對世界的具體理解，它們不企圖把一切都化簡爲最小公分母，而是給經驗所有不同方面應有的重視。最後，它們還避免了諸如所謂「生命哲學」所表現出來的那種反理智主義的危險。

宗教思想不要形上學能夠前進嗎？有些思想家認爲能，我們已經遇到過，而且還將繼續遇到這樣的思想家。他們或者宣稱，他們對上帝的認識並不是透過形上學，而僅僅是透過某種啓示得到的；要麼他們就宣稱，宗教完全是一個實踐的問題，與道德幾乎沒有差別，與我們住在一個什麼樣的宇宙之中這個問題毫無關係。在考察利奇爾主義者的時候，我們已經發現，有理由斷定：僅僅訴諸於一種從我們的普通思想和經驗得不到證實的啓示，是不能令人滿意的。㊺另一方面，雖然宗教無疑有其實踐性的一面，而且這一面是非常重要的，但是它也有自己的信念，而且大多數人都不會承認，一種放棄關於上帝或宇宙性質的任何信念的生活方式竟是「宗教」。多羅西・埃姆梅特（Dorothy Emmet）有一句十分中肯的評論：「如果宗教不再相信，自己以某種方式表達的，是有關我們和在我們之外，並與我們終極相關的一種實在之間的關係的眞理，那麼，宗教也就失掉了自己的核心。」㊻誰若仍然相信，宗教的興趣在於上帝問題，誰若進一步相信，任何一種以某種特殊啓示爲基礎的信仰，都應該準備在我們對世界的體驗中去尋求某種一般的證實，誰就不能無視實在論形上學家們所說的東西。事實上，正如我們已經看到的，很多神學家都對這些形上學家表示出了興趣。

可是在此出現了一個困難。從我們對實在論形上學和神學的概述看來，在這個領域中流行的顯然是兩種不同的上帝概念。那

277

些比較徹底和前後一致的實在論者──亞歷山大、懷德海和哈特索恩，把上帝引入了時間之中，於是，他就在某種程度上變成了一個（可以說）「在途中」的上帝，一個在這方面或那方面尚未完成其完善性的上帝，一個自然的上帝而不是超自然的上帝。而另一些人──哲學家中有摩爾根和喬阿德，神學家中有湯樸和索恩頓，則明確地把上帝置於時空世界之外，使他成為傳統有神論的、永恆完善的、超自然的上帝。看來，這種關於上帝的意見分歧，似乎把我們引進了一種兩難之境；因為毫無疑問，這兩種上帝概念中的第一種，**在理智上**令人滿意，而且最符合實在論研究形上學的方法；可是乍看之下，第二種概念**在宗教上**更加令人滿意，儘管把上帝置於時空之外的某個超經驗領域，也就拋棄了實在論形上學的那些已經提到過的長處，恢復了關於超自然者的那種老式的形上學。

的確，一個不是或者尚不是徹底完善的上帝，也可以在我們心中激發起愛和嚮往的真正具有宗教性的感情，但是，他能不能激起奧托所說的、肯定處於宗教的核心之處的那種深沈的敬畏和尊重呢？這個問題可不容易回答。我們一定還記得：「懷德海承認上帝除了有一種繼起的性質，還有一種原初的性質；他的弟子哈特索恩論證說，比起一個靜態的完美的上帝觀念來，正在完善自身的上帝的觀念更符合於聖經啓示的「活生生的」（living）上帝；一個以某種方式尚「在途中」的上帝的概念，更能減輕令傳統有神論大傷腦筋的惡的難題；而且，這樣一種概念由於嚴肅看待作為上帝的「合作者」的人的責任，還賦予了人的道德生活以更加充分的意義。至少，不能輕易地說，這樣一種上帝觀就不是在宗教令人滿意的，或者說它不符合基督教的上帝觀，也許是擺脫了一些教父時代和中世紀的沈積物的基督教上帝觀。

現在，我們將轉向第二種在本世紀中葉興盛起來的形上學的宗教思想──新多瑪斯主義與羅馬天主教神學。

註　釋

① 《歷程與實在》（ *Process and Reality* ）第 7 頁。

② 參見本書前面第 178～179 頁。

③ 《空間、時間與神性》（ *Space, Time and Deity* ），第 6 頁。

④ 《歷程與實在》，第 8 頁。

⑤ 參見本書前面第 170 頁以下。

⑥ 參見本書前面第 218 頁以下。

⑦ 1887～1919 年任波士頓（ Bristol ）大學教授。

⑧ 《突生進化論》（ *Emergent Evolution* ），第 7～8 頁。

⑨ 《生命、思維和精神》（ *Life, Mind and Spirit* ），第 1 頁。

⑩ 1893～1925 年任曼徹斯特大學教授。

⑪ 《英國哲學的一百年》（ *A Hundred Years of British Philosophy* ），第 624 頁。

⑫ 《空間、時間與神性》，第二卷，第 70 頁。

⑬ 同上書，第 428 頁。

⑭ 同上書，第二卷，第 396 頁。

⑮ 1880～1910 年任劍橋大學三一學院院士；此後於 1911～1924 年在倫敦大學，1924～1937 年在哈佛大學任多種職位。

⑯ 《科學與現代世界》（ *Science and the Modern World* ），第 275 頁。
（中譯本已由黎明文化公司出版──校閱者註）

⑰ 《歷程與實在》，第 24 頁。

⑱ 同上書，第 489 頁。

⑲ 同上書，第 497 頁。

⑳ 《科學與現代世界》，第 275 頁。

㉑ 參見《觀念的冒險》（ *Adventures of Ideas* ），第 205 頁以下。

㉒ 1930～1953 年任教於倫敦大學伯克比克學院。

㉓ 《頹廢：哲學上的探索》（ *Decadence : a Philosophical Inquiry* ），第

15 頁。

㉔ 1931～1945 年任柏林大學教授；1945～1950 年任哥廷根大學教授。

㉕ 《存有論之新路》（ *New Ways of Ontology* ），第 4 頁。

㉖ 《倫理學》（ *Ethics* ），第三卷，第 330 頁。

㉗ 同上書，第一卷，第 210 頁。

㉘ 1919～1921 年任威斯特敏斯特牧師會成員；1921～1929 年任曼徹斯特主教；1929～1942 年任約克大主教；1942～1944 年任坎特伯雷大主教。

㉙ 《自然、人類與上帝》（ *Nature, Man and God* ），第 478 頁。

㉚ 1914～1944 年在米爾菲爾德大學任教。

㉛ 〈哥林多前書〉，第 15 章第 45 節以下。

㉜ 《道成肉身的主》（ *The Incarnate Lord* ），第 255 頁。

㉝ 《論道成肉身》（ *De Incarnatione* ），第 3 章第 54 節。

㉞ 《啟示與現代世界》（ *Revelation and the Modern World* ），第 129 頁。

㉟ 1899 年加入耶穌會；一生中大部分時間在國外從事教學與科學研究。

㊱ 《人的現象》（ *The Phenomenon of Man* ），第 71 頁。（中譯本已由聯經出版社出版——校閱者註）

㊲ 關於布萊特曼，參見本書前面第 67～68 頁；關於韋曼，參見本書前面第 187～188 頁。

㊳ 1928～1955 年任芝加哥大學教授；自 1955 起任喬治亞州愛默里大學教授。

㊴ 《人類對上帝的觀照》（ *Man's Vision of God* ），第 11～12 頁。

㊵ 這個術語由克勞塞（ K.C.F. Krause 1781～1832 ）所創造（譯者按：這個術語亦譯「萬有在神論」，即認為神包括世界而又超越世界）。

㊶ 他生於澳大利亞，先在阿得雷德任教，後赴美國。在美國，他從 1937 年起一直在威斯康辛大學擔任教授。

㊷ 《當代思想與回歸宗教》（ *Contemporary Thought and the Return to*

Religion），第 14 頁。

㊸　同上書，第 73 頁。也可參閱《實在論的宗教哲學》（ *A Realistic Philo-sophy of Religion* ）。

㊹　《自然之觀念》（ *The Idea of Nature* ），第 158 頁。

㊺　參見本書前面第 92 頁以下。

㊻　《形上學思考的性質》（ *The Nature of Metaphysical Thinking* ），第 4 頁。

第十八章
新多瑪斯主義與羅馬天主教神學

八十五、經院研究的復興

　　「新多瑪斯主義」（Neo-Thomism）一語，通常用來指一 278
些哲學和神學的思考方式在當代的復興，這些思考方式的基礎，
在聖多瑪斯・阿奎那的思想之中。這一復興主要發生在羅馬天主
教會之內，不過我們也應該注意到，有一些新多瑪斯主義者並非
天主教徒，而在另一方面，也有一些天主教思想家並非新多瑪斯
主義者。在現代的天主教思想家當中，莫里斯・布龍德爾最好應
稱爲「新奧古斯丁主義者」，而新多瑪斯主義的標籤也不適合於
馮・休格爾男爵，德日進和路易・拉維爾等人，更不用說現代主
義者了。

　　但是，即使用「新多瑪斯主義」一詞來表示從中世紀基督教
思想獲得靈感的當代思潮，也可能會過於狹窄；因爲在聖多瑪斯
的周圍，還有一大羣卓越的基督教大學者，他們全都對那個時代
的哲學作出了自己的貢獻。因此，人們難免會談到「新經院主
義」；可是不幸的是，這個詞又常常不被用來表示當代的這個思
潮，而被用來表示經院主義在宗教改革之後那個時期的繼續，因
而很容易引起誤會。此外，既然聖多瑪斯的影響在中世紀基督教
思想的遺產中具有主導地位，把當代的這一思潮說成「新多瑪斯
主義」，也就不會謬之千里了。

　　這個現存的思潮的起源，可以上溯到一八七九年，當時教皇利奧十三世（Pope Leo XIII）在其《永恆教父》（Aeterni Patris）通諭中，提倡教會研究哲學，尤其是研究聖多瑪斯・阿奎那的著作。既然新多瑪斯主義的起源可以上溯到十九世紀，那我們直到我們的概述中這麼晚的一個階段才來考慮它，看來似乎有些奇怪。然而我們當還記得，利奧的倡導的結果，過了很久之後才開始充分顯示出來。事實上，只是在第一次世界大戰之後，新多瑪斯主義才作為當代思想的主要組成部分之一確立了自己的地位，才有了一批第一流的思想家作為自己的代表人物。到本世紀中葉，它已充分展示為一種頭等重要的思想力量，據說，現在從事多瑪斯哲學和經院哲學研究的學者，比歷史上任何時候都要多。

　　新多瑪斯主義與上一章敍述的那些哲學有關聯，因為，用它的擁護者常用的術語來說，它是一種「溫和實在論」，而且，新多瑪斯主義者認為哲學的任務除了分析還有綜合，所以也就承認了形上學是可能成立的。新多瑪斯主義的獨特之處在於，它從聖多瑪斯和經院哲學那裡繼承了一些基本觀念，其中有很多最終是來自亞里斯多德的。它可以使用的，確實有一個異常精微的、適應性很強的概念體系。在這些基本觀念之中，我們可以注意到「實現」或「現實性」與「潛能」或「潛在性」之間的劃分。一切事物都是由行動和潛能兩者構成的，只有上帝例外，上帝是「純粹的實現」，就是說，他是在自己的存有中完全實現了的。和實現與潛能的區分相對應的，還有其他一些區分──「存有」與「本質」、「實體」與「偶然」、「形式」與「質料」等等之間的區分。在新多瑪斯主義所接受的遺產的各項成分之中，我們可以注意到四因學說──質料因、形式因、動力因和目的因的學說；關於上帝存在的各種證明，類比理論，以及一種和神學之間的君子協定，根據這種君子協定，哲學的領域與神學的領域各有

其界。哲學並不和神學的啓示眞理相矛盾，但它在自己的領域內
是獨立自主的。而且，據認爲，理性運用得正確，就將導致這樣
一些結果，這些結果可以證實啓示的說法。當然，新多瑪斯主義
並不是簡單地重新肯定這些不同的觀念。相反地，它的任務是用
新的方式把它們應用於我們這個時代的種種問題。當我們了解到
當代的新多瑪斯主義者是如何把這些觀念應用到具體的問題之中
以後，這裡提出的這個簡單的概括，就將變得更加清楚了。

　　我們將首先考察一下這個思潮的某些先驅者(第八十六節)，
然後考察它在一些主要的新多瑪斯主義思想家那裡的成熟和繁盛
(第八十七節)，再後，我們將看看某些當代主要的羅馬天主教神
學家(第八十八節)，最後作一些評價(第八十九節)。

八十六、新多瑪斯主義的先驅

麥西爾，德‧伍爾夫，柯菲

　　德希烈‧約瑟夫‧麥西爾①（Désiré Joseph Mercier, 1851　　280
～1926）對於更廣大的公衆來說，作爲第一次世界大戰中，德軍
占領比利時期間捍衛人民利益的那位英勇的比利時大主敎，也許
最爲人所熟知。他還作爲和英國國敎會代表舉行的關於重新合一
的會談中，羅馬天主敎一方的主要人物而聞名。但是從我們的概
述的角度來看，他的重要性乃在於他爲經院研究的復興而進行的
卓越工作，特別是他在利奧十三的通諭發表後幾十年間，在盧汶
大學建設起了一座新多瑪斯主義哲學的主要研究中心。

　　由於擔心天主敎信仰脫離現代的科學趨勢，麥西爾敦促天主
敎徒們參加科學對眞理的不偏不倚的探索，同時他還受到這樣一
種希望的鼓舞：透過敎會傳統哲學的中介作用，科學與信仰能夠

調和一致。一八九一年，在關於他的盧汶大學哲學研究所的一份報告中，他寫道：「具體的各門科學不能向我們提供關於實在的完整的描述。它們**進行抽象**；然而它們在思想中將其分割開來的那些聯繫，卻是**共處於實在之中**的，正是由於這個原因，各門特殊的科學才需要並產生了一種關於科學的科學，一種一般性的綜合，一言以蔽之，才需要並產生了哲學。健全的哲學總以分析爲出發點，而以綜合爲目的。」他表達了這樣一個信念：「毫無疑問，這種最終的綜合將和我們的信經的各項信條和諧一致」。而且，他還宣稱，聖多瑪斯・阿奎那是「觀察精神與綜合精神相結合的顯著的具體體現。」② 這樣坦率地接受各門具體科學爲哲學的出發點，在教會內比較保守的圈子中引起了疑慮，然而，正如我們已經看到上述引語中所表達的，麥西爾自己不可動搖的、最有特色的信念乃是：從長遠來看，理性終將導致和信仰完全一樣的結論。

然而關於麥西爾，到此爲止所說的東西，也許會使人覺得他有著比他實際上所有的更多的冒險精神。在一本很厚的手冊中得到了闡述他自己的哲學學說，是一種相當保守的多瑪斯主義。他宣稱：「三個世紀以來，有許許多多的哲學體系，在不斷地努力探究實在最深處的奧秘，其中只有一個哲學體系，能夠在不改變其基本原則的情況下站得住腳，而這就是聖多瑪斯的哲學。」③ 麥西爾對於聖多瑪斯緊緊追隨，這明顯地表現在他的自然神學之中，他在自己的自然神學裡拋棄了聖安瑟倫（ St. Anselm ）關於上帝存在的存有論證明，而依靠聖多瑪斯的那些後驗的證明。這樣，理性的哲學就爲宗教以及啓示的上層建築提供了一個堅實的基礎。假如理性有時候竟眞的與啓示眞理發生了衝突，那我們就必須追溯我們的論證，以找出缺陷之所在。然而，二者之間的最終抵觸，乃是不可思議的。

麥西爾根本的保守主義，清楚地表現在他一九〇七年寫的一

封著名的敎牧書信中，在信中他抨擊現代主義，尤其是特列爾
（Tyrrell）的學說。既然這位紅衣主敎和現代主義者雙方都力
求把科學傾向與天主敎信仰結合起來，人們就可能會指望他們之
間有某種一致。可是，按照麥西爾的理解，現代主義並不眞正代
表「那我們如此正當地爲之自豪的科學。或者科學方法，天主敎
的科學家們正確地把在實踐中運用科學方法和傳授科學方法視爲
一種榮耀。」麥西爾把現代主義看成一種主觀主義：它「本質上
不過是在堅持認爲，虔誠的靈魂應該從它自身，並且僅僅從它自
身之中，引出它的信仰之對象與動因來。」④它的根本錯誤，被
說成是一種個人主義。而且這位紅衣主敎表明：儘管他眞誠熱愛
科學和哲學，個人的思想自主還是該受制於敎會的權威敎導。

在這個思潮的先驅者當中，我們還可以提提這位紅衣主敎在
盧汶大學的同事莫里斯・德・伍爾夫⑤（Maurice de Wulf,
1867～1947）。他屬於這個思潮中的歷史學家。他所著的《中世
紀哲學史》（ *History of Medieval Philosophy* ）是這一領域內的
典範著作，他還編輯了很多中世紀的著作。對思想史的研究，具
有一種擴大性的影響（事實上這正是這種回顧所表明的目的的一
部分），在德・伍爾夫關於新經院主義所說的話裡，我們可以清
楚地看到這一點。他雖然深信它所具有的價值和重要性，但仍然
避免提出誇大的說法。

他寧願說「新經院主義」，而不願意說「新多瑪斯主義」，
因爲他認爲，後一個名稱「起作用時，有一種明顯的弊病，即把
這種新哲學過份單一地當成了**某一特殊個人**的思想體系，但是實
際上這種新哲學是足夠寬泛，足夠全面的，它能超越任何單個思
想家的理論的限制，能從經院哲學的全部領域中吸取靈感。」⑥ 282
不僅如此，雖然麥西爾當然很清楚地意識到，傳統哲學需要修正
與重述，然而在所需的激烈改變方面，德・伍爾夫走得更遠。指
導他的有兩條原則──「尊重傳統的基本理論」，「適應現代思

想的需要和條件」。⑦老經院主義的許多觀點，乾脆就得**廢棄**，
尤其是在宇宙論和自然哲學這樣一些方面的觀點。而保留下來的
那些觀念，則必須透過和其他哲學體系對照而**受到檢驗，得到豐**
富。德・伍爾夫正確地看到，新經院主義的力量，在於它從中世
紀前輩那裡繼承下來的構成原則或基本範疇。這些東西能夠通過
檢驗，而且伍爾夫相信，在形上學和神義學（theodicy）這樣一
些方面，經院主義的觀念能夠證明在今天和在中世紀一樣是富於
成果的。

　德・伍爾夫對於其他的哲學體系表現出巨大的寬容精神。在
談到二十世紀初葉流行於一些法國天主教徒之中的「唯意志論」
（voluntarism）的時候，德・伍爾夫表明，他自己並不贊同他
們的「理論上的主觀主義」，但他們的觀點並未激起他的強烈的
反對，像我們已經看到的現代主義從那位紅衣主教那裡引起的那
種強烈反對那樣。相反地，德・伍爾夫還說：「讓我們痛快地接
受這個結論：一個懷著良好信仰的天主教徒，也可能忠誠於與新
經院主義不同的種種體系。事情既是如此，那麼就很顯然，根本
不可能存在一種**天主教的哲學**這類東西，正如不可能存在一種**天**
主教的科學一樣。」⑧這種觀點引起了德・伍爾夫的一些天主教
同伴對他的批評，然而，正是他的觀點的這種溫和性本身，使得
他為新經院主義作的說服人的辯護給人留下的印象更加深刻，支
持這種辯護的，還有他那極其淵博的學識。

　新多瑪斯主義在許多國家很快地紮下了根，它在英語世界最
出名的先驅者當中，彼得・柯菲⑨（Peter Coffey, 1876～
1943）的名字值得一提。除了將重要的歐洲大陸上的著作譯成英
文以外，他自己還寫了大量的論文來論述經院哲學，其中包括邏
輯學、認識論、存有論等等方面。像麥西爾一樣，他傾向於保守
的一方，關於這一點，在他翻譯的前面提到過的德・伍爾夫論經
院哲學的書的譯本裡，有一個有趣的例證。在這個譯本裡，對於

德·伍爾夫主張可以持有天主教信仰，而同時又持有一些不同於
教會傳統哲學的哲學體系的那些段落，柯菲加上了一些謹慎的腳
註。柯菲認為，雖然事實上天主教徒可能會誠心誠意地忠於各種
不同的哲學體系，但這並不能使這些體系免除其所包含的任何錯
誤。他認為，德·伍爾夫沒有把這一點講清楚：只可能存在唯一
的一種**真實的**哲學，即使它的表達方式可以變化不拘。這種真實
的哲學，是「那種包容了並協調了自然真理和啟示真理的哲
學」。他告訴我們，「熱愛真理並追求真理的人，將會領受這樣
一種哲學，這種哲學為啟示留有餘地，並承認關於神對人類的啟
示，世上有一種無誤的範例。」⑩

　　與基督教最為符合一致的形上學體系，是體現在經院哲學中
的體系，而且柯菲進一步認為，「是中世紀最偉大的智者，聖多
瑪斯·阿奎那，賦予這種哲學以這樣一種表達方式，它被現代經
院主義者正確地視為自己的思想憲章，自己的哲學研究最有價值
的出發點。」⑪

　　柯菲自己的哲學著作，大部分都在細緻地闡釋經院哲學的各
種觀念，但他公開宣稱的目標，是要把這些觀念從中世紀的背景
之中，轉移到當代哲學的環境中來，因此我們發現，他在解釋每
一個重要的觀念時，都努力要證明它的正確性，以反對與之競爭
的種種理論。例如，他捍衛「實體」的概念，以反對現象主義，
他堅持「溫和的實在論」，以反對觀念論。如果說柯菲的著作看
起來有些四平八穩的話，那麼我們應當記住，在新多瑪斯主義的
這些先驅者當中，也許不該去尋求什麼更多的東西。柯菲和其他
一些人的成就，是把經院哲學的觀念帶回到哲學的地圖上，並為
它們贏得了尊重，而對這些觀念更有獨創性的發展和應用，這些
任務則留給了年輕一代的新多瑪斯主義思想家。

283

八十七、新多瑪斯主義的繁榮

馬里坦，祁爾松，科普爾斯頓，法雷爾

　　早期的新多瑪斯主義者的勞動，導致了這個極其紛繁多樣而富於影響的哲學思潮的繁榮。多樣化的出現，部分是由於經院主義的觀念被運用於範圍廣泛得多的種種問題，部分是由於這個思潮和其他的哲學傾向，諸如現象學、人格主義和存在主義等等的接觸。然而，情況看來還是這樣：這個思潮中最爲傑出的人物，還是那些和聖多瑪斯的學說保持密切聯繫的人。

284　　他們當中公認的領袖，是雅克・馬里坦⑫（Jacques Maritain, 1882~1973）。他起初是柏格森的追隨者，但於一九〇六年皈依天主教，最終成了教會在現代最傑出的思想領袖之一。現在他開始抨擊他以前曾經贊同過的哲學。「透過用直覺代替理智，用綿延、變成或純粹的變化代替存在，柏格森就消滅了事物的存在，並且摧毀了同一性原則。」⑬因爲，在柏格森的運動哲學中，同一性產生出相異性，實體能產生出比它們具有的更多的東西，於是使我們陷入了矛盾之中。對於任何帶有觀念論和主觀主義意味的東西，馬里坦也同樣加以拒斥。要解決我們時代的思想難題和文化難題，我們必須轉向新多瑪斯主義哲學的實在論。

　　馬里坦說：「由於按照眞正批判性的方法而保留了對事物認識的價值，多瑪斯主義的實在論就開闢了從其內部去探索反映世界的道路，開闢了建立（可以說是）反映世界的形上的地誌學的道路。」⑭聖多瑪斯・阿奎那被說成是像亞里斯多德一樣，對於實在事物所教給的道理極其馴服。馬里坦宣布，他的目的就是要嚴格維護多瑪斯形上學的標準路線，雖然與此同時他也認識到，

多瑪斯主義本質上是一種漸進的、吸收性很強的學說。

他對於反映世界的探索，使他認識到認識有三個主要等級。它們從下到上依次是：科學的認識，形上的認識，以及屬於密契體驗的超理性的認識。讀者會注意到，這個體系恰恰顛倒了孔德的實證主義體系，孔德的體系承認人類理解有三個階段，並設想它是從神學層次通過形上學層次而上升到實證的或科學的層次的。」⑮當然，這裡還有一個更進一步的區別：孔德設想的是一個個彼此相繼的階段，而馬里坦所考慮的這些等級是彼此並列共存的，每一種類型的認識在宏大的綜合之內，都有自己的地位，都有自己的權利。馬里坦的目的，是要「表明認識的那些領域的有機的多樣性和本質的和諧性，思想在其巨大的運動中，就是通過這些領域去探索存在的。」⑯他認為，多瑪斯主義體系最好地維護了每一個認識領域要求成為對實在的一種認識的主張。

第一個領域，即科學的領域，關注的是只能在可感的或經驗的存在中被認識到的那些客體。雖然我們在前面已談到了認識的三個等級，但是馬里坦的體系的具體內容實際上比那要精微得多，他還在那些主要領域內部認識到一些進一步的等級。因此，有些科學，特別是物理學，從事於定量處理，並採用數學的研究方法；而另一些科學，比如生物學，處理的卻是不那麼適於這些方法的對象。而且，除了特殊的各門科學之外，馬里坦還承認有一種關於自然的哲學，它探討的對象是數、空間、時間、生命等等一般概念。於是，「關於既是可感自然的世界，又是運動的世界的那個唯一的實在，就可以存在兩種互補的認識：自然科學與自然哲學。」⑰然而，思維甚至也不會停留於這些互補的認識，它還要逼近更高的形上學的綜合。

在迄今所考慮的這些認識等級之上，產生了形上學，它以存在本身作為自己的研究對象。「存有」的概念，事實上是理智所把捉的第一個對象。例如，假設我認識到，這一個可感對象是一

285

顆金剛石，那麼我就已經把它作爲**某個存在著的東西**來認識了。
然而，極其值得注意的是，存有，我們的思維在事物中所達到的
這第一個對象，自身之中就包含著一種跡象：「不屬於可感秩序
而屬於另一種秩序的存有者，也是可以設想的，是可能的。」⑱
形上學引導思維超越了存在的可感表現形式，進抵那不需要物質
來實現自身的存有之領域：或者換言之，它引導我們跨越事物的
可感知的近因，走向上帝的非被造的、自存的存有之中的事物終
極因。當然，在這條思路之中，語言並非單義地使用的。例如，
當我們談到第一「因」的時候，這個「因」屬於一個不同於第
二，也不同於後面整個系列的原因的等級。「證明上帝之存在，
既不是使他從屬於我們的理解，也不是去規定他，既不是去把捉
他，也不是去處理除了觀念之外的任何東西，而這些觀念也並不
適合於這麼一個對象。理性據以證明上帝存在的那種方法，把理
性本身置於一種自然的崇拜與理智的景仰的態度之中。」⑲理性
的形上學確實能認識上帝——認識他的存在和他的完善，因此，
它向我們提供的認識的等級，比我們在科學當中看到的認識的等
級要高。然而，正如我們已經看到的，這種形上學的認識得以進
行，所憑藉的是並不適合於其對象的一些概念。這是一種類比的
認識——「一種在被造物的稜鏡中折射出來的，但仍然是眞實的
認識。」⑳那麼，是不是還存在更高等級的認識呢？馬里坦認爲
是存在的。

286　　　這些更高等級的認識是超理性的，因爲理性在它們之中被神
的啓示所照亮。它們在至福直觀中達於頂點，在至福直觀中，上
帝由於他自己的本質，在他自己的本質中被認識到，而不用任何
類比或概念爲中介。在形上學之上產生了神學，因爲神學擁有啓
示之光，但神學仍然在推論的思想方式中活動。出現在神學之上
的，是密契體驗的充滿靈感的智慧，馬里坦特別以聖十字約翰
（St. John of the Cross）的著作爲這方面的例證，這樣他就超

越了聖多瑪斯對密契主義的評價。這樣的體驗把靈魂帶入了一種
充滿愛心的、親密無間的和上帝的合一之中，而且，「它於是也
把人類帶向了在此世間所能得到的最高等級的認識。」㉑

　　在此，我們已盡力勾勒了馬里坦的一些核心理論的輪廓，然
而他由此核心出發，把自己的思想擴展到許多領域之中，並使他
的新多瑪斯主義成為基督教人道主義理想和民主秩序理想的基
礎。在所有這些領域，馬里坦都有力地證明了屬於永恆哲學
（philosophia perennis）的那種復甦更新的能力，以及它適用
於種種當代問題的寬廣範圍。

　　與馬里坦一樣，埃蒂納・祁爾松㉒（Etienne Gilson, 1884
～1978）擁護新多瑪斯主義，並不是由於什麼年輕時代的灌輸，
而是由於研究了各種不同的哲學之後確立的信念。他的興趣主要
在哲學史這一領域之中，但他正確地看出，在一個人考察了幾種
歷史上的思想體系之後，他就會走向哲學問題本身，即這麼一個
任務：在這些體系當中進行判斷，以發現那最為適當、最能夠向
前發展的體系。祁爾松把這種特殊的地位，給予了中世紀的基督
教哲學，他所理解的「基督教哲學」，是這麼一種哲學，它「認
為基督教啓示是理性的必不可少的補充，雖然它也在這兩個層次
之間作了形式上的區分。」㉓

　　祁爾松認為，現代哲學的真正創始人是康德而不是笛卡兒。
因為，笛卡兒（即使未曾意識到）仍然是在經院哲學觀念的框架
內進行工作，而康德卻通過對形上學之可能性發起猛攻，標誌著
同過去的真正決裂。由此，我們進入了實證主義的時代。然而按
照祁爾松的觀點，形上學問題是不可逃避的，而且我們不得不對
之作出某種回答，即使我們這樣做時僅僅是隱而不顯的。然而，
如果我們希望作出正確的回答，我們就必須超越康德，返回到聖
多瑪斯・阿奎那那裡，研究一下他對問題的解答。

　　形上學的問題，就是存在的問題。它是任何東西為什麼存在　287

著的問題，是一個科學無法回答，也許還會以爲無意義的問題。
祁爾松說：「關於這個至高的問題，唯一可能設想的回答是：每
一種具體的存在的能，每一件具體的存在著的物，其存在都依賴
於一個純粹的存在實現。」㉔這當然是經院哲學的標準答案，但
在祁爾松的表述中，也許與衆不同的地方在於，他特別強調「存
在」（existence）概念。在這個表述中，我們發現了對那麼一
些存在主義者的一個回答，那些存在主義者抱怨說：多瑪斯主義
是一種關於本質（essences）的哲學，它忽視了存在（exis-
tence）。但那卻並非祁爾松對新多瑪斯主義的理解。他宣稱：
「眞正的形上學，其頂點並不是一個概念，即使這個概念是『思
想』、或『善』、或『太一』、或『實體』。它的頂點甚至也不是一種
本質，即令這個本質是『存有』本身的本質。它最終的一個詞，不
是 ens 而是 esse ⑴；不是『**存有者**』（being）而是『**存有**』
（is）」。㉕上帝就是那終極的存在實現，用聖多瑪斯的話來
說，**是他是所是**（HE WHO IS）。

到此，形上學遂走向終結，因爲我們不可能理解這個存在實
現，它的本質，就是存在。但我們再一次可以從基督教的中世紀
哲學獲得教益，而這一次的教益是：形上學終結之處，正是宗教
開始之處。形上學的這個存在者上帝，與那位向摩西啓明自己的
名字是「我在」（I AM）⑵的上帝，正是同一位上帝，而且，
無助的理性力所未逮的那些眞理，被聖經和基督教的啓示所照亮

⑴ ens 與 esse 都是拉丁文「在」、「是」的意思，但兩者語法形式不一
　樣，前者爲分詞，約當英語中的 being，後者爲不定式，約當英語中
　的 to be。──譯註

⑵ 據《舊約》出埃及記三章十四節記載，摩西問不可見的上帝是誰時，上
　帝答道：「我是我在者」（I AM WHAT I AM，漢文聖經作「我是
　自有永有」）。──譯註

了。

　　新多瑪斯主義在英語國家的一位傑出代表，是弗里德里克‧查爾斯‧科普爾斯頓㉖（Frederick Charles Copleston, 1907～）。科普爾斯頓又是一位把大部分注意力投入了哲學史的思想家；他的巨著《哲學史》（ A History of Philosophy ）事實上應該算作這個領域內的當代一大成就。科普爾斯頓爲中世紀的基督教哲學的地位所提出的主張是穩健而又溫和的。「一個不帶偏見的頭腦，應該避免這樣兩個極端：以爲自中世紀以來在哲學方面沒有說出什麼值得說的話，也沒有做成什麼值得做的事；或者乾脆把中世紀的哲學作爲思想上的蒙昧主義而予以排斥。」㉗主張科普爾斯頓稱爲「死硬」觀點的東西，即認爲哲學就等於某位中世紀思想家的體系，那是很荒唐的；但是，忽視歐洲思想中一個重要的時期，那也同樣荒唐。而且，如果我們以一種同情的方式去接近經院主義，我們就會發現，它對於我們當代的哲學問題，有不少重要的見解可以提供給我們。

　　我們曾注意到，在面臨著歐陸存在主義挑戰的情況下，祁爾松傾向於發展多瑪斯主義中的存在論因素。類似地，在論述當代哲學問題的著作中，科普爾斯頓也傾向於強調多瑪斯主義哲學中的那麼一些因素，那些因素可以加以發揮，以回答英國的邏輯經驗主義的主張。也許，當代英國哲學家多半都認爲形上學不可能成立，他們當中有不少人認爲，關於上帝或關於超感覺者的所有談論，都是無意義的。新多瑪斯主義對於這個打擊自己根基的挑戰，能夠作出什麼回答呢？　288

　　科普爾斯頓提出，「看見」與「注意到」之間的區別，可以有助於我們明白形上學的可能性。㉘大家都知道，幾個人可以都**看見**了同一件事物，但是，其中每一個人可以**注意到**關於這件事物的某種別人沒有注意到的東西。把「存有」作爲自己研究的問題的形上學家，比起別的人來，並不是**看見**了任何更多的東西，

因爲存在並不是鐵路、綿羊、樹木等等事物之外的又一件**事物**，它也不是白色、重量、便宜等等之外的又一種**性質**。正相反，存有就是竟然會有任何這樣一些事物或這樣一些性質的那個條件。因此，作爲被理智把握的第一個對象的存有，對我們來說是如此地熟悉，以致於我們幾乎不再去**注意到**它了。可是，當有人確實注意到它的時候，存有就可以成爲一個問題──形上學的問題。

新多瑪斯主義回答這個問題，所根據的是上帝的自存的存有這個概念。可是現在又出現了一個問題，因爲，我們使用與有限的經驗相聯繫的語言，怎麼能夠有意義地談論上帝呢？科普爾斯頓在此讓經院主義的類比理論來發揮了作用。他宣稱：「說自在的上帝能夠被人類思維恰當地理解，這肯定不是基督教的說法。」㉙然而，如果一個人找到了相信上帝存在的理由，那麼他也能找到一些得自有限經驗的詞語（例如「理智」一詞），它們比起另外一些詞語來，更適合於描述這樣一個上帝必定是什麼樣的。而且，這些詞語應在其所使用的論域內得到理解。這也許意味著，關於上帝的形上學描述是十分模糊的，但是科普爾斯頓會說，上帝的實在大大超過了我們的類比性的概念，這是一件值得高興的事情。而且像祁爾松一樣，他還會說，形而上學結束之處，亦即宗教開始之地，不過，要表明他在面對當代流行的經驗主義和實證主義哲學時，是如何描繪新多瑪斯主義的，我們已經說得差不多了。

在本章的引言性的一節中曾經提到，新多瑪斯主義並不局限
289 於羅馬天主教會。我們可以回想一下，前面的章節中考察過的一些思想家，例如 A. E. 泰勒，W. G. 德・比爾，W. M. 烏爾班等等，都曾對聖多瑪斯的學說表示了深深的敬意，儘管這種學說後來對他們來說僅僅是很多影響當中的一種，這些哲學家很難算作新多瑪斯主義者。然而，尤其是在英國國教會的英國公教一翼中，有好幾位著名的思想家，他們以多瑪斯主義作爲自己哲學思

考的基礎，這些思想家應當和羅馬天主教的新多瑪斯主義者一起在此予以注意。

　　我們且以奧斯丁・法雷爾㉚（Austin Farrer, 1904～1968）爲例，儘管還有馬斯科爾（E. L. Mascall）㉛之類同樣卓越的其他代表人物。像科普爾斯頓一樣，法雷爾從事其哲學思考的環境，是由牛津的分析哲學所統治的環境，所以，他的努力，很多都用來證明形上學思考的可能性，用來解釋我們關於上帝和超感覺者的談論裡的邏輯。另一方面，他也注意著很多當代新教神學家，他們宣稱，只有透過人和上帝的某種直接的、啓示性的相遇，才有可能認識上帝。要反對這種觀點，法雷爾也必須爲形上學和理性神學辯護，因爲他認爲：「假如我們放棄了形上學的探索，那麼，爲彌補我們的形上學經樞的喪失而乞求超自然的啓示，也將是徒勞無益的。」㉜

　　《有限與無限》（Finite and Infinite）的複雜論證，是一種持續至今的努力，即努力要證明：當我們考察有限的實證（包含人自身在內），並注意它的某些普遍性質的時候，我們就被引向了對無限的創造行動的理解，靠著這創造實現，任何有限實體才得以存在。「一切有限事物，在其之爲自身，及以其活動表達其性質之中，實際上也就是在表達上帝的創造性。」㉝然而法雷爾也堅持認爲，我們用這種方法得到的對上帝的認識具有局限性。首先，這是一種間接的認識。上帝好像是把自己的影子投在有限的實體之上，所以我們能透過類比去理解他，這些類比可以是或多或少地適當的。其次，理性神學引出的對上帝的認識表明他是創造者，但並未確證他的神意或他的恩典，儘管這些東西仍然是很有可能的。

　　然而，對上帝的這種自然認識乃是通向對上帝的超自然認識的橋頭堡。「讓一個人來看看他和他的鄰人們賴以存在的那個行動的神秘的深度和嚴肅性，然後他會把眼睛轉向那超自然之火顯

290

現的灌木叢。」㉞當有限者向著無限者開放時，我們的自然認識
就與上帝賦予的超自然認識彼此相連了。自然的與超自然的認識
一起構成一個意義世界。在法雷爾看來，這兩個層次之間的區別
就在於這麼一個事實：理性神學依靠自然的類比發揮作用，這些
類比最多只能提供對於作為創造者的上帝的有點兒蒼白無力的理
解，而在超自然的層次上，上帝自己傳遞那些啓示出來的類比或
形象，它們導致了對上帝及其神意和恩典的更充分的理解。被啓
示出來的形象(3) 提出了超自然的啓示。然而我們應當注意，這種
形象是與基督教啓示的事件相關聯的，而且這種事件與形象的相
互作用，據說就構成了啓示。這些形象本身不過只是些影子，然
而沒有這些起解釋作用的形象，這些事件也就不會具有啓示性。

　　被啓示出來的形象不僅可以和形上學的類比相比較，而且可
以和詩歌的語言相比較，語歌語言提供了又一個例證，說明語詞
如何可以被延伸，超越其日常用法，從而變成富於啓發性的象
徵。詩的語言有一種力量，可以推動和形成人的生活；與詩歌進
行比較，有助於使我們理解，被啓示的形象如何是有生命的形
象，擁有一種創造性的、超自然化的力量。

　　法雷爾循著這種思路，開始對聖經的偉大的形象模式進行探
索與解釋。但我們將不跟隨他進入這個領域了，因為我們在此的
興趣，並不是他的聖經神學，而只是他的哲學思想。

---

(3)　大致指宗教的神話或信條象徵。──譯註

八十八、某些羅馬天主教神學家

亞當，拉納爾，馮‧巴爾塔薩，普茨瓦拉，達尼羅，希恩

如果一個人從許多羅馬天主教神學的手冊中隨便拿起一本翻看，他也許會輕易地得出結論說，第一，這種神學是一種陳述性的神學，而信仰就在於對教條陳述給予理智上的贊同；第二，這種神學是一種鐵板一塊似的、極其嚴格的體系，因爲每一個天主教神學家都不過是用彼此略有不同的措詞說著同樣的東西。這兩項結論都是不公正的。

關於所謂枯燥的理智主義的第一項指責，確實，比起別的任何教會來，羅馬天主教會都更加精確地用陳述形式界說了自己的信條。我們可以回想起，現代主義者就曾抱怨說，信仰被弄成了一件對一些陳述給予理智同意的事情。[35] 即使像布龍納這樣傑出的一位新教神學家，也把天主教的信仰概念等同於一種「教義信念」（doctrinal belief），[36] 雖然他同時也承認，新教思想的很多階段同樣如此。毫無疑問，有很多天主教徒確實把信仰與純粹的理智上的贊同等同起來了。然而，一位主要的天主教神學家——卡爾‧亞當，在提到那些僅僅以理智主義方式持有信仰的人的時候，也說過這樣一番話：「他們的信仰，常常被歸結爲對於教會教導的一種純粹理智上的、因而也是膚淺的意識，歸結爲一種純粹的頭腦的贊同。然而，如果按教會的精神來說，每一項信條，都應該是完整的人最完全地獻身於上帝的行動，這種贊同，乃出自我們的有限性質和我們的罪過之巨大的、不可言喻的痛苦。」[37] 這種說法清楚地表明，天主教的信仰概念，是一個比它的某些批評者願意承認的要更加豐富的概念，而且，它實際上

是與教會的更爲廣闊的生活不可分割的。

至於所謂沈悶的單一性的第二項指責，毫無疑問也是有一些理由的。如果教會權威當局（magisterium）就一項神學論爭公開發表了意見，天主教神學家就不把這個問題當作一個仍然未決的問題來進行討論了。而且，教皇庇護十二世（Pope Pius XII）於一九五○年發表的《人類》（Humani Generis）通諭，再次重申了多瑪斯主義哲學在羅馬天主教思想中的基本地位。但是，正如我們在上節考察過的天主教哲學家當中發現有衆說紛紜一樣，我們在神學家當中也發現存在著多樣性，他們各自強調的東西不同，對於當代世界的反應也彼此各異。一部大部頭的當代論文匯集——《現代天主教思想家》（Modern Catholic Thinkers）㊳於最近出版，它表明了在天主教信仰的統一體之內可能存在的思想上的紛繁多樣。漢斯·烏爾斯·馮·巴爾塔薩最近在當代天主教神學中劃分了三種主要思潮——聖經思潮、禮儀思潮和人格主義思潮。前兩種思潮被說成是「教會內部要通過追根溯源來彌補那些長期被忽視的東西的努力」，而第三種思潮被形容爲「對於新經院主義的有機反應和補充。」㊴顯然，天主教神學並不具有有時被錯誤地歸諸於它的那種呆板的千篇一律的性質。

292　　　下面，我們希望透過回顧羅馬天主教會的一些主要的神學家，看一看給當代天主教神學注入了活力的那種精神。我們的選擇不得不十分嚴格，而且只考慮那些獲得了超乎其祖國並超乎其教派之外的聲望的思想家。

我們可以很方便地以一本已成爲經典著作的書——卡爾·亞當㊵（Karl Adam, 1876～1966）的《天主教的精神》（The Spirit of Catholicism）作爲開端。按照亞當的說法，自文藝復興以來，西方人日甚一日地受著一種淺薄的理性主義和一種分裂性的個人主義的折磨，這種理性主義使人與上帝分離，這種個人主義

使人與伙伴分離。這些理性主義和個人主義的傾向甚至影響了我們對宗教的理解，而且可以在自由派新教神學的極端形式中見到。當亞當提到這種神學時，他心裡想到的很可能是哈那克，也寫道，這種「神學的表現，就彷彿基督教是，而且必然是一種純粹的認識對象，一種純粹的科學研究的課題，就彷彿活生生的基督教信仰可以分解為一系列的觀念和概念，對這些觀念和概念，可以根據其起源，可以根據它們與所設想的原始基督教的關係，來予以審查、考慮、分類似的。」⑪這種方法錯失了基督教的全部活生生的實在性，與這種傾向理性主義和個人主義的方法的偏見相反，天主教堅持強調基督徒生命的超自然的一面，堅持強調人類在這種生命中的統一性。

天主教有三個焦點：上帝、基督、教會。它的教導可以總結為一句話：「透過在其教會中實現了自身的基督，我體驗著活生生的上帝的行動。」⑫

這三個焦點之中的第一個即上帝，可以憑藉自然的理性之光來認識。但是亞當謹慎地指出，即使是自然神學，也有別於任何世俗的探究。自然神學並沒有用（比如說）昆蟲學以昆蟲為其研究對象完全一樣的方式，以上帝為自己的研究對象。宗教的探究乃出自我們有限的、受條件限制的人性，因此，我們絕不可能站在同被探求者(4)相等同的層次上，而且我們的探究必然以謙卑和尊重為特徵。自然理性向我們表明，上帝是存在著的、全能的、智慧的、善的，因此，它可以導致對上帝的一種自然的崇拜。然而，它缺乏和這個上帝之間的一種超自然的生與愛之交流。這樣的交流只有依靠恩典和啟示，依靠這種從神向人的運動才有可能。於是我們就走向了第二個焦點——基督，即成了肉身的道，在他之中，神的生命俯就於我們。可是我們如何知道基督是上帝

(4)　指上帝。——譯註

293　的啓示者呢？亞當認爲，這主要不是憑著聖經的記載，而是憑著
和那作爲基督身體的活生生的教會的結合。在此，我們又走向了
第三個焦點，而且，賦予教會以這種重要的地位，這也許是天主
教最爲獨特的特點。

　　因此，在關於教會的問題上，我們可能得稍事耽擱。教會不
能與基督分離，而是像身體與頭腦關聯一樣，與基督教聯繫在一
起的。基督就是新人性，隨著他的道成肉身、教會本身就誕生
了，而且，教會一直繼續體現著那從上帝透過基督而來的超自然
的生命。它的信條，從各方面展示著這個生命；它的道德，旨在
使人類符合於基督的形象；它的崇拜，特別是祭壇的聖禮，使神
恩顯現並使繼續參與基督生命成爲可能。其生命紮根於超自然恩
典的人，不再是自主的人，不再是自滿自足的個人主義者。他屬
於這麼一個團體，這個團體從觀念上說包含著全人類。但這並不
是說，個人乾脆被湮沒在團體之中了。人格本身，只有透過這團
體的生活才能得到深化，這團體的生活「迫使個人去愛、去犧
牲，迫使個人走向謙卑與單純。」㊸就其可見的組織而言，這個
團體是在教皇制與主教制之上以貴族制方式組織起來的。但這種
組織結構乃出自這樣一個事實：這個團體的生命是自上而下流出
來的，而且，教皇制本身是爲團體的生活服務的。

　　這個概括，幾乎根本未曾涉及亞當的很高的天主教概念，即
把天主教視爲神的超自然恩典對全人類生命的滲透。雖然他並未
無視教會在歷史上的失誤，但他描繪了一幅天主教全盛狀態給人
深刻印象的圖景。假如這是錯誤的，那麼，至少用桑塔亞那的話
來說，這也是一個「輝煌壯麗的錯誤」。

　　信仰遠遠不止是單純的教義信念，這一點由卡爾・拉納㊹
（Karl Rahner, 1904～1984）作了明確的說明，他把信仰描述
爲「整個的人對於上帝的信息之贊同」。㊺沒有信仰就無法從事
的神學，乃是要對信仰接受的東西達到思想上理解的有條理的努

力。拉納說，天主教神學家總要從教會教義的穩固基地出發，因
為它是由教會權威當局（magisterium）向信仰者提出來的。但
是從這個基礎出發，神學家還要繼續前行，去深思他所接受的那
些概念，把它們相互比較，並和別的概念比較，尋求得到對以信
仰為基礎所接受的東西的比較準確的理解。在這樣做的時候，他
將或隱或顯地利用外在於神學本身的種種哲學觀念。

294

　　我們來簡要地考察兩篇論文，在這兩篇論文中，拉納把這種
方法付諸實踐，並且表明，天主教神學家雖然在教會傳統信仰的
框架內工作，卻仍然能夠用一種徹頭徹尾屬於當代的方式，去努
力解決現代世界的問題。上帝不在這個世界上，以及陰暗無光的
死亡現象——這兩點是海德格哲學之類的一些當代哲學的慘淡淒
涼的特徵，拉納在其論文中要談的，正是這兩個主題。㊻

　　我們現在已開始去設想，在這個世界上，上帝沈默了、撤離
了、缺席了。科學教我們把世界視為一架自行調節的大機器，它
有著一些非人格性的客觀的法則，這些法則甚至擴及人類自身。
看起來，我們似乎已不再需要去設定神的干預。世界已經世俗
化，在許多人看來，應該引出的結論是無神論。然而，之所以得
出這個結論，乃是因為我們一直習慣於在錯誤的地方、用錯誤的
方法去尋找上帝。科學的世俗化世界向基督教挑戰，要求他重新
思考他一直在理論上、但也許是不加深思地相信的東西：上帝處
於我們能夠設想的一切東西之上。上帝並非許多客體之中的一
個，並非一個結論性的假設，並非世界的馬嚼子，並非在某些可
以看見的時間地點發揮作用偶爾出現的力量。正相反，上帝是整
個世界的前提，世界只是作為一個整體才指明上帝。

　　如果現代人的自主的生命，在一個世俗的世界上度過，那
麼，他的同樣自主的死亡，對他來說就變成了虛無和無意義的象
徵。拉納爾對於死亡的分析是十分深刻的。死亡不純粹是一種自
然的現象，它是完整的人的一個事件，是自我的最終的遭遇；在

人生的一切作爲之中，死亡已經在被逐步地確定。死亡可以用兩
種方式來予以考慮：把它視爲瓦解一個人的一個外來打擊，或者
視爲最後完成人的生命的一個內在行動。教會的教導把死亡與罪
過聯繫起來，由於罪過，死亡就被體驗爲一種喪失。假如不存在
任何罪過，生命仍然會走向完結，但這完結就會是最後的完成。
可是，我們還不得不在一個罪惡的世界上面對死亡，而且它的陰
暗的一面也不能消除。基督之死被描繪成透過上帝之缺席走向上
帝之臨在。整個基督徒的生活，特別是聖禮的生活，就是在分享
基督的這一死亡，因此，對於基督徒來說，死亡能夠成爲信、
望、愛的最高行動。

295 　　　漢斯・烏爾斯・馮・巴爾塔薩⑰（Hans Urs von Balthasar,
1905～1988）所關注的，也是在一個已被科學世俗化了的世界上
對於基督教的解釋。他寫道：「現代人有這麼一個可怕的不幸，
即在他看來，上帝實際上已經死了。在宗教曾像鮮花盛開的草原
一樣興盛的地方，如今只剩下了乾燥的泥土。」⑱泛靈論的最後
遺跡，已從我們的自然觀之中被清除，諸神也已被逐出了他們古
老的出沒之地。即使是沙漠，這浪漫的自然崇拜者最後的避難之
處，現在也覆蓋著無數的油井和輸油管道。我們不可能阻止自然
界的世俗化。馮・巴爾塔薩並不同情那些誤入歧途的護教者，他
們在科學圖景的空隙中去尋找上帝──例如，有些人把上帝置於
膨脹著的宇宙的初始爆炸之中，有些人企圖根據測不準原理來支
持自由意志。上帝已經退入他的超驗性之中，而人卻從自然界的
隱蔽處走了出來，承擔他單獨的責任，這使他站到了自然的對立
面。於是當代哲學變成了人學，變成了人對於自我理解的探求。

　　　關於人，馮・巴爾塔薩自己提出了三個論題。第一，一切認
識的標準，都應在人與人的相見之中去尋找。在這種相遇之中，
整個的人都捲入了其中。然而，對事物的純理論認識，卻只是抽
象的認識，要尋求對這種認識的解釋，就必須承認：在它的根基

之處，有某種個人切身的開放性，在人與人的相見中可以充分地看到這種開放性。「相見」或「相遇」的範疇，在中世紀哲學中還只是一種初步的概念，在此，它需要根據馬丁·布伯的教導之類的當代學說來予以豐富和補充。第二個論題是，儘管人從自然中走了出來，並接過了對它的責任，但是人在自己的肉體存在之中，仍然受著自然的束縛。人是這個世界的服務性的而不是絕對的君主。馮·巴爾塔薩宣稱：「這個困境將教人去祈禱、去尋找上帝。」⑲第三個論題是，人的精神是對存有開放的地點。為了得到上帝的話，人能夠傾聽，能夠成為恩典和啓示的接受者。世界的世俗化並不通向無神論，而是導致對上帝不可言喻的超越性的一種新的意識，對於他，甚至連把人格性作為他的屬性，也只是在類比的意義下才能這樣作。

　　天主教會的主張是（不管它在某些哲學家看來也許是多麼不舒服）：在基督之中，上帝事實上已經說出了他的絕對啓示性的愛之話語。正是由於這種出自上帝的愛的性質，所以它才不停留在教會內部的相互之愛上，而要超出教會的界線，把自己獻給非愛。教會必須徹底地對世界開放，世界就是潛在的教會。基督徒 296
熱愛在自己的弟兄姊妹身上體現出來的上帝，並在鄰人的神聖性之中找到上帝。

　　當代天主教思想的另一個方面，可以在埃裡希·普茨瓦拉⑳（Erich Przywara, 1889～1972）的著作中看到。他的著作提醒我們，聖奧古斯丁的影響還繼續存在著，也是對聖多瑪斯影響的一種補充。《奧古斯丁體系》（An Augustine Synthesis）遠遠不止是一部純粹的聖奧古斯丁著作的選集或匯編。在這部書中，普茨瓦拉提供了聖奧古斯丁思想的完整的全貌，從使這位探索者由可感世界轉向可理解世界的那種對眞理的探求，直到這種探求的最後完成，即人在上帝之中的生活。

　　普茨瓦拉對奧古斯丁思想的描述，表明了奧古斯丁觀點的基

本特徵——創造不息地奮鬥著要接近上帝，通過被造物的各種等級向著它們都有分的上帝上升。相比之下，多瑪斯主義的觀點卻認爲，被造物是外在於上帝的，它們從上帝那裡，正如從它們的第一因那裡產生。不過按照普茨瓦拉的理解，天主教思想的這兩種古典潮流是相互補充的。它們之間的不同，是一種「節奏變化的不同」；「存在著兩種對立的形式，它們能夠統一創造的整體。」[51]

　　普茨瓦拉發現，這種起統一作用的原則，就在關於上帝與被造物之間的存在之類比（analogia entis）這個基本的天主教觀念之中。事實上我們可以說，這個起統一作用的原則，就是天主教關於上帝本身的概念。上帝與被造物，同樣具有存在與本質；但在上帝那裡，存在與本質是同一的，而在被造物那裡，二者共處於一種「綜合裡的衝突」之中。奧古斯丁主義的出發點，是被造物的不息的衝突；而多瑪斯主義則認爲，被造物出自於並外在於自存的上帝。但是這二者可以靠存在之類比來調和，這種類比使得我們可以說，「走向上帝的觀點，本質上就已經是來自上帝的觀點。」[52]

　　除了奧古斯丁主義與多瑪斯主義的衝突之外，在神學和對宗教的解釋中，還有很多別的衝突和表面上的悖論。上帝有時被描繪成純粹內在的，有時被描繪成完全超在的；宗教有時被認爲完全是上帝的作品，有時被認爲純粹是人類的活動；而在實踐的方面，也有著個人與團體之間的衝突。在這些問題之中的任何一個問題上，如果我們趨向極端，我們也就毀掉了宗教。我們必須找到一條中庸之道（via media），它能使這些對立論題中的兩極都得到合理有效的表達，普茨瓦拉確信，存在之類比這一理論所表達的天主教的上帝觀念，能夠用一種令人滿意的方式，不僅調和奧古斯丁主義與多瑪斯主義的傳統，而且調和神學思想的一切重大衝突。

297

　　在法國天主教神學家之中，最著名的人物之一，是耶穌會士讓・達尼羅㊿（Jean Daniélou, 1905～1974）。他最卓越的工作，是在聖經神學的領域，在對聖經作者創造的那些偉大的形象、象徵和類比的探索方面完成的。但是達尼羅絕不是一個狹隘的聖經學者。他雖然承認，聖經和傳統對於神學具有調整作用，但他也發現，要解釋啓示的現實意義，也需要當代的哲學術語。啓示超越了每一種文化，可以用每一種語言來加以表達，因此，像某些聖經學者所做的那樣，企圖把自身限制在閃族人的聖經範疇之內，那是一個錯誤。達尼羅說：「希伯來語並非啓示的組成部分。」㊾

　　達尼羅的神學觀，在他關於核心的基督教上帝教義所說的話裡可以看到。他和那些否認在聖經啓示之外，有任何對上帝眞正認識的新教聖經神學家之間壁壘分明，他遵循天主教的傳統而堅持認爲，在哲學和異教之中也有這樣的認識。存在著「一種透過宇宙、良心和精神向每一個人的靈魂說話的上帝啓示。」㊿但是，對上帝的這種自然認識是不完善的，而且人需要一種更加肯定的啓示。

　　這種啓示被給出在聖經之中，被給出在教會的生活之中。舊約根據眞理、正義、愛和神聖來描繪上帝。新約則揭示了三位一體的奧秘。在教會的聖事生活中，在神秘的體驗之中，這種對上帝的認識得到了發展。

　　達尼羅在其解說中，不僅描述了一個關於上帝的觀念，而且還描述了一個神聖的、活生生的上帝的實在性本身，要接近這個上帝，必須滿懷敬意。閱讀他的書，是一種對流行的錯誤看法的最好糾正，這種錯誤看法認爲，對天主教徒來說，信仰就等於教義信念，神學就等於理智主義的命題制定。達尼羅說：「如果神學不以密契主義爲結束，那它就是不適當的。」而且他把這種「密契主義」直接定義爲「和活生生的上帝的一種活生生的相

遇。」⑤的確，有時候神學家們談論他們的主題，其態度之超
然，猶如一個人談論什麼世俗的主題時所可能具有的一樣，但這
是不對的。儘管神學是一種理智的探究，但因為這是有關活生生
的上帝的問題，所以它必定以一種尊敬的精神為其特徵。「關於
上帝的真正的科學，就是引導我們去愛上帝的科學。」⑤

　　我們最後要提一提富爾頓·約翰·希恩⑤（Fulton John
Sheen, 1895～1979），以結束關於羅馬天主教神學的這一節。
他是一位與喬阿德類同的普及家，而且也許還具有類似的長處和
短處。他的大量著作，有效地使數量廣大的民眾理解了神學和哲
學的觀念，這些民眾是不會去讀關於這些主題比較高深的文獻
的。在他比較重要的作品之一——《宗教哲學》（*Philosophy of
Religion*）中，他說明了他對當前宗教形勢的看法。

　　按照希恩的看法，真正的理性時代，也就是信仰的時代，即
十三世紀。那個時期的經典的理性，是發現目標的理性，是作為
完整的人的一項活動的理性。而在現代把它排擠掉了的這種理
性，卻是一種淺薄的、抽象的、技術性的理性，現代理性主義的
一大諷刺，就是它已導致了非理性主義。它使人喪失人性，人不
再作為一種理性的存有者而出現，而成了（比如說）經濟力量的
玩物（按馬克思理論），或者自己的無意識之犧牲品（按弗洛伊
德理論）。當然，我們的時代已陷入非理性主義，這個事實並不
會使理性失效，而且，希恩認為，理性的反思仍然引導我們去相
信上帝。聖多瑪斯·阿奎那所提供的對上帝的種種證明，並不是
和中世紀的宇宙論拴在一起的，它們可以用現代語言予以重述。
例如，在聖多瑪斯的五路證明方式的第一種——從「運動」概念
出發的證明——中，「運動」被希恩大膽地等同於「進化」，他
勇敢地為有神論的結論作了論證。

　　然而，儘管他這樣為古典的理性作了辯護，儘管他認為這些
論證仍然提供著研究上帝問題的最佳途徑，但他也坦率地承認，

「古典哲學家們也許同樣面臨著這個令人不快的事實：現代人不再對形上學感興趣了。」㊾那麼怎麼辦呢？希恩像很多別的當代著作家一樣，建議對宗教採取一種人類學的研究方法。對喪失人性的當代人，天文學告訴他，他無足輕重；生物學告訴他，他本是動物；精神分析學告訴他，他甚至在自己家裡也不是主人。事件的進程本身，已經摧毀了他對於進步的信念。他成了遭受挫折的人，渴望解脫的人。這事實上正是當代文學所描繪的當代人的畫像，希恩認為，這幅畫像比起十九世紀對人的自由主義的理解來，更接近於基督教對人的理解。從神學的觀點來看，受挫的人的毛病就是原罪，事實上，聖多瑪斯和古典的基督教神學已經描繪過這種受挫的人。正是透過教會關於人的這種傳統學說的發展，基督教對於既疏遠了上帝又疏遠了自己的當代人才如此富有意義。

299

八十九、對新多瑪斯主義和羅馬天主教神學的評論

在前面的篇章裡，我們已了解了本世紀中葉天主教的哲學和神學範圍內的某些東西。那是一幅給人以深刻印象的景象，而且我們已看到，有充分的理由去否定某些對天主教思想的流行而膚淺的指責。例如，不應該把新多瑪斯主義斥為純粹的向中古主義的倒退，這一點已經十分清楚了。在其最優秀的代表，例如馬里坦、祁爾松、科普爾斯頓等人手中，它的各種範疇被調度運用，以一種當代的方式來解釋種種當代的問題，雖然同時也利用了昔日的智慧。只要看看法國，就可以了解天主教哲學的力量，在法國，不僅是新多瑪斯主義，而且還有布龍德爾（Blondel）、馬塞爾（Marcel）和拉維爾（Lavelle）等天主教思想家的哲學，

都吸引了許許多多最優秀的人物，因此，在衰竭貧乏的世俗主義的沙漠中間，天主教哲學卻朝氣蓬勃、繁榮興盛。同樣已經十分清楚的是，天主教神學也不像有時候被人描繪的那樣，是用抽象概念來玩的一種理智主義遊戲，因爲，在我們考察過的這些神學家當中，我們已經發現，爲人格價值和活生生的宗教體驗，都留有廣闊的天地。不僅如此，儘管在天主教神學家當中，自然有某種同類的相似性，但卻不存在任何枯燥的單一性，而且，教會權威當局（magisterium）並不排斥神學思想的紛繁多樣。

　　同樣值得歡迎的，是天主教思想對理性和自然神學的承認。當代的一些新教神學家常常收回這種承認，他們僅僅到啓示當中去尋求對上帝的任何眞正的認識。可是，恰恰是在天主教思想中理性占有的地位這個方面，非天主教徒最不容易與之妥協。按照麥西爾的說法，理性不會和啓示衝突，假如看起來是有衝突，那就是我們在理性推理過程中犯了錯誤。柯菲更直截了當地聲明，眞正的哲學家爲啓示開闢了地盤，而且還承認，在世間有一個無誤的啓示闡釋者。在此，有同情心的宗教學者可以回答說，發現理性與啓示匯集成一個單一的眞理，這確實會使他異常高興。可是他也不得不說，這不是可以在開始的時候假定的事情，而只是在自由探索的終點可以達致的結論。在這裡，我們看到了新多瑪斯主義的一個局限。不論它的許多見解可以多麼有價值，但它從一開始就排除了某些可能性，尤其是這麼一個令人不快的可能性：到頭來理性也許和啓示並不一致。就新多瑪斯主義和天主教神學一開始就接受了某個教義核心而言，他們看來對於發現眞理缺乏一種徹底的開放性。當然，也可以作出這樣的反駁：在任何主題上，硬要白手起家而無視已知的東西，那是很愚蠢的。對此人們應該同意，可是，即使如此，人們也不應該不對所持有的，那怕是最神聖的信念採取一種批判的態度。這並不像某些人會說的那樣是企圖坐下來審判上帝，因爲那種企圖既荒謬而又瀆神，

是一種最厲害的自大傲慢行動。不過，我們所肯定的，而且必須
肯定的，是對任何人的主張自己擁有神啟示的說法進行判斷和進
行批判的權利，不論這種說法出自天主教徒還是新教徒，出自基
督徒還是非基督徒。

註 釋

① 1882～1906 年任盧汶大學教授；1906～1926 年任馬利尼斯大主教，1907 年起成為紅衣主教。

② 此處所引報告見於莫里斯・德・伍爾夫（Maurice de Wulf）的《經院哲學導論》（An Introduction to Scholastic Philosophy）附錄，第 263 頁以下。

③ 《現代經院哲學手冊》（Manual of Modern Scholastic Philosophy），第一卷，第 30 頁。

④ 所引教牧書信，重印於 G. 特列爾的《中古主義：答麥西爾紅衣主教》（Medievalism : A Reply to Cardinal Mercier）之卷首。

⑤ 自 1894 年起擔任盧汶大學教授。

⑥ 《經院哲學導論》，第 159 頁。

⑦ 同上書，第 163 頁。

⑧ 同上書，第 194 頁。

⑨ 1902～1943 年在愛爾蘭邁努斯（Maynooth）大學任教授。

⑩ M. 德・伍爾夫所著《經院哲學導論》第 192～198 頁的譯者註。

⑪ 《存有論》（Ontology），第 26 頁。

⑫ 1913～1940 年擔任巴黎大學教授；1940～1944 年擔任多倫多大學教授；1945～1948 年擔任法國駐梵諦岡大使。

⑬ 《柏格森哲學》（La Philosophie Bergsonienne），第 149 頁。

⑭ 《知識的等級》（The Degrees of Knowledge），第 9 頁。（中譯本已由正中書局出版──校閱者註）

⑮ 參見本書前面第 94 頁。

⑯ 《知識的等級》，第 11 頁。

⑰ 同上書，第 202 頁。

⑱ 同上書，第 214 頁。

⑲ 同上書，第 225 頁。

⑳　同上書，第 248 頁。

㉑　同上書，第 383 頁。

㉒　先後從 1913 年起任里爾大學教授，1919 年起任斯特拉斯堡大學教授，1921 年起任巴黎大學教授，1932 年起任法蘭西學院教授。

㉓　《中世紀哲學精神》（ *L'esprit de la philosphie médiévale* ）。，第一卷，第 39 頁。（中譯本已由國立編譯館出版──校閱者註）

㉔　《上帝與哲學》（ *God and Philosophy* ），第 139 頁。

㉕　同上書，第 143 頁。

㉖　自 1939 年起任牛津大學海斯洛普學院教授。

㉗　《中世紀哲學》（ *Medieval Philosophy* ），第 3 頁。

㉘　《當代哲學》（ *Contemporary Philosophy* ），第 77 頁以下。（中譯本已由黎明公司出版──校閱者註）。

㉙　同上書，第 101 頁。

㉚　1935～1960 年任牛津大學三一學院院士兼牧師；自 1960 年起任牛津大學克普勒學院院長。他的哲學著作包括《有限與無限》（ *Finite and Infinite* ），《幻象之鏡》（ *The Glass of Vision* ），《意志之自由》（ *The Freedom of Will* ）（吉福德演講集）。他還寫了很多論聖經神學的書。

㉛　《存在著的他》（ *He Who Is* ），《存在與類比》（ *Existence and Analogy* ），《詞語與形象》（ *Words and Images* ），等書之作者。

㉜　《幻象之鏡》，第 78 頁。

㉝　《有限與無限》，第 299 頁。

㉞　《幻象之鏡》，第 78 頁。（「超自然之火顯現的灌木叢」，典出《舊約》中上帝在「燃燒的荊棘」中向摩西顯現的故事，意指不能憑理性而只能靠啟示得到對上帝的認識。──譯註）

㉟　參見本書前面第 181～182 頁。

㊱　《啟示與理性》（ *Revelation and Reason* ），第 37 頁。

㊲　《論文兩篇》（ *Two Essays* ），第 41 頁。

㊳ 由卡波尼格利(A. R. Caponigri)編輯。

㊴《科學、宗教與基督教》(*Science, Religion and Christianity*),第112頁。

㊵ 1919～1949年任杜賓根大學教授。

㊶《天主教的精神》(*The Spirit of Catholicism*),第69頁。

㊷ 同上書,第53頁。

㊸ 同上書,第263頁。

㊹ 1937年起任因斯布魯克大學講師,1949年起任教授。他的主要著作,有一些已被譯成英文,合為一集,題為《神學研究》(*Theological Investigations*)。

㊺《現代天主教思想家》(*Modern Catholic Thinkers*),第138頁。

㊻「作為信仰告白的認識」(Wissenschaft als Konfession)「和走向死亡神學」(Zur Theologie des Todes)。

㊼ 瑞士天主教神學家,著有許多關於當代文學、哲學和神學的著作,其中包括著名的研究巴特和布伯的專著。

㊽《科學、宗教和基督教》,第100～101頁。

㊾ 同上書,第27頁。

㊿ 德國耶穌會學者。

(51)《極性》(*Polarity*),第128頁。

(52) 同上書,第75頁。

(53) 自1944年起任巴黎大學教授。

(54)《上帝與我們》(*God and Us*),第165頁。

(55) 同上書,第41頁。

(56) 同上書,第162頁。

(57) 同上書,第171頁。

(58) 1926～1950年任美國天主教大學教授;自1951年起任紐約助理主教。

(59)《宗教哲學》,第381頁。

第十九章
邏輯經驗主義

九十、作為分析的哲學

我們已經看到，新實在論思潮的一個分支如何導致了種種形上學體系的構築，這些體系以實在論為基礎，其規模和觀念論的體系一樣宏大，我們還看到，這些體系如何對有神論問題作出了自己的說明，並在神學中產生了反響。但是，實在論的這種形上學的發展並非最典型的發展。相反，哲學已傾向於採取摩爾和羅素為它指出的分析方向，並且越來越同於邏輯分析技術了。對經驗事實的研究已傳給了各種不同的專門科學，對所謂超經驗事實的超越領域的研究，則被作為一種無結果的而且可能是虛幻的事業而放棄了。於是留給哲學的任務，就被視為只是對我們關於世界所說的東西包含的邏輯程序進行分析和澄清。這樣一來，哲學家就不再是就關於上帝和宇宙的終極問題發表意見的人了。確實，他根本沒有向我們提供任何關於世界的信息，他把這件事留給了各門具體科學，而把自己局限在分析的技術問題上。哲學概念上的這場革命，正如基爾伯特‧賴爾（Gilbert Ryle）所指出的，① 是與我們文化的世俗化相一致的，因此，當代哲學家與其許多前輩不一樣，他不用接觸宗教哲學的問題，也可以找到大量問題來占據自己的注意力。很可能，他會把這些問題視為純粹的偽問題，如果他關於這些問題有什麼話可說，那可能不過是簡單

301

地指出，像上帝的存在這一類傳統的問題，既無法回答，甚至也無法恰當地表述。

這種新的哲學思考方式，其最明顯的特徵就是它對於語言的興趣。正是在詞彙和句子當中，我們關於世界的思想才成為公眾可以接近的東西。然而，語言絕不是一種完善的工具，它可以很容易引起誤解。具有相同的語法形式的句子，可以履行十分不同的邏輯功能。例如，這樣的兩個句子——「那些法國小說在書架的頂層」和「義人的靈魂在上帝的手中」，它們具有相似的語法形式，但是，第一個句子具有相當明顯的意義，它與感覺經驗可觀察到的事實具有某種聯繫，而第二個句子的意義卻遠沒有那樣明顯，而且，如果它有意義，那看來也與可觀察到的事實毫無關聯。於是我們很快便了解了對語言進行邏輯分析的需要。我們現在正在談論的這個哲學思潮，通常被稱為「邏輯的經驗主義」，在這個複合詞中，那個形容詞（指「邏輯」一詞。——譯者註）所指明的，既有對意義問題的關注，又有羅素和弗列格等人的邏輯研究對這個思潮的影響，而那個名詞（指「經驗主義」一詞。——譯者註）所指明的則是：在事實方面能提供信息的命題——即不同於定義之類的命題的意義，與感覺經驗具有某種關聯。

這股當代思潮起源於英國和奧地利，以後又傳播到了美國，然而它似乎在法國和德國幾乎沒有什麼進展。這個思潮在其早期階段，通常以「邏輯實證主義」知名。那時，科學的語言被作為規範，以衡量關於世界所說的任何話語是否有意義，未能滿足為科學設定的標準的任何一種語言（例如神學語言），都被斥為事實上沒有意義的。從那以後，邏輯經驗主義進入了一個多少比較溫和的階段，這時候，有意義的標準不再事先制定了，而且對各種類型的語言，可以說都是以其自身的優劣為基礎來進行分析了，就宗教問題而言，這意味著，邏輯分析哲學已將注意力從真

實性問題，轉向了畢竟是處於更優先地位的意義問題。在從前會去著手證明上帝存在的宗教的哲學家，現在卻更可能一開始就討論「上帝存在」是什麼意思。而在另一方面，反宗教的哲學家則比其前輩們更加徹底抨擊著宗教，因為他們力圖表明的，不是關於上帝存在的種種斷言是假的，而是這些論斷根本就沒有意義，因此既不可能真，也不可能假。

　　在本章的下餘部分，我們首先將考慮這個思潮的最卓越的代表人物維特根斯坦，他的思想經歷過我們前面提到的兩個階段（第九十一節）。接著，我們將要看看一些分析論者，他們以科學語言為規範，雖然他們並不全都是實證主義者，但卻對語言作出了這樣一種解釋，這種解釋對宗教陳述能提供信息的說法是敵對的（第九十二節）。然後，我們將轉向那樣一些分析論者，他們並不預先設定標準，而是在我們看到的每一種語言的使用當中去考察其各種各樣的說法；不能以為這一羣哲學家對宗教語言的說法都是友好的，因為他們當中有一些人至多只是中立的，而且我們要考慮的這些人，全都反對宗教陳述能就超時空的形上的實體提供信息的說法；然而，他們直接或間接地指明了宗教斷言可以賦有意義的種種方式（第九十三節）。本章將以一篇批判性的評論作為結束（第九十四節）。

九十一、語言的限度與功能

維特根斯坦

　　也許，我們正在考慮的這個思潮的最卓越的代表，是路德維希・維特根斯坦②（Ludwig Wittgenstein, 1889～1951）。他生於奧地利，並被培養成了一名工程師，但他最後定居在英國。他

作爲一名教師，影響是如此之巨大，以致於在他周圍出現了某種近乎崇拜的東西。

他以一九二二年出版的篇幅短小但很難懂的《邏輯─哲學論》（ *Logico-Philosophicus* ）一書第一次引起注意。這本書的宗旨，是要表明有意義的語言的界限，要表明什麼話可以說，什麼話根本無法說。它的學說，可以用這句常被引用但常常譯得不合語法的總結性來概括：「關於人不能談論的東西，人必須保持沈默。」③

按照維特根斯坦的觀點，世界是由無數的「原子事實」構成的。與這些原子事實相對應的，是一些「描繪」這些事實的簡單命題，較複雜的命題是簡單命題的「眞値函項」（ truth-functions ）。描繪世界的一切命題，就是說，說出了有意義的話並且可以提供信息的一切命題，都屬於自然科學。其他的一切命題，不是同語反覆，就是毫無意義。在同語反覆當中，有邏輯命題和數學命題，而劃入無意義領域的，則有哲學家們的大多數傳統的問題和討論──即由於不理解語言的邏輯而產生的形上學問題。

恰當地理解起來，哲學本身就是不能提供信息的。「哲學的正確方法是這樣的：什麼都不說，而只說能夠說的東西，即自然科學的命題，與哲學毫無關係的東西；而後，一當別的人想談論某種形而上的東西時，就向他證明他沒有賦予他命題中的某些符號以任何意義。」④維特根斯坦把自己的書比作一架梯子，當人們爬上去之後，就可以把它踢開。

這部著作對於宗教問題的意義，在於他關於「神秘的」東西所說的那些話。雖然維特根斯坦據說一直是聖奧古斯丁的仔細的研究者，但是，「神秘的」一詞在此卻不該在一個神學家會賦予它的那種嚴格意義上去理解。「令人感到神秘的，不是世界**怎樣地**存在著，而是世界竟然存在著**這件事本身**。」⑤世界「怎樣」

地」存在著，科學對此正予以描述，上帝並未顯示在世界之中；世界竟然存在著，「這件事本身」是一個我們可以感受到，但卻不能回答，甚至無法表述的問題。我們可以感受到，當一切科學問題都得到回答之時，生命的種種問題卻仍然尚未觸及。可是，如果我們理解了語言的限度，那麼我們就將在生活問題的消失中看到這個問題的解決。這可以被解釋爲一種徹底的實證主義，也可以被認爲（正如維特根斯坦的一些追隨者所認爲的）是意味著：宗教是無法表達出來的。的確，這十分符合某些偉大的密契主義者所說的東西，也十分符合奧托關於神秘者超乎概念之外的思想。維特根斯坦確實說過：「事實上存在著無法表達的東西。它顯示著它自身；這就是神秘的東西。」⑥可是，不論人們會怎樣來解釋這個含義隱秘的警句，十分明白的是：他禁止進行神學的談論。

　　這樣就語言的限度發表了意見，並同時相信自己已經以一種明確的方式做到了這一點之後，維特根斯坦似乎在好些年頭裡完全放棄了哲學。但在一九三〇年前後，他又回到了哲學問題上來，並且開闢了自己通向新的、十分不同的思想的道路，這些思想表達在他死後出版的《哲學研究》（ *Philosophical Investigations* ）一書中。他以十分值得讚賞的坦誠精神寫道：「把語言工具之豐富多彩，使用它們的方式之豐富多彩。詞彙與句子種類之豐富多彩，同邏輯學家們——包括《邏輯—哲學論》的作者在內——關於語言結構所說的東西對比一下，那是極其有趣的」。⑦這句話的意思是：我們不能隨便撿起一種語言——亦即傳達了事實信息的語言，把它作爲據以評判其他各種各樣的語言的規範。按照維特根斯坦的說法，存在著許許多多的「語言遊戲」，例如下命令、編故事、猜謎語、感謝、詛咒、問候、祈禱等等語言。分析的任務，是要發現每一種特定的遊戲中所採用的不同的規則。「我們仍然沒有意識到所有的日常語言遊戲之間那巨大的

305　差異，因爲我們的語言的外衣，把一切都弄得彼此相似了。」⑧
當然，一些遊戲比另一些遊戲要更嚴肅一些，而且，一些遊戲有
著比另一些遊戲更一致連貫的規則。但我們只能靠考慮每種遊戲
實際上如何進行，才能夠把它們弄明白。

　　這種研究語言的新方法，至少給了宗教語言以某種緩刑。而
且，雖然維特根斯坦自己並未從事宗教語言分析，我們以後將會
看到，一些別的邏輯經驗主義者如何努力爲這種特定的語言遊戲
提供了可以理解的規則。

九十二、作爲一種規範的科學語言

卡納普，萊辛巴赫，波柏，艾耶爾

　　在本節中，我們將要考慮一系列的哲學家，他們雖然不全是
實證主義者，但卻都同意以科學的語言作爲自己的規範。他們都
提出了一些標準，根據這些標準，科學語言能夠得到承認，而
且，雖然這些標準各不相同，但是關於科學語言最關鍵的一點
是：參照某種感覺經驗，它在原則上總是可檢驗的。不能滿足這
些標準的語言，要麼被作爲在事實上無意義的，要麼至少作爲可
疑的、低級的語言而遭到排斥。宗教和神學的語言，在這些思想
家手裡遭遇淒慘。這種語言常被視作不過是一種情感的表達，在
邏輯上沒有意義，不能提供信息。這些哲學家爲當代宗教哲學提
出了最尖銳的問題之一，即宗教信徒關於上帝的談論，假如有意
義的話，具有什麼意義這樣一個問題。

　　構成了這個新的哲學思潮的早期核心的維也納學派的一位主
要代表人物是魯道夫・卡納普⑨（Rudolf Carnap, 1891～19
70），他堅持強調科學的統一性。不管各門特殊科學所研究的許

多領域的內容可能是多麼的紛繁多樣，就存在著一種單一的科學
語言而言，也存在著一種單一的科學。哲學就是科學的邏輯，它
的任務就是澄清科學的概念和命題，因此它基本上成了一種語言
分析。像維特根斯坦一樣，卡納普會說，哲學沒有告訴我們任何
關於世界的事情。它不能談論客體或客觀的關係，而只能談論命
題的意思和詞的意義。然而，和維特根斯坦不一樣的是，卡納普
並不認為哲學梯子在人爬上去以後應該被踢開，因為他相信，哲
學能夠設計出他所謂的「後設語言」（metalanguage），可用
來討論科學的語言。

　　任何語言的特徵，都是其詞彙和句法。**詞彙**是具有詞義的單
詞之總匯；**句法**是指明句子應當如何由不同種類的單詞構成的規
則之總體。如果我們未能注意這兩項特徵，我們就會得到兩類
「假命題」：一類命題之中會出現這麼一些單詞，它們被錯誤地
認為是意指某種東西；還有一類命題之中，單個地看是有意義的
單詞被放在一起，而不顧及句法，於是造成的句子就沒有意義。
這兩類假命題，也是我們在古代和現代的形上學中遇到的東西。
例如，海德格就大量地談到「虛無」，按照卡納普的說法，海德
格錯誤地假定：「虛無」一詞是某一客體的名字，而且由於這麼
處理這個詞，他就造出了一些無意義的句子。形上學、論理學、
神學等等，論述的都是些假命題，這些假命題「沒有任何邏輯內
容，而僅僅是感情的表達，這些表達反過來又在聽眾那裡激起了
情感和意志的傾向。」⑩

　　科學的命題可以憑這個事實區分出來：它們能夠在經驗中得
到檢驗，這就使得它們具有意義，能提供信息。證實據說是憑藉
「記錄語句」（protocol sentences）進行的，這種句子直接指
明所給出的東西。它們描繪的是直接的感覺經驗的內容，以及比
較簡單的那些關係。所給出的東西是由馬赫所主張的基本的**感覺**
所構成的呢，還是由被直接感知為三向度物體的**事物**所構成的，

306

這個問題被懸而未決，然而卡納普似乎因爲有格式塔（Ges-
talt）心理學的發現而比較傾向於後者，格式塔心理學的發現表
明，感覺並非感官經驗的原初要素，而是分析和抽象的產物。

　　從這種可以直接證實的記錄語句出發，我們如何達到科學的
一般假設呢？畢竟，原始句子是屬於具有直接經驗的個人所私有
的。我們要擺脫主觀主義，只有同意一種普遍有效的主體之間交
流的語言。滿足了這個條件的語言，就是物理學的語言，它依靠
觀察和度量，調和了不同主體的不同意見。不能用物理學語言來
表達的東西，就不能說具有普遍的或主體之間的有效性。即使像
心理學和社會學這樣的科學，如果它們聲稱自己是眞正的科學，
那它們就必須能夠用物理學的語言來說話。這種「物理主義」的
理論，在方法上是唯物主義的，但又不同於古典的唯物主義，因
爲它旣不肯定，又不否定物質或精神的存在。它不過表達了把各
種原始句子翻譯成物理術語，從而構成一種眞正是主體之間的、
普遍有效的語言的必要性。

　　漢斯・萊辛巴赫⑪（Hans Reichenbach, 1891～1953）採取
了一條不那麼獨斷的路線，事實上，他逐步開始指責徹底的物理
主義者正在建立一種新的科學宗教。他認爲，企圖求助於原始句
子的證實去尋找某種眞理之基礎，這種企圖是誤入了歧途。眞理
是無法達到的，我們必須滿足於或然性。

　　萊辛巴赫十分喜愛的一個比喩，是所謂賭博者的比喩，普萊
爾（A. N. Prior）曾經指出，⑫萊辛巴赫爲科學歸納法所作的論
證，和巴斯卡爲宗教所作的打賭論證，有著驚人的相似之處。在
萊辛巴赫看來，「在對世界的任何認識中，都不存在確定性，因
爲關於世界的知識涉及對未來的預測」。⑬所以「關於未來的任
何陳述，都是在打賭的意義上說出來的。我們打賭說明天太陽會
升起，打賭說明天會有吃的東西來滋養我們，打賭說物理法則在
明天仍然有效。我們大家都是賭徒──科學家、商人、擲骰子的

人皆然；而且，如果說有什麼區別有利於科學賭徒的話，那僅僅是：他不滿足於擲骰子的賭徒願意接受的那麼小的份量。」⑭

在這段引文中提到的「份量」，應該參照萊辛巴赫的或然理論來解釋。我們已經注意到，萊辛巴赫否認眞理是可以達到的。眞與僞，都是理想中的極限情況，在二者之間，有一個或然性的範圍。一個命題的份量，就是它的或然率的等級，而或然率的等級，又是一種可以從統計上加以計算的東西。事實上，擁有一種可以決定的或然率等級，就賦予了一個命題意義。

宗敎家和科學家同樣可以被視爲賭徒，但在二者的打賭，或如萊辛巴赫所稱的「假定」之間，也有很大的不同。科學家從觀察到的現象出發，透過歸納推論，而達致具有確定份量的假定，但在宗敎家的情況下，卻很難表明他的假定有什麼份量。根據經驗來看，相信太陽明天將會升起，是一個相當有把握的打賭；但相信基督將駕著彩雲復歸則不具有可以相比的份量。如果我們要問，那一種認識可以爲我們提供最好的假定，萊辛巴赫說：「我們的賭注並不低；我們整個的人格存在，我們的生命本身，全都押在上面。」⑮ 他相信，邏輯分析指出，科學是我們最好的打賭。科學並不向我們提供眞理，但它確實向我們展示了我們最好的賭法。

萊辛巴赫也遭到了邏輯學家兼社會學家卡爾・萊蒙德・波柏⑯（Karl Raimund Popper, 1902～ ）的批評。他否認科學理論是用歸納方法從我們的觀察結果構成的。正相反，科學理論乃開始關於世界的創造性直覺或者大膽假設，有時候則產生於形上學的思辨。使眞正的科學理論區別於形上學之類的是，科學理論服從經驗的檢驗，而波柏認爲，有效的檢驗是否定性的檢驗：「對於經驗的科學體系來說，遭到經驗的反駁必然是可能的事。」⑰於是我們的注意力從證實轉向了證僞。畢竟，正如波柏所言，「對於幾乎每一種理論來說，假如我們尋找證明，那是很容易得

308

到證明或證實的。」⑱ 當我們尋找某種事物狀態，而這種狀態可以證僞一種科學理論時，那種科學理論才眞正地受到了檢驗。

可證僞性（falsifiability）⑴原則提供了一種方法來區分科學與那些貌似科學但只是僞科學的理論。作爲僞科學的例子，波柏舉出了馬克思主義歷史觀和弗洛伊德精神分析理論。這些理論能找到證實，因爲其解釋所有的符合它們自身前提的事件，而不承認反駁它們的任何事件。然而，不可反駁性在理論中是一種惡行，而不是一種美德。

波柏不是一個實證主義者，他也不認爲，哲學只限於語言分析。他說得很清楚，他的可證僞性原則並不是一個意義標準，而是一條劃分科學與假科學的界線。「它是在有意義的語言裡面，而不是在它的周圍劃了一條線。」⑲

儘管如此，波柏還是一個科學語言的主張的擁護者，他的可證僞性原則常常被用來表明宗教斷言的空洞特徵，這些斷言似乎也在身受不可反駁性的缺陷之害。例如，一個人如果在享受著健康和好運氣，他可能會說：「上帝在眷顧著我。」「如果他失掉了好運，他還是說上帝在眷顧他，因爲他還保留著健康。如果他生了病，他現在還是可以指出他還留有一命這樣一個事實，作爲上帝眷顧的證據。最後他死了，但他的朋友聲稱，上帝仍然在彼岸世界眷顧著他。沒有任何東西可以反駁這種斷言，可是，以看似重要的斷言開始的東西，看來已經遭到了如此的削弱，以致於到最後人們可以問（用安東尼・弗魯的話來說），它是不是已由於一千次合格而死掉了。⑳要證明「上帝在眷顧著我」這個信念是僞的，需要發生什麼事情呢？而且，如果沒有任何事情算是反駁了這個信念，那麼，它又怎樣區別「上帝並不眷顧我」這麼一個信念呢？這就是波柏的證僞理論給宗教語言提出的問題。

309

⑴ 或譯爲「否證」──校閱者註。

在結束本節的時候，我們要提一提阿爾弗德・朱爾斯・艾耶爾㉑（Alfred Jules Ayer, 1910～　），他早年的傑出著作《語言、眞理與邏輯》（*Language, Truth and Logic*），至今仍是邏輯實證主義在最富於進攻性和反傳統性階段的經典說明。這本書初版於一九三六年，在那以後，艾耶爾評論說：雖然寫這本書時帶有的感情色彩超過了哲學家通常所允許的限度，雖然它把一些問題弄得過分簡單化了，但是他仍然基本上贊成這本書所表達的觀點。

所有的眞命題被分爲兩類。第一，有一類分析命題，它們是必然的、確定的，因爲它們是同語反覆的。關於經驗世界，它們什麼也沒有肯定，但它們記錄了我們要以某些方式來使用象徵符號的決斷。屬於這一類的，有一切邏輯命題和數學命題。適當理解起來，哲學同樣不能提供關於世界的信息。它的任務不是對實在進行思辨，而是分析和澄清科學的命題。第二，有一類綜合命題。它們確實就世界作了一些肯定，它們的特徵在於：它們在任何情況下都能接受經驗的證實——不是說它們總能被最終地證實，而是說要決定它們的眞僞，總有一些感覺經驗是有效的。

任何不屬於這兩類命題的命題，都根本不是眞命題，而且嚴格地說是無意義的，不能是眞，也不能是僞。在形上學、倫理學和神學中看到的語句，大多都屬此類。由於不能證實，它們也就不能像綜合命題那樣表達意義，而且很顯然，它們也不是同語反覆（tautologies）⑵。按照艾耶爾的說法，它們是情感的表現，或多或少是複雜的感嘆，表達了感受，但什麼也未肯定。

關於超越的上帝或靈魂之不朽的宗教性談論，被宣布爲沒有意義。由於沒有意義，這種談論也不可能自相矛盾，因爲在其假命題與科學的眞命題之間不存在任何邏輯關聯。但是，按照艾耶

310

⑵　或譯「套套邏輯」——校閱者註。

爾的觀點，科學通過使世界可以理解，也就「傾向於摧毀敬畏之感，人們是懷著這種感情來看待一個陌生的世界的」，㉒於是，它就取消了宗教感情的主要泉源之一。

艾耶爾指出，他認爲神學缺乏意義，這種實證主義的評價在一個很重要的方面，不同於對超驗的信仰的種種傳統批評，因爲實證主義者不是有神論者，同樣也不是無神論者或不可知論者。關於一個超驗的上帝，所有不可證實的談論都沒有邏輯內容，因此，否認存在著這樣一個上帝，或者說是否有這樣一個上帝乃是懸而未決的問題，都和肯定這個上帝存在一樣，是沒有意義的。但是，艾耶爾所作的這種精緻的改進，是否被認爲向有神論者提供了什麼安慰，那當然也是值得懷疑的。

九十三、對語言的功能分析以及對宗教信仰的經驗論觀點

賴爾，布雷斯韋特，威斯頓

「功能分析」這個術語，是我們從弗列德里克・費列的（Frederick Ferré）《語言、邏輯與上帝》（ *Language, Logic and God* ）這本很有用的書裡借用的。正當上一節考慮的那些分析論者以科學語言爲自己的規範，並傾向於把不符合爲科學語言定下的標準的一切語言作爲無意義的東西而排斥掉的時候，很多的分析論者都採取了一條較有靈活性的道路。他們準備根據每一種語言自身的優劣來審查每一種語言，準備考察一下它發揮的是什麼功能，它可以具有那一種意義。雖然這條道路是一條思想比較開放的道路，但它當然不一定會通向一種對宗教語言比較友好的態度，因爲，分析的結果完全可能表明，宗教語言並無任何有

效的功能，也不擁有任何一致的邏輯結構。總之，我們將會看
到，即使是那些對宗教友好的分析論者，以及那些我們將一起討
論的經驗論者，都不願意重新接受傳統的形上學的上帝概念和靈
魂概念，都在尋找方法來解釋，宗教語言如何能夠有意義地發揮
功能，而沒有那老式的形上學服飾所造成的不便。

　　我們先來看看吉爾伯特・賴爾㉓（Gilbert Ryle, 1900～
1976），他是普通語言分析的一位代表。他以對於各種心靈概念
的分析，以及調整它們的（用他自己的話來說）邏輯布局的努力
而聞名。具體說來，他抨擊了笛卡兒的二元論，笛卡兒認為人乃
由一種非物質的思維實體即靈魂，和一種物質的廣延實體即肉體
二者混合而成，二者神秘地彼此作用——賴爾稱之為「關於機器　　311
裡面的靈魂的信條。」㉔這種導致了不可克服的困難的二元論，
是以一種範疇錯誤為基礎的。像「心靈」（mind）和（理智）
（intelligence）這類的名詞，被認為是事物的名稱，但卻不存
在任何這類的事物，這些詞發揮的功能，是描述人類的行為。因
此賴爾的心靈概念分析，導致了把幽靈從其藏身之處驅走，並以
一種行為主義告終。但我們應該注意，賴爾的行為主義，不是那
種粗糙的唯物主義或物理主義的行為主義，他不無諷刺地說：
「否認人是一架機器裡的一個幽靈，不一定就要把人降格為一架
機器。畢竟，他還可能是一種動物，即高級的哺乳動物，向著他
可能是一個人這個假設冒險一躍，這個險還是得冒的。」㉕

　　儘管賴爾否認了實體的靈魂，但他並不引導我們走向簡單的
唯物主義或物理主義，這一點從他的另一本著作即《進退維谷》
（Dilemmas）中看來也很清楚。在那本書裡，賴爾考察了有時
出現在各種理論之間的衝突，這些理論採取完全不同的（打個比
方說）經營路線，但似乎達到了彼此不相容的結果。作為例子，
他舉出了科學與宗教在十九世紀的衝突。神學家們和科學家們開
始時假定，他們是在討論同一些問題。結果，當神學家企圖從神

學前提引出地質學結論時，他們造出了糟糕的科學，賴爾說，同樣地，當科學家涉足他們的對手的領域之時，他們也變成了糟糕的神學家。關於赫胥黎（T. H. Huxley）的神學思辨，賴爾寫道：「它不僅是毫無根據，而且還多少有些低廉，而基督教的描繪，不論其基礎爲何，卻不僅不是低廉的，而且它本身正好教導了我們如何去區分低廉的東西與珍貴的東西。」㉖在一個領域裡是專家，並不必然就是另一個領域裡的專家，而且，如果我們要避免這種導致假衝突的侵犯領域，我們就必須看清楚，各種不同的論域之間的界線何在。

　　當然，這並不意味著，物理學家已被限制在世界的一些特定部分之中。他還是以整個世界爲其論域。但是，賴爾努力用一個類比說明：這並不意味著關於世界的任何別的談論就被排除了。他所用的類比是這樣的：一所學院的審計員把他的賬簿給一個學生看，並告訴他，學院的一切活動都登在這些欄目中。也就是教學、運動、娛樂、食品、飲料、圖書資料，等等，每一件事都包羅無遺了。然而，這個學生最感興趣的一些事情，看來還是沒有包含在這些精確的、非個人性的欄目之內。毫無疑問，關於這所學院的生活，還可以說出很多的別的事情來，而它們並不和審計員所說的話相衝突，即使他的賬簿涵蓋了進行著的一切事情。同樣地，我們也完全可以說出很多有關這個世界的事情，它們並不和物理學家所說的話相衝突，儘管它們並不屬於他的那一種簿記。

　　當然，說物理學家、藝術家和神學家給我們的是一些不同的、可能是互補的世界圖景，這也許會過於簡單化。這會模糊它們之間的區別，而這些區別需要予以公開，這樣我們才能看出，這些不同的經營路線是否合理有效。賴爾本人並未對神學家的經營事業提供任何分析，但他至少讓一扇邏輯的大門敞開著。大概，想追隨賴爾的神學家，必須丟開靈魂觀念，不過他至少可以

回答說：「機器中的幽靈」並不是新約的教條，新約總是談到「身體的復活」——按照聖保羅的說法，這是一種「有精神的身體」，不論這種語言可能是多麼地困難重重，它總不可能被理解為是二元論的。

理查德·貝萬·布雷斯韋特㉗（Richard Bevan Braithwaite, 1900~　　）成功地向我們提供了一種對宗教語言的似乎有理的分析，而沒有引進一個實體靈魂的概念，甚至似乎沒有引進一個實體上帝的概念。布雷斯韋特會承認，宗教的斷言既不是同語反覆，也不是在經驗中可證實的命題，但是他並未出結論說：它們就因此而是無意義的，或者僅僅是情感的表現。道德上的斷言同樣是不可證實的，但它們有指引行動的作用，他論證說，因此，它們具有某種意義。布雷斯韋特修改了較陳舊的證實原則，把它改變成一種較寬廣的使用原則：「任何陳述的意義，都是透過使用該陳述的方式而給出的。」㉘這個原則並不比證實原則缺少經驗性質，而且，現在的問題是要表明，宗教的陳述是如何使用的。

布雷斯韋特的回答是：它們主要是作為道德陳述來使用的，就是說，是用來宣告對一套道德原則的忠誠的。「上帝就是愛」這句話，布雷斯韋特認為它集中體現著基督教的主張，它所宣布的，是基督徒要遵循一種博愛的（agapastic）㉙生活方式的意向，這就是這句陳述的意義。從這個觀點來看，宗教就被認為主要是一種生活方式。宗教信仰不是關於超感覺實在的一些陳述，它們也不是純粹的感情表達；相反，它們具有一種**意動的**（conative）性質。布雷斯韋特認為，一切偉大宗教的核心，都是博愛的生活方式。

那麼，我們該如何去區分宗教與普通的道德，如何去區分一種宗教與另一種宗教呢？對這兩個問題的回答，應該到屬於每種宗教的那些**故事**中去尋找，例如屬於基督教的新約關於基督的故

事之類。這些故事通常由直截了當的經驗命題構成，因此，關於
它們的意義不存在什麼問題。這些故事是眞是假，無關緊要，因
爲重要的是：它們應該被宗教信徒**接納**在心中。因此，接納這些
故事，所起的作用就是對於**實行博愛方針**作一種有力的心理支
持，而且正是以這樣一種方式，宗教可以成爲一種道德推動力，
使得我們能更加順利地貫徹我們的道德意圖，並且不那麼容易傾
向於影響著我們的道德上的散漫和軟弱。

在此，邏輯經驗主義者對宗教信仰的說明，似乎靠近了實用
主義者的說明。但是布雷斯韋特向之尋求靈感的，並非威廉・詹
姆士，而是馬休・阿諾爾德（Matthew Arnold）及其關於宗教
主要在於行爲的學說。

約翰・威斯頓（John Wisdom, 1902～　）㉚採取了一條不
同的路線。他的興趣超出了哲學的技術問題，而擴展到了文學、
心理分析和宗教等主題之中，然而，由於他在分析中有這麼一種
習慣，即使人注意所討論的問題的某些特徵，然後又看似悖謬地
引人注意另一些與之衝突的特徵，所以他的發現顯得有些不確
定，而我們可能認爲，這樣做是有意的。

關於宗教，他評論道：「上帝的存在，並不是一個過去那種
方式的經驗問題。」㉛在一個我們不再用泛靈論眼光來看待的世
界中，在一個我們爲了自然地說明現象而轉向科學的世界中，似
乎沒有什麼方法可以得到對上帝存在的經驗證實。我們現在不會
想到去嘗試以利亞的方法，他曾召來火焰，降臨他在卡默爾山上
的祭壇之上。那麼，這意味著關於上帝的問題不是個事實問題
嗎？情況看來也許如此。有兩個人來到了一座荒廢久已的花園。
甲說：「一個園丁來看照過這個地方。」乙說：「根本沒有什麼
園丁來過。」經過調查，他們發現無人見過園丁在附近。但是甲
說：「有園丁來過，但沒被別人看見或聽見。」乙仍然說：「根
本沒有什麼園丁來過。」他們看來不是在就任何事實進行爭論，

因爲，在一個從不顯現自身的園丁與根本沒有園丁這二者之間，有什麼區別呢？情況難道不是這樣，即兩人中的一個人對於該花園的感受不同於另一個人嗎？關於有神論者與無神論者對世界的態度，難道不也是這樣嗎？

可是現在，威斯頓堅持認爲，這兩個人之間的爭論，不僅僅是不同的情感態度的問題。他們還可以繼續爭論，其中每一個人都重新探查並強調指出那些有利於自己的信念的園中特徵。「我們不必立即就假定：關於這個問題，不存在任何對或者錯，不存在任何理性或者非理性，不存在任何恰當或者不恰當，不存在任何傾向於解決它的方法，**即使這種方法不是發現新的事實，那也不行。**」㉜關於是否存在上帝，其間的分歧涉及我們的情感，肯定比大多數科學爭論爲甚，但它也是一個注意到還是沒注意到世界中某些模式的問題，因此，在某種意義上，這是一個關於事實的分歧，儘管它不是以那種在經驗證實問題最初提出來時，人們可能設想的簡單的方式，成爲事實方面的分歧的。

把威斯頓心目中的這種情形，和我們在某些心理學教科書中看到的那種模稜兩可的圖形相比，並無不當。這種圖形在一個人看來，也許像是一組台階；而在另一個人看來，也許像是一個懸空的柱上楣的線腳部分；或在不同時間對同一個人來說，既像一組台階，又像柱上楣的線腳部分。宗教信徒以一種複雜得多的方式，在世界中注意到了一種模式或格式塔模型，他在關於上帝的談論中把注意力引向了這種模式。

在總結這一節的時候，我們可以回想一下具有經驗主義觀點的某些著作家，我們在別的地方已經提到過他們，但他們的觀點包含著一些證明宗教陳述的邏輯有道理的提法。我們已經看到，普萊斯㉝曾建議宗教家留意於心靈研究的發現，看看那裡是否會有某些可用的經驗證據，可以讓宗教的談論進行下去。看來，儘管有賴爾的邏輯除妖術，普萊斯還是懷疑，可能存在著一個潛伏

在機器中的幽靈，而且，它還是一個顯現於某些可受客觀檢驗的
現象之中的幽靈。同樣，加尼特㉞也曾專注於宗教語言的邏輯問
題。一方面，我們已經看到，他對當代神學的批評，主要針對其
各自的邏輯之不適當：多瑪斯主義的類比中那不可彌合的鴻溝。
巴特主義中對不可驗證的啓示之依賴；蒂里希思想中對動詞「存
有」（to be）的邏輯功能之誤解。但在另一方面，加尼特自己
關於「過程中的上帝」的論點之得以辯護，部分的理由又在於：
如果上帝的經驗像我們自己的經驗那樣，是歷時的，那麼，類比
地談論上帝的邏輯障礙就消除了。所以，雖然普萊斯和加尼特通
常都不會被劃入邏輯分析論者一類，但他們兩人確實討論了我們
在本節中碰到的這類問題，他們的觀點值得與布雷斯韋特和威斯
315　頓的觀點並列，因此，我們可以看到，當經驗論者著手解釋宗教
陳述的邏輯之時，能夠給出的答案也是花樣繁多的。

九十四、對邏輯經驗主義宗教觀的
批判性評論

　　讀完前面這一節後，讀者也許會略感迷惑。看起來，當人們
從經驗主義觀點出發，詢問宗教徒關於上帝的談論能設想可以意
指什麼東西的時候，竟可以作出多種回答，而且，所有這些回答
都具有一定程度的合理性。然而很明顯，它們並非全都能彼此相
容；其中有一些，與幼稚天眞的宗教徒設想他談及上帝時所意指
的東西，看起來相去甚遠。

　　這些要發現宗教語言所指爲何的各種不同的努力，至少是一
種進步，是在將宗教語言視爲無意義的而加以排斥的那種陳舊的
邏輯實證主義基礎上的一種進展。正像其他種類的實證主義一
樣，這種實證主義亦未避免捲入某種形上學的假定，因此，我們

不禁想起了布拉德雷的這一名言：沒有一個人能在否定形上學的可能性的同時，自己不成爲一個形上學家。正如人們時常指出的，證實原則本身就不屬於實證主義者所允許的兩類有意義命題中的任何一類——它既不是一種同語反覆，本身也不是在經驗中可證實的命題。約翰・威斯頓說過：「事實是，證實原則就是一個形上學的命題——（如果允許我這麼措辭的話）一個『粉碎性的』形上學命題。」㉟

　　實證主義者成功地、決定性地表明了這一點：關於上帝的陳述，十分不同於關於任何特定經驗事實的陳述。然而這並非一個新發現。任何人即使粗略地了解宗教思想史，都會十分清楚這一點。當邏輯實證主義者撿起一條關於上帝的陳述，好像它是一條關於某個經驗事實的陳述似的，然後開始來證明，根據適用於事實性陳述的邏輯，一條關於上帝的陳述是無意義的，這時候神學家根本不需要擔憂。「上帝存在嗎？」這個問題，和「遜原子微粒存在嗎？」這個問題，不應該用同樣的方式來解決。然而，由於有力地把人們的注意力引向了這種邏輯地位上的區別，實證主義者就迫使神學家去考慮，這種區別究竟是怎樣的，而且還必須向我們解釋，適用於他關於上帝的陳述的，是那一種邏輯。

　　正是在我們轉向這個問題的時候，我們遇到了這麼多彼此衝突的答案。布雷斯韋特正確地使人們注意到了宗教語言與行爲的關係，而且他成功地證明了宗教語言如何可以在這種情境中被賦予一種意義。但是，在把宗教陳述完全等同於道德陳述的時候，他肯定就誇大了自己的論點，使之超出了合理的範圍。宗教信徒當然要獻身於某種生活方式，可是他也相信，他的宗教賦予他某種見解，使他能夠洞察他必得在其中遵循其生活方式的那種世界。布雷斯韋特似乎也承認這一點，因爲他說，進入宗教的，有「喜樂之情、安慰之情、與宇宙合一之情。㊱因爲，倘若對於宇宙怎樣一種宇宙沒有某種信仰，一個人如何能夠感到「與宇宙合

316

一」呢？那麼，威斯頓關於宗教徒注意到了世界中的某種圖式的
觀點，能幫助我們解決這個問題嗎？也許如此。可是，關於威斯
頓心中所指的是什麼樣的一些圖式，他也說得不很明確。艾耶爾
已經正確地指出，自然界中的純粹的規律性，比宗教徒說有一個
上帝存在時想要肯定的東西要少得多。㊲如果想要肯定的是一種
神意安排的圖式，那麼，也許人們能夠就此作有意義的論證，不
過，看起來這種論證必然總是沒有最終的決定性的。在世界中追
尋一些與之不同的圖式，就像是對莎士比亞的一齣戲劇提出種種
不同的解釋。人們能夠說這種解釋真而那種解釋假，或者在這種
事情裡會出現真與假的問題嗎？能夠向自己的解釋者們提供出很
多種圖式，這不也許正是一件偉大的藝術作品的標誌嗎？

當我們轉向為了給關於上帝的談論提供一種經驗論辯護而提
出的其他建議時，我們必須坦率地說，宗教徒要在處於十分絕望
的困境之時，才會去採納普萊斯的建議，把自己的論證押在萊因
（ J. B. Rhine ）以及心靈研究領域中其他類似的研究者所提供的
那麼一些可疑的證據之上。即使宗教徒接受了他們的發現（當
然，要拋棄這些發現，那是十足的教條主義 ），正如普萊斯所承
認的，從（比如說）心靈感應的事實到上帝的存在之間，仍然有
很長的一段路。至於宗教語言在所指者為歷時的上帝時就有了意
義，這個加尼特提出的觀點，則使我們回到了已經討論過㊳的這
個問題：這樣一個上帝是否符合宗教意識的要求。這個問題不是
很容易解決的，如尼特要把自己的基督教信仰和自己的經驗論哲
學結合起來的努力，是值得認真注意的。不過情況也可能是這
樣；徹底的經驗論與傳統的基督教，是彼此不相容的。

317　　　雖然本章所考慮的一些思想家，例如波柏、普萊斯和加尼
特，並不接受哲學只限於邏輯分析這個觀點，但這卻是本章考察
的大部分哲學家所持的觀點，而且，即使對那幾位例外，我們也
主要是聯繫到他們關於能否證明宗教語言合理這一問題所說的來

加以考慮的。很顯然，一種純粹是分析性的方法，只能是一種宗教哲學的一個序幕，因爲關於上帝，正如關於物理世界一樣，它是不能提供信息的。它只滿足於分析並澄清宗教的陳述，而把這些陳述之提出，把這些陳述的眞僞之決定（假如發現言其眞僞並非無效的話），留交給那方面的專家。姑不論哲學除了分析功能是否還有綜合功能（很多哲學家認爲它有），我們仍能看出，純分析的方法自有其價值。例如拉姆西（Ian T. Ramsey）宣稱，「當代對於語言的哲學興趣，遠遠不是消磨靈魂的，它可以這樣地發展，以致於對於神學的問題和爭論，造成一次新的進襲。」㊴神學用語之叢林，急需來一次大清掃。

　　然而，之所以對於宗教語言的這麼多分析——尤其是由實證主義傾向的思想家提出的那種強調事實的分析——帶上了一種淺薄的性質，乃是由於忘記了：語言是人類生存的一種功能。一切談論，都是**某人**在某種情境中的談論。強調語言是如何**使用**的那種新看法已部分地認識到這一點，然而不幸的是，很多分析論者似乎把詞彙和句子當成了準實質性的幽靈一般的實體，它們或多或少是獨立自存的，而且在考慮它們時，竟可以完全脫離用這些詞彙和語句來表達**自己**的人。毫無疑問的是，某些種類的語言與說話人的存在之間的關聯，要比另外一些語言和說話人的存在之間的關聯密切一些——而且，宗教語言的這種關聯看來就是很密切的。這意味著，對宗教語言的分析，如果要以對其涉及的對象的清晰理解來進行，那就必須與對於用宗教語言表達**自身**者的存在進行的分析相輔相成。換言之，語言分析以存在分析爲先導。當我們讀到存在主義那一章時，我們將會發現這句話的含義。㊵

註 釋

① 《哲學中的革命》（ *The Revolution in Philosophy* ），第 2～4 頁。

② 1939～1947 年任劍橋大學教授。

③ 《邏輯─哲學論》（ *Logico-Philosophics* ）（ 或譯為《名理論》），第 189 頁。（ 台灣的中譯本有學生、水牛兩書局不同譯本，中國大陸則有北京大學出版社出版──校閱者註 ）。

④ 同上書，第 187～189 頁。

⑤ 同上書，第 187 頁。

⑥ 同上書，第 187 頁。

⑦ 《哲學研究》（ *Philosophical Investigations* ），第 12 頁

⑧ 同上書，第 224 頁。

⑨ 出生於德國，任教於維也納和布拉格，自 1936 年起在芝加哥和洛杉磯任教。

⑩ 《語言的邏輯句法》（ *Logical Syntax of Language* ），第 278 頁。

⑪ 他先在柏林和伊斯坦布爾擔任教授，後來從 1938 年直至逝世都在洛杉磯大學任教。

⑫ 《哲理神學新論》（ *New Essays in Philosophical Theology* ），弗魯（ A. Flew ）與麥肯泰爾（ A. MacIntyre ）編輯，第 8 頁。

⑬ 《經驗與預測》（ *Experience and Prediction* ），第 345 頁。

⑭ 同上書，第 315 頁。

⑮ 同上書，第 404 頁。

⑯ 他先在奧地利，1937 年以後在紐西蘭，1945 年以後在倫敦教授哲學。

⑰ 《科學發現的邏輯》（ *The Logic of Scientific Discovery* ），第 41 頁。

⑱ 《本世紀中葉的英國哲學》（ *British Philosophy in Med-century* ），第 159 頁。

⑲ 《科學發現的邏輯》，第 40 頁。

⑳ 參見《哲理神學新論》，第 97 頁。

㉑ 1946～1959 年任倫敦大學教授，自 1959 年起任牛津大學教授。

㉒ 《語言、真理與邏輯》（ *Language, Truth and Logic* ），第 117 頁。

㉓ 自 1945 年起任牛津大學教授。

㉔ 《心的概念》（ *The Concept of Mind* ），第 15～16 頁。（中譯本已由
桂冠／久大出版——校閱者註）

㉕ 同上書，第 328 頁。

㉖ 《進退維谷》，第 7 頁。

㉗ 自 1953 年起任劍橋大學教授。

㉘ 《一個經驗論者對宗教信仰性質的看法》（ *An Empiricist's View of the
Nature of Religious Belief* ），第 10 頁。

㉙ 布雷斯韋特寫作「agapeistic」，但在此為求統一起見，我們隨C. S.
皮爾士寫作「agapastic」，作為與 agape 相應的形容詞。參見本書前
第 176 頁。語言純正主義者也許寧可用「agapetic」，因為希臘語中有
先例。（此處幾個外文詞都是希臘文派生的詞，agape 可譯為「聖
愛」，與 eros 即「性愛」相對，意指不因對象之美質，只因對象之存
在，不求占有對象，只求使對象完美的愛，勉強可譯為「博愛」或
「泛愛」；其餘幾個詞全部是相應於名詞 agape 的形容詞，可譯為
「聖愛的」或「博愛的」。——譯註）

㉚ 自 1952 年起任劍橋大學教授。

㉛ 《哲學與精神分析》（ *Philosophy and Psychoanalysis* ），第 149 頁。

㉜ 同上書，第 159 頁。

㉝ 參見本書前面第 234 頁。

㉞ 參見本書前面第 275 頁。

㉟ 《哲學與精神分析》，第 245 頁。

㊱ 《一個經驗論者對宗教信仰性質的看法》，第 15 頁。

㊲ 《語言、真理與邏輯》，第 115 頁。

㊳ 參見本書前面第 277 頁。

㊴ 《宗教語言》（ *Religious Language* ），第 11 頁。

⑩　參見本書後面第二十一章，第 339 頁以下。讀者可以參看《基督教學
者》(*The Christian Scholar*)，第四十三卷，即 1960 年秋季出版的
第 3 期。這一期專門討論當代分析哲學的問題及其與基督教思想的關
係。撰稿人包括拉姆西（牛津大學），史密斯（ John. E. Smith ）（耶
魯大學），和卡爾・米切爾遜（ Carl Michalson ）（德魯大學）。其
中還有一份由魯爾・蒂遜（ Ruel Tyson ）編纂的詳盡的參考書目。

第二十章
上帝之道神學

九十五、基督教的獨特性

在上一章裡，我們已經注意到，英國哲學家們都習慣於談論 318
「哲學革命」了。很多神學家們也在談論「神學革命」，大約與
哲學革命的發生同時，這場神學革命已經聚集了一切能量。這場
神學革命的日期，習慣上是從卡爾‧巴特於一九一九年發表《羅
馬人書註釋》（ *The Epistle to the Romans* ）算起的。我們可以
把這種新的神學取向稱為「上帝之道神學」（ theology of the
Word ）(1)，因為它所關注的，是要讓我們傾聽上帝對人類所說
的話。巴特不久前曾經寫道：「神學的主題，就是『上帝之道』。
神學是這樣一門科學，這樣一種學說，在它的方法的選擇中，在
它的問題與答案中，在它的概念和語言中，在它的目標與局限

---

(1) 'Word' 或譯為「言」。舊約聖經〈創世記〉中，上帝用祂的「言」來創
    造。新約〈約翰福音〉一章一般都將 'logos' 譯作「道」，logos 又有
    「言說」的意思，也可譯作「言」。所以〈約翰福音〉又可譯作「太初
    有言，言與上帝同在」、「言成了肉身」。在三位一體的教義中，耶
    穌的位格性又被稱作「聖言」。另外，巴特所謂「上帝之道」分成三
    種形式：宣道(preaching)、聖經(Scripture)、基督(Christ)。──校
    閱者註。

中，它**感覺到自己應該去回答**這個獨特的主題提出的活生生的要
求，而不是去回答天上人間的任何別的東西。」①

　　我們可能會認爲，在這兩場革命之間，幾乎毫無共同之處，
因爲一場革命導致了邏輯實證主義，而另一場革命則要求對神的
話語毫不懷疑地服從。然而，二者之間顯然存在著某些共同之
處。這場哲學運動和這場神學運動，都對於思辨理性自稱要把握
上帝和超感官事物的存在這種說法感到幻滅，二者在不妥協地反
對形上學方面是聯合一致的。因此之故，這種神學思潮有時也被
稱爲「神學實證主義」。而且，我們在兩方面都能看到對於自主
性，對於某種獨特範圍的探求，在這種獨特範圍中，哲學或者神
學也許能夠以無可爭議的自由進行統治。哲學家們相信，他們已
經在邏輯分析方面發現了一個研究領域，在其中，哲學可以合法
地發揮作用，而不受各門具體科學的侵犯。以「上帝之道」爲研
究主題的神學家們則相信，這個主題是特殊而自成一類的，是至
高無上的，因此他們絕沒有義務去使自己的發現符合於流行的哲
319　學或科學時尚。這些追求自主性的動向，不可避免會加寬哲學與
神學之間的鴻溝。

　　然而，儘管這兩場革命之間有這些類似之處，但在它們的結
果之中可以看到的差異之處，卻要顯著得多。正如我們已經看到
的，分析哲學傾向於以一種世俗的、人本的方式發展，甚至可以
把一切關於上帝的談論斥爲無意義。另一方面，上帝之道神學雖
然否認有任何從人通向神的道路，卻又宣稱上帝已向人走來，已
對人說出了自己的話。對於上帝的認識，不可能從人這一邊去獲
得，因爲人具有局限性和罪性，而是靠著上帝自由的恩典行動，
成爲在信仰中可以獲得的認識。上帝的話，是通過耶穌基督而爲
人所知的，聖經爲耶穌基督作了見證，而教會又在自己的宣道中
傳揚了他。若沒有這些啓示性的話語，我們就對上帝一無所知，
但是在這些話語之中，上帝通過他自己的啓示而使他本身爲人們

所認識。

當然，上帝之道神學也不能免除某些哲學的影響。思辨理性與信仰之間的分離，可以追溯到康德那裡，而且在利奇爾主義神學家當中也出現過。無論這種新神學在某些問題上與利奇爾主義有多大的分歧，在反對思辨形上學，主張對上帝的認識乃在啟示之中這一點上，二者卻是一致的。另外，從啟示得來的認識，是特殊而自成一類的，與人類的思辨和願望毫無關聯，這種觀點顯然可以追溯到克爾凱郭爾的影響那裡。然而，儘管我們可以在上帝之道神學裡看出這麼一些影響，這種神學仍然會宣稱，上帝之道與一切人類哲學相對，並且評判著它們。它不需要靠它們來辯護，確實也不可能從它們那裡得到什麼確認。我們不能把本質上不同的事物混同起來。像哈那克那樣，企圖利用上帝之道來證實我們的政治和社會理想，那也是不對的。

上帝之道神學與我們已經概述過的某些神學形成了鮮明的對照。它與哈那克關於耶穌只是完成了我們的道德天性的要求這麼一種思想，或者與觀念論者關於基督教的啟示具體地象徵了理性必將導向的那種世界觀這麼一種判斷，或者與新多瑪斯主義者把啟示作為一種完成了自然神學的上層建築一種概念，不可能有什麼關係。上帝之道神學的擁護者們，都在不同程度上拒斥任何自然神學。

我們正在考慮的這個思潮，還有一些別的名稱。它也可以被稱為「宣道神學」（kerygmatic theology），這個名稱使人注意到神學的內容是傳揚福音（kerygma），即宣告上帝的啟示性和拯救性行動。還有「辯證神學」（dialectical theology）這一名稱，它所指明的是這麼一種信念：人不可能用某些簡單的公式去描繪上帝的性質，而不得不悖論地談論他，作出一種肯定，就得用一種相應的否定去予以平衡，以求不致片面歪曲那無限地超出我們這有限的被造存在物的上帝。還有「危機神學」

320

（theology of crisis）這一說法，它並非簡單地意指這種神學出現於第一次世界大戰的危機之後，而是指出了危機即神的道對這個世界的審判。「新正統主義」（neo-orthodoxy）這個術語也許十分不幸，儘管它的意思當然是取決於我們對「正統」的理解的。上帝之道神學並不意味著贊同正統的命題，也不意味著要在字面上贊同聖經的話語。事實上，上帝之道神學遭到了基要主義者的嚴厲批評，因為它把上帝之道說成活著的肉身化了的道，即耶穌基督，聖經中的人類話語確實為他作了見證，但卻不能表達出神道的完滿。另一方面，我們還發現像布龍納那樣的神學家並不贊成童貞女生子的正統教義。如果我們要把這個學派的神學家們稱為「新正統主義者」，那麼我們也許就該認為，這個詞所指的，僅僅是他們力求恢復宗教改革時期神學的精神，宗教改革時期被認為是新教思想的古典時期，正如中世紀被認為是天主教思想的古典時期一樣。世俗的批評家們認為，新正統主義要返回宗教改革時期，新多瑪斯主義要返回中世紀去，二者都逃離了現代世界的問題。然而這兩派神學家都會回答說：我們有權利也有責任，根據既往的古典的基督教見解，來評判現代的種種思想。

這場神學革命發端於瑞士，其影響很快波及到了大多數新教國家，到第二次世界大戰爆發時也許達到了頂峯。然而它直到如今，仍然是當代主要的神學力量之一。但是隨著它的擴展，它的一些原來的斷言逐漸被修改了，運動內部也逐步出現了衝突，因此在本章中，我們將面對一羣形形色色、彼此各異的神學家。不過他們全都堅持基督教的獨特要求，全都抵制哲學就被認為屬於啟示的問題進行判斷的要求。我們將按國籍把這些神學家分為幾組，首先從瑞士開始（第九十六節），然後看看瑞典的一些代表人物（第九十七節），以及德國的代表人物（第九十八節）。讀者也許會奇怪，德國在此只由一個神學家來代表，而且這一個神學家在其後期的思想中，似乎已遠離了對這種神學的比較典型的

解釋。然而，我們的程序是經過深思熟慮的。雖然這場神學革命 321
肯定在德國產生了深遠的影響，但是，在德國與之有關聯的絕大
多數傑出的神學家——戈加登、布爾特曼和蒂里希，已經和巴特
和布龍納之類的思想家分道揚鑣，相去如此遙遠，以致於應該在
單獨的一章中加以考察了。同時，那些一直在許多方面接近巴特
的德國神學家，似乎並未說出什麼足夠獨特的東西，使我們有理
由在此專門述及。這場神學革命在英語國家也有影響，不過在那
些國家，情況也有如此明顯的不同，所以需要另作考察。在概述
了這幾組神學家之後，我們將以一種批判性的評價作爲本章的結
束（第九十九節）。

九十六、瑞士的上帝之道神學

巴特，布龍納，庫爾曼

迄今爲止，我們所考察的所有神學家當中最傑出的一位，可
能也是迄今爲止，最爲著名的二十世紀的新教神學家，是卡爾·
巴特②（Karl Barth, 1886～1968）。自一九一九年發表《羅馬人
書註釋》以來，巴特已在很多方面修改了自己的觀點，我們將努
力考慮這些修改，並考慮他在多卷本的《教會教義學》（*Die kir-
chliche Dogmatik*）中對自己神學的明確表述。③ 但是我們可以
先來回顧一下巴特與哈那克在一九二三年的通信。哈那克堅持認
爲，「神學的任務和一般的科學的任務是一致的。」與此相反，
巴特卻認爲，神學的任務「與傳道的任務一致，在於採納並傳揚
基督之道。」④ 他又補充說，他與科學的神學和歷史的批判沒有
什麼爭執，但這些任務只是爲關注上帝之道的神學的真正工作作
準備。

上帝之道是從神那裡來到人這裡的，就是說，其運動方向與
一切人類的科學和研究的方向恰恰相反。有從神到人的路，卻絕
無從人到神的路，因此我們應當聆聽上帝之道，而不是去發現上
帝之道。道以基督爲核心，而聖經又爲基督作了見證，因此，正
是在聖經之中，我們聽見了上帝之道，了解到它獨一無二的性
質，以及它和一切人類研究的不連續性。「在聖經之中，有一個
奇特的新世界，即上帝的世界。沒有什麼轉變、混合或中間階
段。而只有危機、目標和新的洞見。」⑤我們在聖經中了解到的
東西，不是能在別處了解到的東西向一個高級階段的繼續發展，
而是某種特殊而自成一類的東西。在巴特看來，不存在什麼似乎
構成了啓示神學之先導的自然神學。一九三五年他接到前往阿伯
丁大學作吉福德演講的邀請時，他給評議會回信說：「我是一切
自然神學的公開宣布的敵手。」⑥儘管他被說服去作了一輪演
講，但這些演講清楚地表明，在巴特看來，若無基督的啓示，要
眞正認識上帝絕無可能。

這就以一種尖銳的形式，提出了神學與哲學關係的問題，以
及基督教與其他宗教關係的問題。巴特毫不妥協地否認哲學或其
他宗教擁有對上帝的眞正認識。他像費爾巴哈（Feuerbach）一
樣認爲，人關於上帝的觀念，是人自己的願望的投射。當然，巴
特認爲基督教啓示是一個例外，它本質上與衆不同，因爲它是從
神那裡來到人這裡的。因此，哲學的和非基督教的上帝觀，乃是
偶像崇拜。然而，對於理性和哲學，巴特並不想表現出完全否定
的態度。像聖安瑟倫一樣，巴特承認一種 fides quaerens intel-
lectum（追求理智的信仰。——譯註），在信仰領路的地方，理
性就跟隨其後。他承認，我們可以自由地運用取自世俗哲學的各
種觀念，來進行釋經工作，而且這些觀念可以是「合理而富於成
果的」，假如我們使這些觀念從屬於經文，並以經文爲目標的話
⑦。但是我們應該注意，對世俗思想的這種讓步，是很小的讓

步。來自世俗思想的那些觀念，原則上不同於經文的觀念，關於經文的思想，只有聖靈才能敎導啓發我們。哲學不能使上帝之道成問題，也不能確證上帝之道，但是上帝之道卻經常使哲學成問題。神學是一門自主的科學，它沒有義務要使自己的發現與世俗思想的發現協調一致。「神學是一門自由的科學，因爲它奠基於並決定於上帝之道的君王般的自由。」⑧

正如我們可以料到的，對於用自己的話⑵來揭示自己的上帝的描繪，所根據的主要是他的超越性。他是自由的、至上的，他的行動垂直地自天而降。出於對自由派神學的人性化上帝的反動，巴特堅持强調上帝是「全然相異者」（wholly other），是在本質上不同於被造的、墮落的人類的唯一者。與哈那克之類神學家的有些情感化了的上帝概念相對照，需要對上帝的尊嚴性作這樣的强調，這一點我們是能夠理解的。然而，假如上帝與人之間的鴻溝被說成了絕對的，上帝之道又如何能夠被人理解呢？我們發現，巴特在此多多少少也已經修改了自己的學說。他說，雖然在他的早年時代，强調上帝的相異性是必要的，也是正確的，但上帝的這個方面還是被誇大了，而且我們也得承認上帝有巴特所謂的「人性」（humanity），有其朝向人的一面，上帝在這方面使自己與人相關聯。⑨ 由此，巴特似乎從對上帝相異性的極端强調中撤了回來，但是我們應當注意到，這種修正完全符合於他的辯證的神學方法，根據這種方法，關於上帝的一個陳述，需要由一個悖論的相反陳述來予以矯正。這並不意味著對强調上帝超越性的徹底背離，也不意味著上帝的自由和首創性的任何減少。⑩

如果像巴特那樣强調上帝的超越性和相異性，我們如何談論上帝呢？毫不奇怪，他拒絕了傳統的類比理論，因爲這種理論包

323

⑵「話」，或「話語」，或「道」，在原文都是一個詞，即 'Word'。──譯註

含一種「存在的類比」（analogia entis），而且意味著有某種存在自然是神和人所共有的。如果我們拿來某種人類的觀念，並把它盡可能地向無限的方向延伸，這也永遠不會向我們提供任何關於上帝的蛛絲馬跡。例如，憑著擴展我們人類對事物的起源及原因的認識，我們永遠不可能達到對作爲創世者的上帝的理解。「如果說我們確實知道上帝是創世者，這種了解也既非完全地，亦非部分地由於我們先就認識了某種類似於創世的東西。僅僅是由於上帝給予我們的啓示，我們才認識了他，而且我們以前以爲自己對於事物的起源及原因所知的一切，也就開始受到懷疑，開始轉換方向，開始得到改造了。」⑪其他一些觀念同樣如此，諸如父性、主的性質、人格性之類，莫不如此。正是神的人格性，才使我們能夠理解人的人格性，而不是相反。巴特宣稱，神的人格和神的父性等等，**在存有論上居先**，而其人間的相似物則屬派生，這也許是正確的。⑫然而，人間的相似物難道**在認識論上**不是居先嗎？例如，萊因霍爾德·尼布爾（Reinhold Niebuhr）就堅持認爲，巴特自己必定是從人類身上得到了人格概念，然後才把它應用於上帝。⑬但是對這些批評，巴特自有其回答。正是由於上帝在其啓示中的恩典，才在他自己與人之間建立了一種關係，從而使我們能夠用人類的話語來談論他。⑭不是存在之類比，而是恩典之類比（analogia gratiae），使得我們關於上帝的談論具有了眞實性。這種類比觀在我們對上帝的認識中，既堅持了神的首創和主動性，又保留了人的思想的完全的被動性。

巴特把上帝之道同一切人類思想和願望分離開來，這就排斥了傳統的基督敎護敎論，傳統護敎論要打通一條從人到神的道路，這就成了一種無理的嘗試。而且，這種分離也使我們很難看出，基督敎對於社會和文化生活怎麼能夠發揮作用。至少，基督徒必須爲賦予他的眞理作見證。巴特對於世俗事務的明顯的冷漠，也使得尼布爾這類的批評者指責他「超然地不負責任」。這

也許有些誇大，但是可以肯定的是，巴特的影響很容易使基督教思想局限於教會內部，並割斷它與世俗世界的關聯。

繼巴特之後，艾彌爾·布龍納⑮（Emil Brunner, 1889～1966）成為上帝之道神學最為傑出的代表人物。雖然他的觀點從根本上說接近於巴特，在很多方面，布龍納也與巴特有所不同。早期的巴特如此強調神對於人的絕對超越，以致很難看出神人之間怎麼能夠存在真正人格性的關係，而布龍納的思想風格卻顯然是人格主義的（這從《神人相見》（*The Livine-Human Encounter*）之類的書可以清楚地看到），而且在很大程度上受到了布伯的「我—你」哲學的影響。

一九三三年前後，布龍納與巴特曾進行過一場激烈的論戰，儘管在旁觀者看來，他們各自立場的相似之處，也許比其分歧之處更加引人注目。論戰是圍繞自然神學的可能性問題進行的。正如我們已經看到的，巴特拒斥自然神學。他認為在上帝之道與自然的人之間沒有任何接觸點。另一方面，布龍納卻堅持認為，即便是墮落的人類，也仍保留著上帝形象的形式，也能獲得對於上帝的某種認識。但所保留的這種形式被說成是一種沒有內容的形式，幾乎沒有作用；因為自然的人不靠基督啟示而獲得的這種對上帝的認識，據說毫無拯救的價值。關於這場奇妙的論戰，約翰·拜裡說得好：「在我看來，巴特的觀點似乎與事實不符，但是論述得很清楚；布龍納的觀點看來更接近真理，可是由於並未推進到足以超越其對手的地步，它似乎陷入了混亂和不真實的調和之中。」⑯尼布爾的評論與此十分相似：「在這場辯論中，在我看來布龍納是對的，而巴特是錯的。可是巴特似乎贏了這場辯論，因為布龍納在自己的基本前提中接受巴特的假定太多，以致於很難合理而一貫地提出自己的觀點。」⑰在此，拜裡和尼布爾關於布龍納與巴特的論戰所說的話，也許可以擴及布龍納的全部思想而並無不公。他一直努力爭取不要像巴特那麼僵硬，但他又

325

如此多地接受了巴特的基本論點，所以他不斷處於這樣的危險之中，即可能陷於種種不情願而又不明朗的調和之中。

正如我們已經看到的，布龍納承認即使是墮落的人類也有神聖邏各斯的某種痕跡，而且承認在創世中有一種原初的神聖啓示，甚至最原始的宗教也分享了這種啓示。但是人類的罪使這一切顚倒扭曲了，所以布龍納另一方面又堅持認爲，**只有**通過基督的啓示，才可能得到對上帝的眞正認識。他甚至認爲，這種擁有獨一無二的拯救性眞理的主張，是基督教信仰本身的一個基本組成部分：「靈魂在這裡，而且僅僅在這裡才能得到拯救——若無這種信念，眞正的基督教信仰就不可能存在。」⑱他堅持認爲，即使是一種宗教哲學，如果不想無可救藥地步入歧途，也不能自行其是，而必須在基督啓示的光芒中行進。

在這類主張面前，對哲學和非基督教的宗教的明顯讓步就不會很多了。在數學之類形式科學中，罪對於我們的認識的干擾據說等於零，因此談論什麼「基督教的數學」是毫無意義的。在自然科學中，這種干擾仍然極小。但是，當我們走向我們存在的核心，走向個人存在以及人與上帝的關係等問題時，這種干擾就增加了，以致於我們能夠，而且必須談論「基督教的人學」（Christian anthropology）或「基督教倫理學。」事實上，關於這兩個主題，布龍納都已經寫出了重要的著作——關於基督教人學，有《反叛中的人》，（ Man in Revolt ）關於基督教倫理學，有《神聖的命令》（ The Divine Imperative ）。在這兩個詞語中使用「基督教的」這個形容詞，表明了理性認識得到信仰矯正的方式，得到信仰從基督教啓示中了解到的東西矯正的方式。可是，「就上帝觀念的情形而言，這不僅僅是一個矯正的問題，而是用一個徹底替換另一個的問題。」⑲於是，在布龍納那裡，我們似乎看到了基督教信仰與所有哲學的或非基督教的上帝觀之間絕對的分離，正如在巴特那裡看到的一樣。布龍納甚至認爲，

假如我們準備把各種非基督教的宗教稱為「宗教」的話，那麼我們就不能把基督信仰稱為一種「宗教」，因此它在性質上是另一回事。

我們能不能更準確地說說，使得基督教啟示在性質上與眾不同的東西究竟是什麼呢？布龍納在回答這個問題時指出，第一，一般啟示總是以一種非時間性的方式呈現於當下的，而基督啟示卻屬於上帝在歷史上的一種決定性的、一勞永逸的行動；第二，這個啟示的特點是具有人格性，是在神人相見中給出的，在其中，基督中的上帝與人相遇了。信仰作為對這個啟示的接受，是一種信賴的服從的個人關係，而不像人們常常誤認為的那樣是對一些教義命題的贊同。「因此從根本上來說，啟示不同於一切其他形式的認識，因為它不是對某種東西的認識，而是無條件的主體(3)與有條件的主體之間的相遇。」⑳其他各種認識使我們掌握這樣那樣的客體，但是在啟示當中，卻是我們自己被那神聖主體所掌握。

對於人類的組織和慣例，布龍納採取了一種比巴特積極的態度，他的吉福德演講，探討的完全是基督教與文明之間的關係。他認為，基督教已經對，也能夠對文明作出創造性的、建設性的貢獻，特別是在使文明的結構人格化方面作出貢獻。他作了不少有趣的、富於洞察力的觀察。然而，任何文明與永恆的上帝之國之間的距離都是絕對的，因此「基督徒首要的和主要的關注對象，絕不可能是文明和文化。」㉑基督徒的貢獻，將存在於種種副產品的性質之中，而且，由於基督徒的目標超越於一切文明和歷史之上，作出這種貢獻是可能的。

布龍納在總結自己對文明的思考時對於末世論的涉及，使我們自然要去考慮另一位瑞士神學家奧斯卡·庫爾曼㉒（Oscar 327

---

(3)　**指上帝。——譯註**

Cullmann, 1902～ ）的著作。他主要是一位新約學者，但也對神學作出了貢獻。他採取了這樣一條路線，即神學思考必須採用聖經思想的範疇，並排斥那些會歪曲聖經教導的真正本質的古希臘或當代的概念。

和巴特和布龍納一樣，庫爾曼認為，基督教是「絕對的神對人的啓示」，而且，他更加有膽量去更精確地探問，基督教裡面獨特的因素究竟是什麼，探索「那和種種哲學體系或宗教體系毫無共同之處的東西。」⑳他在聖經關於時間和歷史的概念裡找到了這種基督教特有的因素。這個概念在原始基督教中處於核心地位，而且，庫爾曼告訴我們，我們必須撇開一切別的時間觀，努力來把握這種包含在最古老的基督教著作中的時間觀。

庫爾曼提出的這種歷史觀認為，存在著一種神聖歷史，它與普通歷史綿延的時間同樣久長，但其範圍卻狹窄得多。這種狹窄的神聖歷史的發展路線，以耶穌基督為其中點，而其開端與結局卻消失在那些神秘的故事（庫爾曼稱之為「預言的歷史」），即創世的故事與末世的故事之中。他宣稱，「以聖經歷史的微弱的基督線索為基礎」，有可能對於「即使是一般歷史的事實，以及任何時期的當時的事件進程，作出一種**最終的判斷**。」⑳這樣一來，所有的歷史，事實上是所有的時間，就被視為一齣宇宙戲劇，同時，狹窄的聖經歷史的發展路線，則被視為理解歷史行動的關鍵了。按照庫爾曼的說法，福音書的進攻性在於主張，我們應當以這條微細的聖史之線，作為通向一切歷史，解釋自然中發生的一切事情的線索。

新約作者用庫爾曼指出的這種方式來看待歷史，這是無可爭議的，但這種歷史觀是不是他們傳播的信息的核心，這肯定比較值得懷疑。另外，庫爾曼如果願意，他可以得到米西亞・埃利阿德（Mircea Eliade）之類比較宗教學家對這一觀點的支持：聖經作者的獨特之處在於，他們和各種古代文化中流行的歷史「循

環」觀點相對立，而持有一種「直線」的歷史觀。但我們應當補充說，聖經的觀點也可以並非獨一無二的，因爲，看來瑣羅亞斯德的信徒們似乎也用與此十分相似的方式來看待歷史。然而，使現代讀者不安的是，與庫爾曼所贊成的這種時間和歷史觀緊密相聯的，似乎是一種過時的地球中心論的宇宙論，是只有幾千年歷史的創世和相應地就在不久的將來的末日。如果我們承認，地球上的人類已有五十萬年以上的歷史，談論聖史與一切歷史共久長，又有什麼意義呢？如果我們想到，宇宙過程有著若干億年的歷史，在其中，可能已經有，並將繼續有若干百萬種類似乎地球史的歷史在宇宙中到處發生，那麼，談論時間的中點又有什麼意義呢？也許，通過一種非神話化的過程，庫爾曼的觀點可以變得比較合理，可是他自己不會這樣作。無論這種新約的觀點如何具有進攻性，我們也應該把它作爲絕對的神聖啓示的核心來接受。這種古怪的結果向我們表明，要確立一種按照世俗認識不會受到懷疑或批評的神聖啓示，這其中所具有的危險。

328

九十七、兩位瑞典神學家

奧倫，尼格倫

古斯塔夫・奧倫[25]（Gustaf Aulen, 1879～1977）堅決主張，神學必須排除哲學的外來影響，從其自身的核心出發去理解基督教信仰，因爲，「它所談論的上帝，只向信仰的眼睛揭示自身，不是靠任何人類智慧能夠領悟的。」[26]基督裡的啓示，被說成不僅在數量上，而且在性質上都不同於任何別的可能自稱是神啓的東西。然而，奧倫又希望避免任何極端的排他性。基督教信仰「並未在神的啓示周圍劃定任何界線」，[27]而且任何要這樣做

的企圖，事實上都被說成「極端的傲慢放肆」。

那麼，奧倫如何理解在性質上獨一無二的基督教啓示呢？在他看來，基督教啓示的核心，是上帝在基督裡的拯救行動，可以把它理解成同惡勢力的衝突和對惡勢力的勝利，按照奧倫的說法，這就是「古典的」或「戲劇式的」救贖觀。在其傑出《勝利者基督》（ *Christus Victor* ）一書中，奧倫在這種古典的救贖觀裡發現了「真正的、本來的基督教信仰」。㉘當然，對基督的救贖工作的這種理解，在早期教會裡是十分流行的一種理解，而且，可以說，奧倫的書對教父作家們所做的，和巴特的《羅馬人書註釋》對新約所做的是同樣的工作──就是說，它超越了純粹的古文獻研究的考慮，以便讓我們聽見那些古代作家要對我們說的話。

在聖愛任紐（ St. Irenacus ）(4) 那裡，我們發現已經有了這麼一種觀點：基督的救贖工作，就是把人從統治他們的那些力量之下解放出來的行動。那些力量，從自然的角度部分地被理解爲罪與死，從神話的角度部分地被理解爲惡魔的勢力，它們在早期教會的思想中起了很大的作用。在奧利根（ Origen ）和尼薩的聖格利高裡（ St. Gregory of Nyssa ）這樣一些教父作家那裡，神話的因素大大增加了，基督之死被視爲付給魔鬼的贖金。但是不管在那種情況下，基本的思想都是關於一切衝突，關於起解放作用的勝利的思想。

在聖安瑟倫的時代之後，西方放棄了古典的救贖觀，而贊成一種苦行贖罪理論，但是路德重新復活了這種救贖觀，而且，按照奧倫的說法，它最忠實地代表了新約本身的思想。如果說它在現代神學家那裡再次受到了冷遇，那是因爲這些神學家被它的神話式表述所迷惑，因此「沒有作出任何認真的努力，去透過它的

329

(4)　基督教早期大神學家。──譯註

外部形式而深入它的基本思想。」㉙奧倫自己承認，如果要恢復
這種理解基督教信仰的方式，就需要對它作不同的表達。㉚和庫
爾曼的戲劇式歷史觀一樣，奧倫的戲劇式救贖觀也和神話觀念牽
連在一起（儘管是在較小的程度上牽連在一起）。但他成功地把
自己的理由表述得很有說服力，而且，對於基督教的這樣一種表
述，對我們自己所處的這個時代——在這個時代，我們不得不和
那些威脅著要奴役人類甚至要吞噬人類的巨大勢力進行鬥爭——
來說，具有一種明顯的適用性。

　　當我們引用奧倫關於「透過它的外部形式而深入它的基本思
想」的那段評論時，我們實際上已經接觸到了由另一名瑞典神學
家安德斯‧尼格倫㉛（Anders Nygren, 1890～　）進一步發展
了的神學方法。這是一種**主旨研究**方法，即努力超越外部形式和
表現形式，掌握作為觀點的基礎的主旨。在這裡，**主旨**一詞是在
一種特殊的意義上，用來表示賦予一種觀點以獨特的性質，使之
區別於所有別的觀點的那個因素。在尼格倫看來，所有的宗教都
力圖和通常被視為神的永恆者建立伙伴關係。因此，區分各種宗
教，應該根據它們的作為基礎的主旨，即它們關於如何實現這種
伙伴關係的基本思想。尼格倫根據三種不同的主旨描述了猶太
教、希臘宗教和基督教的特點，它用三個希臘詞來分別稱呼這三
種不同的主旨：nomos, eros，和 agape。⑸關於 nomos 即「法
則」或「律法」我們不必說得很多——猶太人在實行「法則」或
「律法」時，就和上帝建立了伙伴關係。但是 eros 和 agape 又
怎樣呢？這兩個詞通常都被譯成「愛」。二者之間有什麼區別
呢？這裡的區別絕不是一種性愛（eros）與精神性的愛
（agape）之間的那種簡單的區別。Eros 在處於最高狀態時，
正如在柏拉圖和很多非基督教的宗教裡所見到的那樣，和基督教

330

⑸　可大致譯為「法則」、「性愛」與「聖愛」。——譯註

的 agape 具有同樣的精神性質，可是無論何種程度的精神化，
都不可能使 eros 轉化爲 agape。二者仍然是彼此對立的、不相
協調的主旨。「 agape 是與高尚的 eros 並列，而不是在它上
邊。不存在任何途徑，即使是昇華的途徑，可以導致 eros 向
agape 上升。」㉜

　　高尚的或精神化了的 eros，本質上乃是人對一種更高層次
的存有的仰慕。例如，在柏拉圖那裡，它意味著離開感覺世界而
向可理解的理念世界的向上延伸。然而即使在最高狀態下，eros
也是一種慾望，一種自我中心的愛，其目標在於某種滿足。但在
另一方面，agape 則是一種超出了人的自然可能性的東西，倘若
沒有基督教的啓示，我們就不能認識它。新約用了一個新詞表示
「愛」，因爲它所談論的正是一種新型的愛。這是上帝對人的
愛，而且因此，和 eros 恰恰相反，agape 是以神爲中心的、無
私的愛，它追求的目標不是自身。

　　雖然這兩種愛屬於生活中不同的取向，並代表著兩種彼此競
爭的主旨，但它們在基督教中有時也被混在一起。特別是在聖奧
古斯丁的思想中，尼格倫發現了這種混合。路德因其因信稱義的
學說，被認爲是恢復了 agape 在基督教裡的核心地位。我們應
該注意到，尼格倫決沒有否認非基督教的各種宗教的一切價值，
而且，他甚至樂於在它們當中看到某些以神爲中心的愛的因素。
但是，「直到基督教出現，它才取得了決定性的突破，才可以要
求完全的至上性。」㉝

九十八、一位德國神學家

朋霍弗爾

我們已經注意到，像巴特和布龍納那樣起來反叛自由派傳統的大多數重要的德國神學家，已經如此遙遠地背離了典型的辯證神學，以致於應該對他們另作論述。然而，這種新的神學傾向，而且，也許尤其是它對神的話語無上地高於一切人的話語的強調，對於加強德國教會中站出來反對納粹政權侵犯的那部分人的抵抗，發生了十分重要的影響。因此，在這裡注意到在這場鬥爭中扮演了領導角色的該學派一位年輕的德國神學家，是十分適當的，儘管在他的生命行將結束的時候，他開始對這場神學革命的主要人物採取了批判態度，而且他自己顯然正處於向種種新的、甚至更富於革命性的思想過渡的轉捩點上。

我們所說的這位年輕神學家，就是迪特里希‧朋霍弗爾㉞（Dietrich Bonhoeffer, 1906～1945）。他曾在自由派神學的影響綿延未絕的柏林受教育，但他很快就和新的辯證神學站到了一邊。他自己的神學思考工作，大多數是在德國教會的鬥爭當中進行的，他在這場鬥爭中最後失去了自己的生命。因此，毫不奇怪，他的神學絕非抽象的思辨的東西，而與眞實生活的種種環境有緊密的接觸。

他有生之年出版的主要著作，被很恰當地題名爲《信徒的代價》（*The Cost of Discipleship*）㉟，而且其中心論題使人想起祁克果。朋霍弗爾所抗議的，是他所謂「廉價的恩典」，即由官方宗教提供教義、儀式和機構的那種「恩典」。他反對這種恩典，而爲「高代價的恩典」辯護。這種恩典是高代價的，因爲它

331

要求做真正的信徒，即順從地追隨基督，並一心一意地皈依基督。這同時又是恩典，因為在這種順從的追隨中，人獲得了自己真實的生命，變成了「新人」。在朋霍弗爾的《倫理學》（Ethics）中，他用與基督「一致」這個觀念表達了與此有些類似的關於基督徒生活的觀點。「這(6)並不能憑著『要變得像基督一樣』的努力而得到，那種努力，只是我們通常用來解釋它的方法而已。只有當耶穌基督的形式本身，以這樣一種方式作用於我們，亦即按照它自身的形象塑造了我們的形式時，我們才能得到它。」㊱

這裡所表達的主題——恩典的基本的重要性、基督的中心地位、基督對生活的君臨——當然是所有的辯證神學家所共有的。但是，也許獨特的地方在於這樣一種方式，這些主題以這種方式和此時此刻的信徒身份無情地緊密相聯。在朋霍弗爾身上沒有絲毫的「超然的不負責任」。這清楚地表現在他在《倫理學》中關於「末世與末世之前的事物」的學說之中。㊲基督教確實紮根於，並關注著終極的、超越的、末世的東西。但是，在終極的東西之前，有次極的東西，在最終的事物之前，有次最終的事物，而這些就是人類在社會上和倫理上每天都在關注的那些事情。對終極事物的關注意味著，為著終極事物的緣故，也必須關注次終極的事物。

朋霍弗爾的思想後來事實上是怎樣發展的，我們不可能確切地知道，但是從他的片斷的《獄中書簡》（Letters and papers from Prison）(7)，我們可以得到一些線索。他坦率地批評了自由主義之後的神學在歐洲大陸的領袖人物——海姆（Heim）、阿爾陶斯（Althaus）、蒂里希、巴特和布爾特曼，並且探索著

---

(6) 指用 agape 而不用 eros 來表示「愛」。——譯註

(7) 中譯本已由基督教文藝出版社出版——校閱者註

新的前進路向。正如朋霍弗爾所看到的，世界已經成熟了。在現代這個世俗化的時候，我們不再需要假定一個 deus ex machina (8) 來解釋世界上發生的事件。而且，在分裂之中去尋求上帝是無用的，他抱怨說，當存在主義者談論界限狀況等等的時候，他們正是這麼做的。但是朋霍弗爾認為，虛假的上帝概念的消失，為聖經的真正超越的上帝開了路，這個上帝不是一種假定，也不是世界的某種附屬品，這個上帝通過基督，不是在人的生活的邊緣，而是在人的生活的核心把握了人。

這些思想對於基督教具有革命性的含意。既然老的宗教語言已隨著虛假的上帝概念圖景的消退而變得沒有意義，那麼，基督教信仰就必須用一種非宗教的或世俗的方式來傳達。而看來要做到這一點，靠的主要是為他人而生活，為他人而生活也意味著和基督一致。既然教會通常關心的是維護自身，它也必須為著他人而喪失自身，並且了解做信徒的代價。然而，這並不意味著基督教已被簡單地歸結為一種倫理。正如我們已經看到的，基督徒的生活方式是以恩典為基礎的，因此，當基督徒生活在這個世界上，為這個世界而獻身的時候，他還有自己隱秘的信徒修持，在這種修持中，他超越這個世界之外，期望著超驗和終極的東西，以滋養自己的生命。

九十九、對上帝之道神學的批判性評論

本章所考察的這些神學有許多重大的優點，它們對於很多現代宗教思想所忽略或忘掉了的問題，達到了相當深刻的洞見，這

---

(8) 拉丁文，「用機關操縱的神」，原指在古代戲劇中用機關送上舞台，以改變劇情進程的神靈。——譯註

是沒有人想要加以否認的事情。這是一些什麼優點，我們以後將
會看到。假如沒有這麼一點優點，那就很難解釋這場神學革命會
發揮這樣不同尋常的影響。另一方面，它的成功也許應部分地歸
因於這個事實，即，由於返回到一種比較教條式的神學，由於恢

333　復了一種絕對神啓觀念在其中的核心地位，它打動了教會內部的
那些傳統主義者和蒙昧主義者，那些人能擺脫當代思想爲基督教
提出的哲學難題，眞是太高興了。在我們談論這類神學的優點之
前，我們先要批評它的某些過份之處，尤其是表現在巴特和布龍
納的觀點之中的那些過份之處。

　　一、首先，我們要對啓示是神學的**唯一**泉源這一觀點提出質
疑。當然，我們並不懷疑，關於上帝的所有認識都必定來自某一
種或另一種啓示，雖然這一點是如此明顯，以致於幾乎不值得提
出來。因爲，除非被認知的東西在某種程度上，以某種方式向我
們啓示出自身或表現出自身，否則，我們怎麼能夠認識什麼東
西──無論是上帝還是人還是自然呢？我們也不想懷疑這個在宗
教經驗中完全證實了的事實：不同於（比如說）對自己的認識的
對上帝的認識，屬於一種獨特的認識，因爲所認識的對象──上
帝，是積極的、活動的，採取主動的，他似乎是在走向我們，以
致於我們把這種認識體驗爲一種賜予，而不是某種我們憑藉自己
的努力得到的東西。我們想要提出質疑的是這麼一種說法：任何
一種認識，都僅僅在於被動地接受所給出的東西。在所給出的東
西能夠被認識以前，總存在著區分、篩選、檢驗、懷疑、應用等
等過程。

　　巴特看來是始終一貫地堅持認爲，在對上帝的認識中，人的
一方是被動的一方。我們當然可以承認，在任何啓示性體驗中，
人在神秘顯現的面前不能不是謙恭服從的。可是，當人開始反思
這種體驗之時──神學只能開始於這種反思──他就必然會對這
種啓示本身提出問題了。它眞是一種啓示呢，還是一種幻覺？而

且，藉以進行這種質疑的，必然是人可能擁有的理性和諸如此類的人類智慧之光。

在此，我們不希望被人曲解。我們當然不想爲任何狹隘的理性主義提供辯護。任何抽象的理智主義都不能爲宗教提供基礎，而且我們必須考慮完整的人的全部經驗範圍，其中包括任何一種啓示性經驗，這對我們來說，在前面的章節中肯定已經成了非常清楚的事情。但是我們也許記得，在討論人格存有者的哲學（這種哲學本身強調的是人的完整性，並且——尤其是通過祁克果——對巴特發生了重要的、有成形作用的影響）的時候，我們曾堅決反對這種哲學**低估**理性的傾向。㊳因爲我們認爲，理性本身是完整的人的一個本質特徵，而且，無論多麼強烈的體驗，無論多麼熾熱的信念，都不能免除批判的考察。就任何所謂的宗教啓示而言，這意味著我們應當把它交給理性，交給理論的理性和實踐的理性去進行審查。

然而，這似乎是巴特和布龍納（假如我們正確地理解了他們的話）所不允許的事。他們的確也在神學中給了理性和哲學一定的位置，但那是一個很低的位置，完全從屬於至高無上的上帝之道。他們同樣承認有篩選和區分的過程，但這種篩選和區分也屬於在啓示光照之中的人類的話語。他們不願承認的是，啓示的話語本身可以由人類思想加以懷疑或證實。他們的觀點是，神的啓示**使我們自己值得懷疑**，因此，我們的態度必須是一種**毫不懷疑地**接受和服從的態度。㊴在這個問題上，布爾特曼看來也贊成巴特和布龍納的觀點，在他與雅斯貝斯的交往中，還有一段很有啓發的插曲。雅斯貝斯問布爾特曼，當一項啓示呈現之時，他憑什麼標準來確認那是神的啓示。布爾特曼回答說，上帝不需要在人的面前爲自己作證明。雅斯貝斯答道：「不，我不是說上帝必須爲自己作證，我是說，出現在這個世界上，而又自稱是上帝的話語、上帝的行動、上帝的啓示的每樣東西，必須爲自己作證。」

334

⑩ 在此，看來雅斯貝斯顯然是正確的。用更爲通俗的語言來說，只要任何個人或機構或聖書用「主如是說」這句套話來爲自己要說的話做開場白，我們就得立即問道，這種說法是否不可能是用一種加了僞裝而又給人以深刻印象的方式說出來的「我要告訴你」。要做到一點，我們只能依靠某些神學家十分蔑視的人類智慧與哲學之光，對所說的啓示進行檢驗。

毫不懷疑地接受啓示和排斥人類智慧的一個結果是，再也沒有任何辦法來區分許多不同的啓示了。穆罕默德宣稱他擁有神的啓示，卡韋特·布恩吉羅（Kawate Bunjiro）也這麼說，約瑟夫·史密斯（Joseph Smith）(9) 也這麼說。也許，他們在不同的程度上都確實擁有神啓。然而我們也許會想要在其間作出區分。對於基督教神學家來說，武斷地認爲聖經啓示是唯一眞實的啓示或者優越的啓示，這肯定是不行的。我們有權問他，它爲什麼是這樣的。他也不能回答說它本身就有證據，因爲每一種啓示都可以這麼說。如果說，啓示之所以被承認，所根據的是教會或聖經的權威，這也不能令人滿意，因爲那樣一來，我們又需要提出一個關於這種權威的根據的新問題。最後，人們一定會說，這個啓示之所以被接受，乃是因爲它在每一個方面經受了檢驗之後，贏得了理性和良知的忠誠。我們可能會想起，利奇爾主義者們曾經像巴特主義者一樣，以基督教啓示作爲我們對上帝的認識的基礎；但是利奇爾主義者同時聲稱，啓示完成了實踐理性的嚮往。

我們並不認爲，我們要求應該把我們的批判能力應用於啓示本身，這種要求就包含著任何絲毫的不虔誠的成分。那些把一切都押在絕對的神啓之上的人常常暗示說，不願毫不懷疑地服從神啓的人是有罪的、狂妄的，因爲在他們應當服從上帝之時，他們

335

---

(9)　摩門教創始者──校閱者註

卻依賴於自己的力量。當然，指責持有不同意見的人不僅有錯而且有罪，這是一種古老的教會技倆。然而，假如在此竟會出現罪的問題，那麼，罪是更多地歸於**認眞愼重地**（甚至可能是不情願地）否認的人呢，還是歸於**不負責任地**接受的人？

有些人可能會提出反對意見說：我們忘記了人的自然理性已經墮落。我們當然承認，不僅我們人的理性是有限的，因而它不可能獨力地掌握上帝的眞理，而且，它很容易犯錯誤，尤其是當人想著他自己的本性、力量以及在世上的地位時，人的思想就很容易陷於傲慢狂妄和自私自利。我們從神學，也從心理分析了解了這一點。但是，補救的辦法，不是爲某個假設是超出理性的權威而放棄理性，而是在我們思考的時候要更有理性、更富於批判性、更加認眞而愼重。因爲人們從來不曾認爲，我們的這些思考**原則**本身是腐化了。布龍納說，談論一種「基督教數學」是無意義的；而談論一種「基督教邏輯」同樣也是無意義的，如果 p 意指 q，這對信徒和非信徒來說都是同樣有效的。

我們可以從已故的湯樸大主教所作的吉福德演講中引一段話，來總結對上帝之道神學的第一項批評。湯樸承認啓示具有核心地位，承認啓示不同於理性推論。但是，「巴特主義神學學派的錯誤——因爲我毫不懷疑，不論用自然理性的標準或者基督教啓示的標準來判斷，它是包含有錯誤的——像其他每一種異端學說一樣，在於誇大了眞理。啓示能夠，而且從長期來看必須通過滿足理性和良知來證實自身的說法，否則就可能表現爲迷信，否認這一點是一種狂熱的盲信。」⑪

二、我們對在此考察的這些神學家的第二項批評所關注的是，他們將啓示的範圍**武斷地局限**於聖經啓示，從而否認哲學或非基督教的宗教可以有對上帝的眞正認識。巴特完全否定自然神學；認爲哲學和非基督教的上帝觀不過是偶像，和眞正的上帝毫無關係。布龍納允許自然神學有一塊不毛之地，但是我們已經看

336

見，這塊地是如此貧瘠，以致於他甚至不願意把基督教和其他宗教一起稱爲「宗教」——它若成了一種宗教，也就歪曲了自己的性質。我們必須拒斥爲聖經啓示提出的這種自高自大的唯我獨尊的主張。

這種主張完全忽略了人類學、比較宗教學以及特爾慈等學者的歷史研究的種種發現，這些發現所突出的，更多的是各種宗教之間的統一性，而不是它們之間的分歧。而且，說在基督教啓示過程中，事情運動的方向是從神到人，而在哲學和非基督教的宗教中，運動的方向卻是從人到神，這種斷言不符合大多數宗教和某些種類的宗教哲學的事實。哲學上的密契主義者和非基督教的宗教的信徒們，也具有啓示和恩典的體驗，也具有一種神聖力量從自己身外闖入的體驗。並未與他們分有這些體驗的人怎麼能夠否認這一點呢？而且，如果我們要從外部來判斷，基督徒難道不應該首先是作出一種寬厚而博愛的判斷麼？說老子、佛陀、柏拉圖、柏羅丁和布恩吉羅（姑且僅舉數例）竟然對可能存在的這類神聖實在毫無所知，或者未曾把捉到任何有價值的蛛絲馬跡，這樣說難道可信嗎？尼布爾說過，判斷一個人所遇見的是眞正的上帝而不是一個偶像的證據，可以從他的悔罪、博愛和謙卑當中看出來。萊因霍爾德·尼布爾看來贊成這種實用的檢驗方法，如果我們採用這種檢驗方法，我們難道能否認這些品質也可以在基督徒範圍之外見到嗎？或者，我們能夠斷言這些品質總是只在基督徒範圍內才能見到嗎？要巴特一起相信上帝在基督教信仰中啓示了自身，這也許十分容易，可是，要相信上帝還表明了他從未在別的任何地方啓示自身，這就要難得多了。要精確地說明基督教當中獨特的東西究竟是什麼，這也很難——對於庫爾曼所謂這獨特之處是一種時間觀的奇妙見解，我們已作了充分的批判，而尼格倫在 agape 與 eros 之間進行的對比，一般認爲是太誇大了，雖然他好歹並未否認，某種以神爲中心的愛，也可以在基督教之

外見到。

　　當然，任何宗教都有可能轉變成一種偶像崇拜，基督教本身也可能出現這種情況，如果我們人關於上帝的思想的某些象徵被絕對化了的話。難道基督徒沒有因爲某些教條被偶像化而多次相互開除教籍和相互殘殺嗎？難道獨占眞理的主張沒有引起形形色色的狂熱盲信和互不寬容，特別是在就神聖的眞理發生爭論時引起了這些東西嗎？某些歐洲哲學家曾散播日耳曼民族在精神上優越的理論。也許，創造了這種危險神話的那些無意識因素，也應該爲那種認爲西方宗教獨占眞理的神學主張負責。這就難怪亞洲人要把基督教和西方帝國主義聯繫在一起了。當然，在這個問題上，奧倫和尼格倫比巴特要現實一些。天主教教會也比較現實。儘管如此，我們還是會覺得，即使他們的觀點也還是不夠的，關於基督教啓示與各種非基督教的宗教和宗教哲學之間的關係，比較恰當的說明還得到霍金，湯因比和雅斯貝斯之類著作家那裡去尋找。

　　三、我們的第三項批評所關注的，是那種**把人降格到人格與能動負責的水準之下**的傾向。我們在後面將會看到，在這方面尼布爾是如何批評巴特的。我們可以回想一下克利門特・韋布是怎樣說的，他說：如果說把人吹捧到與上帝等同的層次是錯誤的，那麼，把人貶低到這樣的程度，以致於他和上帝之間的人格聯繫不再可能，那也是同樣錯誤的。神學家反對那種忽視人的局限性和罪性的關於人的樂觀主義觀點，人們對此可以表示讚賞和歡迎，但是如果神學家的目的是提高上帝超乎於人的地位，那麼，假如把人貶得太低，這個目的本身就受挫了。這樣的貶低會產生一種悖謬的結果，即上帝也被貶低了。當巴特說：「我們是他[10]的財產，他支配著我們」[42]的時候，上帝的形象就成了一個處置

---

(10)　指「與基督一致」。——譯註

其所有物的財產所有者的形象，而不是一個熱愛其不當配的孩子，使他們有可能用愛來回報的父親的顯然較高的形象了。然而，在這方面，巴特已經用一些補充說明糾正了自己早期思想中那些過份的強調之處，這些補充說明承認了上帝的「人性」，並承認上帝與人之間有比較明確地具有人格性的關係。事實上，他並未放棄上帝當中的「相異性」成份，而且，正如我們在考慮某些利奇爾主義者的有些感情色彩的上帝觀時所肯定的，㊸巴特保留這種相異性是很正確的。神的超越性的那種嚴格僵硬，無疑朝更富於人格性的方向上得到了緩和，㊹雖然人們可能抱怨說，巴特還是太強調人在與上帝關係中的被動性了。正如我們所看到的，布龍納也堅持認為上帝與人的關係具有人格性質，並告訴我們，這種關係屬於生命中的「我—你」範圍；然而，即使是他，也不時地滑進所謂財產的說法之中。㊺

338　　看來，全部問題就在於要進行適當的平衡，既承認人與神之間的距離，又不通過過分貶低人來誇大這種距離。因為如果那樣的話，上帝自己也就被貶低了。他就不再是靈魂的拯救者，而成了活財產或奴隸的救星了。

　　我們的批評，有些說得相當激烈，但在每一種情況下，它們都是對於過份的觀點提出的批評，對一些見解的誇大提出的批評，那些見解倘若表述得平和一些，也許會證明是很有價值的。看來，神學和哲學都靠著鐘擺的劇烈擺動而向前運動，新的或者被忽視了的真理，只有以一種誇大的形式提出來，才能引起注意。因此，削除那些過分之處以後，我們可以高興地發現這場神學革命之中有價值的東西——它認識到宗教認識的生存特徵是不同於理性推論的；它現實地估價了人的有限性與有罪性，而與關於人類進步與完善的神話形成對照；它主張基督教的獨特內容應據其自身的優劣來判斷，而不應拖在這種或那種哲學的車輪上。我們已經看到，巴特本人如何修改了他自己的觀點，布龍納一直

比較平和。在奧倫和尼格倫那裡，這場革命較易引起反對的那些特點已大多消失了。而在朋霍弗爾那裡，我們則被領到了一些新發展的開端之處。事實上，這場革命已經平息下來，已經變成了丹尼爾・戴伊・威廉斯（Daniel Day Willians）輕快地稱呼的「神學復興」（theological renaissance）。㊻

然而，即使是奧倫和尼格倫，就他們保持著對哲學的懷疑和疏遠而言，也還是給我們留下了一種不能令人滿意的觀點，一種作爲那場革命的特徵的基調。如果神學在某種意義上是一門科學，那它就不能滿足於戲劇式的圖景，而應當尋求用來表達自身見解的各種概念範疇。在後面的一章裡，我們將看到某些神學家透過向存在主義尋求所需的概念範疇，如何把這場復興運動推向一個新階段。但在這樣做以前，我們還得看看這場神學革命對於英語國家的影響。

註　釋

① 《教義學綱要》（ Dogmatics in Outline ）的新序言（ 1959 ），第 5 頁。
　（中譯本已由東南亞神學院協會出版──校閱者註）

② 1925～1930 年任閔斯特（ Münster ）大學教授；1930～1935 年任波昂
　大學教授；1935～1962 年任巴塞爾大學教授。

③ 迪基（ E. P. Dickie ）頗有道理地指出，巴特「將以其早期貢獻而聞名
　於神學史。論戰之中最富於諷刺意味的事情之一就是：修正和改動觀
　點，顯然比別的事情都幹得更好。」（《上帝是光》（ God is
　Light ），第 2 頁）巴特早期的富於誇張的那些作品造成了重大的衝
　擊，這種衝擊已改變了神學思考的進程。然而對巴特來說，只有考慮
　他的最成熟而又最受重視的作品，才是公平的。在 1933 年《羅馬人書
　註釋》的英譯本出版時，他在新的序言中寫道：「當我回頭看這本書
　時，它好像是由另外一個人，為了對付一種已成過去的局勢而寫成
　的。」將他早年的評論與後來的、獨立的《羅馬人書短評》一書相比
　較，可以給人很多啟發。這本晚出的書多少緩和了一下對上帝絕對至
　高無上的超越性的強調；另一方面，這本書也表明巴特毫不妥協地排
　斥了任何自然神學或自然宗教。

④ 《神學的問題與回答》（ Theologische Fragen and Antworten ），第 10
　頁以下。

⑤ 《神之道與人之道》（ The Word of God and the Word of Man ），第
　33 頁，第 91 頁。

⑥ 《認識上帝與侍奉上帝》（ The Knowledge of God and the Service of
　God ），第 6 頁。

⑦ 參見《教會教義學》（ Die Kirkliche Dogmatik ）第一卷第二部，第 815
　～825（英譯本第 727～ 736 頁）。

⑧ 《教義學綱要》，第 5 頁。

⑨ 參看《上帝的人性》（ The Humanity of God ）。

⑩ 從《教會教義學》中的一段話（第二卷第一部，第 715 頁，英譯本第 635 頁）中，可以看出巴特是如何看待他對自己的神學所作的修正的。在從《羅馬人書註釋》裡引用了一個片面的陳述之後，他寫道：「吼得好，獅子！在這些大膽的話裡邊，沒有任何東西是絕對錯誤的。與那些當時評判過它們，並且反對它們的人相對照，我仍然認為，我當時比他們正確十倍。那些至今仍能傾聽當時所說的話的人不能不承認，用那種方式說話，在當時是很必要的。我當時發表的這些判斷，就其內容而言並不（在根據不充足這種意義上）是冒險的。它們是冒險的，乃是因為要成為對聖經的合理解釋，它們需要另一些同樣尖銳、同樣直接的判斷作為補償，並因此真正地證實它們的全部主張是有根據的。可是，當時卻沒有這樣一些判斷。」

⑪ 《教會教義學》，第二卷第一部，第 83 頁（英譯本第 77 頁）。

⑫ 海德格似乎說過類似的話，他宣稱，他使用的「存有之宅」（House of Being），一語，不是得自於「把家的形象轉化為存有；正相反，正是由於適當地思考了存有之性質，我們有朝一日才能夠思考什麼是它。」——《論人道主義》（*Über den Humanismus*），第 43 頁。

⑬ 參見《人類的本性和命運》（*The Nature and Destiny of Man*），第二卷，第 69 頁。（中譯本已由香港基督教文藝出版社出版——校閱者註）

⑭ 參見《教會教義學》，第二卷第一部，第 275 頁（英譯本第 243 頁）。我們可以比較一下海德格的這個說法：一個人在說話之前，首先必須讓自己傾聽存有的話。——《論人道主義》，第 10 頁。

⑮ 自 1924 年起任蘇黎世大學教授。

⑯ 《我們對上帝的認識》（*Our Knowledge of God*），第 30～31 頁。

⑰ 《人類的本性和命運》，第二卷，第 66 頁，註 2。

⑱ 《中保》（*The Mediator*）（「中保」，或譯「中介者」，指調和神與人的耶穌基督——譯註），第 201 頁。

⑲ 《啟示與理性》（*Revelation and Reason*），第 383 頁。

⑳ 同上書，第 27 頁。

㉑ 《基督教與文明》（ *Christianity and Civilization* ），第二卷，第 140 頁。

㉒ 1930～1938 年任斯特拉斯堡大學教授；自 1938 年起任巴塞爾大學教授。

㉓ 《基督與時間》（ *Christ and Time* ），第 12 頁。

㉔ 《基督與文明》，第 20 頁。

㉕ 1907～1913 年任烏普薩拉（ Uppsala ）大學教授；1913～1930 年任龍德（ Lund ）大學教授；1930～1933 年任龍德主教；自 1933 年起任斯特朗納斯（ Strängnäs ）主教。

㉖ 《基督教會的信仰》（ *The Faith of the Christian Church* ），第 11 頁。

㉗ 同上書，第 30 頁。

㉘ 《勝利者基督》（ *Christus Victor* ），第 176 頁。

㉙ 同上書，第 27 頁。

㉚ 關於剔除古典救贖觀中的神話因素的努力，讀者可以參考筆者的論文：〈魔鬼研究與古典救贖觀〉，（ Demonology and the Classic Idea of Atonement ），載於《解說的時代》（ *The Expository Times* ）。第六十八卷，第 3～6 頁，第 60～63 頁。

㉛ 1924～1949 年任龍德大學教授；自 1949 年起任龍德主教。

㉜ 《聖愛與性愛》（ *Agape and Eros* ），第 52 頁。

㉝ 同上書，第 206 頁。

㉞ （另譯作潘霍華——校閱者註）。他終生從事教學、寫作、普世主義活動和德國教會的反抗鬥爭。1943 年被當局逮捕，兩年之後被處死。

㉟ 德文標題為 Nachfolge（《信徒》）（ 中譯本譯作《追隨基督》·由香港通聲出版社出版——校閱者註 ）。

㊱ 同上書，第 18 頁。

㊲ 《倫理學》，第 79 頁以下。

㊳ 參見本書前面第 208 頁。

㊴ 弗里德里克 · 費爾列把這種觀點稱為「服從的邏輯」。參見他在《語言、邏輯與上帝》(*Language, Logic and God*)，第 78 頁以下所作的尖銳的批評。

㊵ 「非神話化的問題」(Die Frage der Entmythologisierung)。第 42 頁、69 頁、85 頁。

㊶ 《自然、人類與上帝》(*Nature, Man and God*)，第 396 頁。

㊷ 《教義學綱要》，第 151 頁。

㊸ 參見本書前面第 93 頁。

㊹ 莫里斯 · 弗萊德曼指出，巴特在修正自己的神學時，採用了許多布伯的術語。《馬丁 · 布伯：對話的生活》(*Martin Buber : the Life of Dialogue*)，第 274 頁，註 1。

㊺ 參見《啟示與理性》，第 26 頁。

㊻ 參見其《今日神學家在想什麼》(*What Present-Day Theologians are Thinking*)一書。

第二十一章
英語國家的後自由主義神學

一〇〇、神學革命在英美的影響

在英語國家，也出現了一種新的神學取向。它所採取的形式　339
是反對老式的自由主義神學，自由主義傾向於要將其貶低的那些
主題，諸如人的有罪性、恩典與啓示之中的神的主動性之類，又
重新回到了前台。這部分地是由於歐洲大陸上的思潮的影響所
致。祁克果、布伯、巴特、布龍納和其他一些人的著作被譯成了
英文，並得到了廣泛的研究，人們也能部分地找到本國的影響。
例如，早在一九二一年就已逝世的英國的不從國教派的神學家彼
得・泰勒・福賽思（Peter Taylor Forsyth），已經完成了從典
型的「自由派」立場向强調救贖需要的神學的轉變。然而總的來
說，我們可以說，英美的常識和經驗主義，限制了我們的大多數
後自由主義（Post-Liberal）神學家滑向我們在歐洲大陸的某些
上帝之道神學家那裡看到的極端和誇張。

在英格蘭本土，大陸的影響並不很大。我們已經看到了湯樸
大主教對於那場神學革命的看法，①　他可以被視爲本國的安立甘
神學傳統的典型代表，這種傳統把合理性與良知看作自己的天然
盟友，並且（正如我們已經論證過的那樣，是很正確地）懷疑排
斥理性與良知而只要啓示的作法。蘇格蘭由於具有加爾文主義的
遺產對於從大陸吹來的風總是敏感得多，在那裡，巴特和布龍納

的影響一直十分强大。然而正如我們將要看到的，後自由主義的
蘇格蘭神學的大多數傑出的代表人物，都用本國的明智緩和了大
陸的誇張。在美國，這種新的神學取向也很有影響，而且至少產
生了一位其地位與巴特和布龍納本人不相上下的思想家。我們指
的是萊因霍爾德·尼布爾。可是，當歐洲大陸的思想與美國本地
的影響融合時，它們也經歷了一些影響深遠的改造。正是布龍納
本人在寫到萊因霍爾德·尼布爾時這樣寫道：他「從辯證神學中
創造出了某種全新的東西，某種眞正美國式的東西。」②

　　因此，在本章中，我們將要考察與前一章所考慮的那些思想
有某種關聯的神學思想，但它們在許多方面與那些思想的差異又
是如此之大，以致需要我們單獨地考察它們。我們將先看看英國
的後自由主義神學（第一〇一節），然後再轉向美國的後自由主
義神學（第一〇二節），並以幾句一般性的評價作爲結束（第一
〇三節）。

一〇一、英國的後自由主義神學

拜里，拜里，法黙爾

　　也許，本世紀中葉最爲傑出的蘇格蘭神學家，是約翰·拜里
③（John Baillie, 1886～1960）。我們已經注意過④他早年對利
奇爾主義的興趣，但這種興趣很快就讓位於對歐洲大陸神學發展
所引起的新問題的關注了。尤其使他全神貫注的，是關於啓示和
我們對上帝的認識的問題。雖然他歡迎巴特和布龍納之類神學家
的許多見解，但他接受他們的觀點是帶有批判性的，而且他避開
了那些他認爲是過頭的東西。

　　因此，拜里贊同上帝之道神學家們的這些觀點，認爲「宗教

的核心，不是我們掌握上帝，而是上帝掌握我們」，⑤而且，我
們所可能擁有的這種對上帝的認識，也是由上帝自己賜予的。但
是，正如我們已經看到的，⑥關於人沒有基督教啓示也可以獲得
的對上帝的一般認識，他認爲巴特和布龍納兩人擁有一種很不恰
當的觀點。而且，拜里也承認，「我們十分需要從十九世紀內在
論的幻想和誇張中清醒過來，去適當地理解上帝的超越性，」⑦
但是他同時抱怨說，對神與人距離的誇大，也掩蓋了內在論者們
爲之爭辯的一種眞正的眞理。

拜里自己的觀點是：一切人都擁有某種對上帝的認識。這種
認識不是推理的，而是直接的，而所謂對上帝的「證明」，不過
是說服人去相信他在內心深處已經相信的東西的一些方式罷了。
對上帝的認識的基礎，不是論證，而是上帝的存在與自我揭示，
因此，關於他的一切知識，都是得自啓示的知識。最貼切的類
比，是我們對於他人的認識；我們不會向自己證明他人是存在著
的，也從來不曾有一時一刻我們竟不知道他人是存在著的。但
是，如果對上帝的認識和對他人的認識一樣的直接，那麼爲什麼
有些人是無神論者呢？拜里回答說，恰如一個人可能是一個理論
上的唯我主義者，但仍然可以生活得像相信鄰人們的實在性一
樣，同樣地，一個在頭腦中否認上帝的無神論者，仍然會在心靈
中隱隱地承認上帝，就像接受一項無條件的義務一樣。

當然，拜里的目標不是要抬高「自然宗教」，更不必說抬高
無神論者的無意識信仰了。他自己的信念是：「除非是在充分的
基督教信仰表白和實踐的寬宏的氛圍中，否則，靈性生活的蓬勃
旺盛是不可能的。」⑧因此，雖然對神的啓示我們不能設定任何
界限。拜里接著又堅持主張，一方面上帝的呈現是直接體驗到
的，另一方面它又總伴隨著其他東西的呈現，所以，我們可以悖
論或似非而是地把我們對上帝的認識說成是一種「有中介的直接
性」。⑨在個人的歷史和種族的歷史中，某些特定的事件和人物

341

就是神藉以顯現自身的中介手段。這就指出了基督作爲歷史中的
焦點的必然性，在那個焦點上，發生了和神聖的、人格的上帝的
最高的啓示性的相遇。

　　在約翰・拜里的弟弟唐納德・麥克弗森・拜里⑩（Donald
Macpherson Baillie, 1887～1954）那裡，我們發現了對於歐陸
辯論神學的同樣強烈而有同感的興趣，以及對於走極端的同樣堅
定的拒絕。這十分明顯地表現在唐納德・拜里的主要著作《上帝
在基督中》（ *God Was In Christ* ）裡面，這本書被公認爲本世
紀中葉最重要的美國神學作品之一。他在序言中坦率地說：他要
與之論戰的那些神學家，也是他認爲其貢獻最爲重要的神學家。

　　所以，拜里揭示自由派們重塑「歷史上的耶穌」的（常常是
感情化和人性化了的）形象，從而回避基督論問題的企圖之不恰
當時，他是站在辯證神學家一邊的。但是對辯證神學家們爲了信
條中的基督而盡量縮小歷史上的耶穌的明顯傾向，他也進行了批
判。我們不應該始終追隨那個鐘擺，從哈那克那一邊一直邊到巴
特那一端。⑪正如拜里所看到的，要相信在眞正的道成肉身中給
出的歷史性啓示，就不可能放棄或者貶低對歷史上的耶穌的興
趣。

　　在對待悖論的時候，他也表現出一種類似的謹愼。他贊成辯
證神學家們的這一說法：神學必須作出某些陳述，然後又作出另
一些似乎與之矛盾的陳述來修正那些陳述。這樣的悖論是很必要
的，因爲神學把啓示性的「我—你」相遇轉變成了有客觀化作用
的詞句，即會造成歪曲的媒介。拜里提出了很能說明問題的關於
地圖繪製者的類比。地圖繪製者把地球的曲面投影到地圖的平面
上，歪曲走樣是不可避免的，但是製圖員可以採用兩種或更多種
類的不同的投影，而且，雖然結果所得的地圖也許看起來彼此矛
盾，事實上它們卻相互修正。然而，拜里也發現有這麼一種危
險，即「在我們進行宗敎思考時，太過分輕易地求助於悖論法」

342

⑫，而且，他雖然沒有指名道姓，但他心裡所想的很可能是辯證神學的某種獅子般的吼聲。⑬他堅持認爲，我們應當檢驗每一條神學悖論，方法是將其追溯到要說明它有理的那些直接經驗之中，而且我們應當清除掉其中一切不必要的矛盾。

正是藉助於在基督徒經驗中確證過的悖論，拜里對基督論的問題作出了自己的貢獻。他的這種貢獻，在犧牲基督的神性以強調其人性，以及犧牲基督的人性以強調其神性這兩種觀點之間維持了平衡。他所求助的，是關於恩典的悖論，是對於眞正自由的、人格的行動，但基督徒又歸之於上帝的行動的體驗。事實上，對於基督徒來說，「上帝」一詞被說成是意味著「在同時既對我們提出絕對的要求，又向我們自願地**提供**他所要求的一切。」⑭關於由基督傳遞的恩典的這個悖論，以不完整的形式反映了上帝與人在道成肉身中的完善的統一，而且可以成爲最好的線索，使我們能理解基督的人格，既承認他完全的神性，又承認他眞正的人性。

除了拜里弟兄之外，我們還可以考察一下英國神學家赫伯特・亨利・法默爾⑮（Herbert Henry Farmer, 1892～　）。他曾深受歐陸思想家以及自己的前輩約翰・奧曼⑯的影響。在歐陸思想家當中，布伯的影響最爲巨大，而且我們可以說，像許多其他的當代神學一樣，法默爾的神學是一種人格相遇的神學。「一切形式的宗教的本質，就是對作爲人格的終極者的反應。」⑰在一種人格的相見中，上帝揭示出自身同時既是「無條件的要求」，又是「終極的救助」。顯然，這種上帝觀，非常接近於我們剛才在唐納德・拜里關於「上帝」一詞的基督教用法的學說中所注意到的觀點。

法默爾的論點是：根據人格相遇對宗教所作的解釋，應該擴展到宗教經驗的整個領域。就是說，我們不應當把人格類型的解釋局限在十分適合於這類解釋的那些經驗的範圍內（例如局限於

343

祈禱和崇拜等等），而應當把它應用於那些常被人從非人格方面
去解釋的領域。在法默爾關於神蹟的說法中，對於人格型的解釋
有很好的說明。他認為，在考慮神蹟的時候，從自然法則中止這
一類非人格觀念出發，這是一個極大的誤解。這種錯誤方法導致
了那些關於神蹟的迷信式或巫術式概念，這些概念敗壞了整個神
蹟觀念的名聲。神蹟是一個宗教的範疇，因此必須從同上帝的人
格關係的範圍內部去探究。當我們以這種方式去探究時，神蹟就
被理解為首先是一種啓示性的事件。在某一關鍵的時刻，世界內
部的某一事件似乎呈現出一種人格性的面貌，並成了在該情境中
與作為終極救助的上帝發生人格性相遇的媒介。⑱

　　同一個事件（例如穿越紅海⑴），從非人格的觀點來看，可
看成一個純屬自然的事件（也許對以色列人來說包含一種幸運的
巧合），而從人格的觀點來看，也可看成神蹟和上帝對其人民的
慷慨施恩。此外，有宗教氣質的人會不僅僅相信一些孤立的神
蹟，而且相信對於全部事件進程的神意。顯然，這些信念是無法
證明的，而且有宗教氣質的人所談論的東西，對於任何在啓示性
人格相遇的方面毫無所知的人來說，仍將是晦澀難解的。然而法
默爾認為，這種不可證明性，正是我們與上帝的終極奧秘確實有
關聯的一個證據。

　　法默爾在他所作的題為《啓示與宗教》（*Revelation and
Religion*）的演講中，把注意力轉向了基督教與其他宗教的關
係。他不贊成布龍納的這一觀點，⑲ 即基督教（除非它確實已墮
落而背離了自己真正的本質）不應該被稱為一種「宗教」而和其
他各種宗教歸入一類。法默爾並不認為基督教壟斷著人格性的啓
示。他主張，它既屬於一般的宗教，但又是獨立的。它「不僅僅

344

──────────

⑴　指以色列人逃離埃及軍隊的追趕時，在穿越紅海過程中遇奇蹟而獲救
　　的故事，事見《舊約聖經・出埃及記》。──譯註

是對於一般宗教的一種說明，而且（在這方面它是卓然不羣的）是宗教本身的典範概念。」⑳

　　使基督教與衆不同並且堪爲典範的東西，就是道成肉身，法默爾的目的，是要根據以神在肉身化中自我揭示爲基礎的標準的宗教概念，去解釋一般的宗教觀念。他發現，各種各樣的宗教類型，在標準宗教所需的這個或那個本質因素上都有缺陷，因而會歪曲作爲一個整體的宗教。不僅非基督教的宗教是如此，而且基督教本身在脫離正道時也是如此。我們不必探究法默爾所作的分析的細節，因爲我們已引用他的研究，來作爲英國後自由主義神學家（在他們願與歐陸神學家同行時）不走極端的一個例證。然而，法默爾是否完全地脫離了布龍納的觀點，這還是一個問題。他從一種基督教的觀點來看待其他宗教，這個意圖沒有什麼好爭論的，因爲我們總得從某種觀點來看待它們，關於我們能夠以奧林匹斯諸神般的超然態度來看待它們的想法，是十足的幻想。㉑但是，如果一個人把自己的觀點當作絕對標準的觀點，那麼，不是存在著歪曲其他宗教的嚴重危險嗎？尤其是如果我們沒有忘記，我們只能從外部來觀察別的宗教時，這不是很明顯嗎？筆者希望，在類似霍金的「重新概括」（reconception）理論㉒的方向上，能夠離布龍納更遠一些。

一〇二、美國的後自由主義神學

萊因霍爾德·尼布爾，理查德·尼布爾

　　我們已經提到，萊因霍爾德·尼布爾㉓（Reinhold Niebuhr, 1892～1971）是英語世界中後自由主義神學的主要人物。我們還引用過布龍納的話：㉔尼布爾從辯證神學中創造出了某種

全新的東西。尼布爾與歐陸神學家之間的區別，的確十分顯著。
也許，最明顯的區別是：歐陸上的辯證神學傾向於局限在教會內
部，而在尼布爾那裡，神學卻轉向了外部世界。儘管尼布爾是賽
勒爾・馬休斯（Shailer Mathews）等人的樂觀主義的自由神學
的一個公開的勁敵，但他還是保留著美國宗教思想的傳統特
徵──對社會的關注。他嚴厲地批評那麼一些神學家，他們完全
專注於基督教中的超驗和末世成分，他認為這使得他們漠視了這
個世界上正在進行的一切。他對巴特通常持批評態度，有時還十
分尖銳。例如，尼布爾寫道：「由卡爾・巴特發起的這場神學運
動深深地影響了教會的思想，但只是消極方面的影響；它根本沒
有向教會以外的思想挑戰。」㉕ 在我們的說明過程中，這些分歧
之處將被更加詳盡地提到。

　　但是這些分歧，不應當使我們看不見尼布爾與歐陸辯證神學
之間的密切關係。對二者發生作用的有一些同樣的影響──在對
尼布爾產生影響的著作家中，我們可以提到祁克果、烏納姆諾、
貝加也夫和布伯，還可以提到這麼一個事實，即他很早就發現和
尼布爾有著共同的基礎。這種密切關係，如果我們把尼布爾與本
世紀中葉美國的另一位神學泰斗保羅・蒂里希相對照，㉖ 就會變
得十分清楚。一般而論，可以說尼布爾思考的範疇是聖經中的、
人格性的、戲劇式的和歷史上的，而蒂里希的範疇則屬於哲學和
存有論結構。蒂里希是**系統的**神學家，他的宗旨是用一種廣博的
思想體系來說明基督教信仰，尼布爾則不願被稱為一個神學家，
而扮演了一個把基督教啟示運用於我們的社會和文化體制的先知
角色。當然，我們必須謹慎，不要去誇大這種對照。不過無論如
何，儘管尼布爾也許不是一個**系統的**神學家，但卻顯然是某一種
神學家，而且是一個主要的神學家，我們必須努力對他的學說作
某種說明。

　　尼布爾對社會的關心，使得他對於基督教關於人的教義特別

感興趣，正是根據這項教義，他批判了我們現代的種種體制，以及作爲其理論基礎的自由派的人本主義概念。對於起源於啓蒙運動和法國革命的關於人的樂觀主義觀點，他用傳統基督教關於**罪**的理論來加以反對。如果說他對關於人的自由派觀點有爭議，那麼在他這麼做的時候，並不是作爲一個反動保守分子，而是接受了對人類處境的一種更加激進的分析。在尼布爾看來，罪基本上就是傲慢。人是有限的、被造的，但人卻不斷地過高估價自己的力量和地位，在極端的情況下，人把自己作爲絕對的東西，僭奪了上帝的位置。「存在著一種出於力量的傲慢，由於這種傲慢，人的自我自以爲它是自滿自足的、獨立自主的，它想像著自己能抵抗一切的滄海桑田的變遷。它不承認自己生命的偶然性和依賴性，相信自己就是自身的生存的創造者，就是自己的價值標準的審判者，就是自己的命運的主人。」㉗

　　尼布爾所教導的，不僅是關於罪的教義，而且是關於**原罪**的教義。這又使尼布爾和滕南特等自由派神學家發生了衝突，㉘尼布爾把滕南特關於罪的著作稱爲「現代伯拉糾主義（Pelagian⑵著作中的精品」。㉙尼布爾宣稱，罪是人類當中的普遍現象，這不僅僅是一項基督教的教義，而且是一個在經驗中可以得到證實的事實。存在著一種傾向於罪的普遍傾向，這使得罪成了**不可避免的**。但是尼布爾又用辯證神學的方式告訴我們：罪雖然不可避免，但並不是**必然的**；這種悖論把我們引向了他關於人的學說的另一個方面。

　　這個更深刻的方面是人的**自由**問題。人在自由中犯罪，並可以爲自己的行動負責。在此，尼布爾所反對的，是一種關於人的觀點，這種觀點認爲人已全盤腐化，並以一個假定爲基礎：因爲

⑵　三世紀時的一支基督教異端教派，曾就「罪」和「恩典」與奧古斯丁有過神學論戰——校閱者註。

346

什麼東西是人化了的，所以它也就必然是壞的。這種觀點把罪說成了伴隨人類存在的命運，而不是人類要在歷史上負責任的過錯。它砍掉了責任感的基礎，由於把人類的一切混同於惡，從而使得社會道德的相對的是非對錯變成了無意義的東西。在此，尼布爾又發現他自己和巴特是有分歧的，對於巴特的觀點，他這樣批評道：「對於神聖的上帝與有罪的人類之間差異的強調是如此的絕對，以致於要證明人有罪過的時候，不是去證明他對人類團體生活有什麼破壞，而是去證明他是人而不是神。」⑳因此，尼布爾之堅持認為人是有局限和有罪的，並未走得如此之遠，以致很難設想或者不可能設想一種人格性的、能負責任的存在了。人是一種被造物，是一種有罪的被造物；但是人也是一個自由的精神，能夠超越自然，能夠創造歷史。

這些相互矛盾的方面同樣也屬於人的**自我**，根據理性概念是不能把握自我的。「真正的自我的全部領域，是超乎於各種哲學體系的理解力範圍之外的。」㉛要理解人的問題，我們不應依賴哲學所談論的存有論結構，而應依賴歷史的具體戲劇和人格性相遇，像聖經用來作為其教導之載體的那樣一些具體戲劇和人格相遇。

正是在歷史之中，我們遇見了基督的啟示，它為我們指明了歷史的內在因素之外的神的恩典，這神恩能克服罪惡，能完成人自己無力完成的東西，能使我們得以利用新的泉源。上帝在歷史中的仁慈的人格行動，不可能思辨地予以證明，也不可能用哲學概念來作分析。它唯一的證據，就在這類人格相遇本身之中，以及（尼布爾補充說）這些相遇的結果之中——這是一個不應忽視的實用的提法。「這類相遇的有創造性的後果，即真正悔罪之謙卑與仁慈博愛，傲慢與僭妄之清除，必定就是與唯一真正的上帝相遇的證據。神與人之相遇，正如在歷史中的人與人之相遇一樣，必須依靠信和愛，而不是依靠在個體和具體事物後面發現理

性或自然的某種共同本質。」㉜ 因此，具有對戲劇性和歷史性事物敏感的藝術家和詩人，比起力圖把全部生活歸結爲理性一致性的哲學家、科學家甚至神學家來，可以更好地理解基督教。

最後，我們應該注意，儘管尼布爾作爲一個基督教神學家而寫作，他並沒有爲基督教啓示提出一種排他性的要求。他告誡我們說，我們必須提防這樣一種假設：只有了解實際歷史上的啓示之中的基督的人，才能進入基督教所提供的恩典的新生命。「一個『隱藏著的基督』在歷史中發揮著作用。不了解歷史中的啓示的人(3)，也許比了解的人能達到一種更加眞實的懺悔和謙卑，這種可能性總是存在著的。如果不記住這一點，那麼，基督徒的信仰就很容易變成傲慢的一種新載體。」㉝

萊因霍爾德·尼布爾的弟弟赫爾姆特·理查德·尼布爾㉞（Helmut Richard Niebuhr, 1894～1962），作爲一位宗教思想家毫不遜色於萊因霍爾德。他也用有力的語言嚴厲地抨擊了神學中的自由主義、理性主義和理智主義。關於美國的自由主義，他曾寫道：「一個沒有天譴的上帝，透過一個沒有十字架的基督之助，把沒有罪惡的人類，帶入一個沒有審判的國度。」㉟

尼布爾告訴我們，對他的思想產生主要影響的有巴特和特爾慈的著作。他隨即承認，這兩個人的影響造成了一種有點奇怪的結合，但他宣稱，把他們的彼此歧異的見解結合起來是很必要的。㊱ 由此我們十分清楚地看到，正像本章所考察的英語世界其他的後自由主義神學家一樣，理查德·尼布爾也樂於接受歐陸辯證神學的許多見解，然而同時又認爲，它們很需要作一些重大的修改。

特爾慈的影響明顯地表現在尼布爾對基督教社會學的興趣上，他在《基督與文化》（*Christ and Culture*）(4)一書中闡釋了

348

---

(3) 指基督。——譯註

基督教社會學。在書中，他分析了基督徒對社會可能採取的各種
不同的態度，從對世俗文化影響的敵意的排斥，直到對那些影響
的完全的順應。然而，撇開這些分析本身不論，很令人感興趣的
一點是：尼布爾承認，宗教態度總在某種程度上，以某些方式受
到持有該宗教態度的歷史中的社會的制約。由此而來的結論就
是：沒有一種神學能超越它自己的歷史觀察點而爲宗教生活規定
普遍適用的條件，也沒有任何神學能夠設定唯一而排他的啓示。
「我們只能聯繫到我們自己的歷史來談論啓示，而不能肯定或否
定它在別的社會的歷史中的實在性，對於那些社會的內在生活，
我們倘不放棄自身和自己的社會，是無法深入的。」㊲

　　然而，對歷史觀察點的相對性的承認，並不意味著懷疑主義
或主觀主義。「對歷史性的基督教信仰的有限的觀察點揭示出自
身的那個實在，吸引著有限而短暫無常的人類的全部信賴和虔
敬。」㊳因此，如果說尼布爾認眞地接受了特爾慈的相對主義，
那麼，他也認眞地接受了巴特堅持啓示至上性的主張。

　　歷史自身就是啓示之所在，但是我們看待歷史有兩種方式。
外在的歷史（external history）是由旁觀者從外部來看待的事件
之過程，這樣一種觀察點絕不會發現或證明任何啓示之類的東
西。**內在的歷史**（internal history）**是我們的**歷史，即我們參與
其中，親身捲入其中的那種歷史。在基督徒的團體中，我們承認
整個聖經傳統是**我們的**歷史，並在其中發現了一些光輝的時刻，
它們把意義賦予了我們的生活，賦予了全部的歷史。

　　神學家們總是受到這樣的誘惑，即想要從這歷史中抽象出一
般的觀念，試圖構造一種理性的體系；可是到頭來，我們總是不
得不回到具體的歷史本身及其人格的結構上來。這並不意味著我
們放棄了找到一種統一圖景的努力。這種統一圖景是存在的，但

(4)　中譯本已由東南亞神學院協會出版——校閱者註

它是一種戲劇式的統一，而不是抽象概念上的統一。時候完滿之時的基督事件，是這種統一的關鍵，它使得整個歷史變得可以理解。

一○三、對英語國家的後自由主義神學家的評論

約翰‧拜里從愛丁堡大學退休後，曾有一年時間回到他二十多年前任教的紐約，並在一篇題爲〈對變化中的神學景象的思考〉（ Some Reflections on the Changing Theological Scene ）的講話中，㊴ 談了他對在此期間發生的神學發展的印象。在贊揚巴特和布龍納的成就的同時，拜里也表明，他並不認爲神學在他們那裡發展到了一個令人輕鬆的階段。較早時代的自由派神學家們的工作不能忽視，而且顯然需要進行一種新的綜合。拜里提到了布爾特曼、蒂里希和朋霍費爾，認爲他們指出了可能的前進道路，但他自己並未加入其中。約翰‧拜里和唐納德‧拜里的工作，可以視爲要把辯證神學與自由神學二者的最佳見解結合起來的一種努力。

尼布爾弟兄倆也是如此。我們已經看到，理查德怎樣力圖把巴特和特爾慈結合起來，而萊因霍爾德在一篇題爲〈我的思想是如何變化的〉（ How my Mind has Changed ）㊵ 的文章中，則表達了他對辯證神學中的蒙昧主義成分的憂慮，以及他爲自己早年向自由主義所作的一些不分青紅皂白的攻擊而感到的懊悔。

從我們對本章考慮的英美神學家的概述所得到的一般印象，證實了引言一節中所說的話──辯證神學的眞正洞見得到了採納，但是英美的常識和經驗主義又有助於我們免走極端。我們並不希望造成這樣的印象，似乎英國和美國就沒有一定數量的蒙昧

349

主義者！但是，我們在此討論的那些主要的神學家當中，明智與
溫和卻占了上風。

因此，在確定了啓示的地位的同時，獨一啓示的概念被否定
了；在充分認識到人的罪性的同時，人也並未被認爲是完全墮落
的；人也並沒有排斥世界；在允許基督教自己解釋自己的同時，
在強調神的超在性的同時，神人之間的距離也沒有被拉得過大，
以致排除了神人之間眞正人格性的關係。事實上，本章所討論的
各種神學所共有的最明顯的特徵，就是它們賦予人格相遇的中心
地位——在這方面，它們看來在歐陸神學家中離布龍納最近。在
對於人與人之間關係的這種關切方面，人們對於基督神學如此之
多地受惠於猶太敎哲學家馬丁・布伯，不能不留下深刻的印象。

然而，正是這個人格相遇的問題本身，必然要讓我們停一
停，使我們去追問一下：我們能不能再往前走得遠些？人格相遇
肯定只能是人與上帝關係的一個類比。我們能夠更精確地分析其
中所涉及的東西嗎？尤其是尼布爾兄弟似乎說過，我們應該滿足
於種種戲劇式的圖景。對此，我們必須說的話在討論奧倫和庫爾
曼時已經說過了（理查德・尼布爾看來十分接近庫爾曼，儘管他
用不同的方式來表達自己的觀點）。事實上，我們必須說：如果
神學在某種意義上是一門科學，那麼它就必須超越戲劇式圖景而
進抵某些概念結構。尼布爾兄弟說，假如我們企圖採用適用於事
物的抽象概念，我們就將錯失或歪曲人格存有者中最具特色的東
西，這無疑是正確的。不過，是不是可能有一些概念結構，適用
於人格存有者本身，而且出自於人格存有者本身呢？而且，也許
甚至存在著這麼一條道路，可以由此導致對於人和事物都共同分
有的存有的一種理解？這些問題，正是當代一些存在主義和存有
論哲學家聲稱要去闡明的問題。現在，我們必須轉向他們，以及
利用了他們工作成就的那些神學家。⑪

註　釋

① 參見本書前面第 335 頁。

② 克格雷（Kegley）與布列托爾（Bretall）編：《萊因霍爾德・尼布爾》
（*Reinhold Niebuhr*），第 29 頁。

③ 在美國擔任好幾個學術職務之後，於 1934～1956 年擔任愛丁堡大學
教授。

④ 參見本書前面第 90 頁。

⑤ 《我們對上帝的認識》（*Our Knowledge of God*），第 62 頁。

⑥ 參見本書前面第 325 頁。

⑦ 同上書，第 229 頁。

⑧ 同上書，第 68 頁。

⑨ 同上書，第 181 頁。

⑩ 1934～1954 年任聖安德魯斯（St. Andrews）學院教授。

⑪ 參見本書前面第 321 頁。

⑫ 《上帝在基督中》（*God Was In Christ*），第 109 頁。

⑬ 參見本書前面第 323 頁，註 2。

⑭ 同上書，第 121 頁。

⑮ 1935～1960 年任威斯敏斯特（長老宗）學院教授；1949～1960 年同
時任劍橋大學教授。

⑯ 參見本書前面第 216～218 頁。

⑰ 《世界與上帝》（*The World and God*），第 28 頁。

⑱ 也許，不幸的是，法默爾由於接著進行了一些思辨性很強的思考，從
而使自己對神蹟的解釋複雜化了。神蹟並不涉及自然法則之中止，但
事件的原因結構是可以看見的，所以有一些附加的因素可以意外地伴
隨發生，並改變事件的進程，使之背離本來可以預測的方向。一個大
家都很熟悉的例子，是某些事件之有意發動，當我把一塊石頭拋入溪
流，使之占據了那些水分子的位置，使那些水分子離開了它們本來會

流經的路線的時候，此舉即屬此類例證。這種比喻也不能不加限制地
應用於神蹟，因為我的拋石頭的胳膊本身仍屬於物理世界，而我們通
常並不認為上帝是擁有肉體的。但是法默爾堅持認為，神對事件的發
動，可以出現在他所謂物理世界的「下邊」，他顯然將其設想為一種
有創造性的、精神性的單子的體系。參見《世界與上帝》第 145 ～ 179
頁。

⑲　參見本書前面第 326 頁。

⑳　《世界與上帝》，第 41 頁。

㉑　參見本書前面第 221 頁。

㉒　參見本書前面第 49 頁。

㉓　1928～1960 年任紐約協和神學院教授。

㉔　參見本書前面第 340 頁。

㉕　《人類的本性與命運》（ *The Nature and Destiny of Man* ），第二卷，
第 165 頁。

㉖　關於二者之間的詳細比較，可以參看韋爾、赫伯格（Will Herberg）
的文章：〈萊因霍爾德‧尼布爾與保羅‧蒂里希〉（ Reinhold Niebuhr
and Paul Tillich ），載於《牧師》（ *The Chaplain* ）1959 年 10 月號
（第十六卷，第 5 期），第 3～9 頁。

㉗　《人類的本性和命運》，第一卷，第 201 頁。

㉘　參見本書前面第 73 頁。

㉙　同上書，第一卷，第 262 頁。

㉚　《道德的人與不道德的社會》（ *Moral Man and Immoral Society* ），
第 68 頁。（中譯本已由永望出版社出版──校閱者註）。

㉛　《基督教現實主義與政治問題》（ *Christian Realism and Political
Problems* ），第 178 頁。

㉜　〈思想自傳〉（ Intellectual Autobiography ），載於《萊因霍爾德‧尼布
爾》，第 20～21 頁。

㉝　《人類的本性和命運》，第二卷，第 113～114 頁，註 3。

㉞ 1938～1962 年任耶魯大學教授。

㉟ 《美國的上帝之國》（ *The Kingdom of God in America* ），第 193 頁。

㊱ 參見《啟示的意義》（ *The Meaning of Revelation* ）的序言。

㊲ 《啟示的意義》，第 82 頁。

㊳ 同上書，第 22 頁。

㊴ 《協和神學院評論季刊》（ *Union Seminary Quarterly Review* ），1957 年 1 月出版（第 12 卷，第 2 期），第 3～9 頁。

㊵ 1960 年 5 月 11 日《基督教世紀》（ *The Christian Century* ）。

㊶ 本章寫完之後，在此提到過的兩位神學家又發表了一些書。約翰・拜里在即將到愛丁堡大學作吉福德演講之前突然去世了。他的講稿已以手稿形式完成，並以《對上帝存在的意識》（ *The Sense of the Presence of God* ）為題出版。它重述了《我們對上帝的認識》中的主要論點，同時考慮了這本早期著作問世以來的哲學和神學發展。理查德・尼布爾在去世前夕也發表了一部書，題名為《徹底的一神論與西方文化》（ *Radical Monotheism and Western Culture* ），在該書中，他的思想看來已傾向於蒂里希思想的方向，並表現出更多的存有論方面的興趣。他把徹底的一神論描述為「對存有原則本身的信心的贈禮」，在他嚴厲抨擊的對基督教的種種擇一神論（又譯單拜一神論或單拜主神教，指承認多神但以其中一神為主的宗教教義。──譯註）的歪曲中，有一種歪曲是把基督當成了「價值的絕對中心」，而忘記了，基督作為「在我們同存有之源之間進行調和」者，超出他自身而指明了那個唯一者。（指上帝。──譯註）──參見該書第 59 頁，第 89 頁。

第二十二章
存在主義與存有論

一〇四、人類的存在及其問題

　　和邏輯經驗主義一樣，存在主義不是一個理論體系，而是一 351
種從事哲學的方式。這種方式向以存在提問為開端，在此，「存
在」（existence）被理解為專屬具體生活中的、正在行動、正
在作出決定的人的那種存有。與人的存在形成對照的，是具有固
定本質的每一樣事物的存有。人的存在的特點是：任何人都總是
處於途中，總是站在各種各樣的抉擇的可能性面前。他的存在總
是支離破碎的、未完成的，因此，他沒有任何固定的本質，或者
如某些人所說的，他的本質就是存在。

　　顯然，存在主義採取的前進路線，是由我們在前面某一章概
述過的① 人格存有者哲學所指出的路線。正如那時我們所指出
的，某些人格存有者哲學家可以被稱為「存在主義者」。但是，
當代的存在主義把早期的思想帶到了一個成熟的階段——儘管可
能有人會爭論說，在這樣做的時候，它也喪失了隱含在早期思想
中的那些最有價值的見解。第一，當代的存在主義者大多數都對
存在的形式和結構感興趣，並力求找到一些範疇來描述它。他們
當中很多人都使用了現象學的方法，而正如我們已經看到的，一
些較早的思想家是先知而不是哲學家，他們大都滿足於促請人們
去注意具體的存在的種種實在性，及其不連貫性和種種悖謬。他

們反對淺薄的理智主義的強烈行動，並且能夠有時候以非理性主義的形式爆發出來。可是對非理性主義的指責，幾乎不可能用在海德格、雅斯貝斯和薩特等人身上，這些人雖然正確地考慮了存在中的非理性因素，卻並未簡單地退縮到悖論和詩歌中去，而是努力用哲學分析的形式，去說明存在是如何構成的。雅斯貝斯明確地爲理性辯護，反對詆毀理性的人。而薩特雖然用文學形式來表達自己的思想，海德格雖然對詩歌的興趣有增無已，但這兩位思想家都表明，他們有能力進行最嚴格的哲學分析。第二，較早的人格存有者哲學家，從祁克果起，都傾向於強調主體性。可是大多數當代存在主義者都非常懷疑「主體」這個概念，他們會說，在任何情況下，一個純粹的主體都不可能「存在」，因爲存在恰恰就是自我與非自我的東西之相遇，不論那非自我的東西是世界，或是別的自我，或是上帝。

當代的存在主義者像較早的人格存有者哲學家一樣，不贊成思辨的形上學，把它看作討論理性本質而忽視具體存在的一種哲學。但是，這並不妨礙他們當中的一些人成爲存有論者，並努力從理解人的存有出發，進而達到對存有本身的理解。事實上，還可以論證說，若不對於作爲整體的存在已有某種概念，就不可能恰當地理解人的**存有**。本章所考察的哲學家中最具有獨創性和最爲深刻的一位，即海德格，就認爲自己主要是一個存有論者，而他的存在分析，不過是通向關於一般存有的更廣闊的問題的途徑而已。

既然存在主義，正如我們所說過的，不是一個理論體系，而是一個哲學態度，它也就導致了彼此歧異的許多觀點，我們在探索存在主義者就宗教所說的話的時候，這一點尤其值得注意。在天秤的一端，薩特把存在主義等同於無神論。而在另一端，我們則看到了天主教的存在主義者，儘管人們會注意到，存在主義是一九五〇年的教皇通諭《人類》（*Humani Generis*）不贊成地提

到的哲學學說之一。雅斯貝斯的哲學與自由派新教並行不悖，而海德格的哲學在基調上肯定是宗教性的和密契主義的，儘管它並不與任何公認的基督教形式重合。

存在主義在神學中產生了強有力的影響，我們對此毫不奇怪。神學家和哲學家一樣地不會滿足於「講故事」（如柏拉圖所說）②，存在主義者所提出的概念結構，提供了以一種形式化方式表達那樣一些見解的方法，對於那些見解，聖經是用其具體的歷史故事或神話故事來表達的。在此，神學家發現了一個機會，可以超越奧倫和尼布爾引導我們達到的那個階段。最為人所共知的例證，是布爾特曼運用海德格的存在性（existentialia）來為自己使新約非神話化的設想服務，但是，其他的神學家也在沿著類似的路線進行工作，而蒂里希論述神學問題時，則從存在分析前進到了存有論的分析。

正當種種劇烈的變遷和深刻的憂慮強迫人去注意自己的存有問題之際，存在主義作為對人類存在的刨根究柢的追問而出現了。因此，迄今為止，存在主義的昌盛主要發生在歐洲大陸，而在穩定的、相對而言未受破壞的英美社會所產生的影響卻比較小，這是不足為怪的。所以我的概述將首先考慮德國的存在主義（第一○五節），然後考慮法國的各種存在主義（第一○六節）。爾後我們將注意到存在主義在神學中的影響（第一○七節），最後作一個批判性的總結（第一○八節）。

一○五、德國的存在主義

海德格，雅斯貝斯

馬丁・海德格③（Martin Heidegger, 1889～1976）感興趣

的，不僅僅是人類存在的問題，而且是存有的問題（the problem of being）。但是，人的存有提供了一條理解一般的存有問題的路子，因爲正如海德格所說的，④人就像存有當中的一塊空地，在那裡，存有得到了照亮，變得毫無遮掩——而在海德格看來，在「眞理」（aletheia）的原始意義上，「無遮掩狀態」（unconcealedness）就等於眞理。人因爲「存在著」，所以擁有一條進入存有之眞理的道路。一塊岩石或一條河流並不「存在著」，它們的那種存有，被海德格稱爲「當下的呈現」（present at hand）。「存在」（就在此運用這個詞的意義而言）的特徵在於，存在者不僅擁有存有，而且擁有對存有的某種理解；在它的存有方式本身之中，它的存有向它顯現出來。海德格相信，透過從哲學上分析伴隨著存在的對存有的理解，就是說，透過使存在的基本結構即 existentialia 處於無遮掩狀態，也許能闡明存有本身的問題。

在海德格的分析中，人的存在表現爲**關念**（care）⑴它具有一種三重結構。第一，它由**可能性**構成。人的存有被投射在自身的前面。所遇到的種種實體，從純粹的「當下呈現」，轉變成了在其可用性方面對人是「當下現成」的東西，人從中構造了一個工具性的世界，這個世界是以人的種種關切爲基礎而連接起來的。第二，關念（care）由**事實性**構成。人不是純粹的可能性，而是事實的可能性，就是說，在任何時候都對人開放的種種可能性，受到他從未選擇過的許多環境的制約和限制——受到他的歷史處境、他的種族、他的天資等等的制約和限制。海德格談到了人的「被拋擲性」（thrownness）；人被拋入一個世界中，在那裡存在於自己的環境之中，但他從何而來，他又將何往，這些事情對他卻是隱蔽著的。人作爲一個有限的實體，被拋入一個他

354

⑴ 原譯「憂慮」——校閱者註

在那裡必須設計自己的種種可能性的世界，這種處境不是透過理論的推論向他揭示的，而是在他的感情狀態或情緒中向他揭示的，在這些情緒中，最基本的一種是憂懼（anxiety）。(2) 憂慮的第三個構成因素是墮落性。人逃避焦慮之揭示，而在沈溺於自己的工具性世界中喪失自身，或者把自己埋葬在集體大眾的無個性特徵的非人格性的存在之中，在那裡，沒有任何一個人是能夠負責的。當這種情形發生之時，人就已墮落而背離了自己的眞實的可能性，陷溺入了不能負責性和虛行可靠性的一種不眞實的存在。在這種非眞實性的模式中，存在被割裂了，變成了零散破碎的東西。

　　通往眞實性的道路，在於傾聽良知的聲音，這被理解爲要求我們承擔自己的有限性和罪過。在理解關念時，所根據的是時間性──一種以死亡爲終點的有限時間性。在眞實的存在中，死亡不再只是降臨我們身上的、闖進來摧毀我們的存在的某種東西。死亡本身也被納入了可能性之中，而且，在設計一種眞實的存在時所根據的，正是作爲存有的主要潛在性的死亡。一切的可能性，都在作爲主要可能性的死亡之光中來作出估價，而且，當一個人在對死亡的預期中生活時，他的生活就有了一種決斷，這種決斷把統一性和完整性帶給了零碎的自我。永恆性並未進入這幅圖景，因爲，完整性可以在人的有限的歷時性的範圍內得到，而且，人在死亡這一有支配作用的可能性之光中，把握了每個獨一無二的、不可重複的可能性。當人不再逃避這一焦慮之揭示，即他正被拋進死亡之中的時候，當人有決斷地預期著作爲自己的最高可能性的死亡時候，人就達到了一種不可動搖的愉快與平靜的境界。

　　那麼，這是一種虛無主義，在其中人只能接受自己的存有之

---

(2)　亦譯「畏」。──譯註

空無（nothingness）(3) 自己的一切可能性之空無嗎？假如在海德格的分析中死亡不曾發揮如此積極的肯定的作用的話，那麼乍看之下，情況似乎的確如此。只有通過預期中的死亡之空無而生活，人才能達到一種眞實的存在。我們必須更切近地看看海德格所謂「空無」是什麼意思。我們已經注意到了卡納普的這個批評：海德格談論「空無」，好像它是某種實體似的。⑤海德格十分清楚地意識到了這一危險。「『邏輯』觀念本身，在更加原初的探索之漩渦中開始消解。」⑥他所談論的「空無」，不是一種抽象的觀念，而是當實體組成的整個世界陷入一種無差別的無意義之中時，在焦慮或不舒服的情緒中所體驗到的那種「空無」。這種「空無」絕不是一種實體，因爲它與我們的相遇，恰恰是在任何實體都不在的情況下。「這個與一切實體完全不同的東西，是非實體。但這空無和存有一樣根本。」⑦因爲存有本身不是又一種實體。我們不能說存有是或在（is），也不能把存有作爲一個對象或客體，好像它是許多實體當中的一個似的。只有面對虛無，才能在我們內心喚醒對於存有的驚奇感，這種驚奇感表達在萊布尼茨的這個問題中：「爲什麼竟存有者種種實體，而不僅僅是空無？」這絕不是普通的問題，正如海德格所解釋的，它指引我們的眼光離開了實體，而指向了存有。它對人來說是一個無法逃避的問題，人在自身的存有之中就面對著空無。「我們每一個人至少有一次，也許不止一次，被這個問題的隱秘的力量所觸動。」⑧

然而現在，海德格更加直接地逼近了存有問題。他並不是透過實體，甚至也不是透過存在的實體即人，去接近這個問題的，他告訴我們：我們需要另外一種思考，一種服從於存有本身的思考。⑨由於人與存有之眞理的本質關係，人是存有的衛士，人響

---

(3) 原譯「虛無」——校閱者註

應存有的召喚，而存有則仁慈地向人敞開自己。在此，我們似乎已進入了一個神秘的思想領域，這個領域也許令人想起埃克哈特（Meister Eckhart）大師和禪宗佛教徒。⑩ 總而言之，他的哲學的宗教方面已經變得很清楚了。存有不「是」上帝，因爲海德格認爲，基督教的上帝已被設想爲一個實體。⑪ 但是存有看來具有上帝的一切特徵，甚至包括仁慈。正如理查德‧克羅納（Richard Kroner）所評論的，海德格的宗教「和基督教世界兩千年來宣布信仰的那種正式的宗教，相去並不太遠。」⑫

然而，儘管海德格的存有論由於其自身的原因，對宗教哲學作出了重要的貢獻，但他對當代神學的主要影響，卻並不直接來自他的存有論，而是透過布爾特曼間接地來自他的存在分析。事實上，海德格說過：哲學絕不能代替神學。⑬ 但他又堅持認爲，如果神學要達到概念上的清晰，它就必須考慮在《存有與時間》（*Being and Time*）裡所展示的那些存在結構。因爲，就神學必須論述時間的和歷史的存在之中的人而言，它也就是在處理那些必須從存在角度來研究的主題。特別是，海德格相信，存在分析以這樣一種方式爲歷史研究提供了準備，這種方法使注意力不是轉向重建過去的事實，而是轉向闡釋眞實存在之可重複的可能性。我們將要看到，布爾特曼在自己的非神話化計劃中，正是運用這種方法來研究基督教中的歷史因素的。

卡爾‧雅斯貝斯⑭（Karl Jaspers, 1883~1969）是作爲一個精神病學者開始自己的事業的，但他轉向了哲學，並成了最傑出的存在主義者之一。像祁克果一樣，他認識到經驗所具有的種種極性、緊張衝突以及不連續性，因此，哲學應該被理解爲一種連續的活動，永遠不能達致某種終極的、包羅萬象的體系。另一方面，雅斯貝斯又強調理性的重要性，但這種理性要考慮到經驗中的非理性成分，並不企圖用任何片面的方法來解釋它們。

存有可以劃分爲三個領域。有一個可以客觀化的領域，它不

僅包括物理客體，而且包括人的觀念、活動和體制等等（就這些
東西也能成為客體而言）。其次還有存在的領域，存在即我們所
特有的這種存有方式。它不能被客觀化，也不能從客體派生，而
且我們是在決定和行動之類活動中意識到它的。最後，有超越或
上帝，它就是在自身之中的存有。

　　所以，可以說，人的存有是被世界存有以及超越包圍著的，
他可以和二者發生聯繫。一種只與世界相聯繫的純世俗性的存
在，已陷入了它自己的外部工作之中，而存在的人格特徵，則喪
失在集體的隨性團塊之中。這是「沒有存在的生活，沒有信仰的
迷信。」⑮十分重要的是，雅斯貝斯認為，人類歷史的中樞，
「人性形成過程中最驚人地富於成果的關鍵」⑷，是「發生在公
元前八百年到二百年之間的精神過程。」⑯那是先知、倫理導師
與宗教天才的時代，它標誌著人作為一種精神性和人格性存在物
的成熟。所以人與超越具有一種關係。但這種關係如何能為人所
知呢？雅斯貝斯的回答的根據，是他的關於「界限狀況」（li-
mit-situation）的理論。人在自己的存在中，有時侯會走到智窮
力竭的地步，也許面臨著疾病，或者罪過，或者死亡。在此極限
之處，他遭遇不幸，開始意識到自己存在的現象性。這正是超越
揭示出自身之處。當然，這種啟示不是可以自動得到的，也不像
對一個客體的感知。與超越的相遇屬於「大全」（comprehen-
sive）的領域，「大全」所指的是「既不僅僅是主體，也不僅僅
是客體，而是統攝了主客分裂的雙方的那個存有。」⑰既然超越
不能作為客體來把握，我們就不能以一種客觀的方式來認識它或
談論它。事實上，它是通過世界上的種種事件，是間接地（用雅
斯貝斯的術語來說），「用暗碼」（ciphers）來使自己為人所
知的，而且，它自己退縮進了超乎於我們理解之外的深淵之

357

────────────

⑷　即是所謂的「軸心時代」（axial age）──校閱者註

中。

正是以這種對人類存在的理解爲基礎，雅斯貝斯確立了自己的「哲學信仰」。這種信仰不是可證明的，它也不向我們提供任何條件，而且它不涉及客觀眞理。但在另一方面，它又不是某種主觀的東西，一種信仰的精神狀態。正如我們已經看到的，它植根於大全之中咤承認一個超越的上帝，一種絕對的命令，以及經驗世界的依賴地位。這也就承認了對於眞實自我的主宰，承認了人在其經驗的時間的存在方面永恆地面對超越者的狀態。

這種信仰，必須由個人在面對超越者對他的當下啓示的情況下予以實行，因此，這種信仰不能求助於過去的事情。但是，我們大家都生活在一種傳統之中，就西方世界而言，我們「在聖經的宗教裡具有自己特定的根基」。⑩雅斯貝斯認爲，重要的是應該改造並復興這種聖經宗教，這樣它積累起來的關於超越及極限的智慧，就能夠重新對我們起作用。然而，我們不能把它作爲避難所，而只能在我們自己的體驗之中去更新它。

我們應該注意到，在一個問題上，雅斯貝斯嚴厲地批判了聖經宗教。人們常常主張，它把上帝的**唯一**啓示傳達給了人類。如果啓示必須爲每一個個人的信仰呈現，並能在任何極限情境中呈現，那麼上述主張就不可能是事實。而且，雅斯貝斯還認爲，這種獨占眞理的主張，結束了對哲學家極爲寶貴的相互交流的開放性，是一種使人們彼此不寬容甚至狂熱盲信的分裂性的影響。因此，任何獨占眞理的主張，或者關於過去某一天的一勞永逸的啓示的主張，雅斯貝斯都與之無緣。我們必須承認，恩典和啓示是現存的、普遍的。然而這並不意味著，所有的宗教應該合併爲一種調和主義的信仰，因爲我們不可能同時在所有的道路上旅行。這也不意味著要退回到私人的宗教之中，因爲雅斯貝斯承認，不論是哲學，還是哲學性的信仰，都不能代替活生生的歷史中的宗教，及其崇拜儀式、神聖經典、以及共同團體。他所要求的是，

358

人們應該忠於自己的信仰而不指責他人的信仰。如果要保持相互交流的公開性，那麼，我們就必須「關注歷史上有差異的東西，而同時不會不忠於我們自己的歷史性。」⑲

一○六、法國的存在主義

沙特，馬塞爾，拉維爾

　　毫無疑問，如果要在只對哲學略知一二的公眾中，請一個人說出一位存在主義者的名手，他準會舉出讓—保羅・沙特⑳（Jean-Paul Sartre, 1905～1980）來。這也許是十分不幸的，因爲沙特只是在最具有否定性和最爲自我中心的意義上代表存在主義的，而這正是流行的對這種思潮的印象，因此，它常常被當成不過是二十世紀頹廢的徵象，不作認眞嚴肅的考慮就予以排斥了。然而，沒有誰能夠否認沙特的哲學才能，儘管他比我們剛考慮過的那兩位德國思想家站得低一些。事實上，沙特哲學的一些基本觀念是從海德格那裡借用的，但他完全以自己的方式把它們表達出來了，而且我們可以補充說，這種法國式的模仿和改編，並未使海德格感到高興。㉑

　　在沙特看來，存在主義等同於無神論。當他談到「上帝」時，他指的是人作爲自己存在的目標而提出來的理想或極限。從根本上說，人就是要成爲神的欲望，就是說，要像一個自身之中就有自身的充分根據的存在物（ens sui causa⁽⁵⁾）那樣地存在的欲望。但這種觀念是自相矛盾的，不可能有什麼神，所以，人本身作爲要成爲神的願望，是「一種無用的激情。」㉒

⑸　拉丁文，「自因的存在」。──譯註

這種觀念是自相矛盾的，因爲它涉及沙特哲學承認的兩種不相容的存有方式的聯合，這兩種存有方式是 en-soi 即「自在」，以及 pour-soi 即「自爲」。那 en-soi 由物質的事物組成，可以用**存有**來描述──這是衆多的、非創造的、晦澀愚鈍的存有，其毫無意義的豐富幾乎令人作嘔。而 pour-soi 則是意識，它透過一種否定行動構成了自身，它用這否定行動使自己和 en-soi 隔離開來了。這 pour-soi 是自由與超越──安排一個世界與創造種種價值標準的自由。但是，自由恰恰是**存有之匱乏**。沙特可以用那句著名的話這樣說：人是「被判處爲自由的。」㉓ 可以說，人是在尋求一種本質的存在，而人的存在又是一種失敗，因爲其要成爲神一般的存在物的基本欲望，是不可能實現的。

其他的存有者對 pour-soi 造成了進一步的挫敗。當某個人看著我時，他就把我作爲他的客體或對象，奪走了我的自由，也許使我不好意思。在沙特看來，沒有一種與他人妥協的方法不以挫折告終的。用他的劇本《走投無路》（ *No Exit* ）中那句著名的話來說：「他人就是地獄。」

死亡封閉了 pour-soi 的生存。沙特排斥了海德格關於死亡是人類存在的最高可能性的觀點。死亡根本不是一種可能性，而是可能性的取消。它是存在的最終的荒謬之處。

這毫無疑問是一種令人沮喪的哲學，儘管它令人沮喪這一事實當然並未解決它是否可能眞實這一問題。沒有人能夠否認沙特的某些分析的光輝卓越，它們剝除了那些表面的現象，深入到了人的存在的核心之處。另一方面，由於他越來越轉向政治，他提倡一種「捲入」（ engagement ）的態度，出於這種態度，個人儘管處於孤立狀態，卻在自己的環境中與他人爲著共同的目標而一起工作；而韋爾弗里德‧德桑（ Wilfrid Desan ）則告訴我們：沙特在其無神論和唯物論方面已經變得不那麼獨斷了。㉔ 儘管如此，可能會被人記住的，還是寫作《存有與虛無》的那個沙

359

特。如果我們要問，他在那裡所表達的觀點與宗教思想有何關
係，那麼可以用羅伯茨（David E. Roberts）的話來回答：「關
於他，能說明問題並振奮精神的是，他有勇氣追隨他的無神論的
種種結果，直到痛苦的結局。」㉕沙特向我們表明了選擇究竟意
味著什麼，也許，即使是他關於存在的令人絕望的觀點，也比許
多自滿自得的樂觀主義更接近基督教。

　　與沙特相對照，加布里爾・馬塞爾㉖（Gabriel Marcel,
1889～1973）談論的卻是「希望的形上學」。馬塞爾雖然討厭存
在主義標籤，但卻像沙特一樣，以對人類處境作詳盡的現象學分
析來進行哲學活動。但是馬塞爾的分析卻使他得出了與沙特頗不
相同的結論。

　　首先，我們應當提防對「希望的形上學」一語的任何錯誤解
釋。馬塞爾肯定並不認為，創造一種在包羅萬象的理性體系這個
意義上的形上學是可能的。在他的術語中，「希望」（hope）
是一個奧秘（mystery），而且他在「奧秘」與「問題」之間作
了重要的區分。一個問題，在其範圍內是有限的，可以從外部去
客觀地探究它，可以用一種能被經驗證實的方式去解決它。而在
另一方面，一個奧秘，卻不能從外部去加以把握。不僅希望是一
個的奧秘，而且，舉例來說，自由、愛、罪惡等等也是奧秘。而
基本的奧秘，乃是存有奧秘。在此，我們只有透過親身捲入所探
究的那個東西，才能夠理解它。這確實並沒有排斥反思，但卻使
得任何純客觀的方法和任何現成的解決辦法成為不可能。在馬塞
爾那裡，「奧秘」的領域有點像雅斯貝斯所說的「大全」的領
域，在這個領域中，主體與客體相互包含，以致無法彼此分開。
正是因為我們作為人類存有者而存在，我們便無法逃避這些奧
秘。

　　與問題和奧秘之間的區別有點相似的，是「擁有」（ha-
ving）同「存有」之間的區別。擁有是一種外在的自我中心的關

係；它控制客體或對象，不論其爲物質所有物抑或我們自己的觀念。然而，我們所擁有或希望擁有的這些東西本身，即很容易反過來壓迫我們。「我們越讓自己成爲『擁有』之奴僕，我們就越使自己成爲『擁有』所包含的啃嚙人心的『慮懼』之獵物。」我們全神貫注於「攤在我們眼前的可憐的小小籌碼上，熱切而興奮地數了又數、算了又算，一刻也不停歇，被害怕挫折或失敗的憂慮折磨著。」㉗確實，我們不可能擺脫擁有，但是擁有必須靠**存有**來進行改造。存有把我們引領到一種很不相同的關係之中，在這種關係裡，自我與其對象的明顯的劃分，讓位於相互的交流，而存在也超越了任何狹隘的自我中心。

我們已經能夠看出，馬塞爾的思想和沙特的自我中心論是背道而馳的。馬塞爾本人用下面這句話總結了自己思想的線索：「人──約定──共處（community）──實在；我們在此得到了某種觀念系列，這些觀念，確切地說，並不是用演繹的方法輕易地從一個推論出另一個來的（事實上，再沒有什麼東西比相信演繹的價值更容易使人陷入謬誤的了），但是它們的統一性，卻能用一次思想的行動來把握。」㉘要充實這個思想模式，我們可以注意到，在馬塞爾看來，人的特徵在於不斷地承諾某種約定──比如，人常常說這類的話：「明天三點鐘我來看你。」但在這麼做的時候，人就已經存在於一種共處之中了。和布伯一樣，馬塞爾發現，人的存在，並不在孤立的「我」之中，而是在「我們」之中。共處之核心的美德，是**忠信**（fidelity），正是因爲馬塞爾賦予這一觀念以很高的地位，所以他能夠與約西亞、羅伊斯的哲學產生如此之多的共鳴，我們當還記得，羅伊斯思想的頂點，正是，「忠誠」這一觀念。㉙然而，忠誠本身也有其存有論的基礎，它超越人的共處而指出了上帝的存有。所以，一旦超越了狹隘的自我中心的存在之界限，我們就不能停步，一直要走向上帝。因此，希望的形上學就好像一種從囚禁中的逃脫，是

361

人的有限存有對神的廣闊存有的應答。

　　如果說馬塞爾不情願接受存在主義的標籤，那麼，這個標籤更不適合於另一位天主教思想家路易・拉維爾㉚（Louis Lavelle, 1883～1951）。然而他的哲學思想就內容而言卻很接近本節所討論的那些哲學觀念。拉維爾對人類存在的分析，又向我們提供了一個和沙特觀點的鮮明的對照。因爲沙特認爲：意識之構成自身，所依靠的是一種從存有分離的行動，而拉維爾卻堅持認爲，自我意識，就是對於自身參與存有的發現。

　　存在是單一的，是單義的。「而既然存有是單義的，那麼十分顯然，一個人就不可能在發現自我呈現的同時，而不發現存有之整個的呈現。」㉛我的存有是嵌在整個的存有之中的，我的思想是嵌在普遍的思想之中的，我的意志是嵌在無限的意志之中的。存在著的每一樣東西，都是透過參與一個純粹的、無限的存有行動而存在的，這個存有行動（act of being）就是上帝。這一結論的確立，不是依靠理性的形上學的推論，而是出於我們對自我參與存有的體驗——這是「一種既原始又永久的形上的體驗。」㉜這種體驗的性質是相互性的。存有向自我呈現，而且正是透過主觀的意識活動，存有才能爲人所知；但在另一方面，自我又向存有呈現，是存有賦予自我以存在。因此，具有存有論上的優先地位的，是自我對存有的呈現。「存有對自我呈現的基礎，乃在於自我對存有的呈現。」㉝

　　所以，我們是生活於存有的呈現中，這是一切有限的存有者都參與其中的一個整全的存有。在一種不斷的呈現的內部，我們經歷了一個又一個的時刻。但這存有之整個的呈現在我們看來是模糊不清的，因爲我們總傾向於把注意力集中在種種具體的呈現上，或者是人們的呈現，或是事物的呈現。至少在這一點上，拉維爾會同意海德格的意見：對存有的遺忘，攪亂了我們與自己的關係，與他人的關係，與我們的世界的關係。他認爲，自我的種

種煩惱，主要是源於這個事實，即自我希望透過增加具體的呈現物的數量，來擴大自己的本性，並得到力量與幸福。可是，當自我採取這樣的方針時，它也就注定到遭到挫敗，它所追求的東西，必然不確定而從它那裡溜掉。它通向自我更新和正確關係的道路，在於認識到這一點：在每一個具體的呈現中，都有著整個存有的呈現。

362

一○七、存在主義與神學

布爾特曼，戈加登，布里，蒂里希

　　魯道夫・布爾特曼㉞（Rudolf Bultmann, 1884～1976）曾與巴特和其他一些人一起，反抗哈那克和「歷史上的耶穌」學派的舊式自由派神學。㉟布爾特曼的建樹，主要在新約研究領域，在這個領域，他接受並發展了韋斯㊱首創的形式批判方法，而且在新約文獻是歷史事實的記載這個問題上，得出了十分懷疑的結論。「在原始基督教中，歷史人物耶穌很快被轉變成了一個神話。」㊲我們現在在新約中看到的，正是這個神話，而且，要穿透它的後面而進抵歷史上的耶穌，那是不可能的。歷史事實不論本來如何，都已經歷了一種不可逆轉的變形，而成了這麼一個故事，即一個神聖的先在的存有者（pre-existent being）變成肉身，並以自己的血贖了人類的罪，又從死裡復活，升上天堂，而且據信將很快駕雲歸來，審判這個世界，開創新的時代。這個核心的故事，又由一些處於邊緣位置的傳奇作了潤飾和解說，這些傳奇敍述了神蹟和怪事、來自天上的聲音、征服惡魔的勝利，等等。這些觀念都屬於「神話」（myth），即前科學時代的那個渾然一體未加區分的論域，在那個時代，人類世界和自然界兩方

面的事件，都被歸之於或屬神明或屬魔鬼的隱秘力量的直接作用。

在我們這個時代，這種神話式的理解已經不可能了，因為我們認為人可以對自己的行動負責，自然事件可以根據內在於自然本身的種種因素來解釋。假如仍把基督教牢牢地同古代的神話和宇宙論拴在一起，我們怎麼能夠繼續堅持它呢？布爾特曼回答說：新約必須「非神話化」（demythologized）就是說，必須將它從神話式的論述形式中翻譯出來。他相信，隱藏在神話中的東西，是 kerygma，(6) 即神對人說的話。對我們來說，這話由於被置於神話框架中而模糊不清了，但通過非神話化工作，它可以脫離這種神話框架，從而自由地對後神話時代的人類說出來。

但是，我們能夠把基督教神話翻譯成什麼語言呢？正是在提出這個問題之時，我們已經開始接近布爾特曼與存在主義哲學家的關係問題，他認為，kerygma（神的話語）把一種人類存在的可能性放在我們面前，召喚我們去對之作出決定。使新約非神話化，就是要用一種擺脫了神話的形式，去解釋對於 kerygma（神的話語，宣道）放在我們面前的人生的理解。為了做到這一點，我們需要一些概念範疇來解釋人類存在的結構。布爾特曼認為，海德格的存在分析，為我們提供了我們完成非神話化任務所需的概念框架。在他的《新約神學》（*Theology of the New Testament*）中，他說明了聖保羅對人的理解，如果和存在主義思考的背景聯繫起來，如何能夠獲得新的力量和適用性。保羅使用的「罪」、「信」、「肉」、「靈」之類術語（這些術語很久以來就已變成了含糊不清或者瑣屑陳舊的用語），如果根據海德格主義的存在性（existentialia）來解釋，就又獲得了生命，而且我

363

---

(6) 希臘語，「宣道」、「佈道」之意。在神學裡，指基督教福音的宣示與傳佈。——譯註

們開始發現，新約雖然似乎與我們的思維方式相去甚遠，但卻和存在主義哲學家一樣，使我們去正視某種與我們直接相關的、當代的事情——在眞實的存在與非眞實的存在之間作出抉擇。

我們應該根據這些存在的概念，來理解新約的神話。例如，我們可以考慮一下末世論的神話，這個神話是最早的基督徒從猶太教的啓示文學中接過來的。根據這個神話的說法，宇宙戲劇正在逼近自身的危機。現在的時代將由於一種超自然的干預而很快走向結束，將有一場最後的審判，人類將被分派各自的歸宿，或者得福，或者受罰。早期基督徒對末日將臨的預期，已經顯示出是錯誤的，現在我們根本就不預期這一類的事情了。但是這種神話中的種種思想，卻可以聯繫到此時此地我們自己的存在來予以解釋。正如海德格如此有力地強調指出的，每一個個人都面對著即將來臨的末日——他自己的死亡。在他的日常的抉擇中，他都在提出自己的判決，因爲他或者把握住了自己的眞實存在，或者正在失掉它。把這些神話思想轉向實際的個人存在之時，它們就開始有了意義，而且，由於突出了我們在面對末日而選擇自己不可重複的可能性時自己的能動性和責任，這些神話觀念事實上還重新具有了一定程度的緊要性質。布爾特曼指出，這種非神話化過程，開始於新約本身。在對耶穌早日復臨的希望開始萎謝之後寫成的第四福音書(7)，把永生與審判帶入了此時此地之中。

基督敎故事的核心，在於基督之受死與復活。其中有一顆歷史性的內核——耶穌之上十字架，但它又一次被轉入了一種神話背景之中，而且被表現爲一種贖罪的獻祭。布爾特曼說：「一個神聖的存有者，竟要成爲肉身，用自己的血來贖人們的罪，這是何等原始的一個神話！」㊳復活也同樣被歸入神話一類，其功能在於表明十字架的意義。但在這裡，布爾特曼又把它翻譯成了存

364

---

(7) 指〈約翰福音〉——校閱者註

在的語言。如果我們把十字架和復活納入自己的存在之中，如果
我們爲了來自超越者的新生活而放棄一切世俗的安全，那麼，十
字架和復活就作爲救贖和新生命被體驗到了。當聖保羅把洗禮理
解爲和基督一起死去又一起再生的時候，他已經爲這種非神話化
開啓了先河。這乃是基督教宣言的核心，也可以把它說成是一種
新的自我理解。它召喚人們去作出信仰的抉擇，由此他們便可以
漠然於此世，憑靠上帝那看不見的實在而生活。

　　看起來，布爾特曼也許已把基督教的信息完全改造成了一種
存在哲學的象徵表述，但他一定會回答說，情況並非如此。基督
教不同於任何哲學，因爲它宣告了上帝的一個仁慈的、啓示性的
行動，這項行動使有罪的人類可能得到眞實的存在。但這行動不
只是某件旣往之事，不只是在一個可測定其日期的場合一勞永逸
地發生的某件事情。正相反，它是布爾特曼所謂的「末世事件」
（ eschatological event ）。就是說，它呈現於道的每一次宣講，
呈現於各種聖事，呈現於每一個信仰的抉擇之中。「在每一個時
刻中，都潛伏著成爲末世時刻的可能性。對此你必須警醒。」㉟

　　在一般的神學觀點上，弗里德里希・戈加登㊵（ Friedrich
Gogarten, 1887～1967 ）十分接近於布爾特曼。他也與布爾特
曼、巴特和布龍納一起，是反叛本世紀初盛行的自由派神學的一
名先驅。但是戈加登的靈感，主要得自於路德，他努力想要復興
路德的見解。他相信，是路德打破了形上學對神學的把持，並把
教會的思想引入了我們現在可以稱作「存在論的」渠道。但在隨
後的新教正統時期中，路德的見解被丟掉了。在我們這個時代，
需要重新肯定這些見解，而且按照戈加登的說法，比起神學家
來，像馬丁・海德格那樣的世俗哲學家，對於這些見解往往理解
得更好。

　　古典的基督教教義，例如基督論和三一論的命題，是在形上
學的基礎上制定的。但現在已發生了一種從形上學向歷史的轉

變。在中世紀，歷史被理解爲發生在靜態的形上學框架內的一種
過程。然而，「現代人能夠僅僅從自己對歷史的責任這個觀點來
看待歷史。」④ 當我們理解到，人在創造著歷史，而不是在根據　365
形上學來解釋歷史時，我們就會發現，形下學體系本身也是歷史
的產物。

　　現在，大多數新教神學家事實上都拋棄了形上學，而贊成對
他們研究的主題採取一種歷史的方法。但在研究神學的歷史方法
內部，還是可以看出兩種不同的觀點，這兩種觀點由其各自的歷
史概念所指引。教會的「官方」神學（如戈加登所稱呼的），所
考慮的是基督教信仰可以奠基於其上的客觀的歷史上發生的事
件。但這種方法誤解了歷史的性質。歷史不是一種可以從外部去
觀察的客體。因此，戈加登自己贊成的是一種存在論的研究歷史
的方法。從這種觀點來看，歷史不可能是一種客體，因爲我們自
己就在歷史之中，我們參與了歷史。我們只有透過克服主客體的
二元對立，並且從我們自己的歷史生存內部去接近歷史，才能夠
理解歷史。至於說到聖史，憑著證明某些客觀事件在過去曾經發
生，絕不可能確立信仰。信仰之產生，是以對聖史所作的一種存
在論解釋爲基礎的，這種解釋使我們認爲聖史揭示了我們自己在
歷史之中的、在上帝之道之下的能動負責的存在。戈加登認爲，
這就是我們不僅可以從現代存在主義者那裡，也能從對於路德的
核心原則「唯靠信仰」（sola fide）的正確理解中學到的東西。

　　在弗里茨・布里④（Fritz Buri, 1907～　　）所提出的「存在
神學」（Theology of existence）的方案中，我們可以看到存在
主義在神學問題上的最爲徹底的運用。他全心全意地贊同布爾特
曼關於對新約進行存在性解釋和非神話化的主張，但他認爲，布
爾特曼對自己的主張貫徹得並不徹底。正如布里所看到的，布爾
特曼手裡還留有兩個難題。第一個是邏輯上的不一致性，因爲在
著手把基督教信息翻譯成一種談論人生可能性的語言之後，布爾

特曼在宣道（kerygma），即上帝拯救行動之宣告面前停了下來。無論這可能是些什麼，它並不是一種人類存在的可能性。在布里看來，這事實上是神話的最後殘餘。第二個難題，是在布爾特曼對基督教福音與關於眞實存在的哲學觀念之間的截然劃分當中所包含的某種自大成分。只有基督教才能帶領人進入自己存在的眞實性之中，眞是如此嗎？

　　布里認爲，要擺脫布爾特曼的難題，出路只能在於對基督教的信息進行「非宣道化」(8)。必須放棄這麼一種觀念：存在著上帝藉以向人傳達其道的某種特殊行動。恩典和啓示並不是在一次特殊行動(9)中賦予人的，而是和存在本身一起給出的。在此，他十分接近雅斯貝斯的觀點，雅斯貝斯和他的神學的關係，很像海德格和布爾特曼的神學的關係。一旦放棄了宣道的概念，我們也就不僅擺脫了布爾特曼觀點中的邏輯上的不一致性，而且也擺脫了它的自大成分。因爲，在基督教關於眞實生存的思想，與雅斯貝斯（他也認爲眞實的存在是超越者的贈禮，但並不假定上帝的任何特殊行動）之類哲學家關於眞實存在的思想之間，現在在原則上就不會有什麼區別了。

　　這是不是意味著基督教神學的消失呢？在某種意義上是如此，因爲神學合併到了哲學之中。「在我們的存在神學，與一種奠基於同樣的存在概念之上的哲學之間，原則上沒有任何區別。」⑬但在另一種意義上，布里又樂於把一項獨特的任務留給神學去完成。哲學把整個人類的存在作爲自己的研究範圍，而神學則在基督教的傳統之內活動，尤其是，它闡釋了屬於基督教的

---

(8)　dekerygmatizing。這裡的「宣道」二字不是我們常說的「在宗教儀式中講道」的意思，而是指基督教傳達了上帝之道，即在基督中啓示出來的唯一的道。——譯註

(9)　指基督「道成肉身」、「爲人贖罪而受死」這一事件。——譯註

象徵和神話材料遺產在存在上的意義。布里願意承認，基督教的
神話在存在的見解方面有一種幾乎是獨一無二的深刻性，在如此
之多的變異之後，它仍然存活下來，至今仍被體驗爲「啓示」。
「在浩如煙海的神話的觀念和形象之中，只有很少幾個像關於末
世的基督的故事那樣眞正偉大的救世主神話。」⑭神學的任務，
就是要展示出基督教神話中的存在意義之財富，特別是它把存在
看作神恩的那種強烈的意識。

　　保羅·蒂里希⑮（Paul Tillich, 1886～1965）的神學，也有
著存在的出發點，但是比起本節討論過的三位神學家來，蒂里希
在存在概念進而探索神學的本體論結構方面走得要遠得多。蒂里
希把自己的神學方法描述爲一種「相互關聯」（correlation）
法。他一方面考慮人類的存在處境，另一方面又考慮基督啓示的
信息，並且「力求把這種處境中包含的問題與這種信息中包含的
答案相互關聯起來。」⑯這些答案不是從這些問題派生出來的，
這就是說，蒂里希也許同意巴特的這個說法：從人到神無路可
通，上帝必然從他那一方揭示自身。但是，這些問題也不是從這
些答案派生出來的，這就是說，蒂里希不會贊成巴特對自然神學
的絕對排斥。只要在人提出關於上帝的問題，並因而具有某種關
於上帝的觀念之時，啓示性的答案才對人具有意義。「自然神學
對人類處境提出了一種分析，並且提出了隱含在人類處境中關於
上帝的問題，在此限度之內，自然神學是有意義的。」⑰

　　關於上帝的問題，產生於人對自己的有限性的意識。意識到
有限性，就是已經有了某種關於無限，關於無條件，關於絕對的
觀念。有限的存有者似乎是被非存有包圍著，它不可能逃避對於
存有之終極基礎的探求。這是人的終極關切（ultimate con-
cern）。當然，人有許多的關切對象，其中一些也可能被抬高到
一種虛假的終極地位。民族，甚或是成功，都可能是一個人終極
地關切的事物。但是這些終極的東西並不眞正具有終極性，把它

367

們當作終極的東西來對待，是一種偶像崇拜。蒂里希提出，我們
要判斷任何據稱有終極性的說法，可以考察一下那個自稱爲終極
的東西能不能成爲我們的一個**客體**或對象。如果能，那麼它就不
是一個眞正終極的東西。眞正終極的東西，必須是我們自身參與
其中的東西，超越了主客體關係的東西，無限地高出於一切存在
著的客體或對象的東西。這個唯一能被我們稱爲「上帝」的終極
的東西，就是存有自身。

在把上帝等同於存有自身，存有的基礎，或存有的力量的時
候，蒂里希說得很淸楚：上帝並非任何一種特定的存在物或實
體，甚至不是最高的存在物，假如最高存在物指的是很多存在物
中的一個的話。㊽ 因此，蒂里希的上帝觀念與海德格的觀念同屬
一個層次，而且，蒂里希可以免除海德格對一般的基督敎神學的
指責——把上帝當成一個實體。

蒂里希對存有這一觀念的用法，在很多人看來是不能接受
的，這些人本會在他的神學中發現許許多多值得欽佩之處。例
如，我們已經看到，㊾ 加尼特一方面認爲蒂里希是我們時代比較
有見地的神學家之一，另一方面又認爲他關於存有的說法是完全
錯誤的，這個錯誤是由於基本上未能理解動詞「存有」（to
be）的邏輯功能。但是，對這種抨擊肯定可以作出回答，回答
的方式，和海德格回答卡納普對他的類似攻擊的方式一樣。當蒂
里希和海德格談論「存有」和「空無」或「非存有」的時候，對
這些術語，不應該從其抽象的邏輯意義上去理解，如果那樣去理
解，我們確實會陷於無意義之中。在理解這些術語時，我們應該
聯繫到這些術語在人的存在中具有的意義；在對焦慮和有限性的
體驗中具有的意義——這類體驗帶來了對可能的非存有的震駭；
在這種震駭所喚醒的對於存有的驚奇中具有的意義——驚奇的
是：竟然存在著某種東西，而不是一片空無。

上帝是存有自身，這個說法是我們關於上帝能夠作出的唯一

單義的陳述。「在說出了這句話之後，關於作為上帝的上帝，就再也不可能說出什麼非象徵性的話來了。」⑩我們不應當輕視象徵性的語言，它自有它的力量。它在自身之外指出了象徵所分有的那個東西，從而可以展現出實在的新的層次。既然上帝是存有的基礎和結構，而且有限的事物又都分有這個存有，那麼它們就能夠作為上帝的象徵。然而，即使是最適合的象徵，也達不到其所象徵的那種實在，必須清楚地理解它們的象徵性質，同時既肯定它們，又否定它們。否則，象徵本身就可能被當成終極的東西，在那種情況下，它們就被偶像化並被賦予魔鬼的性質了。我們可以說上帝是人格的、活生生的、正義的、仁愛的，但在每種情況下，上帝的存在都超越了所採用的象徵。

象徵出現在神話或眾神故事的背景之中。神話事實上是談論終極關切所用的語言，而且蒂里希聲明，「基督教像任何別的宗教一樣，說的是神話的語言。」⑪正如象徵應當就其象徵的性質去予以理解一樣，神話也應當剔除其字面意義，被作為神話來理解——用蒂里希的話來說，應當把它們「打破」。在這個意義上，他承認需要進行非神話化，但他宣稱，我們不能沒有神話的形式，也不能用某種別的語言來取代它。重要的是：我們不應該從字面上去理解我們的象徵，從而把終極當成了某種次於終極的東西。

在啟示中，存有自身把捉了我們，並向我們顯示自身。啟示並不反對理性，相反地卻把理性提高到一種入神的層次，在這個層次上，主體客體的關係被超越了。蒂里希承認有一種更為廣泛的啟示，它對於基督徒來說，是對作為基督耶穌裡的最終極啟示的預備。耶穌犧牲了自身即具體的表現形式，而成了基督，這被蒂里希用典型的存有論方式解釋為「新的存有」。這新的存有是來自人之外的力量，它調解了人的存在衝突，克服了人的罪惡。而這罪惡則被理解為人與自己、與他人、與自己的基礎的疏遠。　369

所以，顯現在基督當中的這種新存有，回答了人的終極關切，以及人對存有之基礎的探求。

一○八、對存在主義哲學與神學的評論

存在主義為解釋宗教與神學提供了值得注意的天地，這在我們的概述中已經十分清楚了。保羅・蒂里希說：「神學已從存在主義那裡收到了豐厚的禮物，五十年前甚至三十年前不曾夢想到的禮物。」[52]然而問題在於，是否應當接受這些禮物，或者借用拉奧孔（Laocoon）對特羅伊人（Trojans）的勸告來說，[10]甚至在存在主義者送禮物來的時候，是否就該害怕他們。因為，存在主義被普遍指責為有兩大錯誤：主觀主義和非理性主義。

關於主觀主義的指責，顯然有一定份量。存在主義的出發點是先存著個人的處境，儘管我們應該還記得，個人的存在並不是一個孤立的主體存在，而是在世界之中的存在。儘管如此，我們還是可以認為，存在主義哲學家有時候是如此地沈迷於個人的人格生存之中，以致變得相當的自我中心了。只有了解祁克果的戀愛事件，我們才能恰當地理解他的某些作品；而在當代思想家當中，沙特的哲學也是和他自己的心理狀態緊緊地聯繫在一起，比如在他關於討厭的實質所說的話中所表現出來的那樣。不過，更可予以反對的那種主觀主義，在馬塞爾、海德格和雅斯貝斯之類思想家那裡並不存在。關於主體之間的經驗的結構，他們已超越了自我中心的觀點。所留下的那一點主觀因素，是不可避免的——那不過是承認：一切哲學思考，都是從一個有限的人的存

---

(10) 據希臘神話故事，拉奧孔是特洛伊城的祭司，曾勸告特洛伊人警惕希臘人的木馬計，因觸怒天神而與兩個兒子同被巨蟒纏死。——譯註

在的觀察點出發的，這個觀察點不可能被換成一種神一般的優越地位，在那種地位上人可以客觀地俯視一切的時間和一切的存在。

關於非理性主義的指責，所針對的是存在主義哲學家對於焦慮、噁心、厭煩之類的情感狀態的利用。顯然，我們不能爲自己的感情所左右，感情常常是很不適當的。但在存在主義者心目中，這些情感狀態並不僅僅是感情，它們帶來的，還有對於我們參與其中，因而不能從外面去客觀地認知的那些情境的意識。這些情感狀態，彷彿是提高了的意識的危機，在這些狀態中，我們**注意到了**通常所忽略的東西——我們自己的有限、這個世界的存在諸如此類。假如我們願意透過分析，去篩選並澄清這類體驗所提供的那些見解，去考察一下這些見解是不是有道理，那麼，對於利用這些體驗就不會有什麼反對意見了。一種以理性主義之名而無視這些體驗的哲學，事實上是對經驗作出了一種非常狹隘、非常膚淺的解釋。

370

存在主義也許傾向於放肆誇張，但那些比較穩健的存在主義者卻避免了這種傾向。事實上，人們可以說，這些存在主義者挽救我們脫離了那些甚至更加狂野的放肆誇張，特別是脫離了這樣一種狂放：企圖構造一種哲學，而不首先從一切可看到的方面去仔細審察所有的哲學思索都發生於其中的那個地方——我們自己的人生。

當我們轉向存在主義神學家時，給我們留下了十分深刻印象的，也許是布爾特曼和戈加登所倡導的，對新約故事的非神話化和存在方面的解釋。這確實使得許多曾經不可理解的東西又有了意義。但是，正如布里所走的方向向我們表明的，存在的解釋本身，可能會導致把基督教改造成爲某種與人本主義倫理難以區分的東西。正是在這一點上，蒂里希強調存有論的而不是存在論的解釋，尤其重要。蒂里希恢復了布爾特曼由於強調倫理和人格範

疇而容易丟失的東西——在宗教的全部神秘傳統中體驗到的上帝的超人格與超理性的深度。在此，本體論解釋並不意味著要構築一種新的形上學體系，而是意味著要在存有論地圖上指出上帝觀的位置——即是說，指明他是與人對於有限性的存在意識相關聯的，是超乎於任何可能的實體之外的存有自身。然而，除非在一種啓示性的體驗中，這種上帝觀被上帝的自我顯現所充實，否則，它就仍然只是一個觀念或一種可能性。存在主義不是一種形上學，它既不證明也不否定上帝，但是，它能夠表明種種存在的與存有論的關係，這種種關係把我們引到了這個位置上，在這裡，根據我們的一切經驗，我們可以決定：存有對我們是仁慈的（即宗教的觀點）；或者，存有對我們是疏遠的，我們只能完全依賴人性這個微細而脆弱的泉源（即無神論或人本主義）。

　　當我們開始進行這次概覽的時候，我們說過，這有點像是去看一次繪畫展覽。現在，我們已經走出了最後一個展廳，但是在我們道別之前，讓我們再來回顧一下我們已經看到的東西。

註　釋

① 參見本書前面第 193 頁以下。

② 《智者篇》（ *Sophist* ），第 242 頁。

③ 1923～1928 年任馬堡大學教授；1928～1945 年任弗萊堡大學教授。第二次世界大戰後，據說由於他同情納粹政權而被停職。

④ 《存有與時間》（ *Being and Time* ），第 133 頁；第 222 頁（頁碼是德文版的頁碼，即在英譯本中的邊碼）。（中譯本已由桂冠／久大聯合出版──校閱者註）

⑤ 參見本書前面第 306 頁。

⑥ 《什麼是形上學？》（ *Was ist Metaphysik？* ），第 37 頁。

⑦ 同上書，第 45 頁。

⑧ 《形上學導論》（ *An Introduction to Metaphysics* ），第 1 頁。

⑨ 《什麼是形上學？》，第 13 頁。

⑩ 威廉・巴雷特曾提到，海德格在為鈴木大拙的《禪宗佛教》（ *Zen Buddhism* ）所作的序言中，十分欽佩鈴木大拙的著作。

⑪ 可是，讀者應參閱本書後面第 367 頁關於蒂里希的段落。

⑫ 〈海德格的私人宗教〉（ Heidegger's Private Religion ），載於《協和神學院評論季刊》（ *Union Seminary Quarterly Review* ），1956 年 5 月（第 11 卷第 4 期），第 35 頁。

⑬ 《形上學導論》，第 7 頁。

⑭ 1920～1948 年任海德堡大學教授；1948 年起任巴塞爾大學教授。

⑮ 《現代的人》（ *Man in the Modern Age* ），第 43 頁。

⑯ 《歷史的起源與目標》（ *The Origin and Goal of History* ），第 1 頁以下。

⑰ 《哲學的永久範圍》（ *The Perennial Scope of Philosophy* ），第 14 頁。

⑱ 《哲學的永久範圍》，第 41 頁。

⑲ 《哲學的永久範圍》，第 172 頁。

⑳ 法國教師、小說家、戲劇家和哲學家。

㉑ 參見其「論人道主義的信」（ Brief über den Humanismus ）。

㉒ 《存有與虛無》（ Being and Nothingness ），第 615 頁。（中譯本已由桂冠／久大出版——校閱者註）

㉓ 同上書，第 439 頁。

㉔ 參見其《悲劇的結局》（ The Tragic Finale ）一書的新序言（ 1960 ）。

㉕ 《存在主義與宗教信仰》（ Existentialism and Religious Belief ），第 225 頁。

㉖ 法國教師、作家、哲學家。他於 1929 年加入天主教會。

㉗ 《旅行者》（ Homo Viator ），第 61 頁。

㉘ 同上書，第 22 頁。

㉙ 參見本書前面第 37 頁。

㉚ 1941～1951 年任法蘭西學院教授。

㉛ 《論存在》（ De l'Être ），第 248 頁。這本書中的一節有克羅森（ F. Crosson ）的英譯文可用。

㉜ 同上書。

㉝ 同上書，第 262 頁。

㉞ 1921～1951 年任馬堡大學教授。

㉟ 參見本書前面第 84 頁以下。

㊱ 參見本書前面第 145 頁。

㊲ 《原始基督教及其背景》（ Primitive Christianity in its Contemporary Setting ），第 200 頁。

㊳ 《宣道與神話》（ Kerygma and Myth ），第 7 頁。

㊴ 《歷史與末世論（永恆之呈現）》（ History and Eschatology——The Presence of Eternity ），第 155 頁。

㊵ 他任教於耶拿大學和哥廷根大學。

㊶ 《非神話化與歷史》（ Demytholgizing and History ），第 19 頁。

㊷ 巴塞爾大學教授。

㊸《存在神學》（ *Theologie der Existenz* ），第 28 頁。

㊹ 同上書，第 85 頁。

㊺ 先是任教於馬堡大學、德累斯頓大學和法蘭克福大學，後去美國，1933～1955 年任紐約協和神學院教授；1955 年起任哈佛大學教授。

㊻《系統神學》（ *Systematic Theology* ），第一卷，第 8 頁。（中譯本已由東南亞神學院協會出版——校閱者註）

㊼《系統神學》，第 2 卷，第 15 頁。

㊽ 但是蒂里希的實際用法並不總是很清楚的。例如，當他說上帝是「存有自身」，又是「存有的基礎」時，「存有」一詞必然是在兩種不同的意義上使用的；因為「存有自身」作為一種終極的東西，不可能有任何基礎，而「存有的基礎」又只能解釋成「實體或者特定的存在物的基礎」，即任何實體由於參與其中而得以存在的那個「存有自身」。「存有的力量」一語則更加含糊不清。在其中有一種雙重的歧義，「存有」一詞具有如上所述的歧義，此外，所有格既可表示主位，又可表示賓位，就是說，它既可以表示「由存在所行使的力量，」又可以表示「要想存有的力量」。於是這一用語至少可以有四種不同的含義，而這四種含義是否都可以理解則很值得懷疑。筆者不想冒然妄測那一種含意才是蒂里希的本意。

㊾ 參見本書前面第 275 頁。

㊿《系統神學》，第一卷，第 265 頁。

(51)《信仰之動力》（ *Dynamics of Faith* ），第 54 頁。

(52)《文化神學》（ *Theology of Culture* ），第 126 頁。

第二十三章　結論

一○九、某些發現與提示

在我們的概述結束之際，讀者也許感到有些困惑。我們見到 371
了如此之多的宗教觀點，它們之中，有一些彼此尖銳衝突，另一
些相互滲透融合，還有一些則如此地大相逕庭，以至於好像是在
談論互不相同的許多東西，或者至少是在談論一件東西的互不相
同的許多方面。在這豐富多彩的差異中，沒有出現什麼共同一致
的觀點。在本書的開頭，① 我們曾引用一位英國神學家在本世紀
開端時所作的評論，在那裡他曾指出，「有一大堆不一致的、互
不相容的觀點，所有這些觀點都可稱爲現代的，但是沒有一個能
夠自稱爲這個時代的典型代表，這是思想的主流、支流、湍流與
逆流。」在結尾的時候，我們可以引用一位本世紀中葉的哲學家
的話來與此並列：「在今天，正如在任何時候一樣，在關於世界
的種種相互對抗的觀點之間，一場激烈的鬥爭正在進行，而且這
場鬥爭在我們這個時代，可能比在上一世紀更加激烈。它的程度
之強烈，涉及的對立的立場之衆多，用以表達的概念構造之用心
良苦和精微細緻，都是十分罕見的。」②

另一方面，我們的概述所包含的哲學家、神學家和其他思想
家們所表現出來的思想上的超乎尋常的獨創性和力量，不能不使
我們留下深刻的印象。觀點之衝突，並不是一場徹底的混亂，因

爲，我們已經能夠在其中整理出相互關聯的線索，即作用、反作用和相互作用的路線來。現代思想的另一位闡釋者——最敏銳和最博學的闡釋者之一，如果我們可以這麼說的話——把它視爲「自由人之間的一場未被打斷的對話」，③一場有時使他們聯合，有時使他們分裂的對話。在對話中獲得了眞正的洞見，而且不只是一方獲得了這些眞正的洞見。如果我們這樣來考慮情況，我們起初的困惑就不會滑入一種徹底的懷疑主義。

372　　然而，我們的概述無疑向我們指出了一定程度的相對主義的方向。在宗敎問題上，絕對的、終極的眞理是不可能達到的。正如我們已經看到的，某些神學家確實談論過一種他們可以接近的絕對的新啓，但是，由於他們隨即就這啓示的解釋問題彼此激烈地進行爭論，並且承認啓示無論如何必然要用會有失誤的話語來解釋，事情就很明白了：我們從他們那裡得不到什麼絕對眞理。同樣地，我們也拒斥那種人的絕對懷疑主義。那種人告訴我們說，關於這些問題，我們無論如何不可能知道任何東西，因爲，按他自己的標準來看，他已經知道得太多了，而且，比起他的神學對手來，他的獨斷和驕傲絕不更少。我們必須轉向一條介乎於這兩種無益的極端之間的道路，而且我們已經發現有充分的理由可以希望：儘管不能得到絕對眞理，我們還是能夠獲得適宜程度各不相同的部分的洞見，獲得「會使我們不那麼孤獨淒涼的一瞥。」

　　當我們提到相對主義的時候，我們心中想到的還有一個更進一步的論點。在我們概述的過程中已經十分清楚的是：在什麼時候流行的是什麼樣的哲學或神學，這和當時的社會和歷史環境並非無關，就是說，和那種哲學或神學產生於其中的文化的情緒並非無關。在討論存在主義的時候，我們說過，一種情緒或情感狀態，不僅是一種感情，而且是一種意識的狀態，在那種狀態下，我們注意到了一些否則會忽略掉的東西。本世紀中葉關於宗敎的

思想，與一九〇〇年流行的關於宗教的那種思想之間的差別，部分地可以歸因於一種情緒上的差別，它使得本世紀中葉的人**注意到**了五十年前**未被注意到**的那些問題，而那個時代的問題，現在則已不再引起我們的興趣了。我們所指的是：正如我們沒有任何絕對的答案一樣，我們也沒有任何絕對的問題，在那種問題中**一切東西都會同時被注意到**。只有上帝才能提出或者回答那種問題。我們的問題是從我們的環境中產生的，而且，問題與答案二者都是相對於這個環境的。我們不必為此煩惱，因為情況不可能是別的樣子——這就是「我們是**有限的**」這句話的意思的一部分。

如果（正如我們已經看到的）有很多種可能理解宗教的方式，又如果沒有任何一種方式可以得出這個問題的最終真理，那麼，最為合乎理性的反應，不就是就這個問題完全停止判斷嗎？假如宗教像科學假說一樣，純粹是一個**理論**的問題，那麼這確實會是最為合乎理性的反應。然而，我們已經有了大量的證據表明，宗教遠遠不止是一個理論問題，它還是一個實踐的問題，是**完整的人格的一種態度**。正如威廉·詹姆士所指出的，對宗教停止判斷，也就是在把宗教當成是不真實的這種假設下行動。正是因為在此時此地，我們就必須行動，必須生活，所以我們不能坐成一圈，等著某個人來把這個問題的最後真理奉送給我們，假如那竟被認為可能的話，我們不能避免就宗教作出某種抉擇，要麼摒棄宗教，要麼投身於這種或那種形式的宗教。根據我們所擁有的，或者我們被賦予的種種有限而又不完善的觀念，我們只能要麼承擔信仰的風險，要麼承擔不信的風險。威廉·詹姆士在結束他的〈相信的意志〉（The Will to Believe）一文時，引用了弗茨·詹姆斯·斯蒂芬（Fitz James Stephen）的這段著名的話：「你怎麼看待自己？你怎麼看待世界？這些就是司芬克斯之謎，我們都必須以這種或那種方式去應付之。如果我們決定不回答這

373

些謎，那是一種選擇；如果我們在回答時猶豫不決，那也是一種
選擇；但是不論選擇什麼，我們在選擇時都冒了風險。我們是在
狂飛亂舞的暴風雪之中，在伸手不見五指的濃霧之中，站在一座
山口之上，透過風雪迷霧，我們不時地隱約瞥見一些小路，那些
小路也可能是騙人的。如果我們站在原地不動，我們會被凍死。
如果我們選擇了一條錯誤的路，我們會跌得粉身碎骨。我們確實
並不知道究竟有沒有正確的路。」④ 這就是有限的人身在其中而
又不得不自己下決心的處境——這是一種折磨人的處境（如果你
願意這麼稱呼它），但也是一種富於挑戰性和冒險性的處境。祁
克果就是這麼看待基督教的——不把它視爲一種溫暖舒適的慣
例，而視爲一種應當作出的抉擇和一次即將進行的跳躍。

　　弗茨・詹姆斯・斯蒂芬也談論所謂「黑暗中的跳躍」，但是
在此我們不得不表示異議。雖然我們否認有絕對的認識，但是某
種見解還是可以得到的。像這麼重要的一次跳躍，不應當在黑暗
中進行，而應當在我們能得到的一切光亮之中進行，不論這光亮
是來自啓示，還是來自理性的反思，是來自良心，還是來自任何
別的經驗領域。我們不能不選擇某種宗教觀，即使是把宗教視爲
幻覺的宗教觀，但是，這種選擇應該是明智的選擇，應該根據可
行的標準來進行。現在我們必須來談談應有怎樣的一些標準。

　　一、我們的宗教觀應該是**合理的**。這意思不是說，應該提出
某種有決定性的證明，因爲我們已經排除了得到絕對確定性的可
能。我們的意思也不是說，每一個神秘都應當被揭開，因爲這也
是對有限的理智提出的荒唐要求。我們的意思更不是說，應該無
視我們經驗中的非理性因素，因爲我們已經特別聲明過不應該忽
視這些因素。在要求對宗教有合理的理解時，我們的意思只是：
這種理解不應該包含任何「心智的犧牲」（sacrificium intel-
lectus），任何公然的自相矛盾，任何對自然理性的違反，任何
和我們根據科學或常識而對世界抱有的信念的衝突。

二、我們的宗教觀應該是**當代的**。這意思不是說，它必須符合目前的哲學時尚。我們的意思是：我們絕不可能從二十世紀，逃到新約時代，或中世紀，或宗教改革時期去。毫無疑問，從所有那些時代之中，我們能夠學到很多東西。但是我們所需要的，是一種切合於我們自己的時代的宗教觀，就是說，這種宗教觀要去努力解決我們的文明（在前面解說過的意義上）的當前情緒使我們**注意到**的那些問題。

三、一種宗教觀應當是**綜合的**，就是說，它應當把宗教理解為完整的人格的一種態度，而不應當僅僅理解宗教的這個方面或那個方面。如果我們只把宗教作為一件實踐的、倫理的事務來對待，剝除了它關於上帝和世界的信念，那麼它就很容易被利用。這也同樣是一種誇大，其程度不亞於認為宗教只是信念，只是一種世界觀那麼一種觀點。任何適當的解說，都必須從所有的方面來展現宗教——既展現出它的道德方面和實踐方面，又展現出它的認識方面和情感方面。

四、我們還可以補充說，任何宗教觀都必須是**中途的**。這個結論的得出，是由於我們否認我們能夠擁有絕對真理。一個人可以忠誠地、全心全意地獻身於某一種宗教態度，同時並不認為它體現著終極的、獨一的真理，並不放棄學到更多東西的期望。確實，我們應當期望於任何一種宗教觀的，是它留有進一步發展的餘地。

我們已經研究過的當代對宗教的種種解釋之中，有沒有那一種夠得上這些標準呢？或者說，假定我們接受了這些標準，我們是否就得不情願地承認，沒有一種實際存在的宗教觀能夠在我們這個時代存活下去呢？這個問題必須由讀者自己來決定。可是，既然讀者在這本書裡自始至終陪伴我走了這麼遠的路，他也許就有權利來問我，我對此有何想法。我不向讀者隱瞞我的想法，我認為，最能滿足這些標準的，在哲學方面，是馬丁・海德格和其

374

他一些思想家所發展起來的存在和存有的哲學；在神學方面，是
布爾特曼和蒂里希等人與之相關的工作。在此，我發現有可能爲
宗敎奠定一種哲學基礎，它是合理的、當代的、綜合的、容許進
一步發展的。不僅如此，它還是這麼一種哲學基礎，它很容易和
從一開始就激勵了西方文明的傳統的基督敎敎導結合起來，它使
這些敎導重新富於活力，使它們當中永存的眞理能夠爲我們的時
代所理解。我認爲，宗敎與哲學是彼此需要的。沒有一種哲學基
礎，宗敎就墮落爲迷信；而一種枯燥單調的宗敎哲學，至少對於
大多數人來說，倘沒有一種具體宗敎的啓示象徵和團體崇拜，就
不能對生活有益。

　　然而在這裡，我可以不再探究基督敎與存在哲學的關係這個
375　主題了，因爲，如果讀者有興趣，可以參看我所寫的對這種觀點
作了詳細的發揮和辯護的書。⑤但是，綜上所述，雖然那是我自
己的結論，雖然我希望一些讀者將聽從我的勸告，在我所提及的
那些思想家當中去發現當代宗敎思想的生長點，但我並不指望每
一個人都會這樣來思考問題，我也不認爲從其他各個學派那裡就
沒有什麼可學的了。當然從前面已經說過的一切來看，這一點補
充也許是多餘的。用喬治・桑塔亞那的話來說：「我並不要求任
何人用我的方式思考，如果他喜歡別的方式的話。假如他可以，
就讓他去把自己靈魂的窗戶擦得更乾淨，這樣，那豐富多彩而美
好秀麗的景象，就會更加鮮明地展現在他面前。」⑥

一一〇、未來的前景

　　我們寫了這麼一部宗敎思想的當代史，甚至還作了一些暫時
性的結論，這已經是夠輕率的了，我們不打算由於企圖寫出一部
未來史（正如這一節的標題可能暗示的）而添加自己的罪過。我

們肯定不是要去冥思苦想，一個學派是否將取代另一個學派，或者必然正在更年輕的神學家當中，形成的那些新的學派將有什麼樣的特點——因為，我們的概述只包括那些已牢固地確立了自己聲譽的人，其中沒有一個是在一九一〇年以後出生的。我們更不敢冒昧地預測，在本世紀剩下的幾十年中可能有什麼事件會降臨到我們西方文明的頭上，或者情緒方面的什麼變化可能會使我們注意到目前是潛伏著的問題。

　　我們在此的目的，只是要引起對這麼一個事實的注意，這個事實對所有關心宗教的人來說，必然是鼓舞人心的，不論他們可能屬於那一個學派——這個事實就是：儘管本世紀發生了這一切破壞性的事件，儘管淺薄的世俗主義已吞沒了這麼多的東西，但是宗教思想仍然還是生氣勃勃，而且提供了表明它將繼續充滿生機的一切跡象。當我們想起馬里坦、貝加也夫、巴特、馬塞爾、奧托、蒂里希（只隨便列舉幾個）等人的名字時，我們發現，二十世紀的人在對待宗教問題時的誠摯認真與清晰明白的程度，並未降到他們前輩的水平以下。我們當中一些人認為，這是因為這些問題屬於人自己的存有本身的問題，而且人類不解決這些問題是不會心安的。人的眼光只有超越自身，他才能理解自身。布爾特曼說：「上帝的問題與我本身的問題，就是同一個問題。」⑦　　　376

　　柏拉圖說過：「要在此生就這些問題得到任何確定，那是何等艱難，甚至是毫無可能。然而，一個人倘若不儘最大努力去檢驗關於這些問題的種種說法，或者在從各方面去考察它們以至不能再有所為之前，就放棄了這項任務，那麼他就是一個可憐的傢伙。」⑧二十世紀的人沒有在這項任務面前退縮。在對於宗教真理的探求中，二十世紀的人絕不比以往時代的人更有可能達到這個航程的終點，或者更有可能站在堅實的岸上，因為那樣的話，他就不再是這個世界之中的人，不再是我們所知道的人，不再是你我這樣的人，不再是「途中的人」（homo viator）了。但

是，重要的事情是：這個航程正在進行著，而且還將進行下去。

註　釋

① 參見本書前面第 19 頁。

② 波亨斯基：《當代歐洲哲學》（ *Contemporary European Philosophy* ），第 9 頁。

③ 尼可拉‧阿巴格納諾（ Nicola Abbagnano ），《哲學史》（ *Storia della Filosofia* ），第二卷，第 2 部，第 723 頁。

④ 引自詹姆士：《哲學文選》（ *Selected Papers on Philosophy* ），第 124 頁。

⑤ 《存在主義神學》（ *An Existentialist Theology* ）（倫敦，基督教學術思潮出版社；紐約，麥克米蘭出版公司；1955 年）；以及《非神話化的範圍》（ *The Scope of Demythologizing* ）（倫敦，基督教學術思潮出版社；紐約，哈潑弟兄出版社；1960 年）。

⑥ 《懷疑主義與動物信仰》（ *Scepticism and Animal Faith* ），第 6 頁。

⑦ 《耶穌基督與神話》（ *Jesus Christ and Mythology* ），第 53 頁。（中譯本已由水牛出版社出版——校閱者註）

⑧ 《斐多篇》（ *Phaedo* ），第 85 頁。

第二十四章
補編：1960～1980 年

一一一、一個新階段？

本書的主體部分追溯了到一九六〇年爲止的二十世紀西方宗 377
教思想的發展，然而一九六〇年以來又發生了許許多多的情況，
而這個補編的目的，就是要繼續敍述直到一九八〇年爲止的歷
史。雖然我們已經看到，本世紀前六十年的思想包含著大量的衝
突矛盾，但我仍努力將它劃分成了三個主要階段，而且關於第三
個階段，我曾說過：第三階段的思潮是「那些至今仍然占據著這
個領域的思潮。」① 但是在寫下這些話之後，形勢發生了變化。
一些更新的思潮已經出現。人們不得不問：我們現在是否已進
入了第四個階段？

當然，我所謂的各個「階段」，相互間的區分並沒有很明顯
的標誌，而且任一特定的階段，除了顯示出內部的一致之處以
外，也顯示出內部的種種衝突。儘管如此，還是有某些模式和轉
變可以辨識出來，而且的確常常出現某些占主導地位的傾向以及
融合現象。在我們現在所回顧的這二十年當中，看來確實存在著
一種和前一階段的斷裂。而且，雖然在本世紀六十年代，宗教思
想似乎陷入了徹底的混亂和分裂，但是現在，它看來已經度過了
這些風暴，進入了一個比較平靜的時期，在這個時期，在整個當
代神學與宗教哲學的廣闊範圍內，至少有一些觀點的相互融匯已

經徹底初露端倪了。

　　我認為，要說六十年代早期標誌著宗教思想方面的某種分水嶺，這樣說並不過分，這不能確定在任何一個具體的年份，也不能歸因於任何一個單一的因素。我可以提一提幾種起作用的力量。

　　在新教神學方面，我們已經走到了一個巨匠時代的終點。巴特、布龍納、蒂里希、戈加登、拜里弟兄、尼布爾弟兄，這些在一代人之久的時間裡控制了神學舞台的傑出人物，到六十年代都已經完成了自己的工作，而且，他們當中的大多數人，那個時候事實上都已經逝世，或者已經不活躍了。誠然，在他們身後留下了許多未完成的任務，留下了許多取之不盡的資源，而且，他們的影響肯定尚未完結。但是，他們做了這麼多的工作去促進的神學復興，已經跑上了自己的航道。他們曾享有長時期的控制權，可是現在要適應新的形勢，就需要新的思想家，以及新的起點。

　　大約正值此時，羅馬天主教的神學有了一個嶄新的開端。為了在教會內部帶來現代化，教皇約翰二十三世（Pope John ⅩⅩⅢ）召開了第二屆梵蒂岡公會議。這構成了這座分水嶺的另一個重要部分。在前面第十八章中敍述過的羅馬天主教思想中的新的動盪，得到了極大的刺激。如果說羅馬天主教神學曾經因其極端的保持主義而著名，那麼，第二屆梵蒂岡公會議以來，它已變成了在世界上流行的一種極其令人興奮和意義重大的神學。第二屆梵蒂岡公會議的具有解放作用的影響，不可避免地鼓勵了大量脫離常軌和短暫夭折的東西的發表，但從總體上看，可以說，天主教神學就像從蝶蛹中奮飛而出的蝴蝶，衝破了把它束縛了那麼久的那些僵化的概念，而且，它在仍然忠於天主教傳統的同時，已經努力去在當代思想形式中尋求表達的方式了。羅馬天主教會長時期力圖阻擋現代世界的近逼，並在從《錯誤滙編》（*Syllabus Errorum*）到《人類》（*Human Generis*）的一系列通知中譴責了

那麼多的現代思想，指導這些行動的這種防衞的精神，已經讓位給一種新的對話的精神——和其他的基督徒對話，和其他的宗教對話，和世俗的思想，甚至和馬克思主義對話，正如約翰二十三世在這次公會議的開幕辭中所說的：教會「認為它是靠證明自己的學說的正確性，而不是靠進行譴責，來滿足當今時代的需要的。」②儘管這個說法也許看來十分謹愼，但它卻為天主教思想的變革與更新的巨大可能性打開了大門。

在一九六〇年以前的那個時期，神學與哲學之間的對話，主要是和現象學和存在主義——和所謂「祈克果—尼采—海德格」路線進行的。而在一九六〇年以後的時期，來自我們時代的種種哲學當中的一個新的對話伙伴，已經變得越來越重要了。令人驚奇的是，這個對話伙伴，竟是馬克思主義，或者說得更確切一些，是新馬克思主義。這個術語指的是這麼一些形式的哲學，它們有某些見解得自於馬克思，但卻又遠遠地背離了官方馬列主義教條的僵化理論。從宗教的角度來看，這種新馬克思主義哲學之所以值得注意，有好幾個理由，其中包括：它強調實踐而不是強調理論，它的世界觀是未來主義或末世論的，它對於（資本主義形式或共產主義形式的）技術社會進行了批判，它承認人類存在的社會性，並且意識到了利益或興趣（意識形態現象）的認識論作用。由於馬克思主義傳統中有這麼多東西來自黑格爾，也許人們應當說，這場對話是和作為整體的辯證哲學——和所謂「黑格爾—馬克思—布洛赫」路線進行的。看來，在一九七〇年紀念黑格爾誕生兩百周年之際，他的哲學並沒有死亡。

379

在一直影響著宗教的這些神學的、教會的、哲學的因素之外，我們還得加上世界上正在發生著的一切變化，因為宗教思想並不是產生在眞空之中。這些變化是如此之繁多，如此之複雜，變化的速度又增加得如此之迅速，以至於我們只能提一提那些較為明顯的事情。一方面，科學和技術方面的驚人進步一直持續不

斷。例如，可以只提提我們正在考察的這二十年間最引人注目的
兩件事：人第一次站到了月球之上，而且揭示了自身基因構造的
奧秘。隨著人越來越以為能控制自己的命運，看起來他對上帝的
需要也就可能會越來越小，而且人的生活也就變得完全世俗化
了。然而在另一方面，在這同一個時期，技術的兩面性已經以一
種新的方式呈現在我們面前，我們了解了它透過河流、海洋和空
氣的污染，透過資源短缺的壓力，透過人口過剩的危險，而對於
環境造成的嚴重威脅，毀滅一切的核戰爭的可能性，依然潛伏在
背景之中。發達國家與所謂「第三世界」之間的衝突變得更加尖
銳，與此同時，在很多國家，許多年輕人起來反叛世俗的技術統
治建立其上的整個價值體系，而且我們已經聽到人們在紛紛議論
一種「反文化」，以及種種替代性的生活方式。這些有時候是相
互矛盾的傾向，對於宗教思想的影響，其程度不亞於哲學家和神
學家的思辨。事實上，神學本身有時候看來也只是在追隨那時候
流行的種種趨勢。

　　就宗教思想的不同，我想我們應該在六十年代與七十年代之
間作出區分。這兩個十年彼此有著十分顯著的不同。

　　在我們正在考察的這二十年當中，我想把六十年代稱為「淺
薄涉獵者的十年」（decade of the dilettantes）。那時的神學時
尚變化之快，猶如婦女時裝。種種立場觀點還沒來得及加以闡
釋，就被拋棄而換成了某種新玩意。像《時代》（*Time*）甚至《花
花公子》（*Playboy*）這類的通俗雜誌，那登載了論述「新神
學」的文章。某些神學家說，在這個飛速變化和直接交流的新時
代，哲學和神學的書籍已經過時了，而電視採訪，雜誌文章，或
者頂多平裝小書，將會成為未來傳遞工具。在那些年頭，真實而
重要的問題正在提出，而且存在著一種十分激烈的不安與探索。
然而，這些問題並未得到任何深刻的論述，而且不可避免地存在
著許許多多膚淺的說法。在比較驚心的標語口號中，有「上帝之

380

死」，「世俗基督教」，「黑人神學」，「酒神宗教」之類，它們與「新釋經學」，「超驗多瑪斯主義」和「希望神學」之類比較嚴肅的背景形成對照。這些雜然並陳的彼此形成對照的標籤、描繪與口號，多少表明了六十年代宗教思想之中的混亂與迷惑，但是它們也證明，宗教和對宗教的思索絕沒有死亡——即使有人宣稱上帝自己已經死了！

　　情況已經表明，七十年代不像六十年代那麼潮熱興奮，而是更加善於思索。六十年代出現的許多問題，儘管依然存在，但已經得到了深刻得多的考察。前面提到，一些熱心分子在前十年曾經預言了神學專著的末日，但這已經不攻自破了，因為在七十年代湧現了大量的神學上的鴻篇巨著。除了很多論述上帝、基督、教會等專門主題的詳盡的大部頭著作之外（莫爾特曼，潘寧博，布耶爾，漢斯・昆，施勒貝克斯），還出現了好幾種十分全面的系統神學（提利克，埃伯林，拉納，奧特，貝爾科夫）。

　　我們已經提到，在六十年代，人們常常聽到「新神學」（the new theology）這個說法，然而到了七十年代，這種說法就消失了。本書讀者當還記得，在本世紀最初十年間，英國出現了一種「新神學」，大約與此同時，羅馬天主教會也受到了關於現代主義思潮論戰的震動。最近這些年頭裡的那些新神學，在某些方面與那些更早的思潮不無相似之處。總的說來，它們在十九世紀神學的內在論和人本主義傾向被新教中的巴特時期和天主教中的多瑪斯主義復興打斷之後，又重新恢復了這種傾向。我想，當我們更加詳細地研究了這些新思潮之後，這一點將會變得十分清楚。

　　在本章下餘的部份，我們首先將考慮一些哲學家，他們在最近的宗教思想上直接或間接地留下了自己的印記（第一一二節）。然後我們將考察一下神學方面的發展：首先是歐洲大陸的新教神學（第一一三節）；接著是英語國家的新教和安立甘的神

381

學（第一一四節）；再下去是羅馬天主教的貢獻（第一一五
節）。我們還要注意到一些特別的興趣派別（第一一六節）。本
章將以一個簡短的評價作爲結束（第一一七節）。

一一二、一九六〇年以後哲學的影響

前面我們提到，新馬克思主義在近年來的宗教思想中產生了
重要的影響，現在我們將把注意力轉向這個學派的三位思想家。
他們三位都是德國人，然而其中兩位在納粹時期被迫離開了祖
國。也許，他們之中只有一位，本身對宗教很感興趣，但是所有
這三個人的思想，和解釋宗教都很有關係。

我們首先來看看三人中對宗教表現出最大興趣的一位，即恩
特・布洛赫③（ Ernst Bloch, 1885～1977 ）。當我說他對宗教
（尤其是對基督教）感興趣的時候，這個說法並未加以誇大。他
確實被基督教歷史上時常出現的那些末世論烏托邦教派所吸引，
而且他的早期著作之一就是論述激進的宗教改革家多瑪斯・閔采
爾的（ Thomas Münzer ）④。他還十分同情道成肉身的觀念，
因爲道成肉身的上帝生在馬廐裡，又死在十字架上，這標誌著古
代世界強有力的君王般的諸神及其所助長的強力意識的終結。然
而他是一個無神論者，其理由是任何神都會妨礙人的超越。他大
半輩子都是一個熱心的史達林主義者，他贊揚那個獨裁政權時令
人作嘔的程度，遠遠超過了海德格在和納粹分子短期勾搭時對希
特勒主義的支持。儘管如此，當他最終被指責爲背離了正統的馬
列主義路線時，被指控的罪名除了比較常用的「修正主義」和
「觀念論」之外，還有「密契主義」也算一條。

布洛赫那部題名爲《希望的原則》（ *Das Prinzip Hoff-*
nung ）的大部頭代表作⑤，從一九五四年到一九五九年，即在

他逗留東德期間分三卷出版。布洛赫批評經驗主義，因爲經驗主義關注的是事實，是既定的情形，他宣稱，研究可能性，研究尚未成爲事實的東西才更加重要。在他的思想中，「尚未」（das Noch-nicht）這一概念具有核心的地位。「我們仍然處於一種『尚未存在』的狀態之中。……我存在著，但我並未擁有我自身，我只不過正在變化著。」⑥哲學家的任務，就是展望未來，就是探索但也創造，並且以一種烏托邦社會的形式去幫助實現那「尚未」的東西。布洛赫並不企圖詳細地描繪他的烏托邦，但他設想這種烏托邦時，所根據的大致是馬克思主義的路線。

382

　　由於强調人性中種種尚未揭示的可能性。布洛赫可能會被認爲是在做著和存在主義者們所做過的一樣的工作。然而，他還把「尚未的存有論」延伸到了無生命的宇宙。宇宙還有一種未被發現的，追求得以實現的本質。在這一點上，我們似乎正在接近某種形式的密契主義或泛神論（而且當然，布洛赫和很多馬克思主義者所理解的「物質」，是賦有某種創造性的，這使得它和傳統的「質料」是如此的不同，以致於談論「唯物主義」都很容易使人誤解了）。然而，布洛赫的物質性宇宙還是足夠被動的，以致需要人的努力去揭示它的本質。

　　布洛赫經常提到基督教。耶穌關於末世的上帝之國的宣告，對他有明顯的吸引力。他稱耶穌爲「幻想家」，⑦這是一個表示尊敬而不是侮辱的稱呼，因爲幻想和想像在布洛赫的認識論中占有很高的地位。它們對於認識「尚未」是必不可少的，而對「尚未」的認識構成了希望，布洛赫把它與他所輕視的對經驗事實的認識相對照。

　　六十年代末期，赫伯特・馬庫色⑧（Herbert Marcuse, 1898～1980）作爲那多事之秋裡造反的學生們所喜愛的哲學家而開始出名——儘管他們是否理解他或者他是否理解他們，這肯定應該視爲是十分可疑的。雖然他通常被視爲某種馬克思主義者，

但他的哲學是十分折衷的，既吸收了很多馬克思的東西，也吸收了很多黑格爾、弗洛伊德和海德格的東西。他所說的東西裡有很多誇張和矛盾的東西——例如，他以盧德派分子（Luddite）[1]的全部狂熱來攻擊現代技術，但要一切人提供一種悠閑生活時，他所依靠的卻是一種未加說明的不明確的「新的」技術。科拉科夫斯基（L. Kolakowski）曾把馬庫色批評得體無完膚，最後他寫道：「在我們的時代，也許再也沒有一個哲學家，像馬庫色那樣完全該當被稱爲蒙昧主義的理論家了。」[9] 這種批評具有某些眞理，然而，馬庫色確實具有一些洞見值得考察，而且爲宗教思想提出了一些問題。

　　和布洛赫一樣，對於經驗主義，實證主義，以及任何別的專注於事實的哲學，馬庫色都持强烈的批評態度。他認爲，對於事實，即事物現狀的專注，會減弱考慮事物應當是怎樣的批判力量。除了事實，必須有一些據以判斷事實的規範和本質，超驗的理性之功能，那就是提供這些規範和本質。「理性是破壞性的力量」，它使我們去理解「人和事物成爲它們眞正是的東西的那些條件。」[10]

　　對經驗主義的批判，擴展成了對科學和技術的批判。科學與技術造成了馬庫色所謂的「單面的人」。人成爲單面的，是因爲科學教導他一心一意注意事實。他已經喪失了第二面，即對於規範和本質的意識，這些規範和本質來自超越的理性，並使得批判成爲可能。不止如此，技術社會的種種舒適，還提供了一種鎮痛劑，它使得單面的人滿足於待在原處。「技術不是中性的，技術社會是一種支配的體系。」[11]

　　馬庫色號召我們超越這個體系，並重新肯定理性和自由。他提出了一些驚人的要求，他召喚「一種新型的人，一種不同類型

---

(1)　指十九世紀初期搗毀機器的工人運動的參加者。——譯註

的人類，具有新的需要，能夠找到一種與以往有質的不同的生活
方式，能夠創造一種與以往有質的不同的環境。」⑫ 但是這麼一
種新人怎麼能夠產生？馬庫色似乎認爲出路在於政治革命，但是
歷史已經表明了革命的不適當性，而且馬庫色自己也相信，技術
統治的社會在其資本主義形式和共產主義形式中都同樣地發生著
偏差。科拉科夫斯基的解決辦法同樣是不適當的，他在批評馬庫
色時宣稱，「要戰勝技術的毀滅性影響，只能靠技術本身的進一
步發展。」⑬ 要造成人類行爲和動機的深刻的質的變化，還需要
一些比此更多的東西。

　　當馬庫色在某個地方⑭ 把藝術稱爲偉大的改造力量時，他自
己似乎已經更接近於這個目標了。但是，從他的分析留下的問題
是：是不是唯有宗教，能夠創造他所召喚的那種新的人性？

　　要完成對於新馬克思主義的這篇概述，我們還得提到於爾
根·哈貝馬斯⑮（Jürgen Habermas, 1929～　　）的工作，他也
許是現在還活著的哲學家中最爲著名的一位。他的工作主要是在
認識論領域，特別是關於認識如何與認識者的旨趣⑵ 相關聯，如
何受到認識者的旨趣影響的問題。他說的「旨趣」（inte-
rest），指的是那種基本的生存取向，它是在人與事物的世界或 384
者與他人打交道當中產生的⑯。認識行動的發生，並不是在眞空
當中，也不是在嚴格消毒的環境當中。

　　所以，哈貝馬斯像布洛赫和馬庫色一樣，對於經驗主義和實
證主義，以及它們自稱是客觀的、擺脫了價值標準的說法持批判
態度。他認爲，經驗主義和實證主義帶來的，也總有一些以某種
實踐利益爲基礎的假定。他同意馬庫色的說法，即使科學也不是

⑵　原譯爲「利益」。哈貝馬斯在《認知與旨趣》（Erkenntnis und Inte-
　　resse）一書認爲人的認知旨趣有三方面：技術、實踐、解放。——校
　　閱者註

中性的，而是受到技術利益引導的。然而在超越的理性這個問題
上，他和馬庫色有分歧。他不承認有一個阿基米德支點，或者有
任何不受利益影響的有特權的精英人物。事實上，他最著名的一
本書，就是以批判康德要尋找認識的超驗基礎的企圖爲開端的。
康德相信有一些不變的知性範疇內在於思想之中，馬克思認爲理
解（知性）與我們在變化的歷史和社會條件下的實踐活動密切相
關，哈貝馬斯將二者作了比較。」⑰

　　當然，這裡的危險在於，一旦承認了認識是受到污染的，就
有可能滑向徹底的懷疑論。而徹底的懷疑論是自相矛盾的，因爲
懷疑論者總還要堅持認爲自己的觀點是眞實的。哈貝馬斯竭力透
過一種以弗洛伊德理論爲基礎的自我反思過程，把認識與旨趣拉
到一起。然而，比起他的書中建設性的部分來，他書中的批判性
部分倒還更成功一些。也許，我們能做的最好的事情，就是努力
去盡可能誠實地揭示那些滲入了我們的認識活動之中的種種利
益。

　　哈貝馬斯的觀點可以明顯地應用到宗教思想的領域中。假如
我們認爲，意識形態是由一個集團的旨趣（並不必然是階級旨
趣）所造就的那些信念的體系，那麼我們就得問一問，任何一種
神學是不是擺脫了意識形態的影響，還有，這個問題具有什麼內
涵。事實上，在我們進一步的討論中，這個問題還將出現。

　　現在，我們來考察兩位繼承了現象學和存在主義路線的哲學
家，他們兩位在近來的宗教思想中都頗有影響。儘管馬克思主義
者批判存在主義就像批判經驗主義一樣嚴厲，但是二者之間也許
存在著比通常所承認的更多的基礎，所以，在考慮了新馬克思主
義之後，接著考慮現象學與存在主義，看來是十分自然的。這兩
種學說都承認人的超越性，人是一種在某種程度上創造著自身性
質的存在物；都認識到哲學不可能脫離實踐中的關切；並進而承
認，認識並不具有笛卡兒及其繼承者們歸諸於認識的那種純粹客

觀的有效性，而是位於一種存在的處境之中，而且這引起了有關
解釋的種種難題和眞理的問題。當我們注意到一些哲學家是如何
在這兩類哲學之間進進退退的時候，這兩類哲學的重迭之處就突
出來了。例如，馬庫色原來是海德格的學生，而薩特則從徹底的
存在主義走向了馬克思主義。

385

海德格的另一位學生漢斯—格奧爾格·伽達默爾⑱（Hans-
Georg Gadamer, 1900～ ）所關注的，主要是上一段所提到的
那些有關解釋與眞理的難題。他的主要著作《眞理與方法》
（ *Wahrheit und Methode* ）⑲，在六十年代和七十年代得到了
哲學家和神學家們大量的討論。他追隨後期的海德格，認爲語言
不僅僅是一種工具，而且構成了世界。「人與世界的關係，在性
質上絕對地、根本地是一種語言的關係。」⑳然而無論我們作出
何種聲言，都不可避免地要依賴於一個觀察點。啓蒙運動要求我
們克服一切偏見，這本身就是一種偏見。而一旦我們消除了它，
我們就理解了我們自己的局限性。當然，偏見並非如馬克思主義
者所主張的，可以簡單地歸因於階級利益。我們的天性有許許多
多的局限，都可以導致偏見。

然而這並不意味著，伽達默爾把解釋與眞理交給了主觀的選
擇。一方面，他想強調，一段文字不僅僅是其作者的主觀意圖，
它一旦被寫下，他就獲得了一種屬於它本身的生命。「一段話的
意義，不僅常常而且總是超越了它的作者。正是因爲如此，所以
理解不僅是一種再現活動，而且是一種創造活動。」㉑但是，這
種創造性的解釋活動同樣也不僅僅是主觀的，這正如對一件藝術
作品的判斷一樣，對藝術作品的判斷，不僅以主觀的愛好爲基
礎，還以主觀間的趣味標準爲基礎。

這就把我們引向了伽達默爾觀點中也許是最爲有趣和最有獨
創性的部分，至少就宗教思想而論是如此。他論證說，藝術是認
識的一種形式，因此，它包含著「一種據有眞理的主張，這種擁

有眞理性的主張肯定不同於科學的主張，但同樣肯定也不低於科
學的主張。」㉒雖然理由不同，伽達默爾看來也和新馬克思主義
者一樣，貶低由經驗研究所揭示的純粹的事實。按照伽達默爾的
說法，藝術作品高於原型，因爲它向我們顯示的是本質或本質意
義。對於經驗主義自稱是可靠認識的唯一途徑這一主張，這又是
一項挑戰。認識眞理與達到眞理，有著種種不同的道路，要探索
實在、詮釋、象徵和想像，和觀察和判斷是同樣需要的。雖然伽
達默爾是在討論藝術的性質，但是他的觀點，和詮釋和評價宗教
語言的問題具有明顯的關聯，而且正如我們將要看到的，已經被
運用於這一目的了。

　　保羅·利科㉓（Paul Ricoeur, 1913～　　）是一位法國新敎
哲學家，他討論的問題十分類似於伽達默爾所關注的問題，但討
論時使用的是自己的獨特方式。他涉及的範圍極廣，而且他的思
想多多少少有些折衷色彩，因爲他不僅吸收了胡塞爾、海德格和
伽達默爾的思想，而且也吸收了弗洛伊德和哲學傳統中很多早期
人物的思想。

　　利科在開始自己的哲學事業時，很爲胡塞爾所吸引，他把胡
塞的《觀念》（Ideen）譯成了法語。他自己的早期著作都是專門
研究人性的。他批判了薩特的二元論和悲觀主義，也批評了那些
強調焦慮是人的基本情感的存在主義者的片面性。利科宣稱，快
樂也同樣有權要求被視爲一種「存有論的情感」，就是說，被視
爲了解人的狀態的一條線索，他還宣稱，可以和存在維持一種肯
定性的關係，以與疏遠的感覺相對照。㉔但這並不意味著利科是
一個樂觀主義者──他看問題要辯證得多，而且，事實上他極其
關注罪與惡的意義。但他認爲，肯定性的東西比否定性的東西更
加基本。「不論惡可能是多麼根本，它也不可能像善那麼具有原
初性。」他又寫道：「罪並不說明做一個人是什麼意思，在成爲
罪人這件事之外，還有被創造爲人這件事。罪可能比種種罪惡的

事情古老，可是，清白卻比罪更爲古老。」㉕

正是惡的問題引起了利科對象徵的興趣。聖經關於罪的敎導，是以神話和象徵的形式留給我們的。人的存在理解其自身時，並不是直接地理解，而是透過努力生存於和世界的相互作用之中時所產生的種種象徵，來反射地理解。我們不再可能天眞地對聖經的語言作出反應了——確實，我們已經很難去把握那種語言了，因爲我們們的現代思維方式是刻板實際的、客觀的。因此，利科追求某種「第二次的天眞」，它可以讓我們重新運用體現在神話和象徵中古代的眞知灼見。

正是在這裡，他開始對弗洛伊德發生了興趣，這種興趣表現在《弗洛伊德與哲學》（*Freud and Philosophy*）這部著作中，弗洛伊德代表著一種「懷疑的詮釋學」，正如馬克思或別的作家一樣，他們根據無意識的欲望，階級利益，或者別的東西來詮釋宗敎的語言，從而追求一種對宗敎語言的還原解釋。要獲得一種「相信的詮釋學」，只有透過「懷疑的銓釋學」。但是我們發現，後者的詮釋太過於片面，而且錯失了它宣稱要去解釋那種語言的豐富和多樣性。順便說一句，利科對於布爾特曼的非神話化，提出了類似的指責。」㉖宗敎的語言（他心目中所指的是聖經的語言）包含著許許多多的種類，不可能全部還原爲一個單一的類型。利科劃分了五種不同的語言：預言、敍述、命令、格言、贊頌。要解釋這樣一種複雜的經文，是沒有任何捷徑可走的。

在我們結束對存在主義和現象學的概述之前，還可以簡短地提一提第三個人物，儘管他屬於文學界而不是哲學界。然而他還是對我們的時代的宗敎思想產生了影響。我指的就是在阿爾及利亞的阿爾伯特·卡繆（Albert Camus, 1913～1960）。他相信人的處境就像神話裡的西西弗斯的處境那麼荒謬。大約在他最具有哲學性的作品《反叛者》（*The Rebel*）的開頭，他提出了自己的

387

信條：「我宣佈，我什麼也不相信，一切都是荒謬的，但我不能懷疑我自己宣佈的有效性，我至少得相信我自己的抗議。」㉗因此，雖然這聽起來很像虛無主義，但還是有某種東西幸存下來的，那就是人的抗議，因此也是有關人的尊嚴的某種東西。

所以，雖然人的處境是荒謬的，但卡繆並不順從地接受它。他號召一種「形上學的反叛」，他把這種反叛解釋爲「人據以抗議自己的狀況，抗議整個創造的運動。」㉘因此，這裡有一種對人的信念，以及對人的事業的堅定的獻身。

要理解這種觀點的邏輯也許很難，但是我認爲，應把它視爲抗議無神論的一個有力例證。我們不應當像有些人所作的那樣，企圖把卡繆的思想基督教化。無論如何，我們可能會注意到，他提醒我們說：「古人對於宇宙的愛，最早的基督徒並不知道，他們性急地等待著它的末日。」㉙

當我們開始來考慮超驗的多瑪斯主義的時候，我們好像跨進了一個大不相同的世界。它是在第二屆梵蒂岡公會議以前就已開始，後來又得到這次公會議極大推動的羅馬天主教思想復興的哲學組成部分。

這種永恆哲學的新版本，與第十八章討論過的新多瑪斯主義是不同的。那一章裡提到的一些新多瑪斯主義者，尤其是日爾松，對這種新的發展持相當程度的批判態度。超驗多瑪斯主義（transcendental Thomism）的先驅，是在生前默默無聞的約瑟夫・馬雷夏爾（Joseph Maréchal, 1878～1915）。這種多瑪斯主義的新形式，比起以往的形式來要有生氣得多，但它聲稱仍然紮根於聖多瑪斯的思想之中。正如「超驗的」這個形容詞所表明的，馬雷夏爾在與康德超驗哲學的對話之中發展了聖多瑪斯的思想。在這樣做的時候，他把注意力轉向了理智活動。人們也可以把這種變化描述爲從概念主義到理智主義的運動，如果把理智主義能動地理解爲所指的，是想要理解在任一特定時刻得到的東西

的一種內在趨勢的話。這就導致了「超驗多瑪斯主義」一詞的某種程度的二義性。不幸許多使用這個詞的人似乎並未意識到這種二義性，就超驗多瑪斯主義像康德哲學一樣探究理解與認識的條件而言，它是一種**超驗**的哲學；但是就它認識到人心中有一種明顯的性質，所以人不斷地超越出自身而言，它又是一種關於**超越**的哲學。」⑶ 這種超越的趨勢之「所往」，就是上帝。

　　經過這樣的描述，人們就可以發現，超驗多瑪斯主義和這一節已討論過的新馬克思主義和存在主義，至少有某種密切關係，因為，人類能自我超越的特點，正是這兩種哲學中基本的東西。但是，馬克斯主義者和存在主義者強調的是意志、實際的關切、甚至情感，而超驗多瑪斯主義却肯定理智的至上性，特別是認為超越乃在於理智的趨勢之中，因此嚴格地說更接近於多瑪斯主義傳統。有時候，存在主義因素似乎和新多瑪斯主義融合在一起——我想，埃美利希・科列特（Emerich Coreth, 1919～ ）就是如此，他是乾脆地題名為《形上學》（Metaphysics）的那本書的作者。

　　然而，在伯納德・郎尼根㉚（Bernard Lonergan, 1903～ ）的著作中所表達的，却似乎是一種相當純粹的多瑪斯主義，儘管是一種能動的、超驗的多瑪斯主義。因此我們選他來作為超驗多瑪斯主義的最著名的代表人物之一。

　　他的巨著《洞察》（Insight），對人類認識活動的逐漸展開，作了十分詳盡的考察。人的認識活動，出發點是「一種理智上的欲望，一種思想上的愛欲（eros）；沒有它，就不會產生任何疑問，任何探究，任何驚奇。」㉛ 我們不可能詳述郎尼根對理智活動的說明。他談到的有「感覺、記憶、想像、洞察、界說、批判的反思、判斷等辯證的相互作用。」㉜ 存在著一種追求更充

─────────────

⑶　「超驗」與「超越」，原文都是一個詞：transcendence。──譯註

分的理解的不懈的衝動，而且，每一個問題都導致了一個新的問
題。「儘管是一個堂皇的給人深刻印象的名詞，「超越」卻仍然
是引起進一步種種問題的基本材料。它意味著人之存在的發展和
人之認識的發展相關。」㉝

389　　　理智的衝動並不中止於形上學，而只能到上帝本身當中去尋
求安寧。聖多瑪斯主義證明上帝存在的五種方式，出自於對完全
可理解性的要求，它不可能在均衡有序的宇宙中找到，而必須超
乎宇宙之外，在一種超驗的根基當中去尋找。

　　　郎尼根哲學強有力的理智主義特徵，對我們來說已經十分清
楚。在他的著作中經常出現的一個短語，是「純粹的求知欲
望」，而且他認爲，這是唯一的純粹的欲望。這裡和馬克思主義
者關於認知總受到旨趣或意識形態污染的信念，有一種明顯的對
立，也不同於存在主義者關於認識的欲望屬於存在的欲望的主
張。在這方面，郎尼根對奧古斯丁與多瑪斯作了明顯的比較。在
奧古斯丁看來，我們的**心靈**永不安寧，直到在上帝之中找到了安
寧爲止；而在多瑪斯看來，不是我們的心靈，而是我們的**思想**永
不安寧，直到在認識上帝之時安寧了爲止。」㉞郎尼根自己詳盡
地考察了他自己的觀點對於神學方法所產生的種種後果。㉟同樣
很有意思的是，當一些學者十分惋惜地看待基督教信仰在最初幾
個世紀的希臘化，並認爲它所採用的概念受到了一種特定文化背
景的限制時，郎尼根卻認爲，信條的出現，意味著基督教信仰擺
脫了一個特定民族的象徵，意味著它的表達採用了種種普遍的
（或天主教的(4)）概念。㊱

　　　面對著馬克思主義和存在主義的批判，郎尼根對於合理性的
強烈肯定，也許看來有點太樂觀了一些，然而，假如不想徹底滑
向懷疑主義和相對主義，那麼，肯定應該有某種可靠的合理性。

---

(4)　「天主教的」一詞，本意爲「普世性的」（Catholic）。──譯註

經驗主義也贊賞合理性、邏輯和客觀性、儘管他們比起郎尼根來，對這些東西的設想要狹隘一些、抽象一些。雖然正如我們已經看到的，經驗主義受到許多馬克思主義者的輕視，但是它仍然是盎格魯—撒克遜國家中占主導地位的哲學，而且宗敎思想不可忽視它。

關於現代邏輯經驗主義對宗敎思想提出的種種問題，伊安・拉姆西㊲（Ian Ramsey, 1915～1972）的著作也許作出了最透徹最全面的論述。本書前面曾簡略地提到過他㊳，但他的活動的主要部分卻屬於本章所考察的這個時期。他是一位宗敎哲學家，也是一位神學家和敎會活動家，但是我們在此感興趣的，主要是他作爲一位哲學家的貢獻。

拉姆西認爲，即使在一個以經驗主義爲主導的時代，談論上帝也仍然是有意義的。在其早期著作《宗敎語言》（*Religious Language*）中，他承認這種談論「在邏輯上是奇特的」，但是在事實上，它在經驗之中，在我們可以擁有的某些最有意義的經驗之中，確實有其自身的位置。這種經驗具有辨識與獻身的特徵，因此既有認識的一面，又有實踐的一面。在這種經驗中，我們以一種使我們超出普通經驗層次的深度去認識事物或人，同時也使我們獻身於某些特定的態度和行動方針。在後期著作中，顯然在他已經十分熟悉了存在主義之後，他所談的是「揭示」而不是「辨識」了。所謂揭示，是窺見了事物的完整性和關聯性，是「這麼一種境況，在其中，我在原則上與完整的宇宙相遇。」㊳

我們已經看到，宗敎語言被說成「在邏輯上是奇特的」。它常常由一種「模式」構成，而這個模式附上了一個「修飾語」，以表明這種語言不應當按其普通的意義來理解，例如當我們說上帝是「無限地善」的時候就是如此。這看起來很像用新的術語來表達的類比理論，但是拉姆西的學說中有新的地方，那就是他在邏輯上奇特的宗敎語言與當代科學使用的一些模式之間找到了類

似之處。這些科學模式也不應當從字面上去理解。它們並不描繪
出它們所涉及的那個實在，而是指向了它，傳達出對它的某種理
解。所以，在尋求一種能闡明宗教語言的類比的時候，拉姆西和
伽達默爾恰恰相反，眼睛看著的是科學，而不是藝術。」⑩

在這二十年當中，有種種重要的宗教哲學在起著作用，儘管
當然也有某些比較老的哲學，例如懷德海和哈特索恩的過程哲
學，還在繼續發揮影響。現在，我們接著來看看這些哲學是如何
影響神學思考的。

一一三、歐陸的新教神學
1960～1980 年

必須承認，德國和瑞士看來仍然可以說是新教神學的溫床，
而英語國家的神學多半還是由歐洲大陸的事態發展所決定的。所
以，先考慮歐洲人，再考慮英國人和美國人是很適當的。一代人
之前由巴特、布爾特曼、布龍納等人掌握的創造性的新教神學的
領導權，現在由什麼人接了過去呢？

391　　在我們討論哲學發展的時候，我們已經看到，我所謂的「黑
格爾—馬克思—布洛赫路線」，即辯證哲學的整個遺產，已作為
對近來宗教思想的一種強大影響而出現了。作為這種對話(5)的一
個結果，新教神學中出現了某種類似新起點的東西，而且很多人
會主張，新教神學正在發展的一面，現在應該是在莫爾特曼和潘
寧博這樣的學者的著作之中。

這兩個人對布爾特曼都持尖銳的批判態度，但是卻不能說布
爾特曼提出的問題已經解決了，或者已經由於新的事態發展而過

---

(5) 指所謂「馬克思主義與基督教的對話」。──譯註

時了。所以我們發現，在德國和瑞士仍然有很多有能力的神學家，他們還在全力從事著吸引了上一代神學家——不僅是布爾特曼，而且還有巴特、朋霍費爾和其他神學家——的那些問題。

於爾根‧莫爾特曼④（Jürgen Moltmann, 1926～ ）的出現，也許是作爲目前最爲著名的德國新敎神學家，同時也是作爲「希望神學」的主要代表。「希望神學」是基督敎信仰與辯證哲學相遇的獨特的神學表現形式。

莫爾特曼神學的獨特性和吸引力，主要來自這樣兩個特點。第一個特點是，他非常嚴肅認眞地看待基督敎的末世論性質。由第一個特點而來的的第二個特點是，他十分注意把末世論景觀與當代的社會政治問題聯繫起來。在這兩點上，他都發現自己與布爾特曼相對立，布爾特曼把末世論非神話化，並從信徒個人的當前體驗中去解釋它。

前一代的神學家們認爲啓示這一概念具有核心的地位，而莫爾特曼用應許這一概念取代了啓示概念的地位。整部聖經都與未來有關。上帝是目前的實在，但更是未來的力量或復活的力量。基督敎與耶穌靠著上帝從死裡復活的實在性共浮沉」，④但耶穌的復活，乃是作爲對普遍的死者復活的應許而具有意義的。死者的復活，雖然不應當從原來的字面意義去理解，但是仍將是未來的一椿眞實事件，即人類狀況的一種轉變。

顯然，這種神學很像布洛赫的烏托邦希望哲學的基督敎化了的說法。由於它向著復活的未來主義的推進，它能夠激發社會行動，因爲在和未來的事物相對比時，人們必然對於目前的事態產生不滿。但是人們也得問一問：對於末世論的這種解釋，難道沒有包含著一種無法接受的再度神話化嗎？　　　　　392

然而，莫爾特曼的神學還有另外一面。在基督敎的信念中，應許與復活的上帝，也是被釘十字架的上帝。《被釘十字架的上帝》（*The Crucified God*）事實上正是莫爾特曼的一本書的標

題，這本書已經成了一部經典著作。它是一種雄辯有力的抗辯，要求透過認真考慮道成肉身而使上帝觀念基督教化。在此我們又可以看到他和布洛赫的相似之處，布洛赫認為，上帝在低賤受苦的耶穌身上化為肉身，這項教義標誌著有權勢的諸神的終結，打破了宗教與有權勢的意識形態之間長時間的關聯。㊸ 不僅是道成肉身，而且更廣泛地說，還有他所謂的「上帝的三位一體的歷史」，都把莫爾特曼引向了某種形式的超泛神論，根據這種超泛神論，上帝包含在世界的生命之中，而人類的歷史也被納入了上帝自己的歷史之中。儘管他曾明顯地受到布洛赫和黑格爾的影響，但他主要的靈感仍來自聖經和基督教。

在莫爾特曼與比他更年輕的同輩人、神學家沃爾大哈特・潘寧博㊹（Wolfhart Pannenberg, 1928～　）之間，雖有一些真正的分歧，但卻有許多共同之點。潘寧博用直截了當的措辭，肯定了基督教的未來主義的、末世論的特徵：「人們必須明白這個事實：當一個人在直接討論未來審判和死者復活的末世期待的真理時，他也就是在直接討論基督教信仰的基礎。倘若讓眼光離開了末世期待的地平線，那麼就還是不能理解，為什麼耶穌其人能夠成為上帝的終極啟示，為什麼上帝被認為是顯現在他身上，而且僅僅顯現在他身上。」㊺ 布爾特曼要使這種期待非神話化的企圖遭到了批判，理由是，剔除末世論的未來特徵是不恰當的，而且也許更重要的是，布爾特曼及其追隨者們把歷史與意義割裂開來了，潘寧博最重要的目標之一，就是要達到對歷史作為一個整體的理解。「在今天，我們必須恢復事實與其意義的原初的統一。」㊻ 這句話的黑格爾主義傾向十分明顯，而且雖然潘寧博對黑格爾不是不加批判地接受，但黑格爾對他的影響還是可以清楚地看出來。例如，潘寧博顯然是訴諸黑格爾的思想，要求對「人」有一種與個人主義決裂的理解。㊼

潘寧博要求在理解歷史時，不要把事實與解釋割裂開來，這

需要作一些進一步的評論，潘寧博的思想中有一種明確的理性主
義傾向，而且他還強烈主張神學具有科學的性質。因此，舉例來
說，耶穌的復活就不像布爾特曼所爭辯的那樣，是解釋耶穌歷史
的一種神話方式了。它就屬於那段歷史，是可以經受歷史考察
的。他重新開放了關於復活的證據問題，並且聲稱，這種證據指
明的是一個事件，那個事件先於門徒的信仰，並創造了這種信
仰。不過，如果我們問到復活這一歷史事件的性質時，就沒有什
麼明確的回答了。正如他否定布爾特曼對復活的非神話化解釋，
他同樣也否定了字面的解釋。在這一點上，他對於科學的歷史的
獻身也動搖了，因爲他明白地否定了那一些歷史學家的觀點，那
些歷史學家可能說：由於我們在自己對歷史的共同體驗中，沒有
任何與復活類似的東西，復活就不可能出現在歷史的視野之內。
然而，他在不止一個地方讓我們注意這樣一個證據，這個證據可
能支持一種對復活或靈魂不死的理性信仰：「希望超越死亡，這
是人所固有的。」⑱關於人的現象學說明，人的本質要完善自
身，需要一種尚未存在的團體，因此，在人的結構本身之中，人
就已被指出是超越死亡的。

　　在格爾哈特‧埃伯林⑲（Gerhard Ebeling, 1912～　　）的著
作中，我們發現了一種風格迥異的神學。他從布爾特曼那裡接過
了詮釋學的任務，但把它推進到了一個以「新詮釋學」而聞名的
新階段。⑳在這種新詮釋學中，後期的海德格和伽達默爾發揮了
很大的影響。然而，這種新的動向很難說是實現了人們寄予它的
希望。

　　給埃伯林留下了十分深刻的印象的，是人類存有的從根本上
說是語言的性質。這不僅可以歸因於海德格和迦達默爾對他的影
響，而且也出自埃伯林在路德宗傳統中的深厚根基，路德宗十分
強調傳講與宣道。神學詮釋學轉向了宣道的方向。埃柏林神學的
一個核心概念，是「話語事件」（Wortgeschehen）⑹的概念。

393

這是對語言作爲發生於人與人之間的一個事件的動態的理解。正
是語言能力，使人與衆不同而成爲人，並使人能對上帝和信仰敞
開自己。神學的任務，就是以這一種方式來傾聽並回答上帝的話
語，使得話語事件能夠在當前的存在中得到更新。「已經發生的
宣道將成爲現在發生的宣道。」[51] 他還可以如此來表達這同一個
意思：傳統要從 traditum（已經傳下來的東西）改造爲 traden-
dum（必須傳下去的東西）。

可是，如果應該傾聽話語，那麼也必須注意那麼一種世界，
當代的話語事件必然發生在這種世界之中。埃伯林認識到，「我
們今天的處境，是由這麼一個事實決定的，即：決定命運的世俗
化過程……已在人類生活的每一個方面，接近於某種程度的完
成。」[52] 埃伯林曾經是朋霍費爾在納粹德國創辦的地下神學院的
學生，他接受了他這位從前的老師提出的要求，即，尋找「對聖
經概念的一種非宗教的解釋」，他把「非宗教的」理解爲「非墨
守律法的」。基督教本身要求，應該尊重責任感，尊重理智的完
整。[53]

埃伯林因爲某種形式主義而遭到了批評，這種形式主義出自
他對語言和方法論的專注。儘管語言十分重要，但它並不構成人
類生活的整體。除此之外，埃伯林如此地擴展「話語事件」一語
的用法，以致使它變成了一個十分含糊的概念。不僅傳道，而且
連聖事甚至教會，都被稱爲話語事件了。然而，現在這些批評應
該緘默無聲了，因爲埃伯林已經用宏大的三卷教義神學《基督教
信仰的信條》（ *Dogmatik des christlichen Glaubens*, 1979～19
80），圓滿地完成了自己的工作。他多年來在形式上與方法論方

---

(6) 德語，「話語發生」或「話語事件」。話語、上帝的話語或者道成肉
　　身的道、福音書所宣揚的上帝之道，在原文裡都是同一個詞，即
　　word。──譯註

面的探索，已經在這部著作中結出了果實，這部著作把基督教的 traditum（已經傳下來的東西）改造成了 tradendum（必須傳下去的東西）。

我們可以僅僅簡略地提一提過去二十年間德語國家新教神學家中的另外幾個重要人物。海因里希・奧特（Heinrich Ott, 1929～　）是卡爾・巴特在巴塞爾大學的繼承者。在某些方面，他是一個調解性的神學家。他的早期著作《思想與存在》（*Denken und Sein*）力圖調和巴特與布爾特曼的彼此大相徑庭的釋經學。布爾特曼對於人的存在問題的專注，使他賦予這個問題的表述一種特殊地位，而極少去注意傾聽上帝之道的問題。但在另一方面，巴特是在後期的著作中，才開始適當地對待人類對解釋的興趣。奧特宣稱，他在海德格的後期著作中找到了調和這兩種旨趣的方式，特別是海德格的這一教導：最為真實的一種思考，就是沉思，就是傾聽存有的聲音。在《實在與信仰》（*Reality and Faith*）一書中，奧特所探索的是這麼一種神學，它將表明，「上帝的 extra nos[7] 同時就是真正的 in nobis[8]」。他在耶穌基督身上找到了答案，耶穌基督就是最充分的存有論意義上的實在。最近，他又寫了一本包含五十個命題的系統神學，題為《信仰的回答》（*Antworten des Glaubens*）。最後，我們可以提提兩位從卡爾・巴特那裡獲得靈感的神學家。一位是赫爾姆特・戈爾韋澤（Helmut Gollwitzer, 1908～　）他一直任教於柏林大學；還有一位是年輕得多的神學家愛伯哈特・雲格爾（Eberhard Jüngel, 1934～　），他在杜賓根大學吸引了非常眾多的聽眾。他們兩人都一直特別關注上帝的問題。戈爾韋澤一直在和還原主義的神學家們辯論，在《信仰所承認的上帝之存在》

395

(7) 拉丁文。「在我們之外」。──譯註

(8) 拉丁文。「在我們之中」。──譯註

（ *Die Existenz Gottes im Bekenntnis des Glaubens* ）⑭ 和《論上
帝的代表》（ *Von der Stellvertretung Gottes* ）等著作中，他努力
既爲聖經的上帝觀辯護，又使它免於被曲解。雲格爾的學說見於
《上帝的存在在發展中》（ *Gottes Sein ist im Werden* ）⑮ 以及
《作爲世界之秘密的上帝》（ *Gott als Geheimnis der Welt* ）等書
之中。作爲對傳統自然神學及其客觀化的實體上帝的批判者，雲
格爾認爲，三位一體的內在生命，爲我們指出了一種動態的上帝
觀念。但是，他願意承認一種不同的自然神學，因爲他認爲，上
帝悄悄地出現在每一種眞正的愛和眞正的信任的關係之中。

一一四、益格魯——撒克遜神學 1960～1980 年

在我們回顧的這段時期，英語國家的神學家們也進行了大量
的精力充沛的活動。不能說他們的工作表現出了我們在歐陸神學
家（新教和天主教兩方面的歐陸神學家）那裡發現的那種獨創性
或者論述的深度，但是，英國和美國的神學家確實提出了種種實
在的、重要的問題，對於世界上正出現的種種問題，他們比起他
們那些比較傾向於思辨的大陸同事來，有時候甚至顯得更加敏
感。在六十年代，主宰著神學舞台的是關於上帝的問題。在我們
的時代，仍然可能存在一種可信的上帝概念嗎？與此密切相關
的，是世俗化的問題以及宗教信仰在一個世俗世界中的地位問
題。大約在六十年代末期，神學的事業開始分解爲一些專門化的
課題——婦女神學、黑人新學、政治神學之類。這些神學課題一
直延續到了七十年代。它們代表著迄今多半被排斥在神學事業之
外一些不同的集團，要使自己的聲音被人聽見，要貢獻出自己的
見解的企圖。關於它們，我們還要在單獨的一節裡談到。⑯ 在七

十年代後期，又開始了對核心的神學問題，尤其是基督論的問題的討論。

關於上帝問題的論戰大約爆發於一九六〇年，那一年，美國學者加布里爾・瓦哈尼安（Gabriel Vahanian, 1927～　）發表 396
了一本書，題名爲《上帝之死》（*The Death of God*）。這本書本身並不是一份無神論的宣言，而是對西方文化的一種分析。按照瓦哈尼安的說法，我們已經進入了一個後基督教（post-Christian）時代。在許多人，也許是大多數人看來，上帝已不再是人類生活中一個有意義的因素。但是，瓦哈尼安和祁克果一樣，指責基督教世界虛僞的宗教態度導致了上帝之死，因爲，傳統慣例性的基督教，把上帝這個全然相異者弄成了一個純粹的偶像，而現代文化又使自己擺脫了這個偶像。瓦哈尼安是一個偶像破壞者，而不是一個無神論者。他憎惡偶像崇拜和情感上虛僞的宗教態度。在一本後來寫的書中，他使自己與那一些神學家脫離了關係，那些神學家力圖構築一種沒有上帝的基督信仰，他宣稱，那些人的那種沒有上帝的耶穌崇拜，不過是另一種偶像崇拜而已。(57)

瓦哈尼安的書是一系列著作當中的第一本，這一系列著作揭開了一場關於有神論的持續有效性的激烈辯論——一場涉及人比神學辯論通常涉及的人要廣泛得多的辯論。約翰・A・T・羅賓遜(58)（John A. T. Robinson, 1918～　）寫作的《對上帝誠實》（*Honest to God*），於一九六三年出版。它很快成爲本世紀得到最廣泛討論的宗教著作之一，一百餘萬册書一售而空。這本書討論了蒂里希、布爾特曼和朋霍費爾曾提出有關上帝和上帝行動的問題，號召我們根據當代的神學和世俗知識對自己的上帝觀進行嚴格徹底的重新思考。羅賓遜是一名英國國教會的主教，這一事實和他的書所引起的轟動無疑有些關係。然而，他所發起的那種討論的時機也已成熟了。長時期以來——也許自從施萊爾馬赫

以來——攪擾著神學家們的種種尖銳的疑問，需要集中到焦點上來，需要傳達給更廣大的公衆。

羅賓遜後來寫的一本書——《對上帝的探索》（ _Exploration into God_ ）對於《對上帝誠實》一書提出的問題作了一些建設性的回答。遺憾的是，這本後出的書一直被很多人忽略了。它清楚地表明，這位主教並不（像某些人所說的那樣）是一位無神論者，事實上，他顯示出了一種無可懷疑的密契主義氣質。但是，羅賓遜選擇了一種超泛神論，一種認爲上帝與世界相互關聯的觀點，來代替傳統的有神論，在那種有神論當中，上帝通常被視爲一種超越於並獨立於世界的自滿自足的存在。當然，在贊成超泛神論的時候，羅賓遜採取的立場實際上和當代的神學家和宗教思想家們並無不同。蒂里希、哈特索恩和莫爾特曼都闡述過不同形式的超泛神論。它不僅在哲學中，而且在基督教的三位一體教義和道成肉身教義中都有根基。事實上，羅賓遜已用一部重要的基督論研究著作《上帝的人類面貌》（ _The Human Face of God_ ）充實了他自己的神學。

儘管《對上帝誠實》在英國似乎已經夠激進的了，但在美國，對傳統有神論的反叛卻被推得更加遠得多。在美國，有一批神學家拒斥一切形式的有神論或超泛神論，爲自己提出了這麼一個（我要說是自相矛盾的）任務：構築一種沒有上帝的神學。雖然人們談著「上帝之死」神學，但所涉及的那些神學家卻從未形成一個一致的學派，或者贊成一個單一的觀點。他們每個人都有各自否定信仰上帝的理由，每個人都選擇了各自重建無神神學的方式。也許，他們每個人還都相信，通過擺脫上帝的麻煩，基督教能夠在當代世界上變得更令人易於接受。他們看來是沒有領會到祁克果的這個論點：人們越使得基督教更易令人接受，基督教就越變得多餘無用。

在「上帝之死」派作家當中，至少可以看出三種類型的無神

論。一種是理智的無神論，它認為對上帝的信仰與現代哲學不相容；一種是抗議的無神論，起源於費爾巴哈，它相信上帝與人類的自由和完滿不相容；還有一種是悲觀的無神論，它相信世界上惡的份量排除了有一個正義的上帝的可能性。

保羅·范·布倫（Paul van Buren, 1924～ ）在其事業的某一個階段，曾經是第一種無神論的適當代表。他的《福音的世俗意義》（ *The Secular Meaning of the Gospel* ）一書與羅賓遜的《對上帝誠實》同年發表。由於受到邏輯經驗主義，特別是經驗證實要求的影響，他得出了這樣的結論：關於上帝的語言是沒有意義的。但是，雖然關於上帝的論述不合理，某種形式的基督教神學仍然被認為是可以成立的。它將把自身限制在歷史和倫理的世俗語言之內。它的基礎，是真正自由的人——耶穌的歷史，耶穌仍然在把自己的自由分給他人。在此，耶穌取代了上帝的地位。而在某些方，范·布倫是利奇爾主義者，尤其是赫爾曼⑲的回聲。然而，在比較晚近的著作中，范·布倫已經放鬆了不准談論上帝的禁令。關於上帝的談論屬於語言的「邊緣」，它在那裡有其自己的功能，儘管它看來是一種非認識性的語言，⑳但他還能夠這麼說：關於上帝的問題，「幾乎完全位於我們時代主要關切的那些問題的邊緣」。㉑

如果說范·布倫多少是從學術上來論述上帝，因此上帝是否存在最終並無多大關係的話，那麼威廉·哈密爾頓（William Hamilton, 1924～ ）和多瑪斯·J. J. 阿爾提澤（Thomas J. J. Altizer, 1927～ ）的情況就不是這樣了，這兩個人是美國神學中「上帝之死」階段的最突出的代表。在他們看來，上帝的問題不是一個邊緣的問題，而是一個與存在密切相關的問題。他們代表著一種激烈的抗議的無神論。我們必須否認上帝，以便作為人而得到解放。哈密爾頓談到了一種俄瑞斯忒（Orestean）神學。⑼而在阿爾提澤的準黑格爾主義的形上學中，上帝完全使自己具

398

體化在世界之中，並透過這種死亡行動而使人擺脫了一種異己的
超驗力量。⑫「在世界上人的生命的完滿和激情的超驗的敵人，
正是上帝自己，只有透過上帝之死，人性才能得到解放。」⑬

　　如果不提到猶太學者理查德・魯賓斯坦（Richard Ruben-
stein, 1924～　）的話，我們對於美國神學中這一階段的敍述，
就將是不完全的。與哈密爾頓和阿爾提澤的樂觀主義相反，魯賓
斯坦傾向於悲觀主義，因爲他對於以色列人的上帝的信仰之喪
失，乃是因爲猶太民族在這二十世紀所受的苦難。在談到他和基
督教的無神論學家的關係時，他寫道：「我懷疑，我和基督教的
激進神學家徹底分道揚鑣的原因是，我認爲他們無力認眞地對待
悲劇性的看法。悲劇性的看法滲透了我的作品。在奧斯維辛⑩之
後，事情怎麼能夠不是這樣呢？」⑭然而，魯賓斯坦的無神論也
不是完全慘淡悲涼的。事實上，人們懷疑，把它稱爲一種泛神論
還較好一些。他對於自然與生命的韻律十分敏感，並相信需要對
之進行宗教性的讚美。

　　一九六五年，另一位美國神學家哈維・考克斯（Harvey
Cox, 1929～　）寫的《世俗之城》（ *The Secular City* ）的出版，
揭開了神學的一種新的前景。他考慮了已經出現在戈加登和朋霍
費爾著作中的某些觀念，並且宣稱，世俗化遠遠不是基督教信仰
的敵人，應該認爲它是包含在聖經本身之中的。他論證說，創世
的教義由於排斥了泛神論（世界之神聖化），就使得自取性的社
會的價值觀念將被顛倒過來，精神的位置將高於生產。對神秘主
義和東方宗教的興趣正在掀起熱潮，而在基督教會裡，超凡的感

---

(9)　俄瑞斯忒忒是希臘神話人物。他是邁錫尼王阿伽門農之子，曾殺母爲父
　　復仇。——譯註

(10)　奧斯維辛是波蘭一市鎮，第二次世界大戰期間納粹德國在此建立的集
　　中營因大規模屠殺猶太人而著名。——譯註

人魅力的動向（charismatic movement）[11]到處都在出現。所有這些動盪又受到了日益增長的生態危機的巨大推動，生態危機比以往任何時候都更清楚地表明了技術所具有的二重性。事情越來越清楚了：光有技術，是無法解決人類的一切問題的。在整個七十年代，出現了一系列的著作，探討有關創世的神學，以及上帝、人與自然的關係。看來，畢竟上帝、宗教和超越者並未走向消失。這種新的宗教精神甚至觸動了哈維‧考克斯本人。在一九七○年發表於《花花公子》的一篇文章中，他寫道：「我過去曾經相信甚至希望，人類有朝一日會超出自己的宗教階段……但是，人們一直在預言宗教的終結和上帝的死亡，已經預言了若干世紀了。而我已不再認真地相信那會發生，我也不再希望那會發生。」他還補充了這麼一個有趣的觀察結果：「除了很少幾個例外，我所認識的所有那些自稱已將宗教甩在身後的人，其想像力、同情心或人性活力等方面的水準，都沒有給我留下什麼印象。」在後來寫的書中，他對於宗教和精神的體驗進行了探索。

在我們論述的這個時期行將結束之際，對基督教神學的興趣的中心已經轉向了基督論。一九七七年，一部英國學者的集體著作——《上帝道成肉身的神話》（ *The Myth of God Incarnate* ）（由約翰‧希克〔John Hick〕匯編）出版，引起了一場論戰。雖然這些作者表達的觀點並不一致，但他們對道成肉身教義一致提出了挑戰。也許，具有諷刺意味的是，我們討論的這個時期以企圖廢黜上帝並用基督取而代之為開端，卻又以上帝復歸和基督貶降為終結！這本書受到了評論家們的冷遇，其中包括自唐納德‧拜里以來唯一的寫過基督論方面的重要著作的英國著作家約翰‧羅賓遜。一種快速的應戰，出現在另一部集體著作——《上帝道成肉身的真理》（ *The Truth of God Incarnate* ）（由米切爾‧

401

---

(11)　亦譯「卡里斯馬運動」。——譯註

格林〔Michael Green〕匯編）之中。但是，由於在歐洲大陸上關於基督論所做的嚴肅認眞得多並且詳盡得多的工作，這場盎格魯—撒克遜的辯論實際上已相形失色了。

在對六十年代和七十年代英語國家神學的這個概述之中，我們一直把注意力集中在那些新的，也許甚至是轟動一時的潮流上，但是我們不應該忘記，本書前面敍述的那些類型仍然有著它們的代表人物，重要的神學作品一直有著穩定的發行量。對此我們只能簡略地提一提。

在論及多瑪斯主義的一章中曾簡略提到的埃里克・L・馬斯科爾（Eric L. Mascall, 1905～　　），在我們目前正回顧的這整個時期仍然一直十分活躍。他的著名的吉福德演講集《存有之開放》（ *The Openness of Being* ），反映了多瑪斯主義的新精神。這種有神論論證的基礎，是一種「沈思的驚奇」，它從對於有限存有之偶然性的意識，導出了上帝存在之必然性。在此之前他還寫了《基督教之世俗化》（ *The Secularization of Christianity* ），詳盡而透徹地批判了世俗基督教的過激的說法。托倫斯（Thomas F. Torrance, 1913～　　）是加爾文主義和巴特主義傳統的主要代表，但他在《神學的科學》（ *Theological Science* ）等著作中，透過強調神學的科學性和客觀性，給這種傳統增添了新的一面。同時，他在神學與自然科學之間架起了橋樑，他認爲，比起在本世紀初所指明的那種世界觀來，自然科學在今天已指明了一種對宗教解釋更容易接受得多的世界觀。蘇格蘭神學家伊安・享德森（Ian Henderson, 1910～1969），是布爾特曼主義類型的生存神學在英語國家的先驅。杰弗里・蘭普（Geoffrey Lampe, 1912～1980）是一位典型的安立甘宗神學家，他屬於自由派類型，他的神學的基礎，是對於新約和基督教教父進行的批判性的歷史研究，但是實際上並無哲學方面的討論。他的《作爲精神的上帝》（ *God as Spirit* ）一書堅持了這樣一種論點：「上

帝的人格存有延伸到人的精神之中」，這種統一的精神⑿概念，
比起傳統的三位一體教義來，是一種更能令人滿意的思考上帝的
方式。耶穌就是完全充滿了精神的人然的宇宙成了世俗的東西，
因此也成了供人考察甚至利用的一個合適的對象。人必須塑造世
界，並成爲上帝的合作創造者。城市生活和技術進步被讚揚爲解
放的因素，它們讓人類獲得了新的發展和責任感。基督教的任務
不是要成爲一種「宗教」（如果這個詞被理解爲某種內心生活的
修養的話），而是要充分參與世俗之城的生活。

　　這是又一本生逢其時的書，而且像兩年前羅賓遜發表的那本
書一樣流傳極廣，影響也極廣。雖然人們可以批評它過分簡單化
地把世俗化歸因於聖經，批評它毫無批判地讚揚技術的成就，但
是，對那種成爲許多宗教書籍和講道集的特點的對待現代世界的
否定性的、挑毛病的、幾乎是「酸葡萄」式的態度來說，它卻是
一種很需要的矯正。如果技術在某些方面使生活變得非人化了，
那麼它在另一些方面卻又豐富了生活。考克斯問得好：那些技術
的批評者們，是否眞的願意返回（假如可能的話）他們那麼喜歡
讚美其優點的前技術時代去呢？

　　在大西洋另一邊的英國，世俗基督教最有能力的倡導者，是
羅納德・格列戈・史密斯65（Ronald Gregor Smith, 1913～
1968）。他對德國神學造詣甚深，而且是對世俗化現象採取肯定
態度中最早的說英語的神學家之一。但是比起美國的世俗主義者
來，他所堅持的立場比較平衡而具有批判性。他尖銳地批評了作
爲考克斯的《世俗之城》的特徵的樂觀主義，以及見於范・布倫的
《福音的世俗意義》（ *The Secular Meaning of the Gospel* ）的簡
化主義。他自己的那種世俗基督教更接近於戈加登、布爾特曼和
朋霍費爾的源頭。在史密斯看來，世俗的東西首先是歷史的東

⑿　此處「精神」原文爲大寫，與「聖靈」、「靈性」同義。——譯註

西，而世俗化就是認識到實在具有歷時的、歷史的性質。然而，以充分具有歷史性的方式生活，就是在與現在和未來發生關聯的同時，還與過去相關聯，並且尊重傳統。

史密斯十分清楚世俗化過程給傳統有神論造成的問題，但他並未接受「上帝之死」神學，而只接受了重新思考上帝概念的挑戰。「我們不能不努力運用上帝這個名字──我們必須從塵土中再次把它舉起來。」⑥⑥他認為，上帝不是一個形上的超越歷史的實在，但也不能被簡化為我們的共同人性之類東西的一種神話表述。他是「更多」的東西，是我們在歷史之外遇見的那個超越的東西。

儘管比較積極的要基督教參與世俗世界的主張無疑受到了注意，然而，世俗基督教的那些比較積極的形式，同其對技術的頌贊和對超越者的詆毀一樣，已經證明是短命的。本世紀六十年代後期的標誌，是年輕人對於在西方占據統治地位的價值觀念的強烈反感。應該承認的是，這種反感只發生在少數人當中，而且十分混亂。儘管如此，有一些人實際上是在回答考克斯關於誰願意返回前技術時代的修辭上的反問，他們企圖真的那麼做，並且脫離富裕的社會。另一些人則比較好鬥，甚至有革命性──這是學生動亂的社會。而我們已經注意到，新馬克思主義者赫伯特·馬庫色的思想如何發揮了一種強烈的影響。⑥⑦

六十年代的抗議，無論採取的是退出技術社會，還是反擊技術社會的形式，主要都是一些否定性的抗議。但在七十年代，一些較有肯定性的傾向開始出現了。一本出版於一九六九年的集體著作題名為《超越》（*Transcendence*），這在幾年前幾乎是不可能發生的，這本書一方面要求一種「酒神宗教」⒀（基恩〔S. Keen〕），另一方面又提醒讀者，在沒有上帝的地方，任何事情都可以允許了（法肯海姆〔E. Fackenheim〕）。還有人談到要建設一種「反文化」⑥⑧（羅斯查克〔T. Roszak〕），在這種「反文

化」裡，這個獲得的獨一無二的、典範的例子。但他又說，關於靈感(14) 的理論，並未取代道成肉身的教義，而只是補充了它。

在美國，圍繞著「上帝之死」所展開的論戰，激發起了種種努力，即努力要更好地表述有神論或（或某些情況下是）表述超泛神論。在懷德海和哈特索恩傳統中的過程神學，一直由許多神學家有力地推動著。在他們當中，有丹尼爾・德伊・威廉斯（Daniel Day Williams, 1910～1973），他寫了許多論述有神論的文章，還寫有一部關於愛，這一被忽略的主題的重要研究專著——《愛的精神與形式》（*The Spirit and Forms of Love*）；有舒伯特・奧格頓（Schubert Ogden, 1928～　　），他的《上帝的實在性》（*The Reality of God*）一書，是對「上帝之死」的鼓吹者們的一篇著名的答覆；還有約翰・B・柯布（John B. Cobb, 1925～　　）他在《基督教自然神學》（*A Christian Natural Theology*）和其他一些著作，利用了懷德海哲學的資源來為神學服務。比較接近蒂里希的，有朗頓・其爾凱（Langdon Gilkey, 1919～　　）的著作中。他運用現象學分析的方法來分析普通的世俗的體驗，並且（尤其是在《為旋風命名》〔*Naming the Whirlwind*〕一書中）論證道，這種分析提供的神聖性和終極性的深度，需要用關於上帝的語言來表達。在這方面，我們還可以注意到猶太教哲學理神學家亞伯拉罕・約書亞・赫謝爾（Abraham Joshua Heschel, 1907～1972）。他把生存分析和希伯來傳統結合起來了。他最知名的著作，有《人是誰？》（*Who is Man?*）和《先知們》（*The Prophets*）。在彼得・貝格爾（Peter Berger, 1929～　　）那裡，我們發現了一種較有經驗主義色彩的方法，他把社會學的興趣與神學的興趣揉合在一起。在一本十分恰

402

---

(13)　亦譯狄俄尼索斯宗教。——譯註

(14)　即為精神或靈性所充滿。——譯註

當地題名爲《天使的傳言》（ A Rumour of Angels ）的著作中，他堅持認爲，經驗的研究揭示了，但並未窮盡人類體驗的這麼一些領域，人類體驗的這些領域起著「超越者的表徵」的作用。

一一五、羅馬天主教神學
1960～1980 年

在第十八章中，我們已經提到過近年以來的一些主要的羅馬天主教神學家。在該章提到的神學家當中，有一些人的工作一直繼續進行到了第二屆梵蒂岡公會議以後的這個時期。卡爾·拉納把自己的很多神學著作的要點，匯入了一部系統的說明——《基督教信仰的基礎》（ Foundations of Christian Faith ）之中。馮·巴爾塔薩一直在寫作他的巨著《輝煌榮耀》（ Herrlichkeit ）。然而在這一節中，我們將把注意力放在一批稍微年輕一些的神學家身上，他們的名字主要是在公會議以後的這些年間才開始爲人們所熟悉的。

我們討論的這個時期，主要的羅馬天主教的系統神學家之一，是比利時的多明我會的愛德華·施勒貝克斯⑲（ Edward Schillebeeckx, 1914～　）在《神聖基督》（ Christ the Sacrament ）（其最早的版本可追溯至一九五二年）等早期著作中，他仍然十分接近聖多瑪斯，每隔一頁就要引用聖多瑪斯的話。但是現在他的書中，已經出現了我們在拉納爾那裡看到的同樣的人類學傾向，而且由於在這之上又加上了現象學，人們幾乎可以稱之爲一種存在論的方法了。六十年代末期出版的論文集《上帝與人》（ God and Man ）具有強烈的人學色調，熟悉新教傳統的讀者，幾乎不可能不發現其中使人想起施萊爾馬赫的那種對體驗的專注。大約在同時出版的另一本書——《聖餐》（ The Eucha

403

rist），富於想像力地把現象學運用到聖餐神學的領域之中。關於意義轉化的理論（另一些神學家也幫助發展了這一理論）被解釋成並非老的實體轉化的理論[15]的競爭對手，而是用現代哲學範疇對同一種聖餐實在性進行的另一種表達。

然而，施勒貝克斯的最高成就，是他關於基督論的兩大卷巨著，英文版分別題名爲《耶穌》（Jesus）和《基督》（Christ）。這部書的目的是要找到一條道路，以便追溯最早的傳說中所揭示的塵世上的耶穌，追溯門徒們的實踐對他作出的最早的響應。施勒貝克斯認爲，用到耶穌身上的最原始的解釋性概念，是先知這一概念，而且，他還進一步認爲，整個後來基督論，都可以從這個原初的稱號中得到揭示。

路易・布耶爾[70]（Louis Bouyer, 1913～　）應該被視爲我們正在回顧的這二十年之間一位傑出的法國天主教神學家。在一系列給人以深刻印象的著作中，他論述了神學的所有主要問題：《不可見的聖父》（Le Père Invisible）、《永恆的聖子》（Le Fils éternel）、《聖母》（Le Consolateur）、《上帝的教會》（L' Église de Dieu）。他還寫了許多著作論述崇拜儀式和靈性，在他的思想自傳中，他宣稱，他確信神學必須與靈性（精神性）相連續，並且不能與教會生活相分離。[71]

布耶爾極其博學多才，他運用的神學方法看似簡單，其實非常精緻微妙。他先提出一項特定的教義（例如關於教會的教義），然後十分透徹地考察它在聖經中的根基，並詳盡地追溯它的發展，從教父時期，透過中世紀，直到現代。在每一個階段都進行了仔細的思考和批判。這種神學方法遵循的是傳統本身的模式，按照布耶爾的理解，傳統就像一條河流，它既維持著自身的

---

(15)　即傳統神學中所謂「化體」教義，係用古代哲學的「實體」概念來解釋聖餐中的餅酒如何經祝聖而化爲基督血肉的理論。——譯註

同一性，又能夠吸收容納新的成分。布耶爾是紐曼（Newman）的崇拜者，他總是十分同情安立甘宗的主張，對於它那強烈的歷史感以及對聖經和教父時代的依靠抱有同感，這絕不是偶然的。

布耶爾的種種研究，使他去倡導正統的智慧，而且他在近年來的羅馬天主教神學中一直發揮著某種起穩定作用的影響。

漢斯・昆⑫（Hans Küng, 1928～　　）卻是一個引起了大量爭議的人物。具有諷刺意味的是，他是布耶爾的一個學生，而布耶爾現在宣布昆的書造成的影響是一場「災禍」！⑬實際上，昆的第一部主要著作，以布耶爾曾指導過的論文為基礎而寫成的《稱義》（Justification），是一部才華橫溢的神學作品，在這部著作中，作者努力要表明羅馬天主教與新教關於稱義的理論畢竟並非不可調和，他在這方面走得已經很遠了。

昆在自己的著作中所關注的，是要顧及非天主教徒，甚至顧及非基督徒。因此，他的神學傾向於一種有一些通俗的風格，缺乏拉納的那種深度。然而在某些問題上，昆卻具有比拉納更加清晰的見解。例如，我認為，他關於基督教與非基督教宗教關係的論述，就比拉納的論述更具有悟性，也具有辯證性。⑭

昆最為成功的著作，是兩部主要的基督教護教論著作——《論做一個基督徒》（On Being a Christian）和《上帝存在嗎？》（Does God Exist?）。第一部書對於做一個基督徒在當代世界上意味著什麼，作了可信而又引人入勝的說明。第二部書以比較笛卡兒與巴斯卡為開端，構築了一種背離抽象的形上學，及與人類和基督徒的體驗緊密關聯的上帝觀。毫無疑問，這兩部書把許多人帶進了天主教會，並使很多可能會離開的人留在教會裡面了。因此，最令人遺憾的是，教會當局竟剝奪了昆作為天主教教師的地位，理由是他在教皇無謬誤性之類的問題上持有所謂非正統觀點。

我只提到了幾位目前名聲最著的天主教神學家，還有好多別

的神學家尚未提及。在道德神學方面，伯納德‧赫林（Bernard Häring, 1912～　）一直是領袖，他的主要著作《基督之律法》（Das Gesetz Christi）⑦ 突破了形式主義和律法主義，强調了律法、博愛和責任感的內在性質。約翰尼斯‧梅茨（Johannes Metz, 1928～　）所從事的是政治神學，他對於基督教的「私人化」提出了抗議。還有一些在南美洲起著作用的羅馬天主教的解放神學家，我們將在下一節提到。

一一六、某些特別的旨趣

在討論新馬克思主義的時候⑩，我們已注意過意識形態（ideology）⑯ 的問題。即使我們通常並未意識到，我們的認識也幾乎不可避免地會受到自己的利益或旨趣的影響。這個問題不同於在我們看待世界的方式中存在的文化與歷史因素的問題。在本書一開頭，我就明白地說過，這本書將局限於西方文化中的宗教思想。⑰ 我又曾補充，這絕不意味著對其他的文化有絲毫的不敬，事實上，亞洲的某些宗教哲學家應當列為我們時代最傑出的人物，但是，如果對於二十世紀的宗教思想這個題目要能夠駕馭得住，要使之保持在我能力所及的限度之內，那就必須使之局限於西方。然而現在我必須指出，就在西方文化傳統本身範圍之內，也存在著這樣一些差異，它們並不簡單地只是地域上或歷史上的差異，最好是稱之為意識形態上的差異。在過去這二十年間，我們已經不得不突出地充分地意識到了這種差異。

讓我且來更清楚一些地解釋解釋這個問題。在西方的哲學和

405

---

⑯　此處意識形態指受到利害關係影響而有明顯傾向性的思想意識。——譯註

神學中，都一直有一個主流，它無疑反映著西方文化中大部份受
過教育的人的思想。但是我們必須問一問，這個主流是否能夠享
有一直毫無問題地賦予它那種規範性的地位。也許，這種看待事
物的方式，甚至這種提出問題和表述問題的方式，反映的只是西
方文化中一部份人的利益或旨趣，即使正好是多數派的利益或旨
趣，因此，這種思想主流就需要用少數派的見解來加以修正和補
充，這些少數派看待事物的方式不同，也許正在提出一些出自不
同的利益或旨趣的問題。

　　現在我來引用三個具體例證。直到最近為止，美國的哲學和
神學幾乎全是占人口大多數的白人的產物。哲學是一種擺脫了價
值評判的經驗主義，或者至少它自稱是擺脫了價值評判。神學則
反映了各白人主流教派的旨趣。美國黑人一直是具有強烈的宗教
氣質的民族，但他們卻沒有參與塑造神學。只是在過去這二十年
左右，才出現了一種黑人神學，它融合了美國黑人基督徒的旨趣
和問題，同時也修正並擴大了主流的角度和前景。今天，不考慮
這個新的方面，就不可能談論美國神學。

　　我的第二個例證是南美洲。透過西班牙和葡萄牙人的殖民移
居活動，這塊大陸儘管和北美洲程度不大一樣，但無論是好是壞
已被納入了西方文化的範圍之中。然而，南美的經歷在許多方面
都不同於歐洲和北美，因此，在那裡也出現了認識與旨趣的問
題。基督教神學大部份出自歐洲，在較小的程度上也出自北美，
它不可能不反映出那些相對穩定而富裕的地區的某些精神氣質。
因此，我們又一次發現，需要擴大神學的基礎，需要傾聽一直被
排斥在創造性作用之外的那些人的聲音。歐洲的神學家可能被引
誘去享受生存的舒適，而所謂「解放」（liberation）神學家們
的旨趣和問題，卻是由他們生活於其中的那些社會政治條件所形
成的。

　　第三個例證有些不同。在此我們所關注的不是西方文化中的

406

少數派，而是它的一半成員，即婦女。當然在基督教中一直發揮著重要作用。對受福童貞女瑪利亞的尊重，（不論是否總是得到理解）就是承認：道成肉身不僅需要一個男人，也需要一個女子。婦女在作見證、傳教、靈性事務、教育和其他事務方面，都一直在發揮著眞正重大的作用。但是，直到最近爲止，除了極少的例外，在神學和宗教哲學當中都沒有她們的聲音。作爲對主流的另一種修正，她們的見解顯然是很需要的。例如，上帝的那種具有強烈男性氣息的形象，在多大程度上是由於神學家的隊伍中缺少女性呢？

現在，我將簡略地提一提這三個領域內的一些比較重要的貢獻。

詹姆斯・迪奧提斯・羅伯茨[78]（James Deotis Roberts, 1927～ ）是美國最知名的黑人神學家之一。在他早期的《信仰與理性》（*Faith and Reason*）一書中，已經表現出他的旨趣在於實際的生活問題，這本書受到的影響主要來自巴斯卡、柏格森和詹姆士。

他要涉足於一種專屬黑人的神學的大膽的首次嘗試，出現在他的《解放與復和》（*Liberation and Reconciliation*）一書中。在神學中，旨趣或意識形態可以造成的差異，在此得到了清晰的說明。「上帝之死」被認爲是富裕的中產階級的產物，這個階級以爲現在沒有上帝也能行了。羅伯茨嘲諷地評論道：「不信上帝存在這麼一種奢侈，極少有黑人能夠得到。」[79]然而，這本書的主要論題是解放與復合之間的關聯。只有清除了壓迫的最後殘餘，美國的黑人與白人之間才會有眞正的復和：然而光有解放，也不能成爲基督徒的終極目標，人必須繼續走向復合[17]。

詹姆斯・H・柯恩[80]（James H. Cone, 1938～ ）是一位更年輕的、也許也是更激進的黑人神學的倡導者。在他的名下有一張給人深刻印象的著述清單，他在世界範圍內都很有名氣。　407

《黑人的力量與黑人神學》（*Black Power and Black Theology*）、《黑人的解放神學》（*A Black Theology of Liberation*）以及《被壓迫者的上帝》（*God of the Oppressed*）都是他發展其主要神學思想的作品。略有不同的是《聖歌與哀歌》（*The Spirituals and the Blues*），這是對黑人文化遺產的一本解釋性的著作。

　　柯恩思想的核心，是人的尊嚴這一觀念。黑人的力量本身也是根據尊嚴來理解的。它並不意味著由黑人來控制別的人，而意味著黑人不受他人控制地決定自己未來的自由。像羅伯茨一樣，柯恩也批評了他認為是「資產階級的」上帝之死神學。

　　現在我們來看看南美洲的解放神學。在拉丁美洲各國，解放絕不是一種新的渴望。自從十九世紀二十年代脫離西班牙和葡萄牙以來，解放經過了多番周折，仍然還是難以把握。關於近年來的解放神學，最獨特的地方是，它多半──雖然不是全部──採取了馬克思主義的方向。解放神學的一位同情的解釋者 J. 恩梅特・韋爾（J. Emmette Weir）承認，解放神學家們「企圖用一種創造性的方式運用馬克思主義概念」，但他認為，他們並未接受馬克思主義的實質，而且在神學上其實相當保守。他們把馬克思的社會經濟分析作爲一種釋經原則來運用。「結果是對聖經的一種激進的解釋，這種解釋強調論及社會正義的那些經文，並把上帝等同於被壓迫者，即『世上的不幸者。』」㉛

　　這方面最早的著作家之一，是巴西的魯本・阿爾維斯（Rubem Alves, 1933～　　）《人類希望之神學》（*A Theology of Human Hope*）一書的作者。這本書的標題暗示出它曾得益

⒄　「復合」一詞原文為 reconciliation，漢文聖經譯為「和好」。原指人釋罪稱義而與上帝「復合」。這裡當指全人類的和諧一致以及人與上帝的和諧一致。──譯註

於莫爾特曼，實際情況也確乎如此，儘管阿爾維斯毫不猶豫地批判了他這位導師，理由是，莫爾特曼太專注於未來，以致於沒有考慮到現在。而且這還成了對那種無人道的革命者的鼓勵，那種革命者借口只有未來是重要的，而替現在的殘暴野蠻作辯解。事實上，這整本書是一份雄辯有力的抗辯書，要求在政治中和經濟中都應有一種更富於人性的精神。像馬庫色一樣，阿爾維斯認為被技術創造了一種虛假的意識和一種非人化的人，不過他相信，能夠使技術人性化。

秘魯的古斯塔沃・古蒂雷斯（Gustavo Gutierrez, 1928～）是《解放神學》（*A Theology of Liberation*）一書的作者，這本書也許是流傳最廣的對這種神學作出闡釋的著作。他告訴我們，「這種神學並不停止於反思世界，而是力求成為改造世界的過程的一部分。」[82] 這會使我們想起馬克思對哲學家們的著名的指責，但這話肯定適合於一切真正的基督教神學：基督教神學不是純粹學術上的思辨，而是為拯救人而服務的思考。

當我們強調解放時，人們必然要問兩個問題：「從什麼東西中解放出來？」「解放出來去爭取什麼？」假如對這兩個問題只根據政治術語來回答，那麼我們就是在論述一種政治意識形態，而不是一種神學了。不過我們發現，古蒂雷斯十分清楚這一點：「政治解放的根基，乃是從罪當中解放出來。」[83] 人們還會同意（在回想起希特勒、史達林和與他們類似的別的人時），政治壓迫是最令人恐怖的一種罪。古蒂雷斯思想中不那麼清晰的地方是，他是否認識到罪並不僅僅屬於任何一個階級或集團。他有時候似乎是在說，人類可以判斷地區分為敬神者和不敬神者，被壓迫者和壓迫者。然而事情實際上並不那麼簡單。

薩爾瓦多的耶穌會士約恩・索布里諾（Jon Sobrino, 1938～）一直在解放神學的背景中從事於基督論問題的研究。他的書以英文名字《十字路口上的基督論》（*Christology at the Cross-*

408

roads）為人所知。像古蒂雷斯一樣，他主張正統的運用高於正統的理論。「拉丁美洲的基督論的思索……努力要表明，基督的眞理如何能夠把一個罪惡的世界改造成上帝之國。」⑧ 他宣稱，新約中耶穌的各種稱號並不具有排他性的地位，他說，「今天可以十分正確地把耶穌稱爲『解放者』，只要我們記住，正是透過耶穌，我們才了解了眞正的解放是什麼，應該如何得到那眞正的解放。」⑧

我們已經提到，解放神學在神學上相當正統。正如黑人神學家們把「上帝之死」斥爲資產階級的東西一樣，索布里諾也不贊成某些英國神學家對道成肉身的否定，他宣稱，他所知的任何一位解放神學家都不否定基督的神性。

最後我們來看看婦女對於神學和宗教思想的貢獻。一九七〇年，教皇保羅六世（Pope Paul Ⅵ 把西爾那的聖凱瑟琳（St Catherine of Siena）和阿維拉的聖德雷莎（St Teresa of Avila）提升到教會博士的地位，使她們成爲第一次得到如此高的榮譽的婦女。當然，對於這兩位偉大的女性密契主義者來說，這種榮譽來得遲了一點，因爲她們兩人都已經去世幾百年了。儘管如此，這個行動標誌著承認，婦女在教會中除了她們一向發揮其他種種作用以外，也發揮著思想方面的作用。女性神學家已經贏得了承認。

本世紀前葉出現了幾位女性神學家和宗教思想家。她們只構成了一個很小的少數，而且她們必須確實很有才能，才會得到承認。在她們當中，我們可以提一提愛維琳·昂德希爾（Evelyn Underhill, 1875～1941），喬治亞·愛瑪·哈克尼斯（Georgia Elma Harkness, 1891～1974）。雖然這三個人寫作的主題彼此各異，但她們全都對靈性（精神性）和神秘主義有一種特殊的興趣，而且人們至今還在閱讀她們的著作。

在我們眼下正在回顧的這二十年間，女性神學家的數量大大

增加了。而且在今天，她們已不大可能專寫靈性的問題，倒更可能去寫（比如說）上帝概念中的男性老框框或者婦女在教會中的地位之類的問題。由於她們作爲一個迄今爲止是沈默的、但現在正在尋求表現的集團的新的自我意識。她們還發覺自己和解放神學家有密切的關係，對解放神學家的工作很有興趣。正是由於這些原因，我們把婦女神學家納入專論某些特殊旨趣的這一節來談。隨著女性神學家數量的增長（毫無疑問會增長），把她們視爲一個集團將不再適宜，而應該把她們分散到吸引她們的各個不同的思想學派中去。

在這些新型女性神學家當中，朵羅西・嫘勒⑧（Dorothee Sölle, 1929～　）是最爲著名的人物之一。她的旨趣，很多都已明顯地地表現在六十年代中期出版的一本書——《作爲代表的基督》（ *Christ the Representative* ）之中。她宣稱，神學家們一直沒有把代表與代替清楚地區分開來。基督並未取代我們的地位，而只是把這種地位向我們揭示出來，於是我們就可以自己來接受這種地位。只有這樣，才能捍衛人的尊嚴與責任感。「就像每一種別的代表一樣，基督也依賴於我們的贊同，否則他就純粹成了一種代替者。」

剛才提到的這本書的副標題是〈論「上帝之死」以後的神學〉（ An Essay in Theology after the *"Death of God"* ）。多少世紀以來坐在寶座上受到崇拜的那個上帝，自從耶穌基督的時代以來，就被一個被剝奪了繼承權的、無家可歸的存有物所代替了。在此我們似乎聽見了新馬克思主義者布洛赫，也許還有莫爾特曼的回聲，但在後來的著作中，嫘勒毫不猶豫地和莫爾特曼以及布爾特曼進行了辯論，她的這些著作進一步把神學與社會政治問題聯繫起來了。這些著作中包括《政治神學》（ *Political Theology* ）和《受難》（ *Suffering* ）。

羅絲瑪爾・拉德福德・盧瑟爾（Rosemary Radford Rueth-

er, 1936～　）是作爲一位能力很强的、表達清晰的神學家出現
在美國的，她把激進主義與羅馬天主教二者結合在一起。像莫爾
特曼一樣，她十分認眞地對待末世論，而且她也很欽佩布洛赫，
因爲布洛赫代表著「一種獨立的、人道主義的馬克思主義，這種
馬克思主義擺脫了黨的敎條的鎖鏈，並用一種新的方式揭示了這
一傳統的種種重要的可能性。」⑧

　　在她的很多著作中，《激進的王國》（ *The Radical King-
dom* ）很能使人了解她的思想。這本書考察了西方的末世期待，
特別是表現在重洗派（ Anabaptists ）和別的革命性敎派中的末
世期待的影響。關於基督敎與馬克思主義的關係，書中有很多富
於洞察力的、持平公允的判斷。

　　從各種特殊角度寫成的各種神學的增加，在我們這個時代，
難道不正在造成分裂這個完整的學科的危險嗎？我並不這樣認
爲。如果對各種見解都兼收並容分擔共享，這種增加同樣會造成
一種偉大的、豐富多彩的局面。如果正如馬歇爾・麥克盧漢
（ Marshall McLuhan ）所說的，我們現在正生活在一個「地球
村」裡，那麼我們就需要一種全球神學，它必須出自很多的泉
源，來自很多的角度。

　　任何神學（別的學科也一樣）都不可能完全擺脫神學家的旨
趣和意識形態的影響。要修正由此造成的偏見，不能靠消除旨
趣，而只能靠保證一切合理旨趣都可以在神學的形成過程中得到
傾聽。這正是今天的宗敎思想中正在發生的事情，因爲迄今爲止
一直遭受排斥的那些集團已經有了發言權。由此而來的直接結果
也許是衝突，但是，在這後面，卻有了一種更爲充分的、基礎更
加廣闊的理解。

一一七、關於最近二十年的評論
1960～1980 年

　　和本世紀任何別的時期相比，我們所考察的這個時期的宗教思想，看來都顯示出了同樣多的生命力和多樣性。但在所有這些紛繁多樣的宗教思想當中，還是可以看出某些共同的傾向。我相信，在我們的概述中，我們已經發現了足夠多的東西，來證實我在本章開頭所作的評論，即在巴特主義和新多瑪斯主義造成的中斷以後，十九世紀宗教思想的「內在論的、人本主義的趨勢」[88]已經恢復起來了。然而，人們當然會希望，這不是純粹還原到較早時代的自由主義和樂觀主義去，也希望其間這段時期的種種教訓已經被吸取。

　　我想，可以肯定的是，現在存在著一種對人性的新的關注，存在著某種類似新人道主義的東西。[89]我認為，在今天，任何神學或宗教哲學倘不具有對人性的關切，就不可能具有任何感召力。我個人歡迎這種關注的出現，因為我從來都認為，宗教和神學研究的恰當的出發點，是男男女女的人們的具體生活。今天，在宗教信徒和非宗教徒中，都有一種對於人類、對於人的性質、人的未來、人的命運的壓倒一切的興趣，也有一種要撇開那些看來與人的境況無關的問題之意向。

　　即使在一定程度上存在著對上帝問題的興趣，這種興趣也是與在世界和人類事務中活動的上帝有關。君主式的上帝已不受歡迎——不僅是自然神論的上帝，甚至連形上學有神論的上帝也不再受到歡迎。笛卡兒的上帝（其功能是解釋性的）已向巴斯卡的上帝投降了。值得注意的是，內在論的、哲學的上帝觀，近年來如何靠近了基督教關於這麼一個上帝的三位一體學說，這個上帝

411

不僅是聖父，而且是道成肉身的聖子，還是在創造物之中進行著
艱苦努力的聖靈。自從蒂里希的時代以來，得到了強化的最受歡
迎的象徵，是深度而不是高度。應該在深層之中去探尋上帝，探
尋隨上帝而來的信仰和宗教的意義——這些深層構成我們的日常
生活、我們彼此之間的關係、我們生活於其中的這個世界下面的
基礎。神學，即使就其比較狹窄的對上帝的認識這個意義而言，
也不是一種背離人間的東西和世上的東西的研究，而是要透過這
些現實的東西的中介而尋求與上帝的相遇。世俗神學的說法不論
有多麼誇大，它看來確實表達了這些關注。

　　當然，誇大的說法也是存在的。人本主義的攻擊有時太過於
走極端。對人間事務的興趣，有時變成了排他性，因此在六十年
代，一些人排除上帝並宣布他死了，而在七十年代，另一些人則
剝奪了基督的神性。即使在世俗和人本神學的一些溫和形式中，
人們有時也會得到這麼一種感覺，即彷彿回到了十九世紀關於進
化的理論之中，而二十世紀的那一切教訓，則被以一種最不花力
氣的方式，掃到地毯下面去了。在此我心中想到的，不僅有一些
美國的新教神學，而且有歐洲天主教的某些產物。

　　但是，只要出現極端的、反常的東西，似乎就會有一種自我
矯正的機制開始發揮作用，最終克服任何簡單化的做法。在背離
遙遠的上帝而走向人的生活的過程中，新人道主義就在這種未完
成的存在物⒅之中揭示了超越原則（principle of tran-
scendence）⒆本身。從新馬克思主義到超驗多瑪斯主義，各種
不同的思想學派，都以一種給人深刻印象的方式揭示出：人是一
種奧秘，他不斷地超越出自身之外，他隨身帶來了理解超越意義
的線索。貝加也夫寫道：「人不是世界的一塊碎片，相反地，包

⒅　指人。——譯註

⒆　指神。——譯註

含著整個的宇宙之謎，以及對這個謎的答案。」⑳ 如果確乎如此，那麼，人類的宗教探求，必將繼續進行下去。

註 釋

① 參見本書前面第 18 頁。

② 阿伯特（Walter M. Abbott）編：《第二屆梵蒂岡公會議文件集》
（ *The Documents of Vatican II* ）（耶穌會版），第 716 頁。

③ 他是一位獨立的作家，先是住在德國，1933 年以後住在國外。1949 年
被任命為東德萊比錫大學教授。1961 年任西德杜賓根大學教授。

④ 〈作為革命神學家的多瑪斯・閔采爾〉（ Thomas Münzer als Theologe
der Revolution ）。

⑤ 已被摘要地譯成英文，題為《立足於自身的人》（ *Man on His
Own* ）。

⑥ 《立足於自身的人》，第 59 頁；《希望的原則》（ *Das Prinzip
Hoffnung* ），第 284 頁。

⑦ 同上書，第 180 頁。

⑧ 他在納粹統治時期離開德國，大半生都在美國各所大學任教。

⑨ 《馬克思主義主潮》（ *Main Currents of Marxism* ），第三卷，第 420
頁。

⑩ 《單面向的人》（ *One-Dimensional Man* ），第 123 頁。（中譯本已由
桂冠、久大聯合出版——校閱者註）

⑪ 《單面向的人》，第 14 頁。

⑫ 《馬克思主義與激進的宗教》（ *Marxism and Radical Religion* ），第
7 頁。

⑬ 《馬克思主義主潮》，第三卷，第 420 頁。

⑭ 《馬克思主義與激進的宗教》，第 62 頁。

⑮ 法蘭克福大學教授。

⑯ 《認知與旨趣》（ *Erkenntnis und Interesse* ），第 242 頁。

⑰ 同上書，第 48 頁。

⑱ 先後擔任萊比錫大學、法蘭克福大學和海德堡大學教授。

⑲　英譯本為《真理與方法》（ *Truth and Method* ）。

⑳　同上書，第 432 頁。

㉑　同上書，第 264 頁。

㉒　同上書，第 87 頁。

㉓　他同時分別在巴黎大學和芝加哥大學任教。

㉔　《會失誤的人》（ *Fallible Man* ），第 161 頁，第 210 頁。

㉕　《惡的象徵》（ *The Symbolism of Evil* ），第 156 頁，第 251 頁。

㉖　《論聖經的解釋》，（ *Essays on Biblical Interpretation* ），第 49 頁以下。

㉗　《反叛者》（ *The Rebel* ），第 10 頁。

㉘　同上書，第 23 頁。

㉙　同上書，第 190 頁。

㉚　加拿大學者，羅馬的格列高里大學教授。

㉛　《洞察》（ *Insight* ），第 74 頁。

㉜　Verbum（拉丁語，「詞語」。——譯註），第 58 頁。

㉝　《洞察》，第 636 頁。

㉞　Verbum（拉丁語，「詞語」。——譯註），第 90 頁。

㉟　《神學的方法》（ *Method in Theology* ）

㊱　《通向尼西亞之路》（ *The Way to Nicea* ）第 136～137 頁。

㊲　先任牛津大學教授，後任杜爾漢主教。

㊳　參見本書前面第 317 頁。

㊴　《神聖活動的模式》（ *Models for Divine Activity* ），第 4 頁。

㊵　參見《模式與奧秘》（ *Models and Mystery* ）。

㊶　杜賓根大學教授。

㊷　《希望神學》（ *Theology of Hope* ），第 165 頁。

㊸　參見本書前面第 384 頁。

㊹　慕尼黑大學教授。

㊺　《耶穌，上帝與人》（ *Jesus, God and Man* ），第 82～83 頁。

㊻《作為歷史的神學》(*Theology as History*)羅賓遜(J. M. Robinson)與柯布(J. B. Cobb)編輯,第127頁。

㊼《耶穌,上帝與人》,第181頁以下。

㊽《人是什麼?》(*What is Man?*),第44頁。

㊾蘇黎世大學教授。

㊿參見J. M. 羅賓遜與J. B. 柯布編輯;《新詮釋學》(*The New Hermeneutic*);也可參看卡爾E. 布拉頓;《歷史與詮釋學》(*History and Hermeneutics*)。

(51)《話語與信仰》(*Word and Faith*),第329頁。

(52)《神學與宣道》(*Theology and Proclamation*),第27頁。

(53)《話語與信仰》,第128頁。

(54)英譯本題為《信仰所承認的上帝之存在》(*The Existence of God as Confessed by Faith*)。

(55)英譯本出人意料地題名為《三位一體的理論》(*The Doctrine of the Trinity*)。

(56)參見本書後面第116節。

(57)《再無別的上帝》(*No Other God*),第29頁。

(58)先任伍爾維奇(Woolwich)主教,後任劍橋大學三一學院院長。

(59)參見本書前面第85頁。

(60)《語言的邊緣》(*The Edges of Language*),第144頁。

(61)J. C. 雷恩斯與T. 迪安編《馬克思主義與激進的宗教》,第144頁。

(62)參見二人合著的《激進神學與上帝之死》(*Radical Theology and the Death of God*)。

(63)T. J. J. 阿爾提譯:《基督教無神論的福音》(*The Gospel of Christian Atheism*),第22頁。

(64)《奧斯維辛之後》(*After Auschwitz*),「序言」第11頁。

(65)格拉斯哥大學教授。其著作包括《新人》(*The New Man*)、《世俗的基督教》(*Secular Christianity*)以及《關於人的教義》(*The Doctrine* of Man）。

(66) 《關於上帝的教義》（*The Doctrine of God*），第161頁。

(67) 參見本書前面第382頁。

(68) 參見《反文化的創造》（*The Making of a Counter Culture*）。

(69) 先任盧汶大學教授，後任梅尼根大學教授。

(70) 宣講團（1564年由聖菲利普·尼里創立的一個崇尚通俗說教的神父團體。——譯注）教士，主要在巴黎任教。

(71) 《神學家的職業》（*Le Métier de théologien*），第104頁，第208頁。

(72) 杜賓根大學教授。

(73) 《神學家的職業》，第134頁。

(74) 《論做一個基督徒》（*On Being a Christian*），第101頁以下。羅馬天主教在這方面最好的論述，見於H. R. 施勒特的《走向一種各宗教的神學》（*Towards a Theology of Religions*）。

(75) 英譯本題名《基督之律法》（*The Law of Christ*）。

(76) 參見本書前面第381頁以下。

(77) 參見本書前面第16頁。

(78) 華盛頓（哥倫比亞特區）霍華德大學教授。

(79) 《解放與復和》（*Liberation and Reconciliation*），第18頁。

(80) 紐約協和神學院教授。

(81) 〈解放神學——馬克思主義者還是基督徒？〉（Liberation Theology-–Marxist or Christian?），載於《解釋的時代》（*The Expository Times*），第九十卷，1978年第9期，第260～261頁。

(82) 《解放神學》（*Theology of Liberation*），第15頁。

(83) 同上書，第263頁。

(84) 《十字路口上的基督論》（*Christology at the Crossroads*），第349頁。

(85) 同上書，第379頁。

(86) 她在德國和美國任教。

⑧⑦　《激進的王國》（ *The Radical Kingdom* ），第 203 頁。

⑧⑧　參見本書前面第 380 頁。

⑧⑨　參見羅杰爾・L. 希恩（ Roger L. Shinn ）：《人：新人道主義》（ *Man :*
The New Humanism ）。

⑨⑩　《人的命運》（ *The Destiny of Man* ），第 45 頁。

索　引

條目後的頁碼係原著頁碼，檢索時
請查印在本書正文頁邊的數碼。

當代思潮系列叢書㉜

二十世紀宗教思潮

原　　　著	＞約翰‧麥奎利
譯　　　者	＞何光滬　高師寧
校 閱 者	＞曾慶豹
執行編輯	＞馬娟娟
發 行 人	＞賴阿勝
出　　　版	＞桂冠圖書股份有限公司
地　　　址	＞臺北市新生南路三段 96-4 號
電　　　話	＞（02）368-1118　‧　363-1407
電傳（FAX）	＞368-1119
郵　　　撥	＞0104579-2
登 記 證	＞局版台業字第 1166 號
初版一刷	＞1992 年 5 月
初版二刷	＞1994 年 3 月

定價／新台幣 450 元

國立中央圖書館出版品預行編目資料

二十世紀宗教思潮：1900-1980年的哲學與神
學之邊緣／約翰·麥奎利(John Macquarrie)
著；何光滬,高師寧譯,--初版.--臺北市：
桂冠, 1992〔民81〕
　　面；　公分,--(當代思潮系列叢書；32)
譯自：Twentieth-century religious
thought
含索引
ISBN 957-551-502-1(平裝)

　1.宗教-哲學,原理-歷史-現代(1900-)

201.9　　　　　　　　　　　81002118